Tus creencias no te hacen una mejor persona;
Tu comportamiento si.
Proverbio Anónimo

Mejor es adquirir sabiduría que oro fino,
y adquirir inteligencia vale más que la plata.
AT Proverbios 16:16

A mi familia,
de sangre y humana

Historia de la Fe Cristiana,
de la Biblia & la Iglesia

Por Luis A. Portillo

Nazareth Books – Los Angeles, California
2013

Primera Edición
2013

Revisado por

Juan Lulio Blanchard
Lexia M. de Portillo
Rosa M. de Carranza

ISBN 978-1-62407-380-9

Nazareth Books
Nazarethbooks.com

© Copyright 2013 Luis A. Portillo
© Copyright 2013 Nazareth Books

Sobre el autor

Crecí siendo católico inactivo, quizás como lo es la mayoría de cristianos en la actualidad, cuando adolescente me bauticé en la Iglesia Adventista del Séptimo Día, con ellos estudié las Escrituras por muchos años.

En un mundo donde docenas de diferentes denominaciones (doctrinas) cristianas se denigran y acusan una contra otra de "falsa" con el objetivo de ganar prosélitos dejé la Iglesia con **la sola motivación de buscar el Verdadero Mensaje de Cristo**, lo hice así para evitar estar sujeto a tendencias, arbitrariedades o ataduras a ningún grupo congregación o doctrina, de esta forma en estos últimos tres años, he completado esta campaña de estudio, investigación, preguntando y visitando iglesias de diferentes denominaciones, con el simple objetivo de **encontrar la verdad y estar más cerca de Dios**.

Debo señalar que la "opción" de corroborar la veracidad de una doctrina con otras fuentes es una oportunidad que muy pocos creyentes tienen, ya que muchas congregaciones religiosas con la excusa de "evitar el extravío" de sus prosélitos, **les prohíben educarse e informarse "extraoficialmente"**, lamentablemente esta práctica acertadamente impide que un creyente pueda **corroborar sí su doctrina está conforme al Evangelio de Cristo**.

Es imposible conocer la verdad si solamente se escucha una versión o un lado de la historia, de esa forma **toda opinión o creencia es "verdadera"**.

En el presente no soy miembro de ninguna iglesia, sin embargo reconozco la necesidad de pertenecer a una para mantener una Fe sólida, así como también la edificación espiritual y apoyo moral de hermanos creyentes.

Luis A. Portillo
LPortillo@nazarethbooks.com

Miembro de: **The Society of Biblical Literature**

Prologo

La Fe Cristiana en el presente.

Ante la innumerable cantidad de grupos religiosos en la actualidad, envueltos en una guerra fría por ganar prosélitos tratando de probar que sus creencias o doctrinas específicas son las "legítimas" y donde la intolerancia religiosa cada día se vuelve más radical empujando a muchos a la apatía a Dios o aun peor al ateismo; también es muy frecuente escuchar entre creyentes indecisos la pregunta:

¿Cuál será la iglesia verdadera?

A pesar de que muchos cristianos creen que genuinamente ellos, su iglesia o congregación están en "la verdad" y defienden con celo sus creencias, algunas de estas doctrinas no reflejan el Evangelio de Cristo, **un mensaje de amor, tolerancia, compasión y perdón a toda persona**, sin ningún tipo de condiciones o criticas (*NT Mateo 18:21-22*; *Lucas 6:30-35*), sin embargo muchos religiosos prefieren seguir y aferrarse a doctrinas de grupos y hombres, creyendo que eso los hará salvos (*NT Mateo 15:8-9*), muchas veces aun en contra de los mismos **Mandamientos de Jesús**, esto a pesar que ya hace 20 siglos Cristo declaró que sólo *"aquel que obedece Sus Mandamientos, permanecerá en Su amor."* (*NT Juan 15:10*), es absolutamente indispensable cumplir con estos **Dos Mandamientos** (*NT Mateo 22:34-40*), antes de obedecer a un hombre, grupo o doctrina. *NT Juan 14:21*

La ignorancia es nuestro peor enemigo.

Al contrario de lo que creen muchos, que el enemigo del Evangelio es el ateismo, "Satanás", y cristianos que no comparten sus doctrinas, en realidad **el verdadero enemigo es la ignorancia** en nuestra propia Fe, aunque muchos defienden sus creencias afanosamente (muchas veces de forma intolerante para con otros), tristemente muchos creyentes **carecen de conocimiento de la historia** no sólo secular, sino también de las cosas de Dios, Su Hijo Jesús, la Biblia y últimamente el Evangelio.

Con los innumerables medios de información en la actualidad, **es imperdonable que un creyente no conozca**, por lo menos lo más básico, sobre **los pasados 20 siglos de historia de la Fe Cristiana.**

Aunque para documentar **la historia de la Iglesia y sus 2000 años**, se necesitarían cientos de tomos, en este libro se ha recopilado **la información más básica e importante que un creyente o predicador debe saber**, para estar siempre preparados con mansedumbre y reverencia **a predicar y defender el Evangelio.** *NT 1 Pedro 3:15*

No es la intención de este libro patrocinar o señalar a ninguna iglesia, grupo u organización cristiana como "verdadera o falsa", sino; promover la tolerancia entre las diferentes doctrinas en la Fe Cristiana.

Muy importante
Cómo leer este libro

En referencia a las citas bíblicas en este libro se han utilizado dos de las versiones de las Escrituras más destacadas en el presente:

La Biblia de Jerusalén, edición 1998 (Biblia Católica)
Publicada por la Escuela bíblica de Jerusalén
Contiene los 73 libros
Canonizados originalmente en las Escrituras de la Vulgata de 397d.C.

La Biblia Reina Valera, edición 1995 (Biblia Protestante)
Publicada por *American Bible Society*
Contiene 66 libros
Esta no contiene los libros Deuterocanónicos, los cuales fueron excluidos durante la Reforma Protestante de 1517

(*Para* más *información vea la Sección V - Historia de la Biblia*)

Referencias Bíblicas

	Significa		Significa
AT	Antiguo Testamento	**Cp**	Capítulo
NT	Nuevo Testamento	**Vs**	Versículo

Para leer una cita Bíblica, por ejemplo: ***NT Mateo 7:1-5***
Es: Nuevo Testamento, Mateo, Capítulo 7, Versículos 1 al 5

Abreviaturas Generales

Significa

- **a.C.** Antes de Cristo
- **d.C.** Después de Cristo
- **c.** Del latín ***circa***; "cerca", "aproximadamente", se usa en referencia a fechas (ejemplo **c. 1516** significa "cerca del año 1516")
- **Pág.** Página (para más información vea la página...)
- **Ej.** Ejemplo
- **Info.** Información; para más información

Referencias del Libro

	Significa		Significa
EB	Enciclopedia Británica	**EP**	Enciclopedia Impresa (libros)
WK	Wikipedia	**EI**	Enciclopedia Virtual (en Internet)
EC	Enciclopedia Católica	**LB**	Libro
EJ	Enciclopedia Judaica	**AP**	Año de Publicación del Libro
SI	Sitio (página) en Internet		

[A] Letras y números en corchetes indican referencias, la información
[1] correspondiente se encuentra en la última parte de cada sección.

x

Índice

Contenido del libro	Página
Cómo leer este libro (Información importante)	9
Índice	11

Antes de leer el libro — 17
    ¿Qué es la Iglesia? — 19
    ¿Es Iglesia, sinagoga, asamblea, congregación o tabernáculo? — 20
    La Iglesia en el presente — 21
    Esquemas: la Iglesia primitiva y sus cismas (divisiones) — 22
    El Lenguaje Latín — 24
    El legalismo religioso — 25
    Parábola del fariseo y el publicano — 26
    "Eso no es bíblico" — 27
    Historia del Calendario Cristiano, Hebreo y Musulmán — 28

Sección I - ¿Quién es Dios? — 35
    ¿Existe Dios? — 37
    El maravilloso planeta Tierra — 38
    El maravilloso Universo — 39
    El maravilloso código ADN — 40
    ¿Quién es Dios? — 41
    Dios de Acuerdo a la Biblia — 42
    ¿Cuál es el nombre de Dios? — 43
    Nombres de Dios en las Escrituras — 45
    ¿Qué es la Fe? — 46

Sección II - En el principio... — 49
    El Principio, el origen del Universo — 51
    El origen del Universo y la Iglesia (Católica y Protestante) — 52
    La teoría del "*Big Bang*" (Gran Explosión) — 54
    La religión y el Big Bang — 55
    ¿Por qué la religión rechaza la Ciencia? — 56
    Datos importantes sobre el Universo, Sistema Solar, la Tierra — 57
    El origen de la humanidad (Adán Y Eva) — 61
    ¿Creó Dios a la humanidad dos veces? — 61
    Adán y Eva en el Jardín del Edén — 62
    La caída del hombre — 63
    ¿Fue Eva o Lilith la primera mujer? — 64
    ¿Quién es Satanás? — 66
    La relación de Satanás con la Bestia y el Anticristo — 67
    ¿Qué es el Pecado? — 68
    El Diluvio — 69
    El Pacto de Dios con Abraham — 71
    Éxodo de Egipto — 72
    Moisés, la Ley Mosaica (613 Mandamientos) — 74
    Los antiguos pactos de Dios con Israel — 75
    El Nuevo Pacto de Dios con la Humanidad por medio de Jesús — 77

Sección III - ¿Quién es Jesús De Nazaret? … 79
    ¿Quién es Jesús? … 81
    ¿Es Jesús el Mesías? … 84
    Las Profecías de Jesús en las Escrituras … 86
    ¿Jesús es Emanuel? … 92
    ¿Es Jesús eterno? … 93
    Su infancia … 94
    Su Juventud (Años perdidos) … 96
    Teorías sobre la Juventud de Jesús … 97
    Jesús inicia Su Ministerio … 101
    Su Mensaje: El Reino de Dios … 102
    ¿Qué es el Reino de Dios? … 103
    El Nuevo Pacto y sus Dos Mandamientos … 104
    Arrepentimiento … 105
    Bautismo … 108
    Los 12 Discípulos … 109
    ¿Quiénes fueron los Apóstoles de Jesús? … 110
    Los Setenta y Dos Discípulos … 112
    María Magdalena … 113
    Teorías erróneas sobre María Magdalena … 114
    ¿Cambió Jesús la Ley? … 115
    Las Bienaventuranzas … 119
    Sus Parábolas … 121
    Lista de Sus Parábolas … 122
    La Cena del Señor … 123
    Jesús y El Nuevo Pacto … 124
    ¿Qué significa el Nuevo Pacto? … 125
    Jesús y La Gran Comisión … 126
    Señales del fin … 127
    El Regreso del Mesías … 128
    El Juicio Final … 129
    El Paraíso … 131

Sección IV - Historia de la Iglesia … 133
    La Iglesia en la historia … 135
    Jesús y el Movimiento Nazareno … 136
    Pablo y el Movimiento Cristiano … 137
    El Movimiento Gnóstico … 138
    Movimiento Ebionita … 139
    El Concilio (asamblea) de Jerusalén … 140
    La Iglesia en un mundo hostil, tres siglos de persecución … 142
    Los Padres de la Iglesia Cristiana … 144
    Símbolos de la Iglesia Primitiva … 146
    El Edicto de Milán … 147
    El Primer Concilio de Nicea … 148
    La Iglesia Católica … 149
    La doctrina de la Iglesia Católica (Credo Niceno) … 151
    La Evangelización en el Mundo … 154
    El Gran Cisma de Oriente y Occidente … 156
    Historia de los Concilios (asambleas) … 157
    La Reforma Protestante … 160
    Martín Lutero … 161

El Credo de la Reforma Protestante (Cinco Solas) — 162
El Gran Despertar (Reforma Americana) — 163
Segundo Gran Despertar — 164
Ramas del Cristianismo — 165

Sección V - Historia de la Biblia — 167
La historia de la Biblia — 169
La necesidad de un Canon o Biblia (reglas) — 170
Historia (origen) de los Papiros Sagrados — 171
¿Quién tiene los originales? — 173
La Biblia Cristiana (del año 100 al 380 d.C.) — 174
La Biblia Vetus Latina (No Canonizada) — 175
La Vulgata, la primera Biblia del mundo (Canonizada) — 177
"Solamente la Escritura" es la palabra de Dios — 179
Cambios en la Biblia (del Año 300 d.C. a 1450 d.C.) — 180
¿Cómo se dividió la Biblia en capítulos y versículos? — 182
La Biblia Protestante — 183
La Biblia Cristiana moderna — 184
La historia del Antiguo Testamento — 185
Lista de libros del Antiguo Testamento (Según la Vulgata) — 186
Autores de los Libros del Antiguo Testamento — 187
La historia del Nuevo Testamento — 188
Lista de libros del Nuevo Testamento — 189
Los Libros Deuterocanónicos (rechazados por Protestantes) — 190
Los Libros apócrifos (no canonizados por la Iglesia Católica) — 191
Lista de Libros apócrifos del Nuevo Testamento — 192
Los libros perdidos de la Biblia — 193
Lista de libros perdidos mencionados en la Biblia — 194
La primera Biblia en español — 195
La Primera Biblia Protestante en Español — 157
La diferencia entre la Biblia Católica y Protestante — 198
Concilio de Jamnia — 199
Las diferentes versiones de la Biblia moderna — 200
Lista de Biblias en español (versiones) — 202
Datos Bíblicos interesantes — 204

Sección VI – El Antiguo Testamento — 207
Pentateuco (La Ley) — 209
Lista de los libros del Antiguo Testamento — 210
Génesis — 211
Éxodo — 212
Levítico — 213
Números — 214
Deuteronomio — 215

Libros Históricos
Josué — 216
Jueces — 217
Rut — 218
I Samuel & II Samuel — 219
I Reyes & II Reyes — 220
I Crónicas & II Crónicas — 221

Esdras	222
Nehemías	223
Tobías	224
Judit	225
Ester	226
I Macabeos & II Macabeos	227

Libros de la Sabiduría (Sapienciales)

Job	228
Salmos	229
Proverbios	230
Eclesiastés	231
Cantar De Los Cantares	232
Sabiduría	233
Eclesiástico	234

Libros Proféticos

Isaías	235
Jeremías	236
Lamentaciones	237
Baruch	238
Ezequiel	239
Daniel	240
Oseas	241
Joel	242
Amós	243
Abdías	244
Jonás	245
Miqueas	246
Nahum	247
Habacuc	248
Sofonías	249
Hageo	250
Zacarías	251
Malaquías	252

Sección VII – El Nuevo Testamento	253
Nuevo Testamento	255
Lista de los libros del Nuevo Testamento	256

Los Evangelios

Mateo	257
Marcos	259
Lucas	261
Juan	263

Libro histórico

Hechos de los Apóstoles	265

Ministerio de Pablo — 267

Romanos	269
Primera Epístola a los Corintios	270
Segunda Epístola a los Corintios	271

Gálatas	272
Efesios	273
Filipenses	274
Colosenses	275
Primera Epístola a Tesalonicenses	276
Segunda Epístola a Tesalonicenses	277
Primera Epístola a Timoteo	278
Segunda Epístola a Timoteo	279
Tito	280
Filemón	281
Hebreos	282

Epístolas generales

Santiago	283
Primera Epístola de Pedro	284
Segunda Epístola de Pedro	285
Primera Epístola de Juan	286
Segunda Epístola de Juan	287
Tercera Epístola de Juan	288
Judas	289

Libro profético

Apocalipsis	290

Sección VIII - Que dice la Biblia acerca de... — 293

Profecías del fin del mundo (Escatología)	295
Arrebatamiento (del inglés *Rapture*)	296
Armagedón	297
¿Qué es "temerle a Dios"?	299
Ayuno	300
Circuncisión	301
La circuncisión y el incidente de Antioquía	304
Bautismo infantil	305
Historia del bautismo infantil	306
Beber alcohol, usar drogas	308
Celebrar días festivos "no bíblicos"	309
¿Deberíamos celebrar la Navidad?	311
¿Quién es Santa Claus?	314
¿Deberíamos celebrar cumpleaños?	316
Ver TV, cine o escuchar música	318
¿Debe un cristiano educarse?	319
Lista de desatacados cristianos en la historia	320
¿Debe un cristiano evitar el Internet?	322
Matrimonio en el sacerdocio cristiano	323
La mujer y el liderazgo en la Iglesia	325
¿Debe un cristiano evitar votar o la política?	330
Hablar en lenguas	331
La Trinidad	333
¿Orar o Rezar?	336
Veneración a la Virgen María	337
¿Por qué tantas Vírgenes?	340
Veneración a los Santos	342

Los 144000 escogidos	346
¿Debe un cristiano pagar el diezmo?	348
El purgatorio	349
El limbo	351
Infierno	352
Confesión	354
¿Está el Sábado todavía vigente?	356
Fue Jesús Crucificado o "fijado en el madero del tormento"	359
La Crucifixión en la historia	364
¿Fue María Magdalena esposa de Jesús?	369
Código Da Vinci	370
Creación o Evolución	372
El origen de las especies de Charles Darwin	373
¿Está la ciencia o la evolución en contra de Dios?	374
Otras teorías Creacionistas y Evolucionistas	376
Supersticiones, horóscopo, psíquicos	379
¿Debe un cristiano celebrar Halloween?	381
Sectas o cultos religiosos	383
¿Cómo reconocer y abandonar una secta religiosa?	384
Como el hombre debe usar el cabello (largo o corto)	387
Inmigrantes indocumentados	390
¿Debe ser primero la ley del hombre?	392
El cristianismo y las personas homosexuales	394
¿Existe la vida Extraterrestre?	396
Ver a un médico, tomar Medicina	400
Células madres (*Stem Cells*)	402
Transfusiones de sangre	404
El aborto	408
Donador de órganos	412

Sección IX - Para Recordar — 415

La Iglesia Verdadera es...	417
¿Por qué tantas Iglesias diferentes?	418
Diferencias Entre Iglesias Modernas	419
¿Es importante asistir a la iglesia?	420
El fanatismo religioso	422
Un Cristiano Verdadero es...	423
Por sus frutos los conocerás...	424
¿Quién es el prójimo?	425
¿Quién tendrá la vida eterna?	426
La deserción en la Iglesia	427
¿Qué es el ateismo?	428
Como conversar con un ateo	430
No tienes derecho de juzgar a Nadie	432
Para no fallar en la Fe	433

Referencias — 437

Glosario

Diccionario Bíblico	447

Antes de leer el libro

Jesús, por Gustave Doré, 1832-1883

La sabiduría y el conocimiento llenarán tu vida de alegría.
AT Proverbios 2:10

¿Qué es la Iglesia?

Muchas personas consideran que la **Iglesia** es un edificio, una organización, la casa de Dios, etc., el significado (concepto) de "**Iglesia**" varía aun entre cristianos, incluso en algunas denominaciones es contradictoria.

Iglesia, del griego *ekklesia*; de *ek-* "de afuera" y *klesia* "llamar a", según el Diccionario de la Real Academia Española; Iglesia es la congregación de fieles cristianos, en otras palabras; **la Iglesia es la gente y no una entidad o edificio**.

Originalmente los seguidores de Cristo se reunían en sinagogas de acuerdo a la tradición hebrea, pero al ser rechazados por los judíos y sobre todo debido a la constante persecución, los cristianos comenzaron a reunirse en casas para predicar el Evangelio (**NT Romanos 16:5**), con el incremento de **seguidores de Jesús** por la conversión de gentiles fuera de Israel llevada a cabo por el **Apóstol Pablo de Tarso** en localidades donde la lengua popular era el griego, se comenzó a utilizar la palabra *ekklesia,* la cual literalmente significa "llamar a los de afuera", así la palabra sinagoga poco a poco dejó de utilizarse.

La Biblia señala que **la Iglesia es el conjunto de fieles** (*NT Juan 13:34-35*), y **Jesucristo es el líder** (*NT Efesios 5:23*), sin condiciones de ningún tipo; judíos, griegos, esclavos, libres; **a todos** "*se nos dio a beber de un mismo Espíritu*", no a un solo miembro o congregación sino a muchos, todo aquel que tenga **Fe en Jesús** es parte de Su Cuerpo (Iglesia). *NT 1 Corintios 12:13-14*

¿Cuál es la Iglesia de Jesús?

19 Si dos de vosotros se ponen de acuerdo en la tierra acerca de cualquier cosa que pidan, les será hecho por mi Padre que está en los cielos,
20 porque donde están dos o tres congregados en mi nombre, allí estoy yo en medio de ellos.

NT Mateo 18:19-20

En esto conocerán todos que sois mis discípulos, *si tuviereis amor los unos por los otros.*

NT Juan 13:35

¿Quiénes son los Discípulos de Jesús?

El que tiene mis mandamientos y los guarda, ése es el que me ama; y el que me ama será amado por mi Padre, y yo lo amaré y me manifestaré a él.

NT Juan 14:21

36 —Maestro, ¿cuál es el gran mandamiento en la Ley?
37 Jesús le dijo: —"Amarás al Señor tu Dios con todo tu corazón, con toda tu alma y con toda tu mente."
38 Éste es el primero y grande mandamiento.
39 Y el segundo es semejante: "Amarás a tu prójimo como a ti mismo."
40 De estos dos mandamientos dependen toda la Ley y los Profetas.

NT Mateo 22:36-40

Por lo tanto, **la Iglesia es cualquier grupo de personas** reunidas **en el nombre de Jesús**, **sin importar cuál es el nombre del grupo**, la Biblia no define ninguna denominación específica como muchos señalan en el presente.

Sin embargo; en este mundo donde por el hecho de **ser seguidor de Cristo** somos a veces discriminados o rechazados por muchos; es más lamentable ver como cristianos se acusan y denigran unos a otros por doctrinas de grupo.

Un cristiano está moralmente obligado a portarse mejor que cualquier otra persona en todo tipo de circunstancias, sin reprochar ni prejuzgar a nadie, **porque no hay ni un solo justo en el mundo** (*NT Romanos 3:9-20*), y si **Dios mismo no juzga a nadie en el presente**, sino que a apartado **un día de Juicio para todos** y cada uno de nosotros en el futuro (*NT 2 Corintios 5:10*), **qué derecho** o autoridad tenemos nosotros de juzgar a los demás.

> *1 **No juzguéis, para que no seáis juzgados**,*
> *2 porque con el juicio con que juzgáis seréis juzgados, y con la medida con que medís se os medirá*
> ***NT Mateo 7:1-2***

Un cristiano nunca debe promover la división o **discriminación** entre creyentes **porque otros no comparten sus creencias**, dogmas, tradiciones, etc., sobre todo si éste es motivado por el **proselitismo** o **legalismo religioso**.

> *Les ruego, pues, hermanos, por el nombre de nuestro Señor Jesucristo, que habléis todos una misma cosa, y **que no haya entre vosotros divisiones**, sino que estéis perfectamente unidos en una misma mente y un mismo parecer...*
> ***NT 1 Corintios 1:10***

¿Es Iglesia, sinagoga, asamblea, congregación o tabernáculo?

En el presente es frecuente encontrar a cristianos que "aseguran" que su grupo **no es iglesia** sino sinagoga, asamblea, congregación o tabernáculo, etc.

Esta es una confusión que existe **entre grupos protestantes modernos** y se origina durante la **Reforma Protestante**, cuando la iglesia en **Alemania** decidió cambiar el nombre griego original *ekklesia* (iglesia) a *Kirche* del griego *kurios* que significa "Señor", "Maestro", poco después la iglesia en Inglaterra adoptó este cambio y del alemán *Kirche* pasa al inglés como *church*.

De esta palabra "**Kurios**" también se origina el vocablo **Curia** que significa "*servidumbre del Señor*" y **cura** "*siervo del Señor.*"

Durante el "revisionismo religioso" de los años 1800s y 1900s en Estado Unidos, se dan cuenta que la palabra bíblica original es *ekklesia* y no *church*, así algunos grupos, deciden corregir el error y usar de nuevo **Iglesia** (*ekklesia*), o sus equivalentes modernos: "asamblea", "tabernáculo", "congregación", etc.

Irónicamente, estos grupos instruyen en el presente a sus fieles hispanos a hacer lo mismo cuando **en español no usamos "*church*"** sino *Iglesia* el cual es la traducción directa del término original *ekklesia*, del cual proviene también el nombre del libro *Eclesiastés* o "libro de la Iglesia".

La Iglesia en el presente

La **Fe Cristiana** nació en el ceno de la **religión Judía**, la cual fue establecida con el **Pacto** que **Dios** hizo con **Abraham**, unos 2000 años antes de Cristo como está documentado en *AT Génesis 15:18*, **Abraham es el fundador** de la **Fe Judía** de la cual posteriormente **emergen la Fe Cristiana e Islámica**.

2000 años después del establecimiento del judaísmo, nace en cumplimiento a las profecías bíblicas **Yeshua Ha-Notzri** (Jesús de Nazaret), **El Hijo de Dios**.

Jesús promueve en su mensaje el **Evangelio** o "buenas noticias", el cual es el **Nuevo Pacto** (*NT Mateo 26:28*), esta nueva alianza envuelve al mundo entero y requiere cumplimiento a **Sus Mandamientos** (*NT Mateo 22:34-40*), para ser parte del Reino de Dios y tener vida eterna. *NT Juan 3:16*

Durante el Ministerio de Jesús, sus seguidores fueron llamados **Nazarenos**, quienes eran todos judíos, poco después de **su Crucifixión**, el **Apóstol Pablo** establece la primera comunidad de gentiles seguidores de Jesús, fueron ellos (gentiles) los primeros en ser llamados **Cristianos**. *NT Hechos 11:26*

Sin embargo a finales del primer siglo, ya existían **divisiones** (**cismas**) entre los seguidores de Jesús, entre ellos estaban los Nazarenos, Cristianos, Ebionitas, Gnósticos y otros, todas estas comunidades sufrieron persecución por judíos, romanos y otras entidades, pero en **el año 313 d.C.**, **el emperador romano Constantino** promulga el **Edicto de Milán**, el cual pone fin a la persecución de Cristianos, poco después, todos los grupos mencionados arriba (excepto los Gnósticos y Arrianos) se unen formando la **ekklesia katholika**, frase griega que en español significa **Iglesia Universal**.

Esta unión universal de cristianos perduró hasta **el año 1054 d.C.**, cuando ocurre "**El Gran Cisma**", el cual, por diferencias en teología, se divide la **Iglesia Católica** en dos ramas las cuales llegarían a ser conocidas en el futuro como la **Iglesia Católica Romana** y la **Iglesia Católica Ortodoxa**.

Nuevamente, **en el año 1517 d.C.**, ocurre otro cisma, este es conocido en el presente como **la Reforma Protestante**, iniciada por **el sacerdote católico Martín Lutero**, en descontento con la forma que la curia manejaba la Iglesia.

En el **año 1720** se inicia otro movimiento llamado el "**Gran Despertar**", este ocurre en Estados Unidos entre grupos cristianos que habían salido de Inglaterra, buscando libertad de religión.
En **1810** ocurre otro cisma y es llamado el "**Segundo Gran Despertar**", de este se originan la mayoría de iglesias protestantes modernas americanas.

De esta manera, en el presente, podemos distinguir **tres grupos principales** (órdenes cristianas) de donde se originan todas las iglesias.

⇨	**Iglesia Católica Apostólica Romana**	*c. 325 d.C.*
⇨	**Iglesia Católica Apostólica Ortodoxa**	*c. 1054 d.C.*
⇨	**Iglesia Protestante**	*c. 1517 d.C.*

Esquema: la Iglesia primitiva, sus primeros 300 años

De esta última rama (Protestantismo) es de donde literalmente han surgido cientos de **denominaciones completamente independientes**.

Aunque muchas de estas congregaciones protestantes **son independientes**, la mayoría tienden a seguir doctrinas o comparten creencias nacidas ya sea durante la **Reforma de 1517** o dentro de alguno de los movimientos llamados "**Gran Despertar**" de 1720 y 1810.

En general, las congregaciones más influyentes en los últimos siglos son:

Iglesias Protestantes Nacidas después de la Reforma de 1517				
Luteranas	Anglicanas	Calvinistas	Anabaptistas	Bautistas (Europa)

Iglesias Protestantes Nacidas después del Gran Despertar de 1720			
Bautistas (EE.UU.)	Metodistas	Presbiterianos	Adventistas
Pentecostales	Mormones	Iglesia de Cristo	"Cuákeros"

Entre **1880-1920** ocurre "**El tercer Gran Despertar**", que también dio paso a la creación de nuevas denominaciones cristianas.

Por último, en **1960-1970** ocurre "**El Cuarto Gran Despertar**", llamado también "**Movimiento Evangélico**", el cual a pesar de que el lugar de origen fue los Estados Unidos, este movimiento ha logrado tener un mayor impacto en **América Latina**.

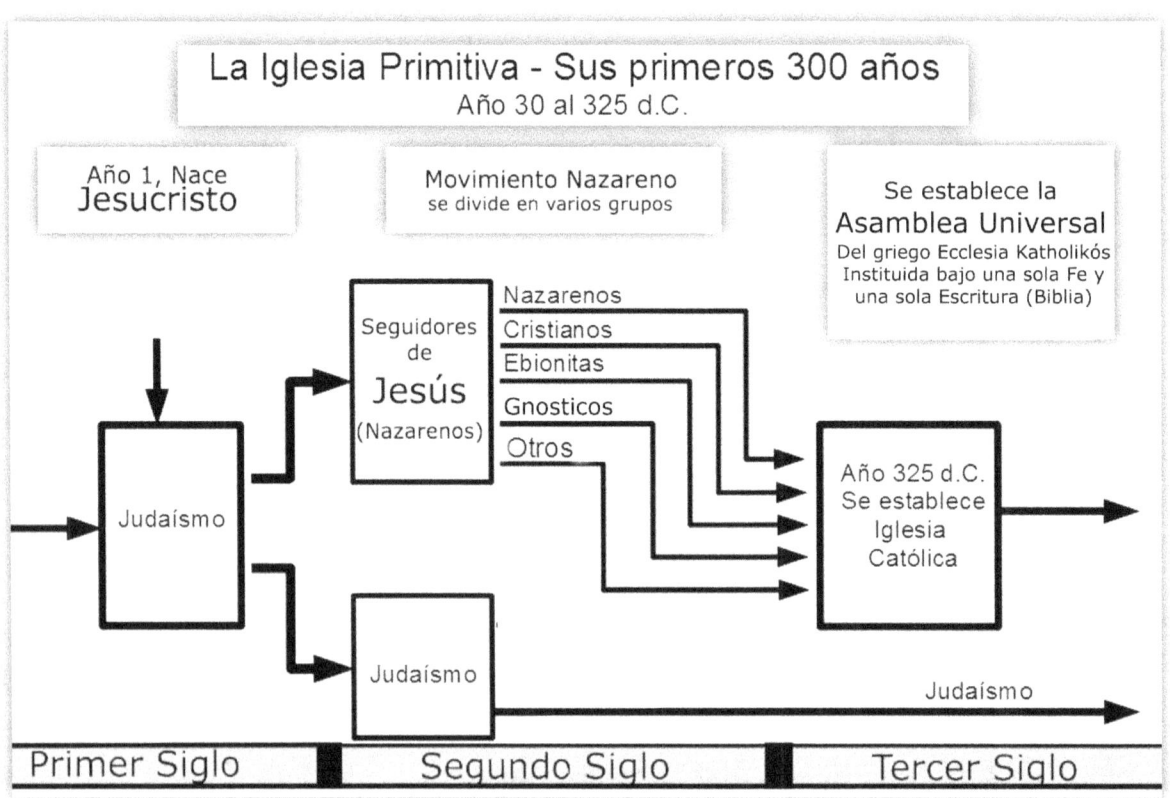

Los cismas (divisiones) más importantes de la Iglesia
En los últimos 20 Siglos (2000 años)

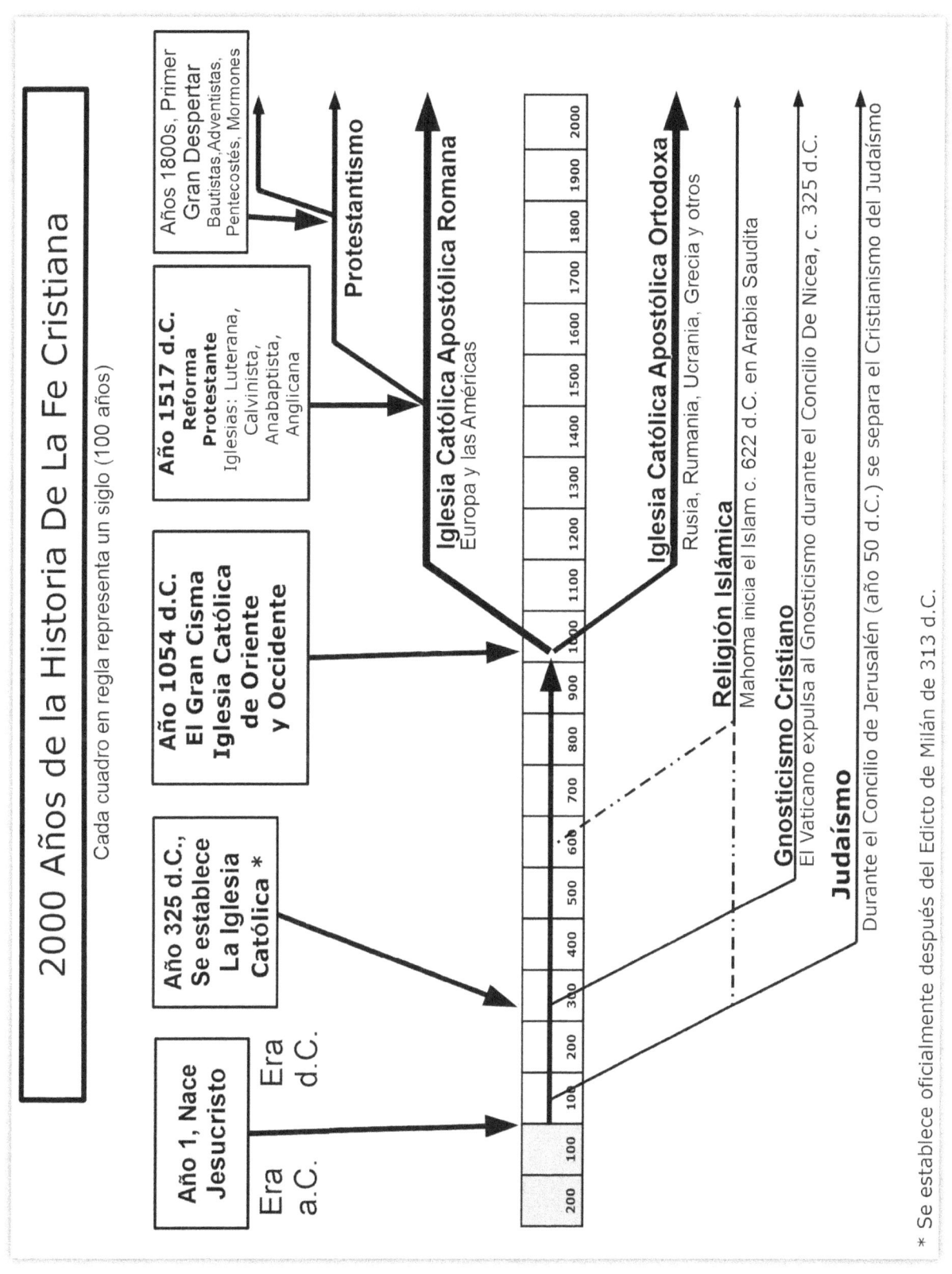

El Lenguaje Latín

El latín fue el lenguaje oficial del imperio romano, como también, por siglos fue la lengua franca o sea, la lengua internacional de comunicación, la influencia del **latín** en lenguajes del mundo es simplemente incuestionable y extraordinaria, así como en la misma forma lo es en el presente el inglés.

Aunque el latín es considerado una lengua muerta, sigue siendo utilizado actualmente en campos científicos, médicos y legales alrededor del mundo. **[A]**

El lenguaje latín, nació en **Latium** o "Viejo llano" en el presente **Lacio**, un territorio en **la zona central de Italia**.

En la Biblia, el latín, es después del hebreo y griego, el lenguaje más importante dentro de **la historia de la FE Cristiana**. El **apóstol Pablo de Tarso** siendo ciudadano romano (***NT Hechos 22:27-28***), predicó en este lenguaje, y aunque no hay evidencias de que **Jesús y sus discípulos** hablaran el idioma, con seguridad se puede decir que el **latín** tuvo una fuerte influencia en sus vidas, ya que durante todo el Ministerio de Cristo, Israel estuvo bajo control del imperio romano. ***NT Marcos 12:17***

La Biblia relata que en la crucifixión de Cristo, los romanos pusieron sobre su cruz las siglas en latín **INRI: IESVS·NAZARENVS·REX·IVDÆORVM**, que en español significa: "**Jesús Nazareno, Rey de los judíos**." ***NT Juan 19:19-20***

Siglos más tarde, con el colapso de **Roma**, el latín comenzó a diversificarse (alterarse), dando origen a las llamadas **lenguas romances**, las cuales son el **italiano**, **español**, **rumano**, **portugués** y **francés**. **[B]**

Cuando **España** descubre y conquista el nuevo continente (América) establece el lenguaje español en sus colonias, es por esta razón que el conjunto de naciones de habla hispana es llamado **Latino América**.

A pesar de la caída del imperio romano, el **latín** continuó siendo utilizado como la **lengua franca en el mundo**, y aun en el presente, la lengua exhorta una característica cultural y clásica, debido a esto es muy popular entre intelectuales y en áreas académicas, médicas, legales, literarios, etc.

Así como en el judaísmo, el hebreo es el lenguaje utilizado formalmente en los servicios de sinagogas alrededor del mundo, así mismo el latín continúa siendo la lengua oficial del Estado Vaticano y usado dentro de la **liturgia** (servicios) **de la Iglesia Católica** y otras comunidades cristianas primitivas.

Después de la **Reforma Protestante** hubo oposición al uso del **latín** en comunidades anglosajonas (Alemania, Inglaterra, Holanda, etc.), ya que los idiomas de estas naciones no son de origen latín y el pueblo en general no entendía los servicios en este lenguaje.

En el presente se ha observado un renacimiento del latín en Europa y los Estados Unidos.

El legalismo religioso

El legalismo religioso, llamado también **fundamentalismo**, es según el diccionario de la Real Academia Española; la tendencia a la aplicación literal de las leyes religiosas, sin considerar otras circunstancias.

Es una posición que promueve la interpretación "literal" de la Biblia, es una forma de **idolatría a las Escrituras o la doctrina del grupo**, a veces a costa de los principios fundamentales **del Evangelio de Cristo**, el cual predica el **amor incondicional a Dios** y **al prójimo**. *NT Mateo 22:34-40*

Quienes sostienen esta postura creen que sus acciones los "**harán salvos**"; estas doctrinas pueden ser simples o inofensivas como por ejemplo vestirse en forma pudorosa o "decente", las mujeres no deben usar maquillaje o ropa de hombres, el hombre no debe usar el pelo largo, no ir al cine, no escuchar música "del mundo", aun sí esta música es cristiana de otras iglesias, no bailar, en algunos casos se sugiere no usar nada moderno como: energía eléctrica, vehículos, Internet, e-mail, sitios como "*Facebook*", "*Twitter*", etc.

Sin embargo, existen algunas doctrinas legalistas más radicales y peligrosas como el rechazo a procedimientos médicos, desde el uso de medicinas, vacunas, transplante de órganos o transfusiones de sangre, bailar con serpientes venenosas, esclavizarse totalmente a la doctrina de la secta, etc.

Aunque estos grupos basan sus creencias en algunos versículos bíblicos para justificar sus doctrinas, de ninguna forma la persona que observa estas cosas tiene garantizada su salvación, sobre todo si se le da más importancia a esas creencias y **desatienden el amor a Dios la compasión a su prójimo**.

> *8 Este pueblo de labios me honra, mas su corazón está lejos de mí,*
> *9 en vano me honran, enseñando como doctrinas mandamientos de hombres.*
> ***NT Mateo 15:8-9***

El verdadero cristiano no lo hace su vestimenta, su afluencia económica, su corte de pelo, o si vive en una cueva evitando toda cosa del mundo o porque anda con una Biblia debajo del brazo, **el verdadero cristiano** es el que observa sus Mandamientos (***NT Mateo 22:34-40***), el que se llama cristiano es porque anda como Él anduvo. *NT 1 Juan 2:6*

> *El que guarda sus mandamientos permanece en Dios, y Dios en él. Y en esto sabemos que él permanece en nosotros, por el Espíritu que nos ha dado.*
> ***NT 1 Juan 3:24***

El legalismo tiende a servir a **las apariencias materiales** y caprichos de hombres, es prejuicioso, vacío, innecesario y espiritualmente debilitante.

Jesús rechazó el legalismo religioso, como lo podemos leer en la parábola del "*fariseo y el publicano*" (siguiente página), Cristo reprocha este tipo de conducta, la cual era típica de los fariseos, es por esto que el legalismo o fundamentalismo es llamado también **fariseísmo**.

Parábola del fariseo y el publicano

Durante el primer siglo, los fariseos eran conocidos por su estricta y muchas veces **inhumana observancia a la Ley de Moisés**, según los religiosos este era **el comportamiento que complacía a Dios**.

El fariseo que Cristo usa como ejemplo en la parábola se aferra rigurosamente a las reglas religiosas, no se "junta con mundanos", ayuna más de lo requerido, da diezmo de todo lo que gana, actuando arrogantemente seguro de sí mismo que por su religiosidad materialista estaba en el agrado de Dios.

Por otro lado, **los publicanos eran judíos despreciados** por colaborar con el Imperio Romano, eran llamados también cobradores de impuestos, sin embargo, Cristo en esta parábola no condena la "profesión" del publicano.

> *9 A unos que confiaban en sí mismos como justos y menospreciaban a los otros, dijo también esta parábola:*
> *10 «Dos hombres subieron al Templo a orar: uno era fariseo y el otro publicano.*
> *11 El fariseo, puesto en pie, oraba consigo mismo de esta manera: "Dios, te doy gracias porque no soy como los otros hombres: ladrones, injustos, adúlteros, ni aun como este publicano;*
> *12 ayuno dos veces a la semana, diezmo de todo lo que gano."*
> *13 Pero el publicano, estando lejos, no quería ni aun alzar los ojos al cielo, sino que se golpeaba el pecho, diciendo: "Dios, sé propicio a mí, pecador."*
> *14 Os digo que éste descendió a su casa justificado antes que el otro, porque **cualquiera que se enaltece será humillado y el que se humilla será enaltecido**.»*
>
> **NT Lucas 18:9-14**

Al contrario, Jesús reconoce y valora la necesidad de este hombre que busca con humildad el perdón de Dios, por este hecho, Jesús señala que el publicano recibió la reconciliación que pedía, ya que él se fue a su casa justificado antes que el fariseo, porque:

"**Cualquiera que se enaltece será humillado y el que se humilla será enaltecido.**" **NT Lucas 18:14**

"*El Fariseo y el Publicano*" por Julius Schnorr Von Carolsfeld, 1794-1872

Jesús en esta parábola, nos señala la importancia de la humildad y el arrepentimiento, en contraste con la soberbia y arrogancia de religiosos, **claramente una crítica al fariseísmo o legalismo** (fundamentalismo) **religioso**.

"Éso no es bíblico"

"**Eso no es bíblico**", es la declaración que muchos cristianos hacen para no aceptar dogmas o creencias, sobre todo, las que ellos no han interpretado así, en otras palabras; "**Eso no es bíblico**" es la creencia que acepta solamente las cosas "**dictadas por Dios**" a través de sus **profetas** o **Cristo en la Biblia**.

Aunque esta **es una actitud incuestionable correcta**; esta razón también se ha convertido en el motivo principal para algunos de señalar como "**falso**" y rechazar a todo otro cristiano que **no comparte sus creencias** o **doctrinas**.

En primer lugar debo señalar que la Biblia afirma que:

> *16 Toda la Escritura es inspirada por Dios y útil para enseñar, para redargüir, para corregir, para instruir en justicia,*
> *17 a fin de que el hombre de Dios sea perfecto, enteramente preparado para toda buena obra.*
> ***NT 2 Timoteo 3:16-17***

Sin embargo no olvidemos que aun en la misma Biblia se dan casos de abuso a las "**Leyes o Mandamientos**" por parte de religiosos fundamentalistas o **personas que idolatran las Escrituras de tal manera** que olvidan que es el perdón, la misericordia y el amor al prójimo el motivo original de estas leyes.

Cristo **desobedeció** la Ley para **favorecer la misericordia**, como lo leemos en la historia de "*La mujer adúltera*" (***NT Juan 8:1-11***), en la cual la Biblia dictaba matar a una persona culpable de adulterio (***AT Deuteronomio 22:22***), este ejemplo no debe tomarse como un motivo para **reversarse contra las Escrituras**, sino para **evitar la idolatría a la Ley** (Biblia).

Jesús claramente nos dice que **Sus Mandamientos** están **SOBRE TODA LEY**.

> *37 Jesús le dijo: —"Amarás al Señor tu Dios con todo tu corazón, con toda tu alma y con toda tu mente."*
> *38 Éste es el primero y grande mandamiento.*
> *39 Y el segundo es semejante: "Amarás a tu prójimo como a ti mismo."*
> **40 De estos dos mandamientos dependen toda la Ley y los Profetas.**
> ***NT Mateo 22:37-40***

Aunque Jesús usó las Escrituras en Su Ministerio y muchas veces dijo: "*Escrito está*" (***NT Mateo 4:7***), "*¿Qué está escrito en la Ley?*" (***NT Lucas 10:26***), "*¿Ni aun esta escritura habéis leído?*" (***NT Marcos 12:10***), etc., etc., etc., **jamás Cristo puso la ley primero y después la misericordia al prójimo**.

No olvidemos también de que a pesar que "*Toda la Escritura es inspirada por Dios*" (***NT 2 Timoteo 3:16-17***), de **cientos de textos sagrados** que fueron escritos; sólo algunos de estos fueron incluidos en la Biblia presente.

➪ Vea **Historia de la Biblia** en página **169** para más información.

Historia del Calendario Cristiano

Es muy seguro que más de alguna vez nos hemos hecho la pregunta sobre el origen o significado del conteo de los años en el calendario, (Ejemplo: 1983, 1995, 2010, etc.), este número **representa la edad de Jesús**, este conteo es conocido como **Anno Domini** en español Año o Era del Señor, también es frecuentemente llamado **Calendario Gregoriano**. **[A]**

La Real Academia Española nos describe **el calendario** como "Sistema de representación del paso de los días, agrupados en unidades como semanas, meses, años, etc. En otras palabras; es una cuenta regulada del transcurso del tiempo, utilizado para la organización de las actividades humanas.

Calendario del latín *calendarium* es un vocablo compuesto por tres palabras; *calare*, "calcular", "calar", "medir", y *ante*, "antes", "adelante", y finalmente *diem*, "días". Entonces la palabra *calendarium* literalmente en español significa "*calcular días por adelantado*".

En la antigüedad y sobre todo antes del **Calendario Gregoriano**, cada pueblo, nación o imperio usaba diferentes métodos para calcular el tiempo, la mayoría de estos "calendarios" estaban basados en eventos significativos, como lo era el paso de un cometa, un terremoto, inundación, epidemias, etc., como también lo basaban en un reinado o en la vida de su gobernador, etc.
Estos calendarios en general eran guiados por ciclos lunares para contar días y meses, sin embargo no tenían **la continuidad de años** que tiene el calendario moderno (**Gregoriano**), o sea el "conteo" se reanudaba después de un periodo.

El Calendario *Ab urbe condita* (Imperio Romano)

A pesar de que el pueblo hebreo estuvo bajo el control del imperio romano durante mucho tiempo, **incluyendo en los días de Jesús**, Israel nunca tuvo un calendario práctico o consistente, debido a esto, no existen fechas exactas de ninguno de los sucesos narrados en la Biblia.

Por otro lado, los romanos utilizaron uno de los calendarios más efectivos, por lo menos en aquellos tiempos, llamado en latín *ab urbe condita*, (por sus iniciales; *auc*, también llamado *au*), que en español significa "**desde la fundación de la ciudad**", siendo la ciudad **Roma**, este calendario era utilizado para celebrar fechas y eventos religiosos o históricos en general. **[B]**

Los romanos, también utilizaban un calendario no oficial, este era el conteo de días y años basados en el período que ejercía un gobernador en el poder.

Por ejemplo: Durante **el año 7 del gobierno de Nerón**, el año que debía ser oficialmente *810 auc* (de la fundación de Roma), era generalmente substituido con el año **7**, y la gente solía decir "**el año 7 de Nerón**".

El Cristianismo es legalizado en Roma

En los territorios controlados por Roma se utilizo ampliamente el calendario *ab urbe condita* por muchos siglos, pero para el año **1066 auc** (ajustándolo al calendario cristiano es **313 d.C.**), **Constantino I el Grande** promulga el **Edicto de Milán** conocido también como *La tolerancia al Cristianismo*, el cual establece la libertad de religión y daba fin a las persecuciones dirigidas por las autoridades contra el cristianismo.

El calendario *Anno Domini* (Año del SEÑOR)

Cuando la Iglesia es legalizada en Roma gracias al **Edicto de Milán**, los cristianos se ven forzados a utilizar el calendario del imperio (*auc*), **un calendario plagado de tradiciones y festividades paganas**, donde aun los nombres de los días y meses estaban dedicados a dioses, guerreros, emperadores, cuerpos celestes, etc.

Pero no fue hasta el **año 525 d.C.**, que el **Papa Juan I (470-526 d.C.)**, comisiona a **Dionisio el Exiguo [D]** a establecer un nuevo **calendario centrado en la Fe cristiana**, esto es, **para contrarrestar el dominante paganismo en la vida y sociedad romana**.

Aunque el **Papa Juan I [E]**, indicó que la razón de establecer este nuevo calendario era para calcular las fechas de la *Pascua* o *Pésaj* (Passover), la cual es la festividad judía que conmemora la salida del pueblo hebreo de Egipto, (**AT Éxodo 12:1-28**) y que para la iglesia se había convertido en la conmemoración de **la Resurrección de Jesús**, llamada *septimāna sancta* (*Semana Santa*), sin embargo; el verdadero motivo de la comisión del nuevo calendario era para erradicar tradiciones y festividades paganas por completo.

Calendarium **Anno Dómini Nostri Iesu Christi**
El Calendario del Año de Nuestro Señor Jesucristo

Aunque ya habían pasado más de 500 años **del nacimiento de Jesús**, el matemático y monje rumano, *Dionisio el Exiguo*, inicia sus evaluaciones entre los años 526 y 530 d.C., para desarrollar un nuevo calendario **basado en el nacimiento de Cristo**.

Para lograr esto, **Dionisio** hace sus cálculos usando el calendario romano (*auc*), la Biblia, dató el reinado de Herodes y otras fuentes históricas, es así como Dionisio logra evaluar que Jesús habría nacido alrededor del año romano **753 auc**.

Imagen: Dionisio el Exiguo, **c. 470-544 d.C.**

Dionisio concluye su trabajo y entrega el resultado al **Papa Juan I**, así él promulga el establecimiento del nuevo calendario en el año **731 d.C.**, con el nombre de (en latín): **Anno Dómini Nostri Iesu Christi**, en español significa: *El Año de Nuestro Señor Jesucristo,* en este **el año 1** es el nacimiento de Jesús, con el tiempo fue simplificado como **Anno Dómini, o A.D. [E]**

Aunque el nuevo calendario ajustado en la **Fe o era cristiana** había sido una victoria del cristianismo contra el paganismo, aun así la Iglesia sabía que faltaba mucho más que hacer, como por ejemplo: eliminar o sustituir tradiciones y celebraciones enmarcadas en este mismo calendario, las cuales por siglos habían sido dedicadas a dioses del panteón romano (Panteón de Agripa), entre estas tradiciones estaba, la celebración del día más importante y sagrado de la semana romana: el *día del dios sol* (latín *dies solis*). **[F] [G]**

En cambio el día sagrado para los judíos era el **Sábado,** *(AT Éxodo 20:8),* incluyendo para **Jesucristo** (*NT Lucas 4:16-19*), como así lo era también para **el cristianismo primitivo** (*NT Lucas 23:56),* sin embargo la iglesia encontró que el rito del ***dies solis*** (el domingo romano), estaba fuertemente establecido y era imposible erradicarlo del imperio, y no le queda más a la iglesia que "mover" el sábado para el día siguiente (***dies solis***) y re-nombrarlo ***dies Dominicus***, en español **Día Domingo** o "**El día del Señor**".

Este cambio de nombre sólo ocurre en naciones Católicas, en otros países con lenguajes anglosajones, orientales y otros, no se cambió el título de "**día del sol**", como lo es en el inglés "*sunday*", alemán "*sonntag*", suizo "*söndag*", etc.

Sin embargo, la Iglesia ha sido criticada por haber cambiado el sábado o "Día de reposo" establecido en la Biblia por Dios (*AT Éxodo 20:10*), la Iglesia señala que "esta adaptación" es permitida de acuerdo a **El Concilio de Jerusalén**, ocurrido poco después de la **Crucifixión de Jesús**, en esta asamblea los **Apóstoles de Jesús** (judíos) y el **Apóstol Pablo** (predicador de Gentiles), llegan a la conclusión de "**limitar**" o "**adaptar**" la Ley Mosaica para hacer más fácil la predicación del Evangelio en el mundo.

> *19 Por lo cual yo juzgo que no se inquiete a los gentiles que se convierten a Dios...*
> *24 Por cuanto hemos oído que algunos que han salido de nosotros, a los cuales no dimos orden, os han inquietado con palabras, perturbando vuestras almas, mandando circuncidaros y guardar la Ley,*
> **NT Hechos 15:19-29**
> *Por tanto, nadie os critique en asuntos de comida o de bebida, o en cuanto a días de fiesta, luna nueva o sábados.*
> **NT Colosenses 2:16**

De esta forma y gradualmente la Iglesia se ajusta logrando "cristianizar" algunas tradiciones paganas, sin fomentar rechazos, rebeliones o dificultades políticas en una sociedad (Roma) que todavía estaba muy aferrada a sus antiguas religiones y tradiciones.

El Calendario **Anno Dómini** (1000 años después)

A pesar de la introducción del calendario **Anno Dómini** (Era Cristiana), el calendario romano (**a.u.c.**), continuó siendo usado como el método estándar para medir el tiempo, es finalmente en **el siglo XVII** (años 1600s) que se comienzan a nombrar los años anteriores al **1 A.D.** como **años antes de Cristo** (**a.C.**), y los posteriores son llamados **después de Cristo** (**d.C.**).

A pesar del cambio que hizo el **Papa Juan I** al calendario en **el año 731 d.C.**, basado en el nacimiento de Jesús, este todavía tenia el nombre de "*calendario Juliano*", ya que había sido dedicado originalmente al emperador **Julio Cesar** en **el año 46 antes de Cristo** o sea el año **708 auc**.

Sin embargo, el calendario Juliano desde el principio sufría de un error de cálculo, ya que su conteo era de **365 días en el año**, **más 6 horas**, cuando la cifra correcta debía de ser **365 días, 5 horas, 48 minutos y 45,16 segundos**. La diferencia entre las dos cifras **era más de 11 minutos extras cada año**, y desde que la Iglesia comenzó a usar el calendario **Anno Dómini**, ya habían pasado 1257 años (desde el 325 que legalizó el cristianismo en Roma al 1582), y se había **acumulado un error** que equivalía a más o menos **10 días**.

Este problema de cálculo es resuelto por el **Papa Gregorio XIII**, quien introduce en **1582 d.C.**, el nuevo **Calendario Anno Dómini**, el cual es posteriormente dedicado al Papa Gregorio XIII, y llamado en el presente **Calendario Gregoriano** o **Calendario Cristiano** (a veces **Occidental**), y ha sido adoptado virtualmente como el **calendario oficial** por el mundo. **[H]**

El Calendario Gregoriano (Que no Pudo Ser)

Cabe señalar que el objetivo del **Papa Gregorio XIII** no sólo era reajustar el calendario a uno más exacto, sino **eliminar todo elemento pagano de este**, a un calendario totalmente cristiano, por Ejemplo; los días de semana estarían dedicados a las siete iglesias de Asia, (***NT Apocalipsis 1:4***) y los 12 meses del año a los doce discípulos de Jesús. ***NT Mateo 10:2***

El siguiente es el **Calendario Juliano** de 1582 que el **Papa Gregorio XIII** quería eliminar por sus "elementos" de origen pagano.

Meses del Calendario Romano (Juliano)

	Mes	En Latín	El origen de sus nombres / Dedicado a:
1	Enero	Janus	En honor al dios romano de la creación (génesis)
2	Febrero	Februum	El festival de la purificación, y fundación de Roma
3	Marzo	Martivs	En honor a Marte, dios romano de la guerra
4	Abril	Aperire	Se cree es en honor a la "apertura" de la primavera
5	Mayo	Maius	En honor a Maia la diosa romana del crecimiento
6	Junio	Juno	En honor a la diosa romana de la fertilidad y el parto.
7	Julio	Julius	En honor a Julio Cesar desde 44 a. C. (antes era Quintilis)
8	Agosto	Augustus	En honor al emperador romano Augustus Octavius
9	Septiembre	Septem	Séptimo mes
10	Octubre	Octum	Octavo mes
11	Noviembre	Novem	Noveno mes
12	Diciembre	Decem	Décimo mes

*El calendario romano original tenía sólo **10 meses** y aunque Enero y Febrero fueron agregados más tarde, formando un total de 12, estos últimos cuatro meses siguieron llamándose de la misma forma.*

Días de la semana del Calendario Romano							
El origen de sus nombres / Dedicado a:							
Latín	Lūnae	Martivs	Mercuriī	Jovis	Veneris	Saturnī	Sōlis
Dedicado a	Luna	Marte	Mercurio	Júpiter	Venus	Saturno	Sol
Actual	Lunes	Martes	Miércoles	Jueves	Viernes	Sábado	Domingo

Sin embargo El **Papa Gregorio XIII** murió en 1585 tres años después de haber comenzado su misión y sólo pudo ajustar el calendario a uno más exacto, esta adaptación fue denominada en su honor después de su muerte.

Debido a que la Iglesia Católica se encontraba en ese momento en medio de una "tormenta espiritual"; la **Reforma Protestante**, el nuevo **Papa Sixto V** decidió concentrarse en los problemas más importantes de la Iglesia y abandonó **el proyecto del Papa Gregorio XIII**.

Si el **Papa Gregorio XIII** hubiera logrado su misión, lo más seguro es que ahora tuviéramos fechas completamente diferentes, por ejemplo:

En lugar de: ***Sábado 18 de Marzo***
Quizás fuera: ***Corintios 18 de Mateo***

Otros Calendarios en uso en el Mundo Moderno

A pesar que el calendario cristiano es aceptado oficialmente en el mundo, muchas comunidades también usan calendarios locales, generalmente para eventos políticos, agriculturales y sobre todo religiosos, entre estos los más populares son: el calendario budista, chino, indio (India), persa, etc. **[I]**

Calendarios religiosos y nacionalistas como el hebreo y musulmán (Islámico) cada día ganan más seguidores, tanto que se usan casi de forma simultánea o paralela con el Gregoriano en los países donde la comunidad cristiana es menor.

El Calendario Hebreo (Israel)

El calendario hebreo comienza con el origen (**Génesis**) del mundo, que según la tradición judía, aconteció **el día domingo 7 de octubre**, **3761 años antes de Cristo**. Por este calendario se rigen las festividades judías. **[J]**

El año consta de 12 meses y la semana es de 7 días, el mes está basado en la orbita de la luna (calendario lunar) la cual tiene una duración de 29 días, 12 horas, 44 minutos y 3.3 segundos.
Para que este calendario sea puntual debe tener meses de 29 y de 30 días, intercaladamente.

Es importante señalar que mientras nuestros días que comienzan y terminan a medianoche (12:00 AM), **el día** en el calendario hebreo, **comienza al ocultarse el sol** y así mismo, el día termina el siguiente atardecer.

Para convertir un año del Calendario Gregoriano a su correspondiente hebreo, basta con sumar o restar la cifra de 3760 (2012 + 3760 = 5772).

El Calendario Musulmán (Países árabes)

El origen de este calendario es el día del inicio de **la Hégira**, la emigración de los musulmanes de Meca a Medina, ocurrida en **el año 622** de la era cristiana. Dicho evento marca **en el mundo islámico el año 1** (primero). **[K]**

El calendario musulmán es también **un calendario lunar**, es similar al hebreo, el año consta de 12 meses y la semana es de 7 días, el día comienza al ocultarse el sol, y el mes empieza unos dos días después de la luna nueva (al verse el creciente lunar).

Es utilizado por los musulmanes en todas partes del mundo para determinar el día apropiado para celebrar los días sagrados islámicos y festivales.

Los años son designados con **AH** (Antes de Hégira) o **DH** (después de Hégira).

El **año 2012 d.C.** equivale aproximadamente al **1433 DH** musulmán

El **Anno Dómini** en la actualidad

Es importante conocer que si no hubiera ocurrido el cambio de calendario en el **siglo VI**, lo más probable es que estuviéramos en el **año 2764 auc** en lugar del **2012 d.C.**, es gracias a **Dionisio el Exiguo** creador del *Anno Dómini Nostri Iesu Christi*, que nos encontramos en **la Era Cristiana**.

Esto significa que cada vez que usemos el año del **Calendario Gregoriano** ya sea para firmar cualquier documento, fecha de nacimiento, el año en la licencia de manejo, en un periódico, revista, para negociar un vehículo, etc., etc., ese numero de año representará para todo ser humano, **cristiano o no**, la fecha de **la primera llegada del hijo de Dios** a nuestro planeta, y cada año que pasa, **nos acercamos más a su retorno**.

La gran influencia del **Calendario Gregoriano** (Cristiano) en el mundo, ha provocado malestar entre comunidades ateas o no cristianas, y ya se han iniciado varios intentos de revocación de este, sugiriendo que el calendario es inexacto, otros señalan que este contiene la frase **Anno Dómini, o A.D.**, la cual **es una referencia a Jesús** y que ofende sus creencias religiosas, otros más apoyándose a estatutos, como "la separación de gobierno e Iglesia", señalan que este calendario no debería ser parte de la vida civil moderna.

Como resultado, algunas personas y entidades ya evitan usar la frase **Anno Dómini** por completo y en su lugar utilizan "**año vulgar**", "**era común**", etc.

En las últimas décadas, grupos y personas no creyentes han sugerido eliminar el **Calendario Gregoriano** y en su lugar usar **el calendario persa**, según ellos, este es más preciso que el **Gregoriano** ya que este contiene **un error de un día cada 3300 años**, mientras que en el calendario persa el mismo error solamente sucede **cada 3.5 millones de años**. **[L]**

A pesar de estos intentos de erradicar el **Calendario Gregoriano**, debemos señalar que éste es todavía utilizado universalmente.

El **Calendario Juliano** se usó por siglos el desde su imposición en el 46 a. C., en Europa y otros territorios controlados por Roma en honor a **Julio Cesar**, gobernador romano (100-46 a.C.), quién era visto como una deidad.

En el **año 525 d.C.**, el **Papa Juan I** con el objetito de eliminar el paganismo de festividades, tradiciones y otras cuestiones públicas comisiona al monje **Dionisio el Exiguo** para que estableciera un nuevo calendario en referencia a la **Fe Cristiana**, basando el conteo de años en el **nacimiento de Cristo**.

El **Calendario Juliano** es de nuevo reajustado por **el Papa Gregorio XIII** por medio de la bula (orden) *Inter Gravissimas* en 1582, debido a este ajuste este es llamado **Gregoriano**, y aunque el **Calendario Juliano** es todavía usado por muchos países el **Gregoriano** es actualmente utilizado de manera oficial en casi todo el mundo.

Otros calendarios usados por el mundo en el presente

Calendario Gregoriano (*Usado por la mayor parte del mundo*)	Año 2013 d.C.
Nombre del calendario	**Equivale a**
Juliano (Equivalente al Gregoriano menos 13 días)	2013
Romano actual	MMXIII
Ab Urbe Condita (*Romano, usado antes de Cristo*)	2766
De la Era Humana (*se le agrega 10,000 "años" al año actual*)	12013

Otros calendarios populares	Tipo	2013 equivale a
Asirio	Tradicional	6766
Baháʼí	Religioso	169-170
Bangladés	Nacional	1420
Bereber (Norte de Africa)	Nacional/Religioso	2963
Año de reinado británico	Ceremonial	Elizabeth 62
Budista	Religioso	2557
Burmés (Birmania)	Tradicional	1375
Reino Bizantino	Tradicional	7522-7522
Chino	Tradicional	4709-4710
Copto (Egipto)	Religioso	1729-1730
Etíope	Nacional/Religioso	2005-2006
Hebreo, Israel, (Judíos en el mundo)	Nacional/Religioso	5773-5774
Hindu (India)		
- *Vikram Samvat*	Regional	2069–2070
- *Shaka Samvat*	Regional	1935–1936
- *Kali Yuga*	Regional	5114–5115
Igbo Ṅrí Ìgbò Nigeria)	Religioso	1013–1014
Iraní	Nacional	1391–1392
Islámico (Musulman)	Religioso	1434–1435
Japonés 平成24年	Tradicional	Heisei 25
Juche (Corea del Norte)	Político	102
Corea (Corea y otros países orientales)	Tradicional	4346
Chino Minguo 民國101年	Tradicional	ROC 101
Tai (Tailandia)	Religioso	2556

Sección I

—YO SOY EL QUE SOY—
Diles a todos que yo soy el Dios de Abraham, de Isaac
y de Jacob, los antepasados de ustedes.
AT Éxodo 3: 14

Y Jesús es mi **Hijo amado**, en quien tengo complacencia;
A Él obedeced.
NT Mateo 17:5

¿Existe Dios?

Esta es una de las preguntas más intensas que la humanidad se ha hecho por siglos, y que aun muchos hacen: **¿Existe Dios?**

Esta pregunta también ha sido históricamente objeto de argumentos entre teólogos, intelectuales, personas escépticas (no creyentes), filósofos y otros, siendo el resultado la aceptación mutua que: así como la existencia de Dios no puede ser **demostrada científicamente**; tampoco nadie puede probar ciertamente que Él no existe.

Claro, para los creyentes, su existencia es indudable, sabemos que cada cosa, cada elemento que hace posible nuestras vidas, **desde cosas tan complejas** e **indispensables** como el sol, la luna, la ubicación precisa de nuestro planeta en el universo, hecho que permite el sustento de la vida, **hasta las cosas que parecieran ser sencillas** como el aire (oxigeno) el agua, fuego, etc., etc., cada una de estas cosas nos prueban a los que creemos; **la existencia de Dios**.

> *Pues lo invisible de Dios se puede llegar a conocer, si se reflexiona en lo que él ha hecho. En efecto, desde que el mundo fue creado, **claramente se ha podido ver que Él es Dios y que su poder nunca tendrá fin**.*
> ***AT Romanos 1:20***

> *__1__ El cielo proclama la gloria de Dios; de su creación nos habla la bóveda celeste.*
> *__2__ Los días se lo cuentan entre sí; las noches hacen correr la voz.*
> *__3__ Aunque no se escuchan palabras ni se oye voz alguna,*
> *__4__ su mensaje llega a toda la tierra, hasta el último rincón del mundo. Allí Dios puso un lugar para el sol,*
> *__5__ y este sale como un novio de la habitación nupcial, y se alegra como un atleta al emprender su camino.*
> ***AT Salmos 19:1-5***

Como cristianos, sabemos que Dios existe porque hablamos con Él todos los días, no literalmente, pero sentimos Su presencia, sentimos Su guía, Su amor, Su compasión.

> ***Bienaventurados los que no vieron, y creyeron.***
> ***NT Juan 20:29***

En las siguientes páginas podemos leer sobre algunas de las características en la naturaleza, la cuales son inconcebibles creer que aparecieron de la nada o al azar, sin embargo, debo señalar que ninguna de estas explicaciones pueden convencer a una persona que se niega a aceptar que Dios existe. **[A]**

El Maravilloso Planeta Tierra

El planeta Tierra y sus **características que permiten la existencia de vida** en medio de un Universo hostil, **no** sólo **son únicas**, sino **extraordinarias**.

La relación de la dimensión y la **fuerza de gravedad** de nuestro planeta son exactas para mantener la **delgada capa atmosférica** compuesta de **una mezcla correcta de gases** (principalmente nitrógeno y oxígeno), necesaria para sostener vida; **animal y vegetal**.

Si el planeta fuese de mayor o menor tamaño, la composición química de sus gases en su superficie incluyendo los océanos fuera también diferente, probablemente asfixiando todo tipo de vida.

La Tierra se encuentra a **la distancia precisa del sol**, si la Tierra estuviera un poquito más alejada, el planeta **sería una bola de hielo**, si estuviera más cerca, las temperaturas serian tan calientes que evaporarían los océanos, la constitución química de la atmósfera cambiaria; matando todo tipo de vida.

La Tierra gira sobre su eje cada 24 horas, lo que permite un calentamiento **equilibrado en todo el planeta**, evitando intolerables fluctuaciones en temperaturas, un proceso muy destructivo y desfavorable para cualquier tipo de vida pero común en otros planetas en el sistema solar. **[B]**

Nuestra Luna es del tamaño y la distancia perfecta de la Tierra, esta con su fuerza gravitacional evita que el agua de los océanos se estanque creando las **mareas** y las **corrientes marinas**, indispensable para el sostenimiento de la flora y fauna (Vida). **[C]**

El Agua, este elemento sin olor ni color es un componente **indispensable en la existencia de la vida**, los cuerpos de plantas, animales y seres humanos están compuestos por agua (cerca de dos tercios del cuerpo humano es agua). En nuestro cuerpo el agua nos permite vivir en diferentes ambientes, secos, fríos, calientes, etc., manteniendo una constante temperatura corporal de 98,6 grados. El agua posee la consistencia correcta para mezclarse entre los compuestos de la sangre y la savia para transportar nutrientes en el cuerpo de cada ser vivo, animal o vegetal. **[D] [E]**

La Sal es otro elemento esencial para la vida, el noventa y siete por ciento del agua de la Tierra está en los océanos, sin embargo nuestro planeta tiene un sistema diseñado a remover la sal del agua (evaporación) y luego la distribuye por todo el globo. La evaporación toma el agua de los océanos, deja la sal, y forma nubes que son fácilmente transportadas por el viento para que dispersen agua para la vegetación, los animales y las personas.
Este delicado sistema de purificación y reabastecimiento de agua no sólo es indispensable para la vida terrestre, sino **incomparable en el sistema solar**. **[F]**

El Maravilloso Universo

De la misma forma que nos interrogamos si existe Dios o como fue creada la humanidad, también es común preguntarse ¿Cómo fue creado el Universo? La teoría más aceptada por la ciencia en la actualidad sobre el origen del Universo es la teoría de **La Gran explosión** (en inglés: *The Big Bang Theory*).

Esta teoría propone que el universo era originalmente **una densa bola** de energía, quizás del **tamaño de una manzana** y hace **13.7 billones** de años "**algo provocó**" que esa concentración de **energía explotara** expulsando materia hacia todas las direcciones, en este proceso fueron creadas las estrellas, planetas, galaxias, etc., o sea; **el universo que hoy conocemos. [G]**

Esta teoría se propone después de estudiar (observar) el movimiento de toda materia en el universo (estrellas, planetas, galaxias, etc.), las cuales se alejan a gran velocidad de "**un centro común**", un hecho similar al que se observa cuando ocurre una explosión y esta expulsa (tira) todo tipo de cosas a su alrededor.

Pero **¿Que causó esta Gran Explosión?**, El astrofísico y agnóstico **Robert Jastrow**, dice:

> *"La semilla de todo lo que ha ocurrido en el universo fue plantado en ese primer instante; (The Big Bang) cada estrella, cada planeta y cada criatura viva en el universo entraron en ser el resultado de sucesos de la gran explosión cósmica... El universo brilló con vigor, y no sabemos que lo causó".*

Steven Weinberg, un ganador del premio Nóbel en física dijo acerca del momento de la Gran explosión:

> *"El universo era (una bolita caliente de miles de millones de grados centígrados... y el universo estaba lleno de energía, hasta ese momento donde algo provoco la explosión"*

Curiosamente, esta propuesta de la ciencia; **la teoría de la Gran explosión** demuestra que hubo un **momento de creación**. *AT Génesis 1:3*

⇨ Vea **El Origen del Universo** en página **51** para más información.

El Maravillosos Código ADN

Es increíble como en la actualidad la mayoría de aparatos electrónicos como computadoras, teléfonos celulares, DVDs, CDs, señales de televisión, radio, aviones, carros, etc., todas estas cosas funcionan o trabajan usando el **lenguaje binario**, este sistema es el que le da vida a la mayoría de estos aparatos por medio de cálculos matemáticos usando solamente dos caracteres: el numero uno y el cero, ejemplo: 110010101011000.

Mezclando estos dos únicos números se escribe todo el lenguaje digital en casi todo tipo de transacción o comunicación electrónica.

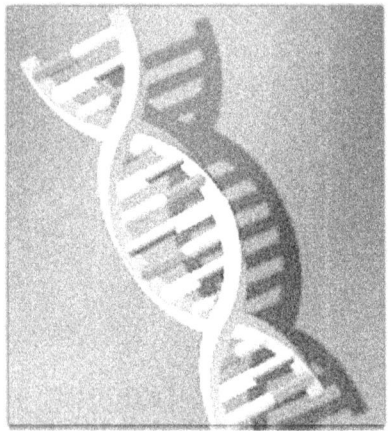

Sin embargo, este tipo de cosas no es nuevo, ya que Dios creó un sistema similar, mucho más sofisticado y maravilloso que el sistema binario; este es conocido como **el Código ADN**.

El **Á**cido **D**esoxirribo-**N**ucleico, frecuentemente abreviado como **ADN**, conocido también por sus siglas en inglés **DNA**, es **una molécula** que forma parte de todas las células y contiene la información genética, que gobierna el desarrollo y el funcionamiento de cada organismo, planta o animal en la Tierra. **[H] [J]**

ADN trabaja en forma similar al **código digital**, este se compone de cuatro productos químicos que los científicos abrevian como A, T, G y C.

Estos cuatro elementos se mezclan entre si en millones de formulas para indicarle al cuerpo del ser viviente como desarrollarse biológicamente y físicamente, **el ADN controla cada detalle en el cuerpo**, desde el color de cabello, de piel, raza humana y aun de las enfermedades que tendrá, etc.

El código ADN claramente contiene las formulas de cómo el cuerpo de un ser vivo debe desarrollarse, sin embargo, **la ciencia no puede explicar** el origen de este código y cómo son programadas las instrucciones en este.

Por la fe comprendemos que el universo fue hecho por la palabra de Dios, ***de modo que lo que se ve fue hecho de lo que no se veía.***
NT Hebreos 11:3

Dios no nos obliga a creer en Él, en su lugar, nos ha provisto de suficiente prueba de su existencia para que nosotros en forma voluntaria y gustosamente le respondamos.

La perfecta distancia de la Tierra al Sol, las propiedades químicas del agua, el cerebro humano, el DNA, etc., etc., etc., todas estas sorprendentes cosas nos demuestran la existencia de un Creador.

¿Quién es Dios?

Dios, del Latín **deus** y este proviene de la palabra griega **Theus** (Teos).
Según el diccionario de Real Academia Española Dios es: Ser supremo que en las religiones monoteístas es considerado hacedor del universo.

Monoteísmo es la creencia de **UN SOLO DIOS**, la palabra está compuesta de los términos griegos **mono** que significa "uno", "solo" y **teos**, Dios.
Por el contrario, **politeísta** es el que cree en dos o más dioses, el término también es de origen griego, **Poly**, significa "muchos" y **teos**, "Dios(es)".

Dios es una palabra **genérica** para referirse a un ser supremo, **NO ES** un nombre personal, como lo es en **la Biblia Yahvé (YHVH)** o **Jesús**.

En la Fe Judía y Cristiana; cuando se escribe la palabra **Dios** para referirse a **Yahvé** (Yahveh), se escribe con la "**D**" mayúscula, como también para referirse a **Él** con pronombres, ejemplo; **Dios**, **Señor**, **Él**, **Su**, **Tu**, **Vos**, etc.
Para referirse a otros dioses, entonces se escribe con "d" minúscula.

En el **Antiguo Testamento**, escrito originalmente en hebreo, se **prohíbe** el uso del nombre del creador en vano (**AT Éxodo 20:7**), es por este motivo que en las Escrituras se utilizan diferentes palabras genéricas para referirse a Dios, como por ejemplo: **El**, **Elí**, **Eloha**, **Elohim**, estas palabras hebreas equivalen al término en español "**Dios**".

Otro término usado frecuentemente en las Escrituras es **Adonai** que significa "**Mi SEÑOR**".

En el caso del **Nuevo Testamento**, aunque se cree que varios libros pudieron haber sido escritos originalmente en **hebreo** o **arameo**, sobre todo los cuatro libros del **Evangelio** (Mateo, Lucas, Marcos, Juan) y posiblemente también los libros de **Santiago**, las **Cartas de Pedro** y **Juan**, sin embargo; las copias más antiguas que se tienen del **NT** se encuentran solamente en **griego**, debido a esto, las palabras equivalentes a "**Dios**" usadas en estas Escrituras son **Theus** y **Kurios** que fueron traducidas **al latín** como **Deus** y **Dominus** respectivamente, y posteriormente **al español** como **Dios y Señor**.

⇨ Vea *¿Cuál es el nombre de Dios?* en página **43** para más información.

Sección I - ¿Quién es Dios?

Dios de acuerdo a la Biblia

En general, creyentes y teólogos atribuyen y reconocen propiedades en **Dios** como omnisciencia (Sabiduría Absoluta), omnipotencia (Supremo), omnipresencia (Siempre presente en todas partes), omni-benevolencia (toda bondad), simplicidad divina, y existencia eterna.

De acuerdo a las Escrituras: **Dios es espíritu y verdad** (*NT Juan 4:24*), Dios es uno, pero existe en tres personas: Dios el Padre, Hijo y Espíritu Santo (*NT Mateo 3:16-17*), Dios es infinito (*NT 1 Timoteo 1:17*), Dios no cambia (*AT Malaquías 3:6*), es incomparable (*AT 2 Samuel 7:22*), misericordioso (*AT Salmos 103:8*), lo sabe todo (*AT Salmos 147:5; Isaías 40:28*), existe en todas partes (*AT Salmos 139:7-12*) y tiene todo poder y autoridad en el Universo. *NT Efesios 1; Apocalipsis 19:6*

Dios es justo (*NT Hechos 17:31*), es Santo (*NT 1 Juan 1:5*), Dios es amor (*NT Efesios 2:4-5*), es verdadero (*NT Juan 14:6*), Dios es compasivo con sus seguidores (*NT 2 Corintios 1:3*), Dios juzga el pecado (*AT Salmo 5:5*), pero también perdona. *AT Salmo 130:4; NT Juan 3:16*

En la persona del Hijo, Dios se encarnó (*NT Juan 1:14*), El Hijo de **Dios se hizo Hijo del hombre** y por lo tanto Él es el único "**puente**" **entre Dios y el hombre** (*NT Juan 14:6*), sólo a través del Hijo podemos tener el perdón de nuestros pecados (*NT Efesios 1:7*) y la vida eterna. *NT 2 Timoteo 2:10*

Dios Creó el Universo y la humanidad, Él nos creó por una razón; Él quiere estar con nosotros y quiere que cada persona en el mundo tenga una vida plena y abundante aquí y la vida eterna con Él en el cielo.

> *De tal manera amó Dios al mundo, que ha dado a su Hijo unigénito, para que todo aquel que en él cree no se pierda, sino que tenga vida eterna.*
> ***NT Juan 3:16***

Por lo tanto, **para saber realmente quién es Dios**, todo lo que tenemos que hacer **es mirar a Jesús**.

> *9 Jesús le dijo: — ¿Tanto tiempo hace que estoy con vosotros y no me has conocido, Felipe?* **El que me ha visto a mí ha visto al Padre**; *¿cómo, pues, dices tú: "Muéstranos el Padre"?*
> *10 ¿No crees que yo soy en el Padre y el Padre en mí? Las palabras que yo os hablo, no las hablo por mi propia cuenta, sino que* ***el Padre, que vive en mí, Él hace las obras***.
> ***NT Juan 14:9-10***

Sección I - ¿Quién es Dios?

¿Cuál es el nombre de Dios?

El nombre de Dios según el **Tanaj** o Biblia Judía es **YHVH** (**impronunciable**), este grupo de letras hebreas es conocido también como el **Tetragrámaton**, esta es una frase griega que significa "**cuatro letras**", y se encuentra más de 6800 veces en el **Tanaj**, llamado por cristianos el **Antiguo Testamento**. **[A]**

El nombre **YHVH** es traducido a veces como **Yahveh** de acuerdo al sonido de las letras:
 " י " Yod, equivale a **Y**
 " ה " Hei, equivale a **H**
 " ו " Vav, equivale a **V**
 " ה " Hei, equivale a **H**

El **Tetragrámaton** (**YHVH**) se evita usar en el judaísmo por su condición sagrada, en su lugar se usan las palabras hebreas: **Adonai** que significa "Señor" y **Elohim**, un término genérico que quiere decir "Dios". **[B]**

En nuestro idioma también se usa la versión en inglés "**YHWH**", aunque en el hebreo no existe el sonido de la "**w**", y en español no existe la letra "**w**".

El nombre **Jehová**, fue introducido por la Iglesia Católica 1200 años después de Cristo; se produjo mezclando **YHVH** y las vocales de **Adonai**; (**YaHoVaiH**).

Aunque el nombre **Jehová** es muy venerado en el cristianismo moderno, el pueblo de Israel (judaísmo) desde el principio ha rechazado **Jehová** como el nombre de Dios. **[C]**

La Biblia relata que aproximadamente 600 años antes de Jesús, Moisés fue comisionado por Dios para liberar al pueblo de Israel de la esclavitud en Egipto. Moisés le preguntó a Dios por su nombre, con el fin de validar su obra ante el pueblo de Israel:

13 Dijo Moisés a Dios:-Si voy a los hijos de Israel y les digo: "el Dios de vuestros padres, me ha enviado a vosotros", me preguntarán: "¿Cuál es su nombre?" Entonces ¿qué les responderé?
*14 Respondió Dios a Moisés:-"**Yo Soy El Que Soy**". Y añadió: --Así dirás a los hijos de Israel: " "**Yo Soy**" me envió a vosotros".*
AT Éxodo 3:13-14

Dios dijo a Moisés: --Así dirás a los hijos de Israel: "el SEÑOR Dios de vuestros padres, el Dios de Abraham, el Dios de Isaac y el Dios de Jacob, me ha enviado a vosotros". Este es mi nombre para siempre; con él se me recordará por todos los siglos.
AT Éxodo 3:15

En hebreo, las Palabras de Dios fueron: "**Ehyeh-Asher-Ehyeh**", que quiere decir: **YO SOY EL QUE SOY**.
La Biblia prohíbe el uso del nombre de Dios en la mayoría de situaciones, excepto en algunos casos muy especiales. *AT Éxodo 20:7*

Su Nombre en las Escrituras originales

Los títulos más frecuentes para referirse a Dios en el Tanaj son **Adonai**, **Elohim** y **YHVH**, sin embargo, de los tres nombres: **YHVH es sagrado**.
Debido a esto, la frase "***Adonai YHVH***" se traduce como "**SEÑOR Dios**", o sea **NO se utiliza un nombre personal**, así mismo porque **YHVH** se encuentra en letras mayúsculas, su traducción se hace también de esa forma: **SEÑOR**.

En el **Nuevo Testamento**, escrito totalmente en griego, el título usado para referirse a **Dios** o **Jesús** es "*kurios*", que significa "Señor", "Maestro". **[D]**

De esta palabra "**Kurios**" se origina la palabra latina **Curia** que significa "*servidumbre del Señor*" y **cura** "*siervo del Señor*", también de **Kurios** se origina la palabra en inglés "**church**" que equivale en español a "iglesia."
En la **Biblia Vulgata**, también se utiliza la palabra griega "**Theos**", que traducida al Latín es **Teos** (Deus) y posteriormente al español como **Dios**.

Es importante señalar que **Jesús NUNCA** usó ningún nombre para referidse a Dios, lo hizo precisamente así cumpliendo con los mandamientos.

> *No hagas mal uso del nombre del Señor tu Dios, pues él no dejará sin castigo al que use mal su nombre.*
> ***AT Éxodo 20:7***

Recordemos también que **Jesús claramente nos instruye** en la oración al "*Padre Nuestro*" que **el nombre de Dios es Sagrado**.

> *Padre nuestro que estás en los cielos,* ***Santificado sea tu nombre...***
> ***NT Mateo 6:9-13, Lucas 11:1-4***

Las únicas referencias al nombre de Dios que Jesús usó fueron **Padre** y **Abba**, esta última es una palabra aramea usada por hijos al dirigirse a sus padres y que equivale a "**papá**". En ninguna otra parte de las Escrituras se utiliza ése término tan familiar para invocar a Dios. Sin embargo; Jesús usa la palabra **Abba** expresando su cercanía especial que tiene con Él.

En la **Biblia Vulgata** del año **397 d.C.** (la primera del mundo), se tradujo el término "**Abba**" a "**Mi Padre**", sin embargo todavía podemos encontrar "Abba" en algunas de las Biblias modernas, como por ejemplo en ***NT Marcos 14:36***. **[B]**

Aparte de **Abba** y **Padre**, la única vez que Jesús usó una palabra diferente para dirigirse a **Dios**, fue el día de su crucifixión, que utilizó el nombre corto de **Elohim** (**Elí**).

> *Cerca de la hora novena, Jesús clamó a gran voz, diciendo: "Elí, Elí, ¿lama sabactani?" (Que significa: "Dios mío, Dios mío, ¿por qué me has desamparado?").*
> ***NT Mateo 27:46 y Marcos 15:34***

En la **Biblia Vulgata** la palabra **YHVH** es traducida al latín como **Dominus**, esta palabra en español significa "**El Señor**", "**Maestro**", de **Dominus** también proviene "**Domingo**", que quiere decir "**Día del Señor**". **[C]**

Sección I - ¿Quién es Dios?   45

Nombres de Dios en las Escrituras

Los siguientes son los nombres de Dios (**YHVH**) y Jesús (**Yeshua**), más notables y utilizados dentro de las Escrituras.

Nombre De Dios	Significado	Cita Bíblica
Adonai	Señor nuestro	AT Salmos 8:1
El	Dios es mi fortaleza	AT Éxodo 16:2
Elohim	Señor de señores	AT Deuteronomio 10:17
EL OLAM	El Dios Eterno	AT Isaías 40:28
EL SHADDAI	Dios Todopoderoso,	AT Génesis 17:1
Elí	Dios, Señor	NT Marcos 15:34
Yahveh Shalom	Dios de Paz	AT Jueces 6:22-24
Yahveh Shammah	Dios está presente	AT Ezequiel 48:35
YHVH	"YO SOY EL QUE SOY"	AT Éxodo 3:14
YHVH Sabaoth	SEÑOR de los Ejércitos	AT 1 Samuel 1:11
YHVH Nisi	El SEÑOR es mi bandera	AT Éxodo 17:15
YHVH Or Ha'Olam	Dios es mi Luz	AT Salmos 27:1
Jah	Dios de amparo y fortaleza	AT Salmos 46:1
Yahveh	Yahvé, Jah, Yavé, Iehová, Jehovah y Jehová,	AT Éxodo 3:14

Nombres de Jesús	Significado	Cita Bíblica
Yeshua Ha-Notzri	Jesús de Nazaret	NT Marcos 1:24
Ben Ha-Elohim	Hijo de Dios	NT Mateo 14:33
Ha-Mashiach	El Mesías, El Cristo	NT Juan 1:41
Ha-Mashiach Yeshua	Jesucristo, Jesús el Cristo	NT Hechos 2:38
Yeshua Minetzeret	Jesús de Nazaret	NT Mateo 21:11
Melekh Ha Yehudim	Rey de los judíos	NT Juan 18:33
Emanuel	Dios con nosotros	AT Isaías 7:14
Emanuel	Dios con nosotros	NT Mateo 1:23
Seh Ha Elohim	El Cordero de Dios	NT Apocalipsis 5:12
Lechem Elohim	El pan de Dios	NT Juan 6:33
Kadosh	El Santo	NT Hechos 3:14
Malakh Melitz	Abogado	NT 1 Juan 2:1
Or Ha'Olam	La Luz del Mundo	NT Juan 8:12
Rabbi	Maestro	NT Mateo 23:8
Beni Yedidi	Mi Hijo Amado	NT Lucas 3:22
Ben Yachid	Hijo Unigénito	NT Juan 3:16
Moshia HaOlam	El Salvador del Mundo	NT Juan 4:42
Aleph v'Tav	Alfa y Omega	NT Apocalipsis 22:13

Hay que tener presente **que NO IMPORTA** que Nombre se use para dirigirse a Dios, ya sea un nombre hebreo como **Yahveh** (Yahvé), griego como **Theos** (**Teo**), en latín **Dominus, Iehouáh, Jehová**, o en español **Padre, Señor** o **Dios**, lo importante es mostrar siempre **respeto a Él y a Su Hijo, Jesús**.

¿Qué es la Fe?

La palabra **Fe**, proviene del latín *fi*, *fidelis* o *fidere*, en español es "fiel", "confiar", Fidelidad". Una de entre las varias descripciones de la palabra en el diccionario de la Real Academia Española dice: "*Seguridad, aseveración de que algo es cierto*". **Las Escrituras nos dicen que la Fe es**:

> *La certeza de lo que se espera, la convicción de lo que no se ve.*
> **NT Hebreos 11:1**

La Epístola a los Hebreos nos dice **no existe ninguna otra cosa más** importante de la vida de un creyente que **la Fe en Dios**.

> *Pero **sin fe es imposible agradar a Dios**, porque es necesario que el que se acerca a Dios crea que Él existe y que **recompensa a los que lo buscan**.*
> **NT Hebreos 11:6**

La Fe es un don, una virtud que no podemos comprar, heredar ni regalar, la Fe sólo puede ser adquirida, enseñada por progenitores, por evangelizadores y maestros de escuelas de catecismo (estudios bíblicos).

Muchos cristianos creen erróneamente que **la Fe** o **serle fiel a Dios** es obedecer doctrinas religiosas que aunque están basadas en la Biblia, estas son interpretadas a veces arbitrariamente por hombres y muchas veces no se identifican o cumplen con el Evangelio de Cristo.

> **8** *Este pueblo de labios me honra; Mas su corazón lejos está de mí.*
> **9** *Mas en vano me honran, Enseñando doctrinas y mandamientos de hombres.*
> **NT Mateo 15:8-9**

⇨ Vea **Su Mensaje: El Reino de Dios** en página **102** para más información.

Es importante que reconozcamos **que creemos en Él**, y solamente en Él, como la máxima autoridad, que estamos dispuestos a seguirlo **y obedecer Sus Mandamientos**, ANTES que cualquier hombre o doctrina.

> *El que tiene mis mandamientos y los guarda, ese es el que me ama; y el que me ama será amado por mi Padre, y yo lo amaré y me manifestaré a él.*
>
> ***NT Juan 14:21***

Estos **DOS mandamientos son simples**, pero tienen PRIORIDAD sobre todas las leyes en las Escrituras (***NT Mateo 22:34-40***) y especialmente cualquier otra interpretación o doctrina que un hombre proponga, por muy "bíblica" que sea.

Obedeciendo **estos DOS mandamientos** no hay forma de fallar a Dios, a Jesús, ni a ningún ser humano que comparte el planeta Tierra con nosotros.

> *34 Entonces los fariseos, cuando oyeron que había hecho callar a los saduceos, se reunieron.*
> *35 Y uno de ellos, intérprete de la Ley, preguntó para tentarlo, diciendo:*
> *36 --Maestro, ¿cuál es el gran mandamiento en la Ley?*
> *37 Jesús le dijo: --"Amarás al Señor tu Dios con todo tu corazón, con toda tu alma y con toda tu mente".*
> *38 Este es el primero y grande mandamiento.*
> *39 Y el segundo es semejante: "Amarás a tu prójimo como a ti mismo".*
> ***40 De estos dos mandamientos dependen toda la Ley y los Profetas.***
>
> ***NT Mateo 22:34-40***

No importa a que iglesia asistas, **sí la doctrina central son los *Mandamientos de Jesús* (*NT Mateo 22:34-40*), antes que cualquier otra creencia**; Cristo dice que "*Serás amado por mi Padre, y yo los amaré*". ***NT Juan 14:21***

La Fe es una fuerza espiritual muy poderosa, es la capacidad de ver la **compasión y poder de Dios** en cada cosa del mundo, aun cuando nos encontremos con las pruebas más terribles.

> *2 Hermanos míos, gozaos profundamente cuando os halléis en diversas pruebas,*
> *3 sabiendo que la prueba de vuestra fe produce paciencia.*
> *4 Pero tenga la paciencia su obra completa, para que seáis perfectos y cabales, sin que os falte cosa alguna.*
>
> ***NT Santiago 1:2-4***

La Fe nos da la esperanza, la confianza en Dios, y la seguridad que tendremos "*una gran recompensa*" en Él. ***NT Hebreos 10:35***

> *Respondiendo Jesús, les dijo: --**Tened fe en Dios**.*
>
> ***NT Marcos 11:22***

> *De cierto os digo que **si tenéis fe como un grano de mostaza**, diréis a este monte: "Pásate de aquí allá", y se pasará; y **nada os será imposible**.*
>
> ***NT Mateo 17:20***

Sección II

"*La creación de la Luz*", por Gustave Doré (1832-1883)

En el Principio...
Dios creó los cielos y la tierra

En el principio la Tierra estaba desordenada y vacía, las tinieblas estaban sobre la faz del abismo y el Espíritu de Dios se movía sobre la faz de las aguas. Dijo Dios: «Sea la luz.» Y fue la luz.

AT Génesis 1:1-3

El origen del Universo

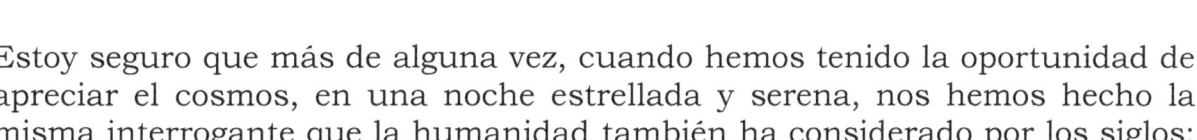

Estoy seguro que más de alguna vez, cuando hemos tenido la oportunidad de apreciar el cosmos, en una noche estrellada y serena, nos hemos hecho la misma interrogante que la humanidad también ha considerado por los siglos: **¿Cómo fue creado el universo y todo lo que existe en éste?**

Según la Biblia

A pesar de que la Biblia **NO nos da detalles** de cómo Dios llevó a cabo la creación del universo, las escrituras si dejan en claro que el universo no es eterno, y que tuvo un principio, a este momento de creación la ciencia lo conoce como la teoría de la **Gran Explosión** (su nombre en inglés *Big Bang*).

> *1 En el principio creó Dios los cielos y la tierra...*
> **3 Dijo Dios: "Sea la luz". Y fue la luz.**
> *AT Génesis 1:1-3*

La Biblia nos instruye que todo lo que existe, **ha sido creado por Dios**; todo tipo de ser viviente, el sol, la luna, las estrellas y los planetas, etc., etc., etc.

La ciencia descubrió hace unos años que todo lo que existe está compuesto de átomos, moléculas, DNA, células, etc., todas estas cosas microscópicas son nuevas para el hombre e **imposibles de ver a simple vista**, como la Biblia ya lo había explicado siglos atrás:

> *Por la fe comprendemos que el universo fue hecho por la palabra de Dios,*
> ***de modo que lo que se ve fue hecho de lo que no se veía.***
> *NT Hebreos 11:3*

¿Estableció Dios vida en otros planetas?

El Universo literalmente contiene billones de estrellas (soles) y si cada una de estas estrellas contienen planetas o sistemas solares similares al nuestro, de acuerdo a este cálculo, serían trillones de planetas con la posibilidad de vida en ellos, entonces es lógico preguntarse: **¿Creó Dios vida en otros mundos?**

A pesar de que la Biblia claramente dice que cada estrella tiene su propio "**resplandor**" (*NT 1 Corintios 15:41*), lo cual podría interpretarse como "sus propias circunstancias", sin embargo, la respuesta más sensata a esta pregunta es: **No lo sabemos**.

Aunque muchos cristianos creen que **el poder de Dios está limitado** a sólo lo que relatan las Escrituras o solamente lo que existe en la Tierra, debemos recordar lo que Jesús dijo a sus Apóstoles: *"A vosotros os es dado saber los misterios del reino de los cielos, pero a ellos no les es dado."* **NT Mateo 13:11**

A pesar de que es imposible saber qué obras ha hecho Dios en el universo, aun así muchos religiosos insisten en sugerir que Dios no pudo haber creado otros mundos aparte del nuestro, porque según ellos *"la Biblia no lo indica así."*

Sin embargo, este razonamiento es ilógico, ya que las Escrituras tampoco nos hablan del planeta Marte, vida microscópica o el Código ADN (DNA), y eso no significa que estas cosas no existan, tampoco esto niega la existencia de Dios.

⇨ Vea **Vida Extraterrestre** en página **396** Para más información.

El origen del Universo y la Iglesia Católica

Históricamente, ha sido **la Iglesia Católica** la entidad que ha tenido muchas disputas con la ciencia y sus teorías, especialmente en temas sobre el origen del universo, el cual incluye la vida en el planeta Tierra.

Uno de los casos más famosos es el del naturalista inglés **Charles Darwin** quien propuso **la teoría de la evolución**, como también la del astrónomo *Galileo Galilei*, quien fue condenado por el Vaticano en **1633**, por proponer que la Tierra no era el centro del universo como la Iglesia afirmaba.

Las enseñanzas de **la Iglesia** proponían que **la Tierra era estática, el centro del cosmos entero**, y que este giraba alrededor de nuestro planeta, esta creencia estaba basada en interpretaciones de versículos como:

> *Él fundó la tierra sobre sus cimientos; **no será jamás removida**.*
> **AT Salmos 104:5**
> *Sale el sol y se pone el sol, **y se apresura a volver al lugar** de donde se levanta.*
> **AT Eclesiastés 1:5**

Como también las citas: **AT Salmos 93:1**; **1 Crónicas 16:30**; **Salmos 96:10**, y muchas otras, sin embargo estas sólo son interpretaciones incorrectas, que **en ninguna forma señalan que la Tierra es el centro del universo**, sin embargo, debemos señalar que esta idea no estaba "impuesta" por la Iglesia, **sino era lo que se creía en todo el mundo en esa época.**

Sobre el origen del Universo y otros temas o propuestas científicas, la posición de la **Iglesia Católica** en el presente es más flexible, aun en 2005, el cardenal **Paúl Poupard**, en una conferencia de prensa en Italia, dijo que **el Vaticano** quería poner fin al "*perjuicio mutuo*" entre la iglesia y la ciencia.

Esta iniciativa comenzó en 1992, cuando **el Papa Juan Pablo II** declaró que la excomunión (expulsión) en 1633 de **Galileo Galilei** fue un grave error, creado por ese trágico "*perjuicio mutuo*".

> *"La lección permanente que representa el caso Galileo nos impulsa a mantener vivo el diálogo entre las diversas disciplinas, en particular entre la teología y las ciencias naturales, si queremos evitar que episodios similares se repitan en el futuro".* **Cardenal Paúl Poupard**

Sobre el origen del Universo, en 2011, **el Papa Benedicto XVI** declaró que:

> **"Dios estaba detrás del Big Bang**, el universo no es un accidente, La mente de Dios está detrás de complejas teorías científicas (el Big Bang), cristianos deben rechazar la idea de que el universo existe por accidente."

Debemos señalar que la **Iglesia Católica en el presente está participando** activamente con la ciencia, buscando la mano de Dios en los cielos.

Así en 1891, se funda el **Observatorio Vaticano**, su nombre en latín *Specola Vaticana*, es una institución de investigación astronómica cristiana.

En la actualidad tiene dos ubicaciones: el núcleo principal de investigadores que ocupa dependencias en el **Observatorio Steward** de la Universidad de Arizona (Estados Unidos), mientras que los cuarteles generales radican en el Palacio de Castel Gandolfo, en Italia.

Todos sus investigadores son jesuitas que además de su entrenamiento en teología, son también doctorados en astronomía.
Su actual director es el astrónomo argentino José Gabriel Funes.

El origen del Universo y la Iglesia Protestante

La posición de la mayoría de **Iglesias Protestantes** en la actualidad es no involucrarse en discusiones sobre este tema.

Sin embargo hay un pequeño grupo de religiosos que insisten en rechazar cualquier propuesta que la ciencia haga sobre el tema del origen del universo y la vida, aun a pesar de que algunas de estas **proposiciones científicas corroboran las Escrituras**, como lo hace **la *teoría del Big Bang***, que plantea que el cosmos tuvo un "**principio**". *AT Génesis 1:3*

La Biblia no es una enciclopedia de información general, sino un libro dedicado específicamente a la **EDIFICACIÓN de la FE** nada más, y **muy breve en su contenido científico**, en especial áreas como la matemática, química, física, biología, etc.

Lamentablemente muchos cristianos discuten innecesariamente contra la ciencia, sugiriendo que la teoría del *Big Bang* es falsa, que la edad del planeta Tierra no es de billones de años o sobre el origen del hombre, etc., y basan sus posiciones en interpretaciones propias y sin ningún fundamento bíblico.

Entre estas interpretaciones se encuentra la propuesta del origen del universo donde deducen la edad de este, en eventos y personajes bíblicos, la cual según algunos religiosos ocurrió entre 6 a 10 mil años nada más.
Esto es, a pesar que la Biblia claramente dice que es Dios quien tiene el control del tiempo y no el hombre.

No ignoréis que, para el Señor, un día es como mil años y mil años como un día.

NT 2 Pedro 3:8

La teoría del *Big Bang* (Gran Explosión)

El ***Big Bang*** propone que antes del universo, no existía nada más que una pequeña y extremadamente compacta masa de materia, quizás del tamaño de una naranja, y que por "algún motivo" esta masa de energía explotó con una extraordinaria fuerza, esparciendo materia, **creándose así el universo**.

Como nace la teoría de la Gran Explosión

Muchos sabemos que **Galileo Galilei**, **Isaac Newton** o **Albert Einstein**, son tres de las personas más prestigiosas en el campo de la ciencia y en la historia, así mismo quizás pensemos que fue una de estas personas quien propuso **la teoría del *Big Bang***, sin embargo no fue así.

Fue **Monseñor Georges Lemaître** (1894-1966), quien planteó en 1927 la teoría actual sobre el origen del universo, conocida como **Big Bang**, mientras trabajaba como profesor de Ciencias físicas, matemática y astronomía en la Universidad Católica de Lovaina, Bélgica.

Monseñor Lemaître hizo estas conclusiones después de un largo estudio en el que había observado que las galaxias, estrellas, planetas etc., "**se extendían**" o alejaban de "***un centro común***", un procedimiento similar al de objetos al ser expulsados hacia todas partes durante una explosión. **[B]**

Poco después, en 1929, el astrónomo estadounidense ***Edwin Hubble*** (1889-1953), descubrió que galaxias, estrellas, planetas, etc., y otros cuerpos se alejan de "un centro común" a gran velocidad, probando que el universo se expande como lo había propuesto anteriormente **Monseñor Lemaître**.

Con el avance de la tecnología en el presente, entre estos satélites, naves interestelares, telescopios y radiotelescopios, se ha probado "empíricamente" que sí, el universo se mueve a grandes velocidades, y que aun se pueden "escuchar" los vestigios de esa **gran explosión** (*Big Bang*), algunos científicos creen que el ruido que escuchamos (interferencia) cuando cambiamos una estación en radio o televisión, son en parte "**ecos**" de esa explosión. **[C]**

La religión y el Big Bang

Algunos cristianos se oponen a la teoría del **Big Bang**, a pesar que esta propone que el universo sí tuvo un **PRINCIPIO**, tal como lo dice **GÉNESIS** y la Biblia señala que: *"Dios el SEÑOR, que crea los cielos y los extiende."* **AT Isaías 42:5**

La razón más frecuente para rechazar la teoría que dan algunos cristianos es simplemente "**legalista**", ya que según ellos, el **Big Bang** no está *"mencionado específicamente"* en la Biblia o porque no concuerda "textualmente" con el orden bíblico de cómo las cosas fueron creadas por Dios, etc., etc., etc.

El legalismo religioso es uno de los problemas más grandes en el presente, ya que esta conducta ciega a creyentes volviéndolos arrogantes e insensatos.

> *La sabiduría comienza por honrar al Señor; los necios desprecian la sabiduría y la instrucción.*
> **AT Proverbios 1:7**

De este problema (legalismo religioso) sufrió la Iglesia Católica hace siglos y ahora parece ser el turno de algunas iglesias modernas, ya que en lugar de preparar a sus creyentes **a defender el Evangelio correctamente**, esto es; **educándolos apropiadamente**, hacen todo lo opuesto y rechazan o juzgan cualquier propuesta científica señalándola de falsa, satánica, atea, etc., contrariamente a las instrucciones del Apóstol Pablo, que nos pide defender la Fe con mansedumbre y reverencia. **NT 1 Pedro 3:15**

En necesario reconocer y aceptar que **NADIE SABE** cual fue el proceso exacto de como el universo fue creado, de la misma forma que no lo sabe ni el cristiano más justo, tampoco lo sabe el científico más destacado del mundo. Rechazar con terquedad cualquier idea por el sólo hecho de NO SER BÍBLICA, es un menosprecio a la capacidad e inteligencia que Dios mismo nos ha dado.

Si Dios nos dio un cerebro es para usarlo, gracias a este regalo divino hemos podido mejorar nuestras vidas en todo tipo de áreas, no olvidemos que sólo apenas 200 años creíamos que la tuberculosis, la polio, enfermedades mentales etc., eran demonios, que invadían nuestros cuerpos, que el volar era sólo para los pájaros, no entendíamos que era la energía eléctrica, etc., todo esto ha cambiado gracias a este órgano que Dios nos ha dado; **el cerebro**.
Ni el avance científico ni tecnológico ha hecho que nuestra Fe en Dios disminuya, es por eso que el temor que algunos cristianos le tienen a estas cosas es innecesario, aun, es la ciencia y tecnología la que nos proporcionan ahora, herramientas excelentes para predicar el Evangelio más eficazmente.

> *29 El hombre malvado endurece su rostro, pero el recto ordena sus caminos.*
> *30 No hay sabiduría ni inteligencia ni consejo contra el SEÑOR.*
> **AT Proverbios 21:29-30**

Con la capacidad que Dios nos dio de utilizar nuestros cerebros, somos como niñitos aprendiendo a caminar, y de la misma manera que soltamos la mano de nuestros padres terrenales para dar nuestro primer paso, así lo hacen algunas personas de la ciencia, pero tarde o temprano se dan cuenta de que en muchos de sus descubrimientos, ahí está Dios, preparado para tomarnos de la mano nuevamente.

> *1 Hijo mío, si recibieres mis palabras, Y mis mandamientos guardares dentro de ti,*
> *2 Haciendo estar atento tu oído a la sabiduría; Si inclinares tu corazón a la prudencia,*
> *3 Si clamares a la inteligencia, Y a la prudencia dieres tu voz;*
> *4 Si como a la plata la buscares, Y la escudriñares como a tesoros,*
> *5 Entonces entenderás el temor del SEÑOR Y hallarás el conocimiento de Dios.*
> *6 El SEÑOR da la sabiduría, Y de su boca viene el conocimiento y la inteligencia.*
> **AT Proverbios 2:1-6**

¿Por qué la religión rechaza la Ciencia?

Las razones del porqué muchos grupos religiosos **NO RECONOCEN** ninguna propuesta o teoría de la ciencia son generalmente simples, y la primera es desconfianza en lo que no se conoce o se ignora, la segunda es la excusa más popular: "porque no está en la Biblia", y la más triste de todas las razones es la necesidad de "proteger sus creencias erróneas."

Muchos grupos religiosos sólo aceptan propuestas aprobadas por el líder o liderazgo del grupo, tristemente estas "explicaciones" son tomadas a veces por personas sin el adiestramiento bíblico (académico) apropiado y es por esta razón que en general no ofrecen respuestas aceptables a este tipo de interrogantes.

Debo señalar que es cierto que algunos hombres de ciencia son ateos y otros quizás usen la ciencia deliberadamente para "comprobar" que Dios no existe, esto no significa de ninguna manera que los cristianos debamos rechazar la ciencia, por el contrario, lo mejor que podemos hacer es educarnos académicamente y utilizar este conocimiento **para buscar a Dios**.

Mantenerse en ignorancia o rechazar al estudioso **no engrandece a Dios**, la Biblia dice: "*Los sabios atesoran sabiduría, más la boca del necio es una calamidad cercana.*" **AT Proverbios 10:14**

> *Porque Dios, que mandó que de las tinieblas resplandeciera la luz, es el que resplandeció en nuestros corazones, para iluminación del conocimiento de la gloria de Dios en la faz de Jesucristo.*
> **NT 2 Corintios 4:6**

Datos importantes sobre el universo que todo Cristiano debe saber

El universo, del latín **Universum**, palabra compuesta de **Uni** en español "uno" y **Versum** que significa "lado", "plano", "envolver", la palabra **Universum** traducida literalmente al español actual sería: "*lo que envuelve todo*", el sinónimo de universo es **cosmos**, del griego **Kosmos** que significa "orden".

Según estudios publicados por el profesor *Edward L. Wright* de la Universidad de California Los Ángeles (UCLA), la edad del universo es de aproximadamente **13,75 Billones** de años (USA), desde su creación (el *Big Bang*).

> NOTA: Recordemos que un billón en Estados Unidos es una cantidad diferente a la del resto del mundo en general.
> El billón estadounidense sólo son **mil millones**: 1 billón = 1 000 000 000.
> En el mundo, **1 billón es un millón de millones** = 1 000 000 000 000.

El universo, es la totalidad de todo lo que existe, incluye toda materia **visible e invisible**, gravedad, planetas, estrellas (soles) y galaxias, etc., etc., etc.

Se estima que en el universo existen más de **cien mil millones de galaxias**, y cada una de estas contiene miles de millones de estrellas o soles, eso significa que cada una de estos **billones de estrellas** puede tener planetas girando a su alrededor, lo que lógicamente equivale a la existencia de **miles de millones de sistemas solares similares al nuestro**.

Una **galaxia** es un sistema (conjunto) gigantesco de estrellas, nubes de gas, planetas, etc. Algunas de estas giran en orbita por la fuerza gravitacional del centro de la galaxia, de forma similar a la que funciona el *Sistema Solar*.

Nuestra Galaxia: La Vía Láctea

La Vía Láctea, este nombre proviene del latín y significa "Camino de Leche", así llamado por la banda blanca de estrellas que se extiende en el cielo, esta es una galaxia espiral, (parecido a la forma de un huracán), astrónomos calculan que la edad de nuestra galaxia es de entre 10 a 13,6 mil millones de años (USA). Contiene entre 200 mil millones y 400 mil millones de estrellas, entre estas **el Sol**, el cual es el centro de nuestro **Sistema planetario**.

La Vía Láctea gira en su centro de la misma forma que lo hace el sistema solar.

El **año galáctico** dura cerca de **250 millones** de años terrestres.

A pesar que el universo se ve estático, todo se mueve a increíble velocidades, por ejemplo, la **Vía Láctea se desplaza** en el cosmos a unos 600 kilómetros por segundo esto es **a 2.2 millones de kilómetros por hora**. [A]

El Sistema Solar

El **Sistema Solar** es un sistema planetario de entre millones en la Vía Láctea. Según los últimos cálculos, el Sistema Solar se encuentra a unos 28 mil años luz del centro de la Vía Láctea. **[B]**

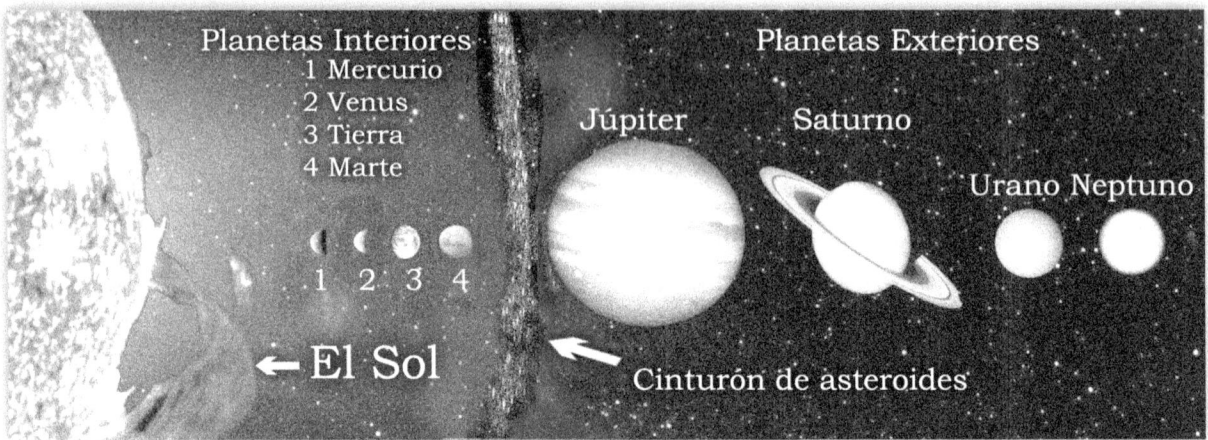

El **Sistema Solar** está formado por una estrella en su centro; **el Sol**, al contrario de lo que se creía hace unos siglos que la luz del Sol era producida con "leña", esta es producida por medio de la fusión (choque) de átomos de hidrógeno los cuales se transforman en **helio**, en otras palabras, es una reacción nuclear, **similar a la explosión de una bomba atómica**, con la diferencia que en el Sol ocurren millones de estas explosiones cada segundo, produciéndose así la luz y energía electromagnética del sistema solar.

Los planetas del sistema solar están divididos en dos tipos, el primer tipo está compuesto por los ***Planetas Interiores*** también llamados planetas rocosos o sólidos y orbitan cerca al Sol; son Mercurio, Venus, Tierra y Marte, un **cinturón de asteroides**, separa a los siguientes cuerpos llamados ***Planetas Exteriores*** los cuales son bolas de gases.

El ***Cinturón de Asteroides***, compuesto por más de 750.000 cuerpos rocosos, entre estos se encuentra el asteroide **Ceres**, el cual debido a su pequeño tamaño son llamados "planetoides" o "planetas enanos".

Los ***Planetas Exteriores,*** estos son: Júpiter, Saturno, Urano y Neptuno, estos planetas son gaseosos, no tienen superficie sólida, son prácticamente nubes (bolas) gigantescas de gas en el espacio.

Y por último, al borde del sistema solar existen otros cuerpos menores, cometas y planetas enanos entre estos: Plutón, Eris, Makemake y Haumea todos estos son parte de otro **cinturón de asteroides** llamado el **Cinturón de Kuiper** (pronunciado "kaiper").

El Planeta Tierra

La Tierra, del latín **Terra**, significa literalmente *"tierra firme"*, o sea; lo contrario de océano (mar), su nombre en griego es **Gea** o ***Geos***, en honor a la deidad griega de la feminidad y fecundidad. **[C]**

La Tierra es el único cuerpo en el universo donde **se conoce la existencia de vida**, es el tercer planeta más cercano al Sol, el quinto planeta más grande en el Sistema Solar y el más grande de los Planetas Interiores, científicos calculan que nuestro planeta tiene **4.5 billones de años** (USA).

La Tierra posee una capa de gases llamada **atmósfera**, la cual promueve un equilibrio en la temperatura del planeta, de día absorbe la luz dispersando el calor evitando que la Tierra se caliente o se enfríe demasiado.

Siete de cada diez partes de la superficie terrestre están cubiertas de agua, los mares y océanos ayudan a regular la temperatura del planeta por medio de corrientes marinas impulsadas por la Luna.
Con la energía solar, el agua se evapora formando nubes y cae en forma de lluvia o nieve, a su vez creando ríos y lagos.

En los polos, que reciben poca energía solar, el agua se congela formando gigantescas capas polares, siendo la del polo sur la más grande y concentra la mayor reserva de agua dulce.

El planeta Tierra gira en su ecuador a la velocidad de **1,038 millas por hora** o sea 1,670 kilómetros por hora, pero es el movimiento rotatorio y el núcleo metálico en su interior el que genera un campo magnético que, junto a la atmósfera, nos protege de las radiaciones nocivas del Sol.

La órbita de la Tierra es elíptica, así como también tiende a inclinarse hacia el Sol, debido a esto hay momentos en que una mitad del planeta o hemisferio se encuentra más cerca del Sol y la otra está más lejos, como resultado, mientras en el hemisferio norte es invierno en el sur es verano.

El planeta Tierra es un pequeño oasis en medio de un universo hostil.
Las condiciones que permiten la existencia de vida **son increíblemente únicas**, su atmósfera, el abundante oxigeno, agua, la distancia exacta al sol, la influencia tan necesaria de la Luna, la capa de ozono que junto con el campo magnético bloquean la fatal radiación solar, **cada uno de estos elementos es indispensable para la existencia de la vida en la Tierra**.

Por la fe comprendemos que el universo fue hecho por la palabra de Dios, de modo que lo que se ve fue hecho de lo que no se veía.

NT Hebreos 11:3

La Creación de Adán es un fresco en el techo de la Capilla Sixtina, Ciudad del Vaticano (Roma).

Pintado por Miguel Ángel alrededor del año 1511.

El origen de la humanidad

La Biblia nos relata la historia de la **creación de la raza humana** de la siguiente forma:

> *En el sexto día, **Dios creo los animales de la tierra según su especie**, y vio Dios que era bueno. Entonces dijo Dios: "Hagamos al hombre a nuestra imagen, conforme a nuestra semejanza; y tenga potestad sobre los peces del mar, las aves de los cielos y las bestias, sobre toda la tierra y sobre todo animal que se arrastra sobre la tierra"*
>
> ***AT Génesis 1:24-31***

> *Y **creó Dios al hombre a su imagen**, a imagen de Dios lo creó; **varón y hembra los creó**.*
>
> ***AT Génesis 1:27***

La historia de la creación se encuentra en los **capítulos 1 y 2** de **Génesis**. La narración de Génesis señala que la creación de la vida en la Tierra le llevó a Dios seis días, **este conteo es tomado en forma literal** por muchos creyentes, aunque la Biblia claramente dice:

> *No ignoréis que, **para el Señor, un día es como mil años** y mil años como un día.*
>
> ***NT 2 Pedro 3:8***

Aun así, muchos creen que el planeta Tierra **tiene menos de 10.000 años** de edad, otros religiosos proponen que ésta fue creada **sólo hace 6.000 años**, tal como lo describe el **Calendario** de *Ussher-Lightfoot*, propuesto por el ministro anglicano irlandés en el **siglo XVII** (1600s).

Aunque el calendario *Ussher-Lightfoot* es aceptado por algunas iglesias protestantes, **éste no es tomado en cuenta** por ninguna entidad científica por carecer de apoyo empírico, ya que **sus datos son solamente especulaciones**.

¿Creó Dios a la humanidad dos veces?

A pesar de que **las Escrituras ya habían documentado la creación del hombre y la mujer** en *AT Génesis 1:27*, sin embargo, la Biblia más adelante nos relata que Adán se encuentra solo:

> *5... Dios el SEÑOR todavía no había hecho llover sobre la tierra **ni había hombre para que labrara la tierra**,*
> *6 sino que subía de la tierra un vapor que regaba toda la faz de la tierra.*
> *7 **Entonces Dios el SEÑOR formó al hombre del polvo de la tierra**, sopló en su nariz aliento de vida y fue el hombre un ser viviente.*
>
> ***AT Génesis 2:5-7***

Debido a la duplicación en las Escrituras del relato de "la creación", muchos rabinos y **la tradición judía**, sugieren que los primeros humanos fueron expulsados del Jardín del Edén, y que **la primera mujer creada por Dios no fue Eva**; sino **Lilit** (Lilith).

⇨ Vea **La Primera Mujer: ¿Eva o Lilit?** en página **64** para más información.

Para la Fe Cristiana, sin embargo, los dos relatos de la doble creación citados en **Génesis 1:27** y **Génesis 2:18-25**, es el mismo evento.

Adán y Eva

Al completar la creación del hombre, **Dios** puso a **Adán** en el **Jardín del Edén, (Génesis 2:15)**, y para probar su fidelidad y obediencia, le dio el mandato de comer de todos los árboles del huerto, **excepto uno**, llamado **árbol de la ciencia del bien y del mal**, diciéndole a Adán que si comía los frutos de ese árbol; moriría. *AT Génesis 2:16-17*

La Biblia relata más adelante que Dios vio que **el hombre estaba solo**, y decide entonces crearle una compañera, Dios hace caer un sueño profundo sobre Adán y mientras este dormía, tomó una de sus costillas y cerró la carne en su lugar. **De la costilla que Dios tomó del hombre, hizo una mujer**, y la trajo al hombre. *AT Génesis 2:21-22*

Así son creados los que serian los padres del mundo; **Adán** del hebreo **Adam** que significa "hombre", este se deriva de **adamah** que es "tierra", y **Eva** del hebreo **hawwah** que significa "la que vive."

Adán y Eva en el Jardín del Edén

La Biblia relata que Adán y Eva después de haber sido creados, vivían en el **Jardín del Edén** y que el único mandato que debían obedecer era de evitar comer del árbol del conocimiento del bien y del mal. *AT Génesis 2:17*

Adán y Eva, por Salvador Viniegra, 1862-1915

Según la descripción bíblica, el **Jardín del Edén** habría existido en la zona de Mesopotamia (hoy Irak), las Escrituras agregan que del **Edén** salía un río que se dividía en cuatro, llamados: río Pisón, que rodeaba toda la tierra de Havila; el río Gihón, que rodeaba toda la tierra de Cus (Etiopía); el río Hidekel (río Tigris); que fluía al oriente de Asiria; y el río Éufrates. ***AT Génesis 2:10-14***

La caída del hombre

La Biblia narra que la serpiente, siendo la más astuta que todos los animales que Dios había creado, se aprovechó, tentó y engañó a Eva diciéndole que "*sí comían del **fruto prohibido**; no morirían*". ***AT Génesis 3:1-4***

Eva cedió a la persuasión de la serpiente y comió del fruto prohibido y viendo que era "*bueno para comer, y que era agradable a los ojos, y realmente un árbol codiciable para alcanzar la sabiduría*", ella le dio también a comer a Adán, su marido. ***AT Génesis 3:6***

Entonces fueron abiertos los ojos de ambos y se dieron cuenta de que estaban desnudos. Cosieron, pues, hojas de higuera y se hicieron delantales. Luego oyeron la voz de Dios que se paseaba por el huerto, Adán y Eva se escondieron de su presencia entre los árboles. ***AT Génesis 3:7-8***

Dios, al darse cuenta de **la desobediencia de la pareja**, se enojó y maldijo a la serpiente de entre todas las bestias y **expulsó a Adán y Eva del Jardín del Edén**, y les castigó diciéndole al hombre: "*Con el sudor de tu rostro comerás el pan hasta que vuelvas a la tierra, porque de ella fuiste tomado; pues polvo eres, y al polvo volverás*" y le dijo a Eva que "*el hombre se enseñoreará sobre ti y parirás a tus hijos con dolor*". ***AT Génesis 3:16-19***

Dios dijo: "*El ser humano ha llegado a ser como uno de nosotros, pues tiene conocimiento del bien y del mal. No vaya a ser que extienda su mano y también tome del fruto del árbol de la vida, lo coma y viva para siempre.*" ***Génesis 3:22***

La Biblia continúa narrando la vida de Adán y Eva fuera del jardín del Edén, más adelante, engendran a **Caín**, **Abel** y **Set** (***AT Génesis 4:1-26***), y otros **hijos** (e hijas). Adán murió a la edad de 930 años. ***AT Génesis 5:4-5***

NOTA: el *fruto prohibido*, tradicionalmente se ha creído que fue una manzana, **a pesar de que la Biblia no establece que fruto es**.

La confusión, nace durante la traducción de las Escrituras al latín, ya que muchas veces se usa la palabra "***malus***" para referirse al fruto prohibido o "***fruto malo***", sin embargo por coincidencia el nombre de la **manzana** (fruta), en latín es también "***malus***", y con el paso de los siglos la gente llegó a interpretar la palabra como la misma cosa.

NOTA: Los eventos ocurridos en el **Jardín del Edén**, (la desobediencia), son conocidos en el Cristianismo como "**La caída del hombre**" o "**El Pecado original.**" (***AT Génesis 3:9-20***; ***NT Romanos 5:12***), este pecado sólo **le corresponde a la humanidad nada más**, NO incluye **la sublevación anterior de Lucifer contra Dios**.

La Primera Mujer: ¿Eva o Lilit?

En el pueblo de Israel, existe **la historia de Lilit** (Lilith), quien la tradición hebrea (judaísmo) propone que fue **la primera mujer de Adán** creada por Dios antes que Eva, Lilith es mencionada en *AT Génesis 1:27*. **[A]**

La Fe judía aparte del **Tanaj (Antiguo Testamento)** posee el **Talmud** o "Biblia hablada", estos son relatos, tradiciones, ritos, mandamientos, costumbres y leyendas acumuladas durante la historia del judaísmo. **[B]**

Así como la Fe cristiana a reunido por los pasados 20 siglos tradiciones que no se documentan en la Biblia como, la veneración a María, a santos, la celebración de la navidad, etc., el **Talmud** reúne a su vez, tradiciones adquiridas durante siglos en la cultura hebrea y también incluye opiniones e interpretaciones rabínicas (sacerdotes judíos) coleccionadas durante la historia para tratar de comprender o explicar las Escrituras o **Tanaj**. **[C]**

La historia de Lilith es una antiquísima interpretación de rabinos tratando de explicar el "**porqué**" de la "**doble creación**" de la humanidad, citada **primero** en **Génesis**, donde **Dios crea al hombre y a la mujer al mismo tiempo**.

> *Y creó Dios al hombre a su imagen*, a imagen de Dios lo creó; varón y hembra los creó.
> ***AT Génesis 1:27***

Y más adelante en Génesis capítulo dos, **Dios vuelve a crear al hombre**.

> *Cuando Dios hizo la tierra, aún no había ninguna planta del campo sobre la tierra... **ni había hombre** para que labrara la tierra, **Entonces Dios formó al hombre del polvo de la tierra**, y fue el hombre un ser viviente.*
> ***AT Génesis 2:4-25***

Aunque para la Fe cristiana las dos versiones de la creación se refieren al mismo hecho; según el **Talmud**; estas son dos historias diferentes.

El **Génesis Rabba** (*B'reshith Rabba*) una colección de antiguas aclaraciones rabínicas, propone que Dios creó primero a un hombre y una mujer a imagen suya, o sea; al mismo tiempo que Adán, así como lo narra *Génesis 1:27*, esta mujer según el Talmud es **Lilit**, pero Adán y Lilit nunca hallaron armonía juntos, pues cuando él deseaba tener relaciones sexuales con ella, Lilit se sentía ofendida por la postura que él le exigía (bajo él), ya que según ella, Dios los había creado iguales, cuando Adán trató de obligarla a obedecer, Lilit, enojada, pronunció el nombre de Dios (Yahvé), entonces ella se elevó por los aires y abandonó a Adán y el Jardín del Edén.

La única mención en el **Tanaj** de Lilit (לילית) aparece en *AT Isaías 34:14*, este nombre (Lilith) es traducido de diferentes formas en la Biblia Cristiana.

NOTA: Según los rabinos, **la existencia de Lilith** también podría explicar la presencia de la mujer fuera del Jardín del Edén; **con la que Caín se casó**.

Sección II - En el principio... 65

Según la leyenda en el **Talmud**, a **Lilit** se le considera **la primera esposa de Adán**, quien abandonó el **Jardín del Edén** por propia iniciativa (**rebeldía a Dios**) y se instaló junto al Mar Rojo, uniéndose allí con Asmodeo, quien fue su amante, y con otros demonios.

Siglos más tarde, la tradición relata que se convirtió en una bruja que rapta a los niños en sus cunas por la noche y se convierte en una mujer hermosa para tener relaciones con los hombres, engendrando hijos, llamados **lilim**. Tradicionalmente es presentada como una mujer muy hermosa, con el pelo largo y rizado, generalmente pelirroja, y a veces alada.

Imagen: *Lilith*, por *John Collier*, 1892

Lilit en las Biblias Cristianas modernas

En la traducción cristiana del **Tanaj** en la **Biblia Vulgata** del **año 397 d.C.** se traduce la palabra hebrea **Lilith** (לילית) al latín **Lamia**, esta proviene del término Griego **Lamia** que significa "vampiresa" o "fantasma de la noche".

En traducciones modernas de la **Biblia de Jerusalén** y **Latinoamericana** (1972) se dejó el vocablo original: *"Allí se juntarán los gatos salvajes con los pumas, y se darán cita los chivos; allí también se echará a descansar el monstruo llamado Lilit."* **AT Isaías 34:14**

Imagen: Una escultura babilónica de **1800 a.C.**, que se cree representa a **Lilith**.

En Biblias protestantes en el lugar de usar el nombre **Lilith** el cual se encuentra en *AT Isaías 34:14*, se usan palabras y frases como: "lechuza", "el fantasma de la noche", "el monstruo nocturno", "la criatura de la noche", etc.

En otras versiones modernas de la misma cita, la palabra **Lilith** es traducida (comparada) con **la Llorona**, **vampiros** y aun al "**chupacabras**."

Lilit o **Lilith** es un personaje mencionada muy poco en el Talmud, en general es una figura malvada, un demonio femenino que seduce a los hombres y pone en peligro los bebés y a mujeres durante el parto.
Su nombre probablemente proviene de la palabra hebrea "**Laila**" que significa "noche", se cree que los judíos adoptaron la leyenda de la mitología sumeria o babilónica, relacionado a un demonio nocturno llamado Lulu o Lila.

Lilith es popular en algunos movimientos feministas, porque ella **es el ejemplo de una mujer independiente que rechaza someterse al hombre**.

¿Quién es Satanás?

Satanás, del hebreo *ha-shatán* significa "el adversario", "el enemigo", su nombre en griego es *diabolos*, compuesta por el prefijo *dia-* "a través" y la palabra *ballein* "bala", "proyectil". Diablo significa "que ataca" y en general llamado "el dios falso", "príncipe de la oscuridad", "príncipe de la mentira", etc.

Satanás en la Fe Cristiana y judía representa la encarnación suprema del mal, un súbdito que desobedeció y se rebeló contra los mandatos de Dios.

Satanás, llamado algunas veces **Satán**, **es el ser que incita a la humanidad** al pecado, esto es; **A revelarse contra los mandatos de Dios**. *AT 1 Crónicas 21:1*

Antes de revelarse a Dios, Su nombre era **Lucero** (Lucifer), un ángel perfecto, y aparentemente el más alto en jerarquía de los ángeles creados, pero su posición y belleza lo volvió arrogante y deseó sentarse en un trono y ser semejante a Dios (Yahvé). *AT Isaías 14:13-14; Ezequiel 28:15.*

Debido a esto, Satanás es llamado en las Escrituras el enemigo, el que se opone, el que obstaculiza, mentiroso; como lo podemos leer en el libro de *AT Números 22:22*, *1 Samuel 29:4*, y *Salmos 109:6*, es la representación de la envidia (*AT Sabiduría 2:24*), también es descrito claramente como el enemigo de Dios. *AT Job 1:6-22*

Imagen: *Lucifer* es expulsado del Reino, por Gustave Doré

Las Escrituras dicen que fue hallada la maldad en él (*AT Ezequiel 28:12-15*) y debido a esto fue expulsado del cielo por sus pecados (*AT Isaías 14:12*), ahora se opone fuertemente a Dios, y hace todo lo que está en su poder para desbaratar **los propósitos de Dios para la humanidad**. *NT Hebreos 2:14*

El término "Lucifer" (Luzbel) significa "portador de la luz", pero desde que se puso **en contra de Dios,** se le cambió el nombre a Satanás. *AT Isaías 14:12*

El **Nuevo Testamento** relata que Satanás puso a prueba a **Jesús el Mesías**: *"y le ofrece todos los países del mundo, sí se arrodilla a él, a lo que Jesús le contesta: --Vete, Satanás, porque la Escritura dice: 'Adora al Señor tu Dios, y sírvele sólo a Él."* **NT Mateo 4:1-11**

Sobre la expulsión de Lucifer del Reino de Dios, Jesús, le comenta a sus Discípulos que estuvo presente en ese momento y que: *"Vio caer a Satanás del cielo como un rayo."* **NT Lucas 10:18**

En su carta a **Timoteo, El Apóstol Pablo** señala que el orgullo y arrogancia fue lo que condujo a Satanás a su caída. (**1 Timoteo 3:6**), esa arrogancia se pueden deducir en las mismas palabras que usa Lucifer cuando dice: "subiré; levantaré; me sentaré; y seré semejante al Altísimo." *AT Isaías 14:13-14.*

La Biblia dice que **Satanás** es el seductor del la humanidad (**NT Mateo 4:3**; **1 Tesalonicenses 3:5**), que ha hecho ciegos de entendimiento a los que no creen, (**NT 2 Corintios 4:4**), que Satanás es el espíritu que ahora opera en los hijos de desobediencia. **NT Efesios 2:2**

Su relación con la Bestia y el Anticristo

Satanás es frecuentemente relacionado con La **Bestia** del **Día del Juicio** identificada con el número **666** (**NT Apocalipsis 13:18**), como también con el **Anticristo**.

En general, teólogos señalan que **Satanás** controlará al **Anticristo**, quien será **un popular líder mundial de origen humano** que con el tiempo **negará** o **personificará a Cristo** (**NT 1 Juan 2:22**), **la Bestia** es **la maquina de guerra** usada en la **batalla futura contra Jesús y Dios**. *AT Daniel 7:19-21*; **NT Apocalipsis 13:2**

Sin embargo, esta relación (diferenciación) suele variar de una Iglesia a otra, así como existen decenas de iglesias y denominaciones diferentes, así también existen interpretaciones de estas entidades y profecías bíblicas.

Satanás y la tentación

El Apóstol Pedro nos advierte que este adversario (Satanás), es como león rugiente, anda alrededor buscando a quien devorar. **NT 1 Pedro 5:8-10**

En los últimos años han ocurrido casos donde muchos destacados cristianos han errado (pecado), y entre sus "explicaciones o razonamientos" indican que el "diablo los hizo pecar."

Debemos siempre ser responsables de nuestras acciones, nuestra conducta y forma de conducirnos en la vida, de ninguna forma debemos utilizar **la advertencia del Apóstol Pedro** como **una licencia para pecar** para después "hacernos víctimas" y culpar al diablo de nuestros errores y pecados.

> *Bienaventurado el hombre que soporta la tentación, porque cuando haya resistido la prueba, recibirá la corona de vida que Dios ha prometido a los que lo aman.*
>
> **NT Santiago 1:12**

¿Qué es el Pecado?

Pecado, del latín **peccātum** se deriva de la palabra griega **Ped** o **podo** que significa "pie". **peccātum** es tropiezo, falta, error, equivocación, procede del verbo latín **peccare** que significa "cometer una falta", "equivocarse", etc.

> *Todo aquel que comete pecado, infringe también la Ley, pues el pecado es infracción de la Ley.*
> **NT 1 Juan 3:4**

En la Fe Cristiana y judía, el pecado es **la violación voluntaria** a los **Mandatos divinos** o el **alejamiento** del hombre de la **voluntad de Dios**.
La Biblia relata que **el origen del pecado humano** ocurre con la desobediencia de Adán y Eva en el Jardín del Edén, **AT Génesis 3:9-20**

> *Por tanto, como el pecado entró en el mundo por un hombre y por el pecado la muerte, así la muerte pasó a todos los hombres, por cuanto todos pecaron.*
> **NT Romanos 5:12**

Así como **Dios nos dio** la **capacidad especial de la razón**, también nos dio el "libre albedrío" (**AT Eclesiástico 15:14**), debemos tomar responsabilidad de nuestras acciones, no hagamos como muchos que pecan y culpan a Satanás de sus errores, **así cualquiera peca sin la menor vergüenza o culpa**.

> ***Porque la paga del pecado es muerte**, pero la dádiva de Dios es vida eterna en Cristo Jesús, Señor nuestro.*
> **NT Romanos 6:23**

Desde el principio **Dios nos ha dado la capacidad** de reconocer **entre el mal y bien**, la Biblia nos dice: "*Sométanse, pues, a Dios. Resistan al diablo, y este huirá de ustedes.*" **NT Santiago 4:7**

Es cierto que **Satanás nos provoca** en todo momento, pero es de nosotros la decisión final, y si nuestra **Fe en Dios es fuerte**, no importa en que situación nos encontremos; **siempre seremos fieles a Él**, pero si tu Fe no es sólida o no tenemos control personal, es necesario que **nos alejemos de todo tipo de tentación o situación** que nos haga hacer caer. **NT Santiago 1:13-15**

Recordemos que si cumplimos **los Mandatos de Jesús es imposible fallar**, no importa en que situación nos encontremos, que iglesia o doctrina sigamos, **si guardamos estos DOS Mandamientos:**

> ***Ama al Señor tu Dios con todo tu corazón, con toda tu alma y con toda tu mente.***
> ***Ama a tu prójimo como a ti mismo.***
> **NT Mateo 22:34-40, Lucas 10:25-28**

Jesús claramente nos dice que: "*De estos dos mandamientos se basan toda la ley y los profetas.*" (**NT Mateo 22:40**) y el que cumpla con ellos; tendrá la vida eterna. **NT Lucas 10:25-28; Romanos 13:8-10; Juan 15:10**

El Diluvio

El diluvio del latín ***diluvium***, y este de ***diluere***, "lavado", contiene la raíz ***dis-***, "lejos" y ***lavare***, "lavar", es un desastre mundial narrado en **Génesis**, donde se cuenta cómo **Noé** construyó un **arca** para salvar a su familia, también tomó siete parejas de animales limpios y una pareja de animales inmundos, macho y hembra de cada especie, para repoblar el planeta Tierra, después del diluvio. ***AT Génesis 7:2***

El diluvio sucede después de la creación, cuando Dios observó que así como los hombres se estaban multiplicando sobre la faz de la Tierra, también la maldad crecía en ellos y **el propósito de su creación no se cumplía**.

> *Por eso dijo el SEÑOR: «Borraré de la faz de la tierra a los hombres que he creado, desde el hombre hasta la bestia, y hasta el reptil y las aves del cielo, pues me arrepiento de haberlos hecho».*
> ***AT Génesis 6:7***

Sin embargo, uno de sus habitantes era un sumo sacerdote llamado **Noé**, "*Un hombre justo y cabal entre la gente de su tiempo*"(***AT Génesis 6:9***), por esta razón, **Dios** decide que a **Noé** le correspondía mantener el linaje de los hombres y le ordenó construir un arca, y que llevara con él a su esposa, a sus hijos **Sem**, **Cam** y **Jafet**, y a las esposas de éstos.

Cuando Noé completó el arca, entraron con él, su familia y los animales como Dios le había ordenado, poco después: *"fueron rotas todas las fuentes del gran abismo, y las cataratas del cielo fueron abiertas, y hubo lluvia sobre la tierra cuarenta días y cuarenta noches"*. ***AT Génesis 7:11-12***

Finalmente, después de muchos días, las aguas comenzaron a retroceder, y surgían las cimas de las montañas, y el día diecisiete del mes séptimo, el arca se posó sobre las **montañas de Ararat**, ubicadas en la actual Turquía. ***AT Génesis 8:4***

Entonces Noé "*envió un cuervo, este volaba de un lado para otro esperando que la tierra se secara.*" ***AT Génesis 8:7***

Noé más tarde envió a una paloma y esta regresó con una hoja de olivo en su pico, así supo Noé que las aguas se habían retirado de la tierra. ***AT Génesis 8:10***

Imagen: *El Diluvio*, por Gustave Doré

Noé esperó siete días más y entonces él, su familia y los animales salieron del Arca, y Noé ofreció un sacrificio a Yahvé, al ver la ofrenda, Dios dijo en su corazón: *"No volveré a maldecir la tierra por causa del hombre, porque el corazón del hombre se inclina al mal desde su juventud; ni volveré a destruir todo ser viviente, como he hecho."*. **AT Génesis 8:21**

Pacto de Dios con Noé

Después del Diluvio, **Dios** decidió establecer **un nuevo pacto** con su pueblo.

> *11 Estableceré mi pacto con vosotros, **y no volveré a exterminar a todos los seres vivos con aguas de diluvio**, ni habrá más diluvio para destruir la tierra».*
> *12 Asimismo dijo Dios: «Esta es la señal del pacto que yo establezco a perpetuidad con vosotros y con todo ser viviente que está con vosotros:*
> **AT Génesis 9:11-12**

Para recordar esta promesa, Yahvé estableció como señal un **arco iris** en las nubes y dijo, *"Y sucederá que cuando haga venir nubes sobre la tierra, se dejará ver mi arco en las nubes. Y entonces me acordaré de mi pacto con vosotros y todo ser viviente de toda especie; y no habrá más diluvio de aguas para destruir todo ser vivo."* **AT Génesis 9:14-15**

"La Señal del Pacto de Dios con Noe", por Joseph Anton Koch, 1768 -1839

Dijo, pues, Dios a Noé: *"Esta es la señal del pacto que he establecido entre mí y todo lo que tiene vida sobre la tierra"*. **AT Génesis 9:17**

El Pacto de Dios con Abraham
Después del diluvio

Abraham (en hebreo **Avraham**) significa "padre de muchos pueblos", teólogos lo consideran el fundador de la **Fe judía** y padre de la Fe **cristiana** e **islámica**. Según la Biblia, **Abraham** engendró a Isaac; que a su vez engendró a Jacob, este tuvo 12 hijos que fundaron **las Doce Tribus de Israel**, uno de estas fue **Judea**, la nación del **Rey David** y el **Rey Salomón**. *AT Génesis 49:1-33*

Todo esto sucedió después que **Yahvé** (Dios) había limpiado la maldad de la humanidad con el diluvio (*AT Génesis 6:1-22*), en la cual sólo había permitido la salvación del **profeta Noé**, su familia y varias parejas de animales, para luego repoblar la Tierra con ellos. *AT Génesis 7:1-24*

Diez generaciones después de Noé (el Diluvio), un hombre llamado **Térah**, de setenta años engendra a **Abram**, a quien Dios posteriormente le cambiaría su nombre a **Abraham**. *AT Génesis 11:26*

Génesis nos relata la historia de **Abraham** y **El Pacto** con **Dios**, en este acuerdo **Yahvé** le promete darle, a él y su descendencia, "*Toda la tierra que tú ves*", y que se multiplicaría su gente "*Como el polvo de la tierra*".

> *1 Un día el SEÑOR le dijo a Abram: "Vete de tu tierra, de tu parentela y de la casa de tu padre, a la tierra que te mostraré.*
> *2 Haré de ti una nación grande, te bendeciré, engrandeceré tu nombre y serás bendición...*
>
> *AT Génesis 12:1-3*

Cuando Abraham tenía noventa y nueve años de edad, el SEÑOR se le aparece de nuevo para confirmar el pacto y le dice que cambie su nombre de **Abram** por el de **Abraham**, además le ordena que circuncide a todos los varones de su casa **como señal de este convenio**. *AT Génesis 17:1-27*

> *1 Cuando Abram tenía noventa y nueve años, el SEÑOR se le apareció y le dijo: «Yo soy **El-Shaddai**, "Dios Todopoderoso". Sírveme con fidelidad y lleva una vida intachable.*
> *2 Yo haré un pacto contigo, por medio del cual garantizo darte una descendencia incontable».*
>
> *AT Génesis 17:1-2*

Moisés y **Abraham** son los personajes del **Antiguo Testamento** más citados en el **Nuevo Testamento**.

Santiago, el hermano de **Jesús** y autor de la epístola que lleva su nombre, se refiere a Abraham como "***Amigo de Dios***" (***NT Santiago 2:23***), un título nunca usado en ninguna otra parte de **las Escrituras**.

El **Apóstol Pablo** señala también que: "*los que tienen fe, éstos son hijos de Abraham.*" *NT Gálatas 3:7*

El Éxodo de Egipto

El Éxodo del griego **ex-**, "salir", "fuera", y **hodos**, "camino", "procesión", y este del latín **exodus** que significa "salida", se refiere al evento en el cual el pueblo hebreo (Israel) es liberado y sale de Egipto hacia la tierra prometida, también es el segundo libro del **Tanaj** (Biblia Judía) y del **Antiguo Testamento**.

La Biblia relata que **Jacob** (nieto de Abraham) había sido profundamente "*herido en su alma*" con la desaparición de su hijo amado, **José**, quien, "*por los celos de sus hermanos*", había sido vendido a unos mercaderes. *AT Génesis 37*

La historia comienza en **Génesis**, la narración de los viajes de Jacob a Egipto para comprar grano, lo que lleva al reencuentro con su hijo **José**, y se extiende al libro de **Éxodo**, donde se explican los eventos que llevaron a los hebreos a las tierras de Egipto, y la historia de **José** y **Jacob** (a quien Dios renombró después como **Israel**)

Los hebreos (judíos) llegaron a Egipto como invitados de **José**, quien era una persona "influyente" en esa nación, sin embargo con el cambio de gobernador en esa nación, los judíos fueron esclavizados por "*un nuevo rey que no conocía a José.*" *AT Éxodo 1:8*

Sujetos a la terrible esclavitud en Egipto, "*Dios oyó el gemido de ellos y se acordó de su pacto con Abraham, Isaac y Jacob. Y miró Dios a los hijos de Israel, y conoció su condición.*" *AT Éxodo 2:24-25*

Así surge **Moisés como enviado de Dios y el libertador de los hebreos**, la Biblia continua narrando sobre las plagas traídas por Dios sobre Egipto a causa de la negativa del faraón a la petición de Moisés de liberar a los judíos.

Con la ayuda de Dios, los hebreos salen de Egipto, tuvieron que cruzar por el Mar rojo y caminaron por el desierto de Sinaí (*AT Éxodo 19:1-25*) con el objetivo final; llegar a la nación de Canaán, (la Tierra prometida), descrita como "*una tierra que fluye leche y miel*". *AT Éxodo 3:8*

El **pueblo de Israel** había sido consagrado por Dios como "*el pueblo de su heredad*", y "*un reino de sacerdotes y gente santa.*" *AT Éxodo 19:5-6*

El monte Sinaí es el escenario que Dios elige para establecer su pacto con Israel, este implica **vivir en obediencia a Yahvé**, observando **La Ley** (en hebreo **Torah**), que había sido entregada a **Moisés**, llamado **Decálogo**, conocida también como los **Diez Mandamientos**. *AT Éxodo 20*

Es en los eventos del **Éxodo** donde ocurre la fundación de Israel como nación, como entidad, unido por su Fe, es aquí donde por primera vez el judío adquiere conciencia de su unidad étnica, filosófica, cultural y religiosa.

Yahvé manda a celebrar la **Pascua** (*Pésaj* o *Passover*), para conmemorar la liberación del pueblo de Israel y su **Pacto con Dios**. *AT Levítico 23:5*
La fiesta de pascua tiene el propósito de mantener viva la memoria del sufrimiento y la liberación del pueblo hebreo de su esclavitud en Egipto.

Cristo y sus Discípulos celebrando la Pascua
La Santa Cena, por Gustave Doré, 1832-1883

Aunque los primeros cristianos, quienes eran judíos, celebraban el **Éxodo** o la **Pascua judía** y al mismo tiempo también la **Resurrección de Jesús**, o sea **dos fiestas en una**, es durante el **Primer Concilio de Nicea** (en el **325 d.C.**) que la Iglesia Católica separa la celebración de la pascua judía de la cristiana, quitándole los elementos hebreos, señalando que **Dios había hecho un Nuevo Pacto** (*NT Mateo 26:28; Marcos 14:24*), esta vez no sólo con el pueblo de Israel (judíos), sino **con la humanidad entera** (*NT Mateo 28:18-20*) y ya no había necesidad de celebrar el pacto antiguo hecho con Moisés.

En el presente, aunque **las fiestas de pascua** cristianas y judías son celebradas durante la misma época, fecha que varía entre el 22 de marzo y el 25 de abril, es llamada por la Iglesia "**Semana Santa**", "**Santa Cena**", donde se conmemora **la crucifixión, muerte y resurrección de Jesús**.
A la Semana Santa le sigue un período de cincuenta días llamado Tiempo pascual, que termina con el **Domingo de Pentecostés**.

Los judíos llaman a la pascua también "Fiesta de la Primavera", "Pésaj", "Passover" y celebran todavía la salida de Egipto. *AT Éxodo 12:1-12*

Moisés (Ley Mosaica)

Moisés, del hebreo **Mošeh**, las Escrituras relatan que significa: *"sacado del agua" (AT Éxodo 2:10*), es uno de los profetas más importantes de la Fe Cristiana, Judía e Islámica. **[A]**

A **Moisés, Dios** le dio **La Ley**, que incluye los **10 Mandamientos**, conocido también como el **Decálogo**, del *deka* o *decem* que significa "diez", "décimo", y *logos*, "estudio", "palabra".

Se cree que Moisés también es el autor del **Pentateuco**, que son **los primeros 5 libros de la Biblia**: Génesis, Éxodo, Levítico, Números y Deuteronomio, llamados también la **Torah** (**La Ley**), que son el núcleo de la religión judía.

La Ley (**Mosaica**), son los reglamentos que Dios entregó a Israel, por medio de Moisés, mientras el pueblo judío había acampado cerca del **Monte Sinaí** durante su salida (éxodo) de Egipto con destino a la **Tierra de Canaán**, la cual Dios les había prometido. *AT Éxodo 6:2-8*

Los 613 Mandamientos

La Ley Mosaica no sólo está compuesta de **Diez Mandamientos** como se cree usualmente sino de **613 Mandamientos**, en hebreo "**613 Mitzvot**". **[B]** Estos **613 Mandamientos** se hallan dispersos en los 5 libros del **Pentateuco**. **Los Diez Mandamientos** son un resumen de los **613 preceptos** contenidos en **la Ley** del **Antiguo Testamento**.

De los **Diez Mandamientos** los primeros cuatro tratan de **nuestra relación con Dios**, mientras los últimos seis tratan de nuestra relación con los demás o sea el prójimo. *AT Éxodo 20:1-17; Deuteronomio 5:6-21*

La Biblia relata que **el pueblo judío rompió en muchas ocasiones el Pacto** que Dios había hecho con ellos, **y es debido a estas frecuentes violaciones** y por medio del **profeta Jeremías; que Dios promete un Nuevo Pacto**.

> *31 »Vienen días, **dice el SEÑOR, en los cuales haré un nuevo pacto** con la casa de Israel y con la casa de Judá.*
> *32 No como el pacto que hice con sus padres el día en que tomé su mano para sacarlos de la tierra de Egipto; porque ellos invalidaron mi pacto, aunque fui yo un marido para ellos, dice el SEÑOR.*
> *33 Pero éste es el pacto que haré con la casa de Israel después de aquellos días, dice el SEÑOR: Pondré mi ley en su mente y la escribiré en su corazón; yo seré su Dios y ellos serán mi pueblo.*
> *34 Y no enseñará más ninguno a su prójimo, ni ninguno a su hermano, diciendo: "Conoce a el SEÑOR", porque todos me conocerán, desde el más pequeño de ellos hasta el más grande, dice el SEÑOR. Porque perdonaré la maldad de ellos y no me acordaré más de su pecado.*
> ***AT Jeremías 31:31-34***

Pactos de Dios con Israel

La Biblia nos relata de los varios **Pactos que Dios hizo con Israel**, de las promesas y demandas específicas de cada uno de estos.

Los Pactos de Dios contenidos en la Biblia se clasifican por lo general en dos clases: **condicionales** e **incondicionales**.

Un **Pacto condicional** garantiza que Dios hará su parte con absoluta certeza cuando se satisfacen los requisitos humanos, pero si el hombre fracasa, Dios no está obligado a cumplir su pacto.

Un **Pacto incondicional** es una declaración o promesas de Dios que serán ciertamente cumplidas en el tiempo, a la manera y decisión de Dios.

Aunque existen cerca de **doce pactos** mencionados en **las Escrituras**, los más notables serian ocho, contenidos en el **Tanaj (Antiguo Testamento)**, **estos pactos envuelven solamente a la nación de Israel** (hebreos).

Sin embargo, el **Pacto más importante** y reconocido mundialmente sería el último; el **Nuevo Pacto**, decretado por Dios a través de **Su Hijo Jesús** y que esta vez incluye a toda la humanidad. ***NT Mateo 26:28***

18 Jesús se acercó y les habló diciendo: «Toda potestad me es dada en el cielo y en la tierra.
*19 Por tanto, id y **haced discípulos a todas las naciones**, bautizándolos en el nombre del Padre, del Hijo y del Espíritu Santo...*
NT Mateo 28:18-19

Los Pactos (antiguos) de Dios con Israel

Pacto con Noé, Libro de AT Génesis capítulo 9

El primer Pacto (bíblico) lo hace Dios con Noé después del diluvio, y establece el arco iris como el símbolo de la alianza. Por ser los únicos sobrevivientes en el mundo, el pacto se aplica a toda la humanidad.

En el Pacto con Noé Dios promete:	Libro: **Génesis**
Bendice y dirige a Noé e hijos a multiplicarse sobre la tierra	9:1
Dirige al hombre someter las plantas y los animales	9:2-3
Prohíbe el consumo de carne con sangre	9:4
Prohíbe el asesinato	9:5-6
Promete que nunca volverá a destruir la vida con un diluvio	9:11-17

Pacto con Abraham, Libro de AT Génesis capítulos 12-17

El Pacto con Abraham, el patriarca de Israel, fue la primera persona que difundió la concepción monoteísta, esta es; **la Fe en un solo Dios**.
Dios establece **la circuncisión** como el símbolo de este pacto.
El pacto describe el lazo entre el pueblo de Israel y su tierra que *"He dado a Abraham y a Isaac, te la daré a ti, y a tu descendencia después de ti."*

En el Pacto con Abraham Dios promete:	Libro: **Génesis**
Hacer de Abraham una gran nación	12:1-3
La tierra desde Egipto hasta el Éufrates	15:18-21
Promete hacer de Abraham padre de muchas naciones	17:2-9

Pacto con Moisés, Libro de AT Éxodo capítulos 19-24

Este pacto separa a la nación de Israel como la luz de Dios en un mundo oscuro., y los hebreos se convierten en el pueblo escogido de Dios.
Este es el **Pacto Mosaico,** en este; Dios le promete a Israel *"un reino de sacerdotes y una nación santa"*. **AT Éxodo 19:6**

En el Pacto con Moisés Dios promete:	Libro: **Éxodo**
Hacer de Israel su especial tesoro entre todos los pueblos	19:5
Hacer de Israel un reino de sacerdotes y una nación santa	19:6
Israel deberá guardar el sábado como un pacto perpetuo	31:12-17

Pacto con David, Libro de AT 2 Samuel 7

El pacto con David se refiere a **las promesas de Dios a David** por medio del **profeta Natán**, instituye a David y sus descendientes como legítimos reyes de Judá, y les otorga ser los antecesores del Mesías.

En el Pacto con David Dios promete:	Libro: **2 Samuel**
David tendrá un hijo, será su sucesor y Rey	2 Samuel 7:12
Este hijo (Salomón) edificará el templo en lugar de David	2 Samuel 7:13
El trono y el reino de David será establecido para siempre	2 Samuel 7:29

El **Nuevo Pacto** con la Humanidad por medio **de Jesús**

> *31 "Vienen días, dice el SEÑOR, en los cuales haré un **nuevo pacto** con la casa de Israel y con la casa de Judá.*
> *32 No como el pacto que hice con sus padres el día en que tomé su mano para sacarlos de la tierra de Egipto; porque ellos invalidaron mi pacto, aunque fui yo un marido para ellos, dice el SEÑOR.*
> *33 Pero este es el pacto que haré con la casa de Israel después de aquellos días, dice el SEÑOR: Pondré mi ley en su mente y la escribiré en su corazón; yo seré su Dios, y ellos serán mi pueblo.*
> **AT Jeremías 31:31-33**

Con **Jesucristo** se cumple la profecía y el establecimiento un **Nuevo Pacto** entre Dios y su pueblo, **que es posible sólo por la Fe en Cristo**, que derramó su propia sangre para borrar los pecados de la humanidad.

> *De igual manera, después de haber cenado, tomó la copa, diciendo: --Esta copa es **el nuevo pacto** en mi sangre, que por vosotros se derrama.*
> **NT Lucas 22:20**

El Apóstol Juan agrega: *"De tal manera amó Dios al mundo, que ha dado a su Hijo unigénito, para que todo aquel que en él cree no se pierda, sino que tenga vida eterna.* **NT Juan 3:16**

> **3 Pues éste es el amor a Dios: que guardemos sus mandamientos; y sus mandamientos no son gravosos**,
> *4 porque todo lo que es nacido de Dios vence al mundo; y ésta es la victoria que ha vencido al mundo, nuestra Fe.*
> **NT 1 Juan 5:3-4**

Lo maravilloso de este **Nuevo Pacto;** son los **requerimientos tan fáciles** de cumplir, y es esto lo único, que **Dios** y **Su Hijo Jesús** piden de nosotros.

> *36 —Maestro, ¿cuál es el gran mandamiento en la Ley?*
> *37 Jesús le dijo: —"Amarás al Señor tu Dios con todo tu corazón, con toda tu alma y con toda tu mente."*
> *38 Éste es el primero y grande mandamiento.*
> *39 Y el segundo es semejante: "Amarás a tu prójimo como a ti mismo."*
> *40 De estos dos mandamientos dependen toda la Ley y los Profetas.*
> **NT Mateo 22:36-40**

> *El que tiene mis mandamientos y los guarda, ése es el que me ama; y el que me ama será amado por mi Padre, y yo lo amaré y me manifestaré a él.*
> **NT Juan 14:21**

> *3 En esto sabemos que nosotros lo conocemos, si guardamos sus mandamientos.*
> *4 El que dice: "Yo lo conozco", pero no guarda sus mandamientos, el tal es mentiroso y la verdad no está en él.*
> **NT 1 Juan 2:3-4**

Sección III

Cristo, por Nikolay Koshelev, 1840-1918

¿Quién es Jesús?

--Y se oyó una voz de los cielos que decía:
"Éste es mi Hijo amado, en quien tengo complacencia."

NT Mateo 3:17

¿Quién es Jesús?

Jesús, del latín **Iesus**, y este del griego Ἰησοῦς (**Iēsoûs**), es una traducción del nombre hebreo **Yehosua**, (**Jashua**), de *Jah*; "Yahvé", "Dios (**YHVH**), y *shua*; "entrega", "salva". **Jesús** significa "**Yahvé entrega** o **Salva**." **[A]**

Su nombre completo en hebreo es **Yeshua Ha-Notzri** (**Jesús de Nazaret**), es también llamado en la Biblia **Yeshua Ha-Mashiach** (**Jesús el Mesías**), **Mashiach** (Mesías) significa "**Ungido**", esta palabra es traducida al griego como χριστός (Kjristós), o **Cristo**. *NT Marcos 16:6*

La abreviación **XP**, son las dos primeras letras de la palabra χριστός (Cristo), y fue usada por los primeros cristianos como "símbolo secreto" para reconocerse entre sí y evitar la terrible persecución de que eran víctimas.

Jesús de Nazaret, es la **persona central de la Fe Cristiana**, como también es una de las más influyentes en el mundo, en especial; de la cultura occidental que comprende **Europa**, parte de Asia (**Rusia**) y las **Américas**.

Jesús es el Hijo de Dios para la mayoría de las **denominaciones cristianas**, y la **encarnación de Dios mismo** (*NT Juan 1:1*), con **su muerte** y posterior **resurrección**, Jesús liberó al mundo de pecados y **todo aquel que en Él crea; tendrá vida eterna**. *NT Juan 3:16*

El arribo de Jesús (el Mesías) fue **anunciado por varios profetas** de la religión judía y su llegada fue esperada ansiosamente por siglos, así lo documentan las Escrituras.

> *En cuanto a ti, Belén Efrata, pequeña entre los clanes de Judá, de ti saldrá un gobernante de Israel que desciende de una antigua familia.*
> ***AT Miqueas 5:2***

Sin embargo, aunque **Jesús fue recibido** por algunos **como el Hijo de Dios**, **fue rechazado por la religión judía en general**, y rechazan hasta la fecha que **Jesús** es el **Mesías**, a pesar del **cumplimiento de numerosas profecías**.

Tres siglos después de su crucifixión, durante el **Primer Concilio de Nicea** en el año **325 d.C.**, con el establecimiento de la **Iglesia Católica** se "formaliza" la **separación oficial de judaísmo y el cristianismo** como religiones completamente diferentes.

Sus padres terrestres fueron: **María**, en hebreo (arameo) **Maryam** o **Miriam**, fue una joven mujer judía de Nazaret en Galilea llamada por cristianos "María", "Santa María", "Virgen María", o "Madre del Señor" (*NT Lucas 1:43*), y por las Escrituras "Bendita entre las mujeres". *NT Lucas 1:28*

Sobre la llegada de Jesús las Escrituras señalan que: "El *Señor mismo nos dará señal:* ***La virgen concebirá y dará a luz un hijo***, *y le pondrá por nombre Emanuel*". ***AT Isaías 7:14; NT Mateo 1:23***

Su padre fue **José**, en hebreo **Yosef**, esposo de María, la Biblia indica que José era descendiente de David (**NT Lucas 3:23-38**), su profesión era artesano o carpintero (**NT Mateo 13:55**), teólogos presumen que José murió antes del Ministerio de Jesús ya que Él no se menciona en los Evangelios.

El Evangelio de Mateo describe que **José encontró a María embarazada** antes de "estar juntos", como José era justo y no quería difamarla, quiso dejarla secretamente para evitar que María fuera castigada según lo dispuesto en la Ley Mosaica. ***AT Deuteronomio 22:20-21***

Mateo nos relata que **el ángel del SEÑOR** se manifestó en sus sueños y le dijo "*José, hijo de David, **no temas recibir a María** tu mujer, porque lo que en ella es engendrado, **del Espíritu Santo es**", y que su hijo, "salvaría a su pueblo de sus pecados*", por lo que José aceptó a María. **NT Mateo 1:20-24**

Aunque **NT Mateo 13:54-56** indica que **Jesús tenía hermanos y hermanas**, sin embargo es importante señalar que el significado de "**hermanos**" es diferente a la definición moderna ya, ya que los hebreos, quienes vivían bajo la cultura de "clan" (***AT Levítico 25:10***), la palabra "hermanos" tiene un valor más amplio, por ejemplo:

La Biblia afirma que **Abraham era tío de Lot** (***AT Génesis 11:27***; ***12:5***); no obstante, Lot y Abraham son mencionados como "**hermanos**" más de una vez (vea ***AT Génesis 13:8***). También Labán llama "hermano" a Jacob, el cual para nuestra terminología actual sería su "sobrino" (***AT Génesis 29:15***), entonces, de acuerdo a estas observaciones "**hermano**" serían también "familiares", así es más fácil comprender porque la Biblia dice que Uriel, Asaías, Semaías y otros, tenían cientos de hermanos. ***AT 1 Crónicas 15:3-10***

La Sagrada Familia, por Juan Simón Gutiérrez (1634-1718)

Jesús inicia Su Ministerio

Jesús inicia su ministerio al cumplir **30 años** (*NT Lucas 3:23*), formando un grupo de **Doce Discípulos.** *NT Mateo 10:1-4*

Su base fue la comunidad de **Capernaúm**, pero como predicador, recorrió varias localidades de Galilea, anunciando el **Reino de Dios**. *NT Marcos 1:14-15*

Jesús predicaba en **arameo**, aunque es muy probable que conociese también el **hebreo**, lengua litúrgica del judaísmo, así como también haya tenido conocimiento del lenguaje **griego** por ser la **lengua franca**, y del **latín** ya que **Israel** era territorio **romano** en esa era. *NT Mateo 22:21*

El Evangelio de Jesús fue rechazado por la "**religión establecida**", ya que según los hebreos; "**su mensaje no era bíblico**" y contradecía las doctrinas del judaísmo, **este Evangelio prometía la vida eterna** (*NT Mateo 28:18-20*), no sólo a judíos, sino al mundo entero y rechazaba conductas divisivas y vengativas como la doctrina del "*ojo por ojo*". *AT Éxodo 21:24*

> *38 Ustedes han oído que se dijo: "Ojo por ojo y diente por diente."*
> *39 Pero yo les digo: No resistas al que te haga algún mal; al contrario, si alguien te pega en la mejilla derecha, ofrécele también la otra.*
> ***NT Mateo 5:38-39, Lucas 6:29-30***

Este era un mensaje **de amor incondicional a todo ser humano**, incluyendo a nuestros enemigos. *NT Mateo 18:21-22*

Jesús también aceptaba a mujeres en su movimiento, (*NT Marcos 15:40-41*) esta conducta no sólo era algo inexistente, sino inaceptable en la mayoría de doctrinas religiosas de la época.

Al contrario de la rigidez legalista de religiosos judíos; **Jesús** fue paciente y de corazón humilde (*NT Mateo 11:29*), compasivo (*NT Juan 8:1-11*), rechazó aun ser llamado bueno, **porque** sólo **Dios es bueno**. *NT Marcos 10:18*

Este fue el Evangelio de Jesús, tres años después de haberlo iniciado, fue arrestado durante la celebración de la fiesta de la Pascua (***Passover***), por orden de las autoridades religiosas en Jerusalén, acusado de insurrección y blasfemia, fue entregado al gobernador romano **Poncio Pilato**. *NT Juan 10:33* Y aunque no se le encontró culpa, **Jesús** fue sentenciado y crucificado, cerca del **año 33**, por las autoridades romanas en Judea. *NT Mateo 27:15-55*

Tres días después de su muerte, **Jesús resucita** (*NT Mateo 28:1-7*) y delega a los Discípulos a **Evangelizar** al mundo con la **Gran Comisión**:

> *Jesús se acercó a ellos y les dijo: Dios me ha dado toda autoridad en el cielo y en la tierra.*
> *Vayan, pues, a las gentes de todas las naciones, y háganlas mis discípulos; bautícenlas en el nombre del Padre, del Hijo y del Espíritu Santo, y enséñenles a obedecer todo lo que les he mandado a ustedes. Por mi parte, yo estaré con ustedes todos los días, hasta el fin del mundo.*
> ***NT Mateo 28:18-20***

¿Es Jesús el Mesías?

Yeshua Ha-Mashiach (**Jesús el Mesías**), es para la mayoría de las iglesias y denominaciones cristianas, **el Hijo de Dios**, **el Mesías** que fue enviado por Él (Dios) al mundo, para que todo aquel que cree (**Jesús**) no muera, sino que tenga vida eterna. **NT Juan 3:16**

> *Así las Escrituras declaran:* "***El Espíritu Santo*** *vendrá sobre ti,* (***María***) *y* ***el poder del Dios altísimo se posará sobre ti****. Por eso,* ***el niño que va a nacer será llamado Santo e Hijo de Dios.***"
>
> **NT Lucas 1:35**

Jesús, no es Hijo de Dios en el mismo sentido como lo es un padre e hijo de origen terrenal, **Jesús es el Hijo de Dios** en el sentido de que **Él y Dios** son lo mismo (**NT Juan 10:30**; **Juan 20:28**; **2 Pedro 1:1**; **Tito 2:13**), y aunque nació de padres terrenales en **forma humana** (**NT Gálatas 4:4-5**), las escrituras agregan que **Él ya existía en el momento de la Creación**.

> ***En el principio era el Verbo, el Verbo estaba con Dios y el Verbo era Dios.***
>
> **NT Juan 1:1**

> *Ahora pues, Padre, glorifícame tú al lado tuyo,* ***con aquella gloria que tuve contigo antes que el mundo existiera****.*
>
> **NT Juan 17:5**

Los primeros cuatro libros del **Nuevo Testamento**, llamados **Evangelios**, narran la **vida y Ministerio de Jesús en la Tierra**, estos son **Mateo**, **Lucas**, **Marcos** y **Juan**.

Los libros del **Antiguo Testamento** que contienen profecías sobre la **llegada del Mesías** (**Jesús**) son Jeremías, Isaías, Oseas, Salmos, Zacarías, Miqueas.

Pintura: **Jesús El Salvador Del Mundo**
Por W. Hollar y Leonardo Da Vinci, 1452-1519

La primera parte las Escrituras (**Antiguo Testamento**) contiene un conjunto de revelaciones progresivas, donde se establecen (profetizan) los cimientos de los eventos que sucederán en **el Nuevo Testamento**, siendo la más importante; la promesa de Dios de **enviar a Su Hijo**, el **Mesías**.

Las siguientes citas, son **profecías que anuncian la llegada de Jesús**, fueron escritas aproximadamente **700 años antes de Cristo**.

> *En cuanto a ti, Belén Efrata, pequeña entre los clanes de Judá, de ti saldrá un gobernante de Israel que desciende de una antigua familia."*
>
> **AT Miqueas 5:2**

Sección III - ¿Quién es Jesús De Nazaret?

> *Pues el Señor mismo les va a dar una señal: La joven está encinta y va a tener un hijo, al que pondrá por nombre Emanuel.*
> **AT Isaías 7:14**

A pesar de todas estas profecías, **las cuales fueron cumplidas por Jesús**, la Fe judía rechazó y sigue rechazando que **Él es el enviado de Dios**.

> *6 Porque nos ha nacido un niño, Dios nos ha dado un hijo, al cual se le ha concedido el poder de gobernar. **Y le darán estos nombres: Admirable en sus planes, Dios invencible, Padre eterno, Príncipe de la paz**.*
> *7 Se sentará en el trono de David; extenderá su poder real a todas partes y la paz no se acabará; su reinado quedará bien establecido, y sus bases serán la justicia y el derecho desde ahora y para siempre. Esto lo hará el ardiente amor del Señor todopoderoso.*
> **AT Isaías 9:6-7**

> *...El espíritu del Señor estará continuamente sobre él, y le dará sabiduría, inteligencia, prudencia, fuerza, conocimiento y temor del Señor.*
> *3 Él no juzgará por la sola apariencia, ni dará su sentencia fundándose en rumores.*
> *4 **Juzgará con justicia a los débiles y defenderá los derechos de los pobres del país**.*
> **AT Isaías 11:2-4**

> *Dice así: "No basta que seas mi siervo solo para restablecer las tribus de Jacob y hacer volver a los sobrevivientes de Israel; **yo haré que seas la luz de las naciones, para que lleves mi salvación hasta las partes más lejanas de la tierra**."*
> **AT Isaías 49:6**

A través de su vida, muerte y resurrección, Cristo logró establecer un **Nuevo Pacto**, restaurando así la comunión de la humanidad con Dios.

> *Porque esto es mi sangre del nuevo pacto que por muchos es derramada para perdón de los pecados.*
> **NT Mateo 26:28**

Importante: existieron y existen grupos que **NO consideran a Jesús** de **origen divino**, o que Él no existió desde el principio, y señalan que Jesús es solamente un profeta más, estas creencias son parte de la doctrina **Gnóstica** y **arriana**, entre otras.

La siguiente, es una lista abreviada de las profecías en las Escrituras sobre la llegada del Mesías (Jesús) a nuestras vidas.

Las Profecías de Jesús en las Escrituras

Jesús estaba con Dios en el momento de la creación

En el Antiguo Testamento	En el Nuevo Testamento
*Entonces dijo: "Ahora **hagamos** al hombre a nuestra imagen.* *La palabra "**hagamos**" implica que Dios no estaba solo.* ***Génesis 1:26***	*Ahora pues, Padre, glorifícame tú al lado tuyo, con aquella gloria que tuve contigo antes que el mundo existiera.* ***Juan 17:5***

Algunas profecías cumplidas por Jesús, el Mesías

En el Antiguo Testamento	En el Nuevo Testamento
5 El Señor afirma: "Vendrá un día en que haré que David tenga un descendiente legítimo, un rey que reine con sabiduría y que actúe con justicia y rectitud en el país. *6 Durante su reinado...Este es el nombre con que lo llamarán: 'El Señor es nuestra victoria.'* ***Jeremías 23:5-6***	*(A) Esta es una lista de los antepasados de Jesucristo, que fue descendiente de David y de Abraham...* *(B) Entonces se verá al Hijo del hombre venir en las nubes con gran poder y gloria.* ***(A) Mateo 1:1, (B) Marcos 13:26***
5 "Miren ustedes: Voy a enviarles al profeta Elías, antes que llegue el día del Señor, que será un día grande y terrible. *6 Y él hará que padres e hijos se reconcilien. De lo contrario vendré y castigaré su país, destruyéndolo por completo."* ***Malaquías 4:5-6***	*13 Todos los profetas y la ley fueron solo un anuncio del reino, hasta que vino Juan;* *14 y, si ustedes quieren aceptar esto, Juan es el profeta Elías que había de venir.* ***Mateo 1:13-14***
14 Pues el Señor mismo les va a dar una señal: La joven está encinta y va a tener un hijo, al que pondrá por nombre Emanuel. ***Isaías 7:14***	*26 A los seis meses, Dios mandó al ángel Gabriel a un pueblo de Galilea llamado Nazaret,* *27 donde vivía una joven llamada María; era virgen...* *30 El ángel le dijo: --María, no tengas miedo, tú gozas del favor de Dios.* *31 Ahora vas a quedar encinta: tendrás un hijo, y le pondrás por nombre Jesús.* ***Mateo 1:26-31***
2 En cuanto a ti, Belén Efrata, pequeña entre los clanes de Judá, de ti saldrá un gobernante de Israel que desciende de una antigua familia." ***Miqueas 5:2***	*6 Y sucedió que mientras estaban en Belén, María dio a luz.* *7 Y allí nació su hijo primogénito, y lo envolvió en pañales y lo acostó en el establo, porque no había alojamiento para ellos en el mesón.* ***Lucas 2:6-7***

Sección III - ¿Quién es Jesús De Nazaret?   87

Algunas profecías cumplidas por Jesús, el Mesías

En el Antiguo Testamento	*En el Nuevo Testamento*
10 ¡Que le traigan regalos y tributos los reyes de Tarsis y de las islas, los reyes de Sabá y de Sebá! 11 ¡Que todos los reyes se arrodillen ante él! 15 ¡Viva el rey! ¡Que le den el oro de Sabá! ¡Que siempre se pida a Dios por él! ¡Que sea siempre bendecido! **Salmos 72:10-15**	10 Cuando los sabios vieron la estrella, se alegraron mucho. 11 Luego entraron en la casa, y vieron al niño con María, su madre; y arrodillándose le rindieron homenaje. Abrieron sus cofres y le ofrecieron oro, incienso y mirra. **Mateo 2:10-11**
15 El Señor dice: "Se oye una voz en Ramá, de alguien que llora amargamente. Es Raquel, que llora por sus hijos, y no quiere ser consolada porque ya están muertos." **Jeremías 31:15**	16 Herodes mandó matar a todos los niños de dos años para abajo que vivían en Belén y sus alrededores. 17 Así se cumplió lo escrito por el profeta Jeremías: 18 "Se oyó una voz en Ramá, llantos y grandes lamentos. Era Raquel, que lloraba por sus hijos y no quería ser consolada porque estaban muertos." **Mateo 2:16-18**
«Yo envío mi mensajero Para que prepare el camino delante de mí. Y vendrá súbitamente a su Templo el Señor a quien vosotros buscáis; y el ángel del pacto, a quien deseáis vosotros, ya viene», Ha dicho el Señor de los ejércitos. **Malaquías 3:1**	24 Cuando los enviados de Juan se fueron, Jesús comenzó a hablar a la gente acerca de Juan, diciendo:... De veras, es mucho más que profeta. 27 Juan es aquel de quien dice la Escritura: 'Yo envío mi mensajero delante de ti, para que te prepare el camino.' **Lucas 7:24-27**
4 ¿Quién ha subido y bajado del cielo? ¿Quién puede contener el viento en su puño? ¿Quién envuelve al mar en su capa? ¿Quién estableció los límites de la tierra? ¡No me digas que sabes su nombre, y aun el nombre de su hijo! **Proverbios 30:4**	(A) Será un gran hombre, al que llamarán Hijo del Dios altísimo, y Dios el Señor lo hará Rey, como a su antepasado David... (B) Se oyó entonces una voz del cielo, que decía: "Este es mi Hijo amado, a quien he elegido." **(A) Lucas 1:32, (B) Mateo 3:17**
¿Acaso piensan que este templo que me está dedicado es una cueva de ladrones? Yo he visto todo eso. Yo, el Señor, lo afirmo. **Jeremías 7:11**	--En las Escrituras se dice: 'Mi casa será declarada casa de oración', pero ustedes están haciendo de ella una cueva de ladrones. **Mateo 21:13**
Me consume el celo por tu casa; en mí han recaído las ofensas de los que te insultan. **Salmos 69:9**	Entonces sus discípulos se acordaron de la Escritura que dice: "Me consumirá el celo por tu casa." **Juan 2:17**
Me consume el celo por tu casa; en mí han recaído las ofensas de los que te insultan. **Salmos 69:9**	Entonces sus discípulos se acordaron de la Escritura que dice: "Me consumirá el celo por tu casa." **Juan 2:17**

Sección III - ¿Quién es Jesús De Nazaret? 88

Algunas profecías cumplidas por Jesús, el Mesías

En el Antiguo Testamento	En el Nuevo Testamento
2 Voy a hablar por medio de refranes; diré cosas que han estado en secreto desde tiempos antiguos. *3 Lo que hemos oído y sabemos y nuestros padres nos contaron,* *4 no lo ocultaremos a nuestros hijos.* *Con las generaciones futuras alabaremos al Señor y hablaremos de su poder y maravillas.* **Salmos 78:2-4**	*34 Jesús habló de todo esto a la gente por medio de parábolas, y sin parábolas no les hablaba.* *35 Esto fue para que se cumpliera lo que había dicho el profeta: "Hablaré por medio de parábolas; diré cosas que han estado en secreto desde que Dios hizo el mundo."* **Mateo 13:34-35**
"El Señor su Dios hará que salga de entre ustedes un profeta como yo, y deberán obedecerlo. **Deuteronomio 18:15**	*20 y el Señor les mande tiempos de alivio, enviándoles a Jesús, a quien desde el principio había escogido como Mesías para ustedes.* *22 Moisés anunció a nuestros antepasados: 'El Señor su Dios hará que salga de entre ustedes un profeta como yo. Obedézcanlo en todo lo que les diga...* **Hechos 3:20-22**
En ese día los sordos podrán oír cuando alguien les lea, y los ciegos podrán ver, libres de oscuridad y de tinieblas. **Isaías 29:18**	*22 ... Cuéntenle que los ciegos ven, los cojos andan, los leprosos quedan limpios de su enfermedad, los sordos oyen, los muertos vuelven a la vida y a los pobres se les anuncia la buena noticia.* **Lucas 7:22**
"Aquí está mi siervo, a quien sostengo, mi elegido, en quien me deleito. *He puesto en él mi espíritu para que traiga la justicia a todas las naciones.* **Isaías 42:1**	*18 "Aquí está mi siervo, a quien he escogido, mi amado, en quien me deleito.* *Pondré sobre él mi Espíritu, y proclamará justicia a las naciones.* **Mateo 12:18**
¡Alégrate mucho, ciudad de Sión! *¡Canta de alegría, ciudad de Jerusalén!* *Tu rey viene a ti, justo y victorioso, pero humilde, montado en un burro, en un burrito, cría de una burra.* **Zacarías 9:9**	*7 Pusieron entonces sus capas sobre el burro, y se lo llevaron a Jesús. Y Jesús montó.* *8 Muchos tendían sus capas por el camino, y otros tendían ramas que habían cortado en el campo.* *9 Y tanto los que iban delante como los que iban detrás, gritaban:--¡Hosana! ¡Bendito el que viene en el nombre del Señor!* **Marcos 11:6-9**
14 como ganado que baja a la llanura, *El espíritu del Señor los guiaba. Así condujo a su pueblo y alcanzó fama y gloria.* **Isaías 63:14**	*Todos los que vivían en Éfeso, judíos y no judíos, lo supieron, y se llenaron de temor. De esta manera crecía la fama del nombre del Señor Jesús.* **Hechos 19:17**

Sección III - ¿Quién es Jesús De Nazaret? 89

Algunas profecías cumplidas por Jesús, el Mesías

En el Antiguo Testamento	En el Nuevo Testamento
Fue maltratado, pero se sometió humildemente, y ni siquiera abrió la boca; lo llevaron como cordero al matadero, y él se quedó callado, sin abrir la boca, como una oveja cuando la trasquilan... **Isaías 53:7**	*Acepten el yugo que les pongo, y aprendan de mí, que soy paciente y de corazón humilde; así encontrarán descanso.* **Mateo 11:29**
(A) 16 Por eso, el Señor dice: "Voy a poner en Sión una piedra, una piedra escogida y muy valiosa, que será la piedra principal y servirá de fundamento. *El que tenga confianza, podrá estar tranquilo.* *(B) La piedra que los constructores despreciaron se ha convertido en la piedra principal.* **(A) Isaías 28:16, (B) Salmos 118:22**	*(A) Por eso también dice la Escritura: "Yo pongo en Sión una piedra que es la piedra principal, escogida y muy valiosa; el que confíe en ella no quedará defraudado."* *(B) Este Jesús es la piedra que ustedes los constructores despreciaron, pero que se ha convertido en la piedra principal.* **(A) 1 Pedro 2:6-8, (B) Hechos 4:11**
1 ¿Quién va a creer lo que hemos oído? ¿A quién ha revelado el Señor su poder? **Isaías 53:1**	*37 A pesar de que Jesús había hecho tan grandes señales milagrosas delante de ellos, no creían en él;* *38 pues tenía que cumplirse lo que escribió el profeta Isaías: "Señor, ¿quién ha creído nuestro mensaje? ¿A quién ha revelado el Señor su poder?"* **Juan 12:37-38**
7 El Señor todopoderoso afirma: "¡Levántate, espada, contra mi pastor y contra mi ayudante! ¡Mata al pastor, y el rebaño se dispersará, y yo me volveré contra los corderos! **Zacarías 13:7**	*31 Y Jesús les dijo:--Todos ustedes van a perder su fe en mí esta noche. Así lo dicen las Escrituras: 'Mataré al pastor, y las ovejas se dispersarán.'* **Mateo 26:31**
9 Aun mi mejor amigo, en quien yo confiaba, el que comía conmigo, se ha vuelto contra mí. **Salmos 41:9**	*47 Todavía estaba hablando Jesús, cuando llegó mucha gente. El que se llamaba Judas, que era uno de los doce discípulos, iba a la cabeza. Este se acercó a besar a Jesús,* *48 pero Jesús le dijo:--Judas, ¿con un beso traicionas al Hijo del hombre?* **Lucas 22:47**
12 Les dije entonces: "Si les parece bien, páguenme mi salario; y si no, déjenlo." Y me pagaron treinta monedas de plata. **Zacarías 11:12**	*14 Uno de los doce discípulos, el que se llamaba Judas Iscariote, fue a ver a los jefes de los sacerdotes* *15 y les dijo: --¿Cuánto me quieren dar, y yo les entrego a Jesús? Ellos le pagaron treinta monedas de plata.* *16 Y desde entonces Judas anduvo buscando el momento más oportuno para entregarles a Jesús.* **Mateo 26:14-16**

Sección III - ¿Quién es Jesús De Nazaret?

Algunas profecías cumplidas por Jesús, el Mesías

En el Antiguo Testamento	En el Nuevo Testamento
7 Fue maltratado, pero se sometió humildemente, y ni siquiera abrió la boca; lo llevaron como cordero al matadero, y él se quedó callado, sin abrir la boca, como una oveja cuando la trasquilan. **Isaías 53:7**	4 Pilato volvió a preguntarle: --¿No respondes nada? Mira de cuántas cosas te están acusando. 5 Pero Jesús no le contestó; de manera que Pilato se quedó muy extrañado. **Marcos 15:4-5**
6 Ofrecí mis espaldas para que me azotaran y dejé que me arrancaran la barba. No retiré la cara de los que me insultaban y escupían. **Isaías 50:6**	30 También lo escupían, y con la misma vara le golpeaban la cabeza. **Mateo 27:30**
7 Los que me ven, se burlan de mí; me hacen muecas, mueven la cabeza 8 y dicen: "Este confiaba en el Señor; pues que el Señor lo libre. Ya que tanto lo quiere, que lo salve." **Salmos 22:7-8**	35 La gente estaba allí mirando; y hasta las autoridades se burlaban de él, diciendo:-- Salvó a otros; que se salve a sí mismo ahora, si de veras es el Mesías de Dios y su escogido. **Lucas 23:35**
25 ¡Soy el hazmerreír de la gente! ¡Al verme, mueven burlones la cabeza! **Salmos 109:25**	39 Los que pasaban lo insultaban, meneando la cabeza **Mateo 27:39**
4 A cambio de mi amor, me atacan; pero yo hago oración. **Salmos 109:4**	34 Jesús dijo: "Padre, perdónalos, porque no saben lo que hacen." **Lucas 23:34**
19 Que no se alegren de mí mis enemigos; que no se guiñen el ojo los que me odian sin razón. **Salmos 35:19**	24 No tendrían ninguna culpa, si yo no hubiera hecho entre ellos cosas que ningún otro ha hecho; pero ya han visto estas cosas y, a pesar de ello, me odian a mí y odian también a mi Padre. 25 Pero esto sucede porque tienen que cumplirse las palabras que están escritas en la ley de ellos: 'Me odiaron sin motivo.' **Juan 15:24-25**
5 Pero fue traspasado a causa de nuestra rebeldía, fue atormentado a causa de nuestras maldades; el castigo que sufrió nos trajo la paz, por sus heridas alcanzamos la salud. **Isaías 53:5**	7 No es fácil que alguien se deje matar en lugar de otra persona. Ni siquiera en lugar de una persona justa; aunque quizás alguien estaría dispuesto a morir por la persona que le haya hecho un gran bien. 8 Pero Dios prueba que nos ama, en que, cuando todavía éramos pecadores, Cristo murió por nosotros. **Romanos 5:7-8**
12 Por eso Dios le dará un lugar entre los grandes, y con los poderosos participará del triunfo, porque se entregó a la muerte y fue contado entre los malvados, cuando en realidad cargó con los pecados de muchos e intercedió por los pecadores. **Isaías 53:12**	27 Con él crucificaron también a dos bandidos, uno a su derecha y otro a su izquierda. **Marcos 15:27-28**

Algunas profecías cumplidas por Jesús, el Mesías

En el Antiguo Testamento	En el Nuevo Testamento
(A) 3 Tú, Señor, me salvaste de la muerte; me diste vida, me libraste de morir. (B) 15 Pero Dios me salvará del poder de la muerte, pues me llevará con él. **(A) Salmos 30:3, (B) Salmos 49:15**	6 pero él les dijo:--No se asusten. Ustedes buscan a Jesús de Nazaret, el que fue crucificado. Ha resucitado; no está aquí. Miren el lugar donde lo pusieron. 7 Vayan y digan a sus discípulos, y a Pedro: 'Él va a Galilea para reunirlos de nuevo; allí lo verán, tal como les dijo.' **Marcos 16:6-7**
10 »Pero sobre la casa de David y los habitantes de Jerusalén derramaré un espíritu de gracia y de oración. Mirarán hacia mí, a quien traspasaron, y llorarán como se llora por el hijo unigénito, y se afligirán por él como quien se aflige por el primogénito. **Zacarías 12:10**	25 Le dijeron, pues, los otros discípulos: --¡Hemos visto al Señor! Él les dijo:--Si no veo en sus manos la señal de los clavos y meto mi dedo en el lugar de los clavos, y meto mi mano en su costado, no creeré. 26 Ocho días después estaban otra vez sus discípulos dentro, y con ellos Tomás. Llegó Jesús, estando las puertas cerradas, se puso en medio y les dijo:--¡Paz a vosotros! 27 Luego dijo a Tomás:--Pon aquí tu dedo y mira mis manos; acerca tu mano y métela en mi costado; y no seas incrédulo, sino creyente. **Juan 20:25-27**
28 "Después de estas cosas derramaré mi espíritu sobre toda la humanidad: los hijos e hijas de ustedes profetizarán, los viejos tendrán sueños y los jóvenes visiones. **Joel 2:28**	16 Al contrario, aquí está sucediendo lo que anunció el profeta Joel, cuando dijo: 17 'Sucederá que en los últimos días, dice Dios, derramaré mi Espíritu sobre toda la humanidad; los hijos e hijas de ustedes comunicarán mensajes proféticos, los jóvenes tendrán visiones, y los viejos tendrán sueños. **Hechos 2:16-17**
31 El Señor afirma: "Vendrá un día en que haré una nueva alianza con Israel y con Judá. 32 Esta alianza no será como la que hice con sus antepasados, cuando los tomé de la mano para sacarlos de Egipto; porque ellos quebrantaron mi alianza, a pesar de que yo era su dueño. Yo, el Señor, lo afirmo. **Jeremías 31:31-32**	(A) 7 Si la primera alianza hubiera sido perfecta, no habría sido necesaria una segunda alianza. 8 Pero Dios encontró imperfecta a aquella gente, y dijo: "El Señor dice: Vendrán días en que haré una nueva alianza con Israel y con Judá. (B) 20 Lo mismo hizo con la copa después de la cena, diciendo: --Esta copa es la nueva alianza confirmada con mi sangre, la cual es derramada en favor de ustedes. **(A) Hebreos 8:7-8, (B) Lucas 22:20**
1 El Señor dijo a mi señor: "Siéntate a mi derecha, hasta que yo haga de tus enemigos el estrado de tus pies." **Salmos 110-1**	19 Después de hablarles, el Señor Jesús fue levantado al cielo y se sentó a la derecha de Dios. **Marcos 16:19**
2 El pueblo que andaba en la oscuridad vio una gran luz; una luz ha brillado para los que vivían en tinieblas. **Isaías 9:2**	16 El pueblo que andaba en la oscuridad vio una gran luz; una luz ha brillado para los que vivían en sombras de muerte." **Mateo 4:16**

¿Jesús es Emanuel?

Aunque parece haber un conflicto entre las instrucciones del Ángel Gabriel a María "***Concebirás en tu vientre y darás a luz un hijo, y llamarás su nombre Jesús.***" (***NT Lucas 1:31***), y la profecía en Antiguo Testamento de Isaías "***Por tanto, el Señor mismo os dará señal: La virgen concebirá y dará a luz un hijo, y le pondrá por nombre Emanuel.***" ***AT Isaías 7:14***

Este conflicto (contradicción) posiblemente se debe a que la profecía es tomada literalmente, hay que recordar que al Mesías también se le llamó de diferentes formas, por el mismo profeta, como así lo documentan las Escrituras.

> *Porque un niño nos ha nacido, hijo nos ha sido dado, y el principado sobre su hombro.*
> *Se llamará su nombre «**Admirable consejero**», «**Dios fuerte**», «**Padre eterno**», «**Príncipe de paz**».*
>   ***AT Isaías 9:6***

Sin embargo, al primogénito de María no se le dio ninguno de estos nombres como nombre personal, ni de pequeño ni después de emprender Su Ministerio, ya que **todos estos nombres eran títulos proféticos** mediante los que se **identificaría a Jesucristo con sus acciones**. *NT Lucas 24:44*

En la antigüedad, los nombres eran dados como representaciones de las esperanzas y sueños de los padres o aun la devoción divina.
En el Antiguo Testamento por ejemplo: **Abram** significa "*padre exaltado*", pero **Abraham** significa "***Padre de multitudes***" (***AT Génesis 17:5***), inclusive, algunos nombres eran traducidos en oraciones completas como en el caso de **Uziel**, "*Dios es mi fortaleza*" (***AT Éxodo 6:18***), **Adoniram**, "*El Señor es Alabado*" (***AT 1 Reyes 4:6***); **Ahimelec**, "*mi hermano es rey.*" ***AT 1 Samuel 21:1***, etc.

El Evangelio de Mateo menciona **los dos nombres** durante el nacimiento de Jesús, siendo **Emanuel** probablemente un titulo "**Dios con nosotros**" y no necesariamente un nombre personal. "*Le pondrás por nombre Jesús... Se le pondrá por nombre Emanuel.*" ***NT Mateo 1:21-23***

Según la Iglesia Católica no hay oposición entre ambos nombres, porque el nombre que se anuncia en Isaías (Emmanuel) es el nombre o **título profético** de Cristo, y el nombre de Jesús es su **nombre propio** (personal).

El nombre profético sólo indica lo que significará para los hombres, en aquel momento; **Emmanuel**, de *Immanu*; "*con nosotros*", y **Eli**; "*Elohim*", "*Dios*", que significa "**Dios con nosotros.**"

El nombre personal de **Cristo** en hebreo es **Yehoshúa**, de **Yah**; "Yahvé", "Dios", y **Hosuah**; (**shúa**), "Salva", que significa "**Dios Salva**", en latín el nombre se transcribe como **Jesús**.

Jesús vivió de acuerdo al significado de estos nombres en todo respecto, incluyendo el título de **Emanuel (Dios con nosotros)**. *NT Juan 1:1-5*

¿Es Jesús Eterno?

En el principio era el Verbo, el Verbo estaba con Dios y el Verbo era Dios.
NT Juan 1:1

Y el Verbo se hizo carne y habitó entre nosotros lleno de gracia y de verdad; y vimos su gloria, gloria como del unigénito del Padre.
NT Juan 1:14

Jesús (el **Verbo**) **es sin ninguna duda el Hijo de Dios** para la mayoría de las denominaciones cristianas, (**NT Marcos 1:1**), y Él estaba al lado de Dios durante la Creación (**NT Juan 17:24**), posteriormente fue enviado por Dios Padre (**AT Isaías 9:6-7**; **NT Juan 6:38**) como hombre para redimir a la humanidad (**NT Gálatas 4:4-5**), y después de su muerte y resurrección volvió al lado de Dios. **NT Marcos 16:19**

Ahora pues, Padre, glorifícame tú al lado tuyo, **con aquella gloria que tuve contigo antes que el mundo existiera.**
NT Juan 17:5

Aunque es obvio suponer que personas no creyentes pongan en duda; **primero**, la divinidad de Jesús, y **segundo**, su existencia eterna, **a esta ideología** también se unen una minoría de cristianos.

Sin embargo, **la negación a la preexistencia** de Jesucristo antes de su concepción, **no es nueva**, esta fue puesta en duda primero por los judíos y aun por algunos de sus seguidores en los primeros días del Evangelio.

Por ejemplo; El presbítero cristiano **Arrio (256-336 d.C.)** de Alejandría, Egipto, inició el movimiento que proponía la doctrina que **rechazaba la deidad o divinidad de Jesús**, esta doctrina llegó a ser llamada **arrianismo**. [A] [B]

La doctrina de **Arrio** sostenía que **Jesús** existió sólo desde el momento de su nacimiento y aunque Jesús tenía atributos divinos, **Él no era divino (Dios)**.

Sin embargo, tan pronto la **Iglesia Católica fue establecida** en Roma, el **arrianismo** fue condenado como herejía durante el **Primer Concilio de Nicea** en el **año 325 d.C.** pero la doctrina logró sobrevivir en grupos pequeños por siglos, **esta creencia ha resurgido en el presente.** [C] [D]

Esta creencia existe a pesar que **la Biblia señala y aclara la divinidad** y **preexistencia de Jesús**, por ejemplo, en el versículo de **AT Génesis 1:26**, dice: "*Hagamos al hombre...*", obviamente la palabra "**Hagamos**" implica que **el Creador no estaba solo en el principio**, en el momento de la creación.

Jesús dijo:--De cierto les digo: Antes que Abraham fuera, Yo soy.
NT Juan 8:58

¿Pues qué, si vierais al Hijo del hombre subir a donde estaba primero?
NT Juan 6:62

Sección III - ¿Quién es Jesús De Nazaret?   94

Jesús, Su Infancia

Los relatos referentes al **nacimiento e infancia de Jesús** se encuentran sólo en **los Evangelios** de **Mateo y Lucas** en los **capítulos 1** y **2**, ningún otro libro en la Biblia contiene información detallada al respecto.

> *26 A los seis meses, Dios mandó al ángel Gabriel a un pueblo de Galilea llamado Nazaret,*
> *27 donde vivía una joven llamada María; era virgen, pero estaba comprometida para casarse con un hombre llamado José, descendiente del rey David.*
> *28 El ángel entró en el lugar donde ella estaba, y le dijo:*
>   *--¡Salve, llena de gracia! El Señor está contigo.*
>
> **NT Lucas 1:26-28**

Aunque **la narración sobre la infancia de Jesús**, es muy breve y los libros de **Nuevo Testamento** se dedican al **Ministerio de Jesús (NT Lucas 3:23)**, sin embargo, **Mateo** y **Lucas** contienen **genealogías (antecesores) de Cristo**. La lista de **Mateo** se remonta al patriarca Abraham (**NT Mateo 1:1-17**), mientras que la de **Lucas** comienza con **Adán. NT Lucas 3:23-38**

A los ocho días de nacido, el niño es preparado, según la "**Ley Mosaica**" para circuncidarlo, y le pusieron por nombre **Jesús**, así como lo había instruido el **ángel Gabriel** antes que fuera concebido. **NT Lucas 1:26-32**

Cuando se cumplieron los días de la purificación, lo trajeron a Jerusalén para presentarlo al **SEÑOR. NT Lucas 2:21-22**

Más tarde, **Jesús** a la edad de doce años, acudió, como era su costumbre cada año, con sus padres María y José a la **Fiesta de Pascua** en Jerusalén.

Ya estando en la ciudad, Jesús desapareció de la vista de sus padres para dirigirse al Templo de Jerusalén. **NT Lucas 2:41-45**

Gráfica: **Jesús habla con los Doctores**
Gustave Doré, 1832-1883

Allí transcurrió un tiempo, escuchando y preguntando a los doctores del Templo, quienes quedaron asombrados por sus conocimientos teológicos. María y José tardaron tres días en encontrarlo y, al hacerlo, María le recriminó la preocupación que le había causado a ella y a José, a lo que Jesús respondió:

> *—¿Por qué me buscabais? ¿No sabíais que en los negocios de mi Padre me es necesario estar?*
>
> **NT Lucas 2:46-49**

Sección III - ¿Quién es Jesús De Nazaret? 95

El libro de **Lucas** narra que **María** y **José** no comprendieron la respuesta que **Jesús** les dio. El Evangelio continúa narrando que María cuidadosamente conservaba todas estas cosas en su corazón. ***NT Lucas 2:50-51***

El relato del templo y los doctores de la Ley (***NT Lucas 2:41-52***), y el bautismo de Jesús, citado en los Evangelios canónicos. (***NT Mateo 3:13-17; Lucas 3:21-22; Marcos 1:9-11***), son los únicos casos documentados sobre la infancia de Cristo.

> *Y Jesús crecía en sabiduría, en estatura y en gracia para con Dios y los hombres.*
>
> ***NT Lucas 2:52***

NOTA: Existe El "**Evangelio de la infancia**" de Tomás, es **un evangelio acerca de la infancia de Jesús**, teólogos calculan que este texto fue escrito cerca del año **185 d.C.**, o entre el **Siglo II y Siglo III**.

El Evangelio es un libro atribuido a "**Tomás, el israelita**", es poco probable que sea Tomás el Apóstol mencionado en la Biblia.

No se debe confundir el "**Evangelio de la infancia**" de Tomás, con otro similar llamado el **Evangelio de Tomás**, (de origen gnóstico) descubierto en 1945 en la localidad egipcia de **Nag Hammadi**.

Estos dos, y muchos otros textos bíblicos; **NO FUERON CANONIZADOS** por la **Iglesia Católica** debido a su dudosa procedencia.

➪ Vea **Libros Apócrifos** *(No canonizados) en página **191** para más información.*

Jesús, Su juventud
(Años Perdidos)

La información sobre la Infancia de Jesús en los **Evangelios Canónicos** es muy limitada, sólo se relatan su nacimiento (**NT Lucas 2:1-7**), el viaje a Egipto para evitar que Herodes matara al niño Jesús (**NT Mateo 2:13-23**), y el evento que sucedió **cuando Él tenía 12 años** y se separó de sus padres, quedándose solo en el templo hablando con los doctores de la Ley, quienes, estaban maravillados de la inteligencia de Jesús. **NT Lucas 2:47**

El siguiente período en la vida de Cristo es una etapa **no documentada** en las **Escrituras**, y comprende el tiempo transcurrido **entre los 12 años de edad** y el **inicio de su Ministerio** (30 años), esta etapa es conocida como: "**Los años perdidos de Jesús**",

Obviamente como cristianos, creemos que **la sabiduría** y **dirección divina** de Jesús estuvo siempre con Él, mientras vivió en la Tierra, aún así, el mundo por siglos se ha preguntado y especulado sobre **los años perdidos de Cristo**.

Aunque algunos cristianos consideren una "blasfemia o herejía" cuestionar o teorizar sobre la vida de Cristo durante ese período, y muchos rápidamente censuran a quien intenta hacerlo, cuando la verdad es que como cristianos, tenemos la responsabilidad de **educarnos no solo espiritualmente**, **sino históricamente** y lo mejor posible para responder (defender) correctamente, cualquier pregunta, **sobre cualquier parte de nuestra Fe**, ya que "esa pregunta" tarde o temprano alguien la va a plantear. **NT 1 Pedro 3:15**

Las siguientes; son teorías y especulaciones sobre esa interrogante, algunas propuestas son hechas por cristianos y otras por no creyentes.

De ninguna forma estas teorías constituyen evidencia o comprueban qué ocurrió realmente en "los años perdidos" de Jesús.

Sección III - ¿Quién es Jesús De Nazaret? 97

Teorías sobre la Juventud de Jesús

Sobre este tema, varios autores, entre ellos arqueólogos, han afirmado haber encontrado pruebas de **la presencia de Cristo en otras áreas del mundo**, entre estas teorías, las más populares son las propuestas de que Jesús vivió en **India** y **Tíbet** en sus años de juventud **antes de comenzar Su Ministerio**.

Sin embargo, la teoría más aceptada por teólogos es en el presente es que **Jesús** al igual que **Juan el Bautista**, formaban parte de una rama de la religión Judía llamada "**Esenios**", cuyo origen se remonta al hijo adoptivo de Moisés, llamado **Esén**, quien vivió aproximadamente **1500 años a.C. [1]**

Teoría del **Movimiento Esenio**

Los **Esenios** fueron una de las cuatro comunidades judías más importantes durante **el tiempo de Jesús**, siendo las otras: los **fariseos**, los **saduceos**, quienes formaban parte de la mayoría o la corriente religiosa principal, y por último estaban los **Zelotes**; era un grupo pequeño de judíos rebeldes que rechazaban y combatían al imperio romano, estos cuatro ramas hebreas existieron entre el **año 200 a.C.** hasta el **90 d.C. [A] [B]**

Los fariseos y los saduceos practicaban una vida religiosa "legalista y materialista" respectivamente, en cambio los **Esenios** promovían una existencia comunitaria dedicada a la pobreza ascética (puritana) y voluntaria, así como la inmersión (limpieza) diaria, y la abstinencia de los placeres mundanos, incluyendo el matrimonio.

La especulación de que **Jesús** y **Juan el Bautista** tenían relación con ellos o incluso pertenecían al movimiento **Esenio**, se debe a que las **enseñanzas** y **conducta de Jesús** eran **similares a los de esta comunidad**.

El historiador judío de esa época **Flavio Josefo (año 101 d.C.) [C]** y el filósofo judío **Filón de Alejandría (50 d.C.) [D]** documentan que: "*los Esenios llevaban una vida estrictamente comunitaria*". Muchos teólogos comparan esa doctrina con la vida en **Monasterios Cristianos** de siglos después.

Los Esenios practicaban el **celibato**, los miembros debían **estudiar la Ley**, sin embargo, observaban un estricto código de humildad, compasión y disciplina, cuya base era la corrección fraternal mutua.

Las propiedades (bienes) de los miembros pasaban a ser parte de toda la comunidad, como lo era también los frutos del trabajo personal.
Se distribuía comida y propiedad a cada persona de acuerdo a su necesidad, todas estas prácticas y especialmente **la fraternidad** era extendida a todos, **aun a personas que no eran integrantes del Movimiento Esenio**.

Se cree que los Manuscritos bíblicos del **Mar Muerto** encontrados en **Qumrán** (Israel) en 1947 (en inglés "*Dead Sea Scrolls*") fueron escritos por los **Esenios**, y es aquí donde nace la teoría de la relación de **Jesús** y los **Esenios**, debido a **la gran similitud de sus doctrinas. [E] [F]**

Teoría del "San Issa"

En 1887, **Nicolás Notovitch**, un corresponsal ruso visitó **India** y **Tíbet**, ahí descubrió en el monasterio de Hemis, localizado en Ladakh, **Tíbet**, la historia de "**La Vida de San Issa**", llamado por un Lama o maestro tibetano: "*El Mejor de los Hijos de los Hombres*". **[G]**

Nicolás Notovitch, relata que **mientras viajaba por Tíbet**, tuvo que alojarse por razones médicas, en el monasterio de **Hemis**, allí, hizo amistad con el lama superior, quien era un maestro espiritual budista, el lama le habló de la existencia de un texto muy antiguo llamado: "**La vida de Issa**", estos documentos habrían existido en el monasterio por siglos, esto interesó mucho a Notovitch, y convenció al maestro a que le leyera el libro.

Al escuchar la historia, Notovitch, pronto se dio cuenta de la semejanza del nombre "**Issa**" al nombre árabe "**Isa**", este es el nombre de Jesús en el **Corán**, la Biblia islámica, pero lo que encontró más extraño fueron las características similares entre el **Issa** (tibetano) de la historia y **Jesús de la Biblia**.

Notovitch recopiló los documentos que constaban de 244 párrafos, divididos en catorce capítulos, posteriormente fueron traducidos y **publicados en 1894** como "**La vida desconocida de Jesucristo**". [2]

Este libro propone que **Issa** (**Jesús**), viajó de **Palestina** (Israel) al **Tíbet**, una nación ubicada en lo alto de las montanas entre China e India, allí pasó **dieciocho años**, según el libro; "creciendo en estatura y poder espiritual".

Algunos teólogos creen que la palabra griega Ἰησοῦς (**Iēsoûs**), traducida al latín como **Iesus** (en español Jesús) se deriva de la palabra hindú **Issa**.

El libro de Notovitch ha sido traducido al español, inglés, alemán, e italiano.

Imagen: ***Issa Meditando*** (origen desconocido)

Otros autores escribieron sobre este tema, incluyendo la líder religiosa Mirza **Ghulam Ahmad**, **Levi H. Dowling**, **Swami Abhedananda**, y **Nicolás Roerich**.

Sin embargo, el teólogo americano **Edgar Goodspeed**, (1871-1962), señala que la historia de **Notovitch** es **falsa**, así mismo, el oficial británico **Herbert A. Douglas** dice haber visitado el Monasterio de Hemis, y no haber encontrado ninguna evidencia de que Notovitch (y mucho menos Jesús) hubiese estado allí.

No obstante, la teoría de **Notovitch** ha sido estudiada en otras obras, por ejemplo en "***Los años perdidos de Jesús***" de **Elizabeth Clare Prophet**, (1984) afirma que los manuscritos budistas proporcionan evidencia probable para estudiar a fondo la teoría de que **Jesús viajó a la India**, a **Nepal**, y **Tíbet**.

Teoría del "**Evangelio de Acuario** de Jesús; el Cristo"

El "**Evangelio de Acuario de Jesús el Cristo**" escrito por **Levi H. Dowling**, un predicador protestante en 1908, afirma que este evangelio es "**la historia verdadera de la vida de Jesús**". **[H] [3]**

Dowling señala que este "Evangelio" incluye información sobre los dieciocho años "perdidos de Jesús" que, según Dowling; "**fueron silenciados**" en el **Nuevo Testamento** deliberadamente por **la Iglesia Católica**.

El libro narra la historia de **Jesús** a través de India, Tíbet, Persia, Asiria, Grecia y Egipto.

Según Dowling, esta información le fue dada a él mientras practicaba **meditación** durante un período de 40 años, de esta forma recibió los "*registros akásicos*" con los cuales interpretó los sucesos del pasado.

El libro consta de 22 capítulos que abarcan **toda la vida de Jesús**, desde su nacimiento hasta su muerte y ha sido publicado y traducido a varios idiomas. En este libro, los 3 últimos años de Jesús en Palestina (Israel) son similares al relato de la Biblia, aunque el libro agrega más sucesos.

El "*Evangelio de Acuario de Jesús el Cristo*" de **Levi H. Dowling** afirma ser el "Evangelio oficial" de la vida de Jesús, y es el que se usará en la próxima "*Era de Acuario*", que es un evento (época) que sucederá muy pronto, de acuerdo a calendarios astrológicos.

Teoría de **Jesús el Budista**

Los alemanes **Elmar R. Gruber** y **Holger Kersten,** publicaron el libro "**El Jesús original: Las fuentes budistas del cristianismo**", (en Inglés "*The Original Jesus: The Buddhist Sources of Christianity*") (1995), en este libro afirman que el budismo tuvo una influencia sustancial en la vida y las enseñanzas de Jesús. **[4]**

Según **Gruber** y **Kersten,** Jesús vivió la vida de un budista ideal y era el budismo lo que Él predicaba a sus discípulos; la misma teoría fue propuesta también por el historiador bíblico británico **Burnett Hillman Streeter**, un experto en el **Nuevo Testamento**, quien planteó en la década de 1930 que las enseñanzas morales de Buda tienen similitud notable con "**El Sermón de la Montaña**" de Jesús. *NT Mateo 5:1-48*

Agregan que Jesús pudo haber estado inspirado por la religión budista de acuerdo a información contenida en el **Evangelio de Tomás** (no canonizado) así como en los Manuscritos de **Nag Hammadi**, la colección de textos gnósticos **descubiertos en Egipto, en 1945**, que se cree fueron escritos por los primeros seguidores de Jesús y según ellos; reflejan el budismo. **[I] [J]**

Otras Teorías sobre los años perdidos de Jesús

Jesús Krishna

El escritor y abogado **Louis Jacolliot**, en su libro "*La Biblia en la India, o la Vida de **Jesús Christna***", escrito en 1869, también propone la semejanza entre **Jesús** y **Krishna**. [5]

Jacolliot compara los relatos de la vida de **Krishna**, quien es uno de los dioses más importantes y adorados de la India, con las enseñanzas de **Jesús** y concluye que no puede haber sido coincidencia que las dos historias tengan tantas similitudes, Jacolliot termina agregando que el relato de los **Evangelios** esta basado en la historias de la antigua India.

Jesús en Bhavishya Maha Purana

Los Puranas son textos religiosos hindúes, jainistas y budistas, consiste en relatos de la historia del universo desde la creación hasta la destrucción.
Es una colección enciclopédica antiquísima de historias, genealogías, tradiciones, mitos, leyendas y religión.

El **Purana Bhavishya Maha**, describe así la llegada de un hombre santo:

> *"Un día, el rey vio a un hombre bien parecido, sentado en una montaña nevada. Su piel era como el cobre y llevaba ropa blanca.*
> *El rey Shalewhin le preguntó al hombre santo que quién era. Él contestó: "Me llaman **Isaputra** (hijo de Dios), nacido de una virgen, soy ministro de los no creyentes, siempre en busca de la verdad.*
>
> *Oh rey, presta atención a la religión que traje para los no creyentes... Mediante la justicia, la verdad, la meditación, y la unidad de espíritu, el hombre encontrará su camino a **Isa** (Dios en hindú) que habita en el centro de Luz, quien permanece constante como el sol, y que disuelve todas las cosas transitorias para siempre. La imagen dichosa de Isa, el donante de felicidad, fue revelada en el corazón;* **y me llamaron Isa Masih** *(Jesús el Mesías)."* [6]

Conclusión

Ni Las **Escrituras canonizadas** en el **año 397 d.C.** ni los textos apócrifos, Deuterocanónicos, gnósticos, etc., mencionan que Jesús haya salido de Palestina (Israel), tampoco hay evidencia arqueológica, hasta ahora, para creer que **Jesús** viajó a India o Tibet antes de comenzar **Su Ministerio** en Israel.

Aunque algunas teorías que especulan sobre los "**años perdidos de Jesús**" contienen elementos históricos, **es imposible saber exactamente** que ocurrió en la vida de Cristo entre los 13 y 30 años.

Jesús y Su Ministerio

Evangelio del griego *euangelion* de *eu-* "bueno" y *angel-lein* "mensaje", contiene la palabra griega *ángel;* "mensajero", Evangelio significa "**Buenas Noticias**", "**Buen Mensaje**", a veces se dice "Buenas Nuevas" ya que el término es traducido del inglés "*Good News*."

El mensaje de Cristo es llamado en diferentes partes del **Nuevo Testamento** también; el **Evangelio, Ministerio** o **Misión** de **Jesús** en la Tierra, el cual es proclamar el **Reino de Dios**. *NT Lucas 4:43*

Jesucristo, El Portador del Mensaje del Reino de Dios

Cristo hace dos milenios, dio su vida para liberarnos de nuestros pecados y así hacer posible nuestra salvación, (***NT Juan 3:16***), siempre y cuando estemos dispuestos a cambiar, nos arrepintamos genuinamente de nuestros errores, (***NT Mateo 3:2***), nos bautizamos, (***NT Marcos 16:16***), y vivamos cumpliendo sus Mandamientos. *NT Mateo 22:34-40; Juan 14:21*

> *Jesús Decía: "El tiempo se ha cumplido y el reino de Dios se ha acercado. ¡Arrepentíos y creed en el evangelio!"*
>
> ***NT Marcos 1:15***

Con todo y lo simple que es **el Evangelio de Jesús**, aun así, muchos cristianos desconocemos exactamente cuál es el Mensaje.

Cuando Jesús dice "**arrepiéntanse**", no sólo se refiere a sentir remordimiento por haber hecho algo malo; sino a tener un cambio permanente en nuestra conducta con Dios y nuestro prójimo (cada persona en el mundo), este cambio es el que poco a poco nos llevará a eliminar nuestros malos hábitos y **así, ser personas nuevas**, dignos del **Reino de Dios**. *NT Marcos 10:15*

Lamentablemente, el **Evangelio de Jesús** se ha degenerado en una batalla de numerosas interpretaciones bíblicas y doctrinas (***NT Juan 5:39****; Mateo 15:9*), que al final sólo logran dividir aun más al cristianismo, sin que necesariamente se cumplan Sus Mandamientos. *NT Mateo 22:34-40*

Dios en ninguna parte declara que salvará a NADIE dependiendo a que grupo pertenece, sino sólo al que observa Sus Mandamientos. *NT Juan 14:15*

Y esta es la absoluta verdad, NO importa a que iglesia o grupo se es miembro, **sólo seremos salvos** sí cumplimos **con los mandamientos de Dios**, los cuales Jesús predicó y que podemos encontrar en cada una de sus enseñanzas y parábolas. *NT Mateo 22:34-40*

> *No tengan deudas con nadie, aparte de la deuda de amor que tienen unos con otros; pues **el que ama a su prójimo ya ha cumplido todo lo que la ley ordena**.*
>
> ***NT Romanos 13:8***

Su Mensaje: El Reino de Dios

El Reino de Dios, del griego ***basil tou theou***, de ***basil;*** que significa "Rey", "Reino", ***tou;*** "de" o "que pertenece a", y ***theus;*** "Deus", "teos", "Dios".

Otras frases relacionadas son ***basilika tou theou***, significa "Entrada o portal al Reino de Dios", y ***basilika tou oikos***, "La Casa Del Reino de Dios."

El anuncio de la llegada del **Reino de Dios**; es el mensaje central del **Ministerio de Jesús** (***NT Marcos 1:14***), el **Nuevo Testamento** nos dice que Cristo comenzó a predicar el Evangelio a sus 30 años de edad (***NT Lucas 3:23***), al ser bautizado por **Juan** (el Bautista). ***NT Mateo 3:13-17*** y ***Lucas 3:21-22***

El mensaje Central del ministerio

Aunque muchos cristianos creemos erróneamente que fue **el Nuevo Pacto** o la abolición a la "**Ley Mosaica**" el motivo de la llegada de Jesús, las **Escrituras nos dicen** que la verdadera razón fue anunciar el **Reino de Dios**.

> *14 Después que Juan fue encarcelado, Jesús fue a Galilea predicando **el evangelio del Reino de Dios**.*
> *15 Decía: «El tiempo se ha cumplido y **el Reino de Dios** se ha acercado. ¡Arrepentíos y creed en el evangelio!»*
> ***NT Marcos 1:14-15, Mateo 4.12-17 y Lucas 4.14-15***

La frase " **El Reino de Dios**" aparece 53 veces en los **Evangelios** del **Nuevo Testamento**, y casi siempre es mencionada por **Jesús**, otra frase similar es "**Reino de los Cielos**", que se encuentra 32 veces en el **NT**.

El **Reino de Dios** está casi siempre presente en las **enseñanzas** y **Parábolas** de **Cristo**, y lo compara con la semilla de mostaza en ***NT Mateo 13:31***, como un tesoro, una perla preciosa en ***NT Mateo 13:44-47***, también compara al Reino con la Parábola de "***La Fiesta de Bodas***", como un evento en el que: "*muchos son llamados, pero pocos los escogidos*". ***NT Mateo 22:1-14***

Jesús declara el propósito de Su Ministerio en el Evangelio de Lucas;

*Pero él les dijo: --Es necesario que también a otras ciudades anuncie el **Evangelio del Reino de Dios**, porque para esto he sido enviado.*
NT Lucas 4:43

¿Qué es el Reino de Dios?

Aunque **El reino de Dios** es mencionado con frecuencia en las Escrituras, estas No nos dicen, como el Reino es, ni dónde se encuentra, ya que NO existe en la Biblia ninguna descripción detallada, sobre esta interrogante, Jesús dice a los Apóstoles:

*--A vosotros os es dado conocer los misterios del **Reino de Dios**, pero a los otros por parábolas, para que viendo no vean y oyendo no entiendan.*
NT Lucas 8:10

En nuestras vidas tenemos la opción de ser (actuar) como queramos, ya que **Dios nos dio libre albedrío** (*AT Eclesiástico 15:11-20*), sin embargo; Jesús nos advierte que vivimos en los últimos días;

Decía: «El tiempo se ha cumplido y el Reino de Dios se ha acercado. ¡Arrepentíos y creed en el evangelio!»
NT Marcos 1:15

> **NOTA:** No se debe confundir el libro de **Eclesiástico** con **Eclesiastés**, los cuales se encuentran en la Biblia original, pero el libro de Eclesiástico no está en Biblias Protestantes.
> ⇨ Vea **Historia de la Biblia** en página **169** para más información.

El Reino de Dios, a diferencia de los reinos de este mundo, es la condición óptima en la cual el ser humano puede habitar disfrutando de toda clase de bendición espiritual y bajo la dirección y protección de Dios.

***Buscad primeramente el Reino de Dios** y su justicia, y todas estas cosas os serán añadidas.*
NT Marcos 9:1

Lo único que está en nuestras manos para poder ser dignos del **reino de Dios**, es cumplir con los Mandamientos (**NT Mateo 22:34-40**), comenzando con el arrepentimiento legitimo de nuestras faltas y después bautizarse.

*Le respondió Jesús: --De cierto, de cierto te digo que el que no nace de nuevo no puede ver el **Reino de Dios**.*
NT Juan 3:3

Sólo aquel hombre dispuesto a dejar atrás su vida de error y diferencias con su prójimo y ame a Dios y a cada ser humano; será elegido al Reino.

*De cierto os digo que el que no recibe el **Reino de Dios** como un niño, no entrará en el.*
NT Lucas 18:17

El Nuevo Pacto y sus Dos Mandamientos

Las Leyes Divinas **NO fueron** impuestas por Dios para Su Propio beneficio, sino para el nuestro, para que la humanidad pueda vivir mejor, en paz y armonía, sin embargo la mayoría de creyentes observan leyes y creencias porque según ellos "**es la forma de agradar a Dios**".

Jesús criticó el comportamiento legalista de apegarse y demandar el cumplimiento textual de las Leyes Bíblicas, muchas veces ignorando que es el perdón, la misericordia, **lo que de verdad quiere Dios de nosotros**.

> *39 Ustedes estudian las Escrituras con mucho cuidado, porque esperan encontrar en ellas la vida eterna; sin embargo, aunque las Escrituras dan testimonio de mí,*
> *40 ustedes no quieren venir a mí para tener esa vida.*
> ***NT Juan 5:39-40***

Todo tipo de ley, ya sea divina o terrenal (del hombre), ha sido creada con el fin de que tengamos paz, orden y protección en nuestras vidas, y NO para que vivamos esclavizados a estas.

Este tipo de comportamiento todavía continua aun ahora, muchos complican el Evangelio "escudriñando" las escrituras en busca de indicios de algún comando o interpretando eventos bíblicos y aun palabra por palabra, para crear nuevas creencias y doctrinas, etc., etc. **Cuando el Evangelio de Jesús contiene Sólo Dos Mandamientos:** *NT Lucas 10:25-28*

Jesús enfatiza que sólo cumpliendo con sus mandamientos **es la única forma de ser dignos del Reino de Dios**. *NT Mateo 22:37-40, Juan 14:21*

> *37 Jesús le dijo: --"**Amarás al Señor tu Dios con todo tu corazón, con toda tu alma y con toda tu mente**".*
> *38 Este es el primero y grande mandamiento.*
> *39 Y el segundo es semejante: "**Amarás a tu prójimo como a ti mismo**".*
> *40 **De estos dos mandamientos dependen toda la Ley y los Profetas**.*
> ***NT Mateo 22:37-40***

RECORDEMOS que **amar a Dios NO SIGNIFICA** obedecer fielmente las creencias o al líder de la iglesia o congregación de la que somos miembros, de esa forma todas las doctrinas de todas las iglesias estarían en lo correcto, y es aquí, **donde muchos cristianos se confunden**, y erróneamente creen que **cumplir con las doctrinas de un grupo religioso; equivale a amar a Dios**.

Sí ciertamente amamos a Dios y tenemos Fe en Él, haremos todo lo posible por hacer su voluntad, la cual automáticamente nos conducirá al segundo mandamiento: El **amar a nuestro prójimo**, siendo el prójimo cada persona en el mundo, NO SÓLO los "hermanos del grupo" sino cada ser humano en el mundo, sin importar raza, religión, sexo, lenguaje, etc., etc., etc., **incluyendo a nuestros enemigos**. *NT Mateo 5:43-48; Lucas 10:29-37*

El Arrepentimiento

El Arrepentimiento, del latín **re-** de repetir y **poenitēre** de "penitencia", es el hecho de sentir pesar por haber hecho o haber dejado de hacer algo.
La Biblia nos dice que el **arrepentimiento es necesario e indispensable** para recibir el perdón de los pecados y la salvación. **NT Marcos 1:14-15**; **Lucas 13:3**; **Hechos 2:38 y 3:19**, etc.

Arrepentirse es mucho más que pedir perdón o sentir remordimiento por **haber desobedecido o quebrantado la voluntad o mandamientos de Dios**. **El verdadero arrepentimiento** significa pedir PERDÓN a Dios y a todo ser humano que hayamos ofendido, iniciar un proceso para convertirnos en una persona nueva, es **hacer un cambio genuino** en nuestra conducta y reconciliarse con el mundo y Dios. **NT Lucas 3:8-14**; **Hechos 3:19**
Juan el Bautista comenzó su ministerio público, al igual que Jesús, con un llamado al arrepentimiento:

> *En aquellos días llegó Juan el Bautista predicando en el desierto de Judea, diciendo:* **"Arrepiéntanse, porque el Reino de los cielos se ha acercado."**
>
> ***NT Mateo 3:1-2***
>
> *Desde entonces Jesús comenzó a predicar:* **"Arrepiéntanse, porque el Reino de los cielos se ha acercado."**
>
> ***NT Mateo 4:17***

Es importante recordar que arrepentirse **NO** significa ser bautizado y hacerse miembro de una iglesia o grupo cristiano, y "ya eres salvo".

NO ES la membresía de un grupo cristiano lo que te salvará; **SINO tu conducta** con cada persona en el mundo, ya sean "hermanos en Cristo" o espirituales o desconocidos. **NT Mateo 5:43-48**

Recordemos que **Jesús NO puso condiciones** al titulo de **"prójimo"** o **"hermano"**, son religiosos quienes usan estos como privilegio de grupo.

> *43 »Ésta es otra orden que dio Moisés hace muchísimo tiempo: "Amen a su prójimo y odien a su enemigo".*
> *44* **Pero ahora yo les digo: Amen a sus enemigos y oren por quienes los maltratan.**
> *45 Así demostrarán que actúan como su Padre Dios, que está en el cielo. Él es quien hace que salga el sol sobre los buenos y sobre los malos. Él es quien manda la lluvia para el bien de los que lo obedecen y de los que no lo obedecen.*
> *46 »Si ustedes aman sólo a quienes los aman, Dios no los va a bendecir por eso.* **Recuerden que hasta los que cobran impuestos para Roma también aman a sus amigos.**
> *47 Si saludan sólo a sus amigos, no hacen nada extraordinario.* **¡Hasta los que no creen en Dios hacen eso!**
>
> ***NT Mateo 5:43-47***

ARREPENTIRSE tampoco significa que porque ya eres miembro de una iglesia, eres **"espiritualmente superior"** a otras personas que no son de tu congregación, ni mucho menos tienes el derecho de sentirte "santo" y juzgar a otros de impíos, mundanos, carnales, tibios, falsos, o cualquier otra palabra despectiva, NO IMPORTA que tipo de persona sea tu prójimo, **es tu prójimo**.

> *No juzguéis, para que no seáis juzgados, porque con el juicio con que juzgáis seréis juzgados, y con la medida con que medís se os medirá.*
> ***NT Mateo 7:1-2***

ARREPENTIRSE significa ser una persona **NUEVA en todo momento**, y no sólo cuando te encuentras con los hermanos de tu congregación, es a Dios a quien le eres responsable de tu comportamiento y no a seres humanos, tu conducta debe ser libre de fallas, sin prejuicio, sin intolerancia, egoísmo, rencor, discriminación, etc. **Siempre dispuesto a ayudar, sin importar quien sea la persona**, con compasión, misericordia a todos; cristiano o no, aun con pecadores y enemigos. ***NT Lucas 6:35***

Sólo aquel que cumple con estos Mandamientos es de verdad fiel a Dios, y aquel que **es fiel a Dios, por sus frutos los conocerás**.

> *El que tiene mis mandamientos y los guarda, **ése es el que me ama**; y el que me ama **será amado por mi Padre**, y yo lo amaré y me manifestaré a él.*
> ***NT Juan 14:21***

El Arrepentimiento Debe Ser Sincero

Si te encuentras en ese momento de reflexión en tu vida; **FELICITACIONES**, son pocas las personas que en vida alcanzan este nivel de madurez espiritual, aun más, si crees que estas listo para arrepentirte de tus errores y comenzar una nueva vida, es muy importante que tengas presente que no es a la iglesia o hermanos espirituales, a quien le deberás la responsabilidad de tus acciones; **sino a Dios**, es a Él con quien harás la promesa que serás un hombre nuevo.

> *El Señor no retarda su promesa, según algunos la tienen por tardanza, sino que es paciente para con nosotros, no queriendo que ninguno perezca, sino que todos procedan al arrepentimiento.*
> ***NT 2 Pedro 3:9***

> *3 Bendito el Dios y Padre de nuestro Señor Jesucristo, que según su gran misericordia nos hizo renacer para una esperanza viva, por la resurrección de Jesucristo de los muertos,*
> *4 para una herencia incorruptible, incontaminada e inmarchitable, reservada en los cielos para vosotros,*
> *5 que sois guardados por el poder de Dios, mediante la fe, para alcanzar la salvación que está preparada para ser manifestada en el tiempo final.*
> ***NT 1 Pedro 1:3-5***

¿Como Arrepentirse?

Jesús nos dice que solamente al arrepentirnos de nuestros errores y bautizarnos, tendremos la oportunidad **de vida eterna**.

> *5 Respondió Jesús: -De cierto, de cierto te digo que el que no nace de agua y del Espíritu no puede **entrar en el Reino de Dios**.*
> *6 Lo que nace de la carne, carne es; y lo que nace del Espíritu, espíritu es.*
> *7 No te maravilles de que te dije: **"Es necesario nacer de nuevo."***
> *8 El viento sopla de donde quiere, y oyes su sonido, pero no sabes de dónde viene ni a dónde va. Así es todo aquel que nace del Espíritu.*
> **NT Juan 3:5-8**

Pasos para el arrepentimiento

1. Reconoce tus errores. No te preocupes, ni te sientas mal, no estás solo. La Biblia nos dice que todos somos pecadores, *"Como está escrito: No hay justo, ni aun uno."* (**NT Romanos 3:10**), sin embargo es importante que **asumamos el 100% de la responsabilidad de nuestras acciones**, sin echarles la culpa a otros de nuestros errores. **NT Lucas 15:18-24**

2. Confiesa tus pecados. Confesar es declarar los errores que hemos cometido. Debemos confesarnos a Dios. **AT Salmo 32:5**; **Proverbios 28:13** **NT Santiago 5:16**

3. Debemos abandonar conductas incorrectas. El arrepentimiento implica renunciar a la práctica del pecado, si tu personalidad es débil; trata de **evitar** (**con humildad**) a personas o situaciones que te puedan hacer caer de nuevo en el pecado, **sin prejuzgar ni repudiar a nadie**. **NT Santiago 1:12-18**

4. Pide perdón. Sí tus errores (pecados) ha afectado a otras personas, es importante disculparse con ellos. **NT Mateo 6:12; Hechos 8:22**

> *Mas a todos los que lo recibieron, a quienes creen en su nombre, les dio potestad de ser hechos hijos de Dios.*
> **NT Juan 1:12**

El Bautismo

Bautismo, del Latín *baptizare* y este del griego *baptizein* que significa "sumergir", "lavar", "renacer".
Jesús inicia su Ministerio cuando llega a orillas del **río Jordán** procedente de Galilea, donde pide a **Su primo Juan** que le bautice. *NT Mateo 3:13-17*

> *Respondió Jesús: -De cierto, de cierto te digo que el que no nace de agua y del Espíritu no puede **entrar en el Reino de Dios**.*
> ***NT Juan 3:5***

De esta forma, dando el ejemplo, **Jesucristo establece el bautismo** como una de las partes principales del **plan de salvación de Dios** y como un mandato para sus seguidores. *NT Mateo 28:19; Marcos 16:16; Lucas 24:47*

> ***38** Pedro les dijo: —Arrepiéntase y bautícese cada uno de ustedes en el nombre de Jesucristo para perdón de sus pecados, y recibirán el don del Espíritu Santo.*
> ***39** En efecto, la promesa es para ustedes, para sus hijos y para todos los extranjeros, es decir, para todos aquellos a quienes el Señor nuestro Dios quiera llamar.*
> ***NT Hechos 2:38-39***

Después de que una persona se **arrepiente** de **una vida alejada de Dios** y **acepta** a **Jesús como su Salvador**, debe recibir la instrucción espiritual necesaria (***NT Hechos 2:41***), para poder tener la **opción de bautizarse**.

El bautismo debe efectuarse después del arrepentimiento de una persona, voluntariamente y **en plena conciencia de lo que esto significa en su vida**.
El Bautismo simboliza **la muerte de una vida pecadora** y la resurrección de **una nueva (persona) libre de pecados**. *NT Tito 3:3-7*

Estos pasos son necesarios para la **Salvación personal**, a través de **una vida entregada al servicio a Dios y la humanidad**. *NT Mateo 22:36-40*

NOTA: En los años primitivos del Cristianismo, se practicaron diferentes formas de **bautismos** a recién convertidos, por ejemplo "**mojando la cabeza**" en lugar de la inmersión ya que **debido a la persecución, no habían localidades dedicadas** a la ceremonia y en general se hacían en la clandestinidad, también porque a enfermos que no podían sumergirse o simplemente por la escasez de agua en zonas desérticas, etc., en estos casos la Iglesia Católica practicaba el bautismo como un acto simbólico, **siendo la aceptación a Cristo el hecho más importante**.

Por otro lado, así como la **circuncisión** era **la marca del pacto antiguo para los judíos**, el **Bautismo** se convirtió en la "**marca del Nuevo Pacto**", algunos cristianos bautizaban a sus niños a los ocho días de nacidos como se hacía con la circuncisión, de esa forma continuando con la tradición.

⇨ *Vea **Bautismo Infantil** en página **305** para más información.*

Jesús y Sus Discípulos

Apóstol, del griego **apostellein**, "enviados". De **apo-** que significa "afuera", y **stellein**, "mandar", esta palabra comparte la misma raíz lingüística con el termino **epístola**, que significa "carta enviada".

La Biblia también usa la palabra **Discípulo** del latín **discipulus**, y esta de **discere**, que significa "disco"; "círculo", y se refiere a un circulo de pupilos, estudiantes o aprendices.

Apóstol es el titulo usado para los 12 hombres **seleccionados por Jesús**, que estuvieron **con Él durante Su Ministerio**, quienes después de su crucifixión; fueron enviados por Él a predicar el Evangelio. ***NT Marcos 16:14-18***

Los Doce Discípulos (**Apóstoles**) fueron hombres ordinarios de la sociedad judía de la época, entre ellos había pescadores (***NT Mateo 4:18***), un cobrador de impuestos (***Mateo 9:9***), un revolucionario (***NT Lucas 6:15***), etc.

Los Evangelios nos narran también de las constantes caídas, luchas y dudas de estos doce hombres que siguieron a Jesucristo.

Después de la crucifixión y de ser testigos de la resurrección y ascensión de Jesús al Cielo (***NT Lucas 24:36-53***), el Espíritu Santo transformó a los **Discípulos** en hombres de Dios, quienes son llamados también hombres que: "***trastornaron al mundo entero***". ***NT Hechos 17:6***

Con el tiempo, la palabra **Apóstol** ha acumulado un valor especial, tanto que existe una **declaración no oficial** entre las comunidades cristianas sobre los requisitos para poder usar el titulo de **Apóstol**, como por ejemplo:

- *Haber conocido a Jesús (personalmente).*
- *Haber sido escogido y enviado por Jesús.*
- *Haber sido testigo de Jesucristo resucitado.*
- *Dar la vida por Dios o el Evangelio.*
- *Seguir a Jesucristo.*

Obviamente, como nadie reúne estas cualidades, **el titulo de Apóstol** ha dejado de usarse (sobre todo, por respeto) en la mayoría de Iglesias.

> **NOTA:**
> A pesar que **Pablo de Tarso**, es uno de los pilares de la Fe Cristiana; como también lo son Pedro, Juan y Santiago, Mateo, etc., sin embargo **Pablo de Tarso no fue** parte de **los Doce Apóstoles** y **no conoció en persona a Jesús**, aun así; es uno de los **Apóstoles más importantes del Cristianismo**.

⇨ *Vea* **Pablo de Tarso** *en página **137** para más información.*

¿Quiénes fueron los Apóstoles de Jesús?

En las Escrituras del **Nuevo Testamento** se encuentran cuatro listas que documentan los nombres de los **Discípulos de Jesús**.

Los Doce Apóstoles, Pintura del Siglo 14, Iglesia Ortodoxa, Museo de Rusia

Estas difieren en los nombres un poco entre sí, teólogos creen que son las mismas personas, como por ejemplo en el caso del Apóstol **Mateo**, llamado **Leví** en *NT Marcos 2:14*, otro caso similar es el ejemplo de **José**, que también es llamado **Barsabás** y tiene el sobrenombre **Justo**. *NT Hechos 1:23*

La lista de Apóstoles en los **Evangelios**, **Mateo**, **Marcos** y **Lucas** contiene un número de **12 discípulos**. Sin embargo, **Hechos** menciona sólo 11 nombres. Esto posiblemente se debe a que **Judas Iscariote**, quien traicionó a Jesús, ya había muerto y por eso no es mencionado.

Lista de Apóstoles en el Nuevo Testamento

	Nombre Hebreo	Mateo 10:2-4	Marcos 3:13-19	Lucas 6:12-16	Hechos 1:13-14
1	Shim'on (Cephas)	Simón (Pedro)	Simón (Pedro)	Simón (Pedro)	Pedro
2	Ya'aqov	Jacobo, hijo de Zebedeo	Jacobo, hijo de Zebedeo	Santiago	Santiago
3	Yohanan	Juan, hermano de Santiago	Juan, hermano de Santiago	Juan	Juan
4	Andreas (n. griego)	Andrés	Andrés	Andrés	Andrés
5	Philippos (n. griego)	Felipe	Felipe	Felipe	Felipe
6	Bar-Tôlmay	Bartolomé	Bartolomé	Bartolomé	Bartolomé
7	Mattithyahu	Mateo	Mateo	Mateo	Mateo
8	Tau'ma	Tomás	Tomás	Tomás	Tomás
9	Ya'aqov	Jacobo, hijo de Alfeo	Jacobo, hijo de Alfeo	Jacobo, hijo de Alfeo	Jacobo, hijo de Alfeo
10	Judah	Lebeo, llamado Tadeo	Lebeo, llamado Tadeo	Judas hermano de Jacobo	Judas hermano de Jacobo
11	Shim'on	Simón, llamado el cananista	Simón, llamado el cananista	Simón, llamado Zelote	Simón, llamado Zelote
12	Yehuda	Judas Iscariote	Judas Iscariote	Judas Iscariote	

Nota: **Los Apóstoles y autores** de libros del **Nuevo Testamento**; **Marcos, Lucas, Pablo de Tarso**, y **Juan de Patmos** (quien escribió el **Apocalipsis**), **tampoco fueron parte de los Doce Apóstoles originales de Jesús**.

En *Hechos 1:21-26* se documenta que los Discípulos sustituyeron a Judas Iscariote por *Mattathias* (Matías), **volviendo así al número 12**.

Otros apóstoles de la Iglesia

Los Setenta y Dos Discípulos

Jesús también nombró, según el libro de Lucas, a **Setenta y Dos Discípulos**, llamados a veces los **Setenta Discípulos**, ellos fueron seguidores que Cristo designó y envió delante de Él a todos los pueblos y lugares, para que prepararan el camino de Jesús. *NT Lucas 10:1-24*

Apóstoles después de Jesús

En el Nuevo Testamento y en los **Hechos de los Apóstoles**, también son llamados apóstoles otros predicadores, específicamente: **Pablo de Tarso** y **Bernabé**. *NT Hechos 15:22*

Otros son asimilados al movimiento apostólico, como Silas, Timoteo, Tito, Andrónico y Junias. *NT Romanos 16:7*

La Iglesia Católica denomina la **sucesión** (continuación) **apostólica** como *"La transmisión, mediante el sacramento del Orden, de la misión y la potestad de los Apóstoles a sus sucesores, (que son ahora) los obispos."*

La Iglesia Católica indica que **Jesús** encargó a **Pedro** (*NT Mateo 16:18*), la dirección de la **Iglesia**, él a su vez, entregó el apostolado a sus discípulos y estos eventualmente a sus seguidores.

Entonces; la doctrina de la **sucesión apostólica** es la práctica en la que los **12 Apóstoles** pasaron su autoridad a sus sucesores, ellos a su vez delegaron la autoridad apostólica a los siguientes predicadores, continuando así a través de los siglos, hasta el día de hoy.

La **Iglesia católica** ha utilizado el nombre de **apóstol** durante siglos para **evangelizadores** que han predicado el cristianismo por el mundo, sobre todo en Europa, las Américas, África, Filipinas, etc., sin embargo, quizás por respeto, la Iglesia no antepone (al frente) el título de Apóstol al nombre.

Por ejemplo: en lugar de Apóstol Francisco Javier o Apóstol Ignacio de Loyola, se dice Francisco Javier Apóstol e Ignacio de Loyola Apóstol.

La Iglesia **Católica Ortodoxa** y **protestantes europeas** como la **Luterana** y **Anglicana** también practican la sucesión apostólica mediante la ordenación de obispos de forma continua desde los tiempos de los Apóstoles.

Para la mayoría de **iglesias protestantes americanas**, la sucesión apostólica no es bíblica, señalando que el concepto no se encuentra en la Escrituras.

Los Setenta y Dos Discípulos

El **Evangelio de Lucas** nos relata la primera gran **Evangelización** llevada a cabo por los **Setenta y Dos Discípulos** enviados por Jesús para anunciar el mensaje de salvación y vida eterna. **NT Lucas 10:1-18**

> *2 Jesús les dijo: "Ciertamente la cosecha es mucha, pero los trabajadores son pocos. Por eso, pidan ustedes al Dueño de la cosecha que mande trabajadores a recogerla.*
> *3 Vayan ustedes; miren que los envío como corderos en medio de lobos.*
> **NT Lucas 10:2-3**

Jesús sabia que así serian tratados sus discípulos, **con mucha hostilidad**, y de esa misma forma, **durante los últimos 20 siglos**, han sido miles los misioneros que han perdido sus vidas **predicando el Evangelio** en el mundo.

20 siglos de predicación

Aunque hay que destacar **la labor de predicadores** en el presente, es importante reconocer a **aquellos que predicaron el cristianismo** siglos antes, hermanos que con pocos recursos, viajaban por diferentes países sin ningún tipo de ley que los protegieran, ni la conveniencia de ningún tipo de tecnología que ahora tenemos, incluyendo la Biblia, ya que **los primeros 400 años** de Evangelio **no existía la Biblia en un solo tomo y lenguaje**, de la forma que la tenemos ahora, sino en papiros (rollos separados).

No olvidemos también que en **los primeros 1500 años de predicación**; no existía la imprenta, y la opción de producir Biblias en masa era imposible.

Los predicadores tenían que viajar a través de continentes, océanos, junglas, desiertos, en naciones y lugares donde la mayoría de comunidades tenían sus propios dioses, y obviamente, **nunca habían escuchado de Dios o Jesús**, y **lo más probable era que No querían oír del Evangelio**.

En muchos de estos lugares, la gente reaccionaba agresivamente contra los evangelizadores, el castigo de predicar el Evangelio en pasados siglos muchas veces significó la muerte para ellos.

Han sido miles los que han derramado su sangre en los pasados 20 siglos en el nombre de **Jesús y la Gran Comisión** que nos encargó:

> *19 Por tanto, id y haced discípulos a todas las naciones, bautizándolos en el nombre del **Padre**, del **Hijo** y del **Espíritu Santo**,*
> **NT Mateo 28:19**

Sin embargo, la misión todavía no termina, es necesario continuar...

> *13 Pero el que persevere hasta el fin, este será salvo.*
> *14 Y será predicado este evangelio del reino en todo el mundo, para testimonio a todas las naciones, y entonces vendrá el fin.*
> **NT Mateo 24:13-14**

María Magdalena

María Magdalena (hebreo *Maryām Migdal*), llamada así por ser originaria del pueblo de *Migdal* o **Magdala**, esta fue una comunidad en la costa suroeste del Mar de Galilea, cerca del lago Tiberíades, **Magdala** también es a veces llamada en las Escrituras **Magadán** (**NT Mateo 15:39**), que quiere decir "**torre**".

María Magdalena es una de las mujeres que Jesús había curado de espíritus malignos y enfermedades. **NT Lucas 8:2**

Después de que Cristo la curó, se convirtió en uno de sus **fieles seguidores**, ella es mencionada mucho en el **Nuevo Testamento** (libros canónicos), como también en los **evangelios apócrifos**. [A]

Pintura: *María Magdalena*, Por Gheorghe Tattarescu, 1818-1894

1 Después de esto, Jesús anduvo por muchos pueblos y aldeas, anunciando la buena noticia del reino de Dios. Los doce apóstoles lo acompañaban,
*2 como también algunas mujeres que él había curado de espíritus malignos y enfermedades. Entre ellas iba **María, la llamada Magdalena**, de la que habían salido siete demonios;*
3 también Juana, esposa de Cuza, el que era administrador de Herodes; y Susana; y muchas otras que los ayudaban con lo que tenían.
NT Lucas 8:1-3

A parte de los **Doce Apóstoles**, **María Magdalena** fue una de las personas que más ayudó a Jesús durante Su Ministerio, fue la única seguidora que estuvo con Él, aun cuando fue crucificado (**NT Juan 19:25**), y tres días más tarde fue ella, **la primera persona que vio a Jesús resucitado**.

*Después que Jesús hubo resucitado al amanecer del primer día de la semana, se apareció primero a **María Magdalena**, de la que había expulsado siete demonios.*
NT Marcos 16:9

Ella fue testigo de algunos de los eventos más importantes; desde Su Ministerio, su ejecución, muerte, sepultura y resurrección, como lo documenta cada uno de los **Cuatro Evangelios**.

María Magdalena es considerada por muchos teólogos como la **Discípulo 13**, sin embargo debido a restricciones religiosas de la época, los derechos de la mujer eran limitados y sus aportaciones en general no se tomaban en cuenta.

El Evangelio de María Magdalena

En 1896 fue descubierto el "***Evangelio de María***", es un libro **apócrifo** el cual se cree de origen **gnóstico**, posiblemente del **siglo II (100 años d.C.)**, aunque el texto no dice específicamente qué **María** lo escribió, expertos consideran que fue **María Magdalena** por la cercanía que tenia a Jesús y porque el libro contiene un amplio conocimiento del Ministerio de Cristo. **[B]**

Sin embargo, **las escrituras gnósticas** fueron consideradas heréticas por la Iglesia Católica, y **excluidas** durante **el Concilio de Cartago de 397 d.C.**, debido a esto el "***Evangelio de María***" no es parte de **la Biblia**.

Teorías erróneas sobre María Magdalena

María Magdalena: ¿La prostituta?

Por siglos la **Iglesia Católica** consideró la posibilidad de que **María Magdalena**, **María de Betania** mencionada en ***NT Juan 11:20-30*** y ***Juan 12:1-8***, como también la mujer acusada de adulterio, la que Jesús salva de la lapidación (muerte a pedradas), en ***NT Juan 8:3-11***, era **la misma mujer**.

La confusión sobre la identidad de **estas tres mujeres** fue establecida en un sermón que el **Papa Gregorio Magnus** dio en el **año 591 d.C.**, en el cual dijo:

> *"Ella, la cual **Lucas** llama la mujer pecadora, la cual José llama María (de Betania), nosotros creemos que es María (Magdalena), de quien siete demonios fueron expulsados, según Marcos."*

En el presente la **Iglesia Católica** considera esta declaración un error.

> *"La identificación entre Magdalena, la pecadora y María es una confusión sin ningún fundamento, y que **María Magdalena**, por lo que nos cuenta la Escritura y por lo que nos afirma la Liturgia, **NO FUE** pecadora pública, adúltera ni prostituta, sino sólo **seguidora de Cristo**."*

Por otro lado, la **Iglesia Católica ortodoxa** honra a **María Magdalena** por su colaboración con Jesús considerándola "**igual a los Apóstoles**".

María Magdalena: ¿Esposa de Jesús?

Durante siglos, muchos críticos, escritores y aun creyentes, han propuesto teorías de que **María Magdalena** habría sido compañera sentimental, aun, quizás la esposa de **Jesús de Nazaret**, y que la **Iglesia Católica** ha ocultado "esa realidad" por los últimos 20 siglos.

Estas especulaciones resurgen en el presente con la publicación de los libros (y películas) ***Santa Sangre, Santo Grial*** [1] y ***El Código Da Vinci***. [2]
Estos libros sostienen que **Jesucristo se casó con María Magdalena**, basando sus argumentos en un antiguo texto gnóstico que dice que Cristo besó a María, sin embargo, hay que señalar que aunque el texto dice que Jesús besó a María, no específica en que parte de la cara lo hizo.
Recordemos que saludarse con un "***beso santo***" era común en esos tiempos, como se lee en la carta de **Pablo** a la **Iglesia de Roma**. ***NT Romanos 16:16***

⇨ Vea ***¿Fue María Magdalena esposa de Jesús?*** *en página **369** para más información.*

¿Cambió Jesús la Ley?

Esta es otra de las interpretaciones más erradas que muchos creyentes hacen de las Escrituras y quizás, la que más divide a la Fe Cristiana en el presente.

La respuesta a esta "confusión" la podemos leer claramente en el **Evangelio de Mateo**.

> *17 No piensen que he venido a anular la ley o los profetas; no he venido a anularlos sino a darles cumplimiento.*
> *18 Les aseguro que mientras existan el cielo y la tierra, ni una letra ni una tilde de la ley desaparecerán hasta que todo se haya cumplido.*
> **NT Mateo 5:17-18**

La obsesión al seguimiento literal de las Escrituras de parte de los religiosos legalistas en aquel tiempo, como también ahora, los vuelve ciegos, y no comprenden que **lo más importante del Evangelio es el Amor a Dios y al prójimo, antes que cumplir con otros estatutos o doctrinas**.

Porque el **Evangelio de Jesús** no es un "pacto de regulaciones", los religiosos (fariseos y saduceos) utilizaron esta causa para acusar a Jesús de que su mensaje "**no era bíblico**" y violaba la "**Ley Mosaica**".

> *39 Ustedes estudian las Escrituras con mucho cuidado, porque esperan encontrar en ellas la vida eterna; sin embargo, aunque las Escrituras dan testimonio de mí,*
> *40 ustedes no quieren venir a mí para tener esa vida.*
> **NT Juan 5:39-40**

Los judíos habían dejado al lado la parte moral del "Pacto" y se enfocaban en sólo cumplir las leyes nada más, en esos días, una persona era considerada "**fiel a Dios**" sí cumplía con las reglas alimenticias, el sábado y ritos en general y no por practicar la compasión o la hermandad humana.

Al contrario; el **Mensaje de Jesús**, antes de cumplir ritos o reglas religiosas, **primero era el amor, la compasión, la tolerancia y el perdón**.

> *38 »Oísteis que fue dicho: "Ojo por ojo y diente por diente".*
> *39 Pero yo os digo: No resistáis al que es malo; antes, a cualquiera que te hiera en la mejilla derecha, vuélvele también la otra;*
> *40 al que quiera ponerte a pleito y quitarte la túnica, déjale también la capa;*
> *41 a cualquiera que te obligue a llevar carga por una milla, ve con él dos.*
> *42 Al que te pida, dale; y al que quiera tomar de ti prestado, no se lo niegues.*
> **NT Mateo 5:38-42, Lucas 6.27-30**

Obviamente, este Evangelio **incomodaba terriblemente** a los sacerdotes Judíos quienes demandaban de los creyentes una estricta observancia y cumplimiento de la **Ley Mosaica**. *AT Éxodo 21:24-25*

⇨ Vea **Moisés y la Ley Mosaica** en página **74** para más información.

De esta misma manera se comportan en el presente muchos cristianos, aunque esta vez **no es "la Ley" que idolatran**", sino **la Biblia o la doctrina** de un **grupo religioso**, dándole menos importancia o ignorando como lo hacían también los fariseos y saduceos en el tiempo de Cristo; la parte más importante del **Evangelio de Cristo**; **el mensaje** que encontramos repetidamente una y otra vez en sus **Enseñanzas**: Amor incondicional a Dios y al Prójimo, un mandato que Cristo señala **está sobre la ley y los profetas**.

> *36 --Maestro, ¿cuál es el gran mandamiento en la Ley?*
> *37 Jesús le dijo: --"**Amarás al Señor tu Dios con todo tu corazón, con toda tu alma y con toda tu mente**".*
> *38 Este es el primero y grande mandamiento.*
> *39 Y el segundo es semejante: "**Amarás a tu prójimo como a ti mismo**".*
> ***40 De estos dos mandamientos dependen toda la Ley y los Profetas.***
> **NT Mateo 22:34-40, Marcos 12.28-34**

Aun así, muchos seguimos **sin comprender el Mensaje de Jesús**, el cual creemos que **Amar a Dios** es **serle fiel al líder**(es) **o la doctrina del grupo** que pertenecemos, y **Amar al Prójimo** es un privilegio dado solamente a "hermanos del grupo".

La Polémica sobre la observancia de la Ley

Cerca del año 50 después de Cristo, el movimiento de Jesús se había dividido en varios grupos, siendo los más importantes **los Nazarenos** (Israel), compuesto por **los Apóstoles** y sus seguidores los cuales eran todos judíos, el otro grupo eran **los Cristianos**, localizados en Asia Menor (hoy Turquía) y Grecia, liderado por **Pablo de Tarso**, este grupo era compuesto en su mayoría por gentiles (no judíos) que debido a esto; **No observaban la Ley Mosaica**.

La controversia sobre la observancia a La Ley, no sólo se había convertido en una de las polémicas más graves entre **los seguidores de Jesús**, sino también, ya había creado serias disputas entre amigos muy cercanos, como en el caso de **los Apóstoles Pablo** y **Pedro**, como lo podemos leer en el suceso llamado por teólogos: "*El incidente en Antioquía*", este desacuerdo sucedió muchos años después de la Crucifixión de Jesús, donde **Pablo** reprende a **Pedro** en Antioquía (hoy Turquía), por **ponerse de acuerdo a los Nazarenos**, que reprochaban a **los Gentiles** (Cristianos) **por no observar la Ley**, este "incidente" está documentado en ***NT Gálatas 2:11-21***.

Estas "contrariedades" se pueden percibir en las palabras de **Pablo** cuando se refiere a los **Nazarenos** como "*los de la circuncisión*" (***NT Hechos 10:45***), sobre todo cuando **Tito es forzado a ser circuncidado**. ***NT Gálatas 2:3***
Según Pablo, **los gentiles eran acosados por los Nazarenos**, quienes les reprochaban diciéndoles: "*Si no os circuncidáis conforme al rito de Moisés no podéis ser salvos*". ***NT Hechos 15:1***

El **libro de Hechos**, relata que esto provocó un altercado entre **Pablo** con los **Nazarenos** (los judíos), debido a eso se decidió que Pablo, Bernabé y otros "***subieran a Jerusalén***" para reunirse con los Apóstoles y obispos (ancianos) para solucionar esta cuestión. ***NT Hechos 15:2***

El Concilio de Jerusalén

De esta forma, cerca del **año 50 d.C.** se lleva a cabo el **Concilio de Jerusalén**, el cual se convierte en la primera reunión oficial de la **Iglesia Cristiana**, con el principal objetivo de determinar si una **persona gentil y creyente en Jesús**; debía convertirse formalmente al judaísmo, lo que implicaba para comenzar **ser circuncidado** y observar la Ley Mosaica y sus **613 mandamientos**.

Pintura: **Pedro y Pablo en el Concilio de Jerusalén**, por El Greco, 1541-1614

La siguiente es **la decisión de los Apóstoles** dirigidos por **Santiago**:

19 Yo juzgo que no se inquiete a los gentiles que se convierten a Dios,
20 sino que se les escriba que se aparten de las contaminaciones de los ídolos, de fornicación, de ahogado y de sangre,
21 porque Moisés desde tiempos antiguos tiene en cada ciudad quien lo predique en las sinagogas, donde es leído cada sábado.
NT Hechos 15:19-21

Lo que significa el acuerdo para el creyente gentil

Aunque Jesús no participó en el Concilio, la Fe Cristiana reconoce este acuerdo como divino. **Puntos importantes del acuerdo**:

Primero: Este acuerdo fue decretado para beneficio de los **gentiles**, (personas no judías) para hacer su conversión al cristianismo posible (sin inquietudes).

Segundo: Este acuerdo obviamente no aplica a judíos cristianos, esto implica que el **Nuevo Pacto (*NT Mateo 26:28*) No significa la anulación** de la Ley.

Tercero: **Jesús**, su familia, y seguidores (judíos) **cumplieron con la Ley**, con la única diferencia que **Cristo no se esclavizó** de reglas, ritos, legalismos, materialismos, etc., como lo hacían los religiosos (fariseos y saduceos).

¿Se debe cumplir con la Ley Mosaica o no?

En ninguna parte la Biblia dice que Cristo abolió la Ley, más bien **Él cumplió con estas**, y las reconoce y nombra varias veces, así como su costumbre de acudir el sábado a la sinagoga.

Ya sabes los mandamientos: 'No cometas adulterio, no mates, no robes, no digas mentiras en perjuicio de nadie, y honra a tu padre y a tu madre.
NT Marcos 10:19, Lucas 18:20

Jesús fue a Nazaret, el pueblo donde se había criado. El sábado entró en la sinagoga, como era su costumbre, y se puso de pie para leer las Escrituras.
NT Lucas 4:16

⇨ Vea **El Concilio de Jerusalén** en página **140** para más información.

Sección III - ¿Quién es Jesús De Nazaret?   118

¿Es importante cumplir con la Ley?

Cumplir con la **Ley Mosaica**, asistir a la iglesia el **Domingo** o el **Sábado**, o seguir fielmente creencias, doctrinas y ritos secundarios etc., es lo de menos, **lo importante es observar el Mensaje de Jesús y sus Dos Mandamientos**, los que cumplen con toda ley. *NT Mateo 22:40*

> *Si obedecen mis mandamientos, permanecerán en mi amor, así como yo obedezco los mandamientos de mi Padre y permanezco en su amor.*
> ***NT Juan 15:10***

En conclusión, el cristiano que cumple con la **Ley Mosaica hace bien**, porque hace y anda como Jesús lo hizo, ya que Él no abolió ninguna ley, más bien las observó. *NT Mateo 5:17-18*
Las Escrituras agregan que debemos seguir sus pasos

> *El que dice que permanece en él, debe andar como él anduvo.*
> ***NT 1 Juan 2:6***
> *Ustedes, como hijos amados de Dios, procuren imitarlo.*
> ***NT Efesios 5:1***

Sin embargo; el cristiano que NO cumple con la Ley Mosaica, **igualmente hace bien**, porque de acuerdo al **Concilio de Jerusalén**, (si somos gentiles) no necesitamos "inquietarnos" con palabras que perturban nuestras almas y nos piden que guardemos la Ley. *NT Hechos 15:24*

Jesús y las leyes

Jesús rechazó del legalismo religioso (fanatismo), ya que promueve una actitud insensible, arrogante y normalmente tienden a serle fiel a doctrinas y creencias de hombres, **minimizando el verdadero Evangelio de Dios**.

> *Pues en vano me honran, enseñando como doctrinas, mandamientos de hombres...*
> ***NT Marcos 7:7***

Cristo NO vino a cambiar la Ley sino a instruirnos para que comprendiéramos que es **nuestro comportamiento con Dios y el prójimo lo que importa**, y no la obsesión a observar ritos, leyes o la idolatría a una persona, ni a objetos, incluyendo la Biblia. *NT Juan 5:39-40*

NO hay necesidad de insistir en cumplir regulaciones y doctrinas, o en "escudriñar la Biblia. **TODAS las leyes están incluidas en los Dos Mandamientos de Jesús**, que encontramos en *NT Mateo 22:34-40*

> *Porque toda la Ley en esta sola palabra se cumple: "Amarás a tu prójimo como a ti mismo."*
> ***NT Gálatas 5:14***

NOTA: Si obedecemos los Mandamientos de Cristo (*NT Romanos 13:9*), es simplemente imposible quebrantar cualquier ley divina o terrenal.

El Sermón del Monte (Bienaventuranzas)

El **Sermón del Monte**, (**Las Bienaventuranzas**) es una colección de algunas de las enseñanzas que **Jesús** predicó en **Su Ministerio** y contiene conductas y éticas que **un cristiano debe practicar en su vida**.

El **Sermón del Monte**, contiene las palabras **Sermón**, que proviene del griego *homilía*, de *homou*, *"unir"*, *"similar"*, y *melah*, "milicia", "reunión", "junta", pero esta fue traducida posteriormente al latín como *sermonen, de serere, "serie"*, que es discurso o programa que sigue un orden, y por último; **Monte** del latín *montem*, que es "monte" o "montaña."

Sermón del Monte, por Gustave Doré, 1832-1883

Su cree que Jesús predicó este discurso en la ladera de un cerro o montaña, de ahí su nombre, es similar al **Sermón del Llano** (*NT Lucas 6:17–49*), sin embargo este último es más corto. El **Sermón del Monte** se encuentra en el **NT**, en el Evangelio de **Mateo, de los capítulos 5** al **7**.

Jesús dirigió el sermón a sus **Discípulos** y una gran multitud para guiarlos en una **vida de disciplina** basada en **una nueva ley de perdón, amor y compasión** hacia todo ser humano, incluso a los enemigos, **esta fue una filosofía revolucionaria** comparada a la vieja ley (excluyente y vengativa) practicada por la gente de esa época, la del *"ojo por ojo"*. *AT Levítico 24:20*

Probablemente el segmento más conocido del **Sermón del Monte** es el de las **Bienaventuranzas** el cual se encuentra al inicio de este. *NT Mateo 5:3-12*

Aquí también se encuentra la **oración** al **Padrenuestro**, (*NT Mateo 6:5-15*), y el mensaje de Cristo en el cual nos insiste que es más importante **hacer tesoros en el cielo**, que hacerlos en la tierra. *NT Mateo 6:19-21*

Cristo nos señala la importancia de **NO juzgar a los demás** (*NT Mateo 7:1-6*) así como la **Regla de Oro** (*Mateo 7:7-12*), como también evitar preocuparnos por el mañana; "que habremos de comer, beber vestir, etc.", sino al contrario; debemos poner toda nuestra confianza en Dios. *NT Mateo 6:25-34*

Sección III - ¿Quién es Jesús De Nazaret?

También encontramos en este Sermón advertencias **sobre falsos profetas**, y que tengamos presente que **no todo aquel que se llame cristiano**; **lo es**.

Jesús dice que vendrán "*vestidos de ovejas, pero por dentro son lobos rapaces... Así que por sus frutos los conoceréis*". **NT Mateo 7:15-20**

Aunque el **Sermón del Monte** contiene disciplinas propias de la Fe Cristiana, aun personas no cristianas, reconocen el valor espiritual y moral del Sermón, entre ellos el escritor ruso **Leo Tolstoy** y el líder espiritual **Gandhi**.

El Sermón del Monte

1 Al ver la multitud, Jesús subió al monte y se sentó. Sus discípulos se le acercaron,
2 y Él, tomó la palabra y comenzó a enseñarles, diciendo:

Las bienaventuranzas

3 «Bienaventurados los pobres en espíritu, porque de ellos es el reino de los cielos.
4 Bienaventurados los que lloran, porque recibirán consolación.
5 Bienaventurados los mansos, porque recibirán la tierra por heredad.
6 Bienaventurados los que tienen hambre y sed de justicia, porque serán saciados.
7 Bienaventurados los misericordiosos, porque alcanzarán misericordia.
8 Bienaventurados los de limpio corazón, porque verán a Dios.
9 Bienaventurados los pacificadores, porque serán llamados hijos de Dios.
10 Bienaventurados los que padecen persecución por causa de la justicia, porque de ellos es el reino de los cielos.
11 Bienaventurados seréis cuando por mi causa os insulten, os persigan y digan toda clase de mal contra vosotros, mintiendo.
12 »Gozaos y alegraos, porque vuestra recompensa es grande en los cielos, pues así persiguieron a los profetas que vivieron antes de vosotros.

NT Mateo 5:1-12

Es notable como una y otra vez **encontramos en las enseñanzas de Cristo** la importancia del cumplir con **sus Dos Mandamientos**, siendo el primero; **Amar a Dios** sobre todas las cosas, **y si este amor es legítimo**, implicaría tener la responsabilidad de cumplir con el segundo; **Amar al prójimo**.

No importa a que denominación cristiana pertenecemos, antes de cumplir cualquier otra creencia debemos observar primero los Mandatos de Jesús, los cuales, **el Apóstol Juan dice**; **son muy fáciles de cumplir**. **NT 1 Juan 5:2-3**

Sólo aquel que vive y practica estos **Dos Mandamientos (*NT Juan 14:21*)**, antes que cualquier ideología, doctrina, creencia religiosa o ley terrenal; **Es un verdadero seguidor de Cristo**.

El que dice que está unido a Dios, debe vivir como vivió Jesucristo.
NT 1 Juan 2:6

Las Parábolas de Jesús

Parábola, del griego **parabole** que significa comparación, ilustración o analogía, está compuesta de **para** "junto a" y **bole**, "divulgar", "repartir".

Las parábolas de Jesús se encuentran sólo en los **Cuatro Evangelios**, son relatos, historias concisas, claras, sencillas, y su finalidad es transmitir una enseñanza del modo más comprensible y fácil de recordar.

Las Parábolas de Jesús no son fábulas, pues en estas no intervienen personajes animales con características humanas, y en general se basan en hechos u observaciones creíbles.

El Ministerio de Jesús se caracteriza por sus **Parábolas,** entre las más reconocidas están las del "***Buen Samaritano***" (***NT Lucas 10:25-37***) y la del "***Hijo Pródigo***". ***NT Lucas 15:11-32***

En cambio, en el **Antiguo Testamento**, las Parábolas son rarísimas, y sólo existen dos, estas se encuentran en los libros del profeta **Samuel**, la primera es "***la del cordero***", narrada por Natán (***AT 2 Samuel 12:1-9***), y la segunda es la parábola de "***la mujer de Tecoa***", en ***AT 2 Samuel 14:1-13***

El objetivo de las parábolas es para que **la persona adquiera la sabiduría**, por medio de ejemplos ilustrados, de forma similar a cuentos con moraleja, para **comportarse correctamente en eventos de la vida cotidiana**, y así (actuando justamente), poder entrar al **Reino de los Cielos.**

Algunas de estas parábolas, Jesús las usó contra líderes religiosos y sociales, como por ejemplo el "***Fariseo y el Publicano***" (***NT Lucas 18:9-14***), donde Jesús señala la **importancia** de la **humildad** y el **arrepentimiento**, esto en **contraste con la soberbia y arrogancia**, típica de los religiosos que creen que "*sólo ellos comprenden y hacen lo que Dios quiere.*"

Sobre el uso de este tipo de enseñanzas, los Discípulos le preguntaron a **Jesús por qué usaba Parábolas**, a lo que Él respondió:

> *13 **Les hablo por parábolas**: porque viendo no ven, y oyendo no oyen ni entienden.*
> *14 De manera que se cumple en ellos la profecía de Isaías, que dijo: »"De oído oiréis, y no entenderéis; y viendo veréis, y no percibiréis,*
> *15 porque el corazón de este pueblo se ha entorpecido, y con los oídos oyen pesadamente, y han cerrado sus ojos; para que no vean con los ojos, ni oigan con los oídos, ni con el corazón entiendan, ni se conviertan y yo los sane".*
> *16 »Pero bienaventurados vuestros ojos, porque ven; y vuestros oídos, porque oyen.*
> *17 De cierto os digo que muchos profetas y justos desearon ver lo que veis, y no lo vieron; y oír lo que oís, y no lo oyeron.*
>
> ***NT Mateo 13:13-17***

Lista de las Parábolas de Jesús

Aunque los **Cuatro Evangelios** contienen **Parábolas**, las que se encuentran en el libro de **Juan**, las cuales sólo son tres; "***La historia del Buen Pastor***", "***La del Grano De Trigo***" y la de "***La Viña***", no son consideradas "Parábolas" por muchos teólogos.

La siguiente lista, son **las Parábolas más importantes** en el **NT**.

Parábola	Mateo	Marcos	Lucas	Juan
De la Semilla que Crece		4:26-29		
De los dos deudores			7:40-43	
De la lámpara, Luz del Mundo	5:14-16	4:21-25	8:16-18	
Del Buen Samaritano			10:29-37	
Del amigo en la noche			11:5-10	
Del Rico Insensato			12:15-21	
De los dos cimientos	7:24-29		6:46-49	
Del vino nuevo en odres	9:15-17	2:21-22	5:37-39	
Del buen pastor				10:11-18
Del hombre fuerte	12:29-30	3:27	11:21-22	
Del grano de trigo				12:23-26
Del sembrador	13:1-9	4:3-9	8-58	
Del trigo y la cizaña	13:24-30			
De la higuera estéril			13:6-9	
Del grano de mostaza	13:31-32	4:30-32	3:18-19	
De la levadura	13:33		13:20-21	
De la perla	13:45-46			
De la red de pescar	13:47-50			
De tesoros nuevos y viejos	13:51-52			
Del costo de seguir a Cristo			14:25-33	
De la viña				15:1-5
De la oveja perdida	18:10-14		15:1-7	
Del siervo malvado	18:23-35			
De la moneda perdida			15:8-10	
Del hijo pródigo			15:11-32	
Del mayordomo infiel			16:1-15	
Del hombre rico y Lázaro			16:19-31	
Del maestro y siervo			17:7-10	
De la viuda y el juez injusto			18:1-8	
Del fariseo y el publicano			18:9-14	
De los trabajadores de la viña	20:1-16			
De los dos Hijos	21:28-32			
De los labradores malvados	21:33-46	12:1-9	20:9-16	
Del Gran Banquete	22:1-14		14:15-24	
Del florecimiento de la higuera	24:32-33	13:28-31	21:29-33	
Del siervo fiel	24:45-50	13:24-37	12:35-48	
De las diez vírgenes	25:1-13			
De los talentos	25:14-30		19:12-27	
De las ovejas y las cabras	25:31-46			
De la fiesta de bodas			14:7-14	

La Santa Cena

De todas las festividades, esta **conmemoración** es la más importante de la **Fe Cristiana** y la única fiesta establecida por Jesús. **NT Lucas 22:19**

La (Santa) Cena del Señor, sucedió el primer día de **Pésaj (Passover)** es también llamada *"la fiesta de los Panes sin levadura"*, esta fue la última ocasión en la que **Jesús de Nazaret** estuvo junto a sus Discípulos para compartir el pan y el vino antes de su Crucifixión. **NT Mateo 26:17-35**

La Última Cena (L'Ultima Cena), por Leonardo da Vinci, 1452-1519

Su nombre original en griego es *eucaristía*, de *eu-* que significa "buen", "buenas", y *kharizesthai*, "gratitud", "caridad", y traducida al español es **Eucaristía** o "Acción de Gracias" (**NT Mateo 26:27**), la **Pascua** originalmente fue una de las festividades más importantes del pueblo de Israel, establecida por Dios (**AT Levítico 23:5**) en la que los hebreos le agradecían por haber sido liberarlos de su esclavitud en Egipto, en el cristianismo se convierte posteriormente en la **Acción de Gracias** por **el Sacrificio de Jesús** por la humanidad y el establecimiento del **Nuevo Pacto**. **NT Lucas 22:19-20**
Mientras el pueblo judío sigue celebrando el **Pésaj (Passover)** durante la misma fecha, **Para la Fe Cristiana es la celebración del Nuevo Pacto.**

> *Porque esto es mi sangre del **Nuevo Pacto** que por muchos es derramada para perdón de los pecados.*
>
> **NT Mateo 26:28**

La Cena del Señor, es también llamada la **Comunión**, de latín *com*, "con" y *unionem;* "unidad", compartir en unión, comunidad. **NT 1 Corintios 10:16**
Otros títulos son; La **Santa Cena** y frecuentemente **La Última Cena**.

En su primera carta a la **Iglesia de Corinto**, el **Apóstol Pablo** nos da las instrucciones para celebrar la **Cena del Señor**. **NT 1 Corintios 11:23-26**
Aunque **El Apóstol Pablo** indica que se debe conmemorar la cena cada vez que coma o beba (**NT 1 Corintios 11:23-26**), cada iglesia interpreta la Biblia en diferentes formas, por esta razón, el evento se celebra a veces en cada servicio, o una vez a la semana, la mayoría lo hace una vez al mes.

> *El que come mi carne y bebe mi sangre permanece en mí y yo en él.*
>
> **NT Juan 6:56**

Jesús y El Nuevo Pacto

El Nuevo Pacto, del latín ***novus testamentum***, de ***novus***, "nuevo" y ***testamentum***, "testimonio", "escritura", este del griego ***He Kaine Diatheke*** y este proviene originalmente del hebreo ***berit jadashá***, de ***berit***, "alianza", "pacto" o "convenio" y ***jadashá***, es "nuevo" o "renovado."

A diferencia de los pactos anteriores, los cuales sólo envolvían a Israel, el **Nuevo Pacto** incluye a todas las naciones del mundo. ***NT Mateo 28:19***

El Pacto Original (con el Pueblo de Israel)

El Pacto original que Dios había establecido con el **pueblo de Israel** requería obediencia estricta a la **Ley Mosaica**, entre estas normas estaba practicar rituales y sacrificios para estar en la gracia de Dios. ***AT Éxodo 24:7-8***

Sin embargo, debido a que el pueblo de Israel violaba frecuentemente el Pacto, el **profeta Jeremías** predijo que **Dios haría uno nuevo** en el futuro, es en su libro donde leemos acerca del **Nuevo Pacto** por primera vez.

> *31 "Vienen días," declara el SEÑOR "en que haré con la casa de Israel y con la casa de Judá un **nuevo pacto**,*
> *32 no como el pacto que hice con sus padres el día que los tomé de la mano para sacarlos de la tierra de Egipto, **Mi pacto que ellos rompieron, aunque fui un esposo para ellos**," declara el SEÑOR.*
> *33 "Porque éste es el pacto que haré con la casa de Israel después de aquellos días," declara el SEÑOR. "Pondré Mi ley dentro de ellos, y sobre sus corazones la escribiré. Entonces Yo seré su Dios y ellos serán Mi pueblo.*
> ***AT Jeremías 31:31-33***

Aunque Dios, a través de sus profetas, advierte muchas veces a Israel que dejen de quebrantar el Pacto; sin embargo, el pueblo continúa por siglos sin obedecer, el **profeta Isaías** molesto escribe: *"¡Aparten de mi vista sus maldades! ¡Dejen de hacer el mal!"*. ***AT Isaías 1:16***

Y agrega más adelante: *"...Porque traspasaron las leyes, falsearon el derecho, quebrantaron el pacto eterno."* ***AT Isaías 24:5***

Años más tarde, el profeta; **Miqueas** anuncia:

> ***Pero tú, Belén Efrata****, tan pequeña entre las familias de Judá, de ti ha de salir el que será **Señor en Israel**; sus orígenes se remontan al inicio de los tiempos, a los días de la eternidad.*
> ***AT Miqueas 5:2***

Sección III - ¿Quién es Jesús De Nazaret? 125

¿Qué significa el Nuevo Pacto?

El profeta Jeremías anunció **el Nuevo Pacto de Dios** (*AT Jeremías 31:31-33*), el cual **Jesucristo** cumplió con su llegada, **su sacrificio por los pecados del mundo, su muerte** y **resurrección**. *NT Mateo 26:28; Lucas 22:20*, gracias al **Nuevo Pacto**, el mundo entero tiene la posibilidad de ser salvo y tener vida eterna **mediante la observación de Sus Mandamientos**.

> *Si obedecen mis mandamientos, permanecerán en mi amor, así como yo obedezco los mandamientos de mi Padre y permanezco en su amor.*
> ***NT Juan 15:10***

Teólogos consideran que el **Nuevo Pacto**, según el **Antiguo Testamento**, contiene **dos características esenciales**: En primer lugar, Dios aclara que *"esta **Ley divina será escrita en sus corazones**, la tendrán en sus entrañas y yo seré su Dios."* (***AT Jeremías 31:33; NT Hebreos 8:10***), y que todos la conocerán, desde el más pequeño hasta el más grande; ninguno se ensañará a su prójimo, o a su hermano. *AT Jeremías 31:34; NT Gálatas 5:14*

Aunque el **Nuevo Pacto fue otorgado a la nación de Israel por Cristo**, Él fue rechazado por los judíos, (***NT Juan 10:22-42***), así, por las mismas instrucciones de Jesús, ahora el mundo entero tiene el privilegio de participar y gozar del Pacto.

> *Por tanto, id y haced discípulos a todas las naciones, bautizándolos en el nombre del Padre, del Hijo y del Espíritu Santo...*
> ***NT Mateo 28:19***

> *De tal manera amó Dios al mundo, que dio a su Hijo unigénito, para que **todo aquel que en él cree** no se pierda, sino que **tenga vida eterna**.*
> ***NT Juan 3:16***

Este Pacto comprende de **Dos Mandamientos** (*Mateo 22:34-40*), y al cumplir con ellos; Jesús nos señala que **cumpliremos con TODAS las leyes de Dios**.

> *Y éste es el amor: que andemos según sus mandamientos. **Éste es el mandamiento: que andéis en amor, como vosotros habéis oído desde el principio**.*
> ***NT 2 Juan 1:6***

> ***El que guarda sus mandamientos permanece en Dios, y Dios en él.***
> *Y sabemos que él permanece en nosotros, por el Espíritu que nos ha dado.*
> ***NT 1 Juan 3:24***

Nota: Muchos cristianos confunden el Nuevo Pacto con la **eliminación de la Ley Mosaica**, sin embargo, estas **son cosas totalmente diferentes**.

⇨ *Vea **La Ley Mosaica** en páginas **74** y **115** para más información.*

Sección III - ¿Quién es Jesús De Nazaret?   126

Jesús y La Gran Comisión

La Biblia relata que tres días después de la Crucifixión; "*María Magdalena y la otra María*" fueron a ver el sepulcro de Jesús, un ángel se les apareció y les dijo que Jesús ya había resucitado y que les avisaran a los Discípulos para que se reunieran con Él en Galilea. **NT Mateo 28:1-7**

Es entre el periodo de Su resurrección y Su ascensión al cielo, que Jesús da su orden final a los Apóstoles, la cual encontramos en tres de los cuatro evangelios.

Esta orden es conocida como **La Gran Comisión** y no sólo fue entregada a los Discípulos, **sino a todos los que creen y siguen a Jesús**.

45 Entonces hizo que entendieran las Escrituras,
46 y les dijo:--Está escrito que el Mesías tenía que morir, y resucitar al tercer día,
47 y que en su nombre se anunciará a todas las naciones que se vuelvan a Dios, para que él les perdone sus pecados. Comenzando desde Jerusalén,
48 ustedes deben dar testimonio de estas cosas.
Lucas 24:45-48

En **La Gran Comisión** se nos instruye hacer discípulos de cada persona que encontramos a nuestro paso, sin importar raza, nacionalidad, creencias o el comportamiento de la persona, **sin juzgar ni criticar a nadie**, siempre con respeto, tolerancia y compasión, recordando que **cada ser humano es una creación de Dios** (**NT Colosenses 1:16**), sin importar quién sea o cómo sea esta persona.

18 Jesús se acercó y les habló diciendo: "Toda potestad me es dada en el cielo y en la tierra.
*19 Por tanto, id y haced discípulos a todas las naciones, bautizándolos en el nombre del **Padre**, del **Hijo** y del **Espíritu Santo**,*
20 y enseñándoles que guarden todas las cosas que os he mandado. Y yo estoy con vosotros todos los días, hasta el fin del mundo». Amén.
NT Mateo 28:18-20

Estas son las **últimas palabras** que **Jesucristo dijo** a sus **Discípulos**, poco después alzando las manos los bendijo, y mientras los bendecía, **el Señor ascendió al cielo** y **se sentó a la derecha de Dios**. **NT Marcos 16:19**

Las Señales del Fin

Por siglos la gente ha especulado mucho sobre el "**fin del mundo**", y cómo o cuándo será, y aunque la Biblia lo prohíbe; muchos cristianos han intentado también **adivinar la fecha del regreso del Hijo de Dios.**

Muchos han señalado algunos eventos históricos como "**Señales del Fin**", entre estos los más populares han sido: **la llegada de los milenios** (años 1000 y 2000), **catástrofes naturales**, maremotos (tsunamis), terremotos, personajes y sucesos históricos, entre ellos el surgimiento de imperios como los de **Napoleón Bonaparte** en el siglo 19 (1800s), o **Adolfo Hitler** (en 1940s), **Joseph Stalin** y el sistema soviético (comunista), como también las guerras mundiales, y aun el establecimiento de la nación de Israel, el Internet, etc., etc., etc., todas estas son para muchos "**Señales del Fin**", basadas o interpretadas en las palabras de Jesús.

> *6 Oiréis de guerras y rumores de guerras; mirad que no os turbéis, porque es necesario que todo esto acontezca, pero aún no es el fin.*
> *7 Se levantará nación contra nación y reino contra reino; y habrá pestes, hambres y terremotos en diferentes lugares.*
>
> ***NT Mateo 24:6-7***

Sin embargo, Jesús también nos dice claramente que: "*Pero todo esto es sólo principio de dolores.*" ***NT Mateo 24:8***

Increíblemente algunas de estas "señales" han alarmado tanto a muchos cristianos a través de la historia, que algunos "han estado tan seguros" de la llegada del fin, que han fijado fechas de ese momento con todo y hora, y procedido a abandonar sus trabajos y deshacerse de todas sus cosas para dedicarse a esperar, según ellos; **La inminente llegada del Señor**.

Esta situación ha ocurrido muchas veces, sobre todo en los últimos 200 años.

Lo que dice la Biblia

Sobre estos anuncios de la "llegada del fin", es muy importante recordar que Jesús nos advierte que vendrán falsos profetas y Cristos (***NT Mateo 24:5***), y sí una persona predica alguna fecha especifica sobre el regreso del Mesías; lo más probable es que este **es un falso profeta** o **NO ha leído la Biblia**.

> ***Pero del día y la hora nadie sabe, ni aun los ángeles de los cielos, sino sólo mi Padre.***
>
> ***NT Mateo 24:36***

Aunque con todo lo que sucede en el mundo, es fácil considerar que pronto llegará ese día; de ninguna manera se nos instruye a adivinar o interpretar ninguno de estos eventos para hacer **cálculos y fechas** de la llegada **del fin**.

Dios nos ha dado la suficiente información para que podamos estar preparados para ese día, sin la necesidad de angustias. ***NT Mateo 6:32-34***

El Regreso del Mesías

El Regreso de Jesús, del latín **Epifanía**, y este del griego *epiphaneia* de *epi-* que significa "encima", "estar sobre" y *phainein*; "fantasma", "espíritu", "aparecer". El manuscrito original griego del Nuevo Testamento usan el término **Epifanía** cinco veces para referirse al **Regreso de Cristo**.

Otra palabra griega; **Parusía** que significa "llegada", "venida", "advenimiento", también es usada para referirse a la **segunda llegada del Mesías**.
Aunque el Nuevo Testamento fue escrito en griego, algunos usan la frase aramea-hebrea **Maran Atha** o Maranatha que significa "**El Señor Viene**".

En los últimos 2000 años, han sido "centenares" las predicciones que la gente y muchos cristianos han hecho sobre "la fecha del regreso de Jesús".
Esto, a pesar de que las Escrituras claramente nos dicen que: ""**Aquel día y de la hora nadie sabe, ni aun los ángeles que están en el cielo, ni el Hijo, sino el Padre.**" *NT Marcos 13:32*

Como será su regreso

*9 Y habiendo dicho estas cosas, viéndolo ellos, **fue alzado, y lo recibió una nube que lo ocultó de sus ojos**.*
10 Y estando ellos con los ojos puestos en el cielo, entre tanto que él se iba, se pusieron junto a ellos dos varones con vestiduras blancas,
*11 los cuales les dijeron:—Galileos, ¿por qué estáis mirando al cielo? Este mismo **Jesús, que ha sido tomado de vosotros al cielo, así vendrá como lo habéis visto ir al cielo**.*
                                                                    NT Hechos 1:9-11

Detalles bíblicos del **regreso de Jesús, el Hijo de Dios**:

Será instantáneo y en todo el mundo: "*Como el relámpago que sale del oriente y se muestra hasta el occidente, **así será también la venida del Hijo del Hombre**.*" **NT Mateo 24:27**

Será visible a todo el mundo: "*Entonces aparecerá la señal del Hijo del hombre en el cielo, **y todas las tribus de la tierra** harán lamentación cuando vean al Hijo del hombre venir sobre las nubes del cielo.*" **NT Mateo 24:30**

Será audible a todo el mundo: "*Enviará sus ángeles con gran voz de trompeta y juntarán a sus escogidos de los cuatro vientos, **desde un extremo del cielo hasta el otro**.*" **NT Mateo 24:31**

A pesar de que las Escrituras censuran la adivinación (**AT Levítico 19:31**), aun así, algunos grupos cristianos insisten en proponer conjeturas sobre "**cómo y cuando Jesús regresará**", mientras otros grupos más radicales aseguran que Jesús ya volvió, y se encuentra en "**algún lugar de la Tierra**".
Otros, continúan haciendo cálculos relacionados a importantes eventos mundiales para adivinar "**esa fecha.**"

El Juicio Final

El Juicio Final o **día del Juicio Final**, llamado a veces el **Fin del Mundo**; es el gran evento en el cual **TODA la humanidad será juzgada por Dios**, y se creará un **Cielo Nuevo** y la **Tierra Nueva**, la cual será gobernada por **Dios** desde la **Nueva Jerusalén**. *NT Apocalipsis 21:1-27*

He aquí que viene con las nubes:
Todo ojo lo verá, y los que lo traspasaron; y todos los linajes de la tierra se lamentarán por causa de Él.

NT Apocalipsis 1:7

Pintura: El Juicio Final, por Stefan Lochner 1400-1452

El Juicio Final sucederá después del **Milenio de Paz** y después de la **Resurrección Final** ante el **Gran Trono Blanco de Dios** y será juzgado cada ser humano según sus obras, las que están registradas en el **libro de las obras**, y el **libro de la vida**. *NT Apocalipsis 20:1-15*

¿Quiénes serán salvos?

A pesar que en el mundo existe mucha gente malvada y verdaderos enemigos de la Fe Cristiana, cada uno de los grupos cristianos modernos insisten que Dios vendrá "ese día con gran ira" específicamente a castigar a otros cristianos que NO pertenecen a su grupo y siguen sus doctrinas, y que sólo se podrá ser salvo si se es miembro de ese grupo particular.

Recordemos que nadie será salvo de acuerdo al grupo o nombre de la iglesia a que pertenece, sino el que observe **Sus Mandamientos**. *NT Mateo 22:34-40*

> *34 ... "Venid, benditos de mi Padre, heredad el Reino preparado para vosotros desde la fundación del mundo,*
> *35 porque tuve hambre y me disteis de comer; tuve sed y me disteis de beber; fui forastero y me recogisteis;*
> *36 estuve desnudo y me vestisteis; enfermo y me visitasteis; en la cárcel y fuisteis a verme"...*
> *40 Respondiendo el Rey, les dirá: "De cierto os digo que en cuanto lo hicisteis a uno de estos mis hermanos más pequeños, a mí lo hicisteis".*
> ***NT Mateo 25:31-46***

Sección III - ¿Quién es Jesús De Nazaret?   130

No existe una cantidad específica de cuantos serán los que ganaran la vida eterna, **Jesús nos señala claramente que el único requisito es cumplir con sus mandamientos**. (**NT Juan 14:21**), Apocalipsis señala que los salvos serán "***Una gran multitud, la cual nadie podía contar***, *de todas naciones y tribus y pueblos y lenguas*" **NT Apocalipsis 7:9-11**

Hay que señalar que **algunos cristianos erróneamente interpretan** que sólo hay que "portarse bien con los hermanos espirituales" (de su iglesia), sin embargo, **EN NINGUNA PARTE** nos indica **Jesucristo** practicar tal conducta, la cual está **claramente en contra de sus enseñanzas**. *NT Lucas 10:29-37; Juan 8:3-11; Mateo 5:7; Lucas 15:11-32;* etc., etc., etc.

¿Debemos preocuparnos sobre el Juicio Final?

Mientras observemos Sus Mandatos, **Jesús nos dice que no hay necesidad** de inquietarse por las cosas que vendrán en el futuro.

> *Así que no os angustiéis por el día de mañana, porque el día de mañana traerá su propia preocupación. Basta a cada día su propio mal.*
> **NT Mateo 6:34**

Lo importante es mantener nuestras conductas de acuerdo a lo que Dios requiere de nosotros (**NT Mateo 22:34-40**), y si todavía vivimos en el pecado, **debemos alejarnos de este** y **renacer** (bautizarnos) como nuevas y mejores personas llenos de tolerancia y compasión, en **Amor a Dios** y a cada criatura creada por Él (ya sea esta criatura mala o buena). *NT Mateo 5:43-48*

Tengamos presentes que aunque ese día (Juicio Final), no lo podemos evitar y no sabemos cuando será, recordemos que todo lo viejo se acabará, todas las injusticias cesaran, el dolor, el hambre, odio, enfermedades, todas las cosas del presente, en aquel día y todo será nuevo. *NT Apocalipsis 21:1-27*

Entonces, en lugar de vivir en innecesarias angustias, **celebremos la vida**, **predicando la esperanza del Evangelio**, ayudemos a toda persona que podamos, en cada momento, **sea quien sea**, esto no sólo nos traerá felicidad, sino más importante; **haremos tesoros en el cielo**. *NT Mateo 25:35-40*

NOTA: Muchas personas usan la palabra "**Escatología**" para referirse a las cosas relacionadas a los eventos que habrán de ocurrir en los últimos días, entre estas el armagedón, el juicio final, y otras teorías apocalípticas, incluyendo creencias modernas como la del rapto (en inglés ***rapture***).

Escatología proviene del griego ***éskhatos***: "último" y ***logos***: "estudio", "palabra".

Debido a que, en general, cada iglesia o denominación cristiana tiene su **propia interpretación** de los **Últimos Días** y el **Juicio Final**, las siguientes explicaciones de eventos y cosas no contienen detalles específicos.

Se recomienda hablar con su líder de iglesia para recibir una información más completa.

---

*Vea **Profecías del fin del mundo (Escatología)** en página **295** para más información.*

El Paraíso

La palabra **Paraíso** del latín *paradisus* y este del griego *paradeisos*, de *peri*, "alrededor" y *-dis*, "crear", "hacer", se refiere a un **bello jardín** cercado, apartado o protegido, se le llama asimismo también al **Jardín de Edén**.

El **Paraíso** original fue un huerto o jardín que **habría existido al oriente**, de acuerdo a las Escrituras, de este salía **un río que se dividía en cuatro**, llamados: **río Pisón**, que se dice, rodeó toda la tierra de Havila; el **río Gihón**, que habría rodeado toda la tierra de Cus (Etiopía); el **río Hidekel** (río Tigris en Irak); que iría al oriente de Asiria; y el **río Éufrates** (Irak). *AT Génesis 2:8-15*

Aunque muchas veces se identifica al **Cielo** y el **Paraíso** como el mismo lugar, algunos cristianos difieren en esto, y algunos se refieren al **Paraíso** como un lugar terrenal o la **Nueva Jerusalén**. *NT Apocalipsis 3:12*

> *1 Entonces vi un cielo nuevo y una tierra nueva, porque el primer cielo y la primera tierra habían pasado y el mar ya no existía más.*
> *2 Y yo, Juan, vi la santa ciudad, la nueva Jerusalén, descender del cielo, de parte de Dios, como una novia hermosamente vestida para su esposo.*
> ***NT Apocalipsis 21:1-2***

Otros consideran el paraíso un "**Tercer Lugar**" entre la Tierra y el **Reino de Dios**, de acuerdo a las palabras del **Apóstol Pablo** en *NT 2 Corintios 12:2-4*

El Paraíso es el lugar donde habitaran los humanos perdonados durante el **Juicio Final**, este es a diferencia del **Cielo**, llamado en la Biblia también el **Reino de Dios** o **Reino de los Cielos** (*NT Mateo 4:17*), es el lugar eterno, soberano y **hogar de Dios**. *AT Daniel 4:3*

> *El SEÑOR estableció en los cielos su trono y su reino domina sobre todos.*
> ***AT Salmos 103:19***

Sobre **el Paraíso** o **la Nueva Jerusalén,** El apóstol **Juan de Patmos**, autor del libro de Apocalipsis, tuvo el privilegio de verlo y escribir en más detalle, y narra que es un lugar que posee la **gloria de Dios** y donde el sol y la luna ya no son necesarios. *NT Apocalipsis 21:10-27*

La Nueva Jerusalén (Paraíso) es el lugar donde vivirán los humanos dignos de la vida eterna, **en recompensa a la obediencia a Dios**.

> *»De cierto, de cierto os digo: El que cree en mí tiene vida eterna.*
> ***NT Juan 6:47***

> *El que tiene mis mandamientos y los guarda, ese es el que me ama; y el que me ama será amado por mi Padre, y yo lo amaré y me manifestaré a él.*
> ***NT Juan 14:21***

Al igual que otros temas bíblicos, la naturaleza del Paraíso, es interpretado de diferentes formas en cada iglesia.

Sección IV

Grabado conmemorativo al Primer Concilio de Nicea

Historia de la Iglesia
Historia del Cristianismo Primitivo

Conocida también como la época o era Paleocristiana
Es el periodo entre el nacimiento de Jesús (año 1) y el Primer
Concilio de Nicea, efectuado en el año 325 d.C.

La Iglesia en la historia

El Cristianismo se originó dentro de la Fe judía en la tierra de Palestina, un territorio que por siglos ha sido disputado por diferentes culturas, y ha estado bajo control de varios imperios; siendo el motivo más fuerte de estas disputas; la religión. La Biblia narra de guerras aun dentro del mismo **judaísmo**, cuando el pueblo de Dios se dividió en dos facciones (Judea contra Israel, *AT 1 Reyes 15:6*), también ha sido otra razón importante la **ubicación geográfica**, la cual se encuentra en medio de dos rutas comerciales muy importantes: estas rutas son primero: la que está entre **Egipto** y **Mesopotamia** (Irak), y la segunda entre **Arabia** y **Asia Menor**. **[A]**

330 años antes de Cristo, **Alejandro Magno** derrotó a los persas y luego conquistó **Palestina**, poco después en **el año 323 a.C.**, Alejandro murió y sus territorios fueron repartidos entre sus generales, **Ptolomeo I**, quien tomó control de **Egipto**, y **Seleuco I**, se posesionó de **Asiria**. **[B]**
Así, **Palestina** que incluye a la nación de **Israel**, situada entre los dos territorios, se convierte en el motivo de la batalla entre los dos ejércitos.

En el año 63 antes de Cristo, el general romano **Pompeyo Magno** conquista **Palestina** fácilmente ya que en esa época Judea seguía quebrantada por la guerra civil entre dos hermanos judíos quienes tenían desacuerdos religiosos, ellos eran **Hircano II** (apoyado por fariseos) y **Aristóbulo II** (apoyado por saduceos), sólo porque la política del imperio romano era tolerante a religiones y costumbres de los pueblos conquistados; **la Fe judía pudo sobrevivir**. **[C]**

En el año 753 *auc*, (**año 1** según el **calendario Gregoriano**) **nace Cristo**, en una **Judea** gobernada por **Herodes I el Grande**, títere del imperio romano, aunque Herodes era judío, estaba influenciado fuertemente por la cultura helenística (griega), él trató de introducir el helenismo a Israel, a tal grado que colocó un águila griega en la entrada del Templo de Jerusalén provocando una rebelión entre los judíos, la que oprimió crucificando a dos mil hebreos. **[D]**

En el tiempo de Cristo existían varios grupos religiosos, entre los dominantes estaban; **los fariseos** quienes eran legalistas y exigían una observación literal a la Ley Mosaica, sus interpretaciones bíblicas eran consideradas "oficiales". **[E]**
El otro grupo importante eran **los saduceos**, eran gentes de la aristocracia, cuyos intereses económicos los llevaban a colaborar con los romanos para conseguir privilegios políticos y materiales. **[F]**

También existían otros grupos más pequeños, como los **Zelotes**, estos eran considerados rebeldes, y se enfrentaban frecuéntese a los fariseos y saduceos, a quienes acusaban de ser "vendidos" a los romanos por el "celo al dinero". **[G]**
Uno de los Discípulos de Jesús era Zelote. *NT Marcos 3:18*

Por último estaban los **Esenios**, un grupo humilde, devotos al estudio de las Escrituras, eran disciplinados, misericordiosos y practicaban la vida comunal. **[I]**
Muchos teólogos creen que Jesús fue un Esenio.

⇨ *Vea* **Teoría del Movimiento Esenio** *en página* **97** *Para más información.*

Sección IV - Historia de la Iglesia   136

Jesús y el Movimiento Nazareno

Cuando **Jesús** comenzó a predicar el **Evangelio**, en las comunidades judías, debido a que creció y vivió en **Nazaret**, **Él** y sus seguidores fueron llamados **Nazarenos**. *NT Mateo 2:23*

Su mensaje era sencillo: *-Amar a Dios sobre todas cosas y amar al prójimo como a si mismo.*
A pesar de lo simple de sus **Dos Mandamientos** Jesús aclara que de estos dependen toda la Ley y los Profetas. *NT Mateo 22:34-40*

Pintura; **Cristo**, por Heinrich Hofmann, 1824-1911

Jesús nació dentro de la **Fe judía**, y aunque Él y sus seguidores observaron **La Ley** y asistían a sinagogas, como cualquier judío, (*NT Mateo 5:17*), sin embargo; la obediencia a **La Ley**, y sus **613 mandamientos** no era **prioridad** en Su Ministerio, sino; **predicar el Evangelio**, este mensaje **contrastaba drásticamente** con los religiosos legalistas, quienes eran fervorosos devotos a las Escrituras, mientras **Jesús daba prioridad al amor a Dios y al prójimo**, los **religiosos idolatraban las Leyes y sus ritos**.

La llegada de **Jesús de Nazaret** (en hebreo **Yeshua Ha-Notzri**) ya se les había profetizado a los judíos en el **Tanaj (Antiguo Testamento)** siglos antes de su nacimiento (*AT Miqueas 5:2*), aun así ellos consideraron a **Jesús** y a sus seguidores como **una secta judía**, y todavía lo creen así en el presente.

Jesús predicó el Evangelio durante 3 años por Galilea, Samaria y **Judea**, acompañado de su Discípulos (Apóstoles), anunciando su doctrina de salvación con un lenguaje sencillo y usando parábolas (*NT Marcos 4:10-12*) para que sus ideas fuesen fácilmente comprendidas. *NT Mateo 3:2*

Porque **Jesús** no observaba **La Ley** con la misma **idolatría** como lo hacían los judíos, fue rechazado por los religiosos, esta reacción también había sido profetizada así: *"Se quitará la vida al Mesías, y nada ya le quedará. El pueblo de un príncipe que ha de venir." **AT Daniel 9:26***
La Biblia habla también de la conspiración **contra Jesús** por líderes judíos, quienes se unieron en alianza con **Pilato**, el gobernador romano. *Salmos 2:2-3*

A sus 33 años, el pueblo judío condenó a muerte a Jesús y lo crucificaron, por **haberse proclamado Hijo de Dios y Rey de los Judíos**. *NT Lucas 23:3*

Jesucristo resucitó tres día después (*NT Lucas 24:1-7*), llamó a sus Discípulos y los comisionó a ir y hacer discípulos a todas las naciones, **bautizándolos** en **el nombre del Padre**, **del Hijo** y del **Espíritu Santo**. *NT Mateo 28:16-20*

Durante este tiempo todavía no existía el **movimiento Cristiano** (Gentiles), éste fue iniciado **después de la crucifixión de Jesús** y el **Apóstol Pablo de Tarso** es quien se convertiría en el líder de este grupo. *NT Hechos 11:26*

Pablo de Tarso y el Movimiento Cristiano

El **Apóstol Pablo de Tarso**, nació cerca del año 7 y murió en **el 67 d.C.**, originario de **Tarso**, en **Asia Menor** (hoy Turquía), era un territorio perteneciente a Grecia en ese momento, pero bajo control del imperio romano.

Aunque algunos teólogos llaman al cristianismo moderno "**Cristianismo Paulino**", porque éste observa las instrucciones de Pablo con más prioridad que las de Cristo, sin embargo, su mensaje está basado en las enseñanzas de Jesús. *NT Hebreos 3:1*

Pintura; *Pablo*, por Claude Vignon, 1593-1670

Pablo nació en la **diáspora** (comunidades judías radicadas fuera de Israel), su nombre hebreo era **Saulo**, pero por ser ciudadano romano; tenía la opción de usar un nombre en latín *Paulus* (**Pablo** en español). *NT Hechos 22:22-29*
Saulo, era descendiente de la tribu de Benjamín, cuando joven fue enviado a Jerusalén, donde estudió judaísmo con el famoso rabino Gamaliel.
Saulo fue un estricto observador de **La Ley** y celoso de Dios. *NT Hechos 22:3*

Antes de convertirse (al Cristianismo), **Pablo** (Saulo) fue un perseguidor de la Iglesia al servicio de los fariseos, participó y aprobó la ejecución de **Esteban, el primer mártir de la iglesia**. *NT Hechos 7:57-60*

Años después de la **crucifixión**, el libro de **Hechos** relata la conversión de **Saulo**, que ocurre en una de sus persecuciones a los seguidores de **Jesús**, en las que, según sus propias palabras: "*respiraba amenazas y muerte contra los discípulos del Señor*", pero al llegar cerca de Damasco, lo rodeó un resplandor de luz del cielo; y al caer en tierra escuchó una voz que le decía: "—*Saulo, Saulo, ¿por qué me persigues?*". *NT Hechos 9:3-4*

Así, **Saulo**, que se dedicaba a "*perseguir sobremanera*" a la iglesia de Dios, (*NT Gálatas 1:13*), pasó de ser uno de los peores enemigos de la iglesia a uno de los **Pilares de la Fe Cristiana** y quizás el **principal predicador del Evangelio**, después de Jesús, **Saulo** fue llamado **el Apóstol de los Gentiles**.

Saulo, quién se renombró **Pablo** después de su conversión (*NT Hechos 13:9*) no perteneció al círculo de **Discípulos de Jesucristo**, aun así, la mayor parte de las Escrituras griegas del **Nuevo Testamento** fueron escritas por él, las cuales son **Cartas** (en griego **epístolas**) que mandaba a las diferentes iglesias (en griego **ekklesias**) fundadas por él mismo y consideradas en el presente como **las comunidades más importantes del Cristianismo Primitivo**.

Si recordamos, **NO FUERON** los **Apóstoles** o seguidores de **Jesús en Israel**, los primeros en ser llamados **cristianos**, **SINO los gentiles convertidos** en su mayoría por el **Apóstol Pablo** en **Antioquia** (hoy Turquía). *NT Hechos 11:26*

Movimiento Gnóstico (Cristiano)

Los Gnósticos, de griego *gnosis* que significa "conocimiento", "sabiduría", y **Gnósticos** del griego *gnostikismós* significa que "práctica" o "conoce la verdad". Los **Gnósticos**, fue otro de los grupos seguidores de Jesús, que tuvo una gran influencia dentro del **Cristianismo Primitivo**. **[A]**

Símbolos gnósticos

Los **Gnósticos** mezclaban en sus creencias religiosas elementos del judaísmo, así como fundamentos paganos griegos y romanos, también el ocultismo, y otros como zoroastrismo, el neoplatonismo, etc., etc. **[B]**

El Gnosticismo Cristiano se auto-llamaba "**la Verdad**", sin embargo, sus creencias eran muy vagas y diferían radicalmente entre los diferentes grupos gnósticos, sobre todo en el caso del **origen divino de Jesús**, ya que cada grupo tenía su propia interpretación.

Por ejemplo, **una rama gnóstica** consideraba que no era posible que Jesucristo pudiera ser un ser divino y tener un cuerpo material a la vez, puesto que la materia (carne) es "contaminadora". Por esa razón surge la creencia que Cristo vino en espíritu pero "mostraba a los hombres un cuerpo material".

Otros grupos gnósticos sostenían que Jesús fue inicialmente un hombre y que durante su ministerio fue elevado a un nivel divino por Dios.

Otras doctrinas afirman que la verdadera misión de Cristo era transmitir a los espíritus humanos el principio del auto-conocimiento que permitía que las almas se salvaran por sí mismas al liberarse de la materia (carne).

El Gnosticismo Cristiano es la doctrina, según la cual los creyentes no se salvan **por la Fe** o el **sacrificio de Cristo**, sino sólo mediante el conocimiento o **gnosis**, o sea "un íntimo entendimiento de lo divino", en otras palabras; sólo puede ser salvo el que pueda alcanzar un estado espiritual o "nivel superior".

Por su postura en **la divinidad de Jesús**, el **Gnosticismo** fue considerado herético y sufrió el rechazo de **Nazarenos** y **Cristianos**, en los primeros siglos de la Iglesia Primitiva.

El Apóstol Pablo advierte a **Timoteo** a cuidarse de ellos.

Timoteo, cuida bien lo que se te ha confiado. No escuches palabrerías mundanas y vacías, ni los argumentos que opone el falsamente llamado conocimiento de la verdad;

NT 1 Timoteo 6:20

A pesar de que el **Gnosticismo cristiano** fue suprimido por la Iglesia Católica en **el año 325 d.C.**, el dogma logro subsistir por siglos y todavía existen grupos gnósticos en el presente.

El Movimiento Ebionita

Al igual que los **Nazarenos**, **Cristianos**, y **Gnósticos**; los **Ebionitas** fueron un movimiento (grupo) de creyentes en Jesús, y parte del ahora llamado "**Cristianismo Primitivo**". **[A]**

El término **Ebionita** es derivado del hebreo *ebion*, que significa "pobre". **[B]** Los **Ebionitas** llevaban una vida muy humilde, dedicada a predicar el **Evangelio**, de la misma forma que lo hizo **Jesús**; sin lujos o posesiones y más que todo; pacíficamente, de ahí su nombre: los **Pobres**, (humildes).

Los **Ebionitas** fueron los primeros en establecer centros de educación en teología llamados **monasterios**. Estas comunidades Ebionitas eran judías y observaban la **Ley mosaica** estrictamente, incluyendo las reglas alimenticias (*cashrut o kosher*), la circuncisión, el sábado, etc.

Aunque ellos creían que **Jesús era el Mesías**, sin embargo consideraban que Él era un profeta nada más, rechazaban también **Su preexistencia**, **Divinidad** y su **nacimiento virginal**.

Los **Ebionitas** consideraban sagrado sólo el **Tanaj (Antiguo Testamento)** y rechazaban categóricamente los escritos del **Apóstol Pablo**, a quien acusaban de **apóstata por no observar** la Ley Mosaica.

Con el establecimiento de la **Iglesia Católica** durante el **Concilio de Nicea** en el **año 325 d.C.**, la mayoría de **comunidades seguidores de Cristo** se adhirieron a este único credo (Cristianos), y poco a poco **desaparecieron grupos con creencias diferentes**, entre estos los **Nazarenos**, **Ebionitas** y los **Gnósticos**, estos últimos fueron considerados heréticos y por eso; suprimidos por la **Iglesia Católica.**

No hay evidencia arqueológica autentificada para comprobar la existencia de los Ebionitas, lo poco que se conoce de ellos viene de referencias y críticas de antiguos teólogos y escritores de la iglesia cristiana, quienes **consideraban a los Ebionitas "heréticos" y "judaizantes"**.

Aunque teólogos creen que los **Ebionitas** produjeron escritos, estos nunca fueron aceptados como legítimos, cuando la Iglesia Católica concluye las evaluaciones de libros sacros (para incluirlos o no en la Biblia), durante el **Tercer Concilio de Cartago**, en el **año 397 d.C.**
Cuando se publica la Biblia **Vulgata**, **[C]**, los textos Ebionitas quedan excluidos.

⇨ *Vea **Historia de la Biblia** en página **169** para más información.*

El Concilio De Jerusalén

Un **Concilio**, del latín *concilium*, de *con* que significa "junto", "con" y la palabra griega *calare* que significa "llamar", concilio es una palabra usada por la iglesia primitiva y que significa en el presente reunión o asamblea.
Jerusalén, del hebreo *Yerushaláyim*, de *yeru* que significa "establecer" o "fundar" y *Shalem* (Shalom) que quiere decir "paz", **Jerusalén** es entonces; "lugar establecido o fundado en paz."

El concilio de Jerusalén es en la **Fe Cristiana** uno de los eventos más importantes, ya que es en esta "primera asamblea" donde se decretaron y definieron las normas **que permitían a gentiles ser seguidores de Jesús**.

El Concilio de Jerusalén se llevó a cabo cerca del **año 50 d.C.**, unos 20 años después de la **crucifixión de Jesús**, según se cita en el **capítulo 15** del libro **Hechos de los apóstoles** en el **Nuevo Testamento**, y en este participaron los Seguidores de Jesús en Israel llamados **Nazarenos** y los **gentiles** seguidores de Jesús en el extranjero llamados **Cristianos**.

NOTA: Durante los últimos dos mil años, la **Iglesia Católica** ha realizado varios concilios para explorar y resolver diferentes asuntos o desacuerdos.
La **Iglesia Protestante** en el lugar de la palabra concilio usa: asamblea, congreso, reunión, junta, etc. Todos estos términos significan lo mismo.

Los Motivos del Concilio de Jerusalén

El principal objetivo era determinar si **Gentiles** creyentes en **Jesús** debían convertirse formalmente al judaísmo, lo que implicaba: ser circuncidado y seguir todas las regulaciones de la **Torá (Ley Mosaica)**.
Hay que recordar que **Jesús**, los **Apóstoles** y seguidores observaban la **Ley Mosaica**, la cual **erróneamente** muchos cristianos en el presente creen que esta **fue eliminada** por **Jesús** en el **Nuevo Pacto**. *NT Mateo 5:17*

Pocos años después de la **crucifixión**, cuando el **Apóstol Pablo de Tarso** se **convirtió en seguidor** de Jesús, comenzó su **misión Evangelizadora** dirigida especialmente a **Gentiles**, quienes **NO observaban** la **Ley Mosaica**, **lo que provocaba enérgicas criticas** de parte de los **Nazarenos**.

La controversia sobre la observancia a **La Ley**, no sólo se había convertido en una de las polémicas más graves entre los seguidores de Jesús, sino también, había creado serias disputas entre amigos muy cercanos, como el caso de los **Apóstoles Pablo** y **Pedro**, como lo podemos leer en el suceso llamado por teólogos: *"El incidente en Antioquía"* documentado en *NT Gálatas 2:11-14*
Algunos de estos conflictos se pueden percibir en las palabras de **Pablo** cuando se refiere a los judíos como *"los de la circuncisión"*, **Hechos 10:45**, sobre todo cuando **Tito** es forzado a circuncidarse. *NT Gálatas 2:1-3 y 2:14*

Sección IV - Historia de la Iglesia 141

Pablo relata que los gentiles eran constantemente regañados por los **Nazarenos** quienes les decían: "*Si no os circuncidáis conforme al rito de Moisés no podéis ser salvos*". **NT Hechos 15:1**

Debido a esto, **Pablo** y **Bernabé** tuvieron una **discusión y contienda** con los judíos (Nazarenos), por esta razón se decidió que Pablo, Bernabé y otros subieran a Jerusalén para reunirse con los apóstoles y obispos (ancianos) para solucionar esta cuestión. **NT Hechos 15:2**

El resultado del Concilio de Jerusalén

Durante el concilio, algunos **Nazarenos** continuaban insistiendo que los **Cristianos** debían observar **La Ley**, (*NT Hechos 15:5*), **Pablo**, con el apoyo de **Pedro**, narraban sobre: "*las grandes señales y maravillas que había hecho Dios por medio de ellos entre los gentiles.*" **Hechos 15:9-12**

Al final, **los Apóstoles** llegaron a un acuerdo con **Pablo** y **Pedro**, y aceptaron que "**No se debía INQUIETAR a los Gentiles**" que se convierten a Dios, exigiéndoles el cumplimiento a la "**Ley Mosaica**". **NT Hechos 15:20**

> *28 pues ha parecido bien al Espíritu Santo y a nosotros no imponeros ninguna carga más que estas cosas necesarias:*
> *29 que os abstengáis de lo sacrificado a ídolos, de sangre, de ahogado y de fornicación; si os guardáis de estas cosas, bien haréis. Pasadlo bien.*
> **NT Hechos 15:28-29**

Aunque el acuerdo de este concilio sólo **le da una opción al gentil** de no observar la Ley completa, es aquí; en la interpretación de **NT Hechos 15:1-41**, donde nace la confusión sobre la eliminación de la Ley.
Y aunque se sobreentiende que Mandamientos como; "-*No tendrás dioses ajenos delante de mí, -No robarás, -No Matarás, -No cometerás adulterio...*" etc., etc. están incluidos en este acuerdo; **estos no se mencionan**.

Necesitamos reconocer que **El concilio de Jerusalén** se dio, **no por los celos de cuidar o proteger la Fe o el Evangelio** sino por razones legalistas religiosas, porque aunque **TODA LA LEY** y **los profetas**, se cumplen dentro de los **Dos Mandamientos de Jesús** (*NT Mateo 22:34-40*), aun así, siempre existirán grupos y personas rebuscando (escudriñando) y a veces cambiando e interpretando las Escrituras para justificar sus propias opiniones, creencias y puntos de vista.

NOTA: Esta decisión es interpretada por muchos como la **ABOLICIÓN** de **La Ley**, cuando en ninguna parte lo dice así, solamente es una opción para hacer más **FÁCIL y PERMISIBLE** la conversión de **Gentiles a Dios.**

Según las Escrituras; la observancia a **La Ley** para un **cristiano**, es sencillamente **OPCIONAL**.

⇨ *Vea ¿**Cambió Jesús la Ley?** en página **115** para más información.*

La Fe (Cristiana) en un mundo hostil

En el principio

Nuestra Fe la que conocemos hoy como **Cristianismo** comenzó con las diferentes predicciones bíblicas sobre la llegada del Mesías, entre estas; las del profeta *Isaías*, **700 años antes de que naciera Jesús**.

> *Por tanto, el Señor mismo os dará señal: La virgen concebirá y dará a luz un hijo, y le pondrá por nombre Emanuel.*
> **AT Isaías 7:14**

Cumpliendo con las profecías del **Antiguo Testamento**, nace **Jesucristo** en Belén, (*AT Miqueas 5:2*; *NT Mateo 1:18*), en el año **753 au** del **calendario romano**, el cual siglos después sería renombrado calendario *Anno Domini* **(AD)** en honor a **Jesús** y que hoy es de uso internacional y conocido como **Calendario Gregoriano** o *Calendario Cristiano*.

-⇨ *Vea* **Calendario** *en página* **28** *para más información.*

Jesús inicia Su **Ministerio** aproximadamente en **el año 783 au.** (Año 30 AD)

> *23 Jesús, al comenzar su ministerio, era como de treinta años, hijo, según se creía, de José hijo de Elí...*
> **NT Lucas 3:23**

Mientras Jesús estuvo en el mundo, **Doce Discípulos** (estudiantes) fueron entrenados por Él para ayudarle **a predicar el Evangelio.** *NT Mateo 10:1-15*

Jesús es rechazado por el pueblo de Israel y condenado a muerte (crucificado) por llamarse **Hijo de Dios.** *AT Zacarías 12:10*; *NT Marcos 15:1-40*
Después de su muerte y resurrección; Jesús instruye a sus Discípulos a continuar Su Ministerio. *NT Hechos 1:8*

> *18 Jesús se acercó a ellos y les dijo: -Dios me ha dado toda autoridad en el cielo y en la tierra.*
> *19 **Vayan, pues, a las gentes de todas las naciones**, y háganlas mis discípulos; **bautícenlas en el nombre del Padre, del Hijo y del Espíritu Santo**,*
> *20 y **enséñenles a obedecer todo lo que les he mandado a ustedes**. Por mi parte, yo estaré con ustedes todos los días, hasta el fin del mundo.*
> **NT Mateo 28:18-20**

Así inicia **la Predicación del Mensaje del Evangelio**, que aunque al principio era limitado entre judíos, con la conversión del **Apóstol Pablo, el Evangelio también es predicado a gentiles** (no judíos) lo que posteriormente permite que **el Mensaje de Jesús** sea divulgado a la humanidad entera.

Sin embargo, no ha sido una tarea fácil, **el Apóstol Pedro** profetizo que vendrían años (siglos) de sacrificio, persecución y muchos serían afligidos en diversas pruebas, incluyendo la muerte. *NT 1 Pedro 1:6*

Tres siglos de persecución

El Nuevo Testamento relata que **Jesús y sus seguidores** (**Nazarenos**), sufrieron persecución de parte de autoridades judías de esa época, como también de parte de los romanos. **[A]**
Los **Cristianos** (**Gentiles**) fueron acusados de ser "ateos" por no creer en el dios griego "**theos**" (Júpiter), lo que provocaba ser repudiado por los romanos.

El Nuevo Testamento relata la lapidación de **Esteban** (*NT Hechos 7:1-60*) por miembros del Sanedrín (autoridades judías). Esteban fue el primer mártir cristiano (**mártir** viene de la palabra griega *mártyros* que significa "testigo").

Aunque se había evangelizado a gentiles limitadamente, es **Pablo** después de su conversión quien predica activamente el Evangelio entre ellos, comenzando en Arabia y Damasco, pero no sería hasta el año **45 d.C.**, en **su primer viaje misionero** que **el cristianismo se propaga entre gentiles ampliamente**. **[B]**

Esta era es llamada por teólogos **Paleo-Cristiana** (del griego *paleo*; "antiguo") y por muchos es conocida como "**Cristianismo Primitivo**", es la época que comprende **desde el bautismo de Jesús** en **el año 30 d.C.**, hasta el Primer **Concilio de Nicea**, ocurrido en el **año 325 d.C.**

Durante estos tres primeros siglos, los cristianos sufrieron el rechazo y **fueron víctimas de las peores persecuciones**; desde sus propios familiares y religiosos judíos hasta romanos y aun otras naciones y religiones.

En la mayoría de los casos, las persecuciones consistían desde el arresto sin garantías personales, la anulación a derechos públicos, la confiscación de sus bienes hasta la destrucción de sus propiedades, arte, su literatura y símbolos.
A los cristianos se les demandaba a retractarse de su Fe y sus principios, delatar a otros creyentes y usualmente la persecución terminaba en la flagelación, tortura y frecuentemente la muerte (llamada "martirio").

Aunque los seguidores de Jesús eran considerados una rama de la Fe judía, se enfrentaban con frecuencia a la agresión de los escribas y fariseos, debido a que algunos de los cristianos no cumplían con la "Ley Mosaica", de acuerdo al convenio tomado durante el **Concilio de Jerusalén**. *NT Hechos 15:1-41*

Por otro lado, **el imperio romano realizó diez grandes persecuciones contra el Cristianismo**, las cuales fueron nombradas con el nombre de los emperadores que las ejecutaron, y son: las de Nerón, Domiciano, Marco Aurelio, Trajano, Septimio Severo, Maximiano, Decio, Valeriano, Aureliano y Diocleciano.

Durante las persecuciones, los cristianos celebraban los servicios en casas de forma clandestina y cuando estaban entre la gente utilizaban símbolos para reconocerse entre ellos para no ser descubiertos.
Entre estos símbolos estaban; **el Pez**, que recordaba o representaba la "Alimentación de los cuatro mil" en *NT Mateo 15:32-39*, también se usaban las iniciales **XP** (en griego ΙΧΘΥΣ), que significa **Cristo**, como así también **la Cruz**, el **cirio** (velas), el **Ancla**, entre otros.

Los Padres de la Iglesia Cristiana

Padre, del griego **pater**, significa "padre", "maestro", "antepasado", "líder", etc.
Iglesia, del griego **ecclesia**, "asamblea", "congregación", reunión, concilio."
Cristiano, de griego **christiānus**, es un seguidor o creyente en Jesucristo.

En el Cristianismo Primitivo, **Padres de la Iglesia** es el grupo de patriarcas eclesiásticos quienes predicaron el Evangelio por el mundo y establecieron las doctrinas consideradas en el presente **el fundamento de la Fe Cristiana**. [A]

En los primeros años del Evangelio, la palabra "**Padre**" se usaba para referirse a los maestros espirituales, así mismo "**hijo**" era el titulo dado a un discípulo o convertido, como lo podemos leer en los siguientes ejemplos donde los **Apóstoles Pedro**, **Pablo** y **Juan** hablan a sus "**hijos en Cristo**".

> *La iglesia que está en Babilonia, elegida juntamente con vosotros, y **Marcos mi hijo**, os saludan.*
>
> ***NT 1 Pedro 5:13***

> *Te pido un favor **para mi hijo Onésimo**, de quien he llegado a ser padre según la fe aquí en la cárcel.*
>
> ***NT Filemón 1:10***

> ***Este mandamiento, hijo Timoteo**, te encargo, para que, conforme a las profecías que se hicieron antes en cuanto a ti...*
>
> ***NT 1 Timoteo 1:18***

> *Me alegré mucho cuando algunos hermanos vinieron y me contaron que te mantienes fiel a la verdad. No hay para mí mayor alegría que saber que **mis hijos viven de acuerdo con la verdad**.*
>
> ***NT 3 Juan 1:3-4***

Teólogos creen que probablemente **por respeto** estos "**hijos espirituales**" llamaban "**padres**" a los Apóstoles y predicadores, así la tradición continuó en las siguientes generaciones hasta el presente.

Por otra parte, es necesario reconocer que **cuando Jesús señala "*No llaméis padre vuestro a nadie en la tierra**, porque uno es vuestro Padre, el que está en los cielos.*" (**NT Mateo 23:9**), obviamente **Cristo se refiere a no llamar "dios", "creador"**, o comparar a un hombre con el **Dios y Padre Verdadero**, de ninguna forma significa que no podamos usar la palabra "padre", como en "padre de familia", "padre de la medicina", "padre espiritual (sacerdote)", etc.

Las enseñanzas de los **Padres de la Iglesia** tuvieron gran peso en el desarrollo de **la teología cristiana** según **su interpretación de la Biblia**, ellos tuvieron la responsabilidad de resolver cuestiones y dificultades morales y teológicas en medio de un ambiente convulsionado por persecuciones, conflictos internos producidos por herejías y cismas de la Iglesia primitiva.

Los **Padres de la Iglesia** fueron responsables de **unificar la Fe Cristiana**, establecer las reglas y doctrinas, como también **la publicación de la Biblia**.

Sección IV - Historia de la Iglesia 145

Padres Apostólicos

Los Padres Apostólicos son predicadores que tuvieron contacto personal o vivieron muy cerca de **los tiempos de los Doce Apóstoles de Cristo**, por lo que cronológicamente se ubican entre **el siglo I** y la primera mitad del **siglo II**.

Así como los **Apóstoles de Jesús**, los **Padres Apostólicos** escribieron textos a diferentes iglesias (comunidades eclesiales), y aunque se propuso incluir estos documentos en la Biblia (Santas Escrituras), ellos mismos rechazaron la propuesta por no "*sentirse dignos de tal honor*".

La mayoría de estos textos incluyen recomendaciones e instrucciones de contenido moral y doctrinal, y al igual que las Cartas de Pablo, algunas varían un poco ya que iban dirigidas a comunidades con situaciones únicas y específicas.

Entre los **Padres Apostólicos** más destacados se encuentran: **Ignacio de Antioquía**, **Clemente de Roma**, **Papías de Hierápolis**, **Policarpo de Esmirna**, **Diogneto** y el **Pastor de Hermas**. **[B]**

Los Padres Apologistas

Después del **Concilio de Nicea** en **325 d.C.**, se destacaron los Padres considerados **Post-Niceanos**, hombres tan notables como **Agustín, obispo de Nipona**, llamado el Padre de la Iglesia (Católica Romana) por su gran labor en la doctrina Cristiana. **[C]**

Padres Destacados de la Iglesia Primitiva	
Padres latinos (Roma)	**Padres griegos (Asia Menor)**
Ambrosio de Milán	Atanasio el Grande
Agustín de Hipona	Basilio de Cesarea
Jerónimo de Estridón	Gregorio Nacianceno
Gregorio Magno	Juan Crisóstomo

Estas generaciones de predicadores cristianos vivieron **bajo persecución** y se les conoce como **"Apologistas"** por **su celosa defensa del Evangelio** frente a incrédulos y otras religiones de la época.

Símbolos de la Iglesia Primitiva

El Buen Pastor
Catacumbas de Roma **[A]**
Siglo II-III Aprox.
Referencia: NT Juan 10:7-10

El Buen Pastor
Catacumbas de Roma
Siglo II-III Aprox.
Referencia: Juan 10:7-10

El Pez y el Ancla
Catacumbas de Roma
Siglo II-III Aprox.
Referencia: Lucas 5:1-11

Siglas XP (de ΧΡΙΣΤΟΣ)
Del griego, significa **Cristo [B]**
Siglo II-III Aprox.
Referencia: NT Mateo 1:16

Alfa y Omega
"El Principio y Fin"
Referencia:
NT Apocalipsis 1:8

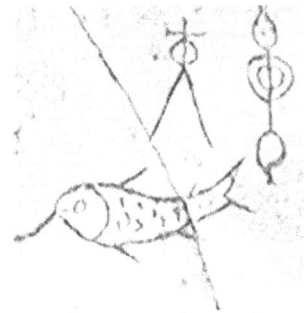
El Pez y el Ancla
Catacumbas de Roma **[C]**
Siglo II-III Aprox.
Referencia: NT Lucas 5:1-11

**La Cruz, el símbolo universal del Cristianismo
Grafito de Alexámenos, c. año 95 d.C.**

Descubierto en 1857, contiene la leyenda escrita en griego: Αλεξαμενος σεβετε θεον (*Alexámenos sébete theón*) y significa en español: "***Alexámenos, adora a su Dios***"

El grafito fue creado cerca del año 95 d.C., bajo el gobierno del emperador Domiciano, como una burla a los Cristianos.

La imagen presenta a Jesús con cabeza de burro en la cruz, el dibujo, aunque habría sido considerado insultante para la comunidad cristiana de la época; ya **representaba a Cristo**.

El Apóstol Pablo hace referencia a este tipo de burlas: *"Porque por ahí andan muchos, de los cuales os dije muchas veces, **y aun ahora lo digo llorando, que son enemigos de la cruz de Cristo.**" NT Filipenses 3:18*

El **cirio** (candela), también era un símbolo muy popular entre los cristianos, este significaba una "reunión", el **cirio** era indispensable ya que en los primeros siglos se vieron **obligados a reunirse en las oscuras catacumbas**.

El Edicto de Milán

> Este evento es otro de los sucesos importantes en la Fe cristiana.

Después de tres siglos de terribles persecuciones contra la **Fe Cristiana** llevadas a cabo sobre todo por el imperio romano; **Constantino I el Grande** promulga en **el año 313 d.C.**, el **Edicto de Milán**. [A] [B]

El **Edicto de Milán** instituye permanentemente la **tolerancia** (aceptación) al **cristianismo** dentro del imperio y los territorios controlados por **Roma**.

El edicto (acuerdo) fue decretado en **Milán** entre los emperadores romanos **Constantino I** y **Licinio** en **febrero del año 313 d.C.**

El edicto proporcionaba libertad a los cristianos de practicar su Fe, derechos legales, **incluyendo el derecho a predicar y organizar iglesias**, y permitía la devolución de los bienes confiscados a cristianos por las autoridades.

Busto: **Constantino I**, New York Metropolitan Museum of Art

Hasta este punto, las reuniones de Iglesia eran conducidas en clandestinidad y en el caso de las comunidades cristianas de Roma, generalmente se reunían en las **catacumbas**, las cuales eran oscuras cuevas subterráneas, que se usaban frecuentemente como cementerios, es en una de estas donde fueron sepultados los cuerpos de los **Apóstoles Pedro** y **Pablo de Tarso**.

En el momento de la promulgación del **Edicto de Milán**, Roma tenía 50 Millones de habitantes, de estos **cerca de 7 millones ya eran cristianos**.

La conversión de Constantino el Grande sucedió durante la **Batalla del Puente Milvio**, este enfrentamiento tuvo lugar **el 28 de octubre de 312 d.C.**, entre los ejércitos de los emperadores **Constantino I** y **Majencio**. [C]

Según historiadores cristianos, la noche anterior a la batalla (27 de octubre), cuando los soldados se preparaban para la inminente ofensiva, Constantino vio al cielo y tuvo una visión, esta era una **cruz** acompañada de una voz que decía la frase griega "*Εν Τούτῳ Νίκα*", la cual es traducida al latín como "*in hoc signo vinces*" que en español sería "*Con este signo vencerás*".

Con la **conversión de Constantino**, el paganismo deja de ser la religión oficial del imperio romano, y poco a poco, se da **el fortalecimiento de la Iglesia**, la que después comienza a expandirse, por todos los territorios, hasta convertirse en el presente **la Fe** (religión) **con más adherentes en el mundo**.

El **Edicto de Milán**, también dio paso a **dos importantes sucesos** dentro del Cristianismo; **Primero**: el establecimiento de una **Iglesia** y **credo Universal**, **segundo**: el inicio al proceso de recopilación de las **Escrituras Sagradas**, la cual seria llamada posteriormente **la Biblia**.

El Primer Concilio de Nicea

Poco después de que el emperador romano **Constantino el Grande** promulga el **Edicto de Milán**, en **el año 313 d.C.**, decreto que otorgaba al Cristianismo el derecho a practicar su Fe libremente; los representantes de la Iglesia reconocen las numerosas divisiones que existían en el seno del Cristianismo, así deciden reunirse con el emperador para solucionar ese grave problema.

La razón de existencia de diversas comunidades cristianas era debido a la falta de **un credo único**, o **universal**, porque a pesar de que había textos bíblicos, que servían de guía para las congregaciones, eran literalmente centenares los escritos que circulaban entre las iglesias, y mientras algunos manuscritos eran legítimos, otros eran considerados falsos o heréticos.

Uno de los principales argumentos que **dividía a la Iglesia Primitiva** era la **controversia arriana**, o sea, **el debate sobre la naturaleza divina de Jesús**.

Mientras la Iglesia en Roma creía firmemente que **Jesús era divino**, y por lo tanto **el verdadero Hijo de Dios y Dios encarnado**; en cambio, otro grupo liderado por el **presbítero Arrio** y el obispo Eusebio de Nicomedia, afirmaba que **Cristo había sido la primera creación de Dios** antes del inicio de los tiempos, pero porque había sido creado, **Jesús no podía ser Dios**, esta creencia es llamada la **controversia arriana** o **arrianismo**. [A]

Así **en el año 325 d.C.**, se inicia **el Primer Concilio de Nicea**, dirigido por el Obispo español **Osio de Córdoba**, con el propósito de establecer una paz en la Iglesia y promover la unidad cristiana por medio de un **Único Credo**. [B]

Como resultado, el **Concilio de Nicea** resuelve aceptar **el siguiente Credo.**

Creemos en un Dios Padre Todopoderoso, hacedor de todas las cosas visibles e invisibles.
Y en un Señor Jesucristo, el Hijo de Dios; engendrado como el Unigénito del Padre, es decir, de la substancia del Padre, Dios de Dios; luz de luz; Dios verdadero de Dios verdadero; engendrado, no hecho; consubstancial al Padre; mediante el cual todas las cosas fueron hechas, tanto las que están en los cielos como las que están en la tierra; quien para nosotros los humanos y para nuestra salvación descendió y se hizo carne, se hizo humano, y sufrió, y resucitó al tercer día, y vendrá a juzgar a los vivos y los muertos. Y en el Espíritu Santo.

El Credo Niceno, fue aceptado por la Iglesia Católica en el **año 325 d.C.**, por la Iglesia Católica Ortodoxa en **1054 d.C.**, y por la mayoría de las **iglesias protestantes** en el **año 1600**.

El Credo Niceno es conocido también como el **Símbolo de la Fe**. [C]

En este mismo Concilio, el **Arrianismo que negaba la divinidad de Cristo**, fue condenado como **herejía**, sin embargo, esta creencia logró sobrevivir oculta por siglos y ha sido adoptada entre algunos grupos cristianos modernos.

Sección IV - Historia de la Iglesia   149

La Iglesia Católica

La Iglesia Católica Apostólica Romana es la congregación cristiana más grande y antigua del mundo. **[A]**
La palabra **Iglesia** proviene del griego ***ekklesia*** (***NT Hechos 19:39***), que significa "asamblea", "reunión", "concilio", "congregación", "convocatoria".
La palabra **Católico** proviene del griego ***katholikós***, significa "universal." **[B]**

La palabra ***katholikós*** ya había sido usada por **Ignacio de Antioquía**, uno de los **Padres de la Iglesia** cerca del **año 90 d.C.**, **Ignacio** vivió entre los **años 35 y 117 d.C.**, y posiblemente predicó al lado del **Apóstol Pablo de tarso**. **[B]**
Sin embargo, la Iglesia Católica se establece "**legalmente**" en el **año 313 d.C.**, poco después de la promulgación del **Edicto de Milán**.

La evangelización iniciada por los **Apóstoles Pedro** y **Pablo** entre gentiles en la zona del Mar Mediterráneo, **es continuada y ampliamente difundida por el mundo** durante los **siguientes 20 siglos** por **la Iglesia Católica**, esta es la congregación responsable de la predicación del Evangelio y cristianización de la mayoría de naciones que profesan la **Fe Cristiana** en el presente y cada una de **las congregaciones existentes tienen sus raíces en el catolicismo**.

Su cede se encuentra en la **Ciudad del Vaticano**, en Roma, Italia, es dirigida por el **Papa Benedicto XVI**, nombre adoptado por el Cardenal **Joseph Ratzinger**. El cambio de nombre de personas al servicio de la Iglesia se debe a la tradición iniciada por **Jesús** cuando cambió el nombre de su Discípulo **Simón** a **Pedro** (***NT Mateo 16:13-20***), también después de su conversión, el Apóstol **Saulo** cambió su nombre a **Pablo**. ***NT Hechos 13:9***

Entrega de las llaves al Apóstol Pedro, por Pietro Perugino, 1450-1523

La **Iglesia Católica** identifica a **Simón Pedro** (hebreo: ***Shimón bar Ioná***), llamado "*El príncipe de los Apóstoles*", como **el primer Papa de la Iglesia** a través de la **sucesión apostólica**, esta de acuerdo a las palabras de Jesús:

> *18 Y yo también te digo que **tú eres Pedro, y sobre esta roca edificaré mi iglesia,** y las puertas del Hades no la dominarán.*
> *19 **Y a ti te daré las llaves del Reino de los cielos**: todo lo que ates en la tierra será atado en los cielos, y todo lo que desates en la tierra será desatado en los cielos.*
>
> ***NT Mateo 16:18-19***

Después de la **Crucifixión de Jesús**, el **Apóstol Pedro** junto a **Pablo**, se dedicaron a **predicar el Evangelio** fuera de **Israel**, la tradición eclesiástica narra que años después, siendo obispo (anciano) en Roma, **Pedro** es arrestado y debido a que no era ciudadano romano es crucificado, en esta misma década, **Pablo** también es arrestado, pero siendo él ciudadano romano, se le dio opciones para escoger su tipo de ejecución, él decidió ser decapitado, las dos muertes ocurrieron bajo ordenes de **Nerón** durante **los años 60 d.C.**, sus cuerpos fueron sepultados en un lugar llamado **colina vaticana**, este lugar se convertiría dos siglos después; en la base de la **Iglesia Católica**. [D]

¿Qué significa el nombre "Iglesia Católica"?

Teólogos señalan que el término "**Iglesia Católica**" fue usado por primera vez por *Ignacio de Antioquía*, en su "*Epístola a los Esmirniotas*", escrita en el **año 110 d.C.**, esto es sólo **77 años** después de **la crucifixión de Jesús**.

Ignacio en su carta revela la influencia (contaminación) de otras doctrinas en el **Evangelio de Jesús**, y la necesidad de tener una comunidad que siga un credo único y similar, basado en "normas universales", en griego: ***katholikos***

Ignacio de Antioquía usa en su epístola la frase griega: ἐκκλησία καθολικός, que en latín es *Ecclesia katholikos* y en castellano **Iglesia Católica**, esta frase traducida al español moderno sería: **Asamblea Universal**.
La palabra *Ecclesia* es también usada para nombrar el libro *Eclesiastés,* el cual en español significa "*El Libro de la Iglesia*".

Fundación (oficial) de la Iglesia Católica

Después de tres siglos de terribles persecuciones contra cristianos por el imperio romano; **Constantino el Grande** promulga en **el año 313 d.C.**, el **Edicto de Milán**, este mandato instituye permanentemente la **tolerancia** al **cristianismo** dentro del imperio y los territorios controlados por **Roma**.

Debido a esta persecución, obviamente no existía una "**Iglesia**" o base central, sino grupos independientes, dispersos, forzados a vivir en la clandestinidad, y fue hasta que se promulga **el Edicto de Milán**, que la **Iglesia** poco a poco logra organizarse en una entidad. [D]

El establecimiento "formal" de la *Ecclesia Catholica Apostolica Romana*", se da en **el año 325 d.C.**, durante el **Primer Concilio de Nicea**, una ciudad en Asia Menor (hoy Turquía), en este participan 318 obispos representando a todas las comunidades cristianas del mundo, el concilio fue presidido por el obispo español **Osio de Córdoba**, y fue convocado con el propósito de establecer la paz en el cristianismo y construir la unidad de la Iglesia. [F]

En el concilio se decide también seleccionar de entre los cientos de textos sagrados, un grupo selecto y colocarlos en un solo tomo, para que las iglesias se gobiernen de forma uniforme, y es en **el Concilio de Cartago (año 397 d.C.)**, que se presenta por primera vez **la Biblia**, en un solo lenguaje y tomo, llamada ***Biblia Sacra Vulgata Editionis***, o *Biblia Sagrada de Edición a Divulgar*.

La doctrina de la Iglesia Católica

La doctrina de la **Iglesia católica** se encuentra en el **Credo Niceno**, (credo es latín y significa **creencias, credibilidad**), este reúne los decretos y convenios aceptados en sus diferentes **concilios** o asambleas a través de siglos. **[G]**

El Credo Niceno

El centro de las creencias (**Credo**) **de la Iglesia Católica** fue escrito durante **el Primer Concilio Ecuménico en Nicea** (en **el año 325 d.C.**) y es conocido como **El Credo Niceno**, es aceptado por las Iglesias Católica Romana, la Católica Ortodoxa, Anglicana y la mayoría de iglesias Protestantes. **[H]**

El Credo Niceno, adoptado en el año 325 d.C.

Creo en un Dios. *"Nuestro Dios es el único Señor"*. AT Deuteronomio 6:4-5; NT Marcos 12:29

Padre Todopoderoso. *"Lo que es imposible para los hombres es posible para Dios"*. NT Lucas 18:27

Creador del Cielo y la Tierra. *"En el comienzo de todo, Dios creó el cielo y la tierra"*. AT Génesis 1:1

Creo en Jesucristo. *"El es el resplandor glorioso de Dios, la imagen misma de lo que Dios es"*. NT Hebreos 1:3

Su único Hijo. *"Pues Dios amo tanto al mundo, que dio a su Hijo Único, para que todo aquel que crea en él no muera, y tenga vida eterna"*. NT Juan 3,16

Nuestro Señor. *"Jesús a quien vosotros crucificasteis, Dios lo ha hecho Señor y Cristo"*. NT Hechos 2:36

Que fue concebido por obra y gracia del Espíritu Santo. *"El Espíritu Santo vendrá sobre ti, y el poder del Dios altísimo te cubrirá con su sombra. Por eso, el niño que va a nacer será llamado Santo e Hijo de Dios"*. NT Lucas 1:35

Nació de Santa María Virgen. *"Todo esto sucedió para que se cumpliera lo que el Señor había dicho por medio del profeta: 'la Virgen quedará encinta y tendrá un hijo, al que pondrá por nombre Emmanuel, que significa "Dios con nosotros"*. NT Mateo 1:22-23

Padeció bajo el poder de Poncio Pilato. *"Pilato tomó entonces a Jesús y mandó azotarlo. Los soldados trenzaron una corona de espinas, la pusieron en su cabeza, y lo vistieron con una capa de color rojo oscuro"* NT Juan 19:1-2

Fue crucificado. *"Jesús salió llevando su cruz, para ir al llamado 'lugar de la Calavera' (o que en hebreo se llama Gólgota). Allí lo Crucificaron, y con él a otros dos, uno a cada lado. Pilato mandó poner sobre la cruz un letrero, que decía: 'Jesús de Nazaret, Rey de los judíos"* NT Juan 19:17-19

Muerto y sepultado. *"Jesús gritó con fuerza y dijo: -¡Padre en tus manos encomiendo mi espíritu! Y al decir esto, murió"* (NT Lucas 23:46), *"Después de bajarlo de la cruz, lo envolvieron en una sábana de lino y lo pusieron en un sepulcro, donde todavía no habían sepultado a nadie."* NT Lucas 23:53

Descendió a los infiernos. *"Como hombre, murió; pero como ser espiritual que era, volvió a la vida. Y como ser espiritual, fue y predicó a los espíritus que estaban presos"* NT 1Pedro 3:18-19

Al tercer día resucitó de entre los muertos. *"Cristo murió por nuestros pecados, como dicen las Escrituras, que lo sepultaron y que resucitó al tercer día"* NT 1 Corintios 15:3-4

Subió a los cielos, y está sentado a la derecha de Dios Padre. *"El Señor Jesús fue llevado al cielo y se sentó a la derecha de Dios"*. NT Marcos 16:19

Desde allí ha de venir a juzgar a vivos y muertos. *"El nos envió a anunciarle al pueblo que Dios lo ha puesto como juez de los vivos y de los muertos"* NT Hechos 10:42

Creo en el Espíritu Santo. *"Porque Dios ha llenado con su amor nuestro corazón por medio del Espíritu Santo que nos ha dado"* NT Romanos 5:5

Creo en la Iglesia, que es Una. *"Para que todos sean uno. Como tú, Padre, en mí y yo en ti, que ellos también sean uno en nosotros, para que el mundo crea que tú me has enviado"*. NT Juan 17:21; Juan 10:14; Efesios 4:4-5

La Iglesia es Santa. *"La fe confiesa que la Iglesia… no puede dejar de ser santa"* (NT Efesios 1:1), En efecto, **Cristo, el Hijo de Dios**, a quien con el **Padre** y con **el Espíritu Santo** se proclama 'el solo santo', amó a su Iglesia como a su esposa" (NT Efesios 5:25). Él se entregó por ella para santificarla, la unió a sí mismo como su propio cuerpo y la llenó del don del Espíritu Santo para gloria de Dios" (NT Efesios 5:26-27). La Iglesia es, pues, *"el Pueblo santo de Dios"* (NT 1 Pedro 2,9), y sus miembros son llamados "santos". Hechos 9:13 y 1 Corintios 6:1; 16:1

Católica del griego, ***katholikos***, que quiere decir universal, porque por Fe el hombre es salvo al confesar que Jesús es Su Señor y Salvador, sin importar el país de procedencia. *"Vendrán muchos del oriente y del occidente, y se sentarán con Abraham e Isaac y Jacob en el reino de los cielos"* NT Mateo 8:11

Y Apostólica. El Señor Jesús dotó a su comunidad de una estructura que permanecerá hasta la plena consumación del Reino de Dios. Ante todo está la elección de los Doce con Pedro como su Cabeza (NT Marcos 3:14-15); puesto que representan a las doce tribus de Israel (NT Mateo 19:28; Lucas 22:30), ellos son los cimientos de la nueva Jerusalén. NT Apocalipsis 21:12-14

Los Doce (NT Marcos 6:7) y los otros discípulos (NT Lucas 10:1-2) participan en la misión de Cristo, en su poder, y también en su suerte. NT Mateo 10:25; Juan 15:20

Con todos estos actos, Cristo prepara y edifica su Iglesia. (NT 2 Timoteo 2:2)

Creo en la comunión de los Santos. *"Después de esto, miré y vi una gran multitud de todas las naciones, razas, lenguas y pueblos. Estaban en pie delante del trono y delante del Cordero, y eran tantos que nadie podía contarlos."* NT Apocalipsis 7:9

El perdón de los pecados. *"Si confesamos nuestros pecados, Él es fiel y justo para perdonar nuestros pecados, y limpiarnos de la maldad."* NT 1 Juan 1:9

La resurrección de la carne. *""Él que levantó de los muertos a Cristo Jesús vivificará también vuestros cuerpos mortales por su Espíritu que está en vosotros."*. NT Romanos 8:11

Y la vida eterna. *"Allí no habrá noche, y los que allí vivan no necesitarán luz de lámpara ni luz del sol, porque Dios el Señor les dará su luz, y ellos reinarán por todos los siglos"*. NT Apocalipsis 22:5

Amén. "Así sea. ¡Ven, Señor Jesús!" NT Apocalipsis 22:20

Otras creencias en el Catolicismo

Entre otras creencias, aparte del Credo están; la **Inmaculada Concepción**, y la **Asunción de María, madre de Jesús**, y la **autoridad espiritual** para perdonar pecados y perdonar las penas temporales.

Otro dogma en la Iglesia católica es la creencia en la **presencia de Jesús** en la **Eucaristía**, (Servicio de la **Cena del Señor**) o **transubstanciación** que es cuando el pan y el vino son presentados en el Altar se transforman en el cuerpo y en la sangre de Cristo.

La Evangelización Católica en el Mundo

Tan pronto se estableció la Iglesia Católica en el **año 325 d.C.**, esta inició una extensa **Evangelización** en **Europa**, esta provocó guerras, ya que la mayoría de las naciones en el continente **practicaban el paganismo**, sin embargo, a principios del **siglo 7 (600 años d.C.)**, la Iglesia ya había logrado cristianizar **toda Europa** incluyendo algunos países en **África** y **Asia.**

Pero la mayor misión predicadora fue llevada a cabo por la **Iglesia Católica** poco después del descubrimiento del **continente Americano en 1492 d.C.**, donde se realizó una de las más grandes evangelizaciones con los indígenas, así como también en las Islas **Filipinas** (Asia), y otros territorios controlados por España.

1000 años de Cristianismo Universal

Desde su fundación, la Iglesia permaneció unida y dirigida por el Papa, pero después de varios conflictos internos, ocurre en el **año 1054 d.C.**, el llamado **Gran Cisma**, también conocido como el **Cisma de Oriente y Occidente**.

La **Iglesia Católica Apostólica Romana se divide en dos**; siendo la otra gran parte la **Iglesia Católica Apostólica Ortodoxa**, esta es en la actualidad la **segunda iglesia cristiana más grande del mundo**, y cuenta con más de **225 millones** de fieles, sobre todo en países orientales, entre estos Bulgaria, Chipre, Georgia, Grecia, Rusia, Rumania, Serbia y Ucrania, etc.

En el año 1517, ocurre **otro gran cisma**; la **Reforma Protestante**, con esta división el Catolicismo romano pierde **las naciones anglosajonas**, como Alemania, Holanda, Inglaterra, Dinamarca, Suiza y otras.

De esta forma, la **Iglesia Católica** ha ido perdiendo gradualmente su base y ahora sólo se extiende principalmente en países de tradición latina en Europa, como lo es Italia, Portugal, España, Francia, y limitadamente en África y Filipinas, pero la base más fuerte está todavía en América Latina.

Aunque el nombre de **Iglesia Católica** es usado también por otras iglesias, entre estas la Ortodoxa, las antiguas iglesias de oriente, la Iglesia Asiria, la Iglesia Copta de Egipto, las iglesias Anglicanas, etc., sin embargo estas comunidades cristianas **no están bajo la dirección del Vaticano**.

La Evangelización en el Mundo

Evangelización el acto de predicar el Evangelio de Jesús (el **Reino de Dios**). La palabra **Evangelio** proviene del griego *eu-* que significa "nueva" o "nuevo" y *ángel* o *angelos* que significa "mensajero" o "mensaje", así un **evangelista** sería un portador del "buen mensaje" o "buenas noticias."

La Evangelización del mundo, es cumplir con **la Gran Comisión** y el último decreto de Jesús y debe ser uno de los principios importantes de cada cristiano.

> *19 Por tanto, id y haced discípulos a todas las naciones, bautizándolos en el nombre del Padre, del Hijo y del Espíritu Santo,*
> *20 y enseñándoles que guarden todas las cosas que os he mandado. Y yo estoy con vosotros todos los días, hasta el fin del mundo. Amén.*
> **NT Mateo 28:19-20**

La Evangelización en el mundo fue iniciada por Jesús y sus Discípulos, poco después de la Crucifixión, los Apóstoles **Simón Pedro** y **Pablo de Tarso** se encargan de **extender el Evangelio** sobre todo el mundo **controlado por Roma**, de ahí, **la labor fue continuada por la Iglesia Católica** hasta el presente.

Aunque en la actualidad existen muchas comunidades cristianas predicando el Evangelio activamente, **es importante no olvidar** que es gracias al trabajo de los **Apóstoles**, de la **Iglesia Católica** y todas **aquellas personas** que **dedicaron sus vidas anunciando el Evangelio** aun bajo la terrible persecución de los primeros siglos, que nuestros antepasados y nosotros mismos conocemos no sólo a **Jesús**, sino el camino a la salvación y quizás algún día; el **Reino de Dios**.

En el presente, los **grupos misioneros católicos** más conocidos son: Caritas, Hermanos de las Escuelas Cristianas, Carmelitas, Dominicos, Franciscanos, Misioneras de la Caridad, Jesuitas, Misioneros Josefinos, entre otros.

Entre los movimientos no católicos que también evangelizan en el presente están:

Movimiento cristiano	Fundada por	Año
La Iglesia Bautista	JohnClarke, R. Williams	1639
La Iglesia Adventista, (Movimiento Millerista)	William Miller	1840
Iglesia de Jesucristo, LDS (Mormones)	Joseph Smith Jr.	1830
Movimiento Pentecostal	Varios predicadores	1890
Asambleas de Dios	Eudorus N. Bell	1914
Testigos de Jehová (Watchtower)	Charles Russell	1931

Y muchos otros evangelizadores más cumpliendo con **la Gran Comisión**.

NOTA: A diferencia de **la Iglesia Católica que evangelizó extensamente al mundo**, **la Iglesia Protestante** en general **no predicó el Evangelio** en comunidades indígenas **en ninguna parte del mundo**, y aunque naciones como Inglaterra controlaron por siglos grandes naciones en Asia, ej.: China, India, Japón, etc., o países árabes en el medio oriente como Irak, Irán, Egipto, etc., y muchos más en África; **estos países nunca fueron cristianizados**.

Así mismo **la Iglesia Protestante de Estados Unidos** hizo poco esfuerzo por evangelizar a los indígenas, y debido a esto, hasta la fecha la mayoría de los llamados "indios americanos" no son cristianos.

Sin embargo, **la Iglesia Protestante cambió sus doctrinas de evangelización** y durante el siglo pasado, cerca del año 1950 inició una extensa predicación sobre todo en naciones católicas, especialmente en Latino América, donde ha logrado **grandes conversiones al protestantismo**.

El Gran Cisma (Iglesia Ortodoxa)

Un **Cisma**, del griego ***skhisma*** que significa "separación", "división".
Se refiere a eventos históricos que han dividido la **Fe Cristiana** debido a diferencias en doctrina teológica, de organización eclesiástica, etc. **[A]**

El Cisma de Oriente y Occidente, también conocido como **el Gran Cisma**, entre la **Iglesia Católica Romana** y la **Iglesia Católica Ortodoxa**, fue la primera gran **división de la Iglesia Cristiana**, que aunque ocurre oficialmente en el **año 1054 d.C.**; los desacuerdos entre las dos cedes, ya existían desde muchos años antes. **[B]**

El fuerte impacto de este cisma a la Iglesia Católica, sólo puede compararse al tercer gran cisma: **la Reforma Protestante. [C]**

El Cisma de Oriente y Occidente, surge mientras Roma se encuentra asediada por tribus germánicas, que amenazaban con destruir la civilización romana.
El Papa León IX (Roma) decide mandar una delegación a la **Iglesia Oriental** ubicada en **Constantinopla** (hoy Estambul, Turquía), dirigida por el **Patriarca Miguel Cerulario** para unificar las dos cedes, y hacer frente a los bárbaros que tenían rodeado el territorio romano.
Sin embargo el **Patriarca Cerulario** de Constantinopla niega reunirse con la delegación de Roma y la alianza no se puede concretar.
Aunque anteriormente ya existían dificultades entre las dos sedes, este incidente fue el motivo principal del **Gran Cisma**.

Otros motivos que causaron el **Gran Cisma**, fueron las exigencias de parte del **Papa en Roma** al **Patriarca de Constantinopla** de permanecer en comunión, y entregarle entera autoridad mundial (en griego *ecuménico*) **al Vaticano**, mientras la Iglesia en Constantinopla reclamaba independencia total.

También, en el **Tercer Concilio de Toledo (año 589 d.C.)**, se produce la añadidura del término **filioque** (Latín que significa: "**y del Hijo**"), en el Credo de la Iglesia de Roma y que la Iglesia Ortodoxa rechaza completamente, este Credo propone que el **Espíritu Santo** no procede del **Padre** (Dios) sino **del Padre y del Hijo**, en latín: "*Credimus in unum verum Deum Patrem et Filium et Spiritum Sanctum ... sed a Patre Filioque procedens.*" **[D]**

A parte de esta añadidura, la **Iglesia Ortodoxa** también rechazó ciertos cambios que la **Iglesia Romana** hizo, por ejemplo las modificaciones al calendario para observar la **Semana Santa**, el uso de pan ácimo en la Santa Misa, práctica considerada por Ortodoxos como herejía y de influencia judaica, además los clérigos romanos **se afeitaban la barba** y **practicaban el celibato obligatorio**, etc., etc.

Se debe agregar que existía antipatía entre romanos y ortodoxos, ya que estos últimos consideraban que los romanos en su afán de evangelizar a los europeos habían adoptado algunas tradiciones de estos pueblos, como sus vestimentas, la traducción de la Biblia en lenguajes locales contaminando así el Mensaje de Jesús. (Los Ortodoxos usan las Escrituras en hebreo y griego)

Historia de los Concilios de la Iglesia

Un **Concilio,** del latín *concilium*, de *con* que significa "junto", "con" y la palabra griega *calare* que significa "llamar", es una reunión o asamblea.

En el caso de la **Iglesia**, es una reunión (llamado también **sínodo**) de las autoridades eclesiásticas, para deliberar o decidir sobre temas como la **Fe**, la **Biblia, creencias, disciplina**, o cualquier otro tema importante. **[A]**

Desde el **Concilio de Jerusalén** efectuado en el **año 50 d.C.**, documentado en el **Nuevo Testamento** (*NT Hechos 15:1-29*), se han efectuado muchos concilios más en los últimos 20 siglos, de estos, los más importantes son:

El Concilio de Jerusalén, año 50 d.C., Resultado: Se determina que un Gentil que cree en Jesús no necesita convertirse al Judaísmo para ser cristiano. Muchos teólogos creen este concilio es el que **separa el Cristianismo** del **Judaísmo**, creando la nueva Fe (Cristiana). **[B]**

Concilio de Nicea, Fresco en la Capilla Sixtina, Vaticano

El Concilio de Nicea, año 325 d.C., Resultado: En este concilio se reconoce la **divinidad de Jesús**, como **el Hijo de Dios**, entre otros acuerdos y se establece oficialmente la **Unión de Iglesias** del mundo bajo un solo credo, creando así la *Ecclesia katholikos*, del griego y este traducido al castellano moderno es **Iglesia Católica**. **[C]**

El Concilio de Cartago, año 397 d.C., Resultado: se convoca debido al exceso de textos sagrados (no oficiales o canónicos), en las iglesias y la confusión que existía en normas y creencias, en este concilio, se llega al acuerdo de establecer la recopilación de **textos sagrados** (Biblia) para que las comunidades cristianas del mundo se gobiernen bajo una sola creencia y normas, esta recopilación de **73 libros** es llamada **Biblia Vulgata. [D]**

⇨ Vea **La Vulgata, primera Biblia del mundo** en página **177** para más información.

Tipos de Concilios (Sínodos) en la Iglesia

La palabra **sínodo**, del griego **koiné** o "popular", es el lenguaje que se hablaba en la zona mediterránea, a diferencia del griego clásico, de los filósofos, **sínodo** significa literalmente "**caminar juntos.**"

Dentro de la historia de la Iglesia antigua se destacan tres clases o categorías de concilios, o sínodos, estos son:

1. Concilios Ecuménicos Latinos (Romanos)

A. Los Concilios Ecuménicos, son los efectuados **desde el año 50 d.C.**, (**Concilio de Jerusalén**), hasta los que se citaron **el año 1054 d.C.**, se produjeron ocho concilios de este tipo.

En estos concilios participaron todas las autoridades cristianas en el mundo, por este motivo se llaman Ecuménicos, del griego οἰκουμένη (*oikoumene*), que significa "**De todo el mundo**".
Obviamente en los primeros mil años no existía ninguna otra organización cristiana, debido a esto todos los asistentes eran miembros de la Iglesia Católica.

Sin embargo, en este mismo año (**1054 d.C.**) se produce **el Gran Cisma** de Oriente y Occidente, lo que resulta en **la separación de la Iglesia Católica Romana** (occidente) y **la Iglesia Católica Ortodoxa** (oriente).

B. Concilios Latinos (Romanos), **debido al Gran Cisma**, durante los siguientes siglos (después del 1054 d.C.), los concilios son convocados por la Iglesia Católica Romana solamente, entre 1054 d.C., y 1956 se efectúan otros doce más, estos concilios **no son reconocidos** por la **Iglesia Católica Ortodoxa**.
El último Concilio Latino fue el llamado "**Vaticano II**", su sede fue en la ciudad del Vaticano (Roma, Italia) en 1959 y fue clausurado por el **Papa Pablo VI** en el año 1965.

2. Concilios de la Iglesia Ortodoxa (Asia)

Concilios Ortodoxos. Se efectuaron varios, **después del Gran cisma**, siendo el último **el Octavo Concilio de Constantinopla**, convocado en la capital del Imperio bizantino (Constantinopla) **en el año 1341 d.C.**

La finalidad de este era de solucionar el problema con el **hesiquiasmo**, que es una teología que promueve la quietud, silencio (paz interior), doctrina y práctica ascética (pobreza opcional), entre creyentes de la Iglesia Ortodoxa.

3. Concilios Nacionales (Locales)

Concilios Nacionales (plenarios), son concilios menores citados con autorización papal y en ellos sólo participa el episcopado de un continente o nación.
Los Concilios Nacionales también incluyen concilios provinciales, son convocados por el obispo metropolitano de la diócesis correspondiente y se celebran periódicamente cada veinte años.

Concilios de la Iglesia Protestante

También dentro del **Protestantismo**, han ocurrido concilios, asambleas y conferencias, sin embargo **debido a la extensa división** que existe entre las iglesias protestantes, estas reuniones incluyen únicamente a sus propias congregaciones y por eso mismo estas asambleas son a pequeña escala.

Ejemplos de tales son la **Asamblea de Westminster** ocurrida en el año de **1643**, cuyo objetivo fue la **reforma de la Iglesia Inglesa**.

También el **Concilio de Barmen** en el año de **1934**, en Alemania, en la que clérigos luteranos declaran su oposición al gobierno Nazi de Adolfo Hitler.

El Consejo Mundial de Iglesias (CMI)

El **Consejo Mundial de Iglesias** (**CMI**), es una organización compuesta mayormente por iglesias protestantes, fundada en Ámsterdam, Holanda en 1948 como *"Una comunidad de iglesias que aceptan a Jesucristo como Señor Dios y Salvador."*

El CMI se organizó para evitar el "**desvío**" radical del Evangelio por parte de las congregaciones, para impedir el surgimiento de sectas (cultos) radicales.

La misión del **CMI** es promover la unidad entre congregaciones cristianas, las incita a **trabajar juntos en un espíritu de tolerancia** y **comprensión mutua**, lo que es una meta difícil de alcanzar ya que la **INTOLERANCIA** religiosa debido **al sectarismo es muy fuerte y crece cada día más**.

La sede del Consejo Mundial de Iglesias (CMI) está en Ginebra, Suiza; a este se encuentran afiliadas más de 348 iglesias de diferentes denominaciones con cerca de 600 millones de cristianos.

Las iglesias que forman el **CMI** se encuentran en **120 diferentes naciones** y en todo tipo de condiciones sociales, económicas, culturales y políticas, practican diversas formas de culto (servicios), de organización y de gobierno.

Aunque **La Iglesia Católica Romana** no está afiliada al **CMI**, sin embargo, mantiene una relación de trabajo regular.

La Reforma Protestante

Casi 500 años después del **Gran Cisma de Oriente y Occidente**, que ocurrió cerca del **año 1054 d.C.**, la cual es la separación de la **Iglesia Católica Romana** (Europa) con la **Iglesia Católica Ortodoxa** (Grecia-Asia), surge otro **cisma** dentro de la **Iglesia Romana**, este cisma se convierte poco después en lo que conoceríamos como **la Reforma Protestante**.

La **Reforma Protestante** es iniciada por el monje alemán **Martín Lutero**, en el **año 1517 d.C.**, es esta división la que más ha impactado a la Iglesia Católica y al cristianismo en general. **[A]**

En el siglo 16 (1500s) la **Iglesia Católica** en **Europa Occidental** se encontraba en una crisis espiritual y financiera debido al **Gran Cisma de Oriente y Occidente**, esta crisis fue empeorada por numerosos **problemas de corrupción en el liderazgo de la Iglesia Romana**, y la decepción de los creyentes por **la arrogancia** y **falta de compasión de parte del clero** para el pueblo en general.

Muchos historiadores señalan que la chispa que inició la **Reforma** fue la venta de **indulgencias** de parte de la Iglesia Católica, sin embargo hubo muchas causas más, entre estas las más importantes fueron:

- *La invención de la imprenta, que promovió la información en masa*
- *El Renacimiento y con este el "cuestionamiento a la religión"*
- *Deterioro de la Fe en Dios tras la epidemia de la Peste Negra de 1348*
- *Surgimiento de la democracia y rechazo a la nobleza (Reinados)*
- *Surgimiento de la economía monetaria*
- *Nacimiento de una sociedad de mercado pre-capitalista*
- *La Iglesia promueve la expulsión de los judíos e islámicos en Europa*
- *La Iglesia trata de suprimir la "mentalidad individualista" de la época*
- *La Iglesia otorga control a España del continente Americano*

Y fue esta última causa la que hace enojar a naciones como Inglaterra, Francia, Portugal y Alemania, ya que **el Papa Alejandro VI** publica la **bula (orden papal)** llamada *inter caetera* en **el año 1493 d.C.**, un año después del descubrimiento de América, en la cual decreta que todas las tierras "*halladas y por hallar*" pertenecerían a los reyes de Castilla y León (España). **[B]**

Esta bula dejaba "afuera" a toda nación europea de poder colonizar los nuevos territorios americanos y explotar sus recursos, lógicamente **la única forma de no cumplir** la orden era separarse de la Iglesia Católica.

Aunque muchos sacerdotes habían intentado renovar la Iglesia Católica anteriormente sin lograrlo, de pronto se encuentran con el apoyo de los gobiernos europeos que están en contra de la orden papal *inter caetera*, así de esta forma se **inicia la Reforma**.

Martín Lutero

Martín Lutero (1483-1546) nació en Alemania, fue un fraile católico, teólogo, profesor y predicador en la Iglesia de Santa María. **[A]**

A los 17 años, Lutero ingresó en la Universidad de Erfurt, años después recibió su grado de bachiller en Estudios Bíblicos, fue ordenado sacerdote, y comenzó a enseñar Teología en la Universidad de Wittenberg. **[B]**

Lutero estudiaba las Escrituras usando el método **ad fontes** (en latín significa: *Ir a las fuentes*), así, se sumerge en el estudio de la Biblia, indagando sobre el comportamiento de la **Iglesia primitiva**.

Grafica: *Martín Lutero*, 1529, por Lucas Cranach

En sus estudios bíblicos, el joven sacerdote se da cuenta de la frialdad y falta de piedad y compasión de algunos miembros del clero romano, en especial la conducta materialista (avara) en **la venta de indulgencias**.

Una **indulgencia** es un **perdón por pecados**, que en aquella época cualquier persona podía comprar, para sí misma o para sus parientes vivos o muertos, la creencia se apoya en el **Segundo libro de Macabeos** de **la Biblia Vulgata**. **[C]**

> *Después recogió unas dos mil monedas de plata y las envió a Jerusalén, para que se ofreciera un sacrificio por el pecado. Hizo una acción noble y justa, con miras a la resurrección.*
>
> ***AT 2 Macabeos 12:43***

Lutero vio la venta de **indulgencias** como un **abuso de poder** y que podría confundir a la gente haciéndoles creer que podían comprar su salvación, aun peor, le permitía al rico o a quien podía comprar una **indulgencia**, **hacer lo que quisieran sin culpa**, sin ningún **arrepentimiento verdadero**.

En **protesta**, (de ahí **protestante**) Lutero clavó **sus 95 tesis** (propuestas de cambio) en la puerta de la Iglesia del Palacio de *Wittenberg*, **el 31 de octubre de 1517**, estas tesis condenaban la avaricia y corrupción en la Iglesia, sin embargo, Lutero todavía no cuestionaba la autoridad del Papa.

Al principio, la Iglesia Católica no dio importancia a las críticas de Lutero, ni a sus ataques contra la doctrina de salvación por las obras, pero muy pronto tuvo que reaccionar ante las noticias que llegaban de Alemania, ya que gran parte de la gente estaba desafiando **el dominio de la Roma papal**.

La negativa de la Iglesia a responder a Lutero y sus propuestas de regresar a las doctrinas y prácticas bíblicas del **Cristianismo primitivo**, y la promulgación de la Bula *inter caetera* provoca el descontento en diferentes naciones europeas, las cuales deciden a apoyar a Lutero, entre ellos estaban algunas autoridades del clero, como el Obispo suizo **Peter Zwingli**, el sacerdote escocés **John Knox**, y el teólogo francés **John Calvin**.

Aunque **la Reforma Protestante** fue un movimiento legítimo para renovar la Iglesia, lamentablemente, pocos años después de haberse iniciado, surgen desacuerdos sobre como "interpretar la Biblia" y rápidamente el **movimiento se fragmenta** en subdivisiones: **Luteranos** (Alemania), **Anglicanos** (Inglaterra), la **Calvinistas** (Suiza y Francia), **Anabaptistas** (Alemania y Holanda), entre otros.

Estas "interpretaciones" resultaron en **una gran desintegración de la iglesia** la cual aun en el presente podemos observar con los centenares de congregaciones diferentes que existen, la mayoría; sin ningún tipo de relación o vínculo.

El Credo de la Reforma Protestante

Al completarse la **Reforma Protestante**, sus lideres Martín Lutero, Peter Swingli, Juan Calvino, y John Knox, **establecen el Credo Protestante** llamada **las Cinco solas** (del latín *sola*, "sólo" o "solamente"), las cuales reconocen las Escrituras (Biblia) como la Palabra de Dios (autoridad). **[D]**

Estas propuestas fueron formuladas en contraposición al **Credo Niceno** del **año 325 d.C.**, que contiene las enseñanzas y creencias de la Iglesia Católica.

El Credo de las Cinco Solas

1.- *Sola Scriptura* (Sólo la Escritura), sólo la Biblia es la palabra de Dios autoritaria e inspirada, es la única fuente de doctrina cristiana, y debe ser accesible para todos, es decir, que es capaz de ser entendida con claridad, y que se pueda interpretar por medio de ella misma.

2.- *Sola fide* (Sólo por la Fe), señala que la salvación se recibe sólo por la Fe, sin ninguna mezcla ni necesidad de buenas obras.

3.- *Sola Gratia* (Sólo la gracia), señala que la salvación viene sólo por la gracia divina de Dios, es decir, "favor inmerecido", no como algo que el pecador haya conseguido por sus propios méritos.

4.- *Solus Christus* (Sólo Cristo), señala que Jesús es el único mediador entre Dios y el hombre, y que no hay salvación por medio de ningún otro.
Aunque el luteranismo rechaza cualquier otro mediador entre Dios y el hombre, continúan honrando la memoria de la Virgen María y otros santos.

5.- *Soli Deo Gloria* (Sólo la gloria de Dios), señala que toda la gloria es sólo para Dios, la salvación sólo se lleva a cabo a través de Su voluntad y acción; no sólo el don de la redención de Jesús en la cruz, sino también el don de la Fe, creada en el corazón del creyente por el Espíritu Santo.

Estas son las doctrinas de la **Reforma Protestante** del **siglo 16** y la base del credo de casi todas las **iglesias protestantes modernas**.

En la actualidad, después de la **Iglesia Católica Romana** y la **Iglesia Católica Ortodoxa**, la **Iglesia Protestante** ha llegado a constituir la tercera gran rama del cristianismo, con una membresía de **quinientos millones** y que **se expande rápidamente en América Latina, Asia y África**.

El Gran Despertar

Aunque los diferentes movimientos americanos llamados "**Gran Despertad**" o "**despertares**", (del inglés *Awakenings*), no son técnicamente **cismas**, aun así, teólogos los señalan como movimientos importantes que han influenciado fuertemente las congregaciones protestantes modernas en los Estados Unidos y su expansión evangélica a otras naciones, sobre todo en América Latina.

Primer Gran Despertar, años 1735 al 1743

Tan pronto se inició la **Reforma Protestante** en 1517, el movimiento se desintegró en muchas congregaciones diferentes debido a polémicas y desacuerdos, estas polémicas son llevadas por emigrantes ingleses al nuevo continente; América, las cuales pronto provocan **el Primer Gran Despertar**, el cual es un **reavivamiento espiritual**, que aunque se **inició en Inglaterra**, impactó mucho más a los **Estados Unidos**, el **Primer Gran Despertar** ocurrió entre los **años 1735** y **1750**. [A] [B]

El reavivamiento (**Gran Despertar**) fue iniciado por grupos protestantes en Europa entre estos: los presbiterianos, bautistas y anglicanos, quienes eran en su mayoría de doctrina **Calvinista**, y es por esta razón que se le considera al **Gran Despertar** como un movimiento del **calvinismo evangélico**. [C]

El movimiento **Calvinista** comienza poco después de la **Reforma** del año 1517, cuando el francés **Jean Calvin** (1509-1564) propone ciertas doctrinas revolucionarias, entre estas: reconoce como **únicos sacramentos** el bautismo y la eucaristía, y niega el sacramento del sacerdocio. [D]

Pero la creencia más controversial es **la predestinación**, esta propone que desde principio de la Creación, **Dios** ya había predeterminado "*quién sería salvo y quién no*", una teoría que teólogos creen está basada en palabras del **Apóstol Pablo**:

> *28 Sabemos que Dios dispone todas las cosas para el bien de quienes lo aman, a los cuales él ha llamado de acuerdo con su propósito.*
> *29 A los que de antemano Dios había conocido, los destinó desde un principio a ser como su Hijo, para que su Hijo fuera el primero entre muchos hermanos.*
> *30 Y a los que Dios destinó desde un principio, también los llamó; y a los que llamó, los hizo justos; y a los que hizo justos, les dio parte en su gloria.*
> ***NT Romanos 8:28-30***

Una de las grandes figuras del **Primer Gran Despertar** en Europa fue el ministro de la Iglesia de Inglaterra **George Whitefield**, quien fue dirigente destacado del **movimiento metodista**, y llegó a ser muy **famoso por su exaltada forma de predicación** en las colonias americanas del imperio británico, **Whitefield** fue influenciado por **John Wesley** quien fue el fundador del Movimiento Metodista inglés.

En Estados Unidos, el pastor **Jonathan Edwards** fue uno de los líderes más importantes del **Gran Despertar**, quien predicó que la salvación era posible por la fe solamente (*"Cree en Cristo y serás salvo"*).

Algunos teólogos creen que fue **Edwards** quien inició el **Pentecostalismo Americano**, ya que se dice que **durante sus enérgicas** y **aparatosas** predicaciones, la gente gemía, lloraba y manifestaban otras prácticas similares a las observadas en congregaciones Pentecostales modernas.

Segundo Gran Despertar, años 1790 y 1840

El Segundo Gran Despertar ocurre entre los años **1790** y **1840**, es también llamado el **Segundo Gran Avivamiento**, es durante este periodo donde nacen las bases de la mayoría de **iglesias protestantes modernas**. **[E]**
Este evento **sucede solamente en los Estados Unidos**.

El Segundo Gran Despertar es impulsado gracias a **la invención** de la imprenta, que aunque fue concebida cerca del año **1440 d.C.**, ya para el **siglo 19** (1800s), la máquina había mejorado técnicamente y la producción de Biblias en masa permitía a cualquier persona poseer una.

Las iglesias que surgieron del **Segundo Gran Despertar** señalan que es la posesión de la **Biblia**, lo que permitirá buscar y regresar al **Cristianismo Verdadero** (cristianismo primitivo). También promueven el abandono de **creencias** pertenecientes al **Antiguo Testamento** practicadas durante siglos por la **Iglesia Católica**, como también por los **Luteranos** y **Presbiterianos**.

Este avivamiento, surge en una de las épocas políticamente más turbulentas de los **Estados Unidos**, y se caracterizó por una **intensa evangelización** sin precedentes y grandes cifras de conversiones.

Aparte de iglesias existentes como las presbiterianas, bautistas y anglicanas, **El Segundo Gran Despertar** produce la creación de nuevas congregaciones sobre todo en Nueva Inglaterra, (Noreste de Estados Unidos) entre ellas la Iglesia Cristiana Discípulos de Cristo, la Iglesia de Jesucristo de los Santos de los Últimos Días (Mormones), la Iglesia Adventista del Séptimo Día y la Iglesia Presbiteriana (USA), diferente a la Iglesia Presbiteriana de Europa, y otras.

A diferencia de la **Iglesia Católica** que evangelizó intensivamente a indígenas, las **congregaciones protestantes** se limitaron sólo a evangelizar a personas de raza blanca en general, no practicaban la predicación en comunidades indígenas en países controlados por naciones protestantes, como es el caso de Estados Unidos, Canadá, o naciones ocupadas como en África (Marruecos, Argelia, Egipto, etc.), Asia (Irak, Irán, China, Japón, India, Afganistán, Pakistán, etc.), como resultado, las comunidades de estos países no son cristianas o practican otras religiones en la actualidad.

Sin embargo, durante el **siglo 20**, después de la **Segunda Guerra Mundial**, las **iglesias protestantes** comenzaron a evangelizar fuera de Estados Unidos y sobre todo naciones católicas de América Latina, y ahora cuentan con una gran comunidad de fieles y se expande rápidamente.

Ramas del Cristianismo Moderno

Según **The Pew Forum on Religion and Public Life**, una organización que estudia las problemáticas, actitudes y tendencias en la población mundial; el **Cristianismo** es la religión con más adherentes en el mundo en la actualidad, la organización estima que **en 2010** habían **2180 millones de cristianos**, esto es cerca de **un tercio de la población mundial**. [1]

Existen cerca de **41,000 denominaciones cristianas** y organizaciones diferentes en el mundo, según el **Centro para el Estudio del Cristianismo Global** (*Center for the Study of Global Christianity, CSGC*) y el **Gordon-Conwell Theological Seminary**. [2]

A pesar de **las miles de diferentes iglesias cristianas**, estas se dividen en tres ramas principales, **Católica Romana**, **Católica Ortodoxa** y **Protestante**.

Iglesia Católica Apostólica Romana

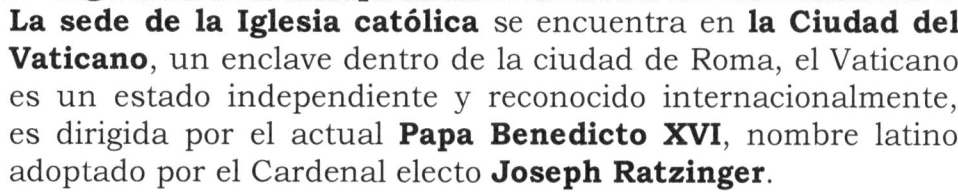

La sede de la Iglesia católica se encuentra en **la Ciudad del Vaticano**, un enclave dentro de la ciudad de Roma, el Vaticano es un estado independiente y reconocido internacionalmente, es dirigida por el actual **Papa Benedicto XVI**, nombre latino adoptado por el Cardenal electo **Joseph Ratzinger**.

La doctrina fundamental de la Iglesia Católica se encuentra en el **Credo Niceno**. (⇨ *Vea página 151 para más info.*)

Según los datos del **Anuario Pontificio** de 2012, hay **1,196 millones** de católicos, la mayoría ubicados en los continentes **americano y europeo**, sin embargo, existe una gran cantidad de personas que se declaran católicas pero no asisten a los servicios eclesiásticos regularmente. **[A]**

Iglesia Católica Apostólica Ortodoxa

Es la segunda iglesia cristiana más grande del mundo y cuenta con más de **225 millones de fieles**.

El cristianismo ortodoxo es la religión predominante en el **continente Asiático**, en naciones como Bielorrusia, Bulgaria, Chipre, Georgia, Grecia, Moldavia, Montenegro, la República de Macedonia, Rusia, Rumania, Serbia y Ucrania.

La Iglesia Ortodoxa no está en comunión con el Papa (Roma), sus congregaciones en general son independientes y están dirigidas por un **Patriarca**. **[B]**

Iglesia Protestante

El movimiento **Protestante** fue iniciado por el monje católico Martín Lutero en 1517 y culmina con la separación y fundación de **la Iglesia Luterana**, poco después el movimiento se desarticula en cientos **de diferentes congregaciones**.

Actualmente existen más de **40,000 iglesias protestantes** en el mundo, aunque es una rama del cristianismo, debido a sus diferencias doctrinales, al protestantismo no se le puede considerar una sola iglesia ni una sola doctrina. **[C]**

Sección IV - Historia de la Iglesia   166

Las religiones más populares en el mundo actual

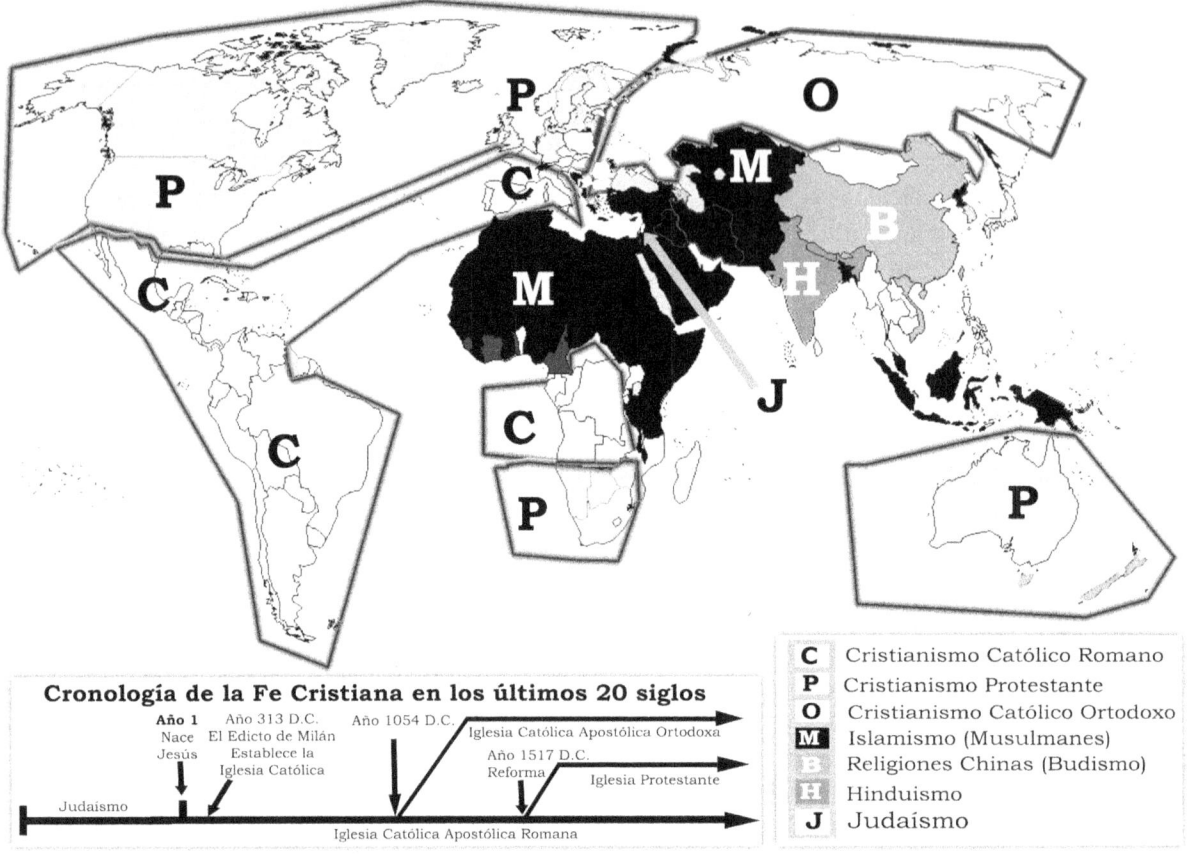

El Catolicismo Romano fue el único movimiento cristiano por 1000 años en todo el mundo, sin embargo **en el año 1054** se divide la Iglesia Católica durante el "**Gran Cisma**", resultando en dos entidades; **la Sede Romana** (Europa), y **la Sede Ortodoxa** (Rusia, Grecia, Bulgaria, etc.).

Nuevamente **en 1517** la cede romana (Vaticano) se fragmenta durante **la Reforma**, así Europa queda dividida "espiritualmente" en dos grupos cristianos; las **naciones Católicas** llamadas también Latinas y las **naciones Protestantes** o Anglosajonas.

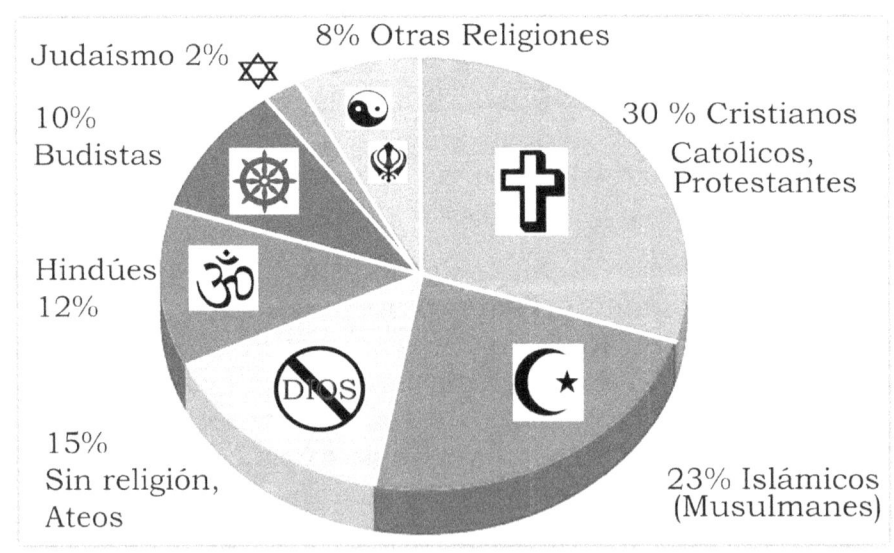

Sección V

La Biblia Sacra, por Vincent Van Gogh, 1853-1890

Historia de la Biblia

Muchos cristianos consideramos las Escrituras como parte fundamental e indispensable **de la Fe Cristiana**, sin embargo, la Biblia, como la conocemos ahora; **no** necesariamente **fue parte del Ministerio de Jesús**, como **tampoco** lo fue por **los primeros 400 años del Cristianismo Primitivo**.

En las siguientes páginas presentamos **una breve explicación del largo proceso** que tomó **coleccionar cientos de textos**, investigar el origen y la legitimidad de cada uno de ellos y finalmente **seleccionar solamente** los que ahora conocemos como **los libros canónicos** o **Santa Biblia**, algo que sólo sucedió hasta **el año 397 después de Cristo**.

La historia de la Biblia

Para aquellos cristianos acérrimos lectores de la Biblia y que consideran las Escrituras como parte fundamental e indispensable de la Fe, la siguiente información los dejará un poco asombrados: **la Biblia técnicamente "*No es bíblica*"**, ya que en ninguna parte de las Escrituras **se nos instruye traducir, ni colocar** los libros sagrados **en un solo tomo**, ni mucho menos usarlos o compartirlos como propaganda.

Aunque **los Textos Sagrados** ya habían existido por siglos en forma de **papiros o pergaminos individuales**, la **primera compilación** de estos sólo llegó a existir **400 años después de Cristo**.

Fue publicada por la Iglesia Católica con el nombre en latín ***Biblia Sacra Vulgata Editionis***, en español "***Biblia Sagrada edición para divulgar***", traducida de los textos originales hebreos y griegos por primera vez y en un sólo lenguaje: **latín**, el cual era el idioma internacional (lengua franca) en ese momento.

La Biblia fue comisionada por el **Papa Damaso I** y editada por **Jerónimo de Estridón** en el **año 382 d.C.**

Los textos sagrados fueron escritos en papiros y pergaminos (piel de animales), sin embargo de preferencia se usaban papiros, los cuales eran unas largas tiras de un material similar al papel, el cual era fabricado de una planta acuática (junco), muy común en el **río Nilo, Egipto**.

Teólogos creen que el nombre "**Biblia**" nació como diminutivo del nombre de la ciudad de **Biblos** (llamado *Gebal* en *AT Ezequiel 27:9*), y en el presente **Ŷubayl**, es una ciudad del Líbano, al norte de Israel. **Biblos** fue un importante centro productor y distribuidor de papiros de la antigüedad. **[A]**

La frase "**Biblia Sagrada**", del latín *Biblia Sacra* se origina de la expresión griega τὰ βιβλία τὰ ἅγια (*ta biblía ta háguia*), una locución utilizada por el pueblo hebreo para referirse a los **Papiros Sagrados**, la frase es citada por primera vez en el **Primer** libro de **Macabeos del Antiguo Testamento**:

> *Aunque nosotros no tenemos necesidad de estas cosas, pues buscamos nuestro apoyo en **los libros sagrados** que poseemos...*
>
> ***AT 1 Macabeos 12:9***

NOTA: Los Libros **1 & 2 Macabeos** son parte del **Antiguo Testamento** original y de los llamados **libros Deuterocanónicos**.
Estos libros no aparecen en las Biblias Protestantes.

⇨ Vea **Libros Deuterocanónicos** en página **190** para más información.

Los primeros años del Cristianismo y la necesidad de un Canon o Biblia (reglas)

En el año **313 d.C.**, el emperador romano **Constantino**, promulga *El Edicto de Milán*, el cual decreta **la suspensión a la persecución de cristianos**. [B]

Es así que los seguidores de Jesús finalmente salen de la clandestinidad y legalmente pueden predicar, reunirse y construir iglesias (templos).
Gracias al *Edicto de Milán*, se inicia una predicación masiva y la expansión del Evangelio a todos los rincones del mundo.

Pero con la aparición de iglesias (comunidades cristianas) por todo el imperio, florece un nuevo **problema que dividía a los cristianos**; la **falta de credo y reglamentos uniformes**, debido a que literalmente **eran cientos de "textos sagrados" que separadamente circulaban en esos días**, y **cada iglesia interpretaba** el Evangelio de acuerdo al texto que tenía; lo que promovía el surgimiento de **normas o creencias diferentes**. [C]

Y aunque la mayoría de los textos (papiros) que circulaban durante la época del "**cristianismo primitivo**", eran similares en su mensaje, muchos eran considerados **falsos** debido a sus "inciertas procedencias" o **heréticos** por la narrativa acerca de los eventos que ocurrieron en el **Ministerio de Jesús**.

Los líderes de la Iglesia deciden reunirse y seleccionar un conjunto de creencias (doctrinas) y reglamentos uniformes (en griego **canon**), los cuales debían ser aceptados por todas las comunidades cristianas que existían en ese momento.

Así se inicia el escrutinio de **cientos de manuscritos** (evangelios y epístolas), por los líderes de las diferentes iglesias del mundo, obviamente este fue un proceso que llevó varias décadas y concilios (asambleas), **para determinar la legitimidad de cada texto**; para así **incluirlos o no en las Escrituras**.

Una de las colecciones de textos bíblicos más destacados es la **Vetus Latina**, esta **Biblia es la más antigua** y reúne **los Dos Testamentos** y aunque es la antecesora de la **Vulgata**, la **Vetus Latina nunca fue canonizada**.

Durante el **Tercer Concilio de Cartago** en el año **397 d.C.**, [D] se ratifica la colección final de los textos sagrados del **Antiguo** y **Nuevo testamento**, los que se incluyen **en un sólo tomo** y traducidos en un sólo lenguaje; **Latín** para beneficio de la humanidad, ya que este era lengua franca en el momento.

Esta es la *Biblia Sacra Vulgata Editionis*, la primera Biblia del mundo, (en español es *Biblia Sagrada edición para divulgar*) [E] [F]

La Vulgata se convierte en el documento oficial de la Iglesia y de la Fe Cristiana en el mundo entero, así como la herramienta indispensable para **unificar a las comunidades seguidoras de Jesús.**

Historia (origen) de los Papiros Sagrados

Como leímos anteriormente, los textos del **Antiguo** y **Nuevo Testamento** fueron escritos entre los años **1500 antes de Cristo y el año 100 d.C.**

Durante el tiempo de Jesús solamente existían los libros del **Tanaj**, llamado ahora el **Antiguo Testamento** o también **Biblia hebrea**. **[G]**

Estos documentos existían como "**libros separados**" o individuales y sólo podían ser utilizados por sacerdotes para el servicio en sinagogas.

Las escrituras no estaban "**coleccionadas en un sólo tomo**", durante los primeros siglos del cristianismo. El concepto de "Biblia", o colección de libros sagrados sólo aparece aproximadamente **unos 360 años después de la crucifixión de Jesucristo**, y surge con la necesidad de unificar la creciente pero **descentralizada Iglesia Cristiana**.

A pesar que el papel ya se había inventado en China durante el primer siglo, el uso de papiros y pergaminos se extendió hasta **el siglo 3 (200 d.C.)** cuando el uso del papel fue popularizado en el mundo.

En tiempos antiguos, cada sinagoga poseía sus propias **Escrituras Sagradas**, ya sea en papiros o pergaminos, estas eran copiadas a mano por hombres llamados **escribas**, quienes eran expertos en escritura, muy educados, y seleccionados por sacerdotes en cargo. **[H]**

Los papiros y pergaminos se pasaban de generación a generación y debido a que **los documentos eran considerados sacros**; se conservaban dentro de las sinagogas y **sólo podían ser leídos** o **utilizados por sacerdotes** (Rabinos). Debido al tamaño de los textos (rollos), no todas las sinagogas poseían cada libro sagrado existente (papiros y pergaminos).

La Biblia judía tampoco tenia un "orden" especifico, sólo fue durante el **Concilio de Jamnia** ocurrido después de la **destrucción del Templo** de Jerusalén por los romanos (cerca **del año 70 d.C.**) que la lista de libros del **Tanaj** (Antiguo Testamento) quedó establecida finalmente.

El **Concilio de Jamnia [I]**, fue llevado a cabo por un grupo de rabinos que habían conseguido escapar del asedio en Jerusalén, y se habían establecido en **Jamnia** (hoy Yavne, Israel), ahí fundaron una escuela de **Halajá** (ley judía) con **el objetivo de preservar y proteger el judaísmo** de "influencias" extranjeras, en especial de los Nazarenos y posteriormente Cristianos.

En el **Concilio de Jamnia** se rechazaron algunos libros, que teólogos llaman **Deuterocanónicos, [J]**, ya que los rabinos los consideraban "**influenciados por la secta de los Nazarenos (Cristianos)**", porque estaban escritos en griego, cuando según los judíos; **los textos debían sólo existir en hebreo** para tener el titulo de "**sagrados.**"

El uso de Textos Sagrados en la antigüedad

Aunque **Jesucristo fue instruido** (letrado) y reconoció las **Escrituras** como sagradas y en una instancia **leyó el libro de Isaías** (*NT Lucas 4:16-21*), **nunca Jesús**, sus Discípulos, ni Pablo de Tarso, **predicaron el Evangelio** usando textos sagrados (Biblia), algo considerado indispensable en el presente.

Esa era la práctica entre los rabinos: se **entrenaban extensamente** en las **Escrituras Sagradas**, para que ellos a la vez, instruyeran al pueblo, así lo hizo Cristo (*NT Lucas 2:40*), y sus Discípulos, como también así lo hizo **Saúl** (Pablo) **de Tarso**. *NT Hechos 22:3*

No era la práctica en el judaísmo o cristianismo original (primitivo), **hacer copias de textos sagrados para portarlos o compartir a los fieles**.
Aunque Jesús hace referencia de las Escrituras, la Biblia no documenta que Cristo o sus Apóstoles portaran copias de Textos Sagrados en Su Ministerio.

De la misma forma, los primeros Evangelizadores de la Iglesia continuaron con esta práctica por siglos, y aunque existían métodos para copiar las Escrituras en esos días, **hay que recordar que estos manuscritos**, **primero**; **eran enormes**, y de ninguna forma estaban diseñados para ser documentos de uso personal o portátiles, **segundo** y más importante aun; Nadie sin la preparación adecuada, podía copiar o **poseer papiros ya que eran considerados altamente sagrados**, y sólo debían ser manejados con su propia reverencia por sacerdotes y estar de forma permanente dentro de los templos.

¿Quién tiene los originales?

Es una pregunta que muy frecuentemente nos hacemos, la verdad es que a pesar de que existen cientos de antiguos textos sagrados; **NADIE tiene los originales**, sino copias de copias que se hicieron de estas al principio, y en general se encuentran como textos individuales incompletos o trozos de estos.

Códices Bíblicos

Los dos Testamentos de la Biblia fueron traducidos de antiguos documentos escritos a mano, de ahí su nombre "manuscritos", estos textos fueron creados individualmente durante los primeros **1500 años a.C.**, hasta **100 años d.C.**

El **Tanaj** (Biblia judía), se cree fue escrito en **hebreo** (y arameo), este mismo es llamado por cristianos el **Antiguo Testamento** (**AT**), contiene **46 libros**, sin embargo la cantidad varía dependiendo de la congregación cristiana, todos los textos de **AT** fueron producidos **antes de la llegada de Cristo**, por otro lado, las copias que existen de los **27 libros** del **Nuevo Testamento** (**NT**), se encuentran solamente en **griego**, y fueron creados **después de Cristo**.

Los textos originales fueron perdidos o destruidos con el uso a través de los siglos, de estos, los manuscritos más antiguos que tenemos, son copias de copias, y aunque la mayoría son trozos nada más, existen varias colecciones casi completas llamadas "**Códices**", y entre las más antiguas están: **[A] [B]**

Nombre del Códice	Nombre oficial en latín	Creado en
1.- El Códice Vaticano	*Codex Vaticanus*	c. 325 d.C.
2.- El Códice Sinaítico	*Codex Sinaiticus*	c. 350 d.C.
3.- El Códice Alejandrino	*Codex Alexandrinus*	c. 400 d.C.

El Códice Vaticano y el Sinaítico son códices similares y los que están en mejor estado, existen muchos más, sin embargo, estos en general son copias de los citados arriba o fueron producidos siglos más tarde.

Aunque existen variaciones en algunas secciones de estos códices, como en ortografía, orden de las palabras y estructura de la oración, los que causa cierta confusión para algunos expertos; en general, **los manuscritos concuerdan**.

Otros Textos

Dos de los descubrimientos más grandes que se han hecho últimamente son primero; los Manuscritos de **Nag Hammadi**, **Egipto**, **en 1945**, y aunque es una colección de **textos gnósticos**, (rechazados por la Iglesia Católica), teólogos creen que son textos cristianos, estos contienen 13 códices de papiro forrados en cuero y los cuales fueron enterrados en vasijas selladas. **[C]**

Otro gran hallazgo se hizo en el **Mar Muerto**, en **Qumrán Israel**, en **1947**, **[D]** de ahí que estos documentos son llamados **los Manuscritos el Mar muerto**, esta es una colección de alrededor de 800 documentos escritos en hebreo y arameo, según teólogos fueron creados por **los Esenios**. **[E]**

Breve historia de la Biblia Cristiana
Desde el año 100 al 380 d.C.

Las Escrituras fueron originalmente producidas en hebreo, con el tiempo estas fueron traducidas al griego para servir a la **diáspora**, o comunidades judías en el extranjero, ya que este lenguaje era el idioma franco (internacional), es aquí donde se origina la Versión de "**la Biblia de los Setenta**" o "**Alejandrina**", conocida también como "*Septuaginta*", su redacción se inició en el **año 250 a.C.**, y se concluyó cerca del año **105 a.C.**

El nombre de "Setenta" se debe a que la traducción fue hecha por 70 rabinos nacidos en la Diáspora y quienes su lengua principal era el griego, el titulo de "Alejandrina" se debe a su lugar de origen: Alejandría, Egipto. **[K]**
Esta traducción vendría a ser la base de lo que es ahora el **Antiguo Testamento**.

La (Prototipo) Biblia Vetus Latina Editionis
La Primera Biblia (No canonizada)

El Cristianismo fue legalizado en el año 313 d. C., a raíz del **Edicto de Milán**, poco después, cuando líderes cristianos intentan unificar la Iglesia entre las diferentes facciones cristianas que existían esparcidas en el mundo, se dan cuenta de la gran diversidad de creencias y división entre estas, pronto se ve la necesidad de un Credo con normas uniformes.

Entre los **años 313 d.C.** y **380 d.C.**, la Iglesia hizo varios intentos de traducir los antiguos textos originales del hebreo y griego al latín, ya que obviamente no todo el mundo hablaba estos idiomas, y siendo latín el lenguaje franco de la época, una traducción en este lenguaje sería más fácil de entender para el mundo en general.

Así se produce la primera traducción, la que teólogos llaman en el presente la **Biblia Latina Edición Vieja**, su nombre original **Vetus Latina Editionis**. **[L]**

Sin embargo esta colección de textos sacros **nunca fue Canonizada o hecha oficial**.

Grafica: Sección de la **Vetus Latina**, contiene el **Evangelio de Juan 16:23-30**

La Vetus Latina contenía los dos **Testamentos** (**Antiguo** y **Nuevo**), y aunque fue la versión más completa en su época, comparada con la Biblia moderna; **la Vetus** contenía **un orden de libros diferente**, no todos los textos estaban incluidos y todavía **no había sido canonizada**.

Lista de los Libros de la Biblia VETUS LATINA EDITIONIS

	VETUS TESTAMENTUM (Viejo Testamento)		NOVUM TESTAMENTUM (Nuevo Testamento)
1	Génesis	1	Matthaeus
2	Exodus, Leviticus	2	Marcus
3	Numeri, Deuteronomium, Josue, Judicum, Ruth	3	Lucas
4	1-4 Regum	4	Johannes
5	1-2 Paralipomenon, Esdras, Nehemias, 3-4 Esdras	5	Actus Apostolorum
6	Tobit, Judith, Hester	6	Ad Romanos
7	Job	7	Ad Corinthios I
8	Psalmi	8	Ad Corinthios II, Galatas
9	Proverbia, Ecclesiastes, Canticum	9	Ad Ephesios, Ad Philippenses, Colossenses
10	Sapientia, Sirach (Ecclesiasticus)	10	Ad Thessalonicenses, Timotheum, Ad Titum, Philemonem, Hebraeos
11	Esaias	11	Epistulae Catholicae, Apocalypsis Johannes
12	Jeremias (incluía los libros Lamentationes y Baruch)		
13	Daniel, XII Prophetae		
14	I-II Macchabaeorum		

Sin embargo, la **Vetus Latina**, (publicada por la Iglesia Católica), no fue aceptada como "**documento oficial de la Fe Cristiana**", por todas las comunidades fuera de Roma, esto era debido a que **todavía no se había establecido** "oficialmente" la **unión universal de iglesias** (Iglesia Católica), y muchas de estas congregaciones seguían aferradas a otros textos sagrados, de los cuales eran centenares los que circulaban en los primeros siglos.

Otro problema era que **no había autoridad central que facultara copias**, esto provocaba el temor de que algunos textos habrían sido adulterados para favorecer ciertas creencias, con esta dificultad surgía otra; **el incesante cambio del significado de las palabras** (semántica), ya que la mayoría de los manuscritos tenían ya **más de 300 años**, y los "significados" habían variado drásticamente, en muchos casos, **los significados originales** de algunos términos se perdieron para siempre.

Pero fue **la proliferación de sectas radicales** la causa más grave que forzó a los líderes de la Iglesia a iniciar el proceso de la selección de textos, verificar su legitimidad, depurar y finalmente canonizar los libros **con el objetivo final de unificar al cristianismo bajo un mismo credo**.

El **Papa Silvestre I** decide celebrar un sínodo (asamblea) el cual se celebra en **Nicea** en el **año 325 d.C.**, con el propósito de fundar una federación (unidad) de la Iglesia en griego "***ekklesia katholikós***", guiada por medio de creencias uniformes (similares) y usando un solo documento; **la Biblia**.

Biblia Vetus Latina Editionis, (Publicada c. 1843)

La Biblia Sacra Vulgāta Editionis

La Primera Biblia "oficial" en el Mundo

En el **año 382 d.C.**, el **Papa Damaso I** decide actualizar la Biblia (**Vetus Latina**), y encomienda a **Jerónimo de Estridón** la labor de traducir los textos hebreos y griegos **al latín clásico**, con un vocabulario sencillo, fácil de entender, pero más que todo "actualizado" para la época.

Jerónimo de Estridón, hoy conocido como **San Jerónimo**, había trabajado como secretario del Sumo Pontífice, y era célebre experto de los lenguajes latín y griego, sin embargo su fluidez en el hebreo era limitado, por eso cuando comienza su trabajo, se muda a Israel (Palestina) para perfeccionar sus conocimientos del idioma hebreo.

Años después, durante el **Tercer Concilio de Cartago**, **[M]**, en el **año 397 d.C.**, la traducción completa de la Biblia realizada por **Jerónimo de Estridón** es presentada ante el Concilio que reconoce este documento como oficial. **[N]**

En este concilio **se da por concluida la selección de textos sagrados**, y así se finaliza la tediosa labor de evaluación de libros (para incluir o rechazar) en la Biblia, esta **versión final** es canonizada ese mismo año y presentada a la membresía de las Iglesias del mundo como *Biblia Sacra Vulgāta Editionis*, en castellano, la **Biblia Sagrada Edición para Divulgar**.

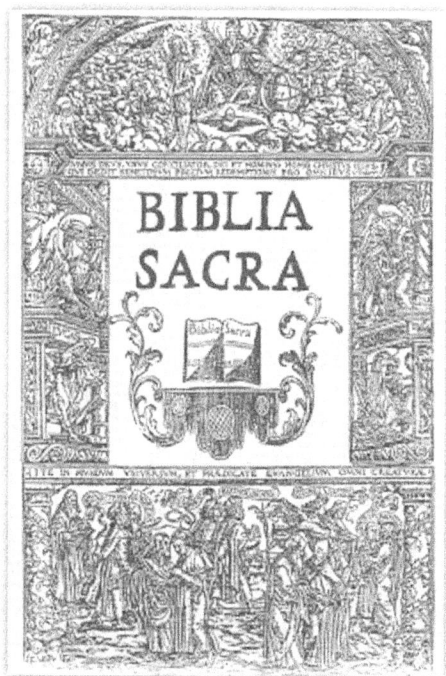

En el transcurso de los siguientes siglos **la Vulgata** es revisada y actualizada varias veces para acomodarla a los cambios lingüísticos de cada época.

Una de las actualizaciones más importantes es la versión llamada por expertos la **Vulgata Sixto-Clementina** comisionada por el **Papa Clemente VIII** en el **año 1592**.

Esta es la versión de la Vulgata que perduraría por más de mil años como el documento oficial del Cristianismo, sin sufrir ningún cambio en lenguaje o en el orden de libros, y se mantiene así **hasta el siglo 16** (1500s) cuando surge **la Reforma Protestante**.

Importante: Aunque en el presente La Biblia y las Escrituras significan lo mismo, en tiempos antiguos **"Escritura"** era cualquier texto sagrado, mientras que la **Biblia era el conjunto de todos estos**.

Biblia Sacra Vulgata Editionis, (Publicada c. 1618)

Solamente la Biblia (del latín *Sola Scriptura*) es La Palabra de Dios

El motivo principal del **Concilio de Cartago [E]** era unificar a la Iglesia o sea; a todos los cristianos del mundo, mediante un solo **Dogma** (creencia), el cual sólo era posible si esta "unión" era **respaldada por un documento único**, en latín *"Sola Scriptura"*, (Sólo la Biblia), que debía ser aprobado y aceptado por las comunidades cristianas del mundo reunidas en el concilio. **[O]**

Las ventajas de la *Sola Scriptura* o **Biblia Vulgata** eran:

- *Todas las escrituras son oficiales (canonizadas)*
- *En la Vulgata todas las escrituras están en un solo tomo (libro)*
- *En latín, el lenguaje más popular del mundo (en esa época)*
- *Se elimina la mezcla de lenguajes (en las Escrituras)*
- *Traducida en lenguaje actualizado, para su fácil comprensión*
- *Cualquier otro libro no incluido en la Vulgata es ilegitimo*
- *La Vulgata, es más veraz que su predecesora (Vetus Latina)*
- *La Vulgata seria la copia maestra para otras Biblias*

Revisiones a la Vulgata

La **Vulgāta** fue una obra monumental en la historia de la Iglesia, esta Biblia predominaría por más de 1200 años, **desde el año 397 d.C.**, hasta el **1600 d.C.**, como las únicas escrituras oficiales de la Fe cristiana en el mundo entero, en otras palabras; **en los primeros 12 siglos del cristianismo no existió ninguna otra versión de las Escrituras**.

Aunque existieron **"códices"** o copias de los textos sagrados, por ejemplo, los Códices **Vaticano**, **Sinaítico**, **Alejandrino**, (*Ver página 165*), estos nunca circularon o fueron considerados **"documentos oficiales"** entre las iglesias.

Durante los siguientes siglos se hicieron varias revisiones de la Vulgata, pero durante el **Concilio de Trento de 1563 d.C.**, se hizo un escrutinio más profundo (cotejo) de los textos originales, así **en 1592** el **Papa Clemente VIII**, publicó una revisión más precisa de la Biblia; esta versión se conoce en la actualidad como la **Vulgata Sixto-Clementina. [P] [Q]**

En este mismo **siglo es inventada la imprenta**, con esta se producen cientos de copias de la **Vulgata**, siendo las **naciones europeas** las más educadas y económicamente capaces de adquirir copias de la Biblia, pronto esta se convierte en el libro más vendido en el continente.

Esta facilidad de leer la Biblia, permite cotejar y fiscalizar la conducta de las autoridades de la iglesia, lo que provoca desacuerdos y reproches a ciertos procedimientos y tradiciones que **el Vaticano** practicaba, de estas criticas, las más destacadas son las del sacerdote católico **Martín Lutero**, las cuales con el tiempo darían paso a la **Reforma Protestante**.

Cambios en la Biblia

La Vulgata antes de la imprenta
Años 300 d.C. a 1450 d.C.

Desde la introducción de la Biblia, debido a su propiedad **Sagrada** y por lo **carísimo que era reproducirla** (copiarla), durante los primeros once siglos, esto es; desde **c. año 397 d.C.** al **c. 1500 d.C.**, sólo la Iglesia, teólogos y entidades como gobiernos (reinados), universidades, bibliotecas etc., podían poseer reproducciones de la Vulgata (Biblia). Sin embargo, habían otras razones porque la Biblia **NO era de acceso público**, entre estas estaban:

- *La mayoría del pueblo típicamente era analfabeto*
- *Nunca fue la práctica que creyentes poseyeran Textos Sagrados*
- *Se necesita a una persona entrenada para "interpretar" la Biblia*
- *Y sobre todo porque no había forma de "producir en masa" la Biblia*

La Vulgata y la invención de la imprenta
Año 1450 d.C.

Antes del **siglo 16** (años 1500s), la Biblia era copiada **a mano** por un equipo de traductores entrenados en varios lenguajes, sobre todo hebreo-arameo, griego y latín, producir una Biblia podía llevar meses y una gran cantidad de dinero.

No fue sino hasta **el año de 1450 d.C.**, que el alemán **Johannes Gutenberg** logra perfeccionar la imprenta (originalmente inventada por los chinos), esta máquina hizo posible la reproducción de libros en masa. **[A]**

Uno de los primeros trabajos de **Gutenberg fue imprimir la Vulgata**, esta publicación es llamada ahora la *"Biblia de Gutenberg"*, como también *"La Biblia de 42 líneas"* o *"Biblia de Mazarino"*. **Fue publicada** por primera vez en Mainz, Alemania, **en 1455**.
Esta fue la primera versión de las Escrituras producida mecánicamente en toda la historia. **[B]**

Sin embargo, **La Vulgata** (llamada hoy **Biblia Católica**) no es, como se cree "el primer libro" producido mecánicamente, el primer documento impreso mecánicamente fue el *"Misal de Constanza"*, en **1449**, por Gutenberg también.

Aun así **La Biblia** es la obra por la cual **Johannes Gutenberg** es reconocido mundialmente y simboliza no sólo el comienzo de la "Edad de la Imprenta" pero también; los primeros pasos de la **revolución industrial**.

Primera página del libro de Génesis
Biblia de 42 líneas (Mazarino), por **Johannes Gutenberg**, c. **1455**

Sección V - Historia de la Biblia 182

¿Cómo se dividió la Biblia en capítulos y versículos?

Cuando los libros de a Biblia fueron escritos en los lenguajes originales (hebreo y griego), no contenían separaciones entre las palabras, ni vocales, ni signos de puntuación, ni títulos de libro, mucho menos capítulos o versículos.

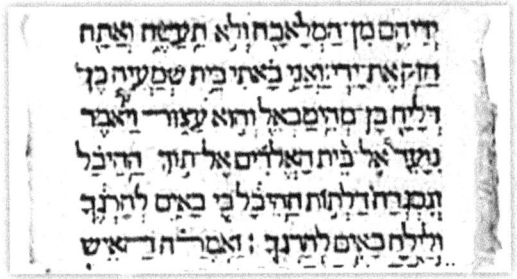

Manuscrito hebreo (Nehemías)   Manuscrito griego (Juan)

La Biblia fue dividida en capítulos y versículos para ayudarnos a encontrar citas con mayor rapidez y facilidad.

Ejemplo, es mucho más fácil encontrar "***Mateo capítulo 7, versículo 1***", que buscar en el libro completo la frase: "*No juzguen, para que no sean juzgados.*"

¿Cuándo y quién dividió la Biblia en capítulos y versículos?

Históricamente en la religión judía y cristiana sólo personas entrenadas (rabinos y sacerdotes), **podían manejar las Escrituras**, esto era debido a que **la Biblia era consideraba sagrada** y **no** para uso del publico.

Con la introducción de la impresa por **Johannes Gutenberg** (Alemania), en el **siglo XV** (años 1400s), se hizo posible **la producción de libros en masa**, lo que permitió a muchos poseer una copia de la Biblia, sin embargo esta todavía no contenía un método práctico para buscar citas especificas. **[A]**

Aunque se hicieron varios intentos de dividir la Biblia en segmentos para facilitar su lectura, fue el método de **división en capítulos** iniciado **en 1226**, por **Stephen Langton**, profesor y arzobispo de Canterbury, Inglaterra, el cual fue adoptado más tarde por la Iglesia en Francia, y utilizado en la Biblia que se conoce como la Parisina, este método es usado en las Biblias modernas. **[B]**

Por otro lado, **Robert Estienne**, conocido como **Stephanus**, quien tenía un profundo conocimiento del griego, el latín y el hebreo y trabajó extensamente con la imprenta; **introdujo en 1551** el uso de la numeración de **versículos** en toda la Biblia, y fuel el primero en publicar las Escrituras completas en latín con **los versículos al margen** (no figuraban dentro del texto bíblico).

En 1565, el francés **Teodoro de Beza** inscribe los números de los versículos en el interior del texto mismo, este método es el usado en el presente. **[C] [D]**

La Biblia Protestante
La Vulgata después de la Reforma Protestante

Desde su canonización en **397 d.C.**, la **Biblia Vulgata** contenía **73 libros**, **El Antiguo testamento**, comprendía de **46**, incluyendo los **7 libros** llamados actualmente los **Deuterocanónicos**: *Tobit, Judit, I Macabeos, II Macabeos, Sabiduría, Eclesiástico y Baruc.* **[C]**

Aunque los libros (Deuterocanónicos) fueron escritos antes del nacimiento de **Jesucristo**, debido a que habían sido escritos en griego, los judíos señalaban que estos libros se identifican mucho con el Cristianismo y **el Mesías**, por esta razón, durante el **Concilio de Jamnia** (c. del **año 70 d.C.**), convocado por judíos, los libros **Deuterocanónicos** fueron excluidos de las Escrituras hebreas, en este mismo concilio también fueron rechazados todos los libros del **Nuevo Testamento. [D]**

Es así, que el judaísmo sólo reconoce como "**textos sagrados**" los documentos contenidos en el **Tanaj** (Biblia judía), **escritos únicamente en hebreo**.

1500 años después, durante la **Reforma Protestante**, la Biblia **Vulgata** es modificada por los reformadores, quienes deciden adoptar la antigua disposición que habían hecho los judíos en el **Concilio de Jamnia** y ellos también excluyen los **textos Deuterocanónicos** de la Biblia, con el tiempo, estas versiones serían llamadas **Biblias Protestantes**.

La versión más popular de la **Biblia Protestante** en español es la **Reina Valera**, aunque cada día más se traduce **la versión inglesa del Rey Jaime** o **Jacobo**, en inglés: *Authorized King James Version*, muy popular entre iglesias evangélicas latinoamericanas.

Es así, que en el **Antiguo Testamento** de la presente **Biblia protestante** sólo tiene **39 libros**, mientras que la Biblia de la **Iglesia Católica Romana** y la **Iglesia Católica Ortodoxa** aun se encuentran los mismos **46 libros** originales de la **Vulgata**.

El **Nuevo testamento** tanto católico como protestante tiene los mismos **27 libros** del Canon de la **Vulgata** original.

NOTA: La cantidad de libros en la **Biblia** de la **Iglesia Ortodoxa** es aún más amplio que el **canon** o Biblia Católica Romana, e incluyen los libros: *Salmo 151, la Oración de Manasés, el Libro III de Esdras y el Libro III de los Macabeos*, etc.

Aunque la imprenta existió por los últimos 5 siglos, el proceso de impresión de libros fue siempre muy caro, la facilidad de poseer una Biblia sólo se hace **posible hasta el siglo 20**, (1900s), donde la producción (en masa) de libros es **viable y económica**, por eso se puede decir que el uso de las Escrituras, de la manera que las tenemos y usamos en el presente; **Es un acontecimiento relativamente nuevo**.

La Biblia Cristiana Moderna

Está dividida en dos partes

El **Tanaj** llamado también **Biblia judía** y por cristianos **Antiguo Testamento** contiene solamente un conjunto de **24 libros**, todos escritos en hebreo, en cambio la Biblia Cristiana está compuesta por **dos partes**, siendo la primera **El Antiguo testamento**, que contiene **46 libros** que narran la historia de **pueblo de Israel** y los **pactos que Dios con los judíos**.

> *5 Ahora, pues, si das oído a mi voz y guardan mi pacto, vosotros seréis mi especial tesoro sobre todos los pueblos, porque mía es toda la tierra.*
> *6 Vosotros me seréis un reino de sacerdotes y gente santa". Estas son las palabras que dirás a los hijos de Israel.*
>
> ***AT Éxodo 19:5-6***

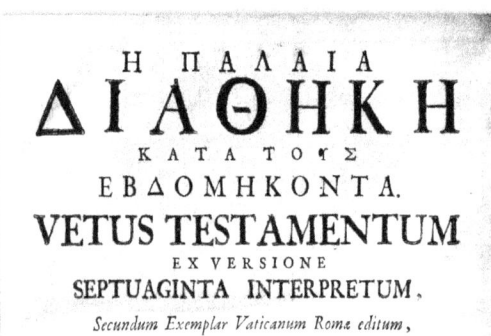

El *"**Vetus Testamentum**"*, que en español seria "**Viejo Testimonio**", es también llamado **Antiguo testamento**, de acuerdo al Pacto de Dios con Moisés en el Monte Sinaí, **AT *Éxodo 31:18***.

Esta es la primera "sección" de la Biblia; originalmente escrita en hebreo-arameo. Los judíos no aceptan a **Jesús** como **el Mesías**, debido a esto, ellos solamente reconocen el Antiguo Testamento.

La segunda parte es **El Nuevo Testamento** o **Pacto de Dios con el mundo entero**, un Pacto hecho por medio del sacrificio de **Jesús el Mesías**.

> *De tal manera amó Dios al mundo, que ha dado a su Hijo unigénito, para que todo aquel que en él cree no se pierda, sino que tenga vida eterna.*
>
> ***NT Juan 3:16***
>
> *Porque esto es mi sangre del nuevo pacto que por muchos es derramada para perdón de los pecados.*
>
> ***NT Mateo 26:28***

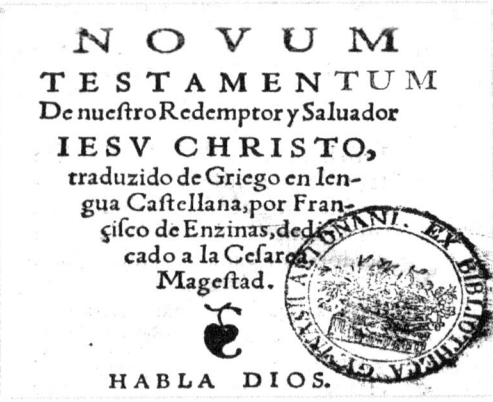

El "**Novum Testamentum**", en español: El **Nuevo Testamento**, es la segunda parte de la Biblia, y contiene **27 libros** escritos completamente en griego, la lengua franca en los tiempos de Jesús, esto es; el primer siglo.

Aunque la **Fe cristiana** reconoce ambos testamentos, el principal es el **Nuevo** ya que **contiene el Pacto** de **Dios hecho por medio de Jesucristo** para beneficio de la humanidad entera.

El Antiguo Testamento

El Antiguo Testamento, es la primera parte (el primer conjunto de libros) de la Biblia, y así como cambia la cantidad de libros entre la Biblia Católica y protestante; también varía la validez o interpretación de sus leyes y normas.

El Antiguo Testamento Cristiano original (Vulgata) comprende de **46 libros**, pero, después de la **Reforma** fueron excluidos los **libros Deuterocanónicos**, como resultado el **AT** de la Biblia Protestante consta de sólo **39 libros**.

Los judíos dividen los libros del **Tanaj** (Antiguo Testamento) en cuatro grupos: la **Torá** (llamado también "Pentateuco" o la Ley), **Ketubim** (libros históricos), **Sapienciales** (de Sabiduría), y los libros **Nebiim** (los Profetas).

Muchas congregaciones cristianas protestantes **creen erróneamente** que los estatutos del **Antiguo Testamento,** a veces llamada la "**Ley Mosaica**", fueron eliminadas por el **Nuevo Pacto**, contenido en **El Nuevo Testamento**, esta idea se apoya en las palabras del **Apóstol Pablo**.

> *6 Pero ahora tanto mejor ministerio es el suyo, cuanto es mediador de un mejor pacto, establecido sobre mejores promesas.*
> *7 Si aquel primer pacto hubiera sido sin defecto, ciertamente no se habría procurado lugar para el segundo,*
> **NT Hebreos 8:6-7**

La confusión nace en pequeñas discrepancias en el **Nuevo Testamento** el cual está **dividido en Dos Ministerios**; el de Jesús y el de Pablo de Tarso, como también de interpretaciones bíblicas durante la **Reforma Protestante**, cuando se deduce que en el **Concilio de Jerusalén** (*NT Hechos 15:1-29*), se anula "la Ley Mosaica", cuando verdaderamente lo que se acuerda es que los "Gentiles" **no necesitan convertirse al judaísmo para seguir a Jesús**.

En ningún momento Dios, Jesús, profetas, Apóstoles o la Biblia señalan que la "**Ley Mosaica**", fue abolida, el **Nuevo Testamento**, solamente **nos da la opción** de observar, o no, "**la Ley**". *NT Hechos 15:19*

En resumen, el **Antiguo Testamento** con sus enseñanzas y profecías funda los cimientos de los eventos que ocurrirían en el futuro y que se encuentran documentadas en el **Nuevo Testamento**.

Desde el primer libro; el **AT** prepara a los israelitas para la llegada del **Mesías** quien **se sacrificaría a Sí Mismo** por los pecados de los hebreos, así como por los pecados del mundo entero.

Los libros del **Antiguo Testamento**
Se dividen en cuatro categorías

1 Génesis	
2 Éxodo	**Pentateuco**
3 Levítico	Es el conjunto de los cinco primeros libros de la Biblia, escritos por (atribuidos) el patriarca hebreo Moisés, son llamados también "la Ley" o Torá.
4 Números	
5 Deuteronomio	

6 Josué	**Libros Históricos**
7 Jueces	Estos libros cuentan la historia del pueblo judío desde la muerte de Moisés hasta la rebelión Macabea contra el helenismo (griegos).
8 Rut	
9 I Samuel	
10 II Samuel	
11 I Reyes	Comprenden un período entre 1240 a. C. y 173 a. C. (unos 11 siglos) Desde la conquista de la Tierra Prometida por los hebreos hasta la lucha contra los griegos, los grandes conflictos históricos como la guerra contra Asiria, la invasión de los babilonios de Nabucodonosor II, la ascensión de los jueces como Rut y Sansón, los períodos monárquicos del rey Saúl, David y Salomón.
12 II Reyes	
13 I Crónicas	
14 II Crónicas	
15 Esdras	
16 Nehemías	
17 Tobías	
18 Judit	
19 Ester	
20 I Macabeos	
21 II Macabeos	

22 Job	**Libros de la Sabiduría (Sapienciales)**
23 Salmos	Libros escritos por sabios, probablemente sacerdotes, sus enseñanzas muestran el camino a seguir, conducta y la moral.
24 Proverbios	
25 Eclesiastés	
26 Cantares	
27 Sabiduría	
28 Eclesiástico	

29 Isaías	
30 Jeremías	
31 Lamentaciones	
32 Baruch	
33 Ezequiel	
34 Daniel	
35 Oseas	
36 Joel	**Libros Proféticos**
37 Amós	Estos libros son atribuidos a los profetas, es decir, a hombres inspirados por Dios para hablar en su nombre y transmitir al pueblo sus enseñanzas.
38 Abdías	
39 Jonás	
40 Miqueas	
41 Nahum	
42 Habacuc	
43 Sofonías	
44 Hageo	
45 Zacarías	
46 Malaquías	

NOTA: Estos son los **libros canonizados originalmente** en el **año 397 d.C.**
Algunos de los libros no se encuentran en las **Biblias Protestantes**. (*Vea Pág. 198*)

Autores Del Antiguo Testamento

	Nombre en Hebreo	Biblia Católica	Biblia Protestante	El libro es atribuido a	Año escrito a.C.
1	Bereshit	Génesis	Génesis	Moisés	¿??? - 1445
2	Shemot	Éxodo	Éxodo	Moisés	1445 - 1405
3	Vayikra	Levítico	Levítico	Moisés	1405
4	Bamidbar	Números	Números	Moisés	1444 - 1405
5	Devarim	Deuteronomio	Deuteronomio	Moisés/Josué	1405
6	Yehoshúa	Josué	Josué	Josué	1404 - 1390
7	Shoftim	Jueces	Jueces	Samuel	1374 - 1129
8	Rut	Rut	Rut	Samuel	1150?
9	Shemuel	I Samuel	I Samuel	Samuel, David	1043 - 1011
10		II Samuel	II Samuel	David, Natán	1011 - 1004
11	Melajim	I Reyes	I Reyes	Miqueas, otros	971 - 852
12		II Reyes	II Reyes	Varios	852 - 587
13	Hayamim	I Crónicas	I Crónicas	Esdras	450 - 425
14		II Crónicas	II Crónicas	Esdras	450 - 425
15	Esdras	Esdras	Esdras	Esdras	538 - 520
16	Nehemías	Nehemías	Nehemías	Nehemías	445 - 425
17	Tobías	Tobías		Tobías	200?
18	Judit	Judit		¿?	200?
19	Ester	Ester	Ester	Mardoqueo	465
20		I Macabeos		¿?	140?
21		II Macabeos		¿?	130?
22	Iyov	Job	Job	Job	1470?
23	Tehilim	Salmos	Salmos	David, Salomón	1000
24	Mishlei	Proverbios	Proverbios	Salomón, Lemuel	950 - 700
25	Cohelet	Eclesiastés	Eclesiastés	Salomón (?)	935
26	Shir Hashirim	Cantares	Cantares	Salomón (?)	965
27		Sabiduría		¿?	80?
28		Eclesiástico		Sirácides	180?
29	Yeshayahu	Isaías	Isaías	Isaías	740 - 680
30	Yirmiyahu	Jeremías	Jeremías	Jeremías	627 - 585
31	Eijá	Lamentaciones	Lamentaciones	Jeremías	586
32		Baruch		Baruch (?)	100?
33	Yejezkel	Ezequiel	Ezequiel	Ezequiel	593-560
34	Daniel	Daniel	Daniel	Daniel	605-536
35	Hoshea	Oseas	Oseas	Oseas	710
36	Yoel	Joel	Joel	Joel	835
37	Amós	Amós	Amós	Amós	755
38	Ovadia	Abdías	Abdías	Abdías	840 ó 586
39	Yona	Jonás	Jonás	Jonás	760
40	Mija	Miqueas	Miqueas	Miqueas	700
41	Nahúm	Nahum	Nahum	Nahúm	663 - 612
42	Javakuk	Habacuc	Habacuc	Habacuc	607
43	Tzefania	Sofonías	Sofonías	Sofonías	625
44	Jagai	Hageo	Hageo	Hageo	520
45	Zejaria	Zacarías	Zacarías	Zacarías	520 - 518
46	Malaquías	Malaquías	Malaquías	Malaquías	450 - 600

El Nuevo Testamento

El Nuevo Testamento es la segunda parte y la más importante de la Biblia, compuesta por **27 libros canónicos** (autorizados por la Iglesia), todos los libros fueron escritos en **griego**, años **después de la crucifixión de Cristo**.

El Nuevo Testamento se divide en cinco partes:

1- **Evangelios** — Relatan el Ministerio de Jesucristo
2- **Hechos** — Libro histórico
3- **Epístolas Paulinas** — Relatan el Ministerio de Pablo de Tarso
4- **Epístolas Generales** — Cartas educacionales
5- **Apocalipsis** — Libro profético

En el principio, el Evangelio se predicaba oralmente, (sin escrituras) de la forma que lo hizo Jesús y sus Apóstoles, en lugares públicos, de casa en casa, de pueblo a pueblo, esta práctica fue continuada por otros discípulos sucesivamente durante los primeros cuatro siglos.

Pero, poco a poco morían los Apóstoles, y ya que existía el peligro de que con el tiempo o circunstancias (las persecuciones) se pudiera perder o aun peor; adulterar el Evangelio, entonces surge la necesidad de "guardar" las enseñanzas de Jesús, así se escriben **los Evangelios** (del griego *eu* "bueno", y *angel-ion* "mensaje") o **los primeros cuatro libros** del **Nuevo Testamento**.

Aunque existen muchos textos (libros) atribuidos a los Apóstoles de Jesús, incluyendo **los Evangelios** de **María Magdalena** y **Judas Iscariote**, estos no fueron canonizados por la Iglesia debido a su dudosa procedencia.

Así mismo, en las **recién fundadas iglesias** en Grecia y Asia Menor por el **Apóstol Pablo de Tarso**, surgían preguntas y controversias, sobre **cómo seguir las enseñanzas de Jesús** correctamente.

Debido al "legalismo humano", el Mensaje de Cristo de "*Amar a Dios y al Prójimo como a uno mismo...*" (**NT Marcos 12:30-31**), **no era suficiente**, ya que **la gente necesitaba** "leyes o normas más especificas" para obedecer.

Muchos predicadores entre ellos, los Apóstoles Santiago, Juan, Pedro y en especial Pablo de Tarso trataban de complementar "esa necesidad humana", por medio de consejos e instrucciones, algunas de estas en forma de cartas o epístolas (del griego *epistolē*, que significa "carta", "mensaje").

Cuatro siglos más tarde, tras un largo proceso en el cual la Iglesia recorrió el mundo coleccionando cientos de manuscritos, evaluando y verificando la legitimidad de estos; se decide durante el **Concilio de Cartago (397 d.C.)** incluir con los **Evangelios** también estas cartas.

Sección V - Historia de la Biblia 189

Los libros del **Nuevo Testamento**
Se dividen en cuatro categorías

	Libro	Es atribuido a	
1	Mateo	Mateo El Evangelista	**El Ministerio de Jesús** Llamados también los **Cuatro Evangelios**
2	Marcos	Marcos El Evangelista	
3	Lucas	Lucas El Evangelista	
4	Juan	Juan El Evangelista	
5	Hechos de los Apóstoles	Lucas El Evangelista	**Libro Histórico** Narra eventos del Concilio de Jerusalén y como Santiago, Pedro y Pablo se distinguen como lideres de la Iglesia
6	Romanos	Pablo De Tarso	**El Ministerio de Pablo de Tarso** Introdujo el Evangelio a los gentiles fuera de Israel después de su conversión. Estas cartas conocidas como "Epístolas Paulinas" dirigidas a iglesias fundadas durante sus viajes misioneros. El objetivo de las cartas es dar instrucciones a los cristianos sobre el modo de comportarse.
7	1ra Corintios	Pablo De Tarso	
8	2da Corintios	Pablo De Tarso	
9	Gálatas	Pablo De Tarso	
10	Efesios	Pablo De Tarso	
11	Filipenses	Pablo De Tarso	
12	Colosenses	Pablo De Tarso	
13	1ra Tesalonicenses	Pablo De Tarso	
14	2da Tesalonicenses	Pablo De Tarso	
15	1ra Timoteo	Pablo De Tarso	
16	2da Timoteo	Pablo De Tarso	
17	Tito	Pablo De Tarso	
18	Filemón	Pablo De Tarso	
19	Hebreos	Pablo De Tarso	
20	Santiago	Santiago El Justo	**Epístolas Generales** Cartas de instrucción general
21	1ra Pedro	Simón Pedro	
22	2da Pedro	Simón Pedro	
23	1ra Juan	Juan El Evangelista	
24	2da Juan	Juan El Evangelista	
25	3ra Juan	Juan El Evangelista	
26	Judas	Judas Tadeo	
27	Apocalipsis	Juan De Patmos	**Libro Profético** Es el único libro profético del NT, narra eventos que ocurrirán antes del regreso de Cristo

Los libros Deuterocanónicos

Los **Deuterocanónicos** contenidos en la**s Escrituras originales hebreas**, llamada por expertos la **"Biblia de los LXX"**, (de los 70) o la **"Septuaginta"**, porque fue traducida por 70 Rabinos cerca del año **280 antes de Cristo**. **[A]**

Una versión griega de la **Biblia de los 70**, era usada por comunidades **judías** de la "Diáspora", estos son "los judíos regados por el mundo", estaba escrita en griego debido a que esta era la **lengua franca** en esa época.

Durante los primeros siglos, el cristianismo y el judaísmo no se habían separado oficialmente, y creyentes de las dos religiones que vivían fuera de Israel utilizaban solamente los papiros de la **Biblia de los 70**, ahora conocida como el **Canon Alejandrino**, o Biblia judía en griego. **[B]**

Por otro lado, los judíos en **Israel**, utilizaban la misma Biblia (de los 70), pero esta se encontraba completamente en hebreo, estos textos son llamados ahora el **"Canon Palestinense"**. **[C]**

Poco después de la destrucción del **Templo en Jerusalén**, en el **año 70 d.C.**, el rabino *Yochanan ben Zakai*, convocó el **Concilio de Jamnia**, con el objetivo de eliminar las "influencias ajenas al judaísmo". **[D]**

El objetivo del concilio era **excluir todo texto que no estaba escrito en hebreo**, sobre todo, **los documentos en griego** y especialmente relacionados con la Fe Cristiana, como los **Deuterocanónicos** y los del **Nuevo testamento**. **[E]**

Entre los textos rechazados (incluyendo los **Libros Deuterocanónicos**) por los judíos durante el **Concilio de Jamnia**, están:

- El Libro de Tobías o Tobit
- Las adiciones griegas al Libro de Ester
- El Libro Eclesiástico, Sirácida
- Adiciones griegas al Libro de Daniel
- El Himno de los tres jóvenes
- La Historia de Bel y el Dragón
- El Libro I de los Macabeos
- El Libro de Judit
- El Libro de la Sabiduría
- El Libro de Baruc
- La Carta de Jeremías
- La Oración de Azarías
- La Historia de Susana
- El Libro II de los Macabeos
- **Todos los libros en griego incluyendo el Nuevo Testamento**

La **Vulgata**, conocida en el presente como **Biblia Católica**, incluye los libros **Deuterocanónicos**, sin embargo, los líderes de la **Reforma Protestante** decidieron adoptar la decisión de los judíos en el **Concilio de Jamnia** y rechazaron también los **Deuterocanónicos**, pero a diferencia de los judíos, los protestantes si aceptaron los libros (griegos) del **Nuevo Testamento**.

Libros apócrifos de la Biblia

Los libros **Apócrifos** del latín *apócryphus*, en español: "escondidos", son libros **NO canonizados** en el **Concilio de Cartago** del **año 397 d.C.**

Algunas congregaciones protestantes en el presente consideran "**apócrifos**" también los libros **Deuterocanónicos**, sin embargo los **textos Apócrifos** es un **grupo de libros completamente diferente**.

Los textos apócrifos, aunque eran escritos destacados en muchas comunidades cristianas, son libros de los cuales no se pudo **comprobar su legitimidad**, y fueron rechazados por la Iglesia durante la canonización de las Escrituras.

En las últimas décadas del **siglo 20** (1900s), se hicieron varios descubrimientos de antiguos manuscritos, entre los más destacados son los de **Nag Hammadi** en Egipto **[A]**, y los **Rollos del Mar Muerto [B]**, en Palestina, estos incluyen numerosos textos Bíblicos.
Teólogos creen que estos documentos fueron creados por el movimiento **Gnóstico**, considerado herético por la Iglesia en aquellos tiempos. **[1]**

Según expertos, los manuscritos fueron creados en los primeros siglos del cristianismo, algunos de los libros documentan **el Ministerio de Jesús**, su **crucifixión** y **resurrección** y aun **su infancia**. **[2]**

Durante algún tiempo, algunos de los manuscritos fueron vistos como **canónicos** por comunidades judías y cristianas primitivas, aun algunos influyeron en otros textos bíblicos y celebraciones eclesiásticas. **[3]**

Aunque teólogos indican que la diferencia entre los "**Evangelios apócrifos**" con los "**Evangelios canónicos**", no es significativa y que los apócrifos en general no aportan nada de sustancia a la Fe de los creyentes, sin embargo, ellos señalan que estudiar estos documentos puede ser útil para conocer el pensamiento, comportamiento y la forma de expresar la Fe que tuvieron ciertos grupos judíos, cristianos en esa parte especifica de la historia. **[D]**

La Iglesia Católica rechazó estos textos debido a su dudosa procedencia o porque se creía pertenecían al movimiento **Gnóstico** cristiano, un movimiento considerado "herético".

Aun así, el Vaticano ha publicado en diferentes ocasiones, a través de la **editorial Católica** estos documentos con el titulo: *Los Evangelios Apócrifos*.

Existen más de **50 de estos documentos**, y están clasificados en cuatro grupos principales, los siguientes son los más notables:

Lista de Libros **Apócrifos** del **Nuevo Testamento**
No Canonizados

Evangelios del Ministerio de Jesús

- Evangelio de Pedro
- Evangelio Secreto de Marcos
- Evangelio de los Hebreos
- Evangelio de los Ebionitas
- Evangelio de Ammonio
- Evangelio Apócrifo de Galilea
- Evangelio de Taciano
- Evangelio de Bernabé
- Evangelio del Pseudo-Santiago
- Evangelio Cátaro del Pseudo-Juan
- Evangelio de los Nazarenos
- Evangelio del Salvador
- Evangelio de la Muerte de Pilato
- Otros más

Evangelios de la Natividad e Infancia de Jesús

- Evangelio Árabe de la Infancia
- Evangelio de Santiago
- Evangelio del Pseudo-Mateo
- Evangelios de la Infancia de Tomás
- Evangelio Armenio de la Infancia
- Evangelio de la Natividad de María

Evangelios Gnósticos

- Evangelio de Felipe
- Evangelio de Marción
- Evangelio de los Egipcios
- Evangelio Apócrifo de Juan
- Evangelio de Tomás
- Evangelio de María Magdalena
- Evangelio de Valentín o de la Verdad
- Evangelio de Judas Iscariote

Otros Textos Rechazados del Ministerio de Pablo de Tarso

- Hechos de Pablo y Santa Tecla
- Apocalipsis de Pablo
- Apocalipsis de Pablo (Cóptico)
- Hechos de Pedro y Pablo
- Oraciones del Apóstol Pablo
- Epístola de Séneca el Joven

Los libros perdidos de la Biblia

A pesar de que la Iglesia efectuó por más de 300 años, una extensa búsqueda alrededor del mundo de Textos Sagrados (judíos y cristianos), fue imposible encontrar ciertos libros que **las Escrituras mencionan o hacen referencias**, lo más probable es que estos documentos (libros) estén perdidos, quizás para siempre. **[A]**

En algunos casos, aun libros mencionados en las Escrituras como lo es las *"Profecías de Enoc"*, aunque la Iglesia lo poseía, no se incluyó en la Biblia por ser considerado **apócrifo**, o sea, es parte de los libros que no se creían fuesen legítimos y por eso mismo; no fueron canonizados. **[B]**

El libro "**Profecías de Enoc**", por ser mencionado en la Biblia (***NT Judas 1:14***), es aceptado en el canon de la Iglesia Ortodoxa de Etiopia en África, fundada por **Felipe El Evangelista** según el Nuevo Testamento. ***NT Hechos 8:26-40***

A pesar de que algunos críticos ponen **en duda la integridad de la Biblia**, debido a la exclusión de algunos libros, entre estos los citados en las Escrituras, sugiriendo que la Iglesia Católica hizo "esos cambios" o destruyó deliberadamente manuscritos para "justificar sus dogmas", otros aun señalan que las Escrituras que tenemos ahora, fueron traducidas erróneamente y de forma arbitraria de los idiomas originales (hebreo, arameo y griego).

Por supuesto, estos críticos nunca han logrado probar sus presunciones.

La mayoría de teólogos y expertos bíblicos están de acuerdo de que la Biblia se ha conservado sin cambios importantes hasta nuestros días, a pesar de las numerosas traducciones a varios lenguajes.

Lista de Libros Perdidos
Mencionados en la Biblia

La siguiente lista, muestra los **Libros Perdidos** que NO forman parte de nuestra Biblia en la actualidad, excepto en algunos casos como el de ***Enoc***.

Libros Perdidos del Antiguo Testamento

Nombre del Libro	Cita Bíblica que lo menciona
El libro del Pacto (Alianza)	Éxodo 24:7
Las Batallas De Yahveh	Números 21:14
El libro de Jaser	Josué 10:13 & 2 Samuel 1:18
Un libro guardado delante de Yahveh	1 Samuel 10:25
Hechos De Salomón	1 Reyes 11:41
Las Crónicas Del Vidente Samuel	1 Crónicas 29:29
Las Crónicas Del Profeta Natán	1 Crónicas 29:29
Las Crónicas Del Vidente Gad	1 Crónicas 29:29
Profecías De Ahías	2 Crónicas 9:29
La Profecía Del Vidente Iddo	2 Crónicas 9:29
El Profeta Semaías	2 Crónicas 12:15
Las Palabras de Jehú	2 Crónicas 20:34
Hechos De Uzías	2 Crónicas 26:22
Las Actas De Los Reyes De Israel	2 Crónicas 33:18
Las Palabras De Los Videntes	2 Crónicas 33:19
Un Libro Hablado Por El SEÑOR a Jeremías	Jeremías 36:1-4
Libro De Jeremías contra la maldad de Babilonia	Jeremías 51:60
Un Libro De Memorias (Recuerdos)	Malaquías 3:16

Libros Perdidos del Nuevo Testamento

Nombre del Libro	Cita Bíblica que lo menciona
Una Epístola anterior a la "Primera" de Corintios	1 Corintios 5:9
La Epístola con "con lágrimas" para los Corintios	2 Corintios 2:4
Una Epístola anterior a los Efesios	Efesios 3:3-5
Epístola de Pablo a los Laodicenses (Laodicea)	Colosenses 4:16
Las Profecías De Enoc	Judas 1:14

La Primera Biblia En Español

La Primera **Biblia Católica** en Castellano

La primera **Biblia del mundo** fue la **Vulgata**, instituida en el **año 382 d.C.**, **completamente en latín**, la lengua franca en el mundo por siglos.

La primera versión de las **Escrituras en Castellano** fue la **Biblia Alfonsina**, traducida (de la Vulgata) y publicada en **año 1260 d.C.**, **[A]** y aunque esta versión fue popular en el reinado de Castilla, (al Norte de la presente España) sin embargo, el idioma castellano no era el lenguaje oficial en la península ibérica, ya que esta estaba dividida en varios reinados con sus correspondientes dialectos.

Se cree que hubo otra traducción años antes a la **Alfonsina**, la biblioteca del **Monasterio de El Escorial**, posee fragmentos de esta versión también en castellano, teólogos la nombran la **Biblia Pre-Alfonsina**. **[B]**

La **Biblia Alfonsina** fue publicada gracias a la ayuda de **Alfonso X**, llamado **El Sabio**, quien fue **rey de castilla** durante los **años 1252** y **1284**, es de ahí, que la Biblia lleva su nombre, la trascripción se llevó a cabo en la **Escuela de Traductores de Toledo**. **[C]**

De esta versión publicada en **1260 d.C.**, hubo otras traducciones y revisiones en los años 1420, 1430, 1543, 1553, 1556. **[D]**

Otras antiguas traducciones de la Biblia en Castellano			
Año	Versión	Traductor	Notas
1430	**Biblia de Alba**	El Rabino José Mosés Arragel	Contiene el Antiguo Testamento traducido del hebreo.
1478	**Biblia de Ferrer**	Bonifaci Ferrer	La primera Biblia en español traducido del latín (Vulgata)
1553	**Biblia de Ferrara**	Duarte Pinel y Jerónimo de Vargas	Contiene el Antiguo Testamento traducido del hebreo.

Además de las Biblias completas, también existen varias versiones parciales que fueron publicadas por separado del **Viejo** y **Nuevo Testamento**, así como también libros individuales.

Cuando la **Biblia Alfonsina** fue publicada, todavía faltaban varios siglos para que ocurriera la **Reforma Protestante**, debido a esto; todas las versiones de estas Escrituras son consideradas en el presente como **Biblias Católicas**.

Biblia Alfonsina
Publicada en Castellano, en 1260 d.C.

1260Lc
EVANGELIO SEGÚN SAN LUCAS (EDICIÓN DE 1260 DEL REY ALFONSO X, EL SABIO)

LUCAS 1

5 En los dias de Herodes el rey de Iudea, fue un sacerdot que ouo nombre Zacharias, de la uez de Abias, e auie mugier de las fiias de Aaron, e auie nombre Helisabeth.
6 Eran amos derechureros ante Dios, andando en todos los mandamientos de Dios e en los derechos sin querella.
7 E no auien fiios, por que era Helisabeth mannera, e amos eran uieios.
8 E Zacharias, usando de su officio en la orden de su uez delante Dios,
9 segund la costumbre del sacerdocio, salio por suerte a poner el acienso, e entro en la casa de Dios.
10 E tod el pueblo estaua fuera orando a la hora del acienso.
11 E apparecio el angel de Dios a Zacharias, a diestro del altar del acienso.
12 E Zacharias, quandol uio, ouo miedo.
13 E dixol el angel: Non temas, Zacharias, ca oyda es tu oracion e tu ruego, e tu mugier Helisabeth te parra un fiio, e pornas le nombre Iohan.
14 E auras gozo e alegria, e gozar san muchos en el so nacimiento.
15 Ca el sera grand delante Dios, e non beura uino ni cidra, e sera lleno de Spiritu Sancto en el uientre de su madre.
16 E a muchos de los fiios de Israel conuertira a Dios, el Sennor dellos.
17 E el andara ante del en el espiritu e en la uertut de Helyas, por que torne los coraçones de los padres en fiios, e los descreyentes a la cordura de los iustos, apareiar a Dios pueblo acabado.
18 E dixo Zacharias al angel: ¿Cuemo sabre yo esto? Yo so uieio e mi mugier uieia.
19 Recudiol el angel e dixol: Yo so Gabriel, que esto delante Dios, e so enuiado a ti dezir esto.
20 E tu seras mudo, e no fablaras fastal dia que esto sea, por que non crouiste las mis palauras, que seran complidas en so tiempo.
21 El pueblo atendie a Zacharias, e marauillauan se por que tardaua el en el templo.
22 E quando salio no les pudo fablar, e entendieron que uision uiera en el templo; e fazie les el sennales, e non podie fablar.
23 E quando fueron complidos los dias de su seruicio, fues pora su casa.
24 Depues daquestos dias enprenno se Helisabeth su mugier, e encubrio se cinco meses,
25 e dizie: Ca assi me fizo Dios mercet en los dias, que cato de tirar la mi honta entre los ombres.
26 Mas en el seseno mes enuio Dios el angel Gabriel a una ciudat de Galilea que a nombre Nazareth,
27 a una uirgin desposada con un ombre de la casa de Dauid que auie nombre Ioseph; e a la uirgin dizien Maria.
28 Entro el angel a ella e dixol: Dios te salue, llena de gracia; Dios es contigo: benita eres tu entre las mugieres.
29 E quand ella esto oyo, fue espantada en la palaura del, e pensaua que saludamiento era aquel.
30 E dixol el angel: Non temas, Maria, ca falleste gracia esquantra Dios.
31 Euas que concibras en to uientre, e parras un fiio, e pornas le nombre Ihesus.

Nuevo Testamento, Lucas 1:5-31

La Primera **Biblia Protestante** en Español

A principios del siglo 16 (1500s) se traduce la primera **Biblia para iglesias protestantes**; llamada "***Biblia del Oso***", por el dibujo de un oso en su portada.

Fue traducida y publicada en **1569 d.C.** por **Casiodoro de Reina. [A]**

Esta versión contiene todos los libros incluidos en la **Vulgata**.

Casiodoro de Reina (1520-1594), fue un monje católico en el monasterio Jerónimo de San Isidoro del Campo de Sevilla.

En sus viajes a Francia y Alemania tuvo contactos con **el luteranismo** y se convirtió en partidario de **la Reforma**.

Grafica: **Portada de La Biblia Del Oso**

Poco después, el monje español **Cipriano de Valera**, inició la primera revisión de la "**Biblia Del Oso**" en el año **1602. [B]**

La versión de Valera fue para adaptar la Biblia a la **teocracia ginebrina**, o sea la **doctrina calvinista francesa**, que requería un orden diferente de libros, entre estos; excluir todos los libros **Deuterocanónicos** del **Viejo Testamento**, para estar de acuerdo a la **nueva doctrina protestante**.

Esta versión de **Cipriano de Valera**, fue llamada la "**Biblia del Cántaro**", en el presente es conocida como **Reina-Valera**.

De esta versión se han hecho revisiones en 1862, 1909, 1960, 1975, 1995 y 2000. **[C]**
La Biblia Reina-Valera es publicada por las **Sociedades Bíblicas Unidas** y es una de las ediciones que tiene más aceptación en las **iglesias protestantes hispanas**.

Grafica: **Portada de La Biblia Del Cántaro**

Sin embargo, muchas congregaciones de habla española tienden cada día más a reemplazar la **Reina-Valera** con la versión de la Biblia publicada por el **rey Jaime de Inglaterra** en **1611**, llamada "***King James Bible***" o **KJB**.

La diferencia entre la Biblia
Católica y Protestante

Esta es una de las preguntas más frecuentes entre cristianos en el presente, y **curiosamente muchos de nosotros**, **no lo sabemos**.

Otros erróneamente diferencian a las Escrituras como: **Biblia Católica** o **Biblia Cristiana**, como si fueran diferentes creencias, cuando lo apropiado seria; Biblia **Católica** y **Biblia Protestante**. **[A]**

Recordemos que lo que conocemos ahora como **la Biblia**, es una recopilación de las **Escrituras Sagradas**, las cuales la Iglesia Católica **coleccionó**, **evaluó** y posteriormente **canonizó** durante el **Tercer Concilio de Cartago** en el **año 397 d.C.**, en un largo proceso que tomó siglos y que culminó con los textos (papiros), seleccionados y colocados en un solo tomo y lenguaje, hoy conocida por teólogos como la **Primera Biblia**, popularmente llamada **La Vulgata**. **[B]**

Las Primeras **Biblias Protestantes** aparecen **1200 años** después de **la Vulgata**, durante la **Reforma** ocurrida en el año **1517 d.C.**

Todas las versiones de la Biblia Cristiana que existen son copias de, o provienen directamente de **La Vulgata**, hoy conocida como la **Biblia Católica**.

Pero, ¿Cuál es la diferencia?

La diferencia es la cantidad de libros en el Antiguo Testamento.

Mientras la **Biblia Católica** tiene la cantidad original de libros canonizados en el **397 d.C.**, o sea **46 libros**, que incluye los textos **Deuterocanónicos** los cuales fueron excluidos por líderes de la **Reforma Protestante de 1517**, al traducir su propia versión de la **Biblia**, hoy llamada "**Protestante**." **[C]**

Entre los textos rechazados por los protestantes están: **Eclesiástico**, **Tobías**, **Judit**, **Sabiduría**, **1** y **2 Macabeos**, **Baruc**, y partes de **Ester**, y **Daniel**. **[D]**

Estos libros eran parte del **Tanaj** (Antiguo Testamento), pero debido a que el rabino *Yochanan ben Zakai*, creía que estos textos por estar escritos en griego estaban "contaminados" con elementos extranjeros y en especial de "ideas cristianas" y es por esto que el rabino ben Zakai convoca **El Concilio de Jamnia** en un intento de "limpiar y depurar" el judaísmo de las influencias extrañas y sobre todo la secta de los **Nazarenos** (Cristianos).

La decisión tomada en el concilio es de únicamente aceptar textos en hebreo, así los libros **Deuterocanónicos** y todos los del **Nuevo Testamento** son **excluidos por haber sido escritos en griego**, curiosamente durante la **Reforma**, los protestantes adoptan la decisión que los judíos habían tomado siglos antes y eliminan también los libros Deuterocanónicos, es debido a esto que el **Antiguo Testamento** de la **Biblia Protestante** sólo contiene **39 libros**.

Es ésta la diferencia entre la Biblia Católica y Protestante.

El Concilio de Jamnia

El Concilio de Jamnia, fue un congreso convocado para depurar el judaísmo y eliminar todo rasgo e influencias **del movimiento mesiánico** (cristiano), fue dirigido por el rabino Yochanan ben Zakai, cerca del **año 90 d.C.**, en lo que ahora es la presente comunidad de **Yavne**, Israel. **[A]**

Teólogos teorizan que el motivo principal de este concilio **era contrarrestar** el **Evangelio de Cristo** que se expandía dentro de la Fe judía, y establecer el **Tanaj** (Biblia hebrea), como el único documento oficial del judaísmo.

No se aceptan ninguno de los textos griegos

El Concilio de Jamnia se llevó a cabo poco después de **la destrucción** del **Templo de Jerusalén**, ejecutada por los romanos en el **año 70 d.C.**, esto es sólo **37 años más tarde** de **la crucifixión de Jesús** y exactamente **como Él lo había profetizado**. *NT Mateo 24:1-2; Marcos 13:1-2*

La causa mayor del **Concilio de Jamnia** fue porque sacerdotes (rabinos) judíos **se oponían firmemente al Mensaje de Jesús**, el cual según los religiosos hebreos, no observaba y estaba en contra de las reglas y estipulaciones bíblicas, además la secta Nazarena (cristiana) se había contaminado con influencias gentiles, sobre todo griegas.

En **el primer siglo** (tiempo de **Jesús**) existían dos conjuntos de textos sagrados considerados "oficiales", uno era el **Canon Palestinense [B]**, escrito **completamente en hebreo** y utilizado **por judíos de Israel** (Palestina), y el otro era el **Canon Alejandrino [C]**, el cual **había sido traducido al griego** para el uso de judíos en la **Diáspora** o judíos que vivían "dispersos" por el mundo, quienes en general hablaban griego.

Sin embargo, el **Canon Alejandrino** era criticado por judíos en Israel por considerarlo **"influenciado por creencias ajenas"**.

El concilio **decide aceptar como legítimo** solamente el **Canon Palestinense**, y únicamente los textos que se remontan **hasta el profeta Esdras nada más**. Entre los libros excluidos (escritos después de Esdras) está el libro de **Daniel**, los **libros Deuterocanónicos** (Tobías, Judit, Baruc, I y II Macabeos, etc.), como también todos los libros del **Nuevo Testamento**. **[D]**

Hubo muchos debates sobre la decisión de descartar estos libros, debido a las diferencias teológicas; en el **Concilio de Jamnia** no se permitió la participación de comunidades judías radicadas fuera de Israel (la Diáspora), entre ellas las de Grecia, Alejandría (Egipto), y Asia Menor.

Durante la **Reforma Protestante** del **siglo 16** (años 1500s), los reformadores decidieron adoptar la decisión de los judíos durante el **Concilio de Jamnia**, sin embargo, aunque los **protestantes** excluyeron los libros **Deuterocanónicos** de sus Biblias; si reconocieron los textos del **Nuevo Testamento**.

Las diferentes versiones y traducciones de la Biblia moderna

Desde el **año de su publicación** (397 d.C.) hasta aproximadamente **el año 1600**, la Biblia **Vulgata** fue **la única versión** usada por los **Cristianos del mundo**, sin embargo con la invención de la imprenta en **1450**, se comienzan a traducir otras versiones de la Biblia (Protestantes) y en lenguajes locales. **[A]**

Es la invención de **la imprenta** la que permitió al pueblo la posibilidad de poseer una Biblia, como también la oportunidad de examinar el Evangelio en detalle (escudriñarlo), esta experiencia le faculta a la gente evaluar algunas de las "**extraviadas prácticas**" de la Iglesia Católica, lo que ultimadamente incitó la **Reforma Protestante**.

La posesión de la Biblia también introdujo otro nuevo e inesperado problema: **la interpretación de tipo personal** (individual) **de la Biblia**.

La **Reforma Protestante fue un noble y legitimo intento** de depurar el desvió del Evangelio de parte de algunos lideres de la Iglesia Católica.
Sin embargo, tan pronto comenzó el movimiento, **así mismo se desarticuló** en muchas facciones (denominaciones), estas circunstancias son producidas debido a la **interpretación personal** (o de grupo) **de la Biblia. [B]**

Esta "**interpretación personal**" por los lideres reformadores, **provoca una ola de desacuerdos**, **opiniones** y **creencias**, algunas de estas discrepancias eran tan graves e intolerantes, que resultaron en una completa separación teológica y el consecuente brote de docenas de diferentes congregaciones cristianas, una circunstancia que aun ahora; **5 siglos después**, es todavía muy fuerte y el motivo principal del **explosivo surgimiento de miles de denominaciones cristianas**.

Las versiones nuevas de la Biblia

Debemos reconocer que es imprudente leer un documento y tomar de forma literal su significado sobre todo si este **es una traducción de una traducción**, ya que las variaciones en el significado de palabras de un lenguaje a otro **nunca será exacto**, esto es aun mucho más difícil si el texto que ha sido traducido es antiquísimo, **como es el caso de la Biblia**.

Y aunque las versiones modernas de la Biblia son traducidas por expertos en hebreo, griego o latín antiguo, aun así, debido a la variación de **semántica** (*significado de palabras*), de cada idioma en los pasados 20 siglos; **es imposible asegurar que una traducción es cien por ciento fiel**.

Aun para leer una **Biblia Vulgata del año 1200**, expertos en latín necesitan usar herramientas especiales para lograr una reproducción correcta, sin estas sería imposible entender exactamente la ortografía, sintaxis, la gramática y la fraseología del lenguaje de ese siglo.

Por eso mismo, es necesario actualizar la Biblia por lo menos cada 40 años para mantenerlas dentro de contexto o significado actual.

Por ejemplo: los siguientes versículos **pertenecen a diferentes versiones** modernas de las Escrituras, pero fácilmente pueden ser "mal interpretadas", por el incorrecto uso de **sintaxis** (orden de palabras) o una simple traducción.

Ejemplo 1	Ejemplo 2
34 Les digo: En aquella noche estarán dos [hombres] en una cama; uno será llevado, pero el otro será abandonado.	*34 Les digo que en aquella noche estarán dos en una cama: el uno será tomado y el otro será dejado.*
Lucas 17:34	**Lucas 17:34**

Es obvio que **el primer ejemplo no implica una pareja homosexual** o algo similar, en cambio, **el ejemplo 2** es la traducción **más apropiada**.
Así mismo, hay centenares de ejemplos en las diferentes versiones actuales.

George M. Lamsa (1892-1975), un experto en **arameo**, el **lenguaje de Jesús**, planteó que algunos libros del **Antiguo Testamento** y todos los del **Nuevo** habrían sido escritos originalmente en **Peshitta Sirio Vulgata**, o sea **sirio popular**, y que posteriormente estos textos fueron traducidos al griego. **[C]**

Lamsa señalaba además que **el arameo fue la lengua común** y **literaria** de Siria, Palestina (*Israel*), Mesopotamia (*Babilonia-Irak*) y Asia Menor (*Grecia y Turquía*), y fue usado **400 años a.C.**, hasta el siglo **IX** (800 años) **d.C.**

Lamsa aseguraba que la versión actual del **Antiguo Testamento** o **Tanaj** fue originalmente escrito en sirio y por eso llamada **Biblia Peshitta**. **[D]**

La Biblia en el presente, según Lamsa, contiene más de mil errores de traducción, y señala como ejemplo el versículo que narra las últimas palabras de Cristo en la Cruz:

> *Cerca de la hora novena, Jesús clamó a gran voz, diciendo: «Elí, Elí, ¿lama sabactani?» (Que significa: «Dios mío, Dios mío, ¿por qué me has desamparado?»).*
>
> **NT Mateo 27:46**

Lamsa decía que la traducción correcta de "***Elí, Elí lama sabactani***" debía ser: "*¡Dios mío!, ¡Dios mío! ¡Mi destino ha sido cumplido!*".
Otro ejemplo, es la cita: "*Más fácil es pasar un camello por el ojo de una aguja, que entre un rico en el reino de Dios.*" **NT Marcos 10:25**
Según **Lamsa**, la palabra "***camello***" es errónea, siendo la correcta: "***lazo***".

Con el surgimiento del **legalismo religioso** en los últimos dos siglos y la existencia de las **diferentes versiones de la Biblia**, el "escudriñamiento" de estas ha fomentado **nuevas interpretaciones**, las cuales sólo han logrado provocar **más divisiones** en la Iglesia y la hermandad de creyentes en Jesús.

Es recomendable tener **dos o tres versiones diferentes de la Biblia**, para cotejar, corroborar y así tener una mejor comprensión de las Escrituras, y evitar errores "fuera de contexto" o de significado de "palabras."

Lista de Biblias en español (versiones)

Después de la Reforma Protestante (años 1500-1899)

- **"Nuevo Testamento"** de Francisco de Enzinas, **año 1553**. Traducción al castellano publicada en la ciudad de Ferrara, Italia.

- **"Nuevo Testamento"** de Juan Pérez de Pineda, **año 1556**. Traducción al castellano publicada en Venecia.

- **"Biblia del Oso"**, de Casiodoro de Reina, **año 1569**.

- **"Biblia del Cántaro"**, de Reina-Valera, **año 1602**. Se han hecho otras revisiones en 1862, 1909, 1960 y 1995.

- **"Biblia del padre Scío"**, de Felipe Scio de San Miguel, **año 1793**. Traducción al castellano de la Vulgata latina.

- **"Versión Moderna"**, por el doctor Enrique B. Pratt, **año 1893**. Publicada por la Sociedad Bíblica Americana.

- **"Biblia de Petisco-Amat"**, por José Petisco y Félix Torres Amat, **año 1825**. Traducción al castellano de la Vulgata Latina.

Algunas traducciones importantes del Siglo 20 (1900s)

- **"Nuevo Testamento"**, **año 1916**, versión hispanoamericana.

- **"Biblia Nácar-Colunga"**, **año 1944**. Publicada por la Biblioteca de Autores Cristianos BAC.

- **"Biblia Bóver-Cantera"**, **año 1947**.

- **"Nuevo Testamento"** de monseñor Straubinger, **año 1948**, publicado por el Club de Lectores en Buenos Aires, Argentina.

- **"Biblia de Jerusalén"**, **1966**, por la Escuela Bíblica de Jerusalén

- **"Biblia de Editorial Labor"**, **1968**, Traducción del italiano publicada por Editorial Labor.

- **"Biblia Edición Pastoral"** para Latinoamérica, **1972**, Traducida por un equipo dirigido por monseñor Ramón Ricciardi.

- **"Biblia de editorial Herder"**, **1975**, por Serafín de Ausejo.

- **"Nueva Biblia Española"**, **1976**, Traducción directa de los textos originales bajo la dirección de Luis Alonso Shöckel y Juan Mateos.

- **"Biblia Ínter Confesional"**, **1978**, por las Sociedades Bíblicas Unidas y la Biblioteca de Autores Cristianos, y la Casa de la Biblia.

- **"Dios Habla Hoy"**, (DHH) **1979**, Por Sociedades Bíblicas Unidas.

- **"La Biblia al Día"**, **1979**, por Sociedad Bíblica Internacional.

- **"Biblia el libro del pueblo de Dios"**, **1980**, Publicada en Argentina bajo la dirección de Armando Levoratti y A.B. Trusso.

- **"Nuevo Testamento"** de la Universidad de Navarra, **1983**, en latín-castellano.

- **"Biblia de las Américas"** (BLA), **1986**, por la Fundación Lockman.

- **"Biblia Casa de la Biblia"**, **1992**, Revisión hecha por un equipo dirigido por Santiago Guijarro y Miguel Salvador. Hay dos ediciones, una para España y otra para Latinoamérica.

- **"Biblia del Peregrino"**, **1993**, Versión realizada por un equipo de traductores dirigido por Alonso Schökel.

- **"Nueva Versión Internacional"**, (NVI), **1999**, Luciano Jaramillo es el editor y la publica la Sociedad Bíblica Internacional.

Algunas traducciones Siglo 21 (2000s)

- **"Nuevo Testamento"**, **2000**, de P. Ortiz, por Ediciones San Pablo.

- **"Palabra de Dios para Todos"** (PDT), **2000**, **2005**, Traducción realizada por el Centro Mundial de Traducción de la Biblia.

- **"Biblia traducción en lenguaje actual"**, (TLA), **2003**. Es una traducción de las Sociedades Bíblicas Unidas.

- **"Sagrada Biblia"**, **2004**, Publicada por la Facultad de Teología de la Universidad de Navarra

- **"Nueva Biblia de los Hispanos"**, publicada en el 2005.

- **"Nueva Traducción Viviente"**, (NTV), **2009**, por Tyndale House Publishers. El editor de esta versión es el lingüista Rafael Serrano.

Otras traducciones para uso exclusivo

Las siguientes son traducciones de las **Escrituras para el uso exclusivo** de la organización publicadora y sus congregaciones.

- **"El Libro del Mormón"**, **1830**, por Joseph Smith, para el uso de la *Iglesia de Jesucristo de los Santos de los Últimos Días*, publicado en Palmira, Nueva York, Salt Lake City, Utah y Missouri EE. UU.

- **"Traducción del Nuevo Mundo de las Santas Escrituras"**, **1963**. Traducción del inglés por la *Sociedad Watchtower*, para el uso de los *Testigos de Jehová*, publicada en Brooklyn, Nueva York, EE. UU.

Datos básicos sobre las Escrituras

Biblia proviene de la frase griega τὰ βιβλία τὰ ἅγια (**ta biblía ta háguia**), en español "los libros sagrados".

La palabra **Biblia** no es un término propio de la Fe cristiana, ya que fue empleada originalmente por los hebreos helenizados (greco-judíos), para referirse al **Tanaj** (Biblia Hebrea), mucho tiempo antes **del nacimiento de Jesucristo**, posteriormente la palabra (Biblia) fue adoptada por el cristianismo para referirse al conjunto de libros del **Antiguo** y **Nuevo Testamento.**

Biblia significa "*papiros*" y se origina del nombre de **Biblos** (Βύβλος), una ciudad en el presente **Líbano** al norte de Israel, Biblos fue un importante centro de producción de papiros en la antigüedad.

El papiro era un material similar al papel, fabricado de plantas acuáticas (semejantes al junco), en el presente la palabra *biblio-* se refiere en general a un conjunto de libros (*bibliotecas, bibliografía, etc.*).

Datos básicos de la Biblia Cristiana

La primera Biblia completa en **un solo tomo** y **canonizada** fue la "**Vulgata**", traducida al latín de los textos hebreos y griegos, y **publicada** durante el **Tercer Concilio de Cartago** en **el año 397 d.C.**

La palabra "Testamento" del latín "**testamentum**" significa "ley", "testimonio", se tradujo del griego "**diatheke**", que significa "decisión", "convenio". **Diatheke** fue traducida del hebreo "**berit**" que significa "pacto" o "alianza".

Nombre de la Escritura	No. de Libros	Usado por
El Antiguo Testamento (*original*)	**46 Libros**	Católicos
El Antiguo Testamento (*protestante*)	**39 Libros**	Protestantes
El Nuevo Testamento	**27 Libros**	Católicos y Protestantes
Tanaj, Biblia Judía (*Antiguo Testamento*)	**24 Libros**	Judíos*

El **Antiguo Testamento** de la Biblia (Vulgata) canonizada **en 397 d.C.**, contenía **46 libros,** sin embargo durante la **Reforma** de **1517 d.C.**, el movimiento protestante eliminó los **libros Deuterocanónicos**, debido a esto, el **Antiguo Testamento** (de la Biblia protestante) contiene **solo 39 libros**.

El Antiguo Testamento de la Biblia de la **Iglesia Católica Romana** todavía contiene los **46 libros** originales, por otro lado, la cantidad de libros del **Antiguo Testamento** de la Biblia de la **Iglesia Católica Ortodoxa** puede contener de **53** a **66 libros**, esto es; hasta **20 libros más que la Vulgata**.

Esto es en la Biblia judía actual, sin embargo la cantidad de libros varía según la sinagoga o al lugar de residencia de la comunidad hebrea.

Más datos básicos de la Biblia (Continuación)

- **La Biblia fue escrita** en un período de **1.500 años**, comenzando alrededor de **1450 a.C.** (en el tiempo de Moisés) y se completó en el año **100 d.C.** (después de la muerte y resurrección de Jesucristo).

- Teólogos creen que el **Antiguo Testamento** (Tanaj) fue escrito en hebreo, aunque las copias más antiguas se encuentran en griego, por otro lado expertos sostienen que el **Nuevo Testamento** fue escrito solamente en griego.

- Sin embargo el teólogo y experto en arameo; **George M. Lamsa** propone que **los Dos Testamentos** fueron escritos en **Peshitta**, un dialecto sirio-arameo

- Al momento de la **canonización de la Biblia**, (**Año 397 d.C.**) existían docenas de Escrituras que no fueron aceptadas (canonizadas) debido a la imposibilidad de probar su legitimidad, (entre estos están los libros apócrifos)

- La **primera Biblia** en un solo tomo fue publicada en Latín (**Año 397 d.C.**) y su nombre oficial es **Biblia Sacra Vulgata Ediotionis**, en español seria Biblia Sagrada edición popular o para divulgar.

- **La Biblia NO estaba** dividida en capítulos y versículos, fue en **1206 d.C.** que el **Arzobispo Esteban Langton**, la dividió en **capítulos** más o menos iguales.

- En **1240 d.C.** el Cardenal **Hugo de Sancto Caro** dividió cada capítulo de **Langton** en siete subdivisiones asignadas con las letras **A, B, C, D, E, F, G,** marcadas al margen. Este método fue utilizado sólo por unos trescientos años.

- En **1555 d.C.** el impresor **Robertus Stephanus** fue el primero en indicar **versículos** numerados al margen de la Biblia.

- En **1590 d.C. el Papa Sixto V** reconoce y hace oficial el método de división de la Biblia en "capítulos y versículos" desarrollado por **Langton-Stephanus**.

- **La Biblia ha sido traducida a 2,303 idiomas** y están en proceso de traducción a muchos más dialectos indígenas y otras lenguas.

- **La Biblia es el libro más vendido en la historia de la humanidad**, posee el mayor número de impresiones que cualquier otro libro.

- **La Biblia contiene** aproximadamente **773,693 palabras** y **31,102 versículos**.

- El libro más corto de toda la Biblia es **la Segunda Epístola de Juan**, (*NT 2 Juan*), Es una carta y contiene sólo un capítulo con trece versículos.

- Por el contrario, el libro más extenso es el libro de *AT Salmos*, contiene **150 capítulos**, el segundo es *Isaías*, con 66 capítulos.

- El capítulo más largo es el *AT Salmo 119*, y este libro también contiene el capítulo más corto; *AT Salmo 117.*

- El versículo más largo de toda la Biblia está en el libro de *AT Ester 8:9*.

- Los versículos más cortos son *AT Éxodo 20:13* y *NT Juan 11:35* (ambos versículos tienen 9 letras si consideramos la letra "LL" como una letra.

El Antiguo Testamento termina con una maldición *AT Malaquías 4:6*, en cambio;
El Nuevo Testamento con una bendición, *NT Apocalipsis 22:21*

Sección VI

"*Moisés descendiendo del Monte Sinaí*", por Gustave Doré (1832-1883)

El Antiguo Testamento

Y descendió Moisés del monte, trayendo en sus manos las
Dos tablas del Testimonio, tablas escritas por ambos lados; de uno
y otro lado estaban escritas.
AT Éxodo 32:15

El Antiguo Testamento
Pentateuco (La Ley)

El **Antiguo Testamento**, del latín **Vetus Testamentum**, de **Vetus**; "antiguo", "viejo" y **Testamentum**; "pacto", "convenio."

Aunque la palabra usada para referirse a "testamento" en el **hebreo** (original) es *berith*, que significa "convenio" o "pacto", los traductores de la Vulgata usaron el término **testamento** (testimonio), según la cita en *AT Éxodo 32:15*

La traducción de las Escrituras hebreas y griegas **en un solo tomo y lenguaje** (latín), fue comisionada por el **Papa Dámaso I** al cardenal **Jerónimo de Estridón** la cual fue canonizada y publicada como **Biblia Sacra Vulgata Editionis**, durante el **Concilio de Cartago** en el **año 397 d.C. [A]**

El **Antiguo Testamento** es la primera parte de la **Biblia Cristiana** y proviene de las Escrituras hebreas (judías) llamada **Tanaj**, la cual contiene un solo **Testamento**, el **Antiguo**; y este consta de **24 libros. [B] [C]**

A parte del **Tanaj**, los judíos poseen el **Talmud**, esta es una obra que recoge principalmente las discusiones rabínicas sobre leyes judías, tradiciones, costumbres, leyendas e historias de siglos pasados. **[D]**

El judaísmo considera al **Talmud** la **tradición oral** (Biblia hablada) mientras que la **Torá** (el Pentateuco) es considerada como tradición escrita.

El **Talmud** es una colección de historias que complementan y tratan de explicar o interpretar al **Tanaj** (Antiguo Testamento).

Los libros del **Antiguo Testamento** están divididos en cuatro categorías;

1. **Pentateuco**, o "cinco Libros", es llamado también "la Ley"
2. **Libros Históricos**
3. **Libros de la Sabiduría**, (Sapienciales)
4. **Libros Proféticos**

No todas las Biblias son iguales

En la **Biblia Vulgata** (Católica), el **Antiguo Testamento contiene 46 libros**, mientras que las Biblias de la **Iglesia Ortodoxa** varían de **46** hasta **66 libros [E]**, y las traducciones de la **Biblia Protestante** sólo contienen **39 libros. [F] [G]**

Los libros del **Antiguo Testamento**
se dividen en cuatro categorías

1	Génesis
2	Éxodo
3	Levítico
4	Números
5	Deuteronomio

Pentateuco (La Ley)
Es el conjunto de los cinco primeros libros de la Biblia, escritos por (atribuidos) el patriarca hebreo Moisés.

6	Josué
7	Jueces
8	Rut
9	I Samuel
10	II Samuel
11	I Reyes
12	II Reyes
13	I Crónicas
14	II Crónicas
15	Esdras
16	Nehemías
17	Tobías
18	Judit
19	Ester
20	I Macabeos
21	II Macabeos

Libros Históricos
Estos libros cuentan la historia del pueblo judío desde la muerte de Moisés hasta la rebelión Macabea contra el helenismo (griegos).
Comprenden un período entre 1240 a. C. y 173 a. C. (unos 11 siglos), desde la conquista de la Tierra Prometida por los hebreos hasta la lucha contra los griegos, relata los grandes conflictos históricos como la guerra contra Asiria, la invasión de los babilonios de Nabucodonosor II, la ascensión de los jueces como Rut y Sansón, los períodos monárquicos del rey Saúl, David y Salomón.

22	Job
23	Salmos
24	Proverbios
25	Eclesiastés
26	Cantares
27	Sabiduría
28	Eclesiástico

Libros de la Sabiduría (Sapienciales)
Libros escritos por sabios, probablemente sacerdotes hebreos, sus enseñanzas muestran el camino a seguir, conducta y moral.

29	Isaías
30	Jeremías
31	Lamentaciones
32	Baruch
33	Ezequiel
34	Daniel
35	Oseas
36	Joel
37	Amós
38	Abdías
39	Jonás
40	Miqueas
41	Nahum
42	Habacuc
43	Sofonías
44	Hageo
45	Zacarías
46	Malaquías

Libros Proféticos
Estos libros son atribuidos a los profetas, es decir, a hombres inspirados por Dios para hablar en su nombre y transmitir al pueblo sus enseñanzas.

NOTA: Estos son los **libros canonizados originalmente** en el **año 397 d.C.**
Algunos de los libros no se encuentran en las **Biblias Protestantes**. (*Vea Pág. 198*)

Libro No.
1
Génesis
Antiguo Testamento

Génesis, su nombre hebreo es **Bereshit**, que significa "en el principio". Génesis es una palabra griega que significa "origen", "creación", de la raíz **genus**; "genero", "gene", "genético", "clase".

Génesis es el primer libro del **Antiguo Testamento**, como lo es también en el **Tanaj** o Biblia hebrea, se le atribuye a **Moisés** y fue escrito **c. año 1445 a.C.** y es el primer libro del **Pentateuco, contiene 50 capítulos**.

> A los **primeros cinco libros de la Biblia se** les llama el **Pentateuco**, del griego **pentateuchos**; de **pente**, "cinco" y **téukhos**, "caja", "vasija", entonces Pentateuco sería en español: "cinco cajas o vasijas".
>
> El Pentateuco contiene los libros Génesis, Éxodo, Levítico, Números, Deuteronomio, que componen la **Torá** (Ley Mosaica), se cree que fue **Moisés** el autor de estos libros, los cuales son el núcleo del judaísmo.

Resumen del libro de Génesis

Génesis es la documentación de **cómo Dios creó el universo**, el planeta Tierra, y todo lo que existe en ésta, incluyendo **la humanidad**, el libro también narra el origen del pecado, la caída del hombre, como también la promesa de Dios para la salvación y redención. *AT Génesis 3:15*

Génesis introduce la mayoría de los principios sociales (morales) y doctrinas, la vida en familia, la corrupción en la sociedad y las naciones, las diferentes razas humanas, idiomas, etc.

Aunque Génesis habla del origen del universo, de la humanidad, etc., **no se describen los detalles sobre cómo Dios hizo la creación**, no se mencionan los elementos químicos, la matemática, física, átomos, ADN (DNA), gravedad o magnetismo, etc., y otros elementos que Dios utilizó para crear todo.

Por la fe comprendemos que el universo fue hecho por la palabra de Dios, de modo que lo que se ve fue hecho de lo que no se veía.
NT Hebreos 11:3

Contenido del libro de Génesis	Citas (Cap: Ver)	
Historia de los orígenes (*Universo y la Humanidad*)	**1**:11	**1**:32
Historia de los patriarcas	**12**:1	**50**-26
La historia de Abraham	**12**:1	**25**:34
La historia de Isaac	**26**:1-35	
La historia de Jacob	**27**:1	**36**:43
La historia de José	**37**:1	**50**:26

Libro No. 2	Éxodo
	Antiguo Testamento

Éxodo, su nombre original en hebreo es **Shemoth**, y significa "*nombres*".
Su nombre en griego **Exodos** significa "partida", "salida", cuando el libro fue traducido al latín se adoptó ese nombre, el cual se refiere a la salida del pueblo de Israel de Egipto, es parte del **Pentateuco**, y contiene **40 capítulos**.

Éxodo es el segundo libro del **Antiguo Testamento** y parte del Pentateuco, se le atribuye a **Moisés** y fue escrito entre el **año 1445** y **1405 a.C.**

Resumen del libro de Éxodo

Éxodo relata la vida de **Moisés y el sufrimiento de su pueblo** (hebreo) en esclavitud bajo el imperio egipcio, la Biblia relata que "Dios escuchó el gemido de ellos, y se acordó de su pacto con Abraham, Isaac y Jacob, y miró Dios a los hijos de Israel, y los reconoció." (**AT Éxodo 2:24-25**), Moisés le pide al faraón liberar a los judíos, este se rehúsa, y Dios de castigo manda las diez plagas, poco después los judíos salen de Egipto y llegan al **Monte Sinaí**, donde **Dios entrega** la **Ley Mosaica** la cual representa **el Pacto de Dios con Israel**, este es entregado a Moisés, (**AT Éxodo 19:5**), esta Ley es base del código moral de la civilización no sólo judía sino cristiana.

El propósito de este libro es mantener viva la memoria del pueblo hebreo de su origen como nación, su esclavitud de Israel en Egipto, su liberación y el viaje en búsqueda de la **Tierra Prometida**, es con este libro, que el judío adquiere conciencia de su unidad étnica, cultural y religiosa, por medio del patriarca Moisés, a quien Dios le entrega la ley o "Diez Mandamientos". *Éxodo 20:1-17*

El Nuevo Testamento hace referencia a muchos de los sucesos del **Éxodo**, por ejemplo; **Pablo** compara el evento donde **Moisés** conduce al pueblo de Israel a través del **Mar Rojo** con el **bautismo y la Eucaristía**. *NT 1 Corintios 10:2-4*

En el **Evangelio de Juan** se compara al **Mesías con Moisés**. *NT Juan 1:17*

También, en la Epístola a los **Hebreos**, se compara a la muerte como el éxodo de la vida hacia **el Cielo**, el sacerdocio cristiano con el hebreo, el sacrificio de Cristo con los eventos el del Sinaí y el Pacto antiguo con el Nuevo, a través de la sangre de Jesús. *NT Hebreos 9:1-14*

Contenido del libro de Éxodo	Citas (Cap: Ver)	
Israel es liberado de su esclavitud en Egipto	**1**:1	**15**:21
Los israelitas caminan hacia el Monte Sinaí	**15**:22	**18**:27
El pacto de Dios en el Sinaí	**19**:1	**24**:18
Prescripciones para la construcción del Tabernáculo	**25**:1	**31**:17
El becerro de oro. Renovación del pacto	**31**:18	**34**:35
La construcción del Tabernáculo	**35**:1	**40**:38

| Libro No. 3 | Levítico
Antiguo Testamento |  |

Levítico, su nombre en hebreo es **Vayikra**, significa "y el SEÑOR llamó". El libro de **Levítico** es el manual religioso de los sacerdotes seleccionados de la tribu de **Leví** (Levitas) y encargados de los servicios en la Fe Judía.

Levítico es el tercer libro del **Antiguo Testamento** y parte del Pentateuco, se le atribuye a **Moisés** y fue escrito entre el **año 1445** y **1405 a.C.**

Resumen del libro de Levítico

El libro de Levítico describe a la tribu de Levitas, quienes son descendientes de Levi, uno de los doce hijos de Jacob, como la casta sacerdotal y encargada de llevar a cabo los servicios del tabernáculo, entre estos ritos están las ceremonias y los sacrificios de acuerdo a la **Ley de Moisés**.

Levítico es un libro de instrucciones sobre normas a seguir en el culto (servicios) y códigos de carácter legal, el libro proporciona las reglas del judaísmo, incluyendo los tipos de comida que deben los hebreos consumir para alcanzar la santidad y el agrado de Dios.

El contenido del Levítico puede **dividirse en tres partes importantes**.

Leyes referidas a los sacrificios, (capítulos 1-7) explican las ofrendas requeridas tanto del laico, como del sacerdote.

Consagración de los sacerdotes, (capítulos 8-10) describen la consagración de Aarón y sus hijos para el sacerdocio.

Leyes referidas a la pureza y santidad, (capítulos 11-16) como evitar varios tipos de inmundicia, incluyen los tipos de comida que se deben consumir.

Contenido del libro de Levítico	Citas (Cap: Ver)	
Ofrendas y sacrificios	**1**:1	**7**:38
Consagración del sacerdote	**8**:1	**10**:20
Leyes sobre la pureza y la impureza legal	**11**:1	**16**:34
La "Ley de santidad"	**17**:1	**25**:55
Bendiciones y maldiciones	**26**:1-46	
Sobre lo consagrado a Dios	**27**:1-34	

Libro No. 4	Números Antiguo Testamento	

Números, su nombre en hebreo es **Bamidbar**, significa "en el desierto".
Su nombre procede de la Vulgata (latín) **"Liber numerorum"**, que traducido al español sería: "libro de los números", su nombre en griego es **Arithmo** que también significa "números" o "aritmética."

Números es el cuarto libro del **Antiguo Testamento**, y parte del Pentateuco, se le atribuye a **Moisés** y fue escrito entre el **año 1445** y **1405 a.C.**

Resumen del libro de Números

Números relata la historia y organización de los descendientes de los doce hijos varones de Jacob en **doce tribus**.

> *Este censo se hizo según la orden que el SEÑOR había dado a Moisés, y a cada uno se le dijo lo que tenía que hacer y lo que le tocaba llevar, tal como el SEÑOR se lo había ordenado a Moisés.*
>
> ***AT Números 4:49***

También narra los eventos del viaje de los judíos a través del desierto, el cual toma 40 años y menciona especialmente los sucesos ocurridos entre los primeros años y el último (año 40).

La característica principal de este libro es la cantidad (números) o cuentas que describe, por ejemplo: la cifra de los jefes de las tribus (**Capitulo 7**); el número de las poblaciones y aun bebidas necesarias (**Capitulo 13**); la lista o cuenta de hombres sublevados (**Capitulo 16:2**); las cabezas de ganado que han de ser destinadas al sacrificio ritual (**Capitulo 28:29**); la cantidad de botín y su reparto exacto (**Capitulo 31**); dimensiones del territorio entregado a los levitas (**Capitulo 35:7**); incluso recuentos minuciosos de las leyes.

A pesar de muchas desilusiones debido a la indisciplina de algunos israelitas, durante la travesía por el desierto, Moisés no retrocedió ni un instante en su empeño y hasta el fin de sus días siguió velando por Israel.

Cuando Moisés vio ya acercarse el momento de su muerte, nombró a su sucesor; **Josué**, para que él pudiera cumplir la encomienda de arribar a la Tierra prometida y tomar posesión de ella. ***AT Números 27:15-23***

Contenido del libro de Números	Citas (**Cap**: Ver)	
La permanencia en el Sinaí	**1**:1-10	**10**:10
La larga marcha hasta Moab	**10**:11	**21**:35
En las llanuras de Moab	**22**:1	**36**:13

Libro No. 5

Deuteronomio
Antiguo Testamento

Deuteronomio, su nombre en hebreo es **Devarim**, significa "las palabras". Su nombre **Deuteronomio**, derivado de dos palabras griegas; **deuteros** que significa "segunda", y **nomos**, "ley o nomina", en español es "**Segunda Ley**", a diferencia de la "**Primera Ley**" recibida por **Moisés** en el **Monte Sinaí**.

Deuteronomio, el quinto libro del **Antiguo Testamento**, y del Pentateuco, se le atribuye a **Moisés** y fue escrito entre el **año 1445** y **1405 a.C.**

Resumen del libro de Deuteronomio

Deuteronomio o "segunda ley" es debido a que por haber pasado 40 años en el desierto desde la salida de Egipto, la mayoría de la gente de la generación original ya había muerto, por lo tanto era necesario que la ley **fuera renovada** y expuesta a la nueva generación antes de llegar a la **Tierra Prometida**.

Debido a que la nueva generación de israelitas no fue testigos del milagro del Mar Rojo, o de la Ley dada por Dios en el Sinaí, la sumisión de éstos era débil, por eso Moisés les recuerda la importancia de la obediencia.

> *4 »Oye, Israel: El Señor nuestro Dios es el único Señor.*
> *5 »Amarás a el SEÑOR, tu Dios, de todo tu corazón, de toda tu alma y con todas tus fuerzas.*
>
> ***AT Deuteronomio 6:4-5***

Es este mismo mandamiento, el cual **Jesucristo** calificaría de **fundamental**, siglos más tarde.

> *Amarás al SEÑOR, tu Dios, de todo tu corazón, de toda tu alma y con todas tus fuerzas.*
>
> ***NT Marcos 12:30***

A pesar de que Deuteronomio relata la aprobación de Dios a su pueblo por su obediencia y los alimenta con maná, aun así, los judíos revelan su falta de fe e indisciplina, por eso, Dios los pone a prueba.

En los últimos capítulos se encuentra el "**Salmo de Moisés**" y las "bendiciones a las doce tribus" (***Capítulos 32-33***), como también la **muerte de Moisés** y el nombramiento de **Josué** como su sucesor. *AT Deuteronomio 34*

Contenido del libro de Deuteronomio	Citas (Cap: Ver)	
Primer discurso de Moisés	1:1	4:49
Segundo discurso de Moisés	5:1	11:32
El código deuteronómico	12:1	26:19
Bendiciones y maldiciones	27:1	28:68
El pacto de Dios con Israel	29:1	30:20
Últimas disposiciones	31:1	34:12

Libro No. 6

Josué
Antiguo Testamento

Josué, su nombre en hebreo es **Yehoshúa**, (Yah-shúa), significa "Dios Salva". Este libro relata los 20 años del liderazgo de Josué y como él conquistó y dividió las tierras de Canaán. Josué fue **sucesor de Moisés** cuarenta años después del Éxodo de Egipto.

Josué es el sexto libro del Antiguo Testamento, y el primero de los históricos, se cree fue escrito por **Josué** entre el **año 1404** y **1390 a.C.**

Resumen del libro de Josué

El libro narra la historia de cómo los judíos dirigidos por Josué, conquistaron y ocuparon Canaán, tierra que en la actualidad es parte de Palestina, Israel, Cisjordania y la Franja de Gaza.

En el libro anterior (Deuteronomio) Moisés comisiona a Josué como su sucesor, y la misión de llevar al pueblo de Israel a la "Tierra Prometida" (Canaán).

Josué ya se había destacado como líder, bajo las órdenes de Moisés durante la batalla contra Amalec. *AT Éxodo 17:8-16*

En el libro de **Números**, Josué es uno de los hombres enviados por Moisés a explorar la tierra de **Canaán**. *AT Números 13*

Los dos últimos capítulos del libro (23–24) relatan el discurso de despedida de Josué, y sabiendo lo débil que eran los judíos ante el pecado, **les recuerda siempre permanecer obedientes al Pacto con Dios**.

Si no cumplen la alianza que el Señor hizo con ustedes. Si van y adoran a otros dioses, y se inclinan delante de ellos, el Señor se enojará con ustedes, y muy pronto serán borrados de esta tierra tan buena que él les ha dado.
AT Josué 23:16

Finalmente, el libro narra la muerte y sepultura de Josué, un hombre que cumplió la misión iniciada por Moisés de llevar a los hebreos a la tierra de Canaán.

Contenido del libro de Josué	**Citas (Cap**: Ver)	
La conquista de Canaán	**1**:1	**12**:24
Distribución del territorio entre las tribus de Israel	**13**:1	**22**:34
Últimas palabras de Josué. Renovación del Pacto	**23**:1	**24**:33

Libro No. **7**

Jueces
Antiguo Testamento

Jueces, su nombre en hebreo es **Shoftim**, que también significa "jueces".
El libro relata una serie de caídas en la idolatría por parte del pueblo judío, seguidas por invasiones a Israel y la opresión contra ellos causada por sus enemigos.

Jueces es el séptimo libro del Antiguo Testamento, y el segundo de los históricos, se cree fue escrito por **Samuel** entre el **año 1374** y **1129 a.C.**

Resumen del libro de Jueces

Cuando los judíos se arrepentían y volvían a Dios; Él enviaba líderes, llamados **jueces**, quienes luchaban por el pueblo, librándolos de sus enemigos.

El contexto histórico en el que se desarrolla este libro abarca el tiempo desde la muerte de **Josué** hasta la monarquía de **Samuel**, durante el cual el pueblo de Israel vive en Canaán.
Jueces narra sobre el período, durante el cual el pueblo judío desobedeció y se alejó de Dios repetidamente, este período es uno de los tiempos más oscuros de la historia de Israel.

En aquellos días no había rey en Israel y cada cual hacía lo que bien le parecía.

AT Jueces 21:25

Esta es una época en la cual la nación de Israel está desorganizada, sus instituciones están aún sin definir y numerosas potencias la amenazan.

Sin embargo, ningún juez llega a ser jefe supremo de Israel, sólo logran resolver los problemas que existían en su momento, el libro narra sobre los diferentes jueces que aparecen y desaparecen a intervalos irregulares en Israel.

El juez más notable en el libro es **Sansón**, quien condujo al pueblo judío a la victoria después de 40 años de esclavitud bajo el gobierno de los filisteos. Otros jueces mencionados en el libro son: Gedeón, Jefté, Micaía, Otoniel, Aod, Samgar, Tola, Jair, Ibzán, Elón y Abdón.

Contenido del libro de Jueces	Citas (**Cap**: Ver)	
Los israelitas se establecen en Canaán	1:1	2:5
Los jueces de Israel		
Otoniel, Samagar, Débora la profetisa	23:1	5:31
Gedeón y Abimelec, Tola y Jair	6:1	10:1-5
Jefté, Ibzán a Absón, Sansón	10:6	16:31
El sacerdote Micaía y los danitas	17:1	18:31
El levita y su concubina. La guerra contra los benjaminitas	19:1	21:25

Libro No. **8**

Rut
Antiguo Testamento

Rut, el nombre del libro en hebreo es también **Ruth** y significa "compañera". El libro relata una serie de nuevas caídas en la idolatría de los judíos, como también de invasiones a Israel y la opresión causada por sus enemigos.

Rut es el octavo libro del Antiguo Testamento, y el tercero de los históricos, se cree que fue escrito por **Samuel** en el **año 1150 a.C.**

Resumen del libro de Rut

Rut es uno de los libros más cortos de la Biblia, narra la historia de Elimelec y su esposa Noemí, quienes por una hambruna son obligados a abandonar Belén de Judá, para dirigirse al país (reino) de **Moab**, un lugar montañoso que queda al este del Mar Muerto en la actual Jordania.

Más adelante, Elimelec muere y Noemí se queda con sus dos hijos, quienes pronto se casan con dos mujeres moabitas; Orfa y Rut, esto es a pesar de que **las Escrituras prohíben a los moabitas** entrar en la congregación de Israel "*ni hasta la décima generación*". ***AT Deuteronomio 23:3***

Con el tiempo, los dos hijos de Noemí también mueren, y dejan a Orfa y Rut viudas y sin hijos. Pero al enterarse de que **Yahvé** había vuelto a manifestar su favor a Israel, Noemí (la suegra), regresa acompañada por sus dos nueras a Judá (Israel). ***AT Rut 1:1-7*** y ***4:9-10***

Rut ocupa un lugar importante en la historia del Cristianismo ya que con su matrimonio con un hombre rico llamado Booz, ella tiene un hijo, Obed, quien llegaría a ser el abuelo del **Rey David** (***AT Rut 4:13-22***) y éste posteriormente, antecesor de **Jesucristo**. ***NT Mateo 1:1-5***

La historia en el **libro de Rut** es acerca de la vida diaria de gentes sencillas y de noble corazón, frente a la oposición y reproches de parte de religiosos a relaciones étnicas, entre estas; oposición al matrimonio de judíos y extranjeros, documentadas en ***AT Esdras 9:10-12; Nehemías 13:23-27***, sin embargo, Rut mantiene una actitud amistosa y tolerante con los extranjeros, en **contraste al racismo y nacionalismo cerrado de los Israelitas**.

Contenido del libro de Rut	**Citas (Cap: Ver)**
La familia de Elimelec en Moab	**1**:1-5
Noemí regresa con Rut a Belén	**1**:6-22
Rut en el campo de Booz	**2**:1-23
Booz se fija en Rut	**3**:1-18
Booz toma a Rut por esposa	**4**:1-17
Los antepasados del rey David	**4**:18-22

Libros No.
9-10

I & II De Samuel
Antiguo Testamento

I & II Samuel, su nombre hebreo **Shem' El**, significa "el que escucha a Dios". Los libros relatan también la idolatría por parte de Israel, seguidas por invasiones a la Tierra Prometida y la consecuente esclavitud de los judíos por sus enemigos.

I & II Samuel son los noveno y décimo libros del Antiguo Testamento, y parte de los libros históricos, se cree que sus autores son **Samuel**, **David** y **Natán** y escritos entre el **año 1043** y el **1011 a.C.**

Resumen de los libros 1 & 2 de Samuel

Originariamente los libros **I Reyes**; **II Reyes**; **I y II de Samuel**, formaba un solo documento (rollo), se cree que **por lo extenso del libro**, durante el transcurso de los siglos fue dividido en cuatro partes más fáciles de manejar.

El Primer libro narra la historia de Samuel, quien fue un importante profeta y el último juez de Israel, durante el reinado de Saúl hasta su muerte, incluyendo la guerra de los israelitas contra los filisteos y la gran hazaña del **pastor David** (más tarde rey de Israel) **al derrotar al gigante Goliat**.

El Primer libro de Samuel se divide en 4 partes importantes:

Primer libro Samuel	Capítulos
Infancia de Samuel, profeta y juez sobre Israel	1 - 7
Institución de la monarquía de Israel	8 - 12
Luces y sombras del reinado de Saúl	13 - 15
David, ungido rey para suceder a Saúl	16 - 31

El Segundo de Samuel continúa con el relato iniciado en el primer libro, y comienza con un poema donde David lamenta la muerte de Saúl y Jonatán (*Capitulo 1*).

El libro se centra en la historia del reinado de David, primero sobre la tribu de Judá (*Capitulo 2-4*) y luego sobre todo Israel (*Capitulo 5-24*).

El Segundo libro de Samuel se divide en 3 partes importantes:

Segundo libro Samuel	Capítulos
El reinado de David y su Pacto de Dios	1 - 8
Hechos y circunstancias del reinado de David	9 - 20
Apéndices: el Salmo 18 y el censo nacional	21 - 25

Libros No. **11-12**

I & II De Reyes
Antiguo Testamento

I & II Reyes, su nombre en hebreo es **Melajim**, significa "Reyes".
Este libro relata la historia de los reinos de Judá e Israel, sobre todo del reinado de Salomón.

I & II Reyes son los libros número 11 y 12 del Antiguo Testamento, y parte de los libros históricos, se cree que sus autores fueron **Miqueas** y otros, escritos entre el **año 971** y el **587 a.C.**

Resumen de los libros 1 & 2 de Reyes

Originalmente los libros **I Reyes**; **II Reyes**; **I y II de Samuel**, formaban un solo documento (rollo), se cree que **por lo extenso del libro**, durante el transcurso de los siglos fue dividido en cuatro partes más fáciles de manejar.

Los libros de **I & II Reyes** nos relatan detalles de los días finales de la teocracia (en la cual Dios gobierna directamente a través de los jueces) y los primeros tiempos que Israel es gobernado por reinos.

Sin embargo, **Israel rechaza nuevamente a Dios** (Yahvé), ya que los judíos deseaban tener un rey como las otras naciones.

> *Los hijos de Israel hicieron secretamente cosas impropias contra el SEÑOR, su Dios: se edificaron lugares altos en todas las ciudades, desde las torres de las atalayas hasta las ciudades fortificadas...*
>
> ***AT 2 Reyes 17:9***

Esta es la historia de una nación dividida (**Israel** y **Judá**), y como resultado de sus desobediencias, el pueblo hebreo es de nuevo esclavizado.

Contenido del libro de 1 Reyes	Citas (Cap	: Ver)
El fin del reinado de David, Salomón es en nuevo rey	1	2:12
El Reinado y sabiduría de Salomón	2:12	11
División del reino	12:1-33	
Los dos reinos	13	16
El profeta Elías y el rey Acab	17	22
Reinados de Josafat (Judá) y Ocozías (Israel)	22	53

Contenido del libro de 2 Reyes	Cap	: Ver
El profeta Elías y el rey Ocozías	1	1:18
El profeta Eliseo sucede a Elías	2	1:25
Actividades de Eliseo	3	8:1-15
Judá e Israel hasta la muerte de Eliseo	8:16	13
Judá e Israel hasta la destrucción de Samaria	14	17
Judá hasta el exilio en Babilonia	18	25

Libros No. **13-14**

I & II De Crónicas
Antiguo Testamento

I & II Crónicas, su nombre en hebreo es **Hayamim**, significa "últimos días". El propósito de I y II Crónicas es unificar el pueblo de Dios, buscar de nuevo las raíces establecidas por el rey David y de las doce tribus, y **enseñar que la obediencia a Dios debe ser el centro de la vida nacional y personal**.

I & II Crónicas son los libros número 13 y 14 del Antiguo Testamento, y parte de los libros históricos, se cree que su autor fue **Esdras** y escrito entre el **año 450 y** el **425 a.C.**

Resumen de los libros 1 & 2 de Crónicas

Al igual que en el caso de los libros de Samuel y Reyes; teólogos especulan que los libros **I & II de Crónicas** también se encontraba originalmente en un solo tomo y fue dividido para convertir el enorme texto original en dos rollos de menores dimensiones y por lo tanto; más fáciles de manejar.

El primer libro de Crónicas fue escrito para instar a la unidad del judaísmo, en tiempos cuando la mayoría de los judíos vivían en la Diáspora, o sea fuera de Israel (en el extranjero).

El Segundo de Crónicas relata sobre el reinado de Salomón, y la destrucción de Jerusalén (en el año **587 a.C.**) y siguiente exilio de los judíos a Babilonia. Posteriormente habla del "**decreto de Ciro**", rey de los persas, que permite el regreso de los judíos a Jerusalén. *AT 2 Crónicas 36:22*

Contenido del libro de 1 Crónicas	**Capítulos**
Las genealogías	1 - 9
La muerte de Saúl	10 - 14
El reino de David	11 - 22
El templo y los levitas	22 - 27
Los últimos años de la vida de David	28 - 29

Contenido del libro de 2 Crónicas	**Capítulos**
El reinado de Salomón	1 – 9
La ruptura de la unidad nacional	10 - 11
Los reyes de la dinastía davídica	11 – 36

Sección VI - Antiguo Testamento

Libro No. **15**

Esdras
Antiguo Testamento

Esdras, su nombre en hebreo es **Ezrah**, significa "ayuda", "ayudante".
Este libro relata el regreso de los judíos de su cautiverio en Babilonia, esta vez han adquirido sabiduría, habla también de la reconstrucción del Templo y el inicio de reformas sociales y religiosas.

Esdras es el libro 15 del Antiguo Testamento y parte de los libros históricos, se cree que su autor es **Esdras** y fue escrito entre el **año 538** y el **520 a.C.**

Resumen del libro de Esdras

> NOTA: Los libros de **I & II de Esdras** son considerados **apócrifos** y a veces son incluidos en el **Antiguo Testamento** de **Biblias Católicas** y **Luteranas**. Los libros I y II Esdras **no aparecen en las Biblias protestantes**.

➪ Vea **Libros Deuterocanónicos** en página **190** y **199** para más información.

El libro relata las actividades de **Esdras** (*AT Esdras 7-10*) hijo de Seraías, un sacerdote y escriba (***Esdras 7:6 y 10:21***) descendiente de Aarón por la línea de Sadoc, un hombre piadoso e ilustrado, que gozó de gran prestigio incluso en la corte real de Babilonia.

Estando en Persia, **el rey Artajerjes**, **autoriza a Esdras** para que viaje a Judea y Jerusalén y lleve los utensilios destinados al servicio del Templo, como oro, plata, ganados y provisiones (***Esdras 7:10-26***) para que Esdras cumpla su misión de "*Todo lo que es mandado por el Dios del cielo, sea hecho puntualmente*". **AT Esdras 7:23**

Sin embargo, el libro narra que los judíos que habían sido liberados anteriormente por Ciro en Babilonia donde estaban cautivos, **han adoptado una actitud separatista y legalista estando ahora en Judea**.

Esdras se ve obligado a tomar decisiones muy difíciles, probablemente la más grave, hacer en Israel una profunda reforma religiosa, para "*evitar que la nación judía se contaminara con elementos extraños e impuros*", lo que incluye la expulsión de las mujeres extranjeras. (**Capítulo 10**).

Contenido del libro de Esdras	Capítulos
Decreto de Ciro y regreso a Jerusalén	1
Restauración del altar y del culto	5
Carta del rey Artajerjes	7
Esdras informa de su misión	8 – 9
Expulsión de las mujeres extranjeras	10

Libro No.
16

Nehemías
Antiguo Testamento

Nehemías, en hebreo es **Nehem-Yah**, significa "reconfortado por el Señor". Nehemías vivió bajo la dominación persa de Judea, y fue colaborador del rey **Artajerjes I** de Persia, de quien obtuvo permiso para gobernar Judea a fin de solucionar el estado deteriorado de la fe judía. Nehemías completó las obras del escriba Esdras antes de regresar a prestar servicio del imperio persa.

Nehemías es el libro número 16 del Antiguo Testamento, y parte de los libros históricos, se cree que fue escrito por **Nehemías** entre el **año 445** y **425 a.C.**

Resumen del libro de Nehemías

Originalmente los libros de **Esdras** y **Nehemías** eran una sola obra que fue dividida en tiempos posteriores.

Nehemías relata la misión que le fue oficialmente encomendada por el rey de Persia Artajerjes I de viajar a Jerusalén y encargarse de la restauración de sus murallas. **Capítulos 3–7**

Nehemías inicia la reconstrucción de la ciudad y la reforma religiosa de la fe judía, la cual había estado expuesta a influencias externas durante los muchos años del exilio del pueblo israelita.

En sus últimos capítulos (11–13), el libro incluye una detallada información sobre los que trabajan en el Templo, la consagración de los muros y algunas reformas llevadas a cabo por el propio Nehemías.

Contenido del libro de Nehemías	Cap : Ver
Primera parte *de las memorias de Nehemías:*	
Reconstrucción del muro de Jerusalén	1 – 7
Lectura pública de la Ley y renovación del Pacto	7 - 10
Segunda parte *de las memorias de Nehemías:*	
Los habitantes de Jerusalén; la dedicación del muro	11 - 13

Libro No.
17

Tobías
Antiguo Testamento

Tobías, su nombre en hebreo es **Tovi-Yah**, significa "Bueno es Yahvé".
El libro relata la historia de misericordia de Dios hacia Tobías por su lealtad y ser un fiel servidor.

Tobías es el libro numero 17 del Antiguo Testamento, y parte de los libros históricos, se cree fue escrito por **Tobías** entre el **año 200** y **50 a.C.**

El Libro de Tobías No se encuentra en Antiguo Testamento protestante ya que fue eliminado por la Reforma en el siglo 16 (1500s).

➪ Vea **Libros Deuterocanónicos** en página **190** y **199** para más información.

Resumen del libro de Tobías

En su libro, **Tobías** trata el problema del "porqué" muchas veces el justo sufre.

Este libro relata el acompañamiento que **el arcángel Rafael** hace a un joven lleno de fe, que va a buscar esposa y finalmente se casa luego de evadir enormes dificultades con la ayuda del ángel enviado por Dios.
Tobías es una alabanza de los valores familiares y humanos.

Además de preguntarse si la obediencia a Dios será recompensada, Tobías nos hace ver que los propósitos de Dios son desconocidos para los humanos y que la fidelidad a Él, a pesar de las desgracias que se puedan sufrir; es lo que nos conducirá la vida eterna.

Tobías nos dice que es importante no fallar en lo que **Dios nos manda** y mantenerse fieles a Dios, no importa lo que se sufra.

Contenido del libro de Tobías	Capítulos
La conquista de la Tierra Prometida	1 - 12
El reparto de tierras entre las distintas tribus	13 - 21

Libro No.
18
Judit
Antiguo Testamento

Judit, su nombre en hebreo es **Judith,** significa "la judía".
El libro relata como Yahvé interviene en la liberación de Betulia, y como Dios puede utilizar a un ser humano (Judit en este caso) para cumplir una misión.

Judit es el libro número 18 del Antiguo Testamento original, es parte de los libros históricos, el autor del libro de Judit es desconocido, y se cree que fue escrito entre el **año 200** y **150 a.C.**

El Libro de Judit No se encuentra en el Antiguo Testamento protestante ya que fue eliminado por la Reforma en el siglo 16 (1500s).

⇨ Vea **Libros Deuterocanónicos** en página **190** y **199** para más información.

Resumen del libro de Judit

La tradición dice que Judit era viuda, hermosa, rica y respetada por todos.
A pesar de que su marido le había dejado mucho dinero, ella vestía el hábito de la penitencia y ayunaba casi diariamente.

El libro de Judit relata la historia de cómo **Nabucodonosor**, rey de Nínive, una importante ciudad Asiria, cercana a la actual Mosul en Irak, envía a su general Holofernes **para someter y esclavizar a los judíos** (Israel).

El general Holofernes acorrala a Israel en Betulia, una ciudad al sur de la llanura de Esdrelón, los judíos por el hambre piensan renunciar a la lucha y rendirse, pero Judit, los amonesta y decide intervenir en la batalla.

Judit logra entrar al campamento de los asirios y habla con Holofernes, él es cautivado por la belleza de Judit, más tarde, el general se emborracha y Judit aprovecha para cortarle la cabeza, sembrando la confusión en el ejército de Babilonia, obteniendo de este modo la victoria para Israel.

Como resultado, los asirios terminan derrotados, Judit vuelve triunfante a la ciudad con la cabeza del general Holofernes como un trofeo.

El libro se cierra con un himno a Dios (**Yahvé**) para celebrar su victoria.

Contenido del libro de Judit	Capítulos
Guerra de Nabucodonosor contra Arfaxad	1
La hazaña de Judit	13
Derrota de los asirios	15
Canto de Judit	15-16

Libro No. **19**

Ester
Antiguo Testamento

Ester, su nombre en hebreo es **Astar**, en persa es **Ester**, significa "estrella". El libro relata los años del dominio persa en el cual Ester, una mujer judía, llega a ser reina de Persia y logra salvar a su pueblo, la cual era una comunidad judía destinada al exterminio.

Ester es el libro número 19 del Antiguo Testamento original, es parte de los libros históricos, se cree que el autor del libro fue **Mardoqueo** aunque muchos creen que fue **Esdras**, y escrito en el **año 465 a.C.**

Resumen del libro de Ester

Ester relata la liberación de los judíos de la persecución en el Imperio persa, por medio de la reina Ester y su primo y padre adoptivo, Mardoqueo.

La Biblia narra que su nombre era **Hadasa** que significa: "**mirto**" pero fue cambiado a **Ester** (*AT Ester 2:7*), cuando entró a formar parte del harén del rey Asuero (de Persia).

El libro fue escrito durante las guerras de los **Macabeos**, la cual había sido causada para defender y fortalecer la fe judía y poder celebrar cultos religiosos sobre todo la Fiesta de Purim, servicios que eran suprimidos por los persas.

En la actualidad la **fiesta de Purim** es una festividad judía que es celebrada anualmente el **14 de Adar**, (Adar es un mes en el calendario judío que varia entre Febrero y Marzo), en conmemoración del milagro relatado en el Libro de Ester, en el que los judíos se salvaron de ser aniquilados por el rey Asuero, alrededor del **año 450 antes de Cristo**.

Algunos teólogos creen que **el rey Asuero** es la misma persona identificada como **Jerjes I**.

Contenido del libro de Ester	Cap : Ver
Ester se convierte en la reina	1 - 2
Peligro judío	3 - 4
Judíos salvados	4 - 10

Libros I y II De Macabeos
Antiguo Testamento

Libros No. **20-21**

I y II Macabeos, su nombre en hebreo es **Maqabim**, significa "martillos". Estos libros fueron escritos por un judío fiel y leal a su patria y a Dios, y totalmente convencido de la justicia de su causa, la cual era la defensa de la tradición y fe judía.

I y II Macabeos es el libro número 20 y 21 del Antiguo Testamento original, es parte de los libros históricos, el autor (s) de I y II Macabeos son desconocidos, se cree que fueron escritos entre el **año 140** y **130 a.C.**

I y II Macabeos No se encuentran en el Antiguo Testamento protestante ya que fue eliminado por la Reforma en el siglo 16 (1500s)

⇨ *Vea **Libros Deuterocanónicos** en página **190** y **199** para más información.*

Resumen de los libros I y II Macabeos

Los libros de **I y II Macabeos** relatan **el intento de helenizar por la fuerza** a los judíos, esto es; **someterlos a la vida o costumbres griegas**, por parte de Antíoco IV Epífanes, **el rey de Siria** desde **el año 175 a.C., al 164 a.C.**

El primer libro narra el esfuerzo de los judíos de recuperar su independencia cultural y religiosa después de la profanación del templo judío por el mismo rey Antíoco IV Epífanes.

Sin embargo, **los judíos más fieles no se resignan a someterse** a la conversión griega y se rebelan dirigidos por Matatías, un presbítero (anciano) y líder religioso.

Los cinco hijos de Matatías; Judas, Jonatán, Simón, Juan y Eleazar, pronto se convierten en protagonistas principales de **la unificación del pueblo judío** en resistencia contra los invasores griegos (**seléucida**).

El Imperio seléucida fue parte del imperio griego, se centraba en Oriente Próximo (lo que es hoy Irán e Irak), en el apogeo de su poder incluía Anatolia central, Mesopotamia, Persia, la actual Turkmenistán, Pamir y algunas zonas de Pakistán, eran **los territorios conquistados por Alejandro Magno**.

El Libro I de Macabeos relata el inicio de la persecución, y termina con la victoria de Judas Macabeo sobre Nicanor.

El libro II de Macabeos trata de varios asuntos doctrinales, de oraciones y sacrificios por los muertos, de la intercesión de los santos, y la resurrección en el día del juicio.

NOTA: Muchas de las creencias de la **Iglesia Católica** (Purgatorio, Limbo, Misa para difuntos), **tienen su origen en estos libros**.

⇨ *Vea **Purgatorio; Limbo** en página **349** y **351** para más información.*

Libro No. 22

Job
Antiguo Testamento

Job, su nombre en hebreo es **iyobh**, el cual significa "perseguido".
Este libro está dedicado al sufrimiento de Job y sus amigos, quienes le recuerdan que el sufrimiento es resultado del pecado.

Job es el libro numero 22 del Antiguo Testamento, y parte de los libros de la sabiduría (sapienciales), se cree que fue escrito por **Job** en **1470 a.C.**

Resumen del libro de Job

Teólogos y expertos consideran el libro de Job como una de las piezas literarias más antiguas que existen.

El libro de Job nos relata la historia de un hombre religioso, bueno y justo, a quien Dios permite que Satanás someta a numerosas y espantosas pruebas.

Mientras Job sufre bajo las acechanzas del mal, tres buenos amigos intentan consolarlo, tratando de convencerlo de que su sufrimiento es por culpa de sus propios pecados.

Lo que el libro de Job nos enseña es que a veces Dios permite el sufrimiento en nuestras vidas con el fin de probar nuestra fidelidad a Él, como también para purificar y fortalecer el alma.

A veces, estas pruebas pueden presentarse porque Dios necesita saber algo de un siervo fiel, como es el caso cuando **Dios pone a prueba** la fe de **Abraham** pidiéndole **que sacrifique a su hijo Isaac**. *AT Génesis 22:1-12*

En el caso del sufrimiento de Job, este tenía un objetivo; **Demostrar si él amaría a Dios a pesar de todo**, algo que Job demuestra al afirmar que Él es bueno, y que su sufrimiento debe tener otro propósito.

Los últimos capítulos nos dicen que su prosperidad fue restaurada.

Contenido del libro de Job	Capítulos
Prólogo (introducción)	1 - 2
Debate entre Job y sus tres amigos	3 - 27
Himno a la sabiduría	28 - 28
Defensa de Job	29 - 31
Intervención de Eliú	32 - 37
Intervención de Yahveh	38 - 42
Epílogo (recapitulación)	42 - 17

Libro No. **23**

Salmos
Antiguo Testamento

Salmos, del griego ***psalmos***, "canción con arpa", su nombre en hebreo es **Tehilim**, significa "alabanzas", "cantos." Este libro es también usado como himnario.

Salmos es el libro numero 23 del Antiguo Testamento, y parte de los libros de la sabiduría (sapienciales), se cree que fue escrito en parte por **Moisés, David, Zacarías, Salomón** y otros entre el año **1100** y **900 a.C.**

Resumen del libro de Salmos

Este libro esta compuesto por 150 poemas, Dividido en 5 colecciones o libros de alabanzas que el pueblo de Israel empleaba en **su adoración a Yahvé.** Cerca de **70 salmos se atribuyen al rey David**, y el resto a otros autores.
Una gran cantidad de himnos que se cantan en iglesias cristianas hoy, tienen su origen en este libro.
En el ***Salmo 22*** encontramos palabras que muchos siglos después **Jesús** pronunciaría en el día de su crucifixión.

> *Dios mío, Dios mío, ¿por qué me has desamparado?*
> *¿Por qué estás tan lejos de mi salvación y de las palabras de mi clamor?*
> ***AT Salmos 22:1**, compare con **NT Mateo 27:46***

Quizás los salmos más importantes serian: 1, 19, 22, 23, 90, 100 y 103, **siendo el 23** uno de los más destacados.

> *El SEÑOR es mi pastor, nada me faltará. En lugares de delicados pastos me hará descansar; junto a aguas de reposo me pastoreará. Confortará mi alma. Me guiará por sendas de justicia por amor de su nombre.*
> ***AT Salmos 23:1-3***

Gran parte de los Salmos están encabezados por anotaciones referidas al autor. Las subdivisiones de estos libros serían las siguientes:

El primer libro abarca los primeros 41 salmos, atribuidos a David, excepto 1, 2, 10 y 33, que, aunque son anónimos, también puede atribuirse a él.

El Segundo libro se compone de los próximos 31 salmos (42-72), 18 de los cuales se atribuyen a David y uno a Salomón (el 72). El resto son anónimos.

El tercer libro contiene 17 salmos (73-89), de los cuales el 86 se le atribuye a David, el 88 a Hemán Ezraíta, y el 89 a Ethan Ezraíta.

El cuarto libro también contiene 17 salmos (90-106), de los cuales el 90 se le atribuye a Moisés, y el 101 y 103 a David.

El quinto libro contiene 44 salmos, de estos, 15 salmos se atribuyen a David, y salmo 127 a Salomón.

Sección VI - Antiguo Testamento 230

Libro No.
24

Proverbios
Antiguo Testamento

Proverbios, del latín **proverbium**, "palabras favorables", "consejos", "refranes", de **pro-** "a favor", y **verbum**, "verbal", "palabra."
Su nombre en hebreo es **Míshlê Shlomoh**, significa "refranes de Salomón".
El libro fue escrito por el Rey Salomón en sus años jóvenes, **un libro de sabia instrucción** para cada aspecto de la vida y conducta personal.

Un **Proverbio** es una oración corta que comunica un mensaje de Dios o la experiencia humana en una forma breve y aguda.

Proverbios es el libro numero 24 del Antiguo Testamento, y parte de los libros de la sabiduría (sapienciales), se cree que fue escrito por **Salomón** y otros entre el año **950 y 700 a.C.**

Resumen del libro de Proverbios

El libro está encabezado con el título "Los proverbios de Salomón hijo de David, rey de Israel.", por esta razón, el libro (completo) se le atribuye a Él.
La Biblia nos dice que **Salomón fue famoso por su sabiduría** y autor de tres mil proverbios y mil cinco cantares. *AT 1 Reyes 4:29-34*

A diferencia de otros libros en la Biblia, **Proverbios no contiene una historia** a seguir o personajes importantes, el libro comprende solamente de un **extenso y divino conocimiento**, tan relevante ahora como lo fue hace tres mil años.

Proverbios insiste en **la importancia de adquirir sensatez e inteligencia**, y esto no es sólo sabiduría académica, sino sabiduría personal, el libro también nos advierte que **somos nosotros los dueños de nuestras acciones** y que **seremos juzgados de acuerdo a lo que hagamos en el mundo**.

"Ciertamente el justo recibe su paga en la tierra, ¡cuánto más el malvado y el pecador!". *AT Proverbios 11:31*

Contenido del libro del libro de Proverbios	Citas (**Cap**: Ver)	
Introducción	**1**:1-7	
Primera colección: «Poemas»	**1**:8-9	
Segunda colección: «Proverbios de Salomón»	**10**- **22**:15	**22**:16
Tercera colección: «Palabras de los sabios»	**22**:15	**24**:22
Cuarta colección: «Dichos de los sabios»	**24**:23-34	
Quinta colección: «Proverbios de Salomón»	**25**	**29**
Sexta colección: «Palabras de Agur»	**30** - **33**	
Séptima colección: «Palabras del rey Lemuel»	**31**:1-9	
Apéndice: «Elogio de la mujer virtuosa»	**31**:10-31	

Libro No.
25

Eclesiastés
Antiguo Testamento

Eclesiastés, del griego ***ekklesia***, "iglesia", "asamblea", significa "el libro de la iglesia o asamblea."

Su nombre en hebreo es **Qohéleth**, significa "predicador", "eclesial", "asambleísta", este termino proviene de la palabra **Ekklesia** que significa "iglesia", "asamblea", debido a esto; a veces a **Eclesiastés** es llamado también " libro del Asambleísta" o "libro del Predicador".

No debe confundirse con el **Libro del Eclesiástico**, el cual es otro libro de sabiduría (sapiencial), **parte del Antiguo Testamento**, (**Deuterocanónicos**).

Eclesiastés es el numero 25 del Antiguo Testamento, y parte de los libros de la sabiduría, aunque el libro no identifica a su autor, algunos versículos implican que es **Salomón**. Fue escrito en el año **935 a.C.**

Resumen del libro de Eclesiastés

En Eclesiastés, el autor menciona la frase "*todas las cosas bajo el sol*", y a menudo repite la palabra "*vanidad*", **para enfatizar la naturaleza temporal de las cosas del mundo**, que al final; ya sean triunfos o derrotas personales o de la humanidad; **todo quedará atrás**.

El autor de Eclesiastés relata **la búsqueda de talentos** como la sabiduría y filosofía en la ciencia (**Capítulo 1**), trata de encontrar la alegría o felicidad en el alcohol, en la arquitectura, en posesiones y lujo (**Capítulo 2**), busca todas estas cosas aun en diferentes filosofías y religiones, sin ningún éxito.

> *Miré luego todas las obras de mis manos y el trabajo que me tomé para hacerlas; y he aquí, todo es vanidad y aflicción de espíritu, y sin provecho debajo del sol.*
>
> ***AT Eclesiastés 2:11***

Sin embargo, **lo que sí descubre es que sin Dios nada tiene un propósito** y al final; **todo lo del mundo es solamente una diversión temporal**.

> *El fin de todo el discurso que has oído es: Teme a Dios y guarda sus mandamientos, porque esto es el todo del hombre.*
>
> ***AT Eclesiastés 12:13***

Contenido del libro del libro de Eclesiastés	Cap : Ver
La experiencia del Predicador	1 - 2
Juicios torno a la existencia humana	3 - 12
Conclusión	12 - 14

Libro No. **26**

Cantar De Los Cantares
Antiguo Testamento

El Cantar De Los Cantares, del latín **Canticum Canticorum vel Salomonis** en español **El Cantar de los Cantares de Salomón**, su nombre original en hebreo es **Shir ha-Shirim** (Cantar de Cantares).

Es la historia de un amor puro y profundo entre un hombre y una mujer. Salomón escribe acerca de la belleza y de lo sagrado de esa relación que simboliza el gran amor de Dios por Su pueblo.

Este libro rechaza dos extremos de la religión judía: el **ascetismo** que es la negación de todo placer, y el **hedonismo** que es deseo del placer carnal.

El Cantar De Los Cantares es el libro numero 26 del Antiguo Testamento, y parte de los libros de la sabiduría (sapienciales), se cree que fue escrito por **Salomón** en el año **965 a.C.**

Resumen de Cantar De Los Cantares

En el libro **Cantar De Los Cantares,** relata poéticamente la historia de amor entre un marido (el rey) y su esposa (Sulamita), la historia comienza antes de la boda, con la novia anhelando estar con su prometido, y recibir sus íntimas caricias, pero ella espera pacientemente que el amor se consuma naturalmente.

La mujer Sulamita no se cree atractiva, sin embargo el rey alaba tanto su belleza, que logra superar su complejo de inseguridad sobre su aspecto físico.

El libro relata que la mujer Sulamita tiene un sueño en el que el rey Salomón está desaparecido y ella lo busca por toda la ciudad y con la ayuda de unos guardias, finalmente encuentra al rey y lo lleva a un lugar seguro.

Así, en la noche de bodas, hacen el amor, y Dios bendice su unión, con el tiempo, como ocurre en todo matrimonio; llegan y pasan dificultades, estas son simbolizadas en otro sueño.

En este segundo sueño, el rey la deja, la Sulamita abrumada por la culpa, lo busca, pero esta vez, en lugar de ser ayudada por los guardias, ellos la golpean (en el sueño), quizás es un símbolo de su conciencia culpable, pero al final las cosas se arreglan y se reconcilian.

Este libro ha sido criticado por su contenido sensual, sin embargo, teólogos consideran que **la relación del Rey** y la **Sulamita** representa el afecto que existe entre Dios y su pueblo así como **el amor de Cristo y su Iglesia**.

Contenido de El Cantar De Los Cantares	Cap : Ver
El noviazgo	1- 3
La boda	3 - 5
La vida como matrimonio	5 - 8

Libro No. **27**

Libro De La Sabiduría
Antiguo Testamento

El Libro de **Sabiduría**, su nombre en hebreo es **hokmah**, significa "sabiduría", es también llamado "Sabidurías de Salomón".

Este libro relata el pasado sagrado del pueblo judío, y trata de alertar al pueblo acerca de los peligros de la apostasía e idolatría.

El libro intenta hacer reflexionar a Israel y traerlo de nuevo a la verdadera Fe.

El Libro de La Sabiduría de Salomón es el libro numero 27 del Antiguo Testamento, y parte de los libros de la sabiduría (sapienciales), se cree que su autor es **Salomón** y fue escrito en el año **980 a.C.**

Este Libro **No se encuentra** en el Antiguo Testamento protestante ya que fue eliminado por la Reforma en el siglo 16 (1500s).

⇨ *Vea **Libros Deuterocanónicos** en página **190** y **199** para más información.*

Resumen del libro de la Sabiduría

Durante muchos siglos, los libros de la Sabiduría, el Cantar de los Cantares, así como los Libros de los Proverbios, del Eclesiastés, y otros textos de Salmos y de Odas, fueron atribuidos a **Salomón**, quien la Biblia menciona como **hijo y sucesor del rey David**. *AT 1 Reyes 2:12*

Se cree que este libro fue escrito en griego probablemente en Alejandría (Egipto), donde había muchos judíos (Diáspora) que ya no comprendían el hebreo, y debido a esto; **usaban Escrituras traducidas al griego**.

Esta comunidad estaba alejada de Israel, debido a esto corrían el riesgo de "dejarse seducir" por los atractivos del paganismo, consciente de esto, el autor le recuerda a los hebreos que no tienen nada que envidiar a "los paganos", y por lo tanto es insensatez despreciar las ventajas de la sabiduría divina que Dios les había dispensado, sin olvidar el privilegio de ser **el Pueblo elegido** y poseedor de "*la luz incorruptible de la Ley*". *AT Sabiduría 18:4*

Sabiduría sugiere que cada persona tiene un "**conocimiento moral**" **capaz de distinguir entre el bien y el mal**, este concepto se entiende como sinónimo de "**Espíritu**", "**Palabra**", y que **todo ser humano tiene un fragmento de Dios en su interior**, que con la apropiada Fe y oración se puede alcanzar conocimiento y sabiduría.

Libro No. **28**

Libro De Eclesiástico
Antiguo Testamento

Eclesiástico, del griego **Ekklesiastikón** significa "el libro de la iglesia", proviene de **ekklesia**, "iglesia", "asamblea", y **kalein**, "llamar", "clamar."
Es llamado también "**El Libro de la Sabiduría de Jesús, hijo de Sirac**", también "**Libro de Sirácides**", o "**Libro del Sirácida**".

NOTA: No se debe confundir el **Libro del Eclesiástico** con **Eclesiastés**, dos libros completamente diferentes, éste último escrito por **Salomón**.

Eclesiástico se dirige a los judíos piadosos deseosos de regir su propia vida de acuerdo con la Ley, sin olvidar a los paganos que deseen saber qué les espera al asumir al Dios, la fe y las tradiciones propias de los judíos.

El Libro de Eclesiástico es el libro numero 28 del Antiguo Testamento, y parte de los libros de la sabiduría (sapienciales), se cree que su autor es **Sirácides** y fue escrito en el año **180 a.C.**

El Libro de **Eclesiástico No se encuentra** en el Antiguo Testamento protestante ya que fue eliminado por la Reforma en el siglo 16 (1500s).

⇨ *Vea* **Libros Deuterocanónicos** *en página* **190** *y* **199** *para más información.*

Resumen del libro de Eclesiástico

El Libro del Sirácida contiene consejos y refranes éticos, por lo que se asemeja considerablemente a los **Proverbios**.
Trata temas diversos, desde sencillas reglas de cortesía, humanidad y urbanidad, preceptos sobre el culto, superación de pruebas y el temor al Señor, hasta las normas respecto a los deberes para con el estado, la sociedad y el prójimo.

Este Libro fue escrito **en un mundo que se volvía más y más pagano**, en medio de todo, el autor intenta mantener la integridad de la Fe y Ley judía, y conservar puros los ritos y costumbres que cada vez se mezclaban y contaminaban con elementos helenísticos (griegos).

Eclesiástico agrega que el dinero y **la búsqueda avara de riquezas** terrenales **es peligrosa para la salud espiritual**, el libro hace una moderada crítica de los ricos: "*No hay riqueza mayor que la buena salud, ni bien más grande que la felicidad.*" **AT Eclesiástico 30:16**

El libro reconoce en los capítulos 44-50 la historia del pueblo escogido, presentándonos con elogio los varones sabios y justos desde Abraham hasta Simón, hijo de Onías.

Termina con una oración y una maravillosa exhortación para que todos aprendan y aprovechen de la sabiduría que a todos se brinda gratuitamente.

Libro No.
29

Isaías
Antiguo Testamento

Isaías, en hebreo es **Yesha Jah** que significa "salvación es Yahvé".
Isaías profetizó sobre todo a Judá (Judea) cuando esta nación estaba bajo los ataques de parte de Siria y Egipto, señalando que el arrepentimiento y la obediencia a Dios es el único camino para lograr la misericordia (de Yahvé).

El Libro de Isaías es el libro numero 29 del Antiguo Testamento, y parte de los libros Proféticos, su autor es el profeta **Isaías**, escrito entre el **año 701** y **681 a.C.**

Resumen del libro de Isaías

Isaías desempeñó su ministerio en una época conflictiva, el pueblo hebreo se **había dividido en dos** naciones; **Judea** e **Israel**, las cuales estaban en constante guerra, aun más grave era el hecho que **Israel** (el reino del norte) se había aliado con **Siria** en contra de la nación hermana; **Judea**.

Sobre esta terrible época, el profeta Isaías relata que *"durante el año catorce del rey Exequias; Senaquerib, rey de Asiria, subió contra todas las ciudades fortificadas de Judá y las tomó."* **AT Isaías capítulos 36-37**

Obviamente, **el pueblo judío se había nuevamente alejado de Dios** y se encontraba influenciado por todo lo pagano, por su desobediencia Isaías predice la guerra contra los babilonios, y la consecuente derrota y cautividad del pueblo hebreo, que incluye las dos naciones (Judea e Israel).

Isaías también profetiza el regreso de los exilados y **la venida del Mesías**.
En los capítulos 9, 11, y **53** se encuentran las profecías de la llegada de **Cristo**, estos fueron **escritos 500 años antes** del **nacimiento de Jesús.**

El libro de **Isaías** es considerado como una de las grandes obras maestras del mundo, **escrito por uno de los profetas hebreos más importantes**, y aunque contiene un estilo sofisticado, es sin embargo; apasionado y ferviente.

Contenido del libro de Isaías	Citas (**Cap**: Ver)	
Primera sección	1:1	**39**:8
Mensajes sobre Jerusalén y Judá (Judea)	1:1	5:30
El "Libro del Emmanuel"	6:1	**12**:6
Mensajes sobre las naciones extranjeras	**13**:1	**23**:18
Apocalipsis de Isaías	**24**:1	**27**:13
Juicios diversos sobre Judá e Israel	**28**:1	**35**:10
Episodios de la historia de Ezequías	**36**:1	**39**:8
Segunda sección: mensaje de consuelo a Israel	**40**:1	**55**:13
Tercera sección: mensaje a los repatriados	**56**:1	**66**:24

Libro No. **30**

Jeremías
Antiguo Testamento

Jeremías, en hebreo es **Yirme Jah** que significa "levántame Yahvé".
El libro relata la nueva reincidencia (caída) de los judíos en la desobediencia y el paganismo, su esclavitud y la restauración de la nación de Judá por Dios.

El Libro de Jeremías es el libro numero 30 del Antiguo Testamento, y parte de los libros Proféticos, se cree que su autor es el profeta **Jeremías**, quién lo escribió entre el **año 627** y el **585 a.C.**

Resumen del libro de Jeremías

El Libro de Jeremías es ante todo un mensaje de reflexión y condenación a Judá por su desobediencia e idolatría desenfrenada, documentada en las siguientes citas: *AT Jeremías 7:30-34; 16:10-13; 22:09; 32:29; 44:2-3*

Después de la muerte del rey Josías, quien gobernó justamente, la nación de Judá se aleja de Dios y sus mandamientos, el profeta Jeremías ante esto se indigna y compara a Judá a una prostituta. *AT Jeremías 2:20; 3:1-3*

Jeremías les pide a los judíos reflexionar y arrepentirse, les recuerda de la promesa hecha por Dios de que juzgaría severamente a todo aquel que se rinda a la idolatría. *AT Levítico 26:31-33; Deuteronomio 28:49-68*

Sin embargo, los judíos no hacen caso, el resultado lo narra Jeremías; Nabucodonosor, rey de Babilonia, (hoy Irak), inicia la invasión y conquista de Judá, y lleva a los hebreos como esclavos a esa tierra. *AT Jeremías 24:1*

Más adelante, Dios, se compadece y promete la restauración de Judá, y la tierra que había dado a los judíos. *AT Jeremías 29:10*

Isaías también hace referencias a la llegada de **Jesucristo el Mesías**, a quién describe como un **Renuevo de la casa de David** (*AT Jeremías 23:5-6*), y que reinaría en sabiduría y justicia (*NT Apocalipsis 11:15*), el **Cristo será** reconocido por el mundo como el **Mesías** verdadero, quién por medio de su sacrificio, nos dará la salvación por medio del **Nuevo Pacto**. *NT Mateo 26:28*

Contenido del libro de Jeremías	Capítulos
Mensajes contra Judá y Jerusalén	1 - 25
Relatos autobiográficos y de salvación	26 - 45
Mensajes contra las naciones paganas	46 - 51
Apéndice: la caída de Jerusalén	52 - 34

Libro No.
31

Lamentaciones
Antiguo Testamento

Lamentaciones, en hebreo es **Eikhah** que significa "¡Cómo! ¡Ay! ".
Es una serie de lamentaciones (quejas) escrita como si fuesen para un funeral de una nación, que describen la invasión y la destrucción de Jerusalén, un castigo que el profeta Jeremías reconoce como la herramienta de Dios para traer juicio y orden sobre Jerusalén

El Libro de Lamentaciones es el libro numero 31 del Antiguo Testamento, y parte de los libros Proféticos, se cree que su autor es el profeta **Jeremías** y fue escrito en el **año 586 a.C.**

Resumen del libro de Lamentaciones

Este es un libro escrito con el más profundo dolor, después de que la nación de **Judá ha sido capturada por Babilonia en 587 a.C.**, y la compasiva preocupación del SEÑOR por Su pueblo y sus aflicciones.

El Libro de **las Lamentaciones se divide en cinco capítulos.**
Cada capítulo representa un poema separado. En el original hebreo, los versos son acrósticos (similar a un crucigrama), cada versículo comienza con una letra según el orden del alfabeto hebreo.

Primera lamentación, el profeta llora la miseria y opresión de Judá, a la cual llama; *"una viuda llorando profundamente solitaria"*. (**Capítulo 1**)

Segunda lamentación, Yahvé se apiada del castigo tan severo que sufre Judá y exige a la ciudad que haga penitencia. (**Capítulo 2**)

Tercera lamentación, habla de la esperanza para el pueblo de Dios, y que el castigo que vive sólo sería para su propio bien. (**Capítulo 3**)

Cuarta lamentación, lamenta de la ruina y la desolación sobre Jerusalén, y el templo, por causa de los pecados del pueblo. (**Capítulo 4**)

Quinta lamentación, es una oración para que el castigo de Sión pueda ser quitado con el arrepentimiento del pueblo. (**Capítulo 5**)

Lamentaciones deja claro que fue el pecado y la rebelión de los judíos, las causas de la ira de Dios, (***AT Lamentaciones 1:8-9, 4:13; 5:16***), Jeremías lamenta lo sucedido a Judá, y reconoce que el castigo es justo, y arrepentirse debe ser la actitud correcta del pueblo. ***Lamentaciones 3:40-42, 5:21-22***

Contenido del libro de Lamentaciones	Capítulos
Tristezas de Sión la cautiva	1
Las tristezas de Sión vienen de Yahveh	2
Esperanza de liberación por la misericordia de Dios	3
El castigo de Sión consumado	4
Oración del pueblo afligido	5

Sección VI - Antiguo Testamento

Libro No.
32

Baruc
Antiguo Testamento

Baruc, su nombre en hebreo es **Baruch**, significa "bendecido".

El libro de Baruc habla de nuevo sobre la desobediencia a Yahvé de parte de Israel, y del exilio de los judíos a Babilonia, y de la única forma de ganar el perdón de Dios que es arrepentirse, honrar y obedecer a su Palabra.

La Biblia documenta que **Baruc** fue secretario del **profeta Jeremías**, a quien ayudó a escribir un libro. *AT Jeremías 36:4*

El Libro de Baruc es el libro numero 32 del Antiguo Testamento, y parte de los libros Proféticos, su autor es **Baruc** y fue escrito cerca del **año 100 a.C.**

El Libro de Baruc No se encuentra en el **Antiguo Testamento protestante** ya que fue eliminado por la Reforma en el siglo 16 (1500s).

⇨ Vea **Libros Deuterocanónicos** en página **190** y **199** para más información.

Resumen del libro de Baruc

Este libro es **rechazado por los judíos** en **el concilio de Jamnia** por sus profecías sobre **el Mesías**, por ejemplo, en *AT Baruc 3:9-38* habla de la obtención y el deseo de sabiduría, y concluye con un verso que hace referencia a **Cristo vivo entre nosotros**.

En Libro describe en el primer capítulo que Baruc convoca a las autoridades, al rey y al pueblo entero, desde el menor al mayor, para ayunar y orar a Dios por su misericordia, ya que los caldeos (Babilonios) habían tomado e incendiado Jerusalén. *AT Baruc 1:1-5*

El libro de **Baruc** se considera profético **dentro de la fe Cristiana**, y existen varias referencias de éste en el **Nuevo Testamento**, por ejemplo:

Versículos similares entre el **Nuevo Testamento** y **Baruc**, Antiguo T.
Lucas	13:29	**Coteje con**	Baruc	4:37
Juan	3:13	**Coteje con**	Baruc	3:29
1 Corintios	10:20	**Coteje con**	Baruc	4:7
Juan	1:14	**Coteje con**	Baruc	3:38

Los Nazarenos (judeo-cristianos) utilizaban este y otros textos, llamados ahora **los Deuterocanónicos**, como documentos proféticos sobre la llegada del **Mesías**, debido a esto; los judíos los excluyeron de su Biblia (**Tanaj**) durante **el Concilio de Jamnia**, llevado a cabo cerca del **año 95 d.C.**

Los libros Deuterocanónicos han sido parte de las **Escrituras Cristianas** desde que la Biblia fue publicada por primera vez en el **año 397 d.C.**, pero durante la **Reforma de 1500**; fueron excluidos de las **Biblias Protestantes**.

Libro No.
33

Ezequiel
Antiguo Testamento

Ezequiel, en hebreo es **hazaq El** que significa "fortaleza es Elohim".
Este libro, al igual que el de **Daniel** y **Apocalipsis**, puede ser llamado un libro de misterio, altamente simbólico, con mucho lenguaje figurado y debido a esto; muy difícil de interpretar.
El Libro de Ezequiel es el libro número 33 del Antiguo Testamento, y parte de los libros Proféticos, se cree que su autor es el profeta **Ezequiel ben-Buzi**, y fue escrito entre el **año 593 y 570 a.C.**

Resumen del libro de Ezequiel

A pesar del intenso simbolismo, el contenido del libro es sencillo y ordenado, muestra un laborioso proceso de organización y planeamiento, contiene poemas, discursos y visiones.

El sacerdote Ezequiel hijo de Buzi (*AT Ezequiel 1:3*), en la primera etapa de su ministerio, pide a Israel, una nación excesivamente pecaminosa y sin esperanza, que se arrepienta de su alejamiento de Dios, para poder ganar su bendición de nuevo.

Ezequiel les instruye que Dios está presente siempre y que los escuchará en cualquier lugar, pero tienen que volver y obedecerlo, si es que esperan recibir sus bendiciones. **Ezequiel promete que el Reino de Dios vendrá**.

Mientras tanto, **la idolatría entre los judíos es extensa**, y la adoración a dioses de Mesopotamia (Babilonia) es frecuente, muchos lo hacen por capricho, ya que según ellos, Yahvé no los defendió durante su captura y esclavitud bajo el rey Nabucodonosor II de Babilonia.

Por otro lado, Ezequiel contiene **una de las visiones más controversiales de la Biblia**, en esta se cree que describe el trono de Yahvé, removiendo el "**velo espiritual**" que cubre a **Dios** en los ojos de los creyentes, lo que es un área que la mayoría de **profetas y religiosos consideran un tabú**.

Ezequiel habla de las "**partes materiales**" que ve en **el Reino de Dios**, incluye la referencia de un "vehículo" en el cielo (*AT Ezequiel 1:15-18*), en otra cita agrega que "*el ruido (de ese vehículo) era un gran estruendo*", en este mismo versículo menciona a seres vivientes con alas, seres similares a los citados en **el libro del Apocalipsis**. *AT Ezequiel 3:13; NT Apocalipsis 4:8*

Contenido del libro de Ezequiel	Capítulos
Vocación de Ezequiel	1 - 3
Profecías acerca de la caída de Jerusalén	4 - 24
Profecías contra las naciones paganas	25 - 32
La restauración de Israel	33 - 39
El nuevo Templo en la Jerusalén futura	40 - 48

Libro No.
34

Daniel
Antiguo Testamento

Daniel, en hebreo es **Dani'-El** y significa "mi juez es Elohim".

El libro de Daniel narra de los sufrimientos de los judíos, consecuencia de su desobediencia a Dios, y la conquista de Judá por el rey Nabucodonosor II de Babilonia, y cómo Dios le da sabiduría al profeta Daniel en recompensa a su obediencia y Fe.

El Libro de Daniel es el libro numero 34 del Antiguo Testamento, y parte de los libros Proféticos, se cree que su autor es el profeta **Daniel** y fue escrito entre el **año 605 y 536 a.C.**

Resumen del libro de Daniel

La exactitud de **las profecías de Daniel es impresionante**. Por ejemplo, cuando habla de las "**70 semanas**", es una clara predicción del año preciso del **nacimiento de Jesucristo**, como así también relata sobre el comienzo de **Su Ministerio** cerca del **año 27 d.C**. *AT Daniel 9:24-27*

En el Capítulo 1, Daniel describe la conquista de Jerusalén por los caldeos, Daniel es llevado esclavo a Babilonia, pero por su valor y las bendiciones de Dios, él y sus amigos Ananías, Misael y Azarías; son promovidos al servicio del rey Nabucodonosor. *AT Daniel 1:17-20*

Las visiones que aparecen en el libro (**Capítulos 7-12**) entre estas las cuatro bestias de Daniel (**Capítulos 7:3**) son interpretadas como las cuatro grandes potencias mundiales en ese periodo que eran: Babilonia (hoy Irak), El imperio Medo-Persa (hoy Irán), Grecia (imperio greco-macedonio), y Roma.

Teólogos creen que la segunda visión (**Capítulos 8:1**) es considerada como una referencia al gobierno de **los griegos bajo Alejandro el Grande**.

Así mismo, el reino mencionado en el **Capítulo 9** es **el gobierno mesiánico** del **Reino de Cristo**. La visión en los **Capítulos 10-12** es considerada una referencia al fin de los siglos.

Jesucristo, en sus predicaciones hace referencia **del libro del profeta Daniel** en **NT Mateo 24:15**.

Contenido del libro de Daniel	Capítulos
Babilonia conquista a Judá	1
Daniel interpreta los sueños de Nabucodonosor	2 - 7
Visiones apocalípticas	8 - 12

Libro No.
35

Oseas
Antiguo Testamento

Oseas, en hebreo es **Hoshea** que significa "salvación".

El Mensaje del profeta Oseas a Israel contiene amonestaciones contra el pueblo por su idolatría y pecado, Oseas pide lealtad a los judíos y al Pacto que Dios hizo con ellos, les recuerda que su misericordia es inalterable, a pesar del continuo extravío de Israel al ir tras falsos dioses. *AT Oseas 14:1-2*

El Libro de Oseas es el libro numero 35 del Antiguo Testamento, y parte de los libros Proféticos, se cree que su autor es el profeta **Oseas** y fue escrito entre el **año 710 a.C.**

Resumen del libro de Oseas

La profecía de Oseas es en resumen un ataque frontal contra los pecados cometidos por los judíos y una nación que se ha extraviado nuevamente y han sido infieles a Yahvé adorando a ídolos o dioses ajenos.

El libro señala que Israel es merecedor de su castigo por causa de su rebeldía, sin embargo, Oseas les recuerda a los judíos que el SEÑOR no los ha olvidado y los sigue amando y cuidando. *AT Oseas 2:19-20*

Oseas agrega que Yahvé llevará a su pueblo al desierto (**Capítulo 2:14**) y le dará por morada tiendas de campaña (**Capítulo 12:9**), y allí le dirá: "***Tú eres mi pueblo***", e Israel le responderá: "***Dios mío***". *AT Oseas 2:23*

El libro reconoce que **a pesar de que desde la creación de la humanidad**, su pueblo **siempre se ha portado ingratamente con Él**, y que Israel no debería merecer la misericordia de Dios, sin embargo; Oseas agradece el incesante amor de Yahvé a su pueblo, el cual podemos ver cuando Israel le pide perdón (otra vez) por sus pecados, y Dios los perdona una vez más.

Contenido del libro de Oseas	Capítulos
Vida conyugal del profeta	1 - 3
Infidelidad y castigo de Israel	4 - 13
Conversión de Israel y promesas de salvación	14
Advertencia final	14:9

Libro No.
36

Joel
Antiguo Testamento

Joel, en hebreo es **Jah'-El** que significa "Yahvé es Elohim", "Yahvé es Dios". Joel relata como Judá es devastada por una plaga de langostas que destruye todo, los campos de cereales, los viñedos, los jardines y los árboles.
Joel compara esta plaga como un ejército enemigo (natural) que viene a destruir a Israel como castigo por sus pecados.

El Libro de Joel es el libro numero 36 del Antiguo Testamento, y parte de los libros Proféticos, se cree que su autor es el profeta **Joel** y fue escrito entre el **año 835** y **800 a.C.**

Resumen del libro de Joel

El Libro de Joel habla de una plaga de langostas, esta es seguida por una gran hambruna en toda la nación de Israel, Joel interpreta estos sucesos como un motivo para advertir a Judá.

Judá había caído de nuevo en adoración a otros dioses, Joel advierte que si la gente no se arrepiente, los ejércitos enemigos invadirán a Judá de la misma manera que lo han hecho los elementos naturales.

El Libro de Joel señala que las penalidades que sufren son sólo el preludio del día del juicio: "*¡Ay del día!, porque cercano está el día del SEÑOR; vendrá como destrucción de parte del Todopoderoso.*" (**AT Joel 1:15**), en el cual juzgará también a todos los pueblos y naciones de la tierra. **AT Joel 2:1-2**

Joel agrega que aunque en ese terrible momento será el día en el cual "*se pondrán pálidos todos los semblantes*". (**AT Joel 1:152.6**), también será un día de gracia y de salvación, porque: "*Todo aquel que invoque el nombre de Yahvé será salvo*" **AT Joel 2.32; NT Hechos 2:21**

Joel les recuerda la promesa de Dios: "*Derramaré Mi Espíritu sobre todo ser humano...*" (**AT Joel 2.28-32**), de esta forma sucede cuando los seguidores de **Jesús** (y la humanidad) reciben el don del Espíritu, siglos más tarde en Jerusalén durante el día de Pentecostés. **NT Hechos 2.16-21**

Contenido del libro de Joel	Cap : Ver
Devastación de la langosta; el "día de Yahvé"	1
Nuevo anuncio del "día de Yahvé"	2
La misericordia de Yahvé	2:12-27
Derramamiento del Espíritu de Dios	2:28-32
Juicio de Yahvé sobre las naciones	3:1-15
Liberación de Judá	3:16-21

Libro No. **37**

Amós
Antiguo Testamento

Amós, en hebreo es **Amoz** que significa "carga o trabajo dado por Dios". Amós fue un pastor y un recolector de higos, que a pesar de que carece de una educación sacerdotal, Dios lo llama a profetizar. *AT Amós 7:14-17*
La misión de Amós es dirigirse a las **naciones divididas de Judá e Israel** y advertirles que por causa de sus pugnas, **el Juicio de Yahvé es inminente**.

El Libro de Amós es el libro numero 37 del Antiguo Testamento, y parte de los libros Proféticos, se cree que su autor es el profeta **Amós** y fue escrito entre el **año 760** y **755 a.C.**

Resumen del libro de Amós

Teólogos creen que a pesar de que el profeta Amós y el padre del profeta Isaías también llamado Amós (*AT Isaías 1:1*), vivieron durante el mismo tiempo; no es la misma persona, como tampoco lo es el "Amós", ascendiente de Jesús, quien es mencionado en *NT Lucas 3:25*.

El libro de Amós nos recuerda que **Yahvé es el Dios único**, y que su poder y potestad sobre la naturaleza (universo) **es infinito**.

Amós reconoce que a pesar de **la aparente prosperidad de Israel**; la nación va en mal camino ya que sus pecados son extensos, entre estos están la desobediencia a la Ley de Dios, la idolatría, paganismo, la codicia, el liderazgo corrupto de los religiosos y la opresión de los pobres.

Amós profetiza el juicio el cual él llama: "**El día de Yahvé**", sobre todas las naciones, incluyendo **Judá** e **Israel** en caso de persistir en el pecado; y que serán destruidos en un terrible cataclismo. *AT Amós 8:4-14*

Aunque el mensaje del **Libro de Amós** es de amenaza y castigo, este contiene también perdón, redención y amor, señalando que el único medio de salvación es la conversión (volver) a la Fe verdadera.

Contenido del libro de Amós	Capítulos
Juicios contra las naciones vecinas	1 - 2
Juicio contra Israel	2
Denuncias y amenazas	3 - 6
Visiones de castigo	7 - 9
Restauración futura de Israel	9 - 15

Libro No. **38**

Abdías
Antiguo Testamento

Abdías, en hebreo es **Obad Yah** que significa "servidor de Yahvé".
El profeta Abdías condena a Edom por los pecados contra Dios e Israel.
Este es el libro más corto en el Antiguo Testamento, sólo tiene 21 versículos.

El Libro de Abdías es el libro numero 38 del Antiguo Testamento, y parte de los libros Proféticos, se cree que su autor es el profeta **Abdías** y fue escrito entre el **año 850** y **840 a.C.**

Resumen del libro de Abdías

El libro de Abdías relata la hostilidad entre dos "naciones" descendientes de dos hermanos gemelos: los **edomitas** (descendientes de Esaú) y los **israelitas** (descendientes de Jacob), **esta rivalidad entre Israel y Edom** es antiquísima y **es mencionada en el libro de Génesis**. *AT Génesis 25:23; 27:39-40*

La rivalidad era agravada ya que **Edom** estaba situado en una zona estratégica, en la ruta hacia el importante puerto de Elat en el Mar Rojo, lo que ocasionaba continuas guerras entre judíos y Edomitas, como se puede leer en otros libros del Antiguo Testamento: *"Los edomitas rehusaron dar paso a Israel por su país"* (**AT Números 20:14-21**); *"Ellos también se regocijaron por la toma de Jerusalén"* (**AT Salmos 137:7**), y otras historias más, documentadas en los libros **II Crónicas**; **II Samuel**; **I y II Reyes.**

El odio entre estas dos naciones fue amplificado por la colaboración que los edomitas prestaron al rey Nabucodonosor II de Babilonia, lo que ayudó a este invadir Israel, como resultado, se llevó cautivos a muchos judíos mientras los edonitas se aprovecharon para ocupar sus territorios (**Versículos 11-14**).

El Libro de Abdías profetiza de la proximidad del "**Día de Yahvé**", o día del juicio a todas las naciones. *AT Abdías 1:15*
En cambio, **Abdías** señala que Israel será restaurado y prosperará en la tierra y formará parte del Reino. *AT Abdías 1:19-21*

Contenido del libro de Abdías	Capítulos
Humillación de Edom	1 - 14
El día de Jehová y el juicio de las naciones	15 - 18
La exaltación de Israel	19 - 21

Libro No.
39

Jonás
Antiguo Testamento

Jonás, en hebreo es **Yonah** que significa "paloma de la paz, silencio".

El libro relata la experiencia de Jonás en el vientre de un pez debido a su desobediencia, ese suceso le proporciona la oportunidad de reflexionar y evaluar su vida, a pesar de su desobediencia, reconoce que el arrepentimiento es la única salvación.

El Libro de Jonás es el libro número 39 del Antiguo Testamento, y parte de los libros Proféticos, según el libro, su autor es **Jonás** (*AT Jonas1:1*) y fue escrito en el **año 760 a.C.**

Resumen del libro de Jonás

El libro relata como **Dios manda a Jonás a predicar** al **pueblo de Nínive**, una importante ciudad Asiria, cercana a la actual Mosul en Irak, sin embargo, el miedo y orgullo hace huir a Jonás de su misión.

Jonás no quería ir a Nínive a predicar el Reino de Yahvé porque creía que los ninivitas eran sus enemigos y estaba convencido de que ellos le harían daño y por eso decide huir y toma un barco a Tarsis con dirección opuesta a donde Dios lo había mandado, y ya estando el barco en mar abierto:

> *El Señor hizo que soplara un viento muy fuerte, y se levantó en alta mar una tempestad tan violenta que parecía que el barco iba a hacerse pedazos.*
> ***AT Jonás 1:4***

Los marineros tuvieron miedo, a pesar que oraban a sus dioses, la tormenta empeoraba, entonces deciden echar suertes *"para saber quién tenía la culpa de la desgracia"*, al determinar que Jonás era el problema, lo tiraron del barco, y fue tragado por un gran pez, Jonás estuvo en el vientre del pez tres días y tres noches, en reflexión ora, pide perdón y le promete a Dios que cumplirá con las promesas, Yahvé lo perdona y le ordena al pez vomitarlo en tierra firme. Así Jonás viaja a Nínive y logra que la gente se arrepienta.

En el legalismo moderno, este suceso se ha convertido en una polémica, en referencia a la especie del animal, ya que tradicionalmente es citado como una "ballena" por su tamaño, aunque la Biblia indica que fue un "gran pez."

Jesús hace referencia al suceso del profeta Jonás dentro del gran pez, en referencia a su muerte y resurrección. ***NT Mateo 12:38-41***

Contenido del libro de Jonás	Capítulos
Jonás huye de Yahvé	1
Oración de Jonás	1 - 2
Nínive se arrepiente	3
El enojo de Jonás	4

Libro No.
40

Miqueas
Antiguo Testamento

Miqueas, en hebreo es **Mijah Yah** que significa "¿Quién es como Yahvé?".
El profeta Miqueas reprende al reino del norte (Israel) por pecados como su idolatría, y adoración de Baal, sacrificios de niños, magia y encantamientos.

El Libro de Miqueas es el libro numero 40 del Antiguo Testamento, y parte de los libros Proféticos, según el libro, su autor es **Miqueas (*AT Miqueas 1:1*)** y fue escrito en el **año 700 a.C.**

Resumen del libro de Miqueas

El profeta Miqueas vivió cuando el pueblo de Dios estaba dividido en dos: el reino del norte (**Israel**) y el reino del sur (**Judá**).
Miqueas relata sobre la guerra entre las dos naciones, la cual provocó 120,000 muertos. ***AT 2 Crónicas 28:6***

Miqueas condena a los gobernantes, sacerdotes y profetas de Israel por explotar y engañar a la gente, señala que es esta la razón del porqué Jerusalén será destruida.

Sin embargo, no todo en el libro de Miqueas es juicio y castigo ya que él ve una luz en las tinieblas, percibe un majestuoso Dios que gobierna sobre todo el mundo, uno que castiga a su pueblo para purificarlo y restaurarlo.

A pesar de que el libro contiene una de las profecías más destructivas en la Biblia, también hace una de las más claras **predicciones sobre Jesús, el Mesías, el Libertador que vendría a salvar a Israel**.

> *Pero tú, **Belén Efrata, tan pequeña entre las familias de Judá**, de ti ha de salir el que **será Señor en Israel**; Y sus orígenes son desde tiempos antiguos, **a los días de la eternidad**.*
> ***AT Miqueas 5:1-5***

Contenido del libro de Miqueas	Capítulos
El juicio de Dios sobre Israel y sobre Judá	1 - 3
El reinado universal de Yahvé	4 - 5
La corrupción de Israel y la misericordia de Dios	6 - 7

Libro No. **41**

Nahúm
Antiguo Testamento

Nahúm, en hebreo es **Najum** que significa "consuelo".
Nahúm narra la profecía del juicio de Dios sobre la ciudad de Nínive en el imperio asirio (hoy Irak) y la inevitable destrucción de esta ciudad impía.

El Libro de Nahúm es el libro numero 41 del Antiguo Testamento, y parte de los libros Proféticos, su autor es **Nahúm de Elcos** (*AT Nahúm 1:1*) y fue escrito entre el **año 663** y **612 a.C.**

Resumen del libro de Nahúm

El libro relata el sufrimiento de Israel en manos de los asirios, Nahúm pide a los judíos tener paciencia y que no se desesperen, porque Dios había pronunciado juicio a los asirios y pronto sufrirían las consecuencias de su ira.

Nínive fue una importante ciudad Asiria, (cercana a la actual Mosul en Irak) sus hombres eran guerreros belicosos y conocidos como crueles dominadores de las naciones conquistadas, a las cuales sometieron a toda tipo de acciones violencias. *AT 2 Reyes 17:3-6*

Es por esto que las naciones del Medio Oriente, incluyendo el reino de Judá, que durante un siglo habían sufrido la opresión Asiria (*AT 2 Reyes 18:13-37*), celebraron con inmensa alegría **la destrucción de Nínive**, la cual fue una importante derrota para el imperio asirio. *AT Nahúm 2:13*

150 años antes de Nahum, **el profeta Jonás** había predicado en Nínive y logrado que el pueblo judío en ese lugar se arrepintiera y obedeciera a Yahvé, sin embargo, con el tiempo la gente se había entregado de nuevo a la idolatría, a la violencia y la arrogancia. *AT Nahúm 3:1-4*

Dios envía al profeta Nahum para que les predique y les advierta de su error y la necesidad al arrepentimiento y obedecer su Pacto.
Lamentablemente, los ninivitas no hacen caso a Nahúm, así, en castigo la ciudad cae bajo el dominio de Babilonia.

El Apóstol Pablo en **NT Romanos 10:15**, utiliza las mismas palabras que Nahum usó en su ministerio: "*¡Hermosos son los pies de los que anuncian la paz, de los que anuncian buenas nuevas!* *AT Nahúm 1:15*

Contenido del libro de Nahúm	**Cap : Ver**
La ira vengadora de Dios	1:1-14
Anuncio de la caída de Nínive	1-2)

Libro No. **42**

Habacuc
Antiguo Testamento

Habacuc, en hebreo es **Habakuk** que significa "abrazo", "abrazarse".
El libro relata como Habacuc se pregunta por qué Dios permite que su pueblo escogido pase por el terrible sufrimiento de la mano de sus enemigos.
Al final Habacuc recibe las respuestas de Dios y su Fe es restaurada.

El Libro de Habacuc es el libro numero 42 del Antiguo Testamento, y parte de los libros Proféticos, su autor es **Habacuc (*AT Habacuc 1:1*)** y fue escrito entre el **año 610** y **605 a.C.**

Resumen del libro de Habacuc

El Libro de Habacuc consta de tres secciones.

La primera parte (Capítulos 1-2), es una especie de diálogo entre Dios y el profeta, Habacuc se queja de la violencia y la injusticia contra su nación y el SEÑOR le responde afirmando que los judíos serán castigados por su maldad y desobediencia y que los caldeos (babilonios) serán el brazo ejecutor o herramienta de ese castigo. ***AT Habacuc 1:13***

En la segunda parte (*AT Habacuc 2:5-20*), Dios invita al profeta a poner en Él toda su confianza, le señala que vendrá un día en que también los caldeos serán abatidos, que su propia soberbia los destruirá cuando llegue el día del juicio y que los malvados recibirán el castigo merecido.

La tercera parte (Capítulo 3), es una oración en forma de salmo, compuesta para cantar a la gloria de Yahvé, pedir de su protección y la salvación de su pueblo, Habacuc llama al Señor "**su fortaleza**". ***AT Habacuc 3:18-19***

Contenido del libro de Habacuc	**Cap : Ver**
Habacuc se queja de injusticia	1:1-4
Los caldeos castigarán a Judá	1:5-11
Protesta de Habacuc	1:12-17
Yahvé responde a Habacuc	2:1-5
Ayes (advertencias) contra los injustos	2:6-20
Oración de Habacuc	3:1-19

Libro No.
43

Sofonías
Antiguo Testamento

Sofonías, en hebreo es **Tsefan Yah** que significa "protección es Yahvé". El libro de Sofonías habla del juicio al mundo, del castigo a los desobedientes y salvación para los que lo obedecen.

El Libro de Sofonías es el libro numero 43 del Antiguo Testamento, y parte de los libros Proféticos, su autor es **Sofonías (*AT Sofonías 1:1*)** y fue escrito entre el **año 730** y **725 a.C.**

Resumen del libro de Sofonías

Sofonías profetizó durante el reinado de Josías, rey de Judá; antes del resurgimiento religioso que se extendió sobre el reino en ese período.

El Libro de Sofonías comienza con el anuncio de un desastre de dimensiones universales, por causa de la desobediencia de Judá. *AT Sofonías 1:1-18*

> *2 Destruiré completamente todo lo que hay sobre la tierra.*
> *3 Destruiré a los hombres y los animales, destruiré las aves y los peces, pondré tropiezo a los malvados y eliminaré de la tierra al hombre.*
> *AT Sofonías 1:1-3*

En el **capítulo 2**, narra predicciones de destrucción dirigidas a los enemigos de Judá, señala que el juicio de Dios caerá sobre las naciones paganas, entre estas: los filisteos, quienes son los habitantes de las costas mediterráneas, así como también contra los asirios en la zona de Mesopotamia.

En el **capítulo 3,** el profeta Sofonías proclama que Dios ha retirado su juicio contra Judá y los ha liberado de la cautividad. *AT Sofonías 3:16-19*

Contenido del libro de Sofonías	**Capítulo**
El día de la ira de Yahvé	1
Juicios contra las naciones vecinas	2
El pecado de Jerusalén y su redención	3

Libro No. **44**

Hageo
Antiguo Testamento

Hageo, en hebreo es **Haggiah** que significa "mi día de fiesta", "festivo".

El mensaje de Hageo es de urgencia para el pueblo de continuar con la reconstrucción del segundo templo de Jerusalén.

Hageo atribuye una reciente sequía a la negligencia del pueblo en reconstruir el templo, que él ve como la clave para la gloria de Jerusalén.

El Libro de Hageo es el libro numero 44 del Antiguo Testamento, y parte de los libros Proféticos, su autor es **Hageo** (*AT Hageo 1:1*) y fue escrito entre el **año 540** y **520 a.C.**

Resumen del libro de Hageo

El profeta Hageo advierte al pueblo reanudar la reconstrucción del Templo, el cual no podía permanecer más tiempo en estado de ruina, sino que debía ser restaurado para gloria de Dios. *AT Hageo 1:8*

Hageo señala que **la advertencia procede de Dios**, y si no se obedece, los castigos serán para todos, como ejemplo: la sequía, la pérdida de cosechas y la consecuente pobreza, todos estos signos del enojo divino. *AT Hageo 1:9-11*

En cambio, Dios bendecirá y traerá pronta y definitiva salvación al pueblo, si el Templo es reconstruido. *AT Hageo 1:8, 2:6-9* y *2:20-23*

La reacción a las advertencias de los profetas es positiva de parte de Zorobabel y Josué (*AT Esdras 6:14*), y las obras se ponen de nuevo en marcha, al poco tiempo, y el Templo queda terminado el día tres del mes de Adar, del año seis del gobierno de Darío, rey de Persia, y pronto se celebran con grandes manifestaciones la dedicación del Templo. *AT Esdras 6:15-18*

Contenido del libro de Hageo	Cap : Ver
Exhortación a reconstruir el Templo	1:1-15
La gloria del nuevo templo	2:1-9
Represión de la infidelidad del pueblo	2:10-19
Promesa de Yahvé a Zorobabel	2:20-23

Libro No. **45**

Zacarías
Antiguo Testamento

Zacarías, en hebreo es **Zakar Yah** que significa "recordemos a Yahvé".

El Libro de Zacarías relata que, aunque Dios ha usado a sus profetas para enseñar, advertir y corregir a su pueblo, el pueblo se rehúsa a escuchar, por consecuencia llega el castigo de Dios.

El Libro de Zacarías es el libro numero 45 del Antiguo Testamento, y parte de los libros Proféticos, su autor es **Zacarías** (*AT Zacarías 1:1*) y fue escrito entre el **año 520** y **518 a.C.**

Resumen del libro de Zacarías

Zacarías nos enseña que **la salvación puede ser alcanzada por todos**.

Los primeros versículos del libro (*AT Zacarías 1:2-6*) son un llamamiento dirigido a los judíos en cautividad (en Babilonia), a quienes el profeta exhorta al arrepentimiento y a la conversión: *"Yo, el Señor todopoderoso, me enojé mucho con los antepasados de ustedes. Por eso, dile ahora de mi parte al pueblo: -Vuélvanse a mí, y yo me volveré a ustedes."* **AT Zacarías 1:3**

El Libro de Zacarías predica que Dios es soberano sobre este mundo, y no importa que haga el ser humano o las fuerzas naturales, **Él es todopoderoso**.

Zacarías agrega que Dios no revocará la libertad de libre albedrío que nos dio, pero que cada uno de nosotros somos responsables de nuestras acciones.
En el último capítulo, el profeta aclara que aún las fuerzas de la naturaleza responden ante el comando de Dios.

Contenido del libro de Zacarías	**Cap : Ver**
Llamamiento a volver a Yahvé	**1**:1-6
Visiones simbólicas	**1**:7-8
Coronación simbólica de Josué	**6**:9-15
Anuncio de la salvación Por el Mesías	**7**:1-8
Castigo de las naciones vecinas	**9**:1-8
El futuro rey de Sión	**9**:9-17
Yahvé redimirá a su pueblo	**10**:1-11
Los dos pastores	**11**:4-17
La liberación de Jerusalén	**12**:1-13
Victoria final de Jerusalén	**14**:1-21

Libro No.
46

Malaquías
Antiguo Testamento

Sección VI - Antiguo Testamento 252

Malaquías, en hebreo **Mal'aji Yah** que significa "mensajero de Yahvé".

El Libro de Malaquías, de nuevo llama al pueblo de Israel a volverse a los caminos de Yahvé, una fuerte advertencia de Dios a través de Malaquías.

Este es el último libro del Antiguo Testamento, cierra con el pronunciamiento de la justicia y la promesa de Dios de su restauración a través de **la llegada de Jesús**, **el Mesías**.

El Libro de Malaquías es el libro numero 46 del Antiguo Testamento, y parte de los libros Proféticos, su autor es **Malaquías** (*AT Malaquías 1:1*) y fue escrito entre el **año 600** y **450 a.C.**

Resumen del libro de Malaquías

Malaquías es el último de los profetas del Antiguo Testamento, vivió después de la reconstrucción del templo y de la restauración de la obediencia a Yahvé.

Sin embargo, **después de la dedicación del Templo a Dios**, los judíos pronto **regresan a la desobediencia y al pecado**, en su libro el profeta Malaquías los amonesta por su nefasto comportamiento, es así que **predice la llegada del Mesías**. *AT Malaquías 3:1*

El Libro de Malaquías advierte, de la misma forma que lo hacen también la mayoría de los libros proféticos, **que el juicio divino es inminente** y persuade al pueblo a cumplir con el Pacto con Yahvé.

> *Acuérdense de la ley que le di a mi siervo Moisés en el monte Horeb.*
> *¡Eran preceptos y mandatos que todo Israel debía obedecer!*
> ***AT Malaquías 4:4***

Malaquías hace una de las profecías más extraordinarias dentro de las Escrituras del Antiguo Testamento acerca de la **llegada de Jesús**:

> ***Yo envío mi mensajero para que prepare el camino delante de mí.***
> *Y vendrá súbitamente a su templo el Señor a quien vosotros buscáis;*
> ***Y el ángel del pacto, a quien deseáis vosotros, ya viene***",
> *Ha dicho el SEÑOR de los ejércitos.*
> ***AT Malaquías 3:1***

Contenido del libro de Malaquías	Capítulos
El amor de Jehová por Jacob	1
El día del juicio se acerca	2 - 3
El advenimiento del día de Yahvé	4

Sección VII

"Jesús predica el Sermón del Monte", por Gustave Doré (1832-1883)

El Nuevo Testamento

El núcleo del Mensaje de Cristo es simple y está sobre toda ley mandamiento o doctrina, este Mensaje se compone de Dos Mandamientos los cuales son sólo Dos:

"Amarás al Señor tu Dios con todo tu corazón, con toda tu alma y con toda tu mente", Éste es el primero y grande mandamiento. Y el segundo es semejante: **"Amarás a tu prójimo como a ti mismo."** **De estos dos mandamientos dependen toda la Ley y los Profetas.**

NT Mateo 22:36-40

El Nuevo Testamento

Nuevo Testamento, del latín **Novus Testamentum**, de **Novus**; "nuevo" y **Testamentum**; "testimonio", "pacto", "convenio", es la segunda parte de la Biblia Cristiana, compuesta por el conjunto de libros escritos durante el primer siglo, **pocos años después del nacimiento de Jesucristo**.

Su nombre en griego es *Hē Kainḕ Diathḗkē* que traducido a un lenguaje actual sería: "*El Nuevo Pacto*" o "*El Nuevo Convenio*", sin embargo, durante la canonización de la Biblia en el **año 397 d.C.**, los traductores de los textos hebreos decidieron aplicar **la palabra que Moisés usó** en el **Monte Sinaí**, al aceptar el **Pacto con Dios**, la cual es: "**Testimonio**". *AT Éxodo 32:15*

El término griego *Diatheke* viene del vocablo hebreo *berith*, que significa "alianza", "pacto", "convenio", o "contrato."
El orden de los textos del **Nuevo Testamento** fue decidido durante su canonización y **no se encuentran en orden de antigüedad**.

El **Nuevo Testamento** fue completado después de un largo proceso realizado por un comité de traductores dirigido por el sacerdote **Jerónimo de Estridón**, en este proceso tenían que seleccionar, evaluar y certificar cientos de manuscritos para entonces **decidir qué libros serian incluidos en la Biblia**, una labor iniciada en el **año 382 d.C.**, y finalizada en el **Tercer Concilio de Cartago**, efectuado en **el año 397 d.C.** (Siglo IV), donde **la Biblia es canonizada**.

La Biblia contiene el **Antiguo Testamento** (Pacto antiguo de Dios con los judíos), y el **Nuevo Testamento** o Pacto de Dios con la humanidad, y aunque la **Fe Cristiana** reconoce ambos testamentos como "vigentes", **el principal** es el "**Nuevo**" ya que contiene el **Pacto de Dios** hecho por medio de **Jesús con el mundo entero**. *NT Mateo 26:28, Marcos 16:15*

El Nuevo Testamento se divide en cinco partes:

1- **Evangelios**   Relatan **el Ministerio de Jesucristo**
2- **Hechos**   Libro histórico
3- **Epístolas Paulinas** Relatan **el Ministerio de Pablo de Tarso**
4- **Epístolas Generales** Cartas educacionales
5- **Apocalipsis**   Libro profético

A pesar de que la Iglesia efectuó una extensa búsqueda alrededor del mundo de los Textos Sagrados (judíos y cristianos), fue imposible localizar ciertos libros mencionados (pero perdidos) en el **NT**, entre estos están los siguientes:

Libros Perdidos del Nuevo Testamento	
Nombre del Libro	**Cita Bíblica Que Lo Menciona**
Una Epístola anterior a la "Primera" de Corintios	1 Corintios 5:9
Una Epístola anterior a los Efesios	Efesios 3:3-5
Una Epístola de Pablo a los Laodicenses	Colosenses 4:16
Las Profecías De Enoc	Judas 1:14

Los libros del **Nuevo Testamento**
Se dividen en cuatro categorías

	Libro	Es atribuido a	Contiene
1	Mateo	Mateo El Evangelista	**El Ministerio de Jesús** Llamados también los **Cuatro Evangelios**
2	Marcos	Marcos El Evangelista	
3	Lucas	Lucas El Evangelista	
4	Juan	Juan El Evangelista	
5	Hechos de los Apóstoles	Lucas El Evangelista	**Libro Histórico** Narra eventos del Concilio de Jerusalén y como Santiago, Pedro y Pablo se distinguen como lideres de la Iglesia
6	Romanos	Pablo De Tarso	**El Ministerio de Pablo de Tarso** Introdujo el Evangelio a los gentiles fuera de Israel después de su conversión. Estas cartas conocidas como "*Epístolas Paulinas*" dirigidas a iglesias fundadas durante sus viajes misioneros. El objetivo de las cartas es predicar el Evangelio y dar instrucciones a los cristianos sobre ética (conducta).
7	1ra Corintios	Pablo De Tarso	
8	2da Corintios	Pablo De Tarso	
9	Gálatas	Pablo De Tarso	
10	Efesios	Pablo De Tarso	
11	Filipenses	Pablo De Tarso	
12	Colosenses	Pablo De Tarso	
13	1ra Tesalonicenses	Pablo De Tarso	
14	2da Tesalonicenses	Pablo De Tarso	
15	1ra Timoteo	Pablo De Tarso	
16	2da Timoteo	Pablo De Tarso	
17	Tito	Pablo De Tarso	
18	Filemón	Pablo De Tarso	
19	Hebreos	Pablo De Tarso	
20	Santiago	Santiago El Justo	**Epístolas Generales** Cartas de instrucción general
21	1ra Pedro	Simón Pedro	
22	2da Pedro	Simón Pedro	
23	1ra Juan	Juan El Evangelista	
24	2da Juan	Juan El Evangelista	
25	3ra Juan	Juan El Evangelista	
26	Judas	Judas Tadeo	
27	Apocalipsis	Juan De Patmos	**Libro Profético** Es el único libro profético del NT, narra eventos que ocurrirán antes del regreso de Cristo

El Nuevo Testamento menciona cuatro libros que **no se encuentran** en la Biblia; estos son **la Primera carta a Corintios**, la **Tercera a Corintios**, la **Carta con Lágrimas** y Las **Profecías De Enoc**.

De haberse incluido las cartas 1ra y 3ra a Corintios; las que son en el presente Primera de Corintios sería la Segunda y la Segunda sería la Cuarta.

➪ Vea **Los libros perdidos de la Biblia** en página **193** para más información.

Libro No. **1**

El Evangelio de Mateo
Nuevo Testamento

Evangelio de Mateo, del latín *Evangelium Matthaeus* y este del griego *Evangélion Katá Matthâīon*.

De **Mateo**, nombre hebreo **Mattit Yah** que significa "*gracia es Yahvé*", y del griego *euangelion*; de *eu* "bueno", y *angel-ion* "mensaje", es uno de los **cuatro libros** llamados **evangelios** y de los más importantes de la Fe Cristiana.

El libro de Mateo además de predicar el Evangelio (mensaje), también recopila **el linaje** de Jesús el Mesías, así como la forma de ser salvos y estar en la gracia de Dios; cumpliendo sus mandamientos. *NT Mateo 22:34-42*

El Libro de Mateo es el primer libro del **Nuevo Testamento**, y parte de los libros llamados "**Evangelios**".
Se le atribuye a **Mattit Yah Leví** uno de **los Doce Apóstoles** (*NT Mateo 9:9*), y se cree fue escrito cerca del **año 50 d.C.**

Resumen del libro de Mateo

Teólogos creen que el **Libro de Mateo** fue posiblemente escrito en Siria, o quizás en **Antioquía**, después que los romanos destruyeran el Templo de **Jerusalén en el año 70 d.C.**

Aunque la copia más antigua que existe de **Mateo** se encuentra escrita en **griego**, algunos expertos creen que es posible que el libro haya sido originariamente redactado **en arameo** y traducido más tarde al griego.

El libro de Mateo predica y corrobora a los Judíos que **Jesús** es **el Mesías prometido** en las escrituras (*AT Miqueas 5:2*) que **Él es el hijo de Dios** y portador de las buenas nuevas (*AT Isaías 61:1-3*) y que **con su crucifixión** se cumplieron las profecías del **Antiguo Testamento**, como la traición por uno de sus discípulos por 30 piezas de plata (*AT Zacarías 11:13*), que Él sería torturado (*AT Zacarías 13:7*) y crucificado (*AT Isaías 53:12*) y que por **el sacrificio de Jesús el Mesías**, el mundo entero podrá conocer y ser parte de un **Nuevo Pacto de Yahvé**. *AT Jeremías 31:31-34*

En el capítulo final del **Evangelio de Mateo**, Jesús asigna **la Gran Comisión** a todos los discípulos (seguidores):

> *19 Por tanto, id y haced discípulos a todas las naciones, bautizándolos en el nombre del Padre, del Hijo y del Espíritu Santo,*
> *20 y enseñándoles que guarden todas las cosas que os he mandado. Y yo estoy con vosotros todos los días, hasta el fin del mundo.*
> ***NT Mateo 28:19-20***

Esta es la misión de todo cristiano: **Predicar el evangelio de Jesucristo** al mundo, poniendo siempre primero sus mandamientos. *NT Mateo 22:34-42*

Contenido del Libro (Evangelio) de Mateo

1. Infancia de Jesús — Cap : Ver
- Genealogía de Jesucristo — 1:1-17
- Nacimiento e infancia de Jesús — 1-2

2. Comienzo del ministerio de Jesús
- Predicación de Juan el Bautista — 3:1-12
- Antecedentes del ministerio de Jesús — 3-4

3. Ministerio de Jesús en Galilea
- No sólo de pan vivirá el hombre — 4:3-4
- Comienzo del ministerio — 4:12-25
- El sermón del monte — 5:1-16
- No he venido a abolir (la Ley), sino a cumplir — 5:17-28
- Sobre el amor a los enemigos — 5:43-48
- Jesús habla sobre la ira, adulterio y el divorcio — 5:21-32
- Jesús habla sobre la Confianza en Dios — 6:25-34
- »No juzguéis, para que no seáis juzgados — 7:1-6
- Por sus frutos los conoceréis — 7:15-20
- Sana enfermos/calma una tempestad — 8:23-27
- Llama a su primer discípulo, Mateo — 9:9-13
- Jesús hace más milagros y curaciones — 9:14-38
- Instrucción a los apóstoles — 10:1-15
- Advertencias a las ciudades desobedientes — 11:20-24
- La blasfemia contra el Espíritu Santo — 12:22-37
- Varias parábolas — 13:1-52

4. Ministerio de Jesús en diversas regiones
- Jesús alimenta a cuatro mil — 15:32
- Jesús anuncia su muerte — 16:21
- La transfiguración de Jesús — 17:1-3
- Se aparecen Moisés, Elías y hablaban con Jesús — 17:3
- Sermones sobre como perdonar — 18
- Jesús bendice a los niños/sana a ciegos — 19-20

5. Jesús en Jerusalén: semana de la pasión
- Jesús entra a Jerusalén/Templo — 21
- Los dos mandamientos más importantes — 22:34-40
- Jesús advierte a predicadores engañadores — 23
- Las Señales del Fin — 24
- El Juicio de las naciones — 25:31
- La Última Cena y arresto de Jesús — 26
- Crucifixión y muerte de Jesús — 27:32-56
- La Resurrección de Jesús — 28:1-10
- La Gran Comisión — 28:16-20

Como leer las citas:
(:) El signo de dos puntos en 5:7, Indica *"primero Capítulo y luego versículo"*
(-) El signo de guión en 5-7, Indica *"desde Capítulo 5 hasta el Capítulo 7"*

Sección VII – El Nuevo Testamento   259

Libro No. 2

El Evangelio de Marcos
Nuevo Testamento

Evangelio de Marcos, del latín ***Evangelium Marcus*** y este del griego ***Evangélion Katá Markov***.

Marcos, del nombre hebreo ***Mordechai***, que significa *"pequeño siervo"*.
El evangelio de Marcos predica a Jesús como el ciervo incansable de Dios y del hombre, describe también su vida, sus obras, crucifixión y ascensión. Existe una estrecha relación entre los evangelios de **Marcos**, **Mateo** y **Lucas**, por eso son llamados **sinópticos** o "similares."

El Libro de Marcos es el segundo libro del Nuevo Testamento, y parte de los libros llamados **"Evangelios"**, se cree que su autor es *Yojanán Markus* discípulo e hijo espiritual del **Apóstol Pedro** (*NT 1 Pedro 5:13*), de Él recibe la información de los hechos y enseñanzas de Jesús, y que Marcos guardó en forma escrita entre el **año 57 y 60 d.C.**

Resumen del libro de Marcos

La mayoría de teólogos creen que **Marcos** mencionado en ***NT Hechos 12:12***, es el autor del libro, la madre de Marcos fue una cristiana rica y prominente en Jerusalén, y, probablemente, la iglesia se reunía en su casa.

A diferencia del **Evangelio de Mateo** que fue escrito principalmente para los judíos, el **Evangelio de Marcos** está dirigido a los gentiles.

El libro de Marcos no relata la historia del nacimiento e infancia de Jesús, al modo en que lo hacen Mateo y Lucas, ya que lo más importante para Marcos es atestiguar quién es Jesús, lo que predica con una fuerte convicción en su libro señalando que **Jesucristo, es el Hijo de Dios.** *NT Marcos 1*; *1:11*; *3:11*; *5:7*; *9:7*; *14:61*; *15:39*, etc.

Los cuatro Evangelios, **Mateo, Marcos, Lucas y Juan** son los documentos más importantes de la **Fe Cristiana**, **el mensaje de Jesús** lo encontramos en cada parábola y obra de Cristo, el cual se resume totalmente en los siguientes dos mandamientos:

> *28 Acercándose uno de los escribas, que los había oído discutir y sabía que les había respondido bien, le preguntó:--¿Cuál es el primer mandamiento de todos?*
> *29 Jesús le respondió: --El primero de todos los mandamientos es: "Oye, Israel: el Señor nuestro Dios, el Señor uno es.*
> *30 Y amarás al Señor tu Dios con todo tu corazón, con toda tu alma, con toda tu mente y con todas tus fuerzas". Este es el principal mandamiento.*
> *31 El segundo es semejante: "Amarás a tu prójimo como a ti mismo". No hay otro mandamiento mayor que estos.*
>
> ***NT Marcos 12:28-31***

Contenido del Libro (Evangelio) de Marcos

1. Prólogo — Cap : Vers
- Principio del evangelio de Jesucristo, Hijo de Dios — 1:1
- El Bautismo de Jesús — 1:9
- Los principios del ministerio de Jesús — 1:14-15

2. Jesús, el Mesías
- Jesús, El Mesías — 1:16-20
- Elección de los doce apóstoles — 3:13-19
- Jesús predica con parábolas — 4
- Jesús en Nazaret — 6
- Jesús anda sobre el mar — 6:45-52
- Lo que contamina al hombre — 7

3. Jesús, el Hijo del hombre
- Jesús el Hijo del Hombre — 8
- El que no está contra nosotros, por nosotros está — 9:38-41
- El joven rico — 10:17-31
- Nuevamente Jesús anuncia su muerte — 10:32-34

4. La entrada triunfal en Jerusalén
- La entrada triunfal en Jerusalén — 11
- La pregunta sobre la resurrección — 12:18-27
- El Gran Mandamiento — 12:28-34
- Pasión, muerte y resurrección — 14-16
- Jesús predice la destrucción del templo — 13
- Las Señales del Fin — 13:3-23
- La venida del Hijo del hombre — 13:24-37

5. El complot para arrestar a Jesús
- Judas ofrece entregar a Jesús — 14:10-11
- Institución de la Cena del Señor — 14:12-25
- Jesús ora en Getsemaní — 14:32-42
- Arresto de Jesús — 14:43-50
- Crucifixión y muerte de Jesús — 15:21-41
- La resurrección — 16:1-8
- Jesús se aparece a María Magdalena/Discípulos — 16:9-12
- Jesús comisiona a los apóstoles — 16:14-18
- La Ascensión — 16:19-20

Como leer las citas:
(:) El signo de dos puntos en 5:7, Indica *"primero Capítulo y luego versículo"*
(-) El signo de guión en 5-7, Indica *"desde Capítulo 5 hasta el Capítulo 7"*

Libro No. **3**

Evangelio de Lucas
Nuevo Testamento

Evangelio de Lucas, del latín *Evangelium Lucam* y este del griego *Evangélion Katá Loukan*.

Lucas proviene del nombre griego **Loukan**, significa "luz", "Iluminado".

De los cuatro libros evangélicos, es Lucas el que narra la historia de Jesús de una forma histórica. Lucas es muy metódico en la composición de su libro, teólogos creen que es probable que mientras él escribía este evangelio también trabajaba en su segundo libro: **Hechos de los Apóstoles**.
Estos dos libros son llamados "*Opus Lucanum*", en español "Obras de Lucas".

El Libro de Lucas es el tercer libro del Nuevo Testamento, y parte de los libros llamados "**Evangelios**."
Se cree que su autor es **Loukan**, discípulo y compañero predicador del **Apóstol Pablo**, (*NT 2 Timoteo 4:11*), fue escrito entre el **año 60 y 65 d.C.**

Resumen del libro de Lucas

Los dos libros; el **Evangelio de Lucas** así como **Hechos de los Apóstoles**, son dedicados a "**Teófilo**", (del griego **Theos**; "Dios" y **philos**, "amigo"), no se sabe si es un nombre usado simbólicamente para referirse a la Iglesia o quizás podría ser un dignatario romano. *NT Lucas 1:2, Hechos 1:1*

Lucas comienza hablándonos de la familia de Jesús, sus padres José y María, sus tíos Zacarías y Elizabet, a quienes el ángel Gabriel visita para darles las buenas nuevas sobre el nacimiento de **Juan el Bautista**, (primo de Jesús) quien nacerá para preparar al pueblo para recibir al Señor. *NT Lucas 1:5-25*

El libro continua el anuncio del nacimiento de Jesús, y el viaje de María y José a Belén, donde Jesús nace, (*NT Lucas 2:7*) y la genealogía de Cristo por parte de María. También narra como Jesús, aun de niño, ya hablaba con los doctores de la Ley, quienes se maravillaban de su inteligencia, así el niño crecía; fortaleciéndose de la sabiduría y la gracia de Dios. *NT Lucas 2:41-52*

En *Lucas 4:14* Jesús comienza Su Ministerio, predicando su Evangelio con historias como la del "*hijo pródigo*", "*el hombre rico y Lázaro*", y "*el Buen Samaritano*", para instruirnos su mensaje de compasión y perdón. *Lucas 6:27-36*

Jesús predicaba un amor al prójimo sin condiciones, (*NT Mateo 5:43-45*), el cual era un mensaje que contradecía las doctrinas legalistas que líderes religiosos ejercían en ese momento, quienes exigían la observancia a "la Ley" rígidamente. Según los religiosos, esa era la conducta; "*que Dios solamente quería de ellos*", la compasión y el perdón al prójimo eran cosas secundarias.

Contenido del Libro (Evangelio) de Lucas

	Cap : Vers.
Prologo	
Dedicatoria a Teófilo	1:1-4
Anuncio del nacimiento de Juan El Bautista	1:1-25
Nacimiento de Jesús	2:1-20
El niño Jesús en el templo	2:41-52
El bautismo de Jesús	3:21-22
Genealogía de Jesús	3:23-38
Genealogía de Jesús	3:23-38
Jesús principia su ministerio	4:14
Llamamiento de Leví (Mateo)	5:27-32
El Hijo del hombre es Señor aun del sábado	6:1-5
Elección de los doce apóstoles	6:12-16
Bienaventuranzas y ayes (advertencias)	6:20-26
El amor a los enemigos y la regla de oro	6:27-36
El juzgar a los demás	6:37-42
Por sus frutos los conoceréis	6:43-45
Mujeres que sirven a Jesús	8:1-2
Parábola del sembrador	8:4-15
Misión de los doce discípulos	9:1-5
Misión de los setenta	10:1-12
El buen samaritano	10:25-30
Jesús y la oración	11:1-13
Jesús acusa a fariseos y a intérpretes de la Ley	11:37-54
Jesús causa de división	12:49-53
Arrepentíos o pereceréis	13:1-5
La puerta estrecha	13:22-30
Lo que cuesta seguir a Cristo	14:25-33
Varias Parábolas	15
Parábola del hijo pródigo	15:11-32
La Ley y el reino de Dios	16:16-17
La venida del Reino	17:20-37
Varias parábolas	18
La entrada triunfal en Jerusalén	19:28-44
¿De quién es hijo el Cristo?	20:41-43
Jesús acusa a los escribas	20:45-47
Señales antes del fin	21:7-24
El complot para matar a Jesús	22:1-6
La Cena del Señor	22:7-23
Jesús ante Pilato	23:1-5
Jesús ante Herodes	23:5-12
Jesús sentenciado a muerte	23:13-25
Crucifixión y muerte de Jesús	23:26-49
La resurrección	24:1-12
Jesús se aparece a los discípulos	24:36-49
La ascensión	24:50-53

Libro No. 4

El Evangelio de Juan
Nuevo Testamento

Evangelio de Juan, del latín **Evangelium Ioannes** y este del griego **Evangélion Katá Iannn**.

Juan en hebreo es **Yah hanán** que significa "Yahvé es generoso".
Aunque el libro no nombra al autor, la Iglesia siempre ha identificado a Juan (el Apóstol amado) como el escritor. **NT Juan 21:20-24**

El evangelio de Juan nos señala que escribió el libro para que *"Ustedes crean que Jesús es el Mesías, el Hijo de Dios, y para que creyendo tengan vida por medio de Él."* **NT Juan 20:30-31**

Juan es el cuarto libro del Nuevo Testamento, y el último de los Evangelios, se cree que su autor es **Yah anán**, y fue escrito entre el **año 80 y 90 d.C.**

Resumen del libro de Juan

A diferencia de los otros tres evangelios, **el libro de Juan** presenta a Jesús no desde su nacimiento, sino **desde el mismo principio de los tiempos**, Juan señala que Jesús estaba al lado de Dios, lo llama **"el Verbo."**

> *1 En el principio era el Verbo, el Verbo estaba con Dios y el Verbo era Dios.*
> *2 Este estaba en el principio con Dios.*
>
> **NT Juan 1:1-2**

En Génesis, el primer libro de la Biblia, se usan palabras como *"hagamos"*, *"nuestra"*, etc., términos que implican **la presencia de Jesús con el Padre**.

> *26 Entonces dijo Dios: "**Hagamos al hombre a nuestra imagen,** conforme a **nuestra semejanza;** y tenga potestad sobre los peces del mar, las aves de los cielos y las bestias, sobre toda la tierra y sobre todo animal"...*
>
> **AT Génesis 1:26**

El evangelio de Juan recopila las enseñanzas y discursos del Ministerio de Jesús, el Mesías, el Hijo unigénito (**NT Juan 1:14**), enviado por el Padre para **"Quitar el pecado del mundo"** (**NT Juan 1:29**) Para que todo aquel que en Él crea no se pierda, sino que tenga vida eterna. **NT Juan 14:15**

El libro de Juan está dividido en dos partes, **la primera** (**Capítulos 1 al 12**) contiene el reconocimiento de Juan el Bautista a Jesús como el **Cordero de Dios** (**NT Juan 1:29-34**) la alimentación de los cinco mil (**NT Juan 6:1-15**), y la preexistencia de Cristo. **NT Juan 8:48-59**

La segunda parte (**Capítulos 13-21**) Jesús nos enseña quiénes son sus verdaderos discípulos: *"Los que se aman los unos con los otros."* **Juan 13:35**
Al final del libro presenta **la Pasión** (Calvario), **Crucifixión de Jesús** y de sus apariciones a los Discípulos después de **su resurrección**.

Contenido del Libro (Evangelio) de Juan

	Cap : Ver
El Verbo hecho carne	1:1-5
Testimonio de Juan el Bautista	1:19-28
El Cordero de Dios	1:29-34
Los primeros discípulos	1:35-51
Jesús purifica el templo	2:13-22
Jesús y Nicodemo	3:1-15
De tal manera amó Dios al mundo	3:16-21
Jesús y la mujer samaritana	4:1-42
La autoridad del Hijo	5:19-29
Jesús, el pan de vida	6:25-59
Palabras de vida eterna	6:60-71
Jesús en la fiesta de los Tabernáculos	7:10-24
Los fariseos envían guardias para detener a Jesús	7:32-36
La mujer adúltera	8:1-11
El que esté libre de pecado que tire la primera piedra...	8:7
Jesús, la luz del mundo	8:12-20
La verdad os hará libres	8:31-38
La preexistencia de Cristo	8:48-59
Ceguera espiritual	9:35-41
Jesús, el buen pastor	10:7-21
Los judíos rechazan a Jesús	10:22-42
Jesús, la resurrección y la vida	11:17-27
El complot para matar a Jesús	11:45-57
Jesús es ungido en Betania	12:1-8
La entrada triunfal en Jerusalén	12:12-19
Jesús anuncia su muerte	12:27-36
Incredulidad de los judíos	12:37-43
Jesús lava los pies de sus discípulos	13:1-20
Jesús anuncia la traición de Judas	13:21-30
El nuevo mandamiento	13:31-35
Jesús, el camino al Padre	14:1-14
La promesa del Espíritu Santo	14:15-31
Jesús, la vid verdadera	15:1-17
El mundo os odia, porque a mí me ha odiado antes	15:18-27
La obra del Espíritu Santo	16:4-15
La tristeza se convertirá en gozo	16:16-24
Yo he vencido al mundo	16:25-33
Jesús ora por sus discípulos	17:1-26
Arresto de Jesús	18:1-11
Anás interroga a Jesús	18:19-24
Jesús ante Pilato	18:28-40
Crucifixión y muerte de Jesús	19:17-30
Jesús es sepultado	19:38-42
La resurrección	20:1-10
Jesús se aparece a María Magdalena	20:11-18
Jesús se aparece a los discípulos	20:19-23
Apacienta/Pastorea mis ovejas	21:15-19

Libro No. **5**

Hechos De Los Apóstoles
Nuevo Testamento

Hechos de los Apóstoles, del Latín *Acta ad Apostolorum* y este del griego: *Práxeis tōn Apostólōn*.

El Libro **Hechos de los Apóstoles** relata los **eventos sucedidos después** de la muerte y resurrección de Jesús, y contiene la base y establecimiento de la *Iglesia Cristiana Original*, entre ellos; el **concilio** de **Jerusalén**, donde se decide qué normas deberán de seguir personas no judías (gentiles) para poder ser parte del **Nuevo Pacto** con Dios. *NT Hechos 15:1-29*

Hechos de los Apóstoles es el libro número cinco del Nuevo Testamento, y es el único libro histórico. Se cree que su autor es **Loukan**, debido a esto, el libro fue conocido como una "*Opus Lucanum*" en español "*Obra de Lucas*" en los primeros días de la Iglesia, se cree fue escrito entre el **año 60** y **65 d.C.**

Resumen del libro Hechos de los Apóstoles

El libro de Hechos relata la historia de los seguidores de Jesús (Nazarenos) en Palestina (Israel) y los Gentiles (Cristianos) dirigidos por Pablo en Asia Menor, también relata sobre la **difusión del Evangelio** como así de la creciente oposición y persecución que sufrían sus seguidores.

Los Nazarenos y Los Cristianos

El libro de **Hechos** relata uno de los primeros desacuerdos sobre "creencias", surgidos entre seguidores de Jesús en Israel (**Nazarenos**) y Gentiles convertidos por **Pablo de Tarso** en Asia Menor, llamados **Cristianos**.
El motivo de estos desacuerdos, era debido a que los gentiles no observaban la "**Ley Mosaica**". *NT Hechos 15:1-3*

Por esta razón se decide convocar a una asamblea (**Concilio de Jerusalén**) para apaciguar a la membresía y decidir que normas deberían cumplir los cristianos (gentiles) para poder ser seguidores de Jesús. *NT Hechos 15:6-29*

⇨ Vea **Concilio de Jerusalén** en página **140** para más información.

Contenido del libro de Hechos de los Apóstoles	Cap : Ver
El primer Pentecostés cristiano	2:1-42
La vida de los primeros cristianos	2:43, 5:16
Las primeras persecuciones	5:17, 8:3
Predicación del evangelio a los gentiles	10:1, 28:31
Primer viaje misionero de Pablo	13:1, 14:28
La Asamblea de Jerusalén	15:1-35
Segundo y tercer viaje misionero de Pablo	15:36, 20:38
Prisión de Pablo y viaje a Roma	21:1, 28:31

El Ministerio de **Pablo De Tarso**

"*La Conversión de San Pablo*", por Gustave Doré, 1832-1883

Pablo (Saulo) **de Tarso** escribió un conjunto de cartas conocidas también como las **Epístolas Paulinas**, pocos años después de la Crucifixión de Jesucristo, con el objetivo de mantener la unidad, orden y viva la Fe de los creyentes cristianos de las iglesias fundadas por él durante sus viajes misioneros después de su conversión.

Debido a que la mayoría de cristianos (gentiles) provenían de diferentes regiones y costumbres, Pablo trata de establecer las primeras doctrinas para que la Iglesia (**ekklesia**), tenga una guía y mantener una comunidad de creyentes unida.

Las Cartas de Pablo fueron aceptadas por el **Tercer Concilio de Cartago** en el **año 397 d.C.**, como parte del **Canon del Nuevo Testamento**, y se incluyen en la mayor parte de las versiones cristianas de la Biblia. El número de cartas varía entre 13 y 14, dependiendo si es aceptada la **Epístola a los Hebreos**.

Sección VII – El Nuevo Testamento 268

Ministerio de Pablo de Tarso

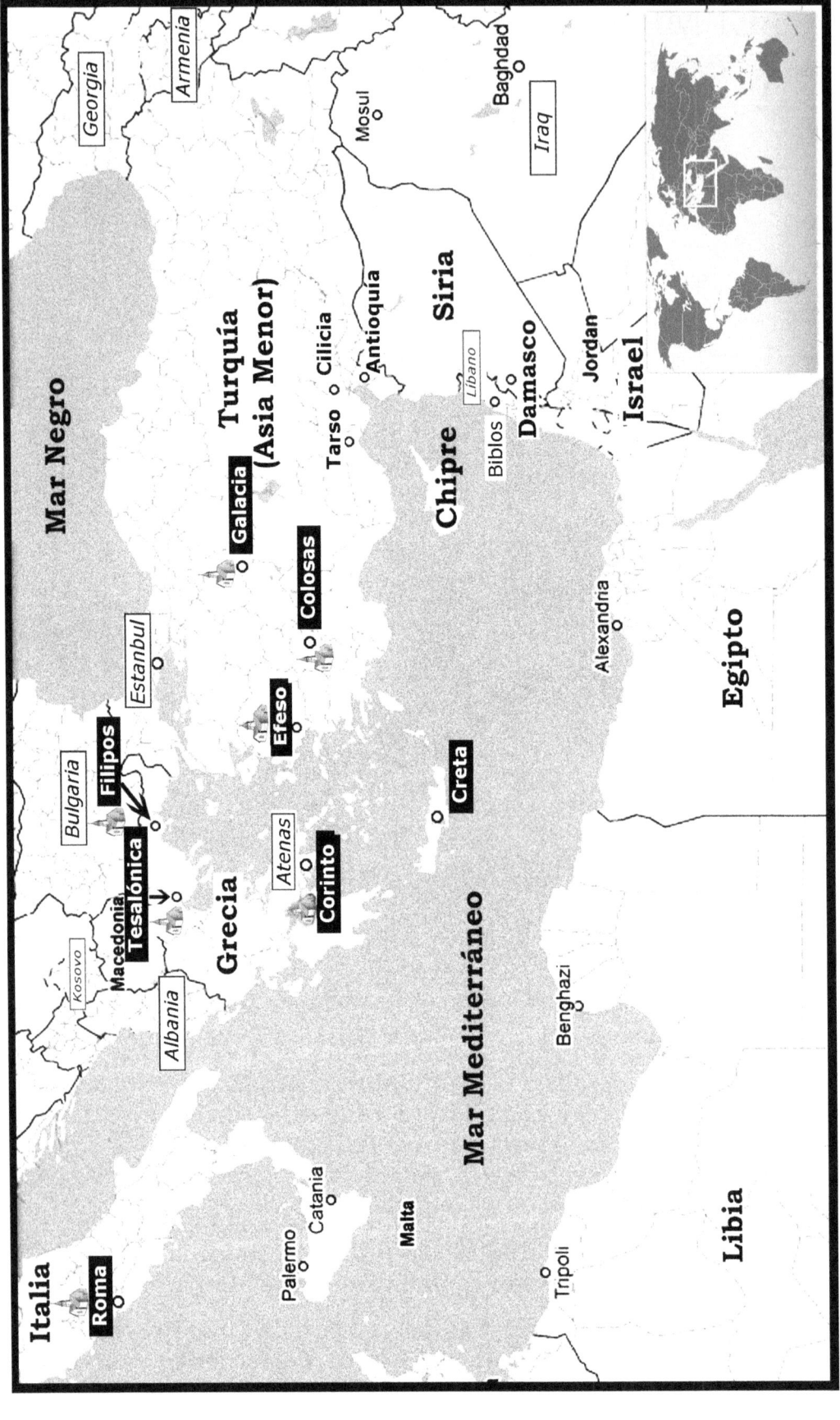

Las Epístolas Paulinas son un conjunto de cartas (epístolas) escritas o atribuidas a Pablo de Tarso, dirigidas a Iglesias (enmarcadas con fondo negro en la grafica), con el fin de exhortar y guiar a creyentes y comunidades convertidas al cristianismo durante sus viajes misioneros.

Libro No. 6 — # Epístola A Los Romanos
Nuevo Testamento

Epístola a los Romanos, del Latín **Epístula ad Romanos**, y este del griego **epistolē Rhōmaioi**.

La Epístola (del griego **epistolē**, "*carta*") a la **Iglesia de Roma**, fue escrita para edificar y animar a los creyentes anunciando la gloria de Jesús.

Pablo de Tarso era ciudadano romano, por eso, esta carta es de particular interés para él, Pablo escribe: "*A todos los que estáis en Roma, amados de Dios y llamados a ser santos: Gracia y paz a vosotros, de Dios nuestro Padre y del Señor Jesucristo.*" **NT Romanos 1:7**

La Epístola a los Romanos, es parte del Ministerio del Apóstol Pablo a la **ekklesia** (Iglesia) o comunidades cristianas (Gentiles) fuera de Israel.
La escribió entre el **año 56** y **60 d.C.**

Resumen de la Carta a los Romanos

Dentro de las Escrituras, esta es la epístola más extensa que **Pablo** escribió y es también con la que inicia su ministerio.

Por la larga lista de saludos del **capítulo 16**, comprendemos que Pablo tenía una extensa relación y afecto con la **Iglesia de Roma** situada en el pleno corazón del imperio, en ese momento era un lugar que con sólo el hecho de ser ateo o "Cristiano" significaba muchas veces la pena de muerte.

La carta a la Iglesia de Roma fue escrita desde Corinto, Grecia, justo antes del viaje de Pablo a Jerusalén para llevar las ofrendas que le habían sido entregadas para los pobres de allá. Pablo había planeado ir a Roma y posteriormente a España (**NT Romanos 15:24**), sin embargo es arrestado en Jerusalén y llevado a Roma como prisionero.

Contenido de la carta a los Romanos	Cap : Ver
Saludo de Pablo, siervo de Jesucristo	1:1
La culpabilidad de la humanidad	1:18-32
El justo juicio de Dios	2:1-16
No hay justo	3:9-20
La promesa realizada mediante la fe	4:13-25
Más que vencedores	8:28-39
La justicia que es por fe	9:30-33
La salvación de los gentiles	11:11-24
Deberes de la vida cristiana	12:9-21
Los débiles en la fe	14:1-23
El evangelio a los gentiles	15:7-13
Pablo se propone ir a España y Roma	15:22-33

Libro No. 7

Primera Epístola a Corintios
Nuevo Testamento

Primera Epístola a los Corintios, del Latín *I Epistula ad Corinthios*, y este del griego *epistolē Korinthiōn A*.

El **Apóstol Pablo** escribió su primera carta a la **Iglesia de Corinto** para advertirles que debían abandonar el paganismo.

Corinto fue una ciudad ubicada entre Atenas y Esparta en Grecia.

Primera Epístola a los Corintios, es parte del Ministerio del Apóstol Pablo a la **ekklesia** (Iglesia) o comunidades cristianas (Gentiles) fuera de Israel.
La escribió entre el **año 55** y **60 d.C.**

Resumen de la Primera Carta a los Corintios

La **Iglesia de Corinto** fue fundada por Pablo en su segundo viaje misionero. Pero Pablo tuvo que dejar Corinto para atender su ministerio en otras partes, poco después escuchó informes preocupantes de "extravío" de la congregación.

La ciudad de Corinto, era famosa por su inmoralidad y corrupción, y aunque Pablo hizo una gran labor en convertir a Gentiles al Cristianismo, sin embargo, las costumbres paganas con las que habían vivido siempre, eran difíciles de eliminar, y sobre todo porque en las congregaciones todavía no existía una guía (Biblia) para seguir la nueva Fe (cristiana), y por esto; volver o adoptar costumbres paganas era frecuente.

Aunque existían algunos textos de instrucción en los primeros días del Evangelio, no habían suficientes copias y muchos no eran reconocidos por todas las congregaciones como sagrados, esta falta de guía (Biblia) ya había creado diferencias entre grupos cristianos por la fanática adhesión personal de unos a Pablo, otros a Pedro y otros más a Apolos (**NT 1 Corintios 1:10-17**), sin olvidar el legalismo fanático y la exigencia a observar "la Ley" por parte de los judíos, todo esto ponía en grave peligro la unidad de la iglesia.

Contenido de la Primera Carta a los Corintios	Cap. y Ver.
Salutación	1:1
Divisiones de la Iglesia	1:10-17
Proclamando a Cristo crucificado	2:1-5
Colaboradores de Dios	3:1-23
Pablo corrige a la Iglesia	5:1-13
Glorificad a Dios en vuestro cuerpo	6:12-20
Sobre el matrimonio	7:1-40
Amonestaciones contra la idolatría	10:1-22
Haced todo para la gloria de Dios	10:23-33
Sed imitadores míos, así como yo lo soy de Cristo	11:1-16
Institución de la Cena del Señor	11:23-26
Dones del Espíritu Santo	12:1-21
El hablar en lenguas	14:1-40

Libro No. **8**

Segunda Carta a Corintios
Nuevo Testamento

Epístola a los Corintios, del Latín *II Epistula ad Corinthios*, y esta del griego *epistolē Korinthiōn B*.

Es la Segunda Carta que Pablo escribe a la **Iglesia de Corinto** donde alaba su esfuerzo en crecer en la Fe, Pablo también defiende su apostolado, ya que algunos habían dudado de su autoridad. **NT 2 Corintios 13:3**

Segunda Epístola a los Corintios, es parte del Ministerio del Apóstol Pablo a la **ekklesia** (Iglesia) o comunidades cristianas (Gentiles) fuera de Israel.
La escribió entre el **año 55** y **60 d.C.**

Resumen de la Segunda Carta a los Corintios

Es posible que Pablo haya viajado a Corinto después de escribir la primera carta a esta congregación, ya que como lo menciona en su segunda carta; se prepara a viajar de nuevo hacia allá. **NT 2 Corintios 12:14 y 13:1**

Algunos teólogos creen que la verdadera "*Segunda Carta a los Corintios*" es la llamada "***Carta con Lágrimas***", considerado como uno de los libros perdidos, en la cual Pablo relata que el viaje a Corinto lo decepcionó y lo llenó de amargura (**NT 2 Corintios 2:1-4**), si este fuera el caso, la **2 de Corintios** sería en realidad "*la tercera.*"

Sin embargo, Tito, colaborador de Pablo, (**2 Corintios 8:23**) quien había estado en Corinto, cuando volvió le relató a Pablo que la situación en Corinto había mejorado y que la congregación lamentaba lo sucedido a Pablo y al parecer, se sentían sinceramente arrepentidos. **2 Corintios 7:1-16**

La **Segunda a Corintios** también señala que había problemas con "apóstoles falsos" empeñados en destruir el prestigio y la autoridad evangélica del **Apóstol Pablo**. **2 Corintios 11:22-31 y 12:11-13**

Contenido de la Segunda carta a los Corintios	Cap. y Ver.
Salutación	1:1
Aflicciones de Pablo	1:3-11
Pablo perdona al ofensor	2:5-11
Ministros del nuevo pacto	3:1-18
El ministerio de la reconciliación	5:11-21
Somos templo del Dios viviente	6:14-18
Regocijo de Pablo al arrepentirse los corintios	7:1-16
Razones para ofrendar	8:1-15
Exhortación a la generosidad	9:6-15
Autoridad de Pablo	1:1-18
Pablo y los falsos apóstoles	11:1-15
Sufrimientos de Pablo como apóstol	11:16-33
El aguijón en la carne	12:1-13
Pablo anuncia su tercera visita	12:14-21

Sección VII – El Nuevo Testamento   272

Libro No. 9

Epístola a Gálatas
Nuevo Testamento

Epístola a Gálatas, en latín *Epistula ad Galatas*, del griego *epistolē Galatai*.

Es una Carta a la **Iglesia de Galacia** está escrita en defensa al Nuevo Pacto de Dios con el mundo sin la necesidad de volver al judaísmo.
Galacia fue una antigua región de Asia Menor, actualmente en Turquía

Epístola a los Gálatas, es parte del Ministerio del **Apóstol Pablo** a la **ekklesia** (Iglesia) o comunidades cristianas (Gentiles) fuera de Israel.
La escribió entre el **año 48** y **57 d.C.**

Resumen de la Epístola a los Gálatas

A pesar de los acuerdos del **Concilio de Nazaret** (*NT Hechos 15:1-29*) entre los Apóstoles de Jesús (**Nazarenos**) y Pablo de Tarso (**Cristianos**), algunos judíos (Nazarenos) todavía exigían a los gentiles observar la Ley.

La epístola a los Gálatas está dividida en tres secciones:

En la primera (*Capítulos 1:11* al *2:21*), Pablo defiende la autenticidad del Evangelio que ha predicado en las **iglesias de Galacia**. *NT Gálatas 1:11-12*
Habla de su pasado y legalismo judío, en el que perseguía a la iglesia de Dios (*Gálatas 1:13-14*), y que su ministerio ha sido reconocido por los lideres Nazarenos o Apóstoles de Jerusalén. *Gálatas 2:1-9*

La segunda parte (*Capítulos 3* al *5:12*) comienza con una amonestación a quienes insisten en cumplir o aferrarse a leyes pero ignoran la compasión y la Fe (*NT Gálatas 3:1-5*). Pablo agrega que la bendición de Abraham y las promesas que Dios le hizo alcanzaran a los gentiles. *NT Gálatas 3:14*

La tercera parte (*Capítulos 5:13* al *6*), Pablo señala que ahora que son libres (de La Ley), *"no abusen esta libertad con asuntos de la carne sino para servirse por amor los unos a los otros."*. *NT Gálatas 5:13*

Contenido de la Epístola a los Gálatas	Cap. y Ver.
No hay otro evangelio	1:6-9
El ministerio e Pablo	1:10-24
Pablo reprende a Pedro en Antioquía	2:11-21
El Espíritu se recibe por la fe	3:1-5
El pacto de Dios con Abraham	3:6-18
El propósito de la Ley	3:19-29
Exhortación contra el volver a la esclavitud	4:8-20
Estad firmes en la libertad	5:1-12
Las obras de la carne y el fruto del Espíritu	5:16-26
Pablo se gloría en la cruz de Cristo	6:11-18

Epístola a Los Efesios
Nuevo Testamento

Libro No. 10

Epístola a los Efesios, del latín *Epistula ad Ephesios*, y este del griego *epistolē Ephesiōn*.

En esta carta a la **Iglesia de Éfeso**, Pablo convoca la unidad y reconciliación de toda la creación (humanidad) como la voluntad del Padre a través de Cristo. **Éfeso** fue en la antigüedad una comunidad de Asia Menor, en la actual Turquía.

La Epístola a los Efesios, es parte del Ministerio del **Apóstol Pablo** a la **ekklesia** (Iglesia) o comunidades cristianas (Gentiles) fuera de Israel.
La escribió cerca del **año 60 d.C.**

Resumen de la Epístola a los Efesios

La **Epístola a los Efesios** comienza con un corto saludo seguido por una alabanza a Dios (**NT Efesios 1:3-14**), en la cual Pablo indica que Dios desde antes de la creación nos había predestinado: *"Para ser adoptados hijos suyos por medio de Jesucristo"*. **NT Efesios 1:4-5**

Pablo nos predica la posibilidad de ser salvos y formar parte de un pueblo único, en el que no hay diferencias de clase, ni enemistades de raza pues todos pertenecen a la familia de Dios. **Efesios 2:14-22**

Pablo nos pide que *"Procuremos mantener la unidad del Espíritu en el vínculo de la paz"*, (**Efesios 4:3-6**), y que los principios del Espíritu: *"bondad, justicia y verdad"* (**Efesios 5:9**), deben gobernar el corazón de los creyentes y es esto lo que debe conducir todas sus relaciones humanas.

En **Efesios 5:21-33** Pablo parece comparar la unidad entre Cristo y la iglesia a la unidad del hombre y la mujer en el matrimonio.

Contenido de la Epístola a los Efesios	Cap. y Ver.
Salutación	1:1
Bendiciones espirituales en Cristo	1:3-14
El espíritu de sabiduría y de revelación	1:15-23
Salvos por gracia	2:11-10
Reconciliación por medio de la cruz	2:11-22
Ministerio de Pablo a los gentiles	3:1-13
El amor que excede a todo conocimiento	3:14-21
La Vida Cristiana / La unidad del Espíritu	4:1-16
La nueva vida en Cristo	4:17-32
Andad como hijos de luz	5:1-20
Someteos los unos a los otros	5:21-33
La armadura de Dios	6:10-20

Sección VII – El Nuevo Testamento   274

Libro No. **11**

Epístola A Los Filipenses
Nuevo Testamento

Epístola a los Filipenses, del latín ***Epistula ad Philippenses***, y este del griego ***epistolē Philippēsioi***.

Pablo escribió la Epístola a la **Iglesia de Filipos** durante su encarcelamiento en Roma, en ésta relata del amor que siente por la iglesia y se refiere a ellos con cariño y gratitud.

Filipos fue una ciudad de Macedonia oriental (Norte de Grecia).

Epístola a los Filipenses, es parte del Ministerio del **Apóstol Pablo** a la **ekklesia** (Iglesia) o comunidades cristianas (Gentiles) fuera de Israel.
La escribió cerca del **año 61 d.C.**

Resumen de la Epístola a los Filipenses

En la **Carta a los Filipenses**, el Apóstol pablo resalta con aprecio la madurez espiritual de **la Iglesia de Filipos**, con mucha alegría y esperanza, a pesar de las circunstancias en las que Pablo se encuentra; encarcelado en Roma por predicar el Evangelio. **NT Filipenses 1:3-11**
El Apóstol Pablo concluye con un himno dedicado Jesús. ***Filipenses 2:5-11***

En esta carta Pablo reconoce lo que la cruz está comenzando a representar en la Fe Cristiana el cual es **el sacrificio de Jesús por nosotros**.

> *Porque por ahí andan muchos, de los cuales os dije muchas veces, y aun ahora lo digo llorando, que **son enemigos de la cruz de Cristo**.*
> ***NT Filipenses 3:18***

Ejemplo: El "***Grafito de Alexámenos***", **c. 60-90 d.C.** Esta es una grafica romana burlándose de los cristianos, durante los días de persecución a la Iglesia.
⇨ *Vea **página 359** para más información*

Pablo en su carta pide no renunciar a Cristo, ya que sólo serán salvos si permaneces con Jesús, por otro lado, para los enemigos (de la cruz de Cristo) su fin será la perdición. **NT Filipenses 3:19**

Contenido de la Epístola a los Filipenses	Cap : Ver
Salutación	1:1
Oración de Pablo por los creyentes	1:3-11
Para vivir es Cristo	1:12-30
Humillación y exaltación de Cristo	2:1-11
Lumbreras en el mundo	2:12-18
Prosigo a la meta	3:1-21
Regocijaos en el Señor siempre	4:1-7

Libro No. **12** — Epístola a los Colosenses
Nuevo Testamento

Epístola a los Colosenses, del latín *Epistula ad Colossenses*, y este del griego *epistolē Kolossaeōn*.

La Epístola a la **Iglesia de Colosas**, fue escrita para contrarrestar errores doctrinales que surgían de la mezcla de la enseñanza del judaísmo y otras creencias, la iglesia de Colosas estaba ubicada en Asia Menor, (hoy Turquía).

Epístola a los Colosenses, es parte del Ministerio del **Apóstol Pablo** a la **ekklesia** (Iglesia) o comunidades cristianas (Gentiles) fuera de Israel.
La escribió entre el **año 57** y **62 d.C.**

Resumen de la Epístola a los Colosenses

Pablo se ve en la necesidad de escribir la carta a la **Iglesia de Colosas**, ya que a pesar de su corta existencia, la congregación ya había empezado a adoptar y mezclar doctrinas que desviaban la Iglesia del Evangelio verdadero.
Pablo recibió la información de esa situación a través de Epafras, mientras se encontraba preso posiblemente en Roma.

Pablo reconoce la falta de guía doctrinal, (Biblia), por eso les pide que; *"permanezcan fundados y firmes en la fe, sin moveros de la esperanza del evangelio que habéis oído"*. **NT Colosenses 1:23**

En la **Epístola a los Colosenses**, se revela de las influencias paganas que existen todavía entre los cristianos de origen gentil en la iglesia de Colosas, ya que parece que algunos conversos seguían practicando hábitos de sus antiguas creencias religiosas. **NT Colosenses 2:8**

Pablo también pide a los judíos que dejen de molestar a los recién convertidos insistiéndoles que observen la "Ley Mosaica", y los llama a ellos mismos a abandonar esas prácticas. **NT Colosenses 4:17**

El epílogo incluye saludos finales en los que cita a varios colaboradores entre ellos a Tíquico, portador de la carta; a Onésimo, que es "uno de vosotros" y a Lucas el Evangelista, "el médico amado." **NT Colosenses 4:14**

Contenido de la Epístola a los Colosenses	Cap. y Ver.
Salutación	1:1
Pablo pide que Dios les conceda sabiduría espiritual	1:3-8
Reconciliación por medio de la muerte de Cristo	1:15-23
El Ministerio de Pablo	1:24-29
Plenitud de vida en Cristo	2:8-23
La vida antigua y la nueva	3:5-17
Deberes sociales de la nueva vida	3:18-25
Saludo Final	4:7-18

Libro No. **13**

Primera a Tesalonicenses
Nuevo Testamento

Primera a los Tesalonicenses, del latín *Epistula I ad Thessalonicenses*, del griego *epistolē Thessalonikeōn A*.

La **Iglesia en Tesalónica**, fundada por Pablo en su segundo viaje misionero, que a pesar de que encontró oposición violenta en esta ciudad, logro convertir a algunos judíos y a numerosos griegos, lo que hizo posible el establecimiento de la iglesia fiel. **NT Hechos 17:1-10**

Tesalónica, fue una ciudad importante del norte de Grecia, en la región de Macedonia Central.

1ra Epístola a los Tesalonicenses, es parte del Ministerio del Apóstol Pablo a la **ekklesia** (Iglesia) o comunidades cristianas (Gentiles) fuera de Israel.
La escribió cerca del **año 50 d.C.**

Resumen de la 1ra Epístola a los Tesalonicenses

Tesalónica (hoy Salónica, Grecia) era la capital de la provincia romana de Macedonia y gozaba de una fuerte economía, en gran parte a su importante puerto en el mar Egeo, localidad primordial entre Roma y Asia Menor.

En la carta, después del saludo, Pablo relata las razones que lo movieron a enviar a Timoteo a Tesalónica en vez de ir él mismo, y da gracias a Dios por las buenas noticias que había traído Timoteo a su regreso. **1ra Tes. 2:17**

Más adelante Pablo les urge vivir en fidelidad a Dios (**1ra Tes. 4:3-12**) y les recuerda que **el regreso del Señor es inminente**; sin embargo el momento exacto es desconocido. Por lo tanto, es necesario estar siempre atentos y vigilantes (**NT 1ra Tes. 4.13-18**), puesto que en ese día el Señor: "*Vendrá así como ladrón en la noche.*" **NT 1ra Tesalonicenses 5:2**

Agrega que los que ya murieron, resucitarán (**NT 1ra Tes. 4:13-16**); y juntos, ellos y "*los que hayamos quedado, seremos arrebatados... Así estaremos siempre con el Señor.*" **NT 1ra Tesalonicenses 4:17**

Pablo termina la carta con una invitación a todos los creyentes de la **Iglesia en Tesalónica** para que cumplan "*siempre gozosos*" sus responsabilidades como miembros de la iglesia de Jesucristo. **NT 1ra Tesalonicenses 5:12-28**

Contenido de la 1ra Epístola a los Tesalonicenses	Cap : Ver
Salutación	1:1
Ejemplo de los tesalonicenses	1:2-10
El Ministerio de Pablo en Tesalónica	2:11-16
Ausencia de Pablo de la iglesia	2:17-20
La vida que agrada a Dios	4:1-12
El regreso del Señor	4:13-18
Pablo exhorta a los hermanos	5:12-24
Bendición Final	5:25-28

Libro No. 14

Segunda a Tesalonicenses
Nuevo Testamento

Segunda Carta a los Tesalonicenses, latín *Epistula II ad Thessalonicenses*, del griego *epistolē Thessalonikeōn B*.

El motivo más importante de la **Segunda Epístola a los Tesalonicenses** es tratar con mayor amplitud acerca del retorno de Cristo, ya citado en la primera carta, pero Pablo también habla de otros problemas de la congregación.

2da Epístola a los Tesalonicenses, es parte del Ministerio del Apóstol Pablo a la **ekklesia** (Iglesia) o comunidades cristianas (Gentiles) fuera de Israel.
La escribió entre el **año 51** y **52 d.C.**

Resumen de la 2da Epístola a los Tesalonicenses

La Iglesia de Tesalónica pasaba por situaciones difíciles, según Pablo lo describe:

> *Por vuestra paciencia y fe en todas vuestras persecuciones y tribulaciones que soportáis... mientras que a vosotros, los que sois atribulados, daros reposo junto con nosotros, cuando se manifieste el Señor Jesús desde el cielo con los ángeles de su poder*
> **NT 2da Tesalonicenses 1:4-7**

Pablo agrega que la firmeza en el Evangelio será recompensada, y sobre aquellos, quienes los persiguen; recibirán el justo castigo *"Para dar retribución a los que no conocieron a Dios ni obedecen al evangelio de nuestro Señor Jesucristo."* **NT 2da Tesalonicenses 1:8-10**

Pablo les recuerda que el día llegará cuando el Señor traiga su juicio y su victoria sobre *"Todos los que no creyeron en la verdad, sino que se complacieron en la injusticia."* **NT 2da Tesalonicenses 2:12**

Pablo pide a los Tesalonicenses que no se cansen de hacer el bien, de mantenerse fuertes en la Fe, en la disciplina y el trabajo honrado, para la mejor convivencia de todos. **NT 2da Tesalonicenses 3:6-15**

Contenido de la 2da Epístola a los Tesalonicenses	Cap : Ver
Salutación	1:1
Dios juzgará a los pecadores en la venida de Cristo	1:3-12
Manifestación del hombre de pecado	2:1-12
Escogidos para salvación	2:13-17
Que la palabra de Dios sea glorificada	3:1-5
El deber de trabajar	3:6-15
Bendición Final	3:16-18

Libro No. **15**

Primera Carta a Timoteo
Nuevo Testamento

Primera Epístola a Timoteo, del Latín **Epistula I ad Timotheum**, y este del griego **epistolē Timotheos A**. Del griego **time**, "honor" y **theus**, "Dios" significa *"el que honra a Dios."*

Pablo escribe esta carta a su discípulo Timoteo, a quien llama *"un verdadero hijo en la fe"* (**NT 1 Timoteo 1:2**), Timoteo era obispo (anciano) de la Iglesia de Éfeso, el motivo de la epístola es para advertirle sobre falsos maestros e instruirlos sobre conducta correcta en la iglesia.

Primera Epístola a Timoteo, es parte del Ministerio del Apóstol Pablo a la **ekklesia** (Iglesia) o comunidades cristianas (Gentiles) fuera de Israel.
La escribió entre el **año 60** y **65 d.C.**

Resumen de la Primera Epístola a Timoteo

En la **Primera Epístola a Timoteo**, Pablo revela su seria preocupación por la **Iglesia en Éfeso**, ya que además del persistente paganismo, también continúa el problema de los Nazarenos quienes siguen exigiendo a los Gentiles que observen la ley Mosaica, los problemas son agravados por la falta de un documento único universal de normas o leyes (Biblia), más el surgimiento de falsos evangelios entre ellos el gnosticismo.
Debido a esto, Pablo plantea instrucciones sobre diversos temas, entre ellos de normas de vida y de conducta para edificar y fortalecer la iglesia

También les advierte cuidarse de falsas doctrinas (**NT 1 Timoteo 1:3-11**), que la oración es importante (**NT 1 Timoteo 2:1-15**), y agrega instrucciones para obispos (ancianos), diáconos y el liderazgo de la iglesia. **NT 1 Timoteo 3:1-13**

En el capitulo 4, Pablo vuelve a mencionar el problema de los judíos y la exigencia que ellos hacen a los cristianos a observar la Ley, y con respecto a esos "ritos" les dice que: *"Todo lo que Dios creó es bueno y nada es de desecharse, si se toma con acción de gracias, ya que por la palabra de Dios y por la oración es santificado."* **NT 1 Timoteo 4:4-5**

Contenido de la Primera Epístola a Timoteo	Cap : Ver
Salutación	1:1
Advertencia contra falsas doctrinas	1:3-11
Instrucciones sobre la oración	2:1-15
Requisitos de los obispos y Diáconos	3:1-13
El misterio de la piedad	4:1-5
Un buen ministro de Jesucristo	4:6-16
Deberes hacia los demás	5:1-25
Piedad y contentamiento	6:3-10
La buena batalla de la fe	6:11-19
Encargo final de Pablo a Timoteo	6:20-21

Segunda Carta a Timoteo
Nuevo Testamento

Libro No. 16

Segunda Epístola a Timoteo, del latín **Epistula II ad Timotheum**, y éste del griego **epistolē Timotheos B**. Timoteo significa "*el que honra a Dios.*"

En esta carta encontramos las **últimas palabras** del **Apóstol Pablo**, en la que Él expresa su preocupación por las iglesias y en especial por Timoteo.

Segunda Epístola a Timoteo, es parte del Ministerio del **Apóstol Pablo** a la **ekklesia** (Iglesia) o comunidades cristianas (Gentiles) fuera de Israel.
La escribió cerca del **año 67 d.C.**

Resumen de la Segunda Epístola a Timoteo

La Segunda Epístola a Timoteo, **es la última carta del Apóstol Pablo**, teólogos la llaman el "testamento espiritual" de Pablo, y exhorta a su "*amado hijo*" Timoteo a mantenerse fiel y a no avergonzarse de dar testimonio de Jesús y lo aconseja a que "*Avives el fuego del don de Dios que está en ti por la imposición de mis manos.*" **NT 2 Timoteo 1:1-6**

Pablo acompañado por **Lucas**, le pide a Timoteo "*Que prediques la palabra y que instes a tiempo y fuera de tiempo. Redarguye, reprende, exhorta con toda paciencia y doctrina...*". **NT 2 Timoteo 3:14 y 4:2**.

Pablo le pide a Timoteo que esté dispuesto a hacer frente a las penalidades "*Como buen soldado de Jesucristo.*" **NT 2 Timoteo 2:1-3**
Pablo sabe que pronto ya no estará con ellos, y se despide: "*El tiempo de mi partida está cercano.*" **NT 2 Timoteo 4:6**

Las últimas palabras del **Apóstol Pablo** fueron; "*El Señor Jesucristo esté con tu espíritu. La gracia sea con vosotros. Amén.*" **2 Timoteo 4:22**

Pablo poco después fue ejecutado por los romanos, posiblemente Nerón.

Estatua dedicada al **Apóstol Pablo, Vaticano**

Contenido de la Segunda Epístola a Timoteo	Cap. y Ver.
Salutación	1:1
Testificando de Cristo	1:3-18
Un buen soldado de Jesucristo	2:1-13
Un obrero aprobado	2:1-13
Carácter de los hombres en los postreros días	3:1-17
Predica la palabra	4:1-8
Instrucciones personales	4:9-18
Saludos y bendición final	4:19-22

Libro No.
17

Epístola a Tito
Nuevo Testamento

Epístola a Tito, del latín ***Epistula ad Titum***, y este se origina del griego ***epistolē Titōn***. Tito significa "honor", "agrado", es derivado de ***titulus***, "título."
Pablo escribe la carta a Tito, quien está a cargo de la **Iglesia en Creta**, situada en la isla más grande de Grecia, en el mar Mediterráneo.
La razón de la epístola es para indicarle a Tito qué cualidades (conducta) deben seguir los líderes de la iglesia y además le advierte de la reputación de las personas que viven en Creta. **NT Tito 1:12**

Epístola a Tito, es parte del ministerio del **Apóstol Pablo** a la **ekklesia** (Iglesia) o comunidades cristianas (Gentiles) fuera de Israel.
La escribió cerca del ***año 66 d.C.***

Resumen de la Epístola a Tito

La epístola a Tito se le conoce como una de las epístolas pastorales, como son las dos **cartas a Timoteo**. Esta epístola fue escrita por el Apóstol Pablo para animar a Tito, a quien había dejado encargado de la iglesia en Creta que Pablo había establecido en uno de sus viajes misioneros. **NT Tito 1:5**

Pablo le advierte también sobre *"Los obstinados, habladores de vanidades y engañadores, mayormente los de la circuncisión."* (**NT Tito 1:10**), obviamente se refiere a las actitudes hostiles adoptadas por algunos miembros de la numerosa colonia judía de Creta. **NT Tito 1:5-11**

Por otro lado, Pablo, cita al poeta griego **Epiménides**, quien vivió en el siglo VI a.C., a quien llama *"profeta"*, y usa las palabras que este hombre utilizó siglos antes para referirse a los pobladores de la isla, en las que se expresa con dureza: *"Los cretenses son siempre mentirosos, malas bestias, glotones ociosos"*, esta descripción es llamada por Pablo *"verdadera"* y le aconseja a Tito que los reprenda por esta conducta, para que sean mejores personas y así; sanos en la Fe." **NT Tito 1:12-16**

Luego suaviza el tono de sus palabras para aconsejar (a Tito) sobre asuntos pastorales y para animarlo a conducirse siempre de forma ejemplar ante los creyentes, sin importar su edad, sexo o condición social. **NT Tito 2:1-8**

La carta concluye con algunas instrucciones personales y una breve bendición. **NT Tito 3:12-15**

Contenido de la Epístola a Tito	Cap. y Ver.
Salutación	1:1
Requisitos de ancianos y obispo	1:5-16
Enseñanza de la sana doctrina	2:1-15
Justificados por gracia	3:1-11
Instrucciones personales	3:12-14
Salutaciones y bendición	3:15

Libro No. **18**

Filemón
Nuevo Testamento

Epístola a Filemón, del latín ***Epistula ad Philemonem***, y este del griego ***epistolē Philēmoni***. Del griego ***phila***; "amoroso", "cordial", "humano" y ***mono***; "uno", "solo."; Filemon significa *"uno que es amoroso o humano."*

La **Epístola a Filemón** es una historia extraordinaria, relata el caso del **esclavo Onésimo**, donde Pablo se pronuncia contra la esclavitud, y afirma que, *"Ya no hay judío ni griego; no hay esclavo ni libre; no hay hombre ni mujer, porque todos vosotros sois uno en Cristo Jesús."* **NT Gálatas 3:28**.

La **Epístola a Filemón**, es parte del Ministerio del **Apóstol Pablo** a la **ekklesia** (Iglesia) o comunidades cristianas (Gentiles) fuera de Israel.
La escribió cerca del **año 60 d.C.**

Resumen de la Epístola a Filemón

La carta a Filemón relata la historia del esclavo Onésimo, quien se escapó de su amo y buscó a Pablo, probablemente por ayuda y protección.

La situación de Onésimo era muy grave, ya que él era un esclavo y se había fugado de la casa de su amo Filemón, un cristiano amigo de Pablo, sin embargo, según las leyes de la época, el acto de escaparse (de la esclavitud) era penado con un serio castigo, muchas veces incluía la muerte.

Pablo mucho antes, había advertido a los dueños de esclavos que ellos tenían una responsabilidad para con ellos (**NT Colosenses 4:1**) y les aclaró también que ante Dios todos somos iguales.

> *Porque por un solo Espíritu fuimos todos bautizados en un cuerpo, tanto judíos como griegos, tanto esclavos como libres; y a todos se nos dio a beber de un mismo Espíritu.*
> **NT 1 Corintios 12:13**

A pesar de que en su carta a Filemón, Pablo no condena la esclavitud, sin embargo, habla y **presenta a Onésimo como uno de ellos**; y no como un esclavo: *"Onésimo, amado y fiel hermano, que es uno de vosotros. Todo lo que acá pasa, os lo harán saber."* **NT Colosenses 4:9**

Pablo logra resolver el problema de Onésimo y pide a Filemón que acepte su retorno y a recibirlo: *"Como a mí mismo."* **NT Filemón 1:17**

Contenido de la Epístola a Filemón	Cap. y Ver.
Salutación	1:1
El amor y la fe de Filemón	1:4-7
Pablo intercede por Onésimo	1:8-22
Salutaciones y bendición final	1:23-25

Sección VII – El Nuevo Testamento 282

Libro No. **19**

Epístola a los Hebreos
Nuevo Testamento

Epístola a los Hebreos, del latín *Epístula ad Hebraeis*, y este del griego *epistolē Hebraious*.

Esta epístola está dirigida a los judíos que habían aceptado a Jesús, pero, por evadir la intensa persecución, se volvían al judaísmo o intentaban judaizar a los recién convertidos por Pablo.

Epístola a los hebreos, se cree que fue escrita por el **Apóstol Pablo**, sin embargo muchos teólogos creen lo contrario debido a inconsistencias en la carta, algunos proponen entre los posibles autores a: **Apolos**, **Bernabé**, o **Priscila**. Independientemente de quien haya escrito la carta, es Dios, el autor divino de toda la Escritura. *NT 2 Timoteo 3:16*

Se estima que la fecha de su escritura es cerca del **año 65 d.C.**

Resumen de la Epístola a los hebreos

El tema principal del libro es de establecer la legitimidad de **Jesucristo** y del Evangelio entre los hebreos (judíos, israelitas) que habían **aceptado al Señor**, pero regresaban al judaísmo debido a las aflicciones y las persecuciones que sufrían de parte de judíos legalistas (fieles a la Ley Mosaica).

Epístola a los hebreos, continuamente expone de la superioridad de las enseñanzas de Cristo, el humanismo y espiritualidad de su Fe, libre de ritos religiosos o a la obsesión al cumplimiento estricto a la "Ley", a veces sin la menor compasión al prójimo, un proceder típico del legalismo religioso.

La **Epístola a los hebreos** nos señala que el **Nuevo Pacto** de **Jesucristo** es mejor que el ofrecido previamente a los judíos.

Contenido de la Epístola a los hebreos	Cap : Ver
Prologo, Dios nos ha hablado por su hijo	1:1-4
El Hijo, superior a los ángeles	1:5-14
Una salvación tan grande	2:1-4
El autor de la salvación	2:5-18
El Hijo, superior a Moisés	3:1-6
El reposo del pueblo de Dios	3:7-19
JESÚS, EL GRAN SUMO SACERDOTE	4:14-16
Advertencia contra la apostasía	5:11-14
El mediador de un nuevo pacto	8:1-13
El sacrificio de Cristo quita el pecado	9:23-28
FE Y FORTALEZA EN EL SUFRIMIENTO	10:19-24
Advertencia al que peca deliberadamente	10:26-39
La FE	11:1-40
Los que rechazan la gracia de Dios	12:12-29
LA VIDA CRISTIANA	13:1-19
Bendición y Salutaciones finales	13:20-25

Libro No. 20	Santiago Nuevo Testamento	

Epístola de Santiago (llamado también **Jacobo**), del latín *Epístula ad Iacobi*, del griego *epistolē Iakōbos*, (Hebreo **Yah-cobi**; "Yahvé persevera")

Jacobo, era llamado también **Santiago el Justo**, y por el **Apóstol Pablo** como "*el hermano del Señor*". **NT Gálatas 1:19**
La Epístola de Santiago **se dirige específicamente a judíos** para alentarlos a seguir creciendo en el Evangelio, también insiste en la importancia de las buenas acciones con la humanidad.

El libro de Santiago, es el primer libro de la sección de "Epístolas Generales" del Nuevo Testamento. Teólogos creen que **Santiago** es probablemente el libro más antiguo del Nuevo Testamento, fue escrito cerca del **año 45 d.C.**, antes del **Concilio de Jerusalén** ocurrido en **el año 50 después de Cristo**.

Resumen de la Epístola de Santiago

La Epístola de Santiago está dirigida a las doce tribus hebreas dispersas entre las naciones (los judíos que vivían entre gentiles).
Santiago era un tenaz defensor de los pobres, los humildes y los indefensos, el mensaje de su carta es "*La fe sin obras está muerta*". **NT Santiago 2:14-26**

Santiago (al igual que Jesús) se expresa "***Contra los ricos opresores***" y rechaza la discriminación contra los pobres, habla de justicia social y le advierte a los explotadores de los obreros que: "*El jornal de los obreros que... no les ha sido pagado... sus clamores han llegado a los oídos del Señor de los ejércitos.*" **NT Santiago 5:1-6**

Termina con un llamado a orar por quienes estén enfermos o hayan cometido faltas, Santiago manda a creyentes a "*confesarse mutuamente los pecados y orar mutuamente los unos por los otros*", "*porque mucho vale la oración perseverante del justo*" y "*quien logra que se convierta el pecador de su camino equivocado, salvará un alma de la muerte*". **NT Santiago 5:7-20**

Contenido de la Epístola de Santiago	Cap : Ver
La sabiduría que viene de Dios	1:2-11
Victoria en la prueba	1:12-18
Hacedores de la palabra	1:19-27
Amonestación contra la parcialidad	2:1-13
La fe sin obras está muerta	2:14-26
La sabiduría de lo alto	3:13-18
La amistad con el mundo	4:1-10
¿Quién eres para que juzgues?	4:11-12
No os gloriéis del día de mañana	4:13-17
Contra los ricos opresores	5:1-6
Sed pacientes y orad	5:7-20

Libro No. **21**

Primera Carta de Pedro
Nuevo Testamento

Primera Epístola de Pedro, del latín *Epistula I Petri*, y este del griego *epistolē Petros A*.

La Primera Epístola de Pedro, fue escrita para alentar a creyentes a mantenerse firmes en Cristo, aún en medio de quebrantos y persecuciones, con una conducta limpia, digna de quienes profesan la Fe en Dios y en Jesucristo. *NT 1 Pedro 1:6-7; 2:12; 3:17; 4:1*

La Primera Epístola de Pedro, es el segundo libro de la sección de las "Epístolas Generales" del Nuevo Testamento.

Se cree su autor fue **Simón** llamado **Cefas** (Roca) por *Jesús* (*NT Juan 1:42*) Aunque Pedro es el autor y firmante del texto, el libro indica que fue escrito por conducto de Silvano (*NT 1 Pedro 5:12*), cerca del **año 65 d.C.**

Resumen de la Primera Epístola de Pedro

La Primera Epístola de Pedro, indica que fue escrita en "Babilonia", pero teólogos creen que Pedro usó ese nombre simbólicamente para referirse a Roma, típico de esa época por ser un lugar donde reinaba el paganismo.

Después de un breve saludo, Pedro le recuerda a los creyentes que en el caso de pasar por una prueba; deben **poner primero su confianza en Jesucristo**, y que **la Fe en Él** es "*Mucho más preciosa que el oro*" (*NT 1 Pedro 1:7*), cuya recompensa "*Es la salvación de nuestras almas.*" *NT 1 Pedro 1:9* Pedro agrega más consejos y recomendaciones (*NT 1 Pedro 1:13; 2:10*), y alienta a los creyentes llamándolos: "*El linaje escogido, real sacerdocio, nación santa, pueblo adquirido por Dios» para anunciar «las virtudes de aquel que os llamó de las tinieblas a su luz admirable*". *NT 1 Pedro 2:9*

La carta incluye una nueva exhortación a mantener firme el testimonio del Evangelio, e incluye consejos a responsables de iglesia (*NT 1 Pedro 5:1-4*), y un breve saludo de parte de la "Iglesia que está en Babilonia" y de Marcos, el Evangelista, a quien Pedro llama "*mi hijo.*" *NT 1 Pedro 5:13-14*

Contenido de la Primera Epístola de Pedro	Cap : Ver
Una esperanza viva	1:3-12
Una nueva vida en Cristo	1:13-25
La piedra viva	2:4-8
Vivid como siervos de	2:11-25
Deberes conyugales	3:1-7
Una buena conciencia	3:8-22
Buenos administradores de la gracia de Dios	4:1-6
Los Creyentes ante la proximidad del Fin	4:1-11
Participación en el padecimiento de Cristo	4:12-19
Consejos para los ancianos y jóvenes	5:1-11
Saludos finales	5:12-14

Sección VII – El Nuevo Testamento   285

Libro No. **22**

Segunda Carta de Pedro
Nuevo Testamento

Segunda Epístola de Pedro, del latín *Epistula II Petri*, y este del griego *epistolē Petros B*.

En su **Segunda Epístola**, Pedro señala que está preocupado porque los falsos maestros estaban empezando a infiltrarse en las iglesias, y hace un llamado a los cristianos a ser fuertes en su Fe, para que puedan detectar y combatir la propagación de la apostasía.

La Segunda Epístola de Pedro (Cefas) es el tercer libro de la sección de las "Epístolas Generales" del Nuevo Testamento.

Esta carta fue escrita en los últimos días de la vida del **Apóstol Pedro**, quien fue ejecutado en Roma probablemente durante el reinado de Nerón.

Se estima que la carta fue escrita entre el **año 65** y **68 d.C.**

Resumen de la Segunda Epístola de Pedro

La Segunda Epístola de Pedro, Comienza con un pedido a considerar las *"Preciosas y grandísimas promesas"* de Dios a los creyentes, para que puedan *"Ser participantes de la naturaleza divina."* **NT 2 Pedro 1:4**

Pedro agrega que promesas serán proveídas a todo aquel que cumpla con la Fe, siendo siempre personas justas; *"Por lo cual, hermanos, tanto más procurad hacer firme vuestra vocación y elección, porque haciendo estas cosas, jamás caeréis. De esta manera os será otorgada amplia y generosa entrada en el reino eterno de nuestro Señor y Salvador Jesucristo."* **NT 2 Pedro 1:10-11**

En el **capítulo 3**, se habla de la preocupación entre los cristianos de la época, sobre "el retraso del regreso del Señor", ya que los creyentes esperaban que Jesús volviera en esos días, y al ver pasar los años, la impaciencia crecía, sobre todo porque vivían en medio de un mundo hostil e intolerante para los creyentes en Cristo. **NT 2 Pedro 3:3-8**

Pedro los alienta recordándoles que las normas humanas de medir el tiempo y de las cosas; no son las mismas normas de Dios (**NT 2 Pedro 3:8-10**); y nadie sabe cuando Él regresara, sólo Dios, el Padre (**NT Mateo 24:29-36**), así, que es necesario que estemos preparados en espera de estas cosas, para ser hallados por Él sin mancha e irreprochables, en paz. **NT 2 Pedro 3:14**

Contenido de la Segunda Epístola de Pedro	Cap : Ver
Salutación	1:1
Partícipes de la naturaleza divina	1:3-15
Testigos presénciales de la gloria de Cristo	1:16-21
Falsos profetas y falsos maestros	2:1-22
El día del Señor vendrá	3:1-18

Libro No. **23**

Primera Carta de Juan
Nuevo Testamento

Primera Epístola de Juan, del latín *Epistula I Ioannis*, y este del griego *epistolē Iōannēs A*.

En su primera **Epístola**, Juan busca aclarar preguntas de las nuevas iglesias, ya que todavía no existían "Escrituras oficiales" en el cual los creyentes pudieran buscar guía o información, debido a esto; muchas iglesias fueron víctimas de falsos profetas que promovían sus propias interpretaciones y puntos de vista de acuerdo a los cientos textos que existían en ese entonces.

La Primera Epístola de Juan, es el cuarto libro de la sección de las "Epístolas Generales" del Nuevo Testamento.

Esta carta fue escrita por el **Apóstol Juan**, entre el **año 85** y **95 d.C.**

Resumen de la Primera Epístola de Juan

En esta epístola, el Apóstol **Juan** ratifica la **divinidad de Jesucristo**: *"En esto conoced el Espíritu de Dios: todo espíritu que confiesa que Jesucristo ha venido en carne, es de Dios."* **NT 1 Juan 4:2**

Pedro hace advertencias contra los "**anticristos**", o falsos profetas **que niegan** la **divinidad de Jesús**, probablemente sus palabras eran **dirigidas al movimiento gnóstico** que predicaba que "Jesús sólo era un profeta" nada más, también sugerían que Cristo no es eterno y "sólo *había ganado una divinidad limitada al iniciar Su Ministerio*", ante esta creencia, Pedro responde: "***Todo aquel que niega al Hijo, tampoco tiene al Padre. El que confiesa al Hijo tiene también al Padre***". **NT 1Juan 2:23**

Juan exhorta a los cristianos a **permanecer alerta** recordándoles: "*Hijitos, vosotros sois de Dios y los habéis vencido, porque mayor es el que está en vosotros que el que está en el mundo. Ellos son del mundo; por eso hablan de las cosas del mundo y el mundo los oye.*" **NT 1 Juan 4:4-5**

En el epilogo del libro, Juan agrega: "*Estas cosas os he escrito a vosotros que creéis en el nombre del Hijo de Dios, para que sepáis que tenéis vida eterna y para que creáis en el nombre del **Hijo de Dios**.*" **NT 1 Juan 5:13**

Contenido de la Primera Epístola de Juan	Cap : Ver
PRÓLOGO: EL VERBO DE VIDA	1:1-4
Dios es luz	1:5-10
Cristo, nuestro abogado	2:1-6
El nuevo mandamiento	2:7-17
El anticristo	2:18-29
Hijos de Dios	3:1-24
El Espíritu de Dios y el espíritu del anticristo	4:1-6
Dios es amor	4:7-21
La fe que vence al mundo	5:1-5
El testimonio del Espíritu	5:6-12
Epílogo, El Conocimiento de la Vida Eterna	5:13-21

Segunda Carta de Juan
Nuevo Testamento

Libro No. 24

Segunda Epístola de Juan, del latín *Epístula II Ioannis*, y este del griego *epistolē Iōannēs B*.

Esta carta **el Apóstol Juan** la dirige a la "**Señora escogida y sus hijos**", aunque algunos teólogos creen que esto se refiere a una mujer cristiana y su familia que vivían en Éfeso; sin embargo, expertos creen que es la personificación (símbolo) de la **Iglesia y sus miembros.** *NT 2 Juan 1:1-3*

Es el libro más corto en la Biblia, contiene únicamente trece versículos.

La Segunda Epístola de Juan, es el quinto libro de la sección de las "Epístolas Generales" del Nuevo Testamento.
Esta carta fue escrita por el **Apóstol Juan**, entre el **año 85** y **95 d.C.**

Resumen de la Segunda Epístola de Juan

Es una carta dirigida a "**la dama elegida**" y cierra con las palabras "*Los niños de vuestra elegida hermana les saludan.*" **NT 2 Juan 1:13**

En el lugar de la palabra "**dama**", algunos traductores usan el término griego **Kyria**, este significa "servidumbre del Señor", este mismo vocablo es la raíz de "curia", "cura', como también de "***church***", (iglesia en inglés).

Sin embargo, la interpretación tradicional (acerca de la "Dama") es que se refiere a una comunidad o una iglesia, ya que Juan se refiere a ella en ocasiones en forma singular y en otras en plural. *NT 2 Juan 1:6; 8; 10 y 12*

El Apóstol Juan hace en esta carta una petición urgente para mantenerse fiel **al amor a Dios y su Hijo Jesús**, obedeciendo su mandamiento de "*Amarnos unos a otros.*" *NT 2 Juan 1:5*

Juan advierte del falso Evangelio, insiste que cualquiera que se extravía de la doctrina de Cristo de "*Amar a su prójimo; no tiene a Dios*"; y que sólo aquel **que persevera en Jesús y Sus Mandamientos; tiene al Padre y al Hijo**, y Dios se manifestará en Él. *NT Juan 14:21*

Juan les advierte que si alguno viene a vosotros **y no trae esta doctrina**, no lo recibáis en casa ni le digáis: "¡Bienvenido!", porque el que le dice: "¡Bienvenido!" participa en sus malas obras. *NT 2 Juan 1:10-11*

Contenido de la Segunda Epístola de Juan	Versículos
Salutación	1:3
Permaneced en la doctrina de Cristo	4:11
Espero ir a vosotros	12:13

Tercera Carta de Juan
Nuevo Testamento

Libro No. 25

Tercera Epístola de Juan, del latín *Epístula III Ioannis*, y este del griego *epistolē Iōannēs C*.

La **Tercera Epístola de Juan** está dirigida al presbítero (anciano) Gayo, a quien Juan elogia por su buen trabajo en el Evangelio, no se sabe si se trata de Gayo que vivía en Corinto y mencionado por Pablo en **NT Romanos 16:23**

La **Tercera Epístola de Juan** es el sexto libro de la sección de las "Epístolas Generales" del Nuevo Testamento.

La carta se cree fue escrita por el **Apóstol Juan**, entre el **año 85** y **95 d.C**.

Resumen de la Tercera Epístola de Juan

No se sabe con exactitud quien fue el autor de La **Tercera Epístola de Juan**, ya que el libro no hace referencia a esto, aunque desde los primeros días de la Iglesia se cree fue **el Apóstol Juan**, quien también escribió el Evangelio de Juan.

La **Tercera Epístola de Juan** contiene tres partes.

En la primera parte: Elogia el trabajo de Gayo en la predicación del Evangelio: *"Me regocijé cuando vinieron los hermanos y dieron testimonio de tu verdad, de cómo andas en la verdad. No tengo yo mayor gozo que oír que mis hijos andan en la verdad."* **NT 3 Juan 1:3-4**

La segunda parte: indirectamente, advierte y condena el comportamiento de Diótrefes, un líder autoritario que había tomado control de una de las iglesias en la provincia de Asia, y cuyo comportamiento se oponía claramente al Evangelio de Jesús: *"Por esta causa, si yo voy, recordaré las obras que hace profiriendo palabras malignas contra nosotros; y no contento con estas cosas, no recibe a los hermanos, y a los que quieren recibirlos se lo prohíbe y los expulsa de la iglesia."* **NT 3 Juan 1:10**

La tercera parte, destaca el ejemplo de Demetrio, que fue reportado como un buen testimonio de todos: *"El que hace lo bueno es de Dios, pero el que hace lo malo no ha visto a Dios."* **NT 3 Juan 1:11**

Contenido de la Tercera Epístola de Juan	Cap : Ver
Salutación	1:1
Elogio de la hospitalidad de Gayo	1:5-8
La oposición de Diótrefes	1:9-10
Buen testimonio acerca de Demetrio	1:11-12
Salutaciones finales	1:13-15

Libro No. **26**

Judas
Nuevo Testamento

Epístola de Judas, del latín *Epistula Iudae*, y este del griego *epistolē Iouda*. **Judas**, en hebreo **Yah udah**, significa "adoraré a Yahvé".

El libro señala a Judas como su autor, agrega que él es hermano de Santiago, quien probablemente sea el medio hermano de Jesús. **NT Mateo 13:55** Teólogos creen que Judas no se identifica como hermano de Jesús en su libro, posiblemente debido a su humildad y reverencia a Cristo.

La Epístola de Judas, es el séptimo y último libro de la sección de las "Epístolas Generales" del Nuevo Testamento.
La carta se cree fue escrita por **Yah udah** (Judas), entre el **año 65** y **80 d.C.**

Resumen de la Epístola de Judas

En el versículo 3 de su epístola, Judas señala que estaba deseoso de escribir, y exhortarles a defender la Fe.

Queridos hermanos, he sentido grandes deseos de escribirles acerca de la salvación que tanto ustedes como yo tenemos; pero ahora me veo en la necesidad de hacerlo para rogarles que luchen por la fe que una vez fue entregada al pueblo santo.

NT Judas 1:3

Judas pasa inmediatamente a advertir a la iglesia sobre las "**Falsas doctrinas y falsos maestros**" y las consecuencias de confusión espiritual y libertinaje moral a que podían llevar las falsas enseñanzas.

Judas señala a los falsos maestros de "*hombres impíos, que convierten en libertinaje la gracia de nuestro Dios y niegan a Dios, el único soberano, y a nuestro Señor Jesucristo.*" **NT Judas 1:4**

Judas concluye su carta pidiendo serle fiel a "*El Dios único, Salvador nuestro, tiene poder para cuidar de que ustedes no caigan, y para presentarlos sin mancha y llenos de alegría ante su gloriosa presencia. A Él sea la gloria, la grandeza, el poder y la autoridad, por nuestro Señor Jesucristo, antes, ahora y siempre. Amén.*" **NT Judas 1:24-25**

Contenido de la Epístola de Judas	Cap : Ver
Salutación	1:1
Falsas doctrinas y falsos maestros	1:3-16
Amonestaciones y exhortaciones	1:17-23
Doxología	1:24-25

Libro No. **27**

Apocalipsis
Nuevo Testamento

Apocalipsis de Juan, del latín *Apocalypsis Ioannis*, y este del griego *Apokálypsis Iōannēs*.

El **Apocalipsis**, llamado también **Revelación de Jesucristo**, es un libro exclusivamente profético, con visiones ampliamente simbólicas, relata los acontecimientos que **ocurrirán en los últimos días** antes del **regreso de Cristo** y **el anuncio de los nuevos cielos y Nueva Tierra**.

El Apocalipsis, es el último libro del Nuevo Testamento y la Biblia entera. Fue escrito por **Juan** (***NT Apocalipsis 1:1***), y se cree que lo redactó en la **isla de Patmos** en el Mar Mediterráneo (Grecia), entre el **año 90** y **95 d.C.**

Resumen del Apocalipsis

El Apocalipsis es considerado uno de los libros más controversiales y difíciles de interpretar en la Biblia, ya que la cantidad de posibles significados o interpretaciones de nombres, eventos y símbolos; **es simplemente innumerable**. En la actualidad, prácticamente **cada denominación cristiana tiene su exclusiva** y diferente **interpretación del Apocalipsis**.

En el Cristianismo moderno existe una gran obsesión sobre el **Apocalipsis** (fin del mundo), **a pesar de que Jesús nos instruye a no preocuparnos** por el futuro (***NT Mateo 6:34***), ya que con el sólo hecho de tener (obedecer) Sus Mandamientos (***NT Mateo 22:34-40***), seremos salvos (***NT Juan 14:21***), esto es todo lo que **Dios quiere de nosotros**. *NT Mateo 22:40*

Aun así, muchas personas y congregaciones siguen obstinadas en descifrar el Apocalipsis, y erróneamente especulan una y otras vez "**fechas de ese día**", y aunque **Jesús nos dijo hace dos mil años** que **Nadie sabe** cuándo será el día de su regreso (***NT Mateo 24:36***), muchos continúan desobedeciendo los Mandatos de Dios de rechazar la adivinación. *AT Deuteronomio 18:10-12*

Son incontables las diferentes interpretaciones de las profecías del "fin del mundo" que se han hecho en el curso de la historia y se siguen haciendo.

Curiosamente, la admisión del **Apocalipsis** en la Biblia fue muy controversial, hubo un extenso argumento entre **los Padres de la Iglesia** (*vea Pág. **144***) respecto a la legitimidad del Apocalipsis, este desacuerdo duró siglos, aun después de que el **Papa Dámaso I** concluyera la evaluación (inclusión o exclusión) de libros en la Biblia en el **año 397 d.C.**

Lamentablemente el libro del Apocalipsis es utilizado por algunos grupos cristianos como **herramienta** para **promover temor entre creyentes como también división** en la Iglesia, a tal grado que algunas denominaciones se acusan una contra otra de ser "**la bestia**" o el "**anticristo**", etc., etc., etc., cuando es obvio que en este mundo actual; **existen mayores y peores enemigos del Evangelio**.

Resumen del Libro de Apocalipsis

El Apocalipsis comienza con saludos a las **Siete Iglesias** de la provincia romana de **Asia Menor**, hoy Turquía, y continua con visiones de una serie de cataclismos, menciona la marca de la bestia "**666**", como también la batalla final de **Har Megiddo** (Armagedón), la atadura de Satanás, el Reino del Señor, el juicio del gran trono blanco, y la naturaleza de la ciudad eterna de Dios.

Es interesante y notable la frecuencia de símbolos usados en el libro, por ejemplo, el **número siete**.

El siete es constante en los conjuntos de espíritus, candeleros, iglesias, estrellas, sellos, trompetas y plagas. Incluso el contenido del Apocalipsis está organizado también en siete partes, como lo vemos en la siguiente tabla.

Contenido del Apocalipsis	Cap. y Ver.
1. PRÓLOGO	
La revelación de Jesucristo	1:1-3
Salutaciones a las siete iglesias	1:4 a 3:22
2 LOS SIETE SELLOS	
La adoración celestial	4:1-11
El rollo y el Cordero	5:1-14
Los sellos	6:1-17
Los 144 mil sellados	7:1-8
La multitud vestida de ropas blancas	7:9-17
3. LAS SIETE TROMPETAS	
Las seis primeras trompetas	8:6-13
El ángel con el librito	10:1-11
Los dos testigos	11:1-14
4. LAS SEÑALES SIMBÓLICAS	
La mujer y el dragón	12:1-17
Las dos bestias (666)	13:1-18
El cántico de los 144 mil	14:1-5
El mensaje de los tres ángeles	14:6-13
La tierra es segada	14:14-20
5. LAS SIETE COPAS	
Los ángeles con las siete plagas postreras	15:1-8
Las copas de ira	16:1-21
6. LAS VISIONES DEL JUICIO	
Condenación de la gran ramera	17:1-18
La caída de Babilonia	18:1-24
Alabanzas en el cielo	19:1-8
La cena de las bodas del Cordero	19:9-10
El jinete del caballo blanco	19:11-21
Los mil años	20:1-10
El juicio ante el gran trono blanco	20:11-15
7. LA NUEVA JERUSALÉN	
Cielo nuevo y tierra nueva	21:1-8
La nueva Jerusalén	21:9-27
EPÍLOGO	
La venida de Cristo está cerca	22:6-21

Sección VIII

En vano me honran,
Enseñando como doctrinas mandamientos de hombres.
NT Mateo 15:9

A pesar de lo claro y simple del Evangelio de Cristo (*NT Mateo 22:36-40*), cada día surgen nuevas congregaciones con doctrinas y creencias que no tienen nada que ver, ni tuvieron importancia durante el Ministerio de Jesús.

Estas mismas creencias y doctrinas son las que dividen al cristianismo moderno en miles de grupos, las cuales, lamentablemente muchos creyentes defienden afanosamente y sin cuestionamientos.

Las siguientes doctrinas, creencias y tradiciones presentadas en esta sección pueden ser polémicas, controversiales y divisivas, muchos creyentes reprochan o defienden algunas de estas creencias con mucha obstinación, en ciertos casos; hasta la muerte.

Qué dice la Biblia acerca de...

Escatología Cristiana

La palabra **Escatología**, está compuesta por los vocablos griegos *eskhatos* que significa "último", "extremo", "del más allá", y *logos;* "estudio", ciencia".

Escatología se el conjunto de creencias y doctrinas referentes a la vida de ultratumba. En **religión**, es el estudio de los eventos finales de la historia, de la humanidad, comúnmente conocido como *"el fin del mundo"* o *"el Juicio final"*. **[A]**

La escatología cristiana se refiere en general a **las profecías** de **los últimos días** (*NT Mateo 24:3-28*), la promesa del **regreso de Jesús** (*NT Juan 14:3*), la resurrección de los muertos (*NT Juan 5:28-29*), del terrible día del juicio final (*NT Apocalipsis 14:7*), la llegada de un cielo nuevo y una nueva tierra y el cumplimiento de todos los **propósitos de Dios**. *NT Apocalipsis 21*

La escatología es parte fundamental de la Fe Cristiana, y aunque predice que pasaran terribles eventos, también promete la esperanza de salvación y vida eterna (*NT Juan 10:28*), para aquellos que cumplen con los mandatos de Dios y Jesús (*NT Juan 14:21*), una salvación que sólo es posible gracias al sacrificio de Cristo a través de su muerte (*NT Mateo 26:28*), y al amor de Dios *"que de tal manera amó al mundo, que dio a su Hijo unigénito, para que todo aquel que en Él crea no se pierda y tenga vida eterna."* **NT Juan 3:16**

Y esta debe ser la **prioridad** en nuestras vidas: tratar lo posible de vivir de acuerdo a los **mandamientos de Dios** (*NT Mateo 22:34-40*), ya que sólo observando estos mandatos, estaremos dentro del plan de vida eterna de Dios.

> *El que tiene mis mandamientos y los guarda, ése es el que me ama; y el que me ama será amado por mi Padre, y yo lo amaré y me manifestaré a él.*
> ***NT Juan 14:21***

Muchos cristianos en el presente viven en una constante obstinación **tratando de adivinar la fecha de la llegada de Cristo**, del Juicio Final, "el rapto", "armagedón" etc., etc., cuando la Biblia claramente nos dice que "ese día" nadie lo sabe, ni Jesús mismo: "**ni aun los ángeles de los cielos, sino sólo mi Padre.**" **NT Mateo 24:36**

Pablo también nos recuerda que habrá muchos que en el nombre del Evangelio hablaran *"profanas y vanas palabrerías, desviando la verdad diciendo que la resurrección ya se efectuó, y trastornan la fe de algunos y llevándolos más y más a la impiedad."* **NT 2 Timoteo 2:16-18**

Es **innecesario** "vivir en temor" a la llegada del día del juicio. **Jesús nos dice que mientras guardemos sus mandamientos**: "*Estaremos cumpliendo con la ley y los profetas.*" **NT Mateo 22:34-40**

> *Así que no os angustiéis por el día de mañana, porque el día de mañana traerá su propia preocupación. Basta a cada día su propio mal.*
> ***NT Mateo 6:34***

El Arrebatamiento (*Rapture*)

Arrebatamiento, es quitar con violencia y fuerza, proviene del latín **adrebatare**, compuesto de **ad**, "más", "agregar", y **rebate**; "regresar'", también se usa la palabra "**rapto**", esta proviene del latín **raptus** y significa "tomar", "robar."

La doctrina del **arrebatamiento** o **rapto** (en inglés *rapture*), **es una creencia nueva**, fue introducida en las **décadas de 1820s-40s**, por el británico evangelista **John Nelson Darby**, el ministro presbiteriano **Edward Irving** y la congregación cristiana "*Hermanos de Plymouth.*" **[A]**

La doctrina se volvió muy popular entre evangelistas de los Estados Unidos cuando fue propagada durante el movimiento del "***Segundo Gran Despertar***" de los Estados Unidos. **[B]**

En años recientes, la popular serie de novelas "***Dejados Atrás***" (*Left Behind*) publicadas entre 1995-2007, por los autores Tim LaHaye y Jerry B. Jenkins, **ha creado un nuevo resurgimiento de esta doctrina**. **[C]**

El evento del **arrebatamiento** o **rapto**, llamado a veces "*arrebatamiento de la Iglesia*", **no se encuentra literalmente en ninguna traducción de la Biblia**, (aunque es posible que ya se encuentre en traducciones modernas), la doctrina es el resultado de ciertas interpretaciones de la ***escatología cristiana*** de los versículos bíblicos: **NT 1 Tesalonicenses 4:13-18 y 2 Tesalonicenses 2: 1-4**

> *Luego nosotros, los que vivimos, los que hayamos quedado, seremos arrebatados juntamente con ellos en las nubes para recibir al Señor en el aire, y así estaremos siempre con el Señor.*
>
> **NT 1 Tesalonicenses 4:17**

Como también de citas en el **libro de Mateo**, donde **Jesús dice que**; "*Enviará sus ángeles con gran voz de trompeta y juntarán a sus escogidos de los cuatro vientos, desde un extremo del cielo hasta el otro.*" **NT Mateo 24:29-31**

En este evento, que se cree sucederá antes del **regreso de Jesús**, se rescataría (se ascendería) a los salvos o escogidos, llevándolos a los cielos (Paraíso), sin embargo, la Biblia no habla de los detalles de cómo será este evento, y la interpretación de este difiere entre cristianos, ya que algunos interpretan el "cielo o paraíso" como dos lugares diferentes, siendo el Paraíso o **la Nueva Jerusalén** un lugar en la Tierra y el cielo o **Reino de Dios**, un lugar no especifico.

Debido a que "**el arrebatamiento**" es una creencia prácticamente moderna y no se encuentra en la Biblia llamada específicamente de esa forma; la mayoría de iglesias católicas y protestantes no reconocen (rechazan) la **doctrina**.

Sin embargo, "**el arrebatamiento**" es un componente importante de las creencias o dogma de la Iglesia Evangélica de los Estados Unidos.

Armagedón

Armagedón, del latín ***Armagedōn*** proviene de la palabra hebrea ***Har Megiddo***, compuesta de ***Har***, "montaña" o "monte" y ***Megiddo***, "lugar de entrada", y significa **Cerro** o **Monte Megido**.

Megido fue una ciudad muy importante por su situación estratégica, ya que se encontraba en la vía de comunicación primordial en el Valle de Jezreel y una de las estaciones principales en el camino que seguían los ejércitos entre Egipto, Siria, Grecia y Mesopotamia (Babilonia).

La palabra ***Har Megiddo*** (hoy Armagedón) aparece en el Nuevo Testamento **solamente una vez**, esto es en el libro de ***Apocalipsis 16:16***

En el Antiguo Testamento la palabra **Mejiddo**, (sin el prefijo ***Har***, "*Monte*") aparece 12 veces como el "***Valle de Meguido***", algunos teólogos creen que este valle de Meguido es el mismo lugar llamado "*Valle de Jezreel*" o de "*Esdrelón*", donde se habrían librado famosas batallas; como se puede leer en ***AT Jueces 5:19; Jueces 6:33; 2 Reyes 9:27; Zacarías 12:11***

La batalla de Armagedón de Apocalipsis

El término ***Armagedón***, según la mayoría de interpretaciones cristianas, se refiere generalmente a la "*batalla del fin del mundo*" o "*fin de los tiempos*", es la lucha final del bien contra el mal, profetizado como la "*Batalla de aquel gran día del Dios Todopoderoso.*" ***NT Apocalipsis 16:14-16; 20:1-3 y 7-10***

El Apocalipsis, es el último libro de la Biblia, y el único escrito por el profeta ***Juan*** llamado a veces ***Juan de Patmos***, ya que fue en la isla griega de Patmos, donde escribió el libro mientras se encontraba desterrado: "*A causa de la palabra de Dios y el testimonio de Jesucristo*". ***NT Apocalipsis 1:9***

El lugar exacto del **Armagedón bíblico** es incierto, porque no hay una montaña (en hebreo **Har**) llamada **Monte Meguido**, la localización más probable son las colinas que rodean el Valle de Meguido, a unos 30 kilómetros al norte de Jerusalén, región muy famosa por su historia, donde más de doscientas batallas se han librado.

A pesar de las diferentes interpretaciones a la profecía en Apocalipsis, la mayoría acuerdan que la batalla del Armagedón se llevará a cabo justo antes del milenio. ***NT Apocalipsis 20***

La bestia se reunirá en ***Har Meguido*** para luchar contra Dios, pero será derrotada por **Jesucristo** y sus ángeles, arrojando por último al **anticristo** junto con el **falso profeta**, al lago de fuego, mientras **Satanás** será atado en lo profundo del abismo por el tiempo que dure el reinado de Jesús y sus santos en la Tierra.

Al final del milenio, Satanás será liberado por un breve periodo, para que "pruebe la fidelidad a Dios" y haga un último intento de engañar a todas las naciones de la tierra representadas por **Gog** y **Magog**. *NT Apocalipsis 20:7-8*

Sin embargo, **Satanás será derrotado** nuevamente y lanzado al lago de fuego y azufre (*NT Apocalipsis 20:10*), en ese lugar se encontrará con **la bestia** y el **falso profeta**, ya que ellos habían sido "lanzados" previamente, al comenzar el milenio. *NT Apocalipsis 19:20*

¿Cuando será el Armagedón?

Muchos cristianos han vivido por siglos en temor de la llegada del Armagedón, **innecesariamente**, ya que **la verdad es que nadie sabe cuando será el "final de los tiempos."**

Aun así, con el resurgimiento de la **escatología** en el último siglo, muchos grupos han hecho **innumerables predicciones** sobre el **regreso de Jesús**, el "Fin del mundo" o "el fin del sistema de cosas" etc., etc., etc. las cuales han culminado con la desilusión en sus seguidores, a pesar de que la mayoría de cristianos sabe que **Jesús fue muy claro** sobre "**la fecha de su regreso.**"

> *Pero del día y la hora nadie sabe, ni aun los ángeles de los cielos, sino sólo mi Padre.*
>
> *NT Mateo 24:29-36*

Aun en el presente, grupos religiosos siguen insistiendo en especular el día del *Armagedón*, haciendo cálculos, según ellos, basados en eventos históricos y actuales, sin ningún tipo de fundamento bíblico.

Jesús también nos advirtió sobre estas cosas, incluyendo falsas profecías:

> *Entonces, si alguno os dice: "Mirad, aquí está el Cristo" o "Mirad, allí está", no le creáis, porque se levantarán falsos cristos y falsos profetas, y harán señales y prodigios para engañar, si fuera posible, aun a los escogidos.*
>
> *NT Marcos 13:21-22*

¿Debemos preocuparnos?

Aunque la Biblia profetiza un aumento en las catástrofes mundiales así como en el pecado humano, y el repudio a la **Iglesia** antes del **regreso de Jesús** o el **Armagedón**, sin embargo el buen cristiano **NO TIENE NI DEBE** preocuparse **en saber** la fecha del **regreso de Jesús**, siempre y cuando se observen Sus Mandamientos; **estaremos preparados**. *NT Lucas 10:25-28*

> *Así que no os angustiéis por el día de mañana, porque el día de mañana traerá su propia preocupación.*
>
> *NT Mateo 6:34*

¿Qué es "temerle a Dios"?

Ante la frecuente y conflictiva afirmación de algunos cristianos que "**Dios nos ama pero debemos temerle**", es fácil preguntarse: **¿Si Dios nos ama, porqué temerle?**
Obviamente la palabra "temor" se ha entendido incorrectamente, en realidad lo que **el Temor a Dios** significa es; **creer**, **obedecerlo** o **tenerle Fe**.

> *Ahora, pues, Israel, qué pide de ti el SEÑOR, tu Dios, sino que temas al SEÑOR, tu Dios, que andes en todos sus c aminos, que ames y sirvas al SEÑOR, tu Dios, con todo tu corazón y con toda tu alma...*
> **AT Deuteronomio 10:12**

El temor a Dios es inspirado por la Fe y reverencia, este temor envuelve naturalmente apartarse del mal (**AT Proverbios 8:13**), y por consiguiente de no ofenderlo.

> **28** *Así que, recibiendo nosotros un Reino inconmovible, tengamos gratitud, y mediante ella sirvamos a Dios agradándole con temor y reverencia,*
> **29** *porque nuestro Dios es fuego consumidor.*
> **NT Hebreos 12:28-29**

El temor a Dios es entender lo mucho que Dios aborrece el pecado y por lo tanto temer de su disciplina (**NT Hebreos 12:5-11**), por eso buscar vivir nuestras vidas de manera que lo agrademos, reconociendo que vivir sin su aprobación el resultado es; la soledad espiritual y muerte. **NT Romanos 6:23**

No hay razón para "**tenerle miedo a Dios**", si cumplimos Sus Mandamientos, los cuales cumplen con todas la leyes de Dios y los profetas;

> **36** *—Maestro, ¿cuál es el gran mandamiento en la Ley?*
> **37** *Jesús le dijo:—"Amarás al Señor tu Dios con todo tu corazón, con toda tu alma y con toda tu mente."*
> **38** *Éste es el primero y grande mandamiento.*
> **39** *Y el segundo es semejante: "Amarás a tu prójimo como a ti mismo."*
> **40** *De estos dos mandamientos dependen toda la Ley y los Profetas.*
> **NT Mateo 22:36-40**

La Biblia nos dice que *"En el temor al SEÑOR está la firme confianza, la esperanza para sus hijos. El temor al SEÑOR es manantial de vida que aparta de los lazos de la muerte."* **AT Proverbios 14:26-27**

El temor de Dios es sabiduría. **AT Job 28:28**; **Proverbios 1:7**; **9:10**

El Temor a Dios es el reconocimiento humilde que somos Sus criaturas, y por lo tanto, Él es digno de ser respetado y reverenciado, a cambio tenemos su promesa de que nada podrá separarnos de su amor (**NT Romanos 8:38-39**) y que nunca nos dejará o desamparará. **NT Hebreos 13:5**

El Ayuno

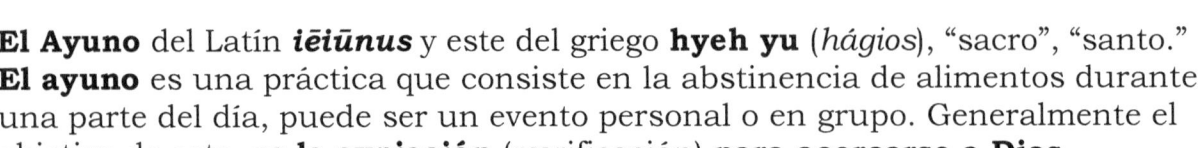

El Ayuno del Latín *iēiūnus* y este del griego **hyeh yu** (*hágios*), "sacro", "santo."
El ayuno es una práctica que consiste en la abstinencia de alimentos durante una parte del día, puede ser un evento personal o en grupo. Generalmente el objetivo de este, **es la expiación** (purificación) **para acercarse a Dios**.

Aunque el ayuno se menciona en los dos testamentos, la Biblia no ordena que los cristianos ayunen. **El Ayuno no es requerido por Dios en las Escrituras**. Sin embargo, **presenta este acto como una obra buena y favorable**.

> *Cuando ayunéis, no seáis austeros, como los hipócritas; porque ellos demudan sus rostros para mostrar a los hombres que ayunan; de cierto os digo que ya tienen su recompensa.*
> **NT Mateo 6:16**

Aunque el ayuno se entiende como la abstención de alimentos, existen otras maneras de ayunar. Cualquier cosa que puedas dejar de hacer temporalmente con el fin de concentrarse más en Dios, puede ser considerado como **AYUNO**, así como lo relata Pablo en su carta a la **Iglesia de Corinto**:

> *5 Por lo tanto, no se nieguen el uno al otro, a no ser que estén de acuerdo en no juntarse por algún tiempo para dedicarse a la oración. Después deberán volver a juntarse; no sea que, por no poder dominarse, Satanás los haga pecar.*
> *6 Todo esto lo digo más como concesión que como mandamiento.*
> **NT 1 Corintios 7:5-6**

Es muy importante recordar que el ayuno debe estar limitado a un tiempo determinado, **especialmente cuando el ayuno es de comida**.
El ayuno alimenticio no debe ser efectuado si alguna persona **no está** en condiciones por razones médicas como por ejemplo; personas diabéticas.

Los largos períodos sin comer pueden ser peligrosos para el cuerpo y la salud. **El ayuno NO** debe ser considerado **como un método de castigo**, aunque este evento se puede realizar en grupo, en general, es un acto personal que debe tomarse voluntariamente, con la SOLA intención de **acercarse más a Dios**.

El ayuno tampoco debe ser usado como una forma de pedirle a Dios algo a cambio, o que Él haga lo que deseamos, el ayuno debe ser un acto de humildad, comunión y paz personal.

> *17 Pero tú, cuando ayunes, unge tu cabeza y lava tu rostro,*
> *18 Para no mostrar a los hombres que ayunas, sino a tu Padre que está en secreto; y tu Padre que ve en lo secreto te recompensará en público.*
> **NT Mateo 6:17-18**

La Circuncisión en el Cristianismo

La circuncisión en la actualidad

Circuncisión, del latín **circumcīsiōnis**, la palabra está compuesta por los vocablos: **Circum**, "circulo" o "alrededor", e **incisiōnis**; "incisión" o "cortar".

La circuncisión es la extirpación o amputación (corte) del **prepucio** del pene, esto es la piel que cubre el **glande**, lo que comúnmente se le llama "cabeza". **[A]**

Según la *Organización Mundial de la Salud*, **OMS**, en 2006, el **30%** de los hombres en el mundo eran circuncisos, siendo la mayoría de los casos *circuncisión neonatal* (infantil), efectuada en general por razones religiosas. **[B]**

Según la **Enciclopedia Británica**, la circuncisión se popularizó durante el **siglo 19** (1800s), siguiendo consejos de doctores que la recomendaban como un procedimiento para mantener una mejor higiene genital. **[C]**

Sin embargo, durante las últimas décadas del **siglo 20**, la práctica había declinado, excepto por cuestiones médicas o religiosas.

¿Debe practicarse?

A pesar de los avances en la medicina, todavía existen dudas sobre la efectividad de este procedimiento, mientras unos médicos indican que estudios epidemiológicos han señalado una aparente tendencia de que niños **circuncidados** tienen mejor higiene en el pene y por consiguiente menos infecciones urinarias que los **incircuncisos**, otros consideran, que la **circuncisión neonatal** (infantil) es una mutilación de tejidos sanos y funcionales, tejidos que protegen el glande (cabeza) del pene a ser expuesto constantemente a todo tipo de influencias, desde inodoros públicos, hasta el roce con la ropa de vestir que, con el tiempo, lo harían menos sensible a la estimulación sexual; y pudiera provocar posteriormente impotencia sexual.

Hay algunos padres que cumplen con esta práctica sólo por ser "parte de las tendencias sociales" de la comunidad en la que viven o porque no quieren que sus hijos no se sientan diferentes o fuera de la "moda cultural de la época."

El procedimiento de la circuncisión **es estrictamente personal**, en el caso de un niño, es muy importante para aquellos padres que tienen dudas sobre esta práctica médica; **hablen con su médico**.

La Circuncisión en la historia

Aunque frecuentemente se identifica al pueblo hebreo (Israel) con la práctica de la circuncisión, este procedimiento ya se realizaba en Egipto **5 siglos antes de Cristo**, como lo documenta en su libro *"Historias"* el escritor y geógrafo griego **Heródoto de Halicarnaso**, quien vivió cerca de **500 años a.C. [D]**

Según algunos historiadores, es en Egipto, donde los hebreos (judíos) quienes habían sido esclavos en esa nación, **adoptan la circuncisión** como parte de su cultura, según estos expertos, esta teoría es confirmada por numerosos vestigios arqueológicos, entre estos; la siguiente grafica egipcia:

Grabación de la práctica de la circuncisión en las paredes de las tumbas de **Ankhmahor**, en **Sakkara Egipto**.

Esta es la ilustración **más antigua sobre la circuncisión**, se cree fue pintada cerca de **2350 años antes de Cristo**.

Según expertos, es de la cultura egipcia que el procedimiento de la circuncisión se extiende al Judaísmo.

La Circuncisión en el Judaísmo

Las Escrituras nos dicen que la circuncisión era **la señal simbólica** del Pacto que **Dios hizo con Abraham**, la cual es todavía observada en el judaísmo. Aunque el Pacto inicial se documenta en el libro de *AT Génesis 15:17-21*, el mandamiento de la circuncisión no fue ordenado sino hasta *Génesis 17:1-14*, 13 años, después del nacimiento de **Ismael** (primer hijo de Abraham), cuando este fue circuncidado. *AT Génesis 17:25*

La circuncisión, llamada en hebreo **Berit Milá** (*el pacto de la palabra*), es practicado a todo varón judío al octavo día de haber nacido y no se posterga ni aun en **Shabat** (*Sábado, día sagrado*) o la conmemoración de **Yom Kipur**, el cual es el día judío del arrepentimiento (expiación) más santo y solemne del año, solamente puede ser pospuesto en el caso de problemas médicos.

> *9 Dijo de nuevo Dios a Abraham: —En cuanto a ti, guardarás mi pacto, tú y tu descendencia después de ti de generación en generación.*
> *10 Éste es mi pacto, que guardaréis entre mí y vosotros y tu descendencia después de ti:* **Todo varón de entre vosotros será circuncidado**.
> *11 Circuncidaréis la carne de vuestro prepucio, y será por señal del pacto entre mí y vosotros.*
>
> ***AT Génesis 17:9-11***

La Circuncisión en el Cristianismo

Claramente para los judíos, este es un elemento indispensable de su Fe, sin embargo para **Jesús**, los ritos y la observación rigurosa a las leyes religiosas ocupaban una **importancia menor** en **Su Ministerio**, siendo la prioridad anunciar que el **Reino de Dios** está cerca (*NT Marcos 1:15*), y que la única forma de ser parte del Reino es **creer en el Evangelio** y observar Sus Mandamientos (*NT Juan 14:21*) los cuales son dos: —*"Amarás al Señor tu Dios con todo tu corazón, con toda tu alma y con toda tu mente.", el segundo es semejante: "Amarás a tu prójimo como a ti mismo." NT Mateo 22:32-40*, estos Dos Mandatos, Jesús agrega; **cumplen con TODA la Ley**. *NT Mateo 22: 40*

Sin embargo, debemos señalar que sus padres terrenales, José y María, cumplieron con el mandamiento de la circuncisión, este evento es citado únicamente una vez en el **Nuevo Testamento**.

> *Cumplidos los ocho días para circuncidar al niño, le pusieron por nombre JESÚS, el cual le había sido puesto por el ángel antes que fuese concebido.*
> ***NT Lucas 2:21***

En este mismo libro se comenta que Isabel y Zacarías llevaron a su hijo **Juan** (**El Bautista**) para también circuncidarlo.

> *59 Aconteció que al octavo día vinieron para circuncidar al niño; y le llamaban con el nombre de su padre, Zacarías;*
> *60 Pero respondiendo su madre, dijo: No; se llamará Juan.*
> ***NT Lucas 1:59-60***

En ninguna parte del **Nuevo Testamento**, **Jesús** habla o define la observación de esta u otras prácticas o ritos, el **Evangelio de Jesús** no incluye legalismos o rituales religiosos, más bien; **reprocha a los lideres judíos** por su estricta observancia a **la Ley** (Biblia) **y su falta de misericordia**.

> *39 »Ustedes estudian la Biblia con mucho cuidado porque creen que así alcanzarán la vida eterna. Sin embargo, a pesar de que la Biblia habla bien de mí,*
> *40 ustedes no quieren creer en mí para alcanzar la vida eterna.*
> ***NT Juan 5:39-40***

Sin embargo, después de que Jesús nos dejó, surgen grandes debates entre sus seguidores; **los Nazarenos** (judíos) y **los Gentiles** (cristianos), por desacuerdos de doctrina, y **la polémica más fuerte** es provocada porque los Gentiles no observaban la "**Ley Mosaica**", en especial **la circuncisión**.

Esta disputa entre los seguidores de Jesús en Israel (**Nazarenos**) y los gentiles (**Cristianos**) liderados por **Pablo de Tarso**, se encuentra documentada como "*El Concilio de Jerusalén*" en *NT Hechos 15:1-41*

Debido a que los gentiles, en su mayoría eran "convertidos" originarios de Grecia, Roma, Asia Menor (Turquía), etc., en general **no eran circuncisos**.

El incidente de Antioquía

La polémica comienza, pocos años después de la **Crucifixión de Jesús** y la **Conversión de Pablo de Tarso**, cuando la **Iglesia de Antioquía**, (Turquía) es visitada por **Nazarenos** enviados por **Santiago** (hermano de Jesús), quienes reprochan a los **convertidos** (Gentiles) por no circuncidarse, ni cumplir otros preceptos de las leyes judías, este evento es llamado por teólogos: el "*incidente de Antioquía*", y se encuentra documentado en *NT Gálatas 2:11-21*

Los Nazarenos instruían a los gentiles que **para ser un seguidor de Jesús, era necesario circuncidarse**, como era también observar la **Ley de Moisés**, esto causaba incomodidad entre los **cristianos gentiles**.
Por esta razón, los discípulos de Antioquía pidieron a **Pablo** y **Bernabé** ir a Jerusalén para resolver la situación. *NT Hechos 15:1-2*

El Concilio de Jerusalén

El Concilio de Jerusalén fue la primera reunión oficial entre los dos grupos principales seguidores de Jesús (Nazarenos y Cristianos), la cual se llevó a cabo cerca del **año 50 d.C.**, con el objetivo de solucionar discordias entre los dos grupos. *NT Hechos 15:1-41*

Al final del concilio, las dos congregaciones tomaron la decisión que no era necesario "*inquietar a los gentiles que se convierten a Dios*", este acuerdo indica que los gentiles no necesitan observar la **Ley Mosaica** por completo.

> *24 Por cuanto hemos oído que algunos que han salido de nosotros, a los cuales no dimos orden, os han inquietado con palabras, **perturbando vuestras almas, mandando circuncidaros y guardar la ley**,*
> *25 **nos ha parecido bien, habiendo llegado a un acuerdo**, elegir varones y enviarlos a vosotros con nuestros amados Bernabé y Pablo,*
> *26 hombres que han expuesto su vida por el nombre de nuestro Señor Jesucristo.*
> *28 **Porque ha parecido bien al Espíritu Santo, y a nosotros, no imponeros ninguna carga más que estas cosas necesarias:***
> *29 que os abstengáis de lo sacrificado a ídolos, de sangre, de ahogado y de fornicación; de las cuales cosas si os guardareis, bien haréis. Pasadlo bien.*
> ***NT Hechos 15:24-29***

Este acuerdo es erróneamente entendido por la Iglesia en general como la "**abolición de la Ley Mosaica**", sin embargo, **NO ES ASÍ**, la Biblia no especifica, ni habla de la cancelación de ninguna Ley.

El acuerdo es para que los gentiles puedan ser seguidores de Jesús sin convertirse al judaísmo, **es solamente una opción**, nada más.

> *Porque en Cristo Jesús ni la circuncisión vale algo, ni la incircuncisión, sino la fe que obra por el amor.*
> ***NT Gálatas 5:6***

¿Es bíblico el bautismo infantil?

Bautizar, del latín ***baptizare***, y este del griego ***baptizein***, significa "sumergir".

El tema del **bautismo infantil**, es otro tema se desacuerdo entre cristianos en el presente, mientras congregaciones más antiguas, como las católicas, ortodoxas, luteranas, anglicanas, presbiterianas, entre otras, practicaron y aun practican el **bautismo infantil**, la mayoría de congregaciones protestantes modernas **rechazan esta práctica por considerarla no bíblica**.

Sin embargo debemos señalar que **la doctrina del bautismo** no es parte del judaísmo y **fue introducido por Juan el Bautista** y **Jesús**, y debido a esto, el bautismo fue practicado **solamente a adultos que aceptaban el Evangelio** y por esta obvia causa; **la Biblia no documenta bautizos de niños**.

Aunque **el bautismo infantil** se ha practicado desde los primeros días del Evangelio, la polémica actual comenzó en **1608**, poco después de la **Reforma Protestante**, cuando surgen desacuerdos sobre este tipo de bautismo, según algunos reformadores este es incorrecto porque este no tiene base bíblica, de esta proposición nace la **Iglesia Anabaptista** en **Suiza**, (Europa central), y la **Iglesia Bautista** en **Inglaterra**. **[A] [B]**

La posición contra el bautismo infantil toma más fuerza después del **Segundo Gran despertar** y en especial durante el **siglo 20** (1900s) con la expansión de los movimientos protestantes en países católicos, sobre todo en Latino América.

La Iglesia Protestante moderna, señala que la práctica del bautismo de niños NO existe y cita como ejemplo el mismo **bautismo de Jesús** a sus 30 años (***NT Lucas 3:21-23***), y otros versículos como:

> *38 Pedro les dijo:--Arrepentíos y bautícese cada uno de vosotros en el nombre de Jesucristo para perdón de los pecados, y recibiréis el don del Espíritu Santo,*
> *39 porque para vosotros es la promesa, y para vuestros hijos, y para todos los que están lejos; para cuantos el Señor nuestro Dios llame.*
> *40 Y con otras muchas palabras testificaba y los exhortaba, diciendo:--Sed salvos de esta perversa generación.*
> ***NT Hechos 2:38-40***

En esta cita del libro de **Hechos**, los cristianos en contra del bautismo infantil señalan que **el Apóstol Pedro** nos da **dos condiciones** fundamentales para poder ser bautizados;

Primero; *La persona debe ser capaz de arrepentirse*
Segundo; *La persona debe decidir convertirse en un discípulo de Jesús.*

Claramente, **dos decisiones** que un niño no tiene la capacidad de hacer.

Historia del bautismo infantil

Recordemos, que **el bautismo** es una **práctica Cristiana** (no judía), y claro, **en el tiempo de Jesús** y los **Apóstoles**, en general, todavía no habían niños nacidos dentro de familias Cristianas, el bautismo era practicado **solamente entre adultos que aceptaban el Evangelio** y es por esto que **la Biblia no documenta bautizos de niños**.

Aun así, encontramos evidencia de que el bautismo infantil quizás se practicó, ya que **claramente niños están incluidos en las siguientes citas**, véase:

> *38 ...Arrepentíos y bautícese cada uno de vosotros en el nombre de Jesucristo para perdón de los pecados, y recibiréis el don del Espíritu Santo,*
> ***39 porque para vosotros es la promesa, y para vuestros hijos**, y para todos los que están lejos; para cuantos el Señor nuestro Dios llame.*
> **NT Hechos 2:38-39**
>
> ***Fue bautizada, junto con toda su familia...***
> **NT Hechos 16:15**

El bautismo infantil tiene sus orígenes en los primeros días del Evangelio, teólogos creen que la razón de esta práctica se debe a que los seguidores de Jesús de acuerdo al **Pacto de Dios con Abraham** estaban acostumbrados al nacer sus hijos, a marcarlos con la señal del Pacto: **la circuncisión**.

> *A los ocho días de edad será circuncidado todo varón entre vosotros, de generación en generación, tanto el nacido en casa como el comprado por dinero a cualquier extranjero que no sea de tu linaje.*
> **AT Génesis 17:10-12**

Con la llegada de **Jesús y el Nuevo Pacto**, (*NT Lucas 22:20*) los nuevos cristianos (Gentiles), ya no necesitaban practicar la circuncisión para demostrar su **fidelidad a Dios**, es así que **el bautismo** toma su lugar.

> *10 y vosotros estáis completos en Él, que es la cabeza de todo principado y potestad.*
> *11 En él también fuisteis **circuncidados** con **circuncisión** no hecha por mano de hombre, sino por la circuncisión de Cristo, en la cual sois despojados de vuestra naturaleza pecaminosa.*
> *12 Con él fuisteis sepultados en el **bautismo**, y en él fuisteis también resucitados por la fe en el poder de Dios que lo levantó de los muertos.*
> **NT Colosenses 2:10-12**

Así también nace la práctica del **bautismo infantil**, como una señal del **Nuevo Pacto**, sustituyendo el símbolo del **pacto anterior**; **la circuncisión**.

Las primeras indicaciones de la práctica del bautismo infantil se encuentran en documentos **no canonizados** de la **Iglesia Primitiva**, entre estos los escritos por el Obispo griego **Ireneo de Lyon**, **nacido 130 años d.C.**, donde habla del bautizo infantil, en su obra: *"Contra las herejías."* [C]

En **el año 215 d.C.**, **Hipólito de Roma**, un historiador de la Iglesia señala en una de sus escrituras: *"Bautizar a los niños primero, y si pueden hablar por sí mismos que lo hagan. De lo contrario, que sus padres u otros familiares hablen por ellos"*, ***La Tradición Apostólica***. **[D]**

Los documentos de **Ireneo de Lyon** e **Hipólito** sobre el bautismo infantil, no fueron canonizados y por eso no son parte de la Biblia.

En las **Escrituras canonizadas**, la Iglesia Católica señala los siguientes versículos que parecen validar, según la iglesia; el bautismo de infantes:

> *31 Ellos dijeron: --Cree en el Señor Jesucristo, y serás salvo tú y tu casa.*
> *32 Y le hablaron la palabra del Señor a él y a todos los que estaban en su casa.*
> *33 Él, tomándolos en aquella misma hora de la noche, les lavó las heridas, y en seguida **se bautizó con todos los suyos.***
>
> ***NT Hechos 16:31-33***
>
> *También **baucticé a la familia de Estéfanas**, pero de los demás no recuerdo si he bautizado a algún otro.*
>
> ***NT 1 Corintios 1:16***
>
> *Y cuando **fue bautizada, junto con su familia**, nos rogó diciendo: --Si habéis juzgado que yo sea fiel al Señor, hospedaos en mi casa. Y nos obligó a quedarnos.*
>
> ***NT Hechos 16:15***

Otro motivo del bautismo de niños era que **en tiempos antiguos** la **mortalidad infantil era muy grande**, y padres, por el temor que sus hijos murieran (en su infancia) **sin ser bautizados**, lo hacían "**por seguridad**".

Y si la muerte de los padres se daba, se elegían "**padres sustitutos**" que se comprometían a ayudar económicamente y a la educación cristiana del niño, esta noble tarea era encargada a los **padres sustitutos**; llamados "**Padrinos.**"

El bautismo infantil es definitivamente una cuestión personal, y de ninguna manera debe ser un motivo de división entre cristianos (***NT Mateo 7:1***), la práctica **del bautismo por si sola no salva a nadie**.

No importa si se fue bautizado por inmersión, si vertieron agua o fue rociado con ella, el bautismo es un símbolo, una promesa nada más, si no se confía primeramente en Cristo y se es una persona nueva; el bautismo (sin importar el método) es inútil y sin significado alguno.

⇨ *Vea **Bautismo** en página **108** para más información.*

Alcohol, tabaco y drogas

En estos tiempos cuando el desenfrenado **ABUSO** del **alcohol** y las **drogas** se ha convertido en una destructiva epidemia que afecta gravemente cada ámbito de nuestra sociedad, y es casi a diario, que podemos ser testigos de las terribles noticias relacionadas al tráfico y consumo de drogas, alcohol, cigarrillos, etc., las cuales han provocado innumerables muertes, como así también caos social y económico.

La **adicción** a estas cosas, específicamente al **alcohol**, siempre ha existido, y encontramos que las Escrituras mencionan y rechazan el abuso a este tipo de sustancias ya que promueve la irresponsabilidad, la insensatez y el pecado: "*Los borrachos... No heredarán el reino de Dios*". *NT 1 Corintios 6:10*

Algunos cristianos señalan que la Biblia no prohíbe bebidas alcohólicas, **sino emborracharse**, lo que es cierto; y agregan que tomar "una o dos" cervezas o copas de vino, **no es adicción**, sin embargo, tenemos que reconocer que no todos tenemos la misma **facultad de auto control**. *AT Proverbios 20:1*
Usar cualquier sustancia, aun en forma "*moderada*", que potencialmente pueda dominar nuestra voluntad, aunque es legal, siempre es un peligro.

> *Todas las cosas me son lícitas, **pero no todas convienen**; todas las cosas me son lícitas, **pero yo no me dejaré dominar por ninguna**.*
> **1 Corintios 6:12**

Es necesario señalar que una persona sensata puede reconocer y aceptar que **NO** hay necesidad de beber, para "*sentirse bien*" y obviamente este mismo concepto debe aplicarse con la **adicción a otras sustancias**, como drogas, pornografía, los juegos de azar, la glotonería, tabaco, etc. *NT 1 Pedro 4:3*

Que la Biblia no prohíba las bebidas alcohólicas no significa que "podemos" consumirlas, las Escrituras tampoco prohíben las drogas como la cocaína, marihuana, metanfetaminas, etc., **esto NO nos da el permiso para usarlas**, sabemos perfectamente lo dañinas que son estas cosas para nuestra salud, son innumerables los casos de personas con adiciones que comenzaron con "uno o dos" y ahora son adictos, y mientras unos ni siquiera se dan cuenta que tienen un problema, otros no lo quieren reconocer. *NT Romanos 8:5*

NOTA: Si crees tener un problema de adicción (vicio), sólo el hecho de reconocerlo indica que ya estás en el camino correcto. Comunícate con tu iglesia o la comunidad cristiana más cercana, para que oren, y te brinden apoyo moral, compañerismo y la necesaria ayuda y guía para iniciar tu recuperación.

En casos más serios, es posible que requieras ayuda profesional, si es así, y necesitas de tratamiento, puedes llamar al **National Institute of Drug Abuse**, (**NIDA**) al **1-800-662-4357** (1-800-662-HELP) para obtener más información y opciones de tratamiento que hay en tu localidad.
Recuerda que aunque sea humillante admitir que necesitas este tipo de ayuda, hacerlo puede salvarte la vida. *NT Mateo 18:3*

¿Debemos celebrar fiestas seculares?

Secular, del latín **saeculāris**, significa "del siglo", "terrenal" o "del mundo." También se dice "**seglar**", es algo que pertenece al **siglo** (época) o "a la moda."

Según el Diccionario de la Real Academia Española, **Secular** es algo o alguien perteneciente o relativo a la vida, estado presente o costumbre del siglo o mundo. **Secular** proviene del Latín clásico **sæculum** que significa "de una época", y de esta se origina también la palabra castellana "siglo."

La palabra "**Secular**" se usa frecuentemente en ámbitos religiosos para referirse a "*las cosas del mundo.*"

Muchas festividades "seculares" modernas no existían en tiempos bíblicos, es por esto mismo que las Escrituras **ni las prohíben** como tampoco nos sugieren que participemos en estas, este pensamiento se puede aplicar para cualquier caso de festividad, desde celebraciones con temas cristianos como es la Navidad, Día de San Valentín, de la Virgen, o simplemente seculares como un cumpleaños, día de la madre, aniversarios, "*baby showers*", etc., etc., etc.

Muchos cristianos no observan ningún "día de fiesta" que no se encuentre especificado en la Biblia, esta conducta ha crecido en los últimos años, debido al resurgimiento del "**legalismo bíblico**", el cual es una tendencia que señala que a "***Dios sólo le agrada y quiere que vivamos***" únicamente con lo especificado en los textos canonizados por la **Iglesia Católica** en **el año 397 d.C.**

Este comportamiento no es un caso nuevo, ya que existía también en los primeros días del Evangelio, la Biblia relata como los "**legalistas religiosos**" criticaban a los recién convertidos, a lo que el **Apóstol Pablo** aconsejaba:

> ***Por tanto, que nadie los critique a ustedes*** *por lo que comen o beben, o **por cuestiones tales como días de fiesta**, lunas nuevas o sábados.*
> **NT Colosenses 2:16**

Debemos recordar que muchas de la **festividades modernas**, como es el caso de **la Navidad**, comenzó como un intento de los primeros cristianos de alejar a los nuevos convertidos de "*costumbres paganas.*"

Roma (antes del Cristianismo) celebraba desde el 22 al 25 de diciembre su mayor fiesta del año llamada: **Deus Sol Invictus**, latín "*el invencible Dios Sol*", dedicado a tres divinidades distintas romanas; El Gabal, Mitra, y Sol. **[A]**

Tan pronto el Cristianismo fue legalizado, la Iglesia inició la eliminación gradual del paganismo, y la primera festividad pagana en sustituir fue la de **Deus Sol Invictus**, la cual fue renombrada como: **Iesus Christi Natalis** (Nacimiento de Jesucristo) que es obviamente una fiesta y fecha simbólica, con la **sola finalidad de eliminar el paganismo**.

Otros ejemplos son; el día de la Madre, Padre, cumpleaños, etc., etc., etc., son evitadas por muchos religiosos por considerarlas "paganas."

Algunos grupos cristianos, no celebran el día de la Madre, porque según ellos; las primeras celebraciones "eran paganas" y se originaron en la antigua Grecia, donde se honoraba a **Rea**, la **madre de los dioses Zeus**, **Poseidón** y **Hades**. Otros agregan que "esos días" no se deben celebrar porque "**se idolatra**" a la persona (madre, padre, etc.) y según ellos; eso es prohibido por la Biblia.

La verdad es que **el religioso legalista** siempre van a encontrar "lo maligno o pagano" en cualquier cosa **que no sea creado o estipulado por ellos mismos**.

Es ridículo e insensato que un cristiano proponga que sí alguien celebra el día de la Madre, el Padre, etc., etc., se celebra deliberadamente (o ingenuamente), algún evento pagano antiguo o que se esté idolatrando alguna cosa pagana.

Irónicamente, son estos religiosos, los que en su obsesión al legalismo bíblico; sin darse cuenta han caído víctimas de una fuerte **idolatría a la Biblia**, de la misma forma que fueron los fariseos en el tiempo de Jesús:

> **39** Ustedes estudian las Escrituras con mucho cuidado, porque esperan encontrar en ellas la vida eterna; sin embargo, aunque las Escrituras dan testimonio de mí, **40** ustedes no quieren venir a mí para tener esa vida.
>
> **NT Juan 5:39-40**

Es casi imposible encontrar algo en este mundo que no sea o tenga vestigios de "**pagano**."
Pagano, del Latín *pangere*, significa "del pueblo", proviene del griego *pegnynai* de "arreglar", de este vocablo se origina también la palabra "**pacto**."

Muchos cristianos creen que Dios se opone a la celebración del día de la Madre, Padre, etc., sin embargo las mismas Escrituras nos dicen que debemos celebrar NO UN DIA, sino toda la vida, así mismo lo señalan los **Dos Testamentos**: *"Honra a tu padre y a tu madre, para que vivas una larga vida en la tierra que te da el Señor tu Dios." **AT Éxodo 20:12; NT Efesios 6:1-3***

Con "ese temor a lo pagano", los religiosos **sugieren** y **conceden** "un mayor poder" a cosas del mundo **que a su propia Fe y al poder de Dios**.
Un cristiano verdadero debe saber que **Dios estableció y es dueño** del universo completo (**AT Salmos 99:2**), y todo lo que en éste existe y no tiene porqué temerle a ninguna cosa, sea o no de origen pagano.

Un cristiano verdadero debe estar siempre seguro que el SEÑOR es más grande y poderoso que todas las cosas del mundo. ***AT Éxodo 18:11***

Temer a dioses o cosas paganas es sólo **señal** de una **débil fe o falsa doctrina**, *"Por tanto, nadie os critique en asuntos de comida o de bebida, o en cuanto a días de fiesta, luna nueva o sábados."* ***NT Colosenses 2:16; AT Nehemías 8:10***

Ya que las Escrituras NO prohíben, NI sugieren que celebremos alguna fiesta, si hay que reunirse para celebrar una fiesta, debemos tener presentes los siguientes factores, para saber si están de acuerdo con **principios cristianos**;

- ⇨ Si no promueve doctrina falsa o inmoralidad   NT Gálatas 5:19-23
- ⇨ Se puede agradecer a Dios por ese día   NT 1 Tesalonicenses 5:16-18
- ⇨ Puede ser un cristiano un ejemplo en la fiesta   NT Filipenses 2:15

¿Deberíamos celebrar la Navidad?

Natividad y su versión corta **Navidad**, del latín: ***nativitas***; es "nacimiento", proviene del antiguo vocablo ***nascis*** que significa "nacer", esta palabra contiene la raíz **Natura**; que se refiere a la vida o cosas en el universo.

La fiesta del **Día de Navidad**, **[A]**, es la conmemoración anual del nacimiento de Jesucristo, **es la festividad más grande en el mundo religioso y secular**, y aunque es considerada la celebración más popular en la **Fe Cristiana**; la **Iglesia Católica** señala que es **La Pascua**, también llamada **Pascua Florida**, **Domingo de Pascua**, **Domingo de Resurrección** o **Domingo de Gloria**, la festividad más importante del cristianismo. **[B]**

Navidad se celebra generalmente el **25 de diciembre** en países que forman parte del **Cristianismo Occidental**, estas son las congregaciones provenientes del **catolicismo romano** entre estas **todas las iglesias protestantes**.
El **Cristianismo Oriental**, celebra la Navidad en el **6** ó **7 de Enero**, estas son las naciones que pertenecen a la **Iglesia Ortodoxa**, como Rusia, Grecia, Georgia, Macedonia, Moldavia, Montenegro, Rumania, Serbia, Ucrania y otras.

El **Día de Navidad** es una fiesta cultural celebrada por miles de millones de personas en todo el mundo, y aunque es una **Fiesta Cristiana**, cada día más, se celebra por un número creciente de **personas no creyentes**, y es también un **día de reposo oficial** (público) en la mayoría de naciones Cristianas.

La historia de la Navidad

Mientras los judíos celebraban durante el mismo mes la **Fiesta de la Dedicación** llamada **Hanukkah** o **Januka** en la cual **Cristo participó** (*NT Juan 10:22*), en **Roma** (antes del Cristianismo) también celebraba del **22 al 25 de diciembre** su mayor fiesta del año llamada: ***Deus Sol Invictus***, (*día del dios sol invicto*), **[C]** como también otras festividades, entre estas; ***Saturnalia***, **[D]**, una fiesta de siete días en honor a ***Saturno***, dios de la agricultura. Al mismo tiempo se celebraba la llamada ***Brumalia*** o **solsticio** de invierno, cerca del 25 de diciembre. **[E]**
Los **solsticios** son dos momentos en el año, en el cual un día de verano (*del 21 al 22 de junio*) y una noche de invierno (*del 21 al 22 de diciembre*), son los más largo.

Cuando el Cristianismo fue establecido en el Imperio romano, cerca del **año 325 d.C.**, la Iglesia inició gradualmente la "**eliminación del paganismo**", el cual reinaba imperante no sólo en Roma, sino en el mundo entero.
Tan pronto la Iglesia se establece, comienza la **purificación** de sus recién convertidos, para eliminar todo elemento pagano en sus vidas, sin embargo muchos romanos seguían aferrados a ciertas costumbres y convicciones religiosas paganas, **las cuales defendían celosamente**.

A pesar de **la revocación a la persecución de la iglesia**, el rechazo a la nueva Fe Cristiana en Roma continuó por siglos, los cambios espirituales en la sociedad fueron lentos, y se hicieron de esta forma con el objetivo de no causar rebeliones religiosas y permitir una conversión más fácil y pacífica.

La fecha de Promulgación de la Navidad

Aunque según la Iglesia Católica, el **Papa Liberio** promulgó el 25 de diciembre, como *Iesus Christi Natalis*; (*Nacimiento de Nuestro Señor Jesucristo*) como día de conmemoración del **Nacimiento de Jesucristo**, en el **año 354 d.C.**, algunos teólogos creen que el 25 de diciembre fue adoptado después de que el emperador romano *Constantino I el Grande* se convirtiera al cristianismo y **suplantó la celebración del dios sol con la de Navidad**, para animar y convertir a los paganos en cristianos.

Sin embargo, en **Antioquía**, la tierra del **Apóstol Pablo**, (hoy Turquía), está documentado que **Juan Crisóstomo**, cerca del **año 386 d.C.**, promovió la misma fecha dentro de la comunidad cristiana, quienes se reunían el 25 de diciembre para celebrar el nacimiento de Jesús (Navidad). **[F]**

Algunos historiadores señalan que la celebración de la **Navidad** debería ser durante la primavera ya que siguiendo el relato de (***NT Lucas 2:8***) indica que **la noche del nacimiento de Jesús**, los pastores cuidaban los rebaños al aire libre con el cielo estrellado, debido a esto, es poco probable que este acontecimiento hubiera ocurrido durante el mes de diciembre (invierno).

Navidad y la controversia dentro de la Iglesia

Aunque la **Navidad** se ha celebrado desde la fundación de la Iglesia cristiana, no obstante, después de la **Reforma Protestante**, **grupos fundamentalistas** (hoy llamados legalistas), promovieron el rechazo a la Navidad, señalando que esta festividad **no es Bíblica**, sino **de origen pagano**.

Irónicamente, el motivo principal del establecimiento de la **Navidad** fue para apartar y eliminar **el paganismo de los nuevos conversos al cristianismo**, ahora es la Navidad la que es señalada como pagana, por personas que obviamente **no conocen el proceso histórico** que originó esta conmemoración.

Algunos religiosos llegan al extremo de llamar la Navidad "**satánica**", según ellos, porque esta se origina en el contexto de la festividad pagana de *Saturnalia* o del "*Deus Sol Invictus*", en español; "*el invencible Dios Sol.*", etc.

La Biblia no dice nada específicamente acerca de la **Navidad**, así como no sugiere celebrarla, tampoco la prohíbe.

> *Por tanto, que nadie los critique a ustedes por lo que comen o beben, o por cuestiones tales como días de fiesta, lunas nuevas o sábados.*
> **NT Colosenses 2:16**

Sí cristianos desean celebrar **la Navidad**, tenemos que recordar que es la **conmemoración del nacimiento de Jesús el Hijo de Dios**, y por eso mismo, debemos celebrar apropiadamente, y de acuerdo con **principios cristianos**;

- ⇨ Si no promueve doctrina falsa o inmoralidad — NT Gálatas 5:19-23
- ⇨ Se puede agradecer a Dios por ese día — NT 1 Tesalonicenses 5:16-18
- ⇨ Puede ser un cristiano un ejemplo en la fiesta — NT Filipenses 2:15

Navidad y la controversia en el mundo secular

Aunque la Navidad es una de **las fiestas más populares en el mundo**, sobre todo en naciones cristianas, como en Europa y el continente Americano, sin embargo la conmemoración ha desminuido mucho y perdido su reverencia original debido a diferentes causas, entre estas el comercialismo, el ateismo, el avance y surgimiento de religiones no cristianas.

Por otro lado, algunos grupos ateos exigen la **abolición de la Navidad**, en naciones donde la Navidad es **un día de fiesta legal**, ya que, según ellos, esta es una festividad religiosa no debería ser parte de la vida civil.

En muchos países las leyes establecen que las **instituciones del estado** y **entidades religiosas** (Iglesia) **deben mantenerse separadas** y la Iglesia no debe intervenir en asuntos públicos, como el gobierno y escuelas, de acuerdo a esta ley, la celebración de la Navidad, por ser un evento cristiano; quebranta e interfiere con los estatutos de **la Separación Iglesia y Estado**.

Debido a esto, muchas instituciones del gobierno y compañías privadas han decidido prohibir a sus empleados decir "**Feliz Navidad**" en sus lugares de trabajo incluyendo todas las formas de comunicación, por eso es común escuchar ahora: "**felices fiestas**" en el lugar de "**Feliz Navidad**."

En el caso del movimiento **Separación Iglesia-Estado**, son personas que quieren eliminar todo elemento religioso (cristiano) de la vida pública, entre estas la oración (a Dios), mostrar o leer los Mandamientos bíblicos, la instrucción de la teoría creacionista, la Navidad, etc., etc., etc.

Este movimiento crece cada día más, y ya ha logrado quitar ciertos elementos cristianos de entidades del gobierno y educacionales, como oraciones en las escuelas, y reuniones gubernamentales, así como la eliminación de placas con los "Diez Mandamientos" o "cruces" en emblemas y banderas.

¿Debiéramos celebrar la Navidad?

¿Porque no? Porqué no cantar en alto la feliz fecha (**NT Lucas 2:14**), **reunirse en familia** y recordar aquella **bella noche** en la que Jesús recibió con la visita de los sabios (reyes) de Oriente (**NT Mateo 2:1-12**), porqué no conmemorar que **Cristo es la Luz del mundo** (**NT Juan 1:4-9**), y compartir con la misma alegría de los niños de recibir regalos (**NT Mateo 2:11**), **el nacimiento de Jesús** de Nazaret, **el Salvador del mundo; el regalo más grande que Dios ha dado al mundo. NT Juan 3:16**

Para aquellos que **no conocen el motivo del establecimiento de la Navidad** y por eso la llaman pagana, el gran poeta argentino **Facundo Cabral**, explicó:

"Bienaventurado el Mahatma Gandhi que dijo: "Hace casi dos mil años que estamos festejando el amor; o sea, el Nacimiento de Jesús, y no el de Herodes"

¿Quién es Santa Claus?

San Nicolás, conocido también como **Papá Noel**, fue un obispo de origen griego llamado **Nicolás de Bari**, un gran Evangelizador y uno de los **cristianos más influyentes de la Iglesia primitiva**, el popular personaje navideño conocido como **Santa Claus** está inspirado en la vida de San Nicolás.

El Obispo **Nicolás de Bari**, nació en Patara, en la región de Licia (actualmente dentro del territorio de Turquía) en **el año 270 d.C.**, de una familia adinerada y desde niño se destacó por su carácter piadoso y generoso. **[A] [B]**

Sus padres fueron fervorosos cristianos, quienes lo educaron en el Evangelio.

Después de la muerte de sus padres; Nicolás heredó la fortuna de la familia, la que puso al servicio de los pobres.

Nicolás participó en el **Concilio de Nicea** celebrado en el **año 325 d.C.**, esta fue la asamblea donde se estableció la **Iglesia Católica** después de que el imperio romano promulgó el **Edicto de Milán** en **313 d.C.**, este abolió la persecución del Cristianismo. **[C]**

Un devoto Cristiano contra el paganismo

Nicolás condenó severamente las doctrinas de **Arrio**, quien **negaba la divinidad de Cristo**, a pesar de su carácter estricto, él era muy compasivo con paganos y pecadores, logrando grandes y sinceras conversiones.

Cuando se trataba de proteger a los más débiles de los poderosos, Nicolás, a pesar de su avanzada edad, actuaba con gran arrojo y vigor en defensa de la justicia; siendo siempre fiel al **Evangelio de Jesús**.

> *Bienaventurados los que padecen persecución por causa de la justicia, porque de ellos es el reino de los cielos.*
>
> ***NT Mateo 5:10***

Durante su ministerio como obispo, y en su afán por erradicar religiones y cultos paganos, ordenó demoler el templo de la diosa **Artemisa en Myra**, llamada también **Selena**, la **diosa de la luna**, este era el templo más grande y famoso de Licia, en esa época era parte de Grecia, Asia Menor, (hoy Turquía).

Nicolás también ordenó destruir otros edificios dedicados a dioses paganos, debido a esto fue arrestado por el emperador **Licinio**, un cruel perseguidor de cristianos, Nicolás fue encarcelado y su barba quemada, Nicolás fue rescatado posteriormente por el emperador romano **Constantino I el Grande**.

A pesar de su avanzada edad, siguió viajando, evangelizando y regalando juguetes a los niños, los juguetes eran un símbolo para recordar que en esa fecha (**Navidad**), la humanidad recibió el mejor de los regalos de parte de **Dios**; a **Cristo**; y la esperanza de la **Salvación Eterna**.

Nicolás murió el 6 de diciembre del **año 345 d.C.**, en Myra, Turquía, pero sus restos se encuentran en la ciudad italiana de Bari, ya que su cuerpo fue retirado de Turquía tras la invasión Islámica.

El San Nicolás Moderno

La historia de San Nicolás ha tenido **un sin fin de variantes** durante los siglos, y en cada país se le ha agregado elementos y tradiciones que no tienen nada de relación con **el obispo Nicolás de Bari**, entre estas se encuentra la leyenda más popular y basada en su persona llamado **Santa Claus**, también conocido como *Papá Noel, Viejito Pascuero, Santa, etc.*

La historia del "Santa Claus" moderno fue creada en el **año de 1809** por **Washington Irving**, quien escribió *"Historia de Nueva York"*, un cuento en la que deformó la palabra holandesa **Sinter klaas** (San Nicolás), en una pronunciación angloparlante que resultó en **Santa Claus**.

Según la leyenda, **Santa Claus** vive en el **Polo Norte** junto a su esposa; la **Señora Claus**, acompañados de duendes que le ayudan a fabricar los juguetes que le piden los niños a través de cartas. **En Navidad, Santa Claus** pone los regalos en un saco y se transporta por los aires en un trineo tirado por renos, para poder entregar regalos a los niños que se han portado bien durante el año.

¿Es Santa Claus "Satanás"?

"***Santa Claus es satánico***", es increíblemente la acusación que se le hace a este personaje, que aunque ficticio, está basado en un gran ejemplo cristiano, tristemente esta incriminación no procede de ateos ni personas que rechazan el Evangelio; sino de religiosos quienes en general opinan así **por su limitado conocimiento histórico** de la misma **Fe Cristiana**.

Según estos religiosos entre el nacimiento de Jesús y el presente siglo "**no ha habido historia**" y como **Nicolás** no se menciona en la Biblia, **es por consiguiente "pagano"**, otros con tendencias religiosas más radicales y hasta cierto punto ridículas, proponen que **Santa** es satánico porque ese nombre Santa "al reverso" es Satán.

En este contexto; ¿Significa esto que la "**Santa**" **Biblia** es satánica también?

Por otro lado, algunos señalan que **Santa Claus** es un producto al servicio del consumismo, y que se está volviendo una festividad *"reducida a un simple comercio y compra de regalos"*, lo que hasta cierto punto es verdad.

Otras personas nacionalistas en países no cristianos se quejan señalando que la importación de la *"tradición de Santa"* erosiona las bases de las religiones locales y nacionales, como en India, China, Japón, y otros países asiáticos.

¿Deberíamos celebrar Cumpleaños?

Aunque este tema ha surgido últimamente como otro desacuerdo entre algunos grupos cristianos, **las Escrituras no prohíben** específicamente la celebración de cumpleaños. Este es **un tema sin importancia bíblica alguna**.

El "cumpleaños" es el aniversario del nacimiento de una persona, la marca anual de un evento o fundación de una cosa. Un cumpleaños es para la mayoría de nosotros una fecha personal, familiar, de reflexión, y aunque muchas veces incluye el agradecer a Dios "**por un año más de vida**", aun así, esta fecha generalmente no es considerada parte de la doctrina cristiana.

Sin embargo, algunos religiosos proponen que la fiesta de cumpleaños debe ser evitada porque; **es también de origen "pagano."**

El calendario y cumpleaños en la historia

Por muchos siglos el mundo **no tuvo** un calendario práctico y universal (como lo tenemos ahora), es por este motivo que eventos históricos en la antigüedad, (incluyendo los sucesos bíblicos), **no tienen una fecha exacta**.

Aunque el cumpleaños en la antigüedad era celebrado muy raramente, en general era por personas de la alta sociedad nada más; reyes, emperadores, militares, nobles, etc., Estas personas podían "darse el lujo de celebrar", ya que muchos tenían los medios económicos y personal que documentaban las lunas, soles o estaciones, para calcular los cumpleaños de sus amos.

Aunque la humanidad si utilizó calendarios durante los últimos **3000 años**, el uso de estos era en general de uso local y muy limitado en el pueblo.

De estos, los calendarios más importantes fueron: el **calendario romano,** llamado el *a.u.c.* en latín *Ab urbe condita*, (*desde la fundación de Roma*) establecido cerca del año **753 a.C.**, este se convirtió posteriormente en el *Calendario Juliano*, re-introducido por el emperador Julio Cesar en **46 a.C.**, este es reemplazado en el **año 525 d.C.**, por el monje **Dionisio el Exiguo** quien basó el nuevo calendario en el **nacimiento de Jesús**, (usado en el presente).

Sin embargo, este calendario era empleado solamente por la Iglesia, reinados e historiadores en general. Fue apenas unos 200 años atrás, con la llegada de la **Revolución Industrial**, que esta herramienta se convierte de uso diario y universal, el calendario moderno es llamado **Gregoriano** o **Cristiano**.

De hecho; si investigamos un poco, muchos de nuestros antepasados cercanos (60-40-100 atrás) posiblemente no sabían en que fecha habían nacido, ya que el uso del calendario no era de uso común.

El pueblo hebreo nunca tuvo un calendario formal, por eso mismo no existen "fechas exactas" de los importantes eventos bíblicos, entre ellos: el Génesis, la creación de la humanidad, el diluvio, el éxodo de los judíos de Egipto, el nacimiento de Jesús, su Ministerio, Crucifixión, Ascensión, etc., etc., etc.

¿Es el cumpleaños pagano?

Nuevamente, las Escrituras **no prohíben celebrar cumpleaños**, las personas que proponen esta teoría, la basan en suposiciones personales apoyadas en un par de citas bíblicas, entre estas un sueño que tuvo José, mientras era esclavo en Egipto, en la que un faraón hizo ahorcar al jefe de los panaderos en el cumpleaños de este (***AT Génesis 40:20***), en otra cita, Herodes rey de Judea, debido a una promesa que hizo en su cumpleaños, manda a matar a Juan el Bautista. **NT Mateo 14:6** y **Marcos 6:21**

Esta es toda la evidencia bíblica, según algunas personas, para suponer que un cumpleaños "es pagano" o que "está en contra de la voluntad de Dios."

Sin embargo, no es nuestra labor interpretar "leyes o doctrinas" al azar, ya que la Biblia está llena de situaciones similares, por ejemplo: Las Escrituras nos dicen que "*la raíz de todos los males es el amor al dinero*" (***NT 1 Timoteo 6:10***), Judas Iscariote por 30 monedas de plata vendió a Jesús (***NT Mateo 26:14-16***), significa esto entonces que ¿Debemos evitar o no usar plata, o evitar el número 30, o el dinero, etc., etc.?; **Claro que NO**.

Esto es simplemente leer **la Biblia como si fuera un libro de adivinanzas**, en ninguna parte la Biblia nos manda a "suponer" o interpretar (agregar) **leyes o normas a nuestra discreción**.

Este tipo de interpretaciones son erróneas y a veces muy peligrosas, por ejemplo, Jesús dijo: "*En mi nombre tomarán serpientes en las manos y, aunque beban cosa mortífera, no les hará daño...*" (***NT Marcos 16:18***), increíblemente un grupo de cristianos hace esto literalmente: "**danzan**" con serpientes venenosas en sus manos, lamentablemente provocando muchas muertes entre sus seguidores con estas malas interpretaciones.

Otro grupo señala que Jesús dijo: "*Vi a Satanás caer del cielo como un rayo.*" (***NT Lucas 10:18***), debido a esto, **evitan usar electricidad**, porque ésta de acuerdo a la cita; es "satánica" y al usarla seremos "cómplices de Satanás".

La Biblia menciona varios nacimientos, entre estos el de Juan el Bautista, el cual es llamado **una bendición de Dios** (***NT Lucas 1:57***), por otro lado, durante el nacimiento de Jesús un ángel exclama "*¡Gloria a Dios en las alturas y en la tierra paz!...*" (***NT Lucas 2:14***). Sugerir que a Dios no le agradan los cumpleaños, es completamente absurdo, **porque la Biblia no lo indica así**.

La Biblia no es un libro de ocultismo o adivinanzas para que el lector descubra y agregue "nuevas" leyes o mandamientos. ***AT Deuteronomio 4:2***

5 Toda palabra de Dios es limpia; Él es escudo para los que en Él esperan.
6 No añadas a sus palabras, para que no te reprenda y seas hallado mentiroso.
AT Proverbios 30:6-7

5 Uno hace diferencia entre día y día, mientras que otro juzga iguales todos los días. Cada uno esté plenamente convencido de lo que piensa.
6 El que distingue un día de otro, lo hace para el Señor...
NT Romanos 14:5-8

¿Debe un cristiano ver televisión, cine o escuchar música secular?

Muchos cristianos se debaten entre ver cine, TV o escuchar música secular, llamada también "del mundo", aunque la Biblia obviamente no prohíbe ni sugiere usar estas cosas "típicas" de la humanidad, inexplicablemente; este asunto se ha vuelto desacuerdo entre las doctrinas cristianas modernas.

La verdad es que cada elemento de tecnología que tenemos en la sociedad actual, como el teléfono, el automóvil, tren, el avión, TV, cine, radio, computadoras e Internet, etc., etc., etc., todas estas cosas tienen la capacidad dependiendo de cómo se usen; de hacer daño, como también de la misma forma **pueden aportar grandes beneficios para la humanidad,** como entretener, educar, informar **y aun para predicar el Evangelio.**

Uno de los ejemplos más grandes en la historia es la invención de **la imprenta** cerca del año 1450 por Johannes Gutenberg, **este aparato fue para la sociedad de esa época lo que es el Internet ahora**.

La imprenta promovió la educación extensamente con la producción en masa de libros, entre estos la Biblia, un acto que impulsó la **Reforma Protestante**, lamentablemente este beneficio resultó en la división de la Iglesia Cristiana en una explosión de diferentes denominaciones (congregaciones protestantes).

Sobre la TV, Cine, Radio, etc.

Excluyendo todo el contenido obsceno de la televisión, cine, radio, música, etc., nadie puede negar que existan y han existido programas, películas, artistas muy edificadores y talentosos, como también medios de "**entretenimiento secular**", inspiradores, sanos, estimulantes, educacionales y divertidos.

Muchos Cristianos, sin embargo proponen que **Dios es un ser egoísta**, caprichoso, sin compasión y **que exige absoluta devoción de sus criaturas**. Tenemos que recordar que fue Dios mismo quien nos dios el don de la creatividad y el libre albedrío, todo lo que existe en el mundo es creado por Él, y mientras usemos sensatez, responsabilidad y amor a Dios y al prójimo, en las cosas del mundo moderno; todo es lícito.

> *Todo me es lícito, pero no todo conviene; todo me es lícito, pero no todo edifica.*
> **NT 1 Corintios 10:23**

Sin embargo, muchos cristianos evitan "algunas" cosas del mundo moderno, según ellos, obedeciendo ciertos versículos, entre estos: *"No os conforméis a este mundo, sino transformaos por medio de la renovación de vuestro entendimiento, para que comprobéis cuál es la buena voluntad de Dios, agradable y perfecta."* **NT Romanos 12:2**

¿Debe un cristiano educarse?

Históricamente los países con sociedades cristianas son típicamente naciones de avanzada educación, ciencia y tecnología, han sido siempre países al frente de la civilización, progreso, libertad, tolerancia social, política y religiosa. **Esta vanguardia se ha estado perdiendo en las últimas décadas**, debido al declive en la educación de la juventud del mundo occidental (Américas, Europa), llamado algunas veces "cristiano."

Lamentablemente, en algunos casos, son grupos cristianos los que **sugieren a sus miembros a no educarse**, los motivos de esta postura van desde: la creencia *"que la educación promueve el ateísmo," "que el mundo ya se va a terminar y por eso no hay necesidad de educarse"*, que *"Dios demanda de nosotros absoluta esclavitud y devoción"*, hasta el más vil de todas las razones: **una membresía ignorante**, es más fácil tener bajo control o *"lavarles el cerebro."*

A pesar de que muchas de **las más célebres universidades** en el mundo **fueron fundadas por cristianos**, en el presente las **naciones no cristianas**, (China, India, Japón, países árabes, etc.), son las que han avanzado en todas las áreas educativas y tecnológicas, expertos consideran que si la tendencia continua, el cristianismo pronto será una religión de personas pobres e incultas.

Lamentablemente muchos grupos **cristianos modernos erróneamente** creen que la ignorancia **"es una necesidad** para poder ser **fiel a DIOS"**, cuando las **Escrituras** señalan lo contrario:

> *¡Ay de vosotros, intérpretes de la Ley!, porque habéis quitado la llave de la ciencia; vosotros mismos no entrasteis, y a los que entraban se lo impedisteis...*
>
> ***NT Lucas 11:52***

Como Cristianos nuestra responsabilidad **primero es edificar la Fe** en nuestros hijos desde pequeños, así, no importará donde estén en el futuro, la Fe estará en sus corazones y no se apartaran de ella.

> *Instruye al niño en su camino, y ni aun de viejo se apartará de él.*
>
> ***AT Proverbios 22:6***

> *El corazón del inteligente adquiere sabiduría, y el oído de los sabios busca la ciencia.*
>
> ***AT Proverbios 18:15***

Debemos procurar que nosotros y nuestros hijos, nos eduquemos lo mejor posible, sólo así; podemos ser **los defensores** instruidos frente a teorías que ponen de menos, o ridiculizan la **Fe Cristiana**.

> *Dame ahora sabiduría y ciencia, para que sepa dirigir a este pueblo; porque ¿quién podrá gobernar a este tu pueblo tan grande?*
>
> ***AT 2 Crónicas 1:10***

Un cristiano no debe ni tiene porque someterse a la ignorancia, en ninguna parte **la Biblia** dice que una persona **NO** debe educarse o edificarse, **sugerir que Dios propone no educarse es falso**.

> *A cualquiera que haga tropezar a uno de estos pequeñitos que creen en mí, mejor le sería que se le atara una piedra de molino al cuello y se le arrojara al mar.*
>
> **NT Marcos 9:42**

La siguiente es una pequeña lista de CRISTIANOS que se han destacado en la historia y colaborado en el avance y mejoramiento de la humanidad.

Lista de algunos Cristianos destacados en la historia

Persona	Vivió en	Iglesia – Logros para la humanidad
Agustín de Hipona	354-430 d.C.	C, Evangelista, Padre de la Iglesia Cristiana
Alberto Magno	1193-1280	C, Teólogo, geógrafo, filósofo, descubrió el arsénico
Alessandro Volta	1745-1827	C, Físico, desarrollo la pila eléctrica
Alexander Fleming	1881-1955	C, Biólogo, descubrió la penicilina
Alexis Carrel	1873-1944	C, Médico pionero en cirugía vascular, trasplantes
Amadeus Mozart	1756-1791	C, Músico, compositor destacado en la historia
André Marie Ampére	1775-1835	C, Físico, electromagnetismo, creador del amperio
Antoine L. Lavoisier	1743-1794	C, Considerado padre de la química moderna
Antoine-Henri Becquerel	1852-1908	C, Físico, Premio Nobel, descubrió la radiactividad
Arthur Compton	1894-1966	P, Físico, pionero en Rayos X, Bomba Atómica
Augustin-Jean Fresnel	1788-1827	C, Físico, estudió el comportamiento de la luz
Blaise Pascal	1623-1662	C, Pionero en la Teoría de la probabilidad
Charles Coulson	1910-1974	P, Físico, pionero en el estudio de las moléculas
Cristóbal Colón	1451-1506	C Navegante y cartógrafo, Descubrió América
Constantino I el Grande	272-337 d.C.	C, Revocó la persecución y legalizo el cristianismo
Dietrich von Frieberg c.	1250-1310	C, Físico, descubrió las propiedades del Arco Iris
Dionisio el Exiguo	470-544 d.C.	C, Fundador de la era cristiana o *Anno Dómini*
Edwin "Buzz" Aldrin	1930-	P, Astronauta, segundo hombre en la Luna
Erwin Schrödinger.	1887-1961	C, Físico influyó en el descubrimiento del ADN
Esteban (Mártir)	¿?-50-60 d.C.	Diácono, primer seguidor de Jesús hecho mártir
Evangelista Torricelli	1608-1647	C, Físico, estudió de la presión atmosférica
Fernando de Magallanes	1480-1521	C, C, Cosmólogo, cartógrafo, navegador
Francesco M. Grimaldi	1618-1663	C, Pionero en estudios de la difracción de luz
Francis Bacon	1561-1626	P, Filósofo, científico, político, abogado, escritor
Galileo Galilei	1564-1642	C, Fue astrónomo, filósofo, matemático, físico
Galileo Galilei	1564-1642	C, Astrónomo, considerado padre de la ciencia
George Gabriel Stokes	1819-1903	P, Fue físico, desarrolló la fluorescencia
Georgias Agricola	1494-1555	C, Fundador de la mineralogía moderna
Georhe Lemaitre	1894-1966	C, Astrofísico, propuso la teoría del big Bang
Gregor Mendel	1822-1884	C, Biólogo, naturalista, pionero en genética
Guglielmo Marconi	1847-1937	C, Ingeniero, desarrolló la telegrafía y la radio
Heinrich Rudolf Hertz	1857-1894	P, pionero en radiación electromagnética
Helena de Constantinopla	250-330 d.C.	C, Considerada madre de la arqueología
Henry Ford	1863-1947	P, Fundador de la compañía automovilística Ford
Hermanos Wright	1867-1948	P, Pioneros en la historia de la aviación
Isaac Newton	1642-1727	P, Fue un físico, propuso la ley de la gravedad
James Bradley	1693-1762	C, Descubrió la aberración de la luz
James Clerk Maxwell	1831-1879	P, Físico, propuso la teoría electromagnetismo
James Watt	1736-1819	P, Pionero en la máquina (Motor) de vapor
Jerónimo de Estridón	347-420	C, Tradujo la primera Biblia, (La Vulgata)

Lista de algunos Cristianos destacados en la historia (Cont.)

Persona	Vivió en	Iglesia – Logros para la humanidad
Johann Baptist Cysat	1587-1657	C, Astrónomo, pionero en el estudio de cometas
Johann Sebastian Bach	1685-1750	C, Destacado compositor de música clásica
Johann von Lamont	1805-1879	C, Astrónomo y físico, catalogó 35 mil estrellas
Johannes Gutenberg	1400-1468	C, considerado inventor de la imprenta
Johannes Kepler	1571-1630	P, Astrónomo, estudio el Sistema Solar
John Couch Adams	1819-1892	P, Astrónomo, descubrió el planeta Neptuno
John Dalton	1766-1844	P, Padre de la teoría del Átomo
Leonardo da Vinci	1452-1519	C, Pintor, científico, escritor, filósofo, inventor, etc.
Lord Kelvin	1824-1907	P, Físico, en termodinámica y la electrónica
Louis Agassiz	1807-1873	C, Propuso las eras glaciales en el pasado
Louis Daguerre	1787-1851	P, Pionero de la cámara fotográfica (daguerrotipo)
Louis Pasteur	1822-1895	C, Químico, desarrolló la vacuna contra la rabia
Ludwig Van Beethoven	1770-1827	C, Compositor de música clásica
Madre Teresa	1910-1997	C, Reconocida Evangelista y misionera
Marie Curie	1867-1934	C, Física, Premio Nobel de Química
Martin Luther	1483-1546	C, P, Padre de la Reforma Protestante
Martin Luther King Jr.	1929-1968	P, Bautista, defensor de los derechos humanos
Max Planck	1858-1947	P, Físico, ganó Premio Nobel por su teoría cuántica
Michael Faraday	1791-1867	P, Físico en electromagnetismo y química
Miguel Servet	1511-1553	C, Médico, pionero en circulación de la sangre
Neil Armstrong	1930-	P, Astronauta, fue el primer hombre en la Luna
Nicolás Copérnico	1473-1543	C, Astrónomo, pionero de la teoría heliocéntrica
Nicolás de Bari	279-345 d.C.	C, Evangelista, Padre de la Iglesia Cristiana
Nicolás de Cusa	1401-1464	C, Teólogo, pionero de la teoría de la relatividad
Nicolás de Oresme	1323-1382	C, Astrónomo, pionero de la teoría heliocéntrica
Nicolas Tesla	1856-1943	O, Pionero, desarrolló la corriente alterna (AC)
Niels Seno	1638-1686	C, Pionero, fundador de la Geología
Oler Bacon	1214-1294	C, Profesor, introdujo las Ciencias en Universidades
Pablo de Tarso	¿?-65 d.C.	C, Evangelista, Padre de la Iglesia Cristiana
Padre Manuel M. Carreira	¿?- ¿?	C, Físico, estudios en láser y rayos cósmicos
Padre Mariano Artigas	1938-2006	C, Físico y teólogo, estudio de cuerpos celestes
Papa Damaso I	304-384 d.C.	C, Comisionó la Primera Biblia, (La Vulgata)
Papa Gregorio XIII	1502-1585	C, Científico, fundó el Calendario Gregoriano
Papa Silvestre II	945-1003 d.C.	C, Matemático, inventor, astrónomo
Pedro Dolese	1460-1531	C, Físico, pionero de la teoría del átomo
Pierre T. de Chardin	1881-1955	C, Paleontólogo, pionero en la evolución humana
Rafael Sandio, (Raphael)	1483-1520	C, Pintor, arquitecto durante del Renacimiento
René Descartes	1596–1650)	C. Físico, considerado de la filosofía moderna
Robert Boyle	1627-1691	P, Filósofo, químico, físico, inventor, teólogo
Santo Tomás de Aquino	1225-1274	C, Teólogo, pionero de la filosofía moderna
Robert Hooke	1635-1703	P, Astrónomo, biólogo, descubrió la célula
Sam Walton	1918-1992	P, Comerciante, fundó WalMart, Sam's Club
Samuel Barber	1910-1981	P, Compositor de música clásica
Samuel Morse	1791-1872	P, Inventor del telégrafo
Santa Tecla	¿?-60 d.C.	C, Evangelista y colaboradora del Apóstol Pablo
Sor Juana Inés de la Cruz	1651-1695	C, Astrónoma, destacada en letras
Theodosius Dobzhansky	1900-1975	O, Biólogo, pionero en genética y evolución
Werner Heisenberg	1901-1976	P, Físico, ganó Premio Nobel por su teoría cuántica
Werner Karl Heisenberg	1901-1976	P, Físico, pionero de la fisión nuclear
Wernher von Braun	1912-1977	P, Físico, En NASA pionero en cohetes espaciales
William Thomson	1824-1907	P, Se destacó en la termodinámica y electrónica
Yuri Gagarin	1934-1968	O, Cosmonauta, fue el primer hombre en el espacio

C, *Católico Romano*   **P**, *Protestante*   **O**, *Católico Ortodoxo*

¿Debe un cristiano evitar el Internet?

El **Internet,** del latín ***inter-*** o ***internus***, que significa "adentro", "entre", este vocablo proviene del griego ***entera***, "adentro", "entrar", "completo", y ***net-*** del latín ***nodus*** que significa "nudo", "enlace", "malla", "red'.

El Internet, llamado también **Web** o la **red,** es la forma de comunicación más avanzada que ha tenido la humanidad en la historia, este incorpora la televisión, radio, periódicos, teléfono, correo, etc., **en un solo medio**.

Las ventajas del Internet son incalculables, sobre todo por su fácil acceso a nivel mundial, estas características hacen de este, quizás uno de los medios más valiosos **para predicar el Evangelio en la historia de la humanidad**.

Sin embargo, para muchos grupos cristianos en la actualidad, el **Internet** es un serio enemigo, ya que para ellos, este medio de información tiene el potencial de **mostrar que algunas creencias o dogmas son infundadas**.

El Internet fácilmente **podría significar una amenaza** para algunos grupos, de la misma manera que lo fue la **Imprenta** en el **Siglo 15** (1400s) para ciertas prácticas que la Iglesia Católica ejercía.

La imprenta revoluciono y **permitió la producción en masa de libros**, con esto; **una ola de información**, lo que equivalía a una "comunidad informada", entre estos libros estaba la Biblia, el resultado de esta "ola informática" fue un "discernimiento" ideológico y religioso que dio inicio posteriormente al **Renacimiento**, a la "**edad de la Ilustración**", y la **Reforma Protestante**. **[A]**

Debe un Cristiano usar *Facebook, Twitter, Email*, etc.

No podemos negar que por sus numerosos e importantes usos, el Internet se ha convertido para la mayor parte del mundo civilizado en una herramienta indispensable, sin embargo, debemos estar conscientes de los aspectos negativos de estas cosas ya que **no todo el mundo** que usa el Internet, o cualquier otro medio informativo; **se comporta con una ética correcta**.

De ninguna forma esto no quiere decir que el Internet y sus componentes sean "**malos**", esto sería tan ridículo como proponer que **la imprenta** es mala porque por medio de esta se publican revistas de pornografía, ateísmo, etc.

El Apóstol Pablo nos dice que no importa lo que hagamos, es nuestra responsabilidad hacer todo para la gloria de Dios. ***NT 1 Corintios 10:31***

En el caso de las "redes sociales" (*Facebook, Twitter, etc.*), en lugar de ver estos avances tecnológicos como "malos", inapropiados o innecesarios; veámoslo como **una herramienta más para predicar el Evangelio**, herramienta que, usada correctamente fácilmente podría ser una forma de "**red** para "**pescar**" nuevas almas, tal como lo hizo Jesús. ***NT Marcos 1:17***

Sacerdocio y el matrimonio

El celibato en el cristianismo, sobre todo en la **Iglesia Apostólica Romana** se refiere a **la opción** de la **abstinencia al matrimonio** en **forma permanente** para el clero y las órdenes monásticas de la Iglesia, entre ellos sacerdotes y monjas y en **forma temporal** para creyentes hasta que ellos se casen. **[A] [B]**

El celibato consiste en **abstenerse** (tener control) de los deseos sexuales **por medio de la Fe y oración**, así alcanzar **un nivel espiritual superior** para así estar alejado de las cosas terrenales y más cerca a Dios.

> *5 Los que son de la carne piensan en las cosas de la carne; pero los que son del Espíritu, en las cosas del Espíritu.*
> *6 El ocuparse de la carne es muerte, pero el ocuparse del Espíritu es vida y paz...*
> **NT Romanos 8:5-6**

El celibato, del latín ***caelibis***, "estar soltero", se refiere al estado de "soltería" y es parte de las **creencias** (sacramentos) de **la Iglesia Católica**, que **implica la promesa voluntaria** de parte de sacerdotes y monjas de no contraer matrimonio (o tener sexo), y sólo dedicarse a la **Evangelización**.

Esta práctica es cada día más polémica en un mundo donde la devoción y Fe a Dios tienen un menor valor, sobre todo en la actualidad **donde el liberalismo moral es dominante**.

¿Debe un líder Cristiano o predicador casarse o no?

La Iglesia Católica considera **el celibato** en muy alta estima y pone como **ejemplo a Jesucristo**, ya que **Él fue célibe**, y según la iglesia *"El que dice que permanece en Él, debe andar como Él anduvo."* **NT 1 Juan 2:6**

Aunque **ni Cristo o la Biblia condenan** o reprochan el matrimonio: *"No habéis leído que el que los hizo al principio, hombre y mujer los hizo, y dijo: Por esto el hombre dejará padre y madre, y se unirá a su mujer, y los dos serán una sola carne"* **(NT Mateo 19:4)**, Sin embargo, **Jesús reconoce y enaltece** a los que ELIGEN voluntariamente (el celibato) para servirle al Evangelio.

> *Hay eunucos (**castrados**) que nacieron así del vientre de su madre, y hay eunucos que son hechos eunucos por los hombres, y hay eunucos que a sí mismos se hicieron eunucos por causa del **Reino de los Cielos**. El que sea capaz de recibir esto, que lo reciba.*
> **NT Mateo 19:12**

Claro, **el celibato** no es para cualquier persona, **NO** todos somos iguales, mientras unos tienen un mayor control y un "**nivel espiritual**" más alto para combatir sus "**necesidades terrenales**", para otras personas; **no es así**.

El Apóstol Pablo también platicó en su ministerio, sobre el tema del "control personal" y lo difícil que es "no caer", sobre todo con tanta influencia que hay en el mundo.

> *1 Acerca de lo que me habéis preguntado por escrito, digo:* **Bueno le sería al hombre no tocar mujer.**
> *2 Sin embargo, por causa de las fornicaciones tenga cada uno su propia mujer, y tenga cada una su propio marido.*
> **NT 1 Corintios 7:1-2**

En los primeros días de la Iglesia y el Evangelio, el **celibato sacerdotal** se observaba ocasionalmente dentro de las primeras comunidades cristianas, **siendo el ejemplo mayor Jesús**, también era sugerido hasta cierto punto por los **Apóstoles Pedro y Pablo**:

> *32 Quisiera, pues, que estuvierais sin congoja. El soltero se preocupa por las cosas del Señor, de cómo agradar al Señor;*
> *33 pero el casado se preocupa por las cosas del mundo, de cómo agradar a su mujer.*
> **1 Corintios 7:32-33**

El celibato en la Iglesia Católica

Fue en **el Concilio de Elvira** celebrado cerca del **año 299 d.C.**, donde se propuso crear regulaciones para pedir a sacerdotes someterse al celibato, sin embargo la propuesta fue aceptada siglos después en **el Concilio de Letrán** efectuado el **año 1123 d.C.**, aunque la regulación **no fue seguida** de manera estricta. **[C] [D]**

Fue durante **el Concilio de Trento (año 1545 d.C.)** que el celibato sacerdotal obligatorio es establecido, de la forma que se le conoce en la actualidad. **[E]**

Los objetivos principales en la promulgación **del celibato** en la iglesia fueron:

⇨ **Primero**; *La interpretación de la Biblia (Ej. las citas mencionadas arriba)*

⇨ **Segundo**; Para **evitar el nepotismo** (favoritismo) ya que algunos líderes del clero estaban otorgando "posiciones" a sus hijos o familiares en la iglesia, a pesar de su falta de preparación o formación espiritual de éstos en el Evangelio.

¿Debe un líder Cristiano o predicador casarse?

Aunque **la Biblia sugiere el celibato**, no obstante; **no lo exige**, de hecho, el **Apóstol Pablo** reconoce esta situación de muchos predicadores y obispos.

> *1 Si alguno anhela obispado, buena obra desea.*
> *2 Pero es necesario que el obispo sea irreprochable, marido de una sola mujer, sobrio, prudente, decoroso, hospedador, apto para enseñar*
> **NT 1 Timoteo 3:1-2**

El liderazgo de la mujer en la iglesia

El liderazgo de la mujer en la Iglesia, (sacerdotes, pastoras, misioneras, etc.) ha sido uno de los debates más antiguos en la comunidad cristiana. Este tema ha resurgido en la actualidad sobre todo **en congregaciones protestantes.**

Es importante que no abordemos este tema como "**Hombre vs. Mujer**", mucho menos que es un comportamiento machista de parte del cristianismo o de la Iglesia, o aun peor; un "acto de liberalismo" de parte de la mujer, etc., etc., esta es sencillamente una interrogante apropiada y legitima.

Por siglos, la mujer ha sido excluida de las importantes labores del ministerio cristiano, **a pesar de su ejemplar participación en la Iglesia**, aun desde aquellos primeros días del Evangelio.

Según la Iglesia Católica; Jesucristo no seleccionó a ninguna mujer a formar parte de **los Doce Discípulos**, de acuerdo a este hecho, se interpreta que esta es **la voluntad de Jesús**, de lo contrario, Él lo hubiera manifestado en su mensaje.

En general, **en naciones cristianas** se reconocen y aprecian las innumerables contribuciones que la mujer ha tenido en la historia.

El problema de **la exclusión de la mujer** en el liderazgo cristiano **no tiene raíz en la "incompetencia femenina"** que la historia le ha impuesto injustamente a la mujer como "sexo débil", ni mucho menos por falta de capacidad intelectual, sino por simples y antiguas tradiciones que eran aceptadas como normas socialmente "**correctas**."

La mujer en las Escrituras

La participación de la mujer en posiciones de autoridad en el mundo en general era mínima, sobre todo en el caso de **la sociedad judía** la mujer estaba excluida completamente del ámbito religioso, incluyendo el papel de intercesora (profeta) entre el pueblo y Dios, relegando la intervención femenina a rituales marginales.

Debemos señalar que aunque los **Libros de Rut**, **Judit** y **Ester** en el **Antiguo Testamento** las heroínas han sido mujeres; teólogos creen que estos textos fueron escritos por hombres.

La mujer en los tiempos de Jesús

De igual manera, durante el tiempo de Jesús, los derechos y responsabilidades de la mujer en la sociedad eran extremadamente limitados, no se les permitía participar en eventos religiosos, públicos, legales (no podían ser testigos en juzgados), y muchas veces ni siquiera podían heredar posesiones de sus padres.

Para agravar más las cosas, a nivel mundial, los romanos profesaban el culto a **Mithra**, un dios antiguo de origen persa, esta religión era la más difundida debido al control que el imperio romano tenía sobre la mayor parte del mundo civilizado, **este culto excluía a las mujeres totalmente**.

Esta "exclusión femenina" era tan habitual que aun los grandes **maestros** y **revolucionarios pensadores** como el caso de **Sócrates** y **Platón** (quienes vivieron entre 300 a 400 a.C.), ignoraban a la mujer.

Jesús y las mujeres del Nuevo Testamento

Sin embargo, debemos señalar que en el **Nuevo Testamento**, esta conducta cambia, la mujer tiene una posición muy importante en **el Evangelio** desde el principio, **es a una mujer** que el anuncio del **nacimiento de Jesús** es dado y no a José (**NT Lucas 1:26-38**), pese a ser el hombre de la casa y elegido y de pertenecer a la línea genealógica mesiánica de los judíos; es a **María**, quien es llamada por el ángel Gabriel *"Bendita tú entre las mujeres."* **NT Lucas 1:26-38**

En el **libro de Mateo**, también encontramos la **genealogía de María**, a la cual se le da tanta importancia como la de José. **NT Mateo 1:1-16**

La **Biblia no relata que Jesús haya menospreciado** a ninguna mujer, ni siquiera en el caso de mujeres que no eran hebreas, a pesar que de acuerdo a las costumbres de la época, la mujer siempre era menospreciada, en especial las de origen gentil. **NT Juan 4:1-26**

El evangelio de Lucas relata que Jesús visitó la casa de una mujer llamada Marta y su hermana María, leemos como en este caso Jesús habla con las mujeres, **como lo hubiera hecho con un hombre**. **NT Lucas 10:38-42**

En otro caso, una mujer adúltera, a quién los religiosos querían castigar matándola a pedradas (según la ley), es perdonada por Jesús, en su defensa Él dice: *"el que este sin pecado; que tire la primera piedra."* **NT Juan 8:1-11**

Durante la **Resurrección de Cristo**, a la primera persona a quien Jesús se presenta es a **María Magdalena**, a quien envía como mensajera para dar la buena noticia a los Discípulos que Él había resucitado. ***NT Marcos 16:9***

La Biblia dice que aun en los momentos más difíciles de Jesús en la cruz, cuando los discípulos se habían dispersado, eran las mujeres, las que estaban presentes, entre ellas su Madre María y María Magdalena, como fieles seguidoras. ***NT Marcos 15:40-41***

La mujer y el Evangelio

El Nuevo Testamento destaca la **ayuda de mujeres** en el Ministerio de Jesús.

> *1 Aconteció después, que Jesús iba por todas las ciudades y aldeas, predicando y anunciando el evangelio del reino de Dios. Lo acompañaban los doce*
> *2 y algunas mujeres que habían sido sanadas de enfermedades y espíritus malos: María, que se llamaba Magdalena, de la que habían salido siete demonios,*
> *3 Juana, mujer de Chuza, intendente de Herodes, Susana y otras muchas que ayudaban con sus bienes.*
>
> ***NT Lucas 8:1-3***

La mujer en el Ministerio de Pablo de Tarso

Aun años después de Cristo, en las Iglesias de Asia Menor, las mujeres tenían funciones importantes, según escribe el Apóstol **Pablo de Tarso.**

> *1 Os recomiendo, además, a nuestra hermana Febe, diaconisa de la iglesia en Cencrea.*
> *2 Recibidla en el Señor, como es digno de los santos, y ayudadla en cualquier cosa en que necesite de vosotros, porque ella ha ayudado a muchos y a mí mismo.*
> *3 Saludad a Priscila y a Aquila, mis colaboradores en Cristo Jesús...*
>
> ***NT Romanos 16:1-3***

Sin embargo, a pesar de los grandes aportes de la mujer en el Evangelio, la mayoría de comunidades cristianas señalan que las Escrituras **no indican** específicamente que las mujeres deban evangelizar, esto es de acuerdo a las indicaciones que el **Apóstol Pablo** escribió en cartas a las **Iglesias de Corinto** y **Éfeso**:

> *34 vuestras mujeres callen en las congregaciones, porque no les es permitido hablar, sino que deben estar sujetas, como también la Ley lo dice.*
> *35 Y si quieren aprender algo, pregunten en casa a sus maridos, porque es indecoroso que una mujer hable en la congregación.*
>
> ***NT 1 Corintios 14:34-35***

> *22 Las casadas estén sujetas á sus propios maridos, como al Señor.*
> *23 Porque el marido es cabeza de la mujer, así como Cristo es cabeza de la iglesia; y él es el que da la salud al cuerpo.*
> *24 Así que, como la iglesia está sujeta á Cristo, así también las casadas lo estén á sus maridos en todo.*
>
> ***NT Efesios 5:22-24***

Sobre la cita; "*que vuestras mujeres callen*", algunos teólogos creen que es interpretada erróneamente y que su significado es una petición a la mujer que sea prudente y sabia, hay que recordar que Pablo predicaba en diferentes comunidades gentiles con diferentes tradiciones, en muchas de estas comunidades, las mujeres eran muchos más "*comunicativas*" que las judías.

Teólogos creen que "esas diferencias culturales" explican la contradicción de doctrina de parte del **Apóstol Pablo**.

Por ejemplo, es posible que algunas mujeres de la **Iglesia de Efeso**, tuvieran hábitos "ajenos" a las costumbres hebreas, el **Apóstol Pablo** le manda una carta a **Timoteo**, el encargado de esta congregación, ubicada en Asia Menor (Hoy Turquía), en la que Pablo parece regañar a las mujeres.

> *La mujer aprenda en silencio, con toda sujeción. Porque no permito a la mujer enseñar, ni ejercer dominio sobre el **hombre**, sino estar en silencio.*
> ***NT 1 Timoteo 2:11-12***

Sin embargo, la palabra usada como "*hombre*" en la cita arriba proviene de la original griega **andrós**, la que puede ser traducido también como "*esposo*", de ser así; el significado de la cita seria completamente diferente.

Por otro lado, en su carta la **Iglesia de Roma**, la oposición de Pablo con respecto a la mujer es diferente como se lee en el siguiente versículo:

> *1 Os recomiendo, además, a nuestra hermana Febe, diaconisa de la iglesia en Cencrea.*
> *2 Recibidla en el Señor, como es digno de los santos, y ayudadla en cualquier cosa en que necesite de vosotros, porque ella ha ayudado a muchos y a mí mismo.*
> *3 Saludad a Priscila y a Aquila, mis colaboradores en Cristo Jesús...*
> ***NT Romanos 16:1-3***

Según teólogos, Pablo probablemente limitó a las mujeres a ser lideres de iglesia para evitar la adopción de costumbres paganas, sobre todo en la congregación de la ciudad de **Éfeso**, conocida por la adoración a **Artemisa**, una diosa griega, la cual en Roma era llamada **Selena** (diosa de la luna), en esta religión; las mujeres eran la autoridad (sacerdotisas).

Teólogos agregan que las diferencias de mensaje en las epístolas a los **Romanos** y **Primera de Corintios** son documentos donde Pablo intentaba eliminar problemas específicos (únicos) de cada congregación, y que estas cartas **no representan**, ni son parte del **Evangelio de Jesús**, instruido exclusivamente en los libros de ***Mateo, Marcos, Lucas y Juan:***

> *Si obedecen mis mandamientos, permanecerán en mi amor, así como yo he obedecido los mandamientos de mi Padre y permanezco en su amor. Les he dicho esto para que tengan mi alegría y así su alegría sea completa. Y **este es mi mandamiento: que se amen los unos a los otros, como yo los he amado**.*
> ***NT Juan 15:10-12; Mateo 19:19; Marcos 12:31; Lucas 10:27***

Según los expertos, **el verdadero mensaje** de los versículos citados en las cartas del Apóstol Pablo acerca de la "*sujeción de las mujeres*" están dirigidos a esposas, con la intención de que la familia tenga orden, bajo una sola cabeza, Pablo insiste en este tema debido a que las costumbres de las esposas gentiles eran diferentes, muchas veces consideradas "libertinas" comparadas con la mujer de la sociedad judía.

> *Pero quiero que sepáis que Cristo es la cabeza de todo varón, y el varón es la cabeza de la mujer, y Dios es la cabeza de Cristo.*
> ***NT 1 Corintios 11:3***

Pablo en sus cartas intenta resolver **problemas específicos de cada iglesia y su época**, con la finalidad de lograr armonía dentro de sus discípulos, como ejemplo; nótese como también le pide a los esclavos a "*sujetarse a sus amos*", (***NT Efesios 6:5***), esto no significa de ninguna forma que estemos de acuerdo o aceptemos la esclavitud humana **como algo correcto**.

La doctrina de excluir a la mujer del sacerdocio, tiene sus raíces en antiquísimas tradiciones culturales, como así también del judaísmo y en el cristianismo tienen su origen en las cartas del Apóstol Pablo.

Lamentablemente la mayoría de congregaciones le dan mayor validez a las interpretaciones de las citas en las cartas del Apóstol Pablo, aunque es necesario señalar que **Jesús NO le prohíbe a la mujer evangelizar**.

Es muy importante tener presente que la exclusión de mujeres en el liderazgo de la Iglesia Cristiana **NO ES porque la mujer es inferior** o menos inteligente que el hombre, la única razón de esta doctrina es simple interpretación de algunas citas bíblicas, **no son mandamientos de Dios o Su Hijo Jesús**.

Nunca un cristiano debe discriminar a nadie, **NO IMPORTA quien sea**, y es este es uno de los Dos Mandamiento fundamentales de Jesús: "***Amarás a tu prójimo como a ti mismo***", siendo el prójimo todo ser humano, sin ningún tipo de condiciones. ***NT Mateo 22:34-40***

> *Pero en el Señor, ni el varón es sin la mujer, ni la mujer sin el varón*
> ***NT 1 Corintios 11:11***

Sobre participar en política o votar

Aunque **Jesús** fue acusado de ser un "**enemigo político y alborotador**" por judíos y romanos (**NT Lucas 23:1-5**), Su hermano **Santiago** era un fuerte opositor a la gente de dinero y poder (**NT Santiago 5:1-6**), **Mateo** uno de sus Discípulos; trabajaba para el gobierno recaudando impuestos (**NT Mateo 9:9**) y **Simón**, otro Discípulo era Zelote o revolucionario (**NT Lucas 6:15**), en otras palabras; Jesús y sus seguidores estuvieron envueltos en la política de su tiempo, aun así, Jesús no habla específicamente en contra o a favor de participar en política o en el gobierno.

Obviamente, **la democracia**, o sea el sistema de votar o elegir líderes políticos y gobiernos; **no existía en tiempos bíblicos**, la mayoría de gobernadores y reyes **eran impuestos** (implantados), y en general el pueblo no tenía ningún tipo de opción en estas decisiones.

Para **Jesús**; era el **Evangelio** indiscutiblemente su prioridad y no las cosas terrenales, sin embargo al ser interrogado por fariseos (religiosos) en cosas relacionadas al gobierno, en este caso, impuestos al emperador, Jesús dijo:

> —Dad, pues, a César lo que es de César, y a Dios lo que es de Dios.
> **NT Mateo 22:21**

Por otro lado, los **Apóstoles Pedro y Pablo**, si fueron un poco más específicos y hacen ciertas observaciones sobre reyes y gobiernos. **NT 1 Pedro 2:13-15**

> *1 Sométase toda persona a las autoridades superiores, porque no hay autoridad que no provenga de Dios, y las que hay, por Dios han sido establecidas.*
> *2 De modo que quien se opone a la autoridad, a lo establecido por Dios resiste; y los que resisten, acarrean condenación para sí mismos.*
> **NT Romanos 13:1-2**

Los Apóstoles se refieren a las autoridades **de esa época**, el propósito era edificar una comunidad creyente pacifica, respetuosa y obediente a la leyes, sin involucrarse en guerras por el poder. **NT 1 Timoteo 2:1-4**

Estas cosas en el presente obviamente, han cambiado radicalmente en la mayor parte de las naciones del mundo.

Así como Dios estableció en la antigüedad el sistema de reinados, ahora también **nos ha permitido tener un sistema democrático**, este es un importante derecho que necesitamos usar, sobre todo en el presente, cuando muchas personas y grupos quieren eliminar a **Dios, Cristo y el Evangelio de la sociedad**; es necesario votar por un gobierno que respete y proteja la libertad de predicar el **Mensaje de Jesús**. **NT Mateo 28:16-20**

Así como un gobierno es responsable de recaudar impuestos para cuidar la seguridad, justicia y toda necesidad del pueblo, así mismo Dios ha dado la OPCIÓN de votar y de elegir líderes cuyos principios no denigren el Evangelio.

Hablar en Lenguas

Glosolalia del griego *glossa* "lengua", "lenguaje", y *lalia* "hablar", según el diccionario de la academia española existen dos definiciones de esta palabra:

La primera es religiosa; glosolalia, es el don dado por el Espíritu Santo (Dios) para predicar en lenguajes (diferentes idiomas).

La segunda definición es psicológica; es lenguaje ininteligible, compuesto por palabras inventadas y secuencias rítmicas y repetitivas, propio del habla infantil, y también común en estados de trance mental.

La Biblia documenta la **glosolalia** (el don de **hablar en lenguas**) por primera vez en el libro de **Hechos 2:1-11**

> *Cuando llegó el día de Pentecostés, estaban todos juntos en el mismo lugar. De repente, vino del cielo un ruido como el de una violenta ráfaga de viento y llenó toda la casa donde estaban reunidos.*
> *Se les aparecieron entonces unas lenguas como de fuego que se repartieron y se posaron sobre cada uno de ellos. Todos fueron llenos del Espíritu Santo y comenzaron a hablar en diferentes lenguas, según el Espíritu les concedía expresarse.*
>
> **NT Hechos 2:1-4**

Sin embargo, el don de **hablar en lenguas** no fue parte del Ministerio de Jesús y fue raramente usado durante la predicación del Evangelio en siglos siguientes.

El **hablar en lenguas**, es una práctica popular en comunidades cristianas **Pentecostales** modernas y el **Movimiento Carismático** de Estados Unidos, la práctica se ha extendido a otras congregaciones no Pentecostales y aun algunos grupos que tradicionalmente nunca lo han profesado como católicos.

Muchos cristianos prefieren llamar el hablar en lenguas: "**xenoglosia**", del griego *xeno* "de afuera", "extranjero" y *glossa* "lengua", "idioma", pero expertos consideran la **glosolalia** y **xenoglosia** la misma cosa.

La Glosolalia en el Antiguo Testamento

Un posible caso de uso de **Glosolalia en la Biblia**, **usado por Dios** para confundir a la humanidad, fue cuando la gente decidió construir una torre gigantesca como un símbolo del poder del hombre (La Torre de Babel).

> *Pero el Señor bajó a ver la ciudad y la torre que los hombres estaban construyendo, y pensó: "Ellos son un solo pueblo y hablan un solo idioma; por eso han comenzado este trabajo, y ahora por nada del mundo van a dejar de hacerlo. Es mejor que bajemos **a confundir su idioma, para que no se entiendan entre ellos**."*
>
> **AT Génesis 11:1-8**

El Apóstol Pablo en su carta a la **Iglesia de Corinto**, habla sobre el "abuso" a veces innecesario de este don, enfatizando la necesidad que cuando se **predique el Evangelio**, este pueda ser entendido entre creyentes: *"El que habla en lengua extraña, pida en oración el don de **interpretar lo que dice**, Si yo oro en lengua desconocida, mi espíritu ora, pero mi entendimiento queda sin fruto."* **NT 1 Corintios 14:13-14**

Es importante reconocer que **es una bendición divina** la capacidad de hablar en lenguas, esto es; **si ciertamente se hablan idiomas reales**.

Si un predicador ha sido bendecido con este talento, esta es una cualidad muy valiosa en la misión evangelista, ya que podrá viajar a otras naciones y **"predicar en esas lenguas"**, pero es inútil si nadie comprende sus palabras, **y en el peor caso**; si el predicador habla **incoherencias inventadas para pretender tener el don o bendición divina**.

> *Así también vosotros, si por la lengua que habláis no dais palabra bien comprensible, ¿cómo se entenderá lo que decís?, porque sería como si hablarais al aire.*
>
> **NT 1 Corintios 14:9**

La **gracia divina de hablar en lenguas ES LA CAPACIDAD** de hablar fluidamente uno o más lenguajes **REALES** (inglés, alemán, francés, etc.). Este don es **un regalo de Dios** y debe tratarse de esa forma:

> **27** *Si alguien habla en lengua extraña, que sean dos o a lo más tres, y por turno; y que uno interprete.*
> **28** *Y si no hay intérprete, calle en la iglesia, y hable para sí mismo y para Dios.*
>
> **NT 1 Corintios 14:27-28**

Ni Jesús o la Biblia sugieren predicar el Evangelio usando la **glosolalia**; tampoco la prohíben, sin embargo, debemos tener presente los consejos del Apóstol Pablo de que nada sirve que **se hable lenguas si nadie comprende**.

> *Pero en la iglesia prefiero hablar cinco palabras con mi entendimiento, para enseñar también a otros, que diez mil palabras en lengua desconocida.*
>
> **NT 1 Corintios 14:19**

> *El que habla en lenguas, a sí mismo se edifica, pero el que profetiza edifica a la iglesia*
>
> **NT 1 Corintios 14:4**

La Trinidad

La Trinidad, del Latín *trinitatem* significa en español "una entidad de tres", "Trino", también a veces llamada "La Santísima Trinidad", es la creencia o dogma central en la mayoría de las iglesias cristianas de que Dios es un ser único que existe simultáneamente como tres personas distintas o hipóstasis. **[A]**

La Trinidad de NINGUNA MANERA sugiere tres Dioses diferentes, sino un Dios compuesto de tres personas; **El Padre, El Hijo** y **El Espíritu Santo. [B]**

Símbolos que representan la Trinidad Divina

Latín, c. 451 d.C.   **Símbolo moderno**   **Símbolo en español**

Muchos grupos cristianos rechazan la creencia de la Trinidad porque, según ellos, NO tiene base bíblica, sin embargo, a pesar de que no se menciona específicamente, ya existía el concepto de **la Trinidad**, y se origina en interpretaciones de ciertos versículos narrados por Jesús, ejemplo: *"Por tanto, id y haced discípulos a todas las naciones, bautizándolos en el nombre del Padre, del Hijo y del Espíritu Santo."* **NT Mateo 28:19; Mateo 12:31-32**

Pero la creencia de la Trinidad resurge con ímpetu durante los primeros **Concilios** al establecer la Iglesia Primitiva el conjunto de creencias (dogma) para mantener **unida la Fe Cristiana**.

Fue en estos mismos concilios también donde se coleccionó y canonizaron **los 27 libros** que ahora forman el **Nuevo Testamento**.

Así en el **Concilio de Constantinopla** en el **año 381 d.C.**, se propone la **Trinidad** como parte de la Creencia y predicación del Evangelio, basada en citas como la del evento de la Gran Comisión, *"Por tanto, id y haced discípulos a todas las naciones, bautizándolos en el nombre **del Padre, del Hijo** y del **Espíritu Santo**"* (**NT Mateo 28:19**), el dogma de la Trinidad es ratificada posteriormente por el **Concilio de Calcedonia** en el **año 451 d.C.**

Sin embargo, la creencia de la Trinidad **fue rechazada por el Arrianismo**, esta es una secta religiosa que propone que **Jesucristo no es divino**, sino una creación terrenal; como lo fue Adán, en otras palabras; el arrianismo señala que **Jesús nunca estuvo con Dios desde el principio. [C]**

Por esta postura, la Iglesia Católica condenó al **arrianismo** como herejía durante el **Primer Concilio de Nicea** efectuado en **el año 325 d.C.**

La Trinidad en el Antiguo Testamento

Aunque la Biblia no menciona la **Trinidad** literalmente; sí se encuentran citas en el **Antiguo** y **Nuevo Testamento** que implican su existencia.

Por ejemplo en *AT Génesis 1:26*, Dios dice: "*Hagamos al hombre a nuestra imagen*", obviamente la palabra "*Hagamos*" implica que **Dios no estaba solo**. Así mismo en *Génesis 11:1-9*, leemos que el SEÑOR desciende para ver la ciudad y la torre (de Babel) que edificaban los hijos de los hombres.

Nótese que aunque la Biblia dice "**El SEÑOR descendió**", (una Persona), sin embargo, cuando Dios habla, nuevamente usa los términos en sentido plural: "*descendamos, y confundamos*". *AT Génesis 11:7*

Otras citas en el **Antiguo Testamento** que **implican que Dios no está solo**:

> Luego dijo **El SEÑOR** Dios: "El hombre ha venido a ser **como uno de nosotros**, conocedor del bien y el mal; ahora, pues, que no alargue su mano, tome también del árbol de la vida, coma y viva para siempre."
> ***AT Génesis 3:22***

> **1 El SEÑOR** se le apareció a Abraham en el encinar de Mamre, estando él sentado a la puerta de su tienda, a la hora de más calor.
> **2** Alzó los ojos y **vio a tres varones** que estaban junto a él. Al verlos salió corriendo de la puerta de su tienda a recibirlos, se postró en tierra,
> ***AT Génesis 18:1-2***

La Trinidad en el Nuevo Testamento

Igual que el Antiguo Testamento, el Nuevo no menciona la Trinidad, pero si separa las **Personas Divinas más clara y específicamente**.

Por ejemplo, Jesús nos dice que; "*Aquel que ofenda al* **Hijo del Hombre**, *le será perdonado; pero al que blasfemare contra el* **Espíritu Santo**, *no le será perdonado.*" (***NT Lucas 12:10***), esta cita sugiere una separación distinta entre las **Personas Divinas** (Hijo-Espíritu Santo).

Durante **el bautismo de Jesús**, la Biblia dice: "*Descendió el* **Espíritu Santo sobre Él en forma corporal**, *como paloma;* **y vino una voz del cielo que decía**: "*Tú eres mi Hijo amado; en ti tengo complacencia.*" ***NT Lucas 3:22***, en esta cita las **Tres Personas** están separadas; mientras **Jesús** es bautizado en la tierra, **el Espíritu Santo** desciende **sobre Él**, y **Dios** habla en los cielos.

Otros ejemplos de citas bíblicas que hablan (implican) **Tres Entidades**:

> ***Tres*** *son los que dan testimonio en el cielo: el* ***Padre****, el* ***Verbo*** *y el* ***Espíritu Santo****; y estos tres son uno.*
> ***NT 1 Juan 5:7***

> *La gracia del* ***Señor Jesucristo****, el amor de* ***Dios*** *y la comunión del* ***Espíritu Santo*** *sean con todos vosotros. Amén.*
> ***NT 2 Corintios 13:14***

Sección VIII - Que dice la Biblia acerca de... 335

La Trinidad en el presente

Poco después de la Reforma Protestante, **el desacuerdo sobre la Trinidad** volvió a resurgir entre las nuevas congregaciones, y en el presente el cristianismo se divide en dos grupos, los que creen en ella y los que no.

Los que rechazan la Trinidad indican que la Biblia señala que solo hay un Dios, "*Porque tú eres grande, Sólo tú eres Dios.*" (**AT Salmos 86:10**), y nada hay semejante a Él. (**AT Isaías 46:9**), el Señor es el único, y único es también su nombre. **AT Zacarías 14:9**

Debemos señalar que el rechazo de la Trinidad es apoyado por el judaísmo, sin embargo ellos **también rechazan a Jesús, el Hijo de Dios**.

La Trinidad, ¿Es real?

Aunque **La Trinidad** es una creencia nacida de **una interpretación**, o sea; en un intento del hombre por tratar de entender el **Reino de los Cielos**, es necesario reconocer que las **Escrituras** NO especifican (validan) la existencia ni tampoco rechazan la Trinidad.

Ninguna persona puede asegurar si la Trinidad existe o no, **NADIE en este mundo, sabe cómo Dios administra Su Reino**, lo único que sabemos de este, es la muy **limitada información** que se encuentra en la Biblia, en la cual tampoco a ningún humano se le instruye o da la **autoridad de afirmar o decidir sobre las cosas del Reino de los Cielos.**

La respuesta más sensata que un cristiano pueda dar acerca de este tema es decir "no sé", "yo creo", y **nunca asegurar nada con certeza**; Jesús les dijo a sus Discípulos que muy poco son los que conocen **los Misterios del Reino**.

> *Y Jesús dijo: A vosotros os es dado conocer los misterios del Reino de Dios; pero a los otros por parábolas, para que viendo no vean, y oyendo no entiendan.*
>
> **NT Lucas 8:10**

NOTA: La cita mencionada anteriormente (**NT 1 Juan 5:7**), lee originalmente; "*Tres son los que dan testimonio en el cielo: el Padre, el Verbo y el Espíritu Santo; y estos tres son uno*", sin embargo en algunas versiones modernas de la Biblia este párrafo es omitido o excluido totalmente.

Debido a estos **frecuentes cambios** (exclusión y añadiduras) **en traducciones modernas** de las Escrituras, **es recomendable cotejar** (comparar) por lo menos **tres versiones diferentes de la Biblia** para entenderla a cabalidad.

Orar o Rezar

Rezar, del Latín ***recitāre***, significa "recitar", "hablar", "platicar", "orar".
Orar, del Latín ***orāre*** que significa "hablar", "recitar", "discurso", "rezar."

El rezo (oración) es **el privilegio** que tenemos para **comunicarnos con Dios**, la oración es el canal por el cual fluye la vida y las bendiciones de Dios al hombre; Jesús nos dice: *"Si permanecéis en mí y mis palabras permanecen en vosotros, pedid todo lo que queráis y os será hecho."* **NT Juan 15:7**

Es importante **saber que Dios no responde a nuestros rezos u oraciones** basadas en cuándo oramos, dónde estamos, o cuantas veces repetimos o en qué orden decimos nuestras oraciones. **NT Mateo 21:22**

Cuando **hables con Dios** hazlo de la misma forma que hablas con alguien de mucha confianza, con respeto y Fe. **NT Mateo 7:7**

Jesús nos enseñó como **rezar** (orar), y nos recuerda que **cuando hablemos con Dios**: *"No seamos como los hipócritas, porque ellos aman el orar de pie en las sinagogas y en las esquinas de las calles para ser vistos por los hombres; de cierto os digo que ya tienen su recompensa. Pero tú, cuando ores, entra en tu cuarto, cierra la puerta y ora a tu Padre que está en secreto; y tu Padre, que ve en lo secreto, te recompensará en público."* **NT Mateo 6:5-6**

Jesús agrega: *"Cuando oren, no usen muchas palabras, como hacen los que no conocen verdaderamente a Dios. Ellos creen que, porque hablan mucho, Dios les va a hacer más caso. No los imiten, porque Dios, nuestro Padre, sabe lo que ustedes necesitan, aun antes de que se lo pidan."* **NT Mateo 6:7-8**

El Ejemplo de Jesús

Aunque lo apropiado es hablar con Dios como lo hacemos con nuestro mejor amigo, también hay oraciones que puedes aprender de memoria como el **Padre Nuestro**, considerada como el modelo de oración por excelencia por la mayoría de congregaciones cristianas.

NT Mateo 6:9-13 y Lucas 11:1-4

Padre nuestro que estás en el cielo
Santificado sea tu Nombre;
Venga a nosotros tu reino;
Hágase tu voluntad
En la tierra como en el cielo
Danos hoy nuestro pan de cada día;
Perdona nuestras ofensas,
Como también nosotros perdonamos
A los que nos ofenden;
No nos dejes caer en la tentación,
Y líbranos del mal, Amen.

Rezar (orar) **es parte fundamental de nuestra Fe**: *"Pidan, y se les dará; busquen, y encontrarán; llamen, y se les abrirá. Porque todo el que pide, recibe; el que busca, encuentra; y al que llama, se le abre."* **Mateo 7:7-8; Juan 16:23**

NOTA: Existe un pequeño desacuerdo sobre cuál palabra es la correcta entre **orar** y **rezar**, en algunas iglesias se instruye a los creyentes que rezar es "equivocado", porque según ellos, "rezar" es **repetir palabras** sin ningún valor (vanamente), sin embargo esta creencia es incorrecta, las palabras **rezar** y **orar** significan exactamente lo mismo.

La Virgen María

María de Nazaret, **Madre de Jesús**, es sin duda, una de las **personas más importantes** dentro de la **Fe Cristiana**.

María, es un nombre común derivado del arameo *Maryam* o *Miryam*, es usado por primera vez en las Escrituras del **Antiguo Testamento**, para referirse a María, la hermana de Moisés y Aarón. *AT Éxodo 15:20*

María de Nazaret es la **madre terrenal de Jesús** (*NT Mateo 1:18-24*), el **Ángel Gabriel** se refiere a ella como una persona **elegida por Dios** y bendecida de manera especial: "*¡Salve, muy favorecida! El Señor es contigo; bendita tú entre las mujeres.*" *NT Lucas 1:26-28*

Aunque en algunos pasajes del **Nuevo Testamento** se habla de "**hermanos**" de Jesús (*NT Marcos 6:3*), la Biblia solamente la llama "*María, madre de Jesús*", de acuerdo a esto; la Iglesia Católica, la Iglesia Ortodoxa, la Iglesia Copta y la Comunión Anglicana, basadas en el uso del lenguaje hebreo de aquella época interpretan el término "**hermanos**" equivalente a "**parientes**", ya que en el idioma arameo como en el hebreo no existe un término para indicar primo o un familiar cercano y debido a esto, en la mayoría de iglesias antiguas mencionadas arriba, se cree que María permaneció "siempre virgen."

Por otra parte, **la mayoría de las iglesias protestantes** (modernas), con excepción de los luteranos, creen que María, después de la concepción virginal, tuvo otros hijos, esto es de acuerdo a **la misma cita en Marcos 6:3**

María participó activamente en el Ministerio de Jesús, es mencionada en el Evangelio de Juan, durante "las bodas de Caná" (*NT Juan 2:1-11*), y por último en la crucifixión y muerte de Jesús (*NT Juan 19:25-27*), estos dos eventos marcan **el inicio** y **el final** del **Ministerio de Jesucristo**.

Jesús se preocupó por el bienestar de su Madre; aun durante los últimos momentos en la tierra, por esto encarga a su discípulo a quien Él llama "amado" por el cuidado de María, para cuando ya no estuviese con nosotros. *NT Juan 19:25-27*

En esta cita Jesús llama a su madre "Mujer", la Iglesia Católica señala que esta palabra hace referencia a la primera mujer del Génesis: "*Eva, madre de todos los vivientes*". *AT Génesis 3:20*

Es aquí donde María adquiere un valor simbólico porque pasa, en la figura del Discípulo amado, a ser la Madre de los Discípulos de Cristo.

La Virgen María "Dolorosa" de Giovanni Battista Salvi da Sassoferrato, 1609-1685

La Asunción de la Virgen María

La Asunción de la Virgen María es parte de las creencias (dogma) de la **Iglesia católica Romana** y la **Iglesia Católica ortodoxa**, y señala que el cuerpo y alma de **la Virgen María** fueron llevados al cielo después de su muerte, este evento sin embargo, no se menciona en la Biblia. **[A]**

La Iglesia Católica Romana señala que **la mujer** que se cita en **capítulo 12** del **Apocalipsis**, se refiere a **María la Madre de Jesús**.

1 Apareció en el cielo una gran señal: una mujer vestida del sol, con la luna debajo de sus pies y sobre su cabeza una corona de doce estrellas.
2 Estaba encinta y gritaba con dolores de parto, en la angustia del alumbramiento.
3 Otra señal también apareció en el cielo: un gran dragón escarlata que tenía siete cabezas y diez cuernos, y en sus cabezas tenía siete diademas.
4 Su cola arrastró la tercera parte de las estrellas del cielo y las arrojó sobre la tierra. Y el dragón se paró frente a la mujer que estaba para dar a luz, a fin de devorar a su hijo tan pronto como naciera.
5 Ella dio a luz un hijo varón, que va a regir a todas las naciones con vara de hierro; y su hijo fue arrebatado para Dios y para su trono.
6 La mujer huyó al desierto, donde tenía un lugar preparado por Dios para ser sustentada allí por mil doscientos sesenta días. **NT Apocalipsis 12:1-6**

Imagen: **Virgen María de Guadalupe, c.1530**

La Veneración a la Virgen María

La veneración a María surge durante **estos primeros años del Evangelio**, la Biblia relata que todo lo relacionado a Jesús se apreciaba como santo.

*11 Y hacía Dios milagros extraordinarios por mano de **Pablo**,*
12 De tal manera que aun se llevaban a los enfermos los paños o delantales de su cuerpo, y las enfermedades se iban de ellos, y los espíritus malos salían.

NT Hechos 19:11-12

En los Libros canonizados (**Biblia Vulgata, 397 d.C.**), no se hace referencia a la asunción, adoración o veneración a **la Virgen María**, no obstante, en el libro apócrifo llamado "**Protoevangelio de Santiago**", escrito cerca del año **150 d.C.**, el cual fue ampliamente utilizado y muy popular entre los primeros cristianos; si se menciona la divinidad de María la Madre de Jesús. **[B]**

El **Protoevangelio de Santiago** sin embargo, **no fue aceptado** por la Iglesia durante la canonización y fue excluido de la Biblia, a pesar de esto, muchos de los relatos en este libro continuaron predicándose durante muchos siglos.

Muchos cristianos protestantes **rechazan la veneración a la Virgen María** y señalan esta práctica "**no bíblica**", esto es, de acuerdo a los libros que conforman las Escrituras Protestantes, otros señalan la veneración a María como de "**origen pagano**", sin embargo, muchas de estas críticas se hacen **sin tener conocimiento histórico del origen y motivo de esta creencia**.

Uno de los motivos es este: durante el primer siglo, el mundo estaba plagado de muchas religiones, muchas veces estos dioses tenían que ser "idolatrados" según la ley y la persona que se resistía muchas veces era ejecutada.

En este ambiente hostil se inició la Evangelización de Roma y sus territorios, y a pesar de que el cristianismo se había establecido formalmente en el imperio, la gente insistía en observar "antiguas" creencias paganas.

La Iglesia empeñada por eliminar este problema, substituía prácticas idolatras y a otros dioses con elementos que "permitieran" **a conocer a Jesús y Su Evangelio**, entre las prácticas paganas más importantes estaba la adoración a la diosa *Tellus Terra Matter* (madre Tierra), en griego *Gaia*, (Tierra). **[C]**

Tellus o **Terra** era una diosa que personificaba la madre Tierra en la mitología romana, *Mater* (madre) es un título honorífico aplicado también a otras diosas. **[D]**

Terra Mater es mencionada a menudo en contraste con *Júpiter* (Zeus), dios del cielo.
La diosa equivalente a *Terra* en la mitología griega era *Gaia*, (Geos).

La *Tellus Mater* es a veces llamada también *Magna Deum Mater Natura* en español: *Gran Diosa Madre Naturaleza*.

Imagen: *Terra* en el *Ara Pacis*, en Roma, **c. 15 a.C.**

Tan pronto entra en vigencia el Edicto de Milán (**313 d.C.**) que legaliza el Cristianismo, la Iglesia Católica inicia la erradicación de todos los elementos paganos entre estos la adoración a la diosa *Terra Mater*.

Sin embargo, ante la fuerte obstinación de los romanos de no abandonar sus tradiciones religiosas, la Iglesia **sustituye a estos dioses** con personas conectadas a **Jesús** y al **Cristianismo**.

Así se elimina la *Terra Mater* (madre tierra) y en su lugar se establece a **María la Madre de Dios**.

Madonna et Iesus, por **Rafael Sanzio**, 1483-1520

Sección VIII - Que dice la Biblia acerca de... 340

Apariciones de la Virgen María

Según el catolicismo, las apariciones de la Virgen María llamadas también "**apariciones Marianas**" o "**Mariofanías**" (mezcla de María y epifanía), pueden ocurrir ante una o más personas, en un lugar y tiempo histórico determinado. Algunas han sido reconocidas por la Iglesia católica. **[E]**

Algunas de estas apariciones han dado origen a lugares de peregrinación conocidos como **Santuarios Marianos**, algunos de ellos muy famosos (como el Santuario de Fátima, en Portugal, y el Santuario de Lourdes, en Francia). Otras han inspirado la creación de órdenes religiosas como la (Orden de los Carmelitas, Orden de los Mercedarios, Orden Dominicana, entre otras.

¿Por qué tantas Vírgenes?

Frecuentemente el nombre de la Virgen María "**es abreviado**" según al lugar donde apareció o es honrada, por ejemplo en Lourdes una ciudad francesa la Virgen María es venerada con el título de **Nuestra Señora de Lourdes**, aunque el nombre "María" no se menciona, se entiende que está implicado **y no significa** que sea "**otra Virgen**" diferente a María (Madre de Jesús).

De las visiones más importantes han sido **la Virgen del Pilar** ocurrida según la tradición al **Apóstol Santiago** en Zaragoza, cerca del **año 40 d.C. [F]**

En el siglo 13 (años 1200s), se le aparece a *Simón Stock* **la Virgen del Carmen**, de aquí se origina la **Orden de los Carmelitas**, la Virgen toma su nombre del Monte Carmelo, en Israel. **[G]**

En el siglo 14 (años 1300s), se aparece **la Virgen de la Candelaria** a dos pastores en Canaria, España, la Virgen toma su nombre de la fiesta de la Candelaria o de la Luz. **[H]**

En el siglo 16 (años 1500s), **la Virgen de Guadalupe** se le aparece a Juan Diego en México. **[I]**

El nombre de **Guadalupe** *(Quad-alupe),* proviene del náhuatl **coatl-allope** y significa "*aplasta al dios serpiente*", siendo **Quetzalcóatl** (*serpiente emplumada*) el dios más poderoso e importante de los aztecas y mayas. **[J]**

En el siglo 20, en 1917, **la Virgen de Fátima** se le aparece a los niños pastores Lucía Dos Santos, Francisco y Jacinta Marto, la Virgen toma su nombre del pueblo de Fátima, en la municipalidad de Ourém, Portugal. **[K]**

V. del Pilar   V. del Carmen   V. Candelaria   V. Guadalupe   V. de Fátima

Aunque estas "apariciones" o **manifestaciones de la Virgen María** han sucedido **a lo largo de la historia del cristianismo**, la Iglesia católica ha reconocido muy pocas, y aún éstas son consideradas "revelaciones privadas", dejando a los fieles en libertad de creer en ellas o no.

María en la Iglesia Protestante

Aunque después de la **Reforma Protestante** la Virgen María continuó siendo venerada y **Martín Lutero**, el principal reformador dijo: "*María es la mujer que nunca podremos honrar lo suficiente*" y "*La veneración a María está inscrita en lo más profundo del corazón humano*", y **Juan Calvino** fundador de la **Iglesia Calvinista** por su parte dijo: "*No se puede negar que Dios le concedió el honor más alto a María para ser la Madre de su Hijo*", a pesar de esto, dos siglos después (1800s) durante **el Gran Despertar**, el movimiento **protestante americano** se fue alejando de la práctica a la veneración a María, como también de la ideología de los **reformadores europeos**.

Debido a la gran diversidad de creencias y denominaciones protestantes en el presente, es difícil señalar el punto de vista sobre el estado divino de María, ya que mientras algunas congregaciones la ven con respeto y admiración, otras ignoran su persona y otras más van al extremo de considerarla un "**ídolo pagano**" o considerarla "**otro Dios**", señalando que la veneración a la Virgen María es una violación a los mandatos bíblicos: "*No tendrás dioses ajenos delante de mí.*" **AT Éxodo 20:3**; "*Que se aparten de las contaminaciones de los ídolos,*" **NT Hechos 15:20**

Sin embargo, teólogos están de acuerdo que los mandamientos que rechazan la adoración a otros dioses; obviamente **NO SE REFIEREN** específicamente a **María**, ya que ella no es considerada "**otro Dios**" por quienes la veneran, sino por ser **Madre de Jesús**, parte de la **Fe** (familia) **Cristiana**.

Teólogos señalan como "otros dioses" al dios griego Zeus, Buda, Krishna o Ghanesa (dioses hindúes), etc., etc., etc.

Irónicamente, en el presente muchos religiosos reprochan aun más a creyentes que veneran a **María la Madre de Jesús** que a los veneran a la diosa *Tellus (Terra) Mater*, conocida también como la *madre naturaleza*.

Debemos reconocer que la Iglesia Católica en un esfuerzo de erradicar el paganismo del mundo, eliminó a la diosa *Tellus Mater* y este acto debe ser tomado como **una herramienta usada para promover el Evangelio en ese momento histórico** y no como una "idolatría" o "violación a los mandamientos" como muchos lo proponen en el presente.

Aunque **María debe ser respetada** como la **Madre terrenal de Jesús**, recordemos que las Escrituras nos señalan que: "Hay un solo Dios, y un solo mediador entre Dios y los hombres: Jesucristo hombre." **NT 1 Timoteo 2:5**

Veneración a Santos

Veneración, del Latín ***venerāri***, significa "respeto", "admiración", procede de ***venerationem*** palabra que tiene raíz en el termino "bendición" y esta de ***benedictionem***, "bendecir", de ***bene***; "bien", bueno" y ***dicere***; "decir."
Santo, del Latín ***sanctus*** significa "sagrado", procede de ***sacrātus***; "sacro."

La **veneración** a **Santos**, similar al caso de la **Virgen María**, se origina en el **esfuerzo de erradicar el paganismo** de la sociedad romana y sus territorios, iniciada por la Iglesia Católica después **del Edicto de Milán** del **año 313 d.C.**

Podemos leer en el libro de Apocalipsis como **el Apóstol Juan de Patmos** antepone (sustituye) a **Diana** (Roma) y su equivalente griega **Selena**, las dos **diosas de la Luna** con **la Virgen María la Madre de Cristo**, a quien la coloca **sobre la Luna**, señalando que María es superior a las dos diosas: *"Apareció en el cielo una gran señal:* ***una mujer vestida del sol, con la luna debajo de sus pies*** *y sobre su cabeza una corona de doce estrellas" **NT Apocalipsis 12:1***

Diana, diosa romana de la caza y la Luna

Selena, diosa griega de la fertilidad y Luna

Estatua de María En Múnich, Alemania

Mientras las diosas Diana y Selena llamadas también *"Artemisa de los Efesios"* mostraban la Luna arriba de sus cabezas, la Virgen María es descrita en Apocalipsis "sobre" o en posición **superior a la Luna** y ***vestida de Sol***, siendo el Sol el dios romano más importante; esta "irrespetuosa rebelión" de los cristianos contra los deidades romanas fue uno de los motivos del porqué el **Apóstol Juan de Patmos** fue desterrado. ***NT Apocalipsis 1:9***

Así mismo, los romanos tenían un sin fin de dioses y festividades las cuales estaban gobernadas por el calendario llamado ***ab urbe condita*** (en español significa "desde que se fundó la ciudad"), donde días y meses eran dedicados a dioses como el caso del ***Dies Solis*** (domingo) en honor al **dios Sol**, el **Viernes** a **Venus**, la diosa del amor y fertilidad, **Lunes** a la diosa **Luna**, etc.

Sección VIII - Que dice la Biblia acerca de... 343

En el caso de los meses del año era similar, por ejemplo: **Junio**, en honor a la diosa **Juno**, esposa del dios **Júpiter**, el mes de **Julio**, dedicado al emperador **Julio Cesar**, el mes de **Marzo** a **Marte**, dios de la guerra, etc., etc., etc. **[A]**

Así mismo, cada uno de los días del año estaba dedicado a fiestas religiosas o personas famosas o ejemplares como emperadores, políticos, guerreros, etc.

Aunque la Iglesia intentó cambiar los nombres (paganos) de los días de la semana y meses del año con nombres y contenidos cristianos, al final no pudo, lo único que el Vaticano pudo hacer fue **sustituir "las dedicaciones"** de fiestas paganas y personas no cristianas del calendario.

Ejemplo de un **Calendario Litúrgico** (Santoral)

Domingo	Lunes	Martes	Miércoles	Jueves	Viernes	Sábado
1 Domingo de Ramos	2 S. Francisco de Paula	3 S. Ricardo	4 S. Benito	5 Jueves Santo	6 Viernes Santo (llena)	7 S. Juan B. de la Salle
8 Domingo de Pascua	9 S. Casilda de Toledo	10 S. Ezequiel	11 S. Estanislao	12 S. Julio	13 S. Martín I (meng.)	14 S. Liduvina
15 II Pascua	16 S. Engracia	17 S. Aniceto	18 S. Perfecto	19 S. León IX	20 S. Inés de Monte P.	21 S. Anselmo
22 III Pascua	23 S. Jorge	24 S. Fidel de Sigmaringen	25 S. Marcos Evangelista	26 S. Isidoro de Sevilla	27 Ntra. Sra. de Monserrat	28 S. Luis G. Montfort
29 IV Pascua (crec.)	30 S. Pío V					

ABRIL

En su lugar, la Iglesia dedicó los días en honor a evangelistas y mártires con el objetivo que la gente conociera **a Jesús y Su Mensaje**.

El resultado fue el calendario llamado **Santoral** o **Calendario Litúrgico**. **[B]**

Existen más de 10,000 nombres (dedicaciones) a beatos, santos y mártires del Evangelio de los pasados 20 siglos, que han sido presentados en este calendario.

⇨ *Vea **Calendario** en página **28** para más información.*

La Veneración a Santos en el presente

La veneración a **Santos**, es una práctica en las iglesias **Católica Romana** y **Ortodoxa**, es el acto de honrar a un mártir o persona (ya fallecida) que en vida fue un ejemplo predicando el Evangelio y en su trato a la humanidad. Según la Iglesia, este acto de veneración es diferente a la **devoción a Dios.**
Las Iglesias Católicas (romana y ortodoxa), señalan que en sus creencias existen dos tipos de "respeto espiritual":

⇨ *La primera es llamada **Latría**, del griego que significa "adoración" o "culto", y se refiere a **la forma más alta** de reverencia, que sólo debe dirigirse absolutamente a **Dios**, a **Jesús**, o a la Santísima **Trinidad**.*

⇨ *La segunda es llamada **Dulía**, del griego que significa "servidumbre", es la veneración a personas muertas de quienes se estima murieron con grandes virtudes morales, y son reconocidas por la Iglesia como santos.*

Estas creencias y títulos **no son aceptadas** por **la Iglesia Protestante** en general, y aunque algunas reconocen el sacrificio y labor en la predicación de estas personas (Santos), ya que por ellos fue posible que nuestros antecesores (abuelos) conocieran **el Evangelio** muchos siglos antes de la Reforma, sin embargo; según el protestantismo; en ninguno de los libros de **la Biblia** se instruye la **veneración a Santos** y de acuerdo a esto, esta creencia no es bíblica y **sólo Jesús es el único intercesor entre la humanidad y Dios**.

Jesús le dijo:-Yo soy el camino, la verdad y la vida; nadie viene al Padre sino por mí.
NT Juan 14:6

Jesús no habla de ningún tipo de veneración a nadie más, aun claramente nos enseña (y a los Discípulos) como correctamente pedir a Dios de su ayuda, guía y bendición en nuestras oraciones (**NT Lucas 11:1-4**), el **Apóstol Pablo** aun con su autoridad evangélica, reconoce que solo es un siervo de Dios y rechazó ser adorado por la gente. **NT Hechos 14:11-18**

Así mismo **el Apóstol Juan de Patmos**, autor **del libro de Apocalipsis** relata que cuando se vio frente al Ángel que le mostraba las revelaciones; *"Se postró a los pies del ángel, pero él le dijo: "**¡No lo hagas!**, pues yo soy consiervo tuyo, de tus hermanos los profetas y de los que guardan las palabras de este libro. ¡Adora a Dios!"* **NT Apocalipsis 22:8-9**

NOTA: Aunque la veneración a Santos es considerada por la mayoría de **Iglesias Protestantes** como una forma de **"idolatría"** y una violación a los mandatos: *"No tendrás dioses ajenos delante de mí."* **AT Éxodo 20:3**; *"Que se aparten de las contaminaciones de los ídolos,"* **NT Hechos 15:20**, sin embargo teólogos consideran que estas citas **NO SE REFIEREN** específicamente a los **Santos** o la **Virgen María**, ya que estas personas no son consideradas "**otros Dioses**" por creyentes, sino parte de la **Fe** (familia) **Cristiana**.

La Veneración a Santos en la Biblia

La veneración de Santos, también a veces incluye las pertenencias de estas **personas ejemplares**, inicia quizás en el **Antiguo Testamento** con historias como en la que Dios le ordena a Moisés construir un arca para el Templo: *"Harás también dos querubines de oro; los harás labrados a martillo en los dos extremos del propiciatorio."* **AT Éxodo 25:18**

Las Escrituras nos dicen que; *"Josué se postró en tierra sobre su rostro delante del Arca del SEÑOR hasta caer la tarde, junto con presbíteros (ancianos) de Israel, y se echaron polvo sobre sus cabezas."* **AT Josué 7:6**

En el presente, a pesar de **la estricta observancia de los judíos al Antiguo Testamento**, es frecuente verlos inclinarse frente al Muro Occidental (Muro de los Lamentos) en oración y reverencia, ya que consideran este lugar sagrado.

En el **Nuevo Testamento**, también leemos citas donde aun cosas de los **Apóstoles** son usadas como objetos "sagrados" y tratados como si tuvieran propiedades que pudieran conectar al creyente con Dios:

> *De tal manera que hasta los pañuelos o delantales que habían tocado su cuerpo eran llevados a los enfermos, y las enfermedades se iban de ellos, y los espíritus malos salían.*
> **NT Hechos 19:11-13**

Debido a que la mayoría de países y naciones utilizaban dioses, ídolos, etc., **El Apóstol Pablo** reconoce que para poder **Evangelizar** a un mundo **envuelto en el paganismo**, era necesario "unirse" o quizás usar sus tradiciones y costumbres para así poder **convertirlos** a la **FE Cristiana**:

> *19 Por lo cual, siendo libre de todos, me he hecho siervo de todos para ganar al mayor número.*
> *20 Me he hecho a los judíos como judío, para ganar a los judíos; a los que están sujetos a la Ley (aunque yo no esté sujeto a la Ley) como sujeto a la Ley, para ganar a los que están sujetos a la Ley;*
> *21 a los que están sin Ley, como si yo estuviera sin Ley (aunque yo no estoy sin ley de Dios, sino bajo la ley de Cristo), para ganar a los que están sin Ley.*
> *22 Me he hecho débil a los débiles, para ganar a los débiles; a todos me he hecho de todo, para que de todos modos salve a algunos.*
> **NT 1 Corintios 9:19-22**

Es insensatez no reconocer y admirar las inmensas contribuciones de los **Santos** en la historia del **Evangelio**, sin embargo, **es importante recordar** que la **Biblia nos señala** que **solamente hay un Dios**, y **solamente existe un mediador entre Él** y los hombres: **Jesucristo**. **NT 1 Timoteo 2:5**

Los 144,000 Ungidos del Apocalipsis

Juan de Patmos mientras se encontraba preso en la **isla de Patmos** (Grecia), como víctima de la persecución de Nerón contra cristianos, escribió su libro **Apocalipsis**, en griego **Apokálypsis**; significa "revelación", "descubrimiento", "aclaración", etc. En sus casi dos mil años de existencia, ha sido un texto muy difícil de interpretar, entre sus enigmáticas profecías se encuentra el relato de los **144,000 ungidos**, mencionado en los **Capítulos 7 y 14**.

Aunque el libro de Apocalipsis literalmente dice que "los señalados" (ungidos) son descendientes de las tribus de los hijos de Israel. **NT Apocalipsis 7:3-8**, sin embargo, en las creencias de la Iglesia Católica, los 144,000 ungidos son los **Santos** quienes se dedicaron a la predicación del Evangelio, sobre todo durante aquellos terribles días de la persecución contra los cristianos, hombres y mujeres que ante todo; se mantuvieron fieles al SEÑOR:

> *Éstos son los que no se han contaminado con mujeres, pues son vírgenes. Son los que siguen al Cordero por dondequiera que va. Éstos fueron redimidos de entre los hombres como primicias para Dios y para el Cordero.*
> **NT Apocalipsis 14:4**

El libro de Apocalipsis siempre ha presentado desafíos para su interpretación, está saturado de vívidas imágenes y simbolismos, los cuales se han interpretado de manera diferente, sobre todo en la actualidad, ya que con las centenares de diferentes congregaciones, prácticamente cada una de ellas tiene su propia interpretación.

Lo que la Biblia dice sobre los 144,000 literalmente es:

> *Luego oí que se mencionaba a las doce tribus de Israel, es decir, a Judá, Rubén, Gad, Aser, Neftalí, Manasés, Simeón, Leví, Isacar, Zabulón, José y Benjamín. De cada una de las doce tribus fueron marcados doce mil, para un total de ciento cuarenta y cuatro mil.*
> **NT Apocalipsis 7:4-8**

Esta cita no deja nada confuso y claramente habla de **144,000 judíos**, 12,000 tomados de cada tribu de los "hijos de Israel," llamados **primicias** de Dios y el Cordero (**Apocalipsis 14:4**), esta profecía se había anunciado previamente en **AT Zacarías 12:10** y **NT Romanos 11:25-27**

El Nuevo Testamento no ofrece ningún texto definido que reemplace a Israel con la iglesia, sin embargo, después de la **Reforma Protestante** del **siglo 16** (1500s), la predicación de las profecías del Apocalipsis, llamado algunas veces "**escatología**" o cosas y eventos referentes a "los últimos días o Juicio Final", **resurgieron con ímpetu**, muchas denominaciones cristianas en lugar de predicar el Evangelio (**Amor a Dios y al Prójimo NT Mateo 22:34-40**), se han dedicado a "prepararse para el día final", tanto que algunos grupos religiosos otorgaron y continúan otorgando "lugares", "membresías" o "títulos" a personas de "ungidos."

¿Deberíamos preocuparnos por ser parte de los 144,000?

No, lamentablemente, aun hoy en el presente, muchas iglesias insisten en predicar **el evangelio escatológico** (del fin del mundo), adivinando fechas del regreso de Jesús, Él dijo claramente que debemos hacer para ser salvos:

> *Si guardáis mis mandamientos, permaneceréis en mi amor, así como yo he guardado los mandamientos de mi Padre y permanezco en su amor. Este es mi mandamiento: que os améis los unos a los otros, así como yo os he amado.*
>
> **NT Juan 15:10-12**

¿Cuántos serán los salvos?

No existe una cantidad específica de cuantos serán los que ganaran la vida eterna, **Jesús nos señala claramente que el único requisito es cumplir con sus mandamientos**. *NT Juan 14:21*

Apocalipsis nos dice que **será una cantidad innumerable** los salvos:

> *9 Después de esto miré, y **he aquí una gran multitud, la cual nadie podía contar, de todas naciones y tribus y pueblos y lenguas,** que estaban delante del trono y en la presencia del Cordero, vestidos de ropas blancas, y con palmas en las manos; y clamaban a gran voz, diciendo: La salvación pertenece a nuestro Dios que está sentado en el trono, y al Cordero.*
>
> **NT Apocalipsis 7:9-11**

Aunque existen muchas teorías en el presente sobre **quiénes son los 144 000**; ni Dios, Jesús, el Espíritu Santo, ningún profeta, ni las Escrituras han dado la **autoridad a nadie de decidir quién es un ungido**, esa es una decisión que **sólo Dios tiene derecho a tomar**.

Nadie puede mi debe decidir, entregar, adivinar u otorgar una posición divina en los cielos o la Tierra, **mucho menos destituir a Dios o quitarle el derecho** de decidir **quiénes serán los 144,000**.

Cómo **Dios administra el Reino del Cielo** son cosas que sólo le pertenecen a Él y estas cosas están fuera de nuestro control.

Tomar decisiones que sólo le pertenecen a Dios es **arrogancia insensata**, algo que Él no soporta y considera abominable (***AT Proverbios 16:5***), sobre todo porque todos y cada uno de nosotros en el mundo; **somos pecadores**.

Jesús dijo: Cualquiera que se enaltece será humillado, y el que se humilla será enaltecido". ***NT Lucas 14:11***

> *¿Qué, pues? ¿Somos nosotros mejores que ellos? ¡De ninguna manera!, pues hemos demostrado que todos, tanto judíos como gentiles, están bajo el pecado. Como está escrito: «**No hay justo, ni aun uno**;*
>
> **NT Romanos 3:9-12**

¿Debe un cristiano pagar el Diezmo?

Diezmo, del latín ***decimus***; "décimo", significa la décima parte de algo, es un concepto de **La Ley** en **el Antiguo Testamento** (judaísmo), y que la mayoría de iglesias (cristianismo) en general ya no practican.

NOTA: **No debe confundirse la limosna** con el **diezmo (ofrenda)**.
La limosna es colectada para ayudar a los necesitados, miembros o no de la comunidad, **el diezmo (ofrenda) es para los gastos de la iglesia**.

El diezmo es el **requisito** en el cual todos los miembros de la **sinagoga** o **tabernáculo** debían pagar el 10% de todo lo que ganaban o producían en sus cultivos, con el objetivo de costear las necesidades de sacerdotes, los levitas y sinagogas. ***AT Levítico 27:30; Deuteronomio 14:23; Números 18:26***

Jesús no habla en el **Nuevo Testamento** sobre el tema del diezmo o algún otro tipo de ofrenda, sin embargo; **Pablo** instruye que los creyentes deberán apartar una porción de sus ingresos "***según haya prosperado***", para ayudar a la iglesia y predicar el Evangelio.

> *1 En cuanto a la ofrenda para los santos, haced vosotros también de la manera que ordené en las iglesias de Galacia.*
> *2 Cada primer día de la semana, cada uno de vosotros ponga aparte algo, **según haya prosperado**, guardándolo, para que cuando yo llegue no se recojan entonces ofrendas.*
> ***NT 1 Corintios 16:1-2***

Debemos señalar que la **ofrenda es muy importante** para mantener los diferentes gastos de la congregación, sin embargo, el Apóstol Pablo instruye que esta aportación debe ser de acuerdo a la capacidad económica de la persona y su corazón. **De ninguna manera** un líder cristiano **debe exigir dinero** (cuotas), propiedades, bienes etc., sobre todo si este dinero o las ofrendas son "a cambio" de bendiciones o prosperidad.

> *Cada uno dé como propuso en su corazón: no con tristeza ni por obligación, porque Dios ama al dador alegre.*
> ***NT 2 Corintios 9:7***

Debemos de tener cuidado de aquellas congregaciones que ponen demasiado énfasis en el requerimiento de la ofrenda (diezmo), **a menos que demuestren** que ese dinero es realmente usado **para ayudar a la predicación del Evangelio** o a **los pobres y necesitados**. *NT Hechos 4:35, Romanos 15:26*

ES MUY IMPORTANTE que tengamos la sabiduría de RECONOCER que hay muchas personas inescrupulosas que se aprovechan de la Fe, de la necesidad espiritual, de la falta de conocimiento de hermanos y **pretenden ser predicadores legítimos** pidiendo dinero y todo tipo de recursos en el nombre de Dios, pero para su propio beneficio. ***NT 2 Corintios 11:12-15***

¿Existe el Purgatorio?

Purgatorio, del latín **purgatorium**, significa "purgar", "expulsar", "purificar", "limpiar", la palabra original es **purigare**, de **purus** "puro" y **agere** "hacer."

El concepto del **Purgatorio** se origina en el **Judaísmo**, su nombre es **Gehena** en griego, el cual proviene del hebreo: **Gai Ben Hinnom** (Valle de Hinón), este es un lugar de purificación para los pecadores fallecidos, según la creencia la mayoría de los castigados permanecen ahí hasta un año, otros eternamente.

Aunque el **cristianismo primitivo** adoptó la creencia del **Purgatorio**, en el presente **sólo es reconocido** por **la Iglesia Católica** y **la Iglesia Copta** (Egipto).

El purgatorio es un estado transitorio de **purificación** necesaria para aquellos que, habiendo muerto **en la gracia de Dios** y tienen segura su salvación, aun así necesitan "sacar" o purgar impurezas para alcanzar **la santidad necesaria** y poder entrar en el cielo.

Esta purificación es diferente al **castigo** (*infierno o muerte*), ya que todo aquel que entra en el Purgatorio terminará entrando al Cielo tarde o temprano.

La base de estas creencias se encuentran en libros usados por el cristianismo primitivo, (ejemplo: Esdras, Macabeos, Enoc y otros), algunos de estos libros quedaron fuera de la canonización de la Biblia en el **año 397 d.C.**, y otros más como el caso de los **textos Deuterocanónicos**; fueron eliminados por los protestantes durante la **Reforma** del año **1517**.

De acuerdo al libro **Segundo de Macabeos**; las **plegarias a Dios** por los muertos, la celebración de **eucaristías** (misas) y las **indulgencias** pueden acortar la estadía de una o varias almas que estén en dicho estado.

> *43 Después recogió unas dos mil monedas de plata y las envió a Jerusalén, para que se ofreciera un sacrificio por el pecado. Hizo una acción noble y justa, con miras a la resurrección.*
> *44 Si él no hubiera creído en la resurrección de los soldados muertos, hubiera sido innecesario e inútil orar por ellos.*
> *45 Pero, como tenía en cuenta que a los que morían piadosamente los aguardaba una gran recompensa, su intención era santa y piadosa. Por esto hizo ofrecer ese sacrificio por los muertos, para que Dios les perdonara su pecado.*
> **AT 2 Macabeos 12:43-46**

Según la Iglesia Católica, **Jesús señala la existencia del purgatorio** en las siguientes citas bíblicas:

> *23 "Y mientras el rico **sufría en el lugar adonde van los muertos**, levantó los ojos y vio de lejos a Abraham, y a Lázaro sentado a su lado.*
> **NT Lucas 16:19-31**

> *De esta manera fue a proclamar su victoria a los **espíritus que estaban presos**.*
> **NT 1 Pedro 3:19**

El Vaticano agrega que el **Apóstol Pablo** también habla de un **"tercer cielo"**, lo que implica **"un segundo"** o "intermedio."

> *Conozco a un seguidor de Cristo, que hace catorce años fue llevado al tercer cielo.*
>
> **NT 2 Corintios 12:2**

Algunos teólogos proponen que la **"tribulación"** mencionada en el **Apocalipsis y el purgatorio** es la misma cosa.

> *-"Tú lo sabes, señor", le contesté. Y él me dijo: "Éstos son los que han pasado por la gran tribulación, los que han lavado sus ropas y las han blanqueado en la sangre del Cordero."*
>
> **NT Apocalipsis 7:14**

El Purgatorio y la Iglesia Protestante

La mayoría de las Iglesias Protestantes no reconocen la creencia del **purgatorio**, ya que este no se menciona en ninguno de los libros contenidos en la Biblia Protestante, debemos recordar que los libros que hablan del Purgatorio (**Deuterocanónicos**), fueron excluidos durante **la Reforma**.

La Iglesia Protestante en general, no cree en el concepto del perdón de pecados después de la muerte (purgatorio), la persona al morir, su alma **entra en un estado de reposo y así espera** hasta **el Juicio Final**, donde de acuerdo a su conducta en la tierra, recibirá una de las siguientes recompensas:

El Paraíso (**Vida Eterna**) para aquellos que observaron los mandamientos de Dios. **NT Mateo 22:34-40**

El infierno (**la muerte**) para los que no tuvieron fe o deliberadamente no observaron los Mandamientos de Dios.

NOTA: Existen desacuerdos entre congregaciones sobre si literalmente el infierno es un **lago de fuego** (**NT Mateo 13:40-44**), o si es sólo el estado de no existencia o **muerte**. **NT Romanos 6:23**

La Iglesia Protestante (en general), señala que el sacrificio de Jesús en la cruz, **es suficiente** para pagar (limpiar) **nuestros pecados**, esto es, si obedecemos sus mandamientos **NO hay necesidad de purgar** para depurar nuestras almas después de muertos. **NT 1 Juan 2:2**

La realidad es que estas cosas (desacuerdos de teología) no deberían tener prioridad en nuestras vidas, lo que es importante es vivir **observando los Mandamientos** (**NT Juan 15:10**), y mientras cumplamos con estos; no tendremos que preocuparnos de nada más. **NT Mateo 6:33**

⇨ Vea **Libros Deuterocanónicos** en página **190** para más información.

⇨ Vea **Libros I y II de Macabeos** en página **227** para más información.

¿Existe el Limbo?

El limbo, del Latín **limbus** que significa "borde" o "frontera."
El limbo es el estado o el lugar temporal de las almas de creyentes que **han muerto antes de la resurrección de Jesús**, y el estado o lugar permanente de los no bautizados o niños que han muerto sin bautizarse.

El **limbo** nunca fue declarado un dogma oficial por la Iglesia, como sí lo fue el **Purgatorio**, aun así, la creencia fue difundida ampliamente en el catolicismo.

La creencia del **Limbo** al igual que el **Purgatorio**, es parte del dogma de la **Iglesia Católica** y otras congregaciones, basada en libros usados por el cristianismo primitivo, (Esdras, Macabeos, Enoc y otros), algunos de estos libros quedaron fuera de la canonización de la Biblia en el **año 397 d.C.**, y otros m'as como el caso de los **textos Deuterocanónicos**; fueron eliminados por la **Reforma Protestante** de **1517**.

La creencia señala que hay dos niveles o tipos de limbo:

El primer nivel es para personas adultas que murieron sin conocer el Evangelio, este es llamado *limbo de los patriarcas*, en latín *limbus patrum*.

El segundo nivel es para niños que murieron sin ser bautizados, y aunque no cometieron ningún error, sin embargo, debido al "**pecado original**" se encuentran en el *limbo de los infantes*, en latín *limbus infantum*.

Al igual que el Purgatorio, la creencia del limbo es interpretada leyendo el libro de **AT 2 Macabeos 12:43-46**, como también la parábola que narra Jesús en el libro de Lucas; "*El rico y el pobre Lázaro*", así mismo, en la carta que el **Apóstol Pablo** manda a **la Iglesia de Corinto**, donde menciona el "**tercer cielo**", lo que la Iglesia interpreta como el **Purgatorio** o **Limbo**.

> *23 "Y mientras el rico sufría en **el lugar adonde van los muertos**, levantó los ojos y vio de lejos a Abraham, y a Lázaro sentado a su lado.*
> **NT Lucas 16:19-31**
>
> *Conozco a un seguidor de Cristo, que hace catorce años **fue llevado al tercer cielo**.*
> **NT 2 Corintios 12:2**

La Iglesia Copta, la cual es una de las más antiguas, también señala que el **libro de Enoc** (muy apreciado por parte de los primeros cristianos), se describe con detalle el **Purgatorio** y **Limbo**, en los capítulos 6 a 36.

La creencia del **limbo no es aceptada** ni por la **Iglesia Protestante,** ni por la **Iglesia Católica Ortodoxa**.

⇨ Vea **Libros Deuterocanónicos** en página **190** para más información.

⇨ Vea **Libros I y II de Macabeos** en página **227** para más información.

El Infierno

Infierno, del latín *inférnum*, significa "inferior", "subterráneo", proviene de la raíz latina *infra-* que significa "bajo', "abajo", "inferior", etc.

Aunque la palabra "**infierno**" es interpretada por muchos como un lugar de sufrimiento, fuego, castigo, dolor, pena, etc., en realidad su significado literal es "subterráneo" o bajo la superficie, posiblemente "tumba." **[A] [B]**

Las Escrituras originales usan diferentes palabras para referirse al "infierno", los vocablos más comunes en el **Antiguo Testamento** son "**Seol**" y "**Hinom**", el **Nuevo Testamento** utiliza "**Hades**" y "**Gehena**". **[C] [D] [E] [F]**

Estas palabras son traducidas en diferentes formas y significados, en algunos casos como un **castigo divino** para aquel que no se arrepiente y obedece a Dios: "*la paga del pecado es muerte*", (**NT Romanos 6:23**), también es mencionado como el "**castigo eterno**" (**NT Mateo 25:46**), "*sufriendo el castigo del fuego eterno*" (**NT Judas 1:7**), en otras citas es mencionado como un "***lago de fuego y azufre***" (**NT Apocalipsis 21:8**), como también es traducido como "***sepulcro***", o "***el lugar de los muertos***", etc.

En otras versiones de la Biblia, se dejan las palabras originales hebreas **Seol** que significa "tumba" y **Gehena** (Ge-hinnom), un lugar ubicado en las afueras de Jerusalén donde se quemaba la basura, como así también la palabra griega **Hades** que significa "morada de los muertos."

El Infierno en el Antiguo Testamento

El concepto del infierno en el **Antiguo Testamento** como una forma de castigo "con fuego" o sufrimiento es casi inexistente, la descripción más cercana a las imágenes del infierno contenidas en el Nuevo Testamento se encuentran únicamente en el libro de Isaías: "*Saldrán y verán los cadáveres de los hombres que se rebelaron contra mí; porque su gusano nunca morirá, ni su fuego se apagará.*" **AT Isaías 66:24**

Las 31 referencias acerca del Seol o infierno (lugar subterráneo) en el **Antiguo Testamento** se refieren a un lugar en el que se permanece **encerrado**, por ejemplo; cuando **Jonás** estaba en el vientre de un "gran pez" relata: "*Invoqué en mi angustia a el SEÑOR, desde el seno del seol y mi voz oíste.*" **AT Jonás 2:2**

Seol significa sepulcro en el caso de la muerte del rey de Babilonia, así lo escribe el profeta Isaías: "*Mas tú derribado eres hasta el seol, a lo profundo de la fosa.*" **AT Isaías 14:15-19**

La palabra **gehena** traducida a veces como el **infierno**, este era un valle situado en Jerusalén (**AT Josué 15:8**, **Nehemías 11:30**), el cual era un lugar usado para quemar basura (posiblemente también cadáveres).

El **judaísmo** describe al **sheol** (Seol) como la "muerte eterna", sin ningún sufrimiento de ultratumba, sin embargo, la posición judía mayoritaria actual es que **el infierno es un Purgatorio** o lugar subterráneo de purificación.

El Infierno en el Nuevo Testamento

En el presente, el concepto de **"infierno"** es interpretado de diferentes maneras por las diferentes denominaciones cristianas, en general, cada grupo tiene su propia idea de lo que este lugar es.

En el único punto que las diferentes congregaciones cristianas están de acuerdo es que el infierno es el lugar donde los que no obedecen a Dios, terminaran después de la segunda muerte o Juicio Final. **NT Apocalipsis 21:8**

En general, **el infierno** es interpretado como un lugar de sufrimiento de acuerdo a ciertos versículos, entre estos en el que **Jesús** hace referencia a los desobedientes, quienes irán *"Al fuego eterno preparado para el diablo y sus ángeles"* **NT Mateo 25:41**

Jesús agrega en otra cita que el pecador *"Será arrojado al infierno, donde el gusano de ellos no muere y el fuego nunca se apaga."* **NT Marcos 9:47-48**

Jesús llama al infierno también un **horno de fuego**: *"Y los echarán en el horno de fuego; allí será el lloro y el crujir de dientes."* **NT Mateo 13:42**

Como también un **lugar de tormentos**: *"En el Hades alzó sus ojos, estando en tormentos, y vio de lejos a Abraham, y a Lázaro en su seno".* **NT Lucas 16:23**

El profeta **Juan de Patmos** lo menciona en su libro Apocalipsis como un **lago de fuego y azufre**: *"Los cobardes e incrédulos, los abominables y homicidas, los fornicarios y hechiceros, los idólatras y todos los mentirosos tendrán su parte en el lago que arde con fuego y azufre, que es la muerte segunda."* **NT Apocalipsis 21:8**

"Y el diablo, que los engañaba, fue lanzado en el lago de fuego y azufre donde estaban la bestia y el falso profeta; y serán atormentados día y noche por los siglos de los siglos." **NT Apocalipsis 20:10**

Un **lago de fuego**: *"El que no se halló inscrito en el libro de la vida, fue lanzado al lago de fuego."* **NT Apocalipsis 20:15**

El infierno es llamado también **un lugar sin descanso**: *"Si alguno adora a la Bestia será atormentado con fuego y azufre delante de los santos ángeles y del Cordero. El humo de su tormento sube por los siglos de los siglos. No tienen reposo de día ni de noche los que adoran a la bestia y a su imagen, ni nadie que reciba la marca de su nombre."* **NT Apocalipsis 14:9-11**

De muerte y fuego eterno: *"Y si tu ojo es para ti ocasión de pecado, arráncalo, porque más te vale entrar con un solo ojo en el Reino de Dios, que ser arrojado con tus dos ojos a la Gehena, donde el gusano no muere y el fuego nunca se apaga."* **NT Marcos 9:47-48**

No importa lo que el **infierno** (hades, Seol, gehena, etc.), literalmente significa, ya sea muerte o fuego eterno; **NO HAY** necesidad de preocuparnos por esas cosas, lo importante es recordar que es **SIMPLE** ser parte del **Reino de los Cielos, con nada más cumplir con los Mandamientos del Nuevo Pacto de Jesús, Mandamientos que NO SON gravosos** (*NT 1 Juan 5:3*), esto es; fáciles de cumplir. **NT Mateo 22:34-40**

Confesión de Pecados

Confesión, del latín *confessionem*, compuesta por **con-**, "unión", "junto', "reunir", y el término *fidere* que significa "fe", "fiel", "confianza", "creer".
El Diccionario de la Real Academia Española, describe que una **confesión** es la declaración que alguien hace, **de lo que sabe**, esta declaración es hecha por la persona voluntariamente o preguntada por otro.

La **Confesión** en algunas congregaciones, en especial la Iglesia Católica, Ortodoxa, Anglicana y Luterana, es **el sacramento de la penitencia** o **reconciliación**, en la que el penitente declara al confesor los pecados cometidos, después de la confesión, el creyente debe cumplir una penitencia, la cual es generalmente un acto de rezar (orar) **en busca de reflexión personal**, para así lograr la reconciliación con Dios.

Según la doctrina católica, la confesión es similar a la **indulgencia**, con la diferencia de que la indulgencia no perdona el pecado, sólo exonera las penas en forma temporal que de otro modo los fieles deberían purgar, sea durante su vida terrenal, sea luego de la muerte en el purgatorio, según a la doctrina del judaísmo y cristianismo primitivo. ***AT 2 Macabeos 12:43***

Historia de la Confesión

En el judaísmo, **la confesión** (en hebreo *vidui*) es un acto necesario para alcanzar el perdón a las infracciones a los Mandatos de Dios y ofensas a la humanidad, así estipulado en el libro de ***AT Números 5:7***.
En el judaísmo las confesiones dirigidas a Dios se hacen en comunidad, la confesión de pecados en contra de un semejante se hace en privado, pero si la víctima se niega a perdonar al ofensor, este debe confesarse públicamente, la confesión también es practicada por judíos en el lecho de muerte.

En el Cristianismo, la práctica de la **Confesión** fue adoptado por la Iglesia Católica del Judaísmo mucho antes de la canonización de las Escrituras, y según la Iglesia, esta tarea ejercida por sacerdotes es autorizada por Jesús.

> *22 Y al decir esto, sopló y les dijo: --Recibid el Espíritu Santo.*
> *23 A quienes perdonéis los pecados, les serán perdonados, y a quienes se los retengáis, les serán retenidos.*
>
> ***NT Juan 20:22-23***

La Iglesia Católica también señala que Jesús les dio a los Apóstoles la facultad de ejercer el perdón de los pecados por medio de la confesión y que esta (facultad) fue transmitida consecutivamente a otros.

> *A ti, Pedro, te daré autoridad en el reino de Dios. Todas las cosas que tú prohíbas aquí en la tierra, desde el cielo Dios las prohibirá. Y las cosas que tú permitas, también Dios las permitirá.*
>
> ***NT Mateo 16:19***

El apóstol **Santiago**, hermano de Jesús (llamado también *Jacobo*), instruye en su libro sobre la importancia de la confesión de los pecados.

> *Por eso, confiesen sus pecados unos a otros, y oren unos por otros, para que Dios los sane. La oración de una persona buena es muy poderosa, porque Dios la escucha.*
>
> ***NT Santiago 5:16***

La Confesión y la Reforma Protestante Original

En el siglo 16 (año **1517**), surge una fuerte oposición a la doctrina Católica, que con el tiempo vendría a conocerse como la **Reforma Protestante**, de este movimiento nacen las doctrinas de **Martín Lutero** (Iglesia Luterana) en Alemania, poco después, es fundada por **Juan Calvino**, la **Iglesia Calvinista** (en Francia) que conformaría en el futuro la Iglesia Bautista y la Presbiteriana, y por último **la Iglesia Anglicana** en Inglaterra.
Todas estas congregaciones protestantes practicaban la Confesión.

La Confesión y el Gran Despertar (Reforma Americana)

En el siglo 18 (año 1720), surge el movimiento llamado el **Gran Despertar** en Estados Unidos, estos grupos protestantes rechazan las prácticas de las **Iglesias Católicas** y de las **Iglesias Protestantes del siglo 16** (1500s), como también la veneración a la Virgen María, Santos y la confesión, entre otras.

La **Iglesia Protestante** (americana) señala que en ninguna parte de las Escrituras se instruye el concepto de la confesión de pecados a un sacerdote, que no necesitamos mediadores humanos entre Dios y nosotros, y que sólo debemos confesarnos directamente ante Dios.

> *Sólo hay un Dios, y sólo hay uno que puede ponernos en paz con Dios: Jesucristo, el hombre.*
>
> ***NT 1 Timoteo 2:5***

Según la **Iglesia Protestante**, la Biblia sugiere que debemos confesarnos con Dios nada más.

> *9 Si confesamos nuestros pecados, Él es fiel y justo para perdonar nuestros pecados y limpiarnos de toda maldad.*
>
> ***NT 1 Juan 1:9***

Y que la cita en **NT Santiago 5:16** habla de confesar nuestras transgresiones "unos a otros" y no a un sacerdote, como lo enseña la Iglesia Católica.

En conclusión, no importa cómo se practique la confesión, esta debe ser voluntaria, debemos reconocer nuestra culpa, tener un arrepentimiento genuino y cambio de conducta, sólo así tendremos paz mental y conciencia tranquila.

> *El que oculta sus pecados no prosperará, pero el que los confiesa y se aparta de ellos alcanzará misericordia.*
>
> ***AT Proverbios 28:13***

¿Está el Sábado todavía vigente?

Sábado, proviene del latín **sabbatum**, y esta del hebreo **shabbath** que significa "*día de reposo*". Es el **séptimo día** de la **semana hebrea**, como también de la semana en el calendario **gregoriano** y **juliano** y es actualmente aceptado como el **séptimo día** de la semana casi por todo el mundo.

Al contrario de la creencia popular, es **el domingo el primer día de la semana**; y el último es el **sábado**, lo que lo hace el *séptimo día*.

Según el **Antiguo Testamento**, el Sábado es el día el cual Dios descansó en la creación del universo (*AT Génesis 2:1-3*), por este motivo, es un día sagrado de (descanso) en la semana judía (*AT Isaías 58:13*), este es un Mandamiento dado por Dios el cual debe ser observado. *AT Éxodo 31:12-16*

Los **días bíblicos** comienzan y terminan **al ocultarse el sol cada día**; debido a esto, el **Sábado** se observa desde el **atardecer del viernes** hasta la aparición de "tres estrellas" en la noche del sábado y según las mandatos de la **Torá** (Ley Mosaica) **debe celebrarse evitando** hacer cualquier clase de trabajo, de la misma manera **como lo hizo Dios** en la creación.

Jesús y el Sábado

El tema del sábado es otro tema más de polémica entre grupos cristianos modernos, mientras unos afirman que el mandamiento de **observar el día** es todavía reglamentario, otros señalan (erróneamente) que este fue eliminado o abolido con el **Nuevo Pacto a través de Jesús**. *NT Mateo 26:26-29*

La creencia que la "**Ley Mosaica**" fue abolida por el **Nuevo Pacto** es una interpretación equívoca, ya que **la Biblia en ninguna parte indica esto**, sin embargo; debemos recordar que para **Jesús lo más importante** era la predicación del **Evangelio**, **el amor a Dios** y **al prójimo**, **NO la obsesión** a **observar mecánicamente** las reglas bíblicas (legalismo religioso).

> *39 Ustedes estudian las Escrituras con mucho cuidado, porque esperan encontrar en ellas la vida eterna; sin embargo, aunque las Escrituras dan testimonio de mí,*
> *40 ustedes no quieren venir a mí para tener esa vida.*
> ***NT Juan 5:39-40***

Y debido a que Jesús NO se esclavizó de reglamentos y tradiciones; fue censurado y perseguido por **los religiosos fundamentalistas**. *NT Mateo 5:17*
Mateo narra como Jesús es cuestionado por los fariseos sobre **el sábado**.

> *... Pues os digo que uno mayor que el Templo está aquí.*
> *7 Si supierais qué significa: "Misericordia quiero y no sacrificios", no condenaríais a los inocentes,*
> *8 porque el Hijo del hombre es Señor del sábado.*
> ***NT Mateo 12:1-8***

A pesar de las acusaciones de los fariseos (religiosos), **Jesús no quebrantó** ningún estatuto, **la Biblia claramente documenta** que Él visitaba la sinagoga en sábado "*como era su costumbre.*"

> *Jesús vino a Nazaret, donde se había criado; y el sábado entró en la sinagoga, **conforme a su costumbre**, y se levantó a leer las Escrituras.*
> **NT Lucas 4:16**

Si Cristo hubiera abolido la Ley (y el sábado), las Escrituran lo documentaran por medio de las acciones de sus seguidores, sin embargo, aun después de la muerte de Jesús, podemos leer en los Evangelios de **Lucas** y **Marcos** que sus Discípulos y seguidores continuaron observando La Ley (Sábado).

> *55 Las mujeres que lo habían acompañado desde Galilea lo siguieron y vieron el sepulcro y cómo fue puesto su cuerpo.*
> *56 Al regresar, prepararon especias aromáticas y ungüentos; **y descansaron el sábado, conforme al mandamiento**.*
> **NT Lucas 23:55-56**

La observancia del Sábado y los Gentiles

La creencia (confusión) **de la Fe Cristiana moderna** es que **Jesús abolió** la **Ley Mosaica** (y el sábado) con el **Nuevo Pacto**, surge durante el **Concilio de Jerusalén**, realizado en el año **50 d.C.**, veinte años **después de la crucifixión de Jesús** (*NT Hechos 15:1-21*), este concilio fue convocado debido a los desacuerdos entre **dos grupos** seguidores de Jesús, los **Nazarenos** radicados en Israel, entre ellos los **Apóstoles** (todos ellos eran judíos), y los **gentiles**, llamados **Cristianos** (*NT Hechos 11:26*) quienes en su mayoría **NO eran judíos**, sino paganos **y no observaban la Ley**, este hecho provocaba serias disputas entre los **Nazarenos** que exigían a los **Gentiles** que respetaran los Mandamientos (Ley Mosaica). *NT Hechos 15:5*

Estas disputas fueron la causa del **Concilio de Jerusalén**, es en esta asamblea que los **Apóstoles de Jesús** y el **Apóstol Pablo** llegan al acuerdo que hace **más flexibles los requerimientos** de la **Ley**; como la circuncisión y la observancia del sábado, entre otros, los Apóstoles hacen estos cambios "*Para que no se inquiete a los gentiles*", y puedan ser parte del Reino de Dios (Nuevo Pacto). *NT Hechos 15:19-21*

Este acuerdo fue establecido para el beneficio de los **Gentiles nada más**, y no incluye a judíos (Apóstoles y cristianos hebreos), obviamente ninguna forma este acuerdo significa la abolición de la Ley, como muchos lo interpretan así, en otras palabras; **observar la Ley para los gentiles es una opción**.

Es debido a este convenio, que el Apóstol Pablo predica durante el resto de su Ministerio que **ya no es necesario cumplir con la Ley**, recordemos que su trabajo misionero fue dirigido a Gentiles. *NT 1 Timoteo 2:7; Romanos 10:4*

El Sábado es dejado de observar en el año 321 d.C.

Nazareno y cristianos (judíos) en la antigüedad, especialmente en los primeros tres siglos, continuaron observando el Sábado.

Poco después de la promulgación del **Edicto de Milán** en e**l año 313 d.C.**, que anuló la persecución a cristianos en el imperio romano, la Iglesia logra establecerse formalmente cerca del **año 315 d.C.**
Sin embargo, en Roma, el día religioso oficial era el **día del Sol** (hoy domingo), el cual estaba dedicado al **dios sol invicto**, en latín *dies solis invictus*.

Tan pronto la Iglesia Católica se establece en Roma, le sugiere al emperador Constantino iniciar la **"erradicación del paganismo"**, el cual tenía raíces muy fuertes en la sociedad romana, el cual se había extendido por los territorios controlados por el imperio.

Entre las festividades paganas más populares que la Iglesia trataba de eliminar eran el nacimiento **del dios Mitra** y la *Saturnalia*, estas dos fechas celebradas alrededor del 25 de Diciembre, **la Iglesia las cristianizó** sustituyéndolas con la conmemoración del **nacimiento de Cristo** (Navidad).

El **7 de marzo del año 321 d.C.**, el emperador **Constantino I el Grande**, revocó el día del **dios sol**, en su lugar decreta el **Día del Señor Jesús**, en latín: *dies Iesus Dominicus* (hoy domingo), como séptimo y principal día de la semana, **reemplazando el sábado**, el día originalmente hecho Mandamiento y Santificado por Dios. *AT Éxodo 31:12-16*

El Sábado en el Presente

Aunque esta decisión de la Iglesia Católica "eliminar el sábado" no es bíblica, sin embargo fue tomada con la legitima intención de abolir el paganismo en la sociedad y apoyándose en los acuerdos de los Apóstoles en el **Concilio de Jerusalén** y las recomendaciones del **Apóstol Pablo** que señala:

> *Por tanto, nadie os critique en asuntos de comida o de bebida, **o en cuanto a días de fiesta, luna nueva o sábados**.*
> **NT Colosenses 2:16**

Nuevamente, esto **NO SIGNIFICA QUE LA LEY MOSAICA FUE ABOLIDA**, sino que como gentiles tenemos **la opción de observarla**.

En conclusión, **sí un cristiano observa el Sábado**; **hace lo correcto**, ya que **Jesús no abolió ninguna Ley** y según la Biblia; debemos andar como Él anduvo, esto significa observar el Sábado. *NT Lucas 4:16; NT 1 Juan 2:6*

De la misma forma, sí un cristiano **no observa el sábado** y atiende sus servicios en su iglesia cualquier otro día, también está en lo correcto, esto es de acuerdo a la decisión tomada durante el **Concilio de Jerusalén** por los Apóstoles hebreos y el Apóstol Pablo a favor de los gentiles. *NT Hechos 15:24-29*

¿Fue Jesús crucificado o "*fijado en el madero del tormento*"?

Durante el tiempo de Jesús, la crucifixión era un método común de ejecución, ampliamente usado por el imperio romano y por culturas alrededor del Mediterráneo, expertos señalan que la práctica de la crucifixión fue usada inicialmente unos **400 años antes de Cristo** por el Imperio persa (hoy Irán) y sólo fue derogada hasta el **año 337 d.C.**, por el **emperador Constantino**, cuando se convirtió al Cristianismo después de tener una visión de una Cruz en el cielo.

Indiscutiblemente **la Crucifixión de Jesús** es uno de los eventos más trascendentales en la historia de la humanidad, y no importa en que parte del planeta se viva, todo ser humano sabe lo que **la Cruz representa**.

Las Escrituras claramente señalan que una persona **NO ES DIGNA** de llamarse discípulo de Jesús **sí no toma su Cruz**.

> *Y el que no toma su cruz y sigue en pos de mí, no es digno de mí.*
> **NT Mateo 10:38**

Sin embargo, al contrario de lo que la Fe Cristiana ha profesado por los últimos **20 siglos**, los revisionistas protestantes *Herman Fulda*, *Paul Wilhelm Smidt*, *J. D. Parsons* y *W. E. Vine*, propusieron a finales del **siglo 19** (**1800**s) y a principios del **20** (**1900**s), la teoría de que **Cristo NO murió** en una cruz con travesaño o **Cruz Immissa** (✝), sino en una **Cruz Simplex** (o poste).

Aunque es imposible saber exactamente qué forma tenía la Cruz en la que Cristo fue ejecutado, debemos señalar que "*la teoría del poste*", llamada también "*madero del tormento*" está basada completamente en una **interpretación moderna** de la palabra griega: "*stauros*", la cual, según ellos, significa "*estaca*", sin tomar en cuenta los siglos de consistente evidencia material que indican que esta fue la **Cruz Immissa** (✝). **[A] [B]**

El revisionismo bíblico es beneficioso si se hace para edificar la Fe Cristiana, sin embargo este tipo de revisionismo legalista sólo causa dudas y divisiones, las cuales lamentablemente muchas veces son utilizadas con el solo motivo de promover creencias personales o de un grupo (proselitismo). **[C]**

Estos rechazos, críticas o censuras no son nuevas, fueron siglos de persecución, repudio y represión a la **Fe Cristiana** y las **cosas que la representan**; aun en los primeros días del Evangelio; ya la cruz era repudiada por los enemigos de Cristo, así lo documenta el **Apóstol Pablo**:

> *Porque por ahí andan muchos, de los cuales os dije muchas veces, y aun ahora lo digo llorando, que* **son enemigos de la cruz de Cristo;**
> **NT Filipenses 3:18**

En el presente, a esos "**enemigos de la cruz de Cristo**", se unen algunos **grupos religiosos** considerados cristianos, quienes rechazan la Cruz, difamándola de ser un símbolo pagano, sugiriendo aun que la misma **Biblia fue traducida erróneamente**, que la "**cruz no es bíblica**" o que no debemos venerar el "instrumento" con el que fue sacrificado Jesús, etc.

Sobre la "veneración a la cruz", es obvio que las Escrituras nos instruyen que la adoración a objetos o esculturas es incorrecta (*AT Isaías 42:8*), sin embargo, ningún cristiano considera literalmente a la "**Cruz como otro dios.**"

Lo que sí podemos asegurar es que la misma Biblia nos dice claramente lo que **la Cruz representa**: el **sacrificio de Jesús por la humanidad**.

> *Hay quienes piensan que **hablar de la muerte de Cristo en la cruz** es una tontería. Pero los que así piensan no se salvarán, pues viven haciendo el mal. Sin embargo, para los que sí van a salvarse, es decir, para nosotros, ese mensaje tiene el poder de Dios.*
>
> ***NT 1 Corintios 1:18***

¿Es la Cruz un error de traducción?

La teoría de que la Biblia fue "mal traducida" plantea un **gravísimo problema**, porque si las Escrituras contienen **un error de esta magnitud**, entonces; **¿Cuantos más tendrá?** De acuerdo a esa proposición, no sólo la veracidad histórica de la crucifixión es errónea, sino y posiblemente **la Biblia completa**.

La imagen de Cristo en un poste o "*madero del tormento*" es una idea moderna, no tiene base histórica ni mucho menos arqueológica, los que proponen la teoría que *Stauros* lo que significa literalmente "estaca" o "poste" de madera, no alcanzan a deducir que la **Cruz Immissa** (†) técnicamente es un poste (estaca) ya que hay que enterrar su base en el suelo y claro; es de madera.

Notemos que si usamos el mismo método de interpretar palabras de forma literal, entonces inmediatamente la teoría del "*madero del tormento*", podría estar errada, ya que en las Escrituras también se le llama a la cruz "**Xylon**", palabra griega que en español significa "**árbol**"; ¿Entonces significa esto qué Jesús fue ejecutado en un árbol?, **Claro que NO**.

En otro ejemplo, en el **Nuevo Testamento** también se usa la palabra griega **Dios** (*Theus*) para referirse a **Yahvé** y **Jesús**, sin embargo, **Theus** (llamado también **Zeus**) era el dios pagano más importante de la cultura griega, entonces; ¿Debemos "suponer" que nuestro Dios en realidad es el mismo dios griego Zeus?, **Claro que NO**.

Obviamente si traducimos palabras o textos antiguos usando equivalentes "textualmente modernos"; lo más seguro es que terminaríamos con una Biblia completamente diferente, por esto es necesario utilizar expertos cuando se hacen traducciones, sobre todo de la Biblia, para que tomen en cuenta cada detalle, incluyendo **los significados y cambios de semántica de cada palabra** no sólo lo que vale o representa en la actualidad; **sino el significado en el momento que fue escrita**.

La teoría del "madero de tormento" resurge en 1936

El argumento del "***madero de tormento***" de Fulda, Smidt y Parsons; está basado única y completamente en la traducción literal y moderna de la palabra griega ***stauros*, sin tomar en cuenta la historia y los 20 siglos** de evidencia que indica lo contrario.

Según los revisionistas, la traducción "correcta" de ***stauros*** del versículo de la Biblia que relata la crucifixión en ***NT Mateo 10:38***, que dice:

> *... Y el que no toma su cruz y sigue en pos de mí, no es digno de mí.*

Debería decir:

> *... Y el que no toma su estaca y sigue en pos de mí, no es digno de mí.*

Sin embargo, este versículo es traducido en forma más compleja:

> *... Y cualquiera que no acepta su madero de tormento y sigue en pos de mí no es digno de mí.*

Irónicamente, no sólo la palabra ***staurus*** es "mal traducida" de una forma mucho más complicada (**stauros se convierte en una frase**), curiosamente al final de todo, los revisionistas ni siquiera incluyen la palabra "**estaca**" o "**poste**" en su traducción, haciendo esta versión verdaderamente equívoca.

A pesar de que la teoría del "***madero***" llamada también ***crux simplex***, propuesta en 1878, **fue ignorada** por la mayoría de teólogos y comunidades cristianas en el mundo, sin embargo, la idea fue **adoptada en 1936** por *Joseph F. Rutherford*, presidente de la *Sociedad Watchtower,* quien decretó esta idea como parte de su doctrina, la *Watchtower* es el único grupo (Testigos de Jehová) que reconoce esta teoría.

¿Es posible que haya sido un "Madero de tormento"?

A pesar de que la historia y teólogos se inclinan a que la forma de la Cruz en la que Jesús fue sacrificado es del tipo latina, en latín **Cruz Immissa** (†), es importante señalar que es insensato afirmar positivamente que forma tenía la cruz, ya que no hay forma precisa para saberlo.

Sin embargo, la teoría de que Jesús fue *"fijado en un madero"* o poste es físicamente imposible, ya que uno (o dos) clavos insertados en la palma de las manos (***NT Juan 20:25-28***), no pueden soportar el peso de una persona; sin que sus manos se desgarren, recordemos que en ninguna parte de la Biblia dice que el cuerpo de Jesús fue "sostenido" de alguna otra forma en la cruz, algo que hubiera sido necesario en el caso del "***madero***" para sostener su peso.

El libro del Apóstol Mateo agrega: "***Pusieron sobre su cabeza su causa escrita: -Este es Jesús, el rey de los judíos***." (***NT Mateo 27:37***), pero si un poste fue usado, Mateo "estaría equivocado", porque según la teoría del "poste", el rótulo debería haber sido puesto sobre sus brazos.

La Crucifixión antes del primer siglo

La información más antigua de este tipo de ejecución data aproximadamente **400 años antes de Cristo**, usado al inicio por Persia (hoy Irán), y después en el **año 332 a.C.** fue adoptado por **Alejandro Magno** quien en una de sus batallas crucificó a 2000 prisioneros de la ciudad fenicia de Tiro (hoy Líbano). **[D]** En una Crucifixión el condenado era atado o clavado generalmente en una cruz, también se usaban árboles, paredes, etc.

La forma del instrumento (cruz) empleado en las crucifixiones podía ser de distintas formas, de estas las más comunes de "cruces" en la historia son:

Crux decussata   Crux immissa   Crux commissa   Crux simplex

La Crucifixión en el tiempo de Jesús

Ya en los tiempos de Jesús la crucifixión era un método común que los romanos utilizaban como medio de ejecución y normalmente era llevada a cabo por equipos especializados, que constaba de un centurión y cuatro soldados. Regularmente estas ejecuciones se practicaban en lugares públicos que generalmente ya estaban preparadas (equipadas) para esto.

En la misma época de Jesús, el historiador Judeo-romano **Flavio Josefo** en su obra: "***La guerra de los judíos***", describe como Tito, emperador del Imperio romano desde el **año 79 hasta 81 d.C.**, crucificó a rebeldes durante la insurrección de judíos en Jerusalén. **[E]**

Un relato similar a la crucifixión de Jesús, ocurre unos 20 años antes de Cristo, lo hace el historiador griego **Dionisio de Halicarnaso**, **[F]** que vivió (y murió) pocos años antes del nacimiento de Jesús, relata en su obra: "***Antigüedades Romanas***" sobre una ejecución:

> *"Un prominente ciudadano romano, ordenó a uno de sus esclavos a ser condenado a muerte, le entregó a sus compañeros que lo llevaran a su ejecución, con el fin de que su castigo podría ser visto por todos, les ordenó arrastrarlo por el Forum, y por otras partes visibles de la ciudad, que lo flagelaran, y que lo llevaran delante de la procesión que los romanos hacían en ese momento en honor del dios.*
> *En el lugar de su castigo, los hombres extendieron los brazos del esclavo sobre dos trozos de madera que se extendían a través de su pecho, hombros, hasta las muñecas de su manos, lo desnudaron y lo azotaron."*
> -***Antigüedades Romanas***. *Libro VII, Capítulo LXIX*

La descripción que hace Dionisio sobre esta crucifixión en Roma, es casi idéntica al relato que la Biblia hace. **NT Mateo 27:32-56**

La típica Crucifixión ejecutada por Roma

El prisionero generalmente era ejecutado en el mismo lugar donde vivía.

La persona era forzada a llevar desde el lugar de prisión, la viga horizontal o patíbulo nada más (del latín; **patibulum** o travesaño horizontal), y no necesariamente **la Cruz completa** como a veces se describe en el arte cristiano.

El prisionero caminaba con la viga en hombros a través del pueblo al lugar de ejecución, se hacia así para que fuera visto por la gente, esto era para advertir a otros a no "romper" las leyes.

En el lugar, regularmente ya estaban los postes verticales (**stauros**) a veces incrustados en forma permanentemente en el suelo.

La víctima era despojada de su ropa, entonces se le colocaba sobre el **patíbulo** (palo horizontal) donde era amarrado de los brazos y clavado de las manos, el patíbulo entonces era elevado y colocado sobre una hendidura del poste vertical y terminaban con clavarle los pies al poste.

Los romanos a menudo rompían las piernas del prisionero para acelerar la muerte y por lo general dejaban el cuerpo a que se descompusiera en la cruz.

En algunas situaciones, les permitían a los familiares del ejecutado recuperar el cuerpo para enterrarlo.

En otro escrito histórico, el filósofo y escritor romano **Séneca el Joven**, quien nació el año 1 (mismo año de Jesús) y murió en el **año 65 d.C.**, documenta en su obra "**Consolación a Marcia**", capítulo 20, versículo 3, que fue testigo de crucifixiones perpetradas por romanos, y las describe así:

"Veo cruces allí, no sólo de un tipo, pero de maneras muy diferentes: algunos tienen a sus víctimas con la cabeza hacia el suelo, algunos empalan sus partes privadas, otros con sus brazos estirados en el patíbulo." **[G]**

La Crucifixión en la historia del año 33 al 200 después de Cristo

La crucifixión se siguió utilizando para castigar a "indeseables", por tres siglos más (después de Cristo), el historiador judeo-romano **Flavio Josefo** en su obra *"La guerra de los Judíos"* en el **capítulo 11**, describe la crucifixión como *"La más cruel de las muertes."* Esto tras el asedio de Jerusalén por los romanos y la **destrucción del Templo**, cerca del **año 70 d.C.**

Según algunos teólogos, en los primeros años de la Fe Cristiana, la cruz, aunque citada muchas veces en el **Nuevo Testamento**, no fue un símbolo de uso popular entre cristianos sino hasta principios del siglo IV, (años 300 d.C.) Las razones más probables eran:

Primero; la crucifixión durante los primeros 3 siglos, era todavía una forma frecuente de ejecutar a "no deseados", la Cruz obviamente representaba la humillación de la que fue víctima Jesús. ***NT Mateo 27:41-43***; ***Gálatas 5:11***

Segundo; el sacrificio de Jesús en la Cruz todavía estaba muy fresco en las mentes de los creyentes, como lo documenta el ***NT Gálatas 5:11-12; 6:12***

En los primeros siglos del Evangelio, época llamada **Cristianismo Primitivo**, la cruz era utilizada por paganos para burlarse de "*el Dios de los cristianos*" ya que, según ellos, "ese Dios no era poderoso" porque había sido derrotado fácilmente por mortales, **el mundo se burlaba de la cruz y los cristianos**, de la misma forma que lo hicieron los religiosos judíos en el día de la crucifixión, burlas que están documentadas en las Escrituras. ***NT Mateo 27:41-43***

Se han encontrado evidencias arqueológicas que muestran no sólo lo que significaba la Cruz para el **Cristianismo Primitivo** sino también **la forma o apariencia de esta**.

El Grafito Pozzuoli

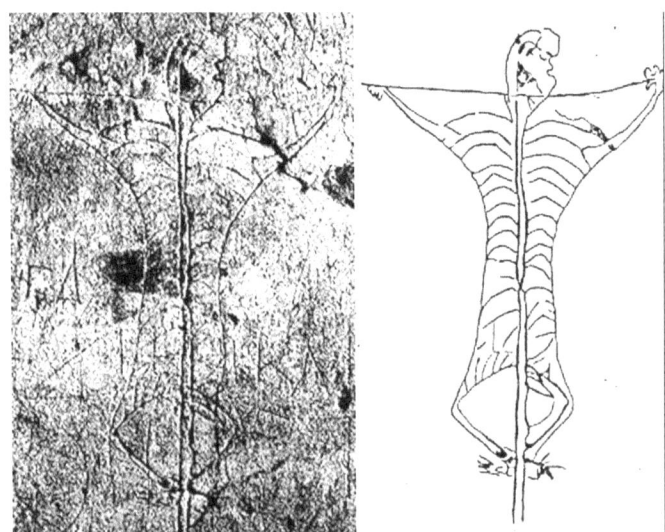

En 1959 fue descubierta sobre la pared de una taberna romana, cerca del **Anfiteatro de Pozzuoli**, Italia, un grafito que representa a una persona crucificada.

Arqueólogos datan la gráfica del primer siglo, entre los **años 60** y **90 d.C.**

Aunque la imagen es una caricatura, es bastante realista, ya que muestra al ejecutado con la boca abierta, quizás tratando de respirar, y las costillas muy marcadas debido a la asfixia.

La Capilla Cristiana en Ercolano

Casa del Bicentenario

Esta capilla se encuentra en la ciudad de **Herculaneum** (hoy Ercolano).

Herculaneum y *Pompeya* son reconocidas por haberse conservado casi intactas, enterradas bajo las cenizas de la **erupción del Vesubio**, ocurrida el 24 de agosto del **año 79 d.C.**

Esta foto es del interior de un cuarto que permaneció sepultado por cenizas volcánicas durante siglos, es considerada por arqueólogos como una de las primeras casas de reunión (*ecclesia*) al inicio de la era cristiana.

Se cree que el recipiente frente a la Cruz era para depositar flores, y la "banca" en el piso quizás para arrodillarse en oración.

El Grafito de Alexamenos

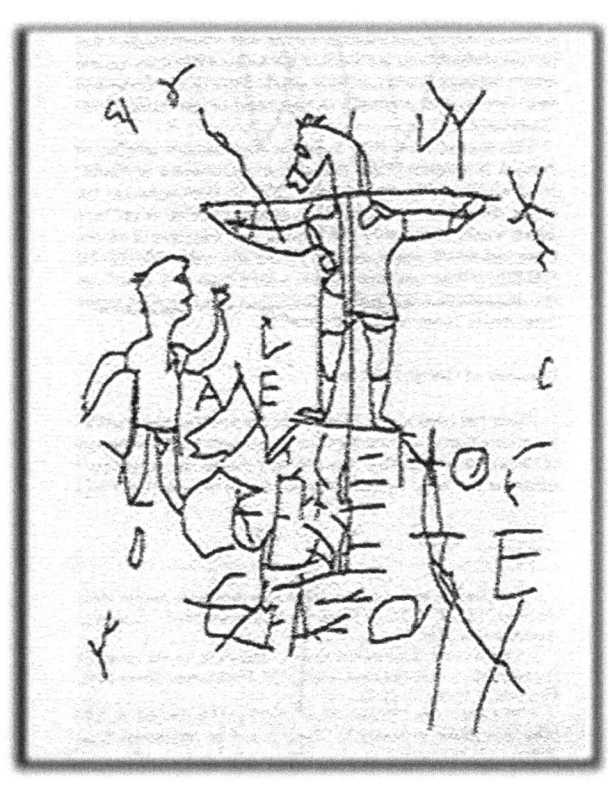

Esta es una grafica descubierta en 1857, muestra a un hombre (*Alexamenos*) orando frente a lo que expertos consideran la primera representación pictórica de **la crucifixión de Jesús** encontrada hasta la fecha.

Se cree fue grabada entre los **años 85-95 d.C.**, esto es más de 200 años antes de que se canonizara y publicara la Biblia, esto es en referencia a los que sugieren que la **Cruz es una invención** posterior (a la Biblia) o que esta se origina de una "mala traducción" de las Escrituras griegas al latín.

El texto griego en la grafica dice:
Αλεξαμενος σεβετε θεον
Que traducido al español seria:
"Alexamenos adora a [su] Dios"

El *grafito de Alexamenos* es conocido también como el **grafito de Palatino**, debido a que fue descubierto en una pared en el monte Palatino en Roma.

Sobre la **cabeza de asno**, la mayoría de los teólogos y expertos concuerdan en que la inscripción en el *grafito de Alexamenos* es una burla a los cristianos y a su "terquedad" de adorar a un "Dios mortal" que "no pudo con el imperio romano", otros proponen que es en referencia a la imagen de Jesús con cabeza de burro en la cruz, es en referencia a **la llegada de Jesús a Jerusalén en asno** documentada en *AT Zacarías 9:9*; *NT Mateo 21:5*; *Lucas 19:35*, habría sido considerada humillante para los cristianos de la época. *NT Filipenses 3:18*

Tertuliano, un líder cristiano del siglo II, también documentó que cristianos eran acusados (en burla) de ser adoradores de un Dios con cabeza de asno y menciona a un judío que caminaba con una caricatura de un cristiano con orejas y pezuñas de asno, esta decía: "**Deus Christianorum Onocoetes**" o "El Dios de los cristianos engendrado por un asno."

Por otro lado, la **Carta de Bernabé**, un libro del original **Nuevo Testamento** que no fue canonizado por la Iglesia, hace una referencia a **la crucifixión**, **Bernabé escribe que la cruz tenia la forma de la T**: *"Mas como la cruz había de tener la gracia en la figura de la T."* **Epístola de Bernabé 9:8**

La Crucifixión en la historia del año 200 al 300 después de Cristo

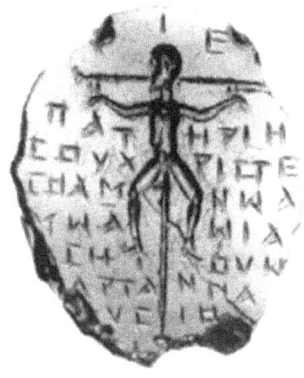

La crucifixión en una joya propiedad de la **Colección Pereire**, Paris.
Este es un "pin" datado del **siglo 2** (Años 100 al 200 d.C.)
Quizás un emblema de recuerdo encontrado en Gaza, territorio en Palestina, muy cerca de Israel.

Esta pequeña joya se encuentra en el **Museo Británico**.
Esta prenda esta datada del **siglo 2** (Años 100 al 200 d.C.)
Representa la Crucifixión de Jesús con los brazos en el ***patibulum*** (travesaño), extendidos horizontalmente.

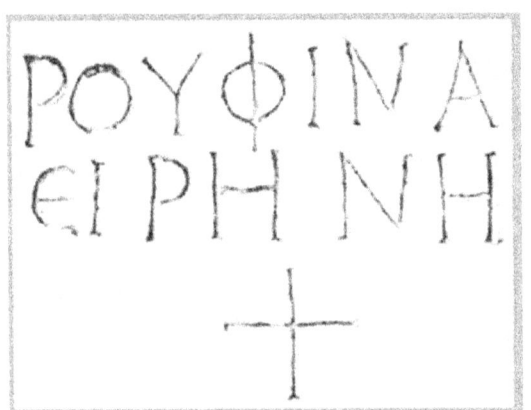

Lapida sobre una tumba cristiana

Data de principios del siglo III, pero algunos arqueólogos creen pueda originarse al final de siglo II.

La primer palabra del grabado dice: ***Rufinus*** y el segundo: ***Irene***.

La cruz griega, es de cuatro longitudes iguales, fue usado por los primeros cristianos para disimular la **Cruz immissa**, para evitar la persecución.

Grabado en un sarcófago, datado cerca del **año 350 d.C.**
La parte izquierda del relieve de este sarcófago muestra a un hombre llevando una cruz, en el centro, sobre otra cruz se ve el Monograma de Cristo (**Chi-Rho**). El sarcófago fue encontrado en las **catacumbas de Domitila**, en Roma, está en exhibición en el Museo Pío Cristiano, del Vaticano, Roma, Italia

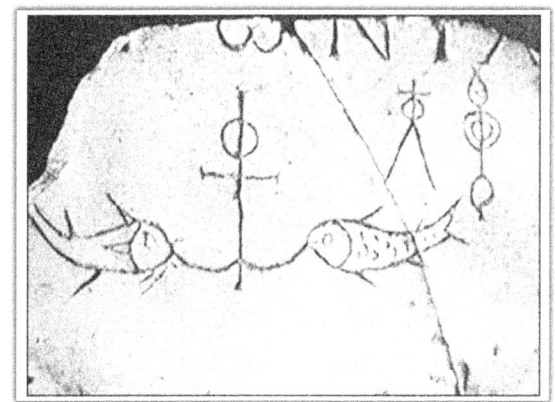

Símbolos del Cristianismo Primitivo

Este grabado también encontrado en las **Catacumbas de Domitila**, Italia, incluye tres de los símbolos: **El Pez**, **el Ancla** y en el centro **la Cruz**, los cuales fueron los signos más populares que utilizaron los primeros cristianos para reconocerse entre si durante la persecución a la Iglesia.

El Edicto de Milán del año 313 d.C.

El Edicto de Milán, en latín, *Edictum Mediolanense*, conocido también como la **tolerancia del cristianismo**, fue promulgado en **el año 313 d.C.**, por Constantino I el Grande y Licinio, dirigentes de los imperios romanos de Occidente y Oriente, respectivamente.

El Edicto de Milán estableció la libertad de religión en el Imperio romano, dando fin a las persecuciones dirigidas particularmente a cristianos.
Cuando el edicto fue firmado, la población romana conformaba 50 millones de habitantes, de estos se considera que al menos de 5 a 7 millones profesaban el cristianismo.

La crucifixión fue utilizada por los romanos hasta el **año 337 d.C.**, pero en honor a Jesús, este tipo de castigo fue abolido poco después de que la Iglesia Católica fue legalizada en el impero romano por el emperador Constantino.

Sección VIII - Que dice la Biblia acerca de... 368

Es en estos tiempos que los creyentes poco a poco adoptan la Cruz como muestra de fidelidad a Cristo, esto es; **de acuerdo a las mismas Escrituras**.

> *Y el que no toma su cruz y sigue en pos de mí, no es digno de mí.*
> **NT Mateo 10:38**

Es cierto que la Cruz no debe ser idolatrada en ninguna forma, sin embargo; **es irresponsabilidad e insensatez** repudiar el símbolo que significa el **Sacrificio que Cristo** hizo por la humanidad, así establecido por la Biblia.

> *Pero lejos esté de mí gloriarme, **sino en la cruz de nuestro Señor Jesucristo**, por quien el mundo ha sido crucificado para mí y yo para el mundo.*
> **NT Gálatas 6:14**

Muchos repudian la Cruz de Cristo de tal manera que llegan al extremo de sugerir que este símbolo es satánico, perverso, moralmente promiscuo, que es un signo de dioses antiguos babilónicos, egipcios, romanos, etc., como también de ser un símbolo de muerte, pagano, sexual, de ser una marca del gobierno de Adolfo Hitler (nazi), etc., etc., etc.

> ***La palabra de la cruz** es locura a los que se pierden; pero a los que se salvan, esto es, a nosotros, es poder de Dios...*
> **NT 1 Corintios 1:18**

Lo peor de todo es...

Para aquellos que plantean que el cristianismo ha estado "engañado" por los últimos **20 siglos**, y que la Cruz o la Crucifixión han sido "**mal traducidos**" y que sólo apenas hace unos pocos años ha sido descubierto este terrible error, entonces:

¿Cuantos errores más de traducción tendrán las Escrituras?

Estas propuestas no sólo logran dividir aun más la Fe Cristiana, sino dar honor y reconocimiento a **los críticos de las Escrituras**, y ponerse de acuerdo con las insinuaciones de los incrédulos que **la Biblia no es una obra divina**, sino **una creación o manipulación de hombres nada más**.

María Magdalena; ¿Esposa de Jesús?

María Magdalena, del hebreo **Maryām Migdal**, o **María de Magdala**, es mencionada, tanto en el **Nuevo Testamento** canónico como en varios evangelios apócrifos, como una distinguida discípula de **Jesús de Nazaret**.
Su nombre "**Magdalena**" hace referencia a su lugar de procedencia: **Magdala**, (Magadán) una antigua comunidad situada en la costa occidental del **Mar de Galilea**, también llamado mar o lago de Tiberíades.

Sin embargo, algunos autores recientes han puesto en circulación una serie de hipótesis en las cuales proponen que **María Magdalena** habría sido la esposa, o la compañera sentimental, de **Jesús de Nazaret**, esta relación, según estos autores, fue ocultada deliberadamente por la Iglesia Católica.

Estas ideas fueron desarrolladas primero en algunos libros pseudo históricos, como "***El enigma sagrado***" (*The Holy Blood and the Holy Grail, 1982*), de Michael Baigent, R. Leigh, Henry Lincoln; y "***La revelación de los templarios***" (*The Templar Revelation, 1997*), de Lynn Picknett y Clive Princey.

En estos libros proponen la existencia de una dinastía (familia), resultado de la unión entre Jesús y María Magdalena, estas ideas fueron posteriormente explotadas por varios autores de ficción como Peter Berling en su libro ***Los hijos del Grial***, y Dan Brown con ***El código Da Vinci***, publicado en 2003.

Aunque **estas obras solamente son novelas** (ficción) según sus autores contienen elementos históricos basados en:

1. Textos gnósticos, como el ***Evangelio de Felipe***, un libro apócrifo el cual señala que Jesús tenía una relación más cercana con María Magdalena que con el resto de sus discípulos.

2. Excluyendo la madre de Jesús, María Magdalena es la mujer que más se menciona y es presentada además como seguidora cercana de Jesús en el NT. Según la teoría, la presencia de María M. en los momentos más cruciales del Ministerio de Jesús (muerte y resurrección), era debida a lazos conyugales.

3. El argumento final de los defensores de la teoría del matrimonio entre Jesús y María Magdalena es que en la Palestina de esa época, era raro que un varón judío de la edad de Jesús (unos treinta años) permaneciese soltero, especialmente si se dedicaba a enseñar como rabino, ya que "esa conducta" estaba en contra del mandamiento divino "*creced y multiplicaos*".

Sobre este último punto, recordemos que el judaísmo que profesó Jesús era muy distinto del actual, y el papel del rabino **no estaba** todavía bien definido. Sólo después de la destrucción del **Segundo Templo**, en el **año 70 d.C.**, el papel del rabino quedó establecido con claridad en las comunidades judías.

En los tiempos de Jesús, era frecuente que maestros religiosos fuesen solteros, como por ejemplo en los círculos de la comunidad de **Esenios**.

⇨ *Vea **Esenios** en página **81** y **97** para más información.*

Recordemos que también **Juan el Bautista fue soltero**, aun algunos de los Evangelistas originales, como **Pablo de Tarso**, fue predicador célibe (soltero), y aunque en la carta a **Filemón**, Pablo habla de su hijo Onésimo, lo más probable es que él era un hijo espiritual. ***NT Filemón 1:10***

Es importante señalar que todas **estas teorías no tienen base bíblica**, no existe ningún pasaje ni en los **evangelios canónicos** ni en los **evangelios apócrifos** como tampoco **alguna evidencia histórica** que permita afirmar que **María de Magdala** fue la esposa de **Jesús de Nazaret**.

La novela del Código Da Vinci

El código Da Vinci es **una novela** de misterio escrita por Dan Brown, publicada por *Random House* en 2003, y es la continuación de la obra "***Ángeles y demonios***", también escrita por Dan Brown en el año 2000, de este mismo libro se produjo también la película "**El código Da Vinci**" (en inglés *The Da Vinci code*), en el año 2006, fue dirigida por Ron Howard y protagonizada por Tom Hanks y Audrey Tautou.

El libro (como también la película), propone que **Jesús no es el Hijo de Dios**, sino que la Iglesia Católica por medio del emperador Constantino **lo deificó** (lo santificó como hijo de Dios), durante **el Concilio de Nicea** del **año 325 d.C.**, y como resultado, **la Fe Cristiana es "un invento" del Vaticano**.

Otros puntos que el libro (y película) proponen son:

-- Jesús no es Dios, Él era sólo un hombre.
-- Jesús estuvo casado con María Magdalena.
-- Ella va a ser adorada como una diosa.
-- Jesús la dejó embarazada, y tuvo una hija (Sarah).
-- Esa hija dio lugar a una prominente familia presente en la Europa de hoy.
-- Que la Biblia fue compilada por un pagano emperador romano (Constantino).
-- Los Evangelios fueron modificados para apoyar (justificar) a la Iglesia Católica.
-- En los evangelios originales, María Magdalena es el líder, No es Pedro.
-- Que la Iglesia Católica ha luchado durante siglos para mantener suprimida la sociedad secreta "Priorato de Sión", dedicada al culto a María Magdalena.
-- Que la Iglesia Católica frecuentemente ha asesinado a los descendientes de Cristo, para evitar el desmoronamiento de la Fe en la religión Cristiana.

Esta novela fue escrita mezclando ficción y realidad en un ambiente de suspenso detectivesco que "pretende descubrir" la conspiración más grande del mundo, creada por la Iglesia Católica Romana, y que esta trata de ocultar el **Santo Grial** (María Magdalena y su hija) del mundo entero.

Según el libro, Jesucristo se casó con María Magdalena, tuvieron una hija; ***Sarah***, y después de la crucifixión, María Magdalena y la niña habrían huido a Francia y con el tiempo formaron parte de la dinastía (Reinado) ***Merovingios***.

Aunque el libro no aporta ninguna evidencia en sus conjeturas, sin embargo después de la introducción de la película, la polémica despertó tanto interés que se hicieron estudios genéticos **(ADN)** en 2006 para explorar la ascendencia de la **Dinastía Merovingia**, la cual fue una familia de estirpe germánica que gobernó la actual Francia, Bélgica, una parte de Alemania y de Suiza entre los siglos V (años 400s) y VIII (años 700s) después de Cristo.

Sin embargo los resultados de ADN demostraron que la familia **Merovingia** es únicamente europea, lo que es imposible que sean descendientes de Jesús y María Magdalena, originarios del área de Palestina, hoy Israel.

Dan Brown y su libro *El código Da Vinci,* además de sugerir que el cristianismo es **una mentira creada por el Vaticano** después de la *crucifixión de Jesús*, propone también que la **Iglesia Católica** fundó la sociedad secreta llamada ***Opus Dei*** (Obra de Dios), que **protege y encubre a toda costa** (incluyendo asesinatos), la "**farsa de la Fe Cristiana**", incluyendo el matrimonio de Jesús con María Magdalena.

Las suposiciones que Dan Brown sostiene en esta obra, han despertado una ola de críticas en los medios académicos por contener errores históricos, geográficos, religiosos y culturales, por ejemplo; en las descripciones que se muestran de varias obras de arte entre ellas, la pintura de Leonardo Da Vinci; *La última cena,* Dan Brown parece modificar detalles de la pintura e interpretar "mensajes" dejados por Da Vinci con el propósito de darle sentido y legitimidad a sus especulaciones.

Debido a que el libro (y película) planteó "basarse" en hechos presuntamente históricos, provocó la reacción y publicación de por lo menos diez libros que contradicen los argumentos de Dan Brown (**El código Da Vinci**).

Estas teorías se originan en la mentalidad moderna (incredulidad) de que **una persona** puede tener **una vida completamente espiritual**, sin necesidades terrenales, incluyendo biológicas, entre estas las sexuales.

Una de las diferencias más profundas entre animales y seres humanos es la capacidad de **ser personas espirituales**, o tener "control" de los deseos terrenales, sin embargo hay personas que les es imposible vivir sin satisfacer estas necesidades carnales (materiales), es ante esta incredulidad donde nacen las teorías como la del libro del **Código Da Vinci**.

Para aquellos que creen que Jesús estuvo casado; debemos señalar que no hay nada de malo (pecaminoso) estar casado, en el caso de Cristo; no hay evidencia bíblica o histórica de esto. Como cristianos, creemos que Jesús es el Hijo de Dios, que ha existido por siempre al lado de su Padre y su llegada a la Tierra fue con el propósito divino de predicar el Evangelio.

> —*De cierto, de cierto os digo: Antes que Abraham fuera, yo soy.*
> **NT Juan 8:58**

> *Y el Verbo se hizo carne y habitó entre nosotros lleno de gracia y de verdad; y vimos su gloria, gloria como del unigénito del Padre.*
> **NT Juan 1:14**

> *Decía: «El tiempo se ha cumplido y el reino de Dios se ha acercado. ¡Arrepentíos y creed en el evangelio!»*
> **NT Marcos 1:15**

La Creación versus Evolución

De seguro que en alguna noche callada, viendo a los cielos estrellados, reflexionando nos hemos hecho esa profunda pregunta; ¿De dónde venimos?

Esa es una de las cuestiones que han inquietado a la humanidad desde que tenemos conciencia, y aunque cada época y cultura ha intentado responderse esa interrogante con diferentes teorías; el mundo actual **todavía no está** de acuerdo con ninguna de estas.

En el presente, **las respuestas más aceptadas** (populares) sobre el origen de la vida (y la humanidad) en la Tierra, **son dos**:

La primera es la llamada **evolución biológica**, propuesta por la ciencia, y se refiere al desarrollo de organismos (animal o vegetal), por medio del cual pasan gradualmente de un estado a otro. **[A]**

La segunda es la llamada **Creacionismo**, según el libro de Génesis (Biblia), es la creencia que Dios estableció todo lo que existe. *AT Génesis 2:4* **[B]**

La teoría de la Evolución

El concepto de que la vida en la Tierra evolucionó a partir de un ancestro común (posiblemente un microbio), no es nuevo y ya había sido manifestado por varios filósofos en la antigüedad. **[C]**

Y aunque por muchos siglos se aceptó el **Creacionismo** como la razón más probable del origen del hombre, sin embargo, con la llegada del "**Renacimiento**" **[D]** en el **siglo 15** (1400s), surgió también el cuestionamiento a las ideas o creencias que la sociedad tenía en el momento, entre estas la cuestión sobre el origen de la vida en la tierra y las propuestas que la Iglesia proporcionaba ya no eran aceptadas por intelectuales, ya que estas **eran sólo dogmas** (basadas en Fe), las cuales no se pueden "probar científicamente."

Con el **Renacimiento** y la invención de **la imprenta** (c. 1440) inicia una ola de información la cual impulsa también la **Reforma Protestante** y con esta **la división del cristianismo en docenas de facciones**, debilitando el control que la Iglesia tenía en el mundo intelectual, dando paso a ideas que desafiaban sus creencias, entre estas la teoría de la **evolución** presentada formalmente en **el siglo 18** (1700s) por el biólogo suizo **Charles Bonnet** en su libro "***Consideraciones sobre los cuerpos organizados.***" **[E]**

A pesar que **Charles Bonnet** proponía la evolución, él creía que todos los seres habían sido creados por Dios una sola vez y que estos evolucionaban (adaptaban) continuamente de acuerdo a su medio ambiente.

Esta teoría fue adoptada por varios científicos de los **siglos 18** (1700s) y **19** (1800s), siendo el más famoso; **Charles Darwin** quien publicó su famoso libro "***El origen de las especies***" el 24 de noviembre de 1859, este es considerado uno de los trabajos precursores de la literatura científica y el fundamento de la teoría de la biología evolutiva.

Charles Darwin y el origen de las especies

La teoría del naturalista inglés **Charles Robert Darwin** (1809-1882), presentada en su libro "***El origen de las especies***" sugiere que todas las especies de seres vivos han evolucionado (y continúan evolucionando) de un antepasado común, o sea que todo ser vivo desciende de un solo ser original (posiblemente un microbio), en un proceso denominado **selección natural** y que este ha tomado millones de años. **[F]**

La **selección natural** (evolución) es el proceso a través del cuál los organismos mejor adaptados desplazan a los menos adaptados mediante la acumulación lenta de cambios genéticos a lo largo de las generaciones (**millones de años**).

Actualmente la ciencia acepta la teoría de evolución como un hecho y consideran la propuesta de **Darwin** como **la explicación más probable** sobre el origen y la diversidad de la vida en el planeta.

Debemos enfatizar que **esta teoría NO NIEGA la existencia de Dios**, aunque la mayoría de personas que están de acuerdo con esta hipótesis son ateos.

¿Es la evolución real?

Es importante reconocer que la **ciencia** del latín *scientia* o "conocimiento", es el razonamiento de ideas y conclusiones elaboradas mediante observaciones y pruebas, con el objetivo principal de **adquirir sabiduría**, y no como muchos creen que el propósito de la ciencia es "probar que Dios no existe."

En biología, **evolución** es el cambio en el material genético de organismos de una generación a la siguiente, de acuerdo a su necesidad, la **evolución es algo real**, que podemos apreciar en cada especie de vida, animal o vegetal.

Aunque estos cambios producidos **dentro de una generación** son pequeños (lentos), las diferencias se acumulan con cada generación que pasa y puede, con el tiempo, causar cambios importantes en la especie, que puede tener como resultado; **una nueva variedad de animal o planta**.

Estos cambios en el material genético (ADN) y físico (apariencia) de un animal o planta son conocidos en la ciencia como **mutaciones**, son generalmente producidos con el fin de adaptarse y poder sobrevivir en su medio ambiente.

Por ejemplo: la información genética en el ***Ácido DesoxirriboNucleico***, frecuentemente abreviado como **ADN** (en inglés **DNA**, *DeoxyriboNucleic Acid*) muestra que **la humanidad desciende de una sola especie** original, llamado por la ciencia "**Adán científico**" o "**Adán cromosomal-Y**", y con el tiempo ha continuado evolucionando (mutando) de acuerdo a su ambiente y necesidades **en diferentes especies** (razas) **humanas**, de estas las más extensas son; la raza india (Hindú), chinos (Asia), negra en África, y blanca en Europa. **[G]**

Este mismo fenómeno evolutivo existe en todo tipo de vida; planta o animal.

¿Está la ciencia o la evolución en contra de Dios?

Claramente NO, sin embargo, esa es la posición que muchos religiosos toman y sugieren incorrectamente a sus seguidores.
Esta fue la posición que la Iglesia Católica tomó por los pasados siglos; manifestándose en contra de cualquier proposición, política, social y aun científica que no mencionaba a Dios, y si la "idea" no había sido presentada o aprobada por la Iglesia o el Clero; **esta era acusada de herética o apóstata**.

Uno de los ejemplos más claros y lamentables, es el caso de la Iglesia contra **Galileo Galilei** y su teoría que planteaba "que la Tierra **NO** era el centro del universo" por la cual fue llevado a juicio en **1616**.

Por medio de los trabajos de **Galileo Galilei [H]** y **Nicolás Copérnico [I]**, la ciencia probó posteriormente que la convicción de la Iglesia estaba equivocada.

¿Significó este caso entonces que Dios no existe? **Por supuesto que NO.**

La Biblia en ninguna parte instruye al cristiano **oponerse a la ciencia** o avances en la tecnología humana, cuando se hace esto, lo único que se logra **es deshonrar al Creador**, esto es aun peor cuando NO tenemos la educación o entrenamiento para defender **nuestras creencias debidamente**.

La Biblia es sólo un libro espiritual, es una carta muy abreviada de **Dios** a nosotros, **para edificar nuestra Fe**, y **no es un manual enciclopédico**, ni tampoco (como hacen muchos); **un objeto para idolatrar ciegamente**.

En Génesis, Dios nos relata, **de la forma más simple**, cómo hizo la creación, y fue de esta manera para que nuestros antepasados lo comprendieran, Él no nos instruye como está compuesto nuestro **ADN**, ni qué tipos de moléculas contiene el agua, ni cuantos planetas tiene el Sistema Solar, etc.,etc.,etc.

Aunque la Biblia nos habla del primer hombre (Adán) no nos dice que hay personas de raza negra, asiática, hindú, etc., la Biblia tampoco nos dice cómo trabaja la electricidad, el cerebro humano o cuantas moléculas componen el elemento oxigeno, el agua, hidrógeno, etc., etc., la existencia de estas cosas no las hace satánicas por que no son bíblicas.

Es una insensatez de parte de los religiosos proponer que la Biblia contiene todas las respuestas a las interrogantes de la humanidad, cuando claramente se nos dice que la Biblia es una obra divina para **edificar nuestra Fe en Dios**.

15 y que desde la niñez has sabido las Sagradas Escrituras, las cuales te pueden hacer sabio para la salvación por la fe que es en Cristo Jesús.
16 Toda la Escritura es inspirada por Dios y útil para enseñar, para redargüir, para corregir, para instruir en justicia,
17 a fin de que el hombre de Dios sea perfecto, enteramente preparado para toda buena obra.

NT 2 Timoteo 3:15-17

En muchos casos hemos visto como los descubrimientos de la ciencia apoyan la existencia y el trabajo de Dios, por ejemplo, hasta hace unas décadas se creía que el universo era eterno, sin embargo la misma ciencia ha descubierto que no sólo **el universo tuvo un principio**. (*AT Génesis 1:3*), sino que este cambia y se expande continuamente. *AT Job 26:7*

Dios nos ha dado **los materiales básicos** para nuestra existencia, desde la asombrosa complejidad del ADN, hasta la absoluta armonía de condiciones y elementos aquí en la tierra, sin embargo, la herramienta más importante es **nuestra inteligencia**, esta misma cosa que incentiva la ciencia y que en lugar de rechazarla (ciencia) deberíamos usar **para acercarnos más a Dios**.

La Creación en la Biblia

La creación es la explicación en las Escrituras de cómo Dios (Yahvé) hizo la humanidad, la Tierra, la vida; **todo lo que existe en el universo**.
Debemos señalar que en general, cada cultura (religión) en el mundo tiene su propia teoría de cómo la humanidad y las cosas fueron creadas.

Según **Génesis**, Yahvé creó el mundo en **siete días divinos** (*NT 2 Pedro 3:8*), después hizo al primer hombre **Adán** y lo puso en el huerto del Edén, luego creó a la mujer; **Eva** (*Génesis 2:5-25*) y poco después Adán "conoció" a su mujer, la cual concibió y dio a luz a sus hijos **Caín** y **Abel** (*Génesis 4:1-16*), posteriormente sus descendientes poblaron la Tierra. *AT Génesis 5:1-32*

Esto es todo lo que necesitaban saber nuestros antepasados, los detalles de cómo Dios diseñó los átomos, el ADN, estrellas o planetas (*NT Hebreos 11:3*), ni en cuanto tiempo (*NT 2 Pedro 3:8*), **nadie lo sabe exactamente.**

Quien proponga que el mundo fue creado hace 6 mil o 6 millones de años, está basando su opinión en especulaciones sin ningún fundamento, porque **nadie puede probar con certeza la fecha de origen de la creación**.

Muchos religiosos **esclavizan a Dios** en la Biblia, y **rechazan que Él es capaz** de haber creado otras cosas a parte de lo que está escrito, aun cuando algunas de **Sus magnas creaciones** no están mencionadas en la Biblia, sin embargo **no podemos negar que existen**, como en el caso de la fuerza de gravedad, la radioactividad, el poder de la electricidad y millones de cosas más.

> *Porque en Él fueron creadas todas las cosas, las que hay en los cielos y las que hay en la tierra,* ***visibles e invisibles****.*
> **NT Colosenses 1:16-17**

Segundo; limitar o reprimir el enorme poder intelectual que Dios nos ha dado para investigar la grandeza de su creación (*AT Proverbios 2:6*), es simplemente **soberbia e insensatez religiosa**.

> *La sabiduría aventaja a la necedad, como la luz a las tinieblas.*
> ***AT Eclesiastés 2:13***

¿Y cómo son las cosas de Dios?; En el libro de Marcos, Jesús, después de comparar el **Reino de Dios** con la **Parábola del sembrador**, sus discípulos le preguntaron en privado qué significaba:

> *Y Jesús les dijo: —A vosotros os es dado saber el misterio del reino de Dios; pero a los que están fuera, por parábolas todas las cosas...*
> **NT Marcos 4:11 y Lucas 8:10**

Sólo unos pocos recibieron la oportunidad de entender por medio de Jesús **"el Misterio del Reino"**, nadie en la actualidad conoce ese misterio, y que alguien pretenda conocer todo sobre Dios; **es simple arrogancia insensata**.

Otras teorías creacionistas

Las teorías presentadas adelante, talvez inquieten a algunos cristianos, sin embargo, **estemos de acuerdo o no**, de la misma forma que es importante tener una **madurez espiritual**, así también lo es tener una **mente abierta** para escuchar nuevas ideas, algunas de estas teorías son planteadas con la sola intención de **demostrar la mano de Dios en la Creación**.

Tras la aceptación de la teoría de la evolución por el mundo en general, algunos defensores de la **Creación Divina**, han iniciado estudios científicos para demostrar que **sí hay un creador detrás de todo**, y aunque estas teorías no necesariamente están de acuerdo con la presentación literal del **libro de Génesis**, de todos modos, son proposiciones en defensa de la gran obra de Dios y la Fe Cristiana.

Algunas de estas ideas sugieren la posible intervención de un **SER** (Dios) técnicamente avanzado que al visitar nuestro primitivo planeta, "sembró o influyó" en la vida terrestre modificando el ADN humano, otros sugieren que citas bíblicas como cuando Dios dice: *"Sea la luz"* (**AT Génesis 1:3**), se refiere al momento en que el hombre **con la ayuda de Dios pudo obtener conciencia de sí**.

Los proponentes de las **teorías Creacionistas** de las que hablaremos más adelante, no son personas o entidades **en oposición a la ciencia**, ni mucho menos "apostatas", sino creyentes que trabajan en la búsqueda de la verdad, usando muchas veces la misma ciencia.

Debemos señalar que aunque estas teorías son propuestas por estudiosos y científicos creyentes y su intención es probar que Dios es el creador de todo, estas hipótesis, sin embargo; son rechazadas por la mayoría de grupos religiosos fundamentalistas (legalistas).

De estas, las **teorías Creacionistas** más destacadas son:

1. **La evolución Teísta**
2. **El Creacionismo Evolutivo**
3. **Creación del Diseño Inteligente**

1. La teoría de la Evolución Teísta

La Evolución Teísta es una forma de creacionismo que acepta la evolución, esta hipótesis postula que **Dios creó la vida** (humanidad) **con un propósito en su obra**, y que Él permite el proceso de la **evolución biológica** así como lo presenta en la actualidad la ciencia. **[J]**

La evolución teísta acepta casi en totalidad las teorías de la ciencia moderna actual y admite que no puede probar científicamente la existencia de Dios, pero si **invoca a Dios** para algunos hechos que se consideran fuera del ámbito de las ciencias naturales; como sería la creación del **alma humana**.

A partir de este postulado, las diferentes visiones de la evolución teísta varían en las creencias sobre **cómo, cuánto y cuándo Dios interviene** en el proceso de la creación del desarrollo de la vida.

La Evolución Teísta acepta que **la vida se ha ramificado y diferenciado** a través del proceso de **evolución natural** o los cambios en las especies de animales o plantas, **sin que Dios actúe directamente** en este desarrollo.

2. La teoría del Creacionismo Evolutivo

El Creacionismo Evolutivo es una forma de creacionismo **pro-evolución** que cree en la existencia de un creador y que **Él tiene un propósito en su obra**, y al igual que la evolución teísta, postula que **Dios hizo la creación** original y que (**Él**) **permite el proceso de evolución**. **[K]**

A diferencia de la "evolución teísta", el Creacionismo evolucionista postula **que Dios controla** el desarrollo y cambios (**evolución**) en la naturaleza y acepta que estos eventos han ocurrido en un **proceso de millones de años**, y no como algunos creacionistas plantean que tomo de 6 o 10 mil años.

El Creacionismo Evolutivo está de acuerdo hasta cierto punto con la teoría de **la evolución de Darwin**, la cual propone que el hombre era un animal sin conciencia y que **Adán** fue el primer **hombre espiritual**, o **ser consciente de su persona y que posee alma**.

La teoría de la Creación del Diseño Inteligente

La teoría del **Diseño Inteligente**, es un movimiento que sostiene el origen o evolución del universo, la vida y el hombre, son el resultado de acciones iniciadas de forma deliberada por un **SER** o **SERES** inteligentes. **[L]**

El diseño inteligente propone que el modelo científico de la evolución por selección natural planteada por la ciencia moderna, es insuficiente para explicar el origen, la complejidad y la diversidad de la vida en el planeta o el universo, ya que estos **están diseñados de una forma muy definida** y **armonizada** y que **es ilógico pensar que esto ocurrió al azar**.

El diseño inteligente indica que aun elementos básicos como el átomo que componen toda la materia en el universo; muestran un **diseño único, ordenado** y **superior**, (ingeniería) y argumentan que si alguno de estos elementos fuera ligeramente diferente, el universo sería completamente otro, probablemente haciendo **imposible la existencia** de muchos elementos químicos y las características **que permiten la vida**.

La teoría del **diseño inteligente** propone que para que la vida exista, hace falta la presencia de **un diseñador inteligente (Dios)**, que asegure que las condiciones requeridas estuvieran presentes en el momento adecuado produciendo el resultado que este diseñador había previsto.

La posición de la Iglesia sobre la Evolución

Nuevamente, las Escrituras no describen en lenguaje técnico o detallado cómo Dios hizo la creación, esto es así probablemente debido a la inmadurez humana de aquellos tiempos.

Recordemos que de la misma forma que no tenemos la obligación o necesidad de probar cómo o de que forma Dios completó o hizo la creación, tampoco tenemos porqué desafiar a la ciencia y sus teorías.

> **Porque por fe andamos, no por vista.**
> *NT 2 Corintios 5:7*

Debemos señalar que la **Iglesia Católica** mostró una gran madurez al escuchar y analizar este tipo de teorías, al promulgar en 1950, el "**Encyclical Humani generis**", del **Papa Pío XII** en el cual permite a creyentes estudiar las posibilidades de la evolución de la vida del planeta. **[M]**

Aun más, el 22 de octubre de 1996, El **Papa Juan Pablo II**, en su Mensaje a la **Academia Pontificia de las Ciencias**, declaró que:

> *La doctrina de la "evolución" debe ser considerada una*
> **hipótesis seria**, *digna de investigación y estudio en profundidad.* **[N]**

De todas las comunidades cristianas, es sólo la **Iglesia Católica**, la única entidad en el mundo que ha mostrado este tipo de iniciativa y tolerancia a la **propuesta de la evolución de la vida en la tierra**.

> *El corazón del inteligente adquiere sabiduría, y el oído de los sabios busca la ciencia.*
> ***AT Proverbios 18:15***

John Glen, el primer astronauta en orbitar la tierra, mientras admiraba nuestro planeta en el vasto universo, describió su experiencia así:

> *"Al contemplar este tipo de creación y no creer en Dios es imposible...*
> *Sólo fortalece mi fe. Desearía que hubieran palabras para describirlo."*

Supersticiones

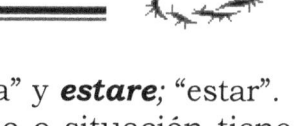

Superstición del latín *superstare* de *super-;* "sobre" o "arriba" y *estare;* "estar". **La superstición** es la creencia en que una cosa, fenómeno o situación tiene un poder mágico, es una fe desmedida o valoración excesiva respecto a algo, **La superstición** es considerada por **comunidades educadas** como **absurda**.

Las supersticiones en general se originan del **sentimiento de incertidumbre** o la **preocupación**, en el "*qué nos traerá (depara) el futuro*", muchas de estas creencias son "heredadas" culturalmente de antiguas tradiciones populares. **Personas supersticiosas** creen que ciertas acciones (voluntarias o no) como pasar debajo de una escalera, derramar sal, pasar frente a un gato negro, hechizos, maldiciones y otros rituales; **influirán en sus vidas**.

Se consideran supersticiones aquellas disciplinas que la comunidad científica llama **pseudo-ciencias** (del griego *pseudo*; "falso") tales como la adivinación, la astrología, la cartomancia, el curanderismo, el espiritismo, el feng-shui, la geomancia, la magia, la quiromancia, el tarot, etc.

> NOTA: algunas **disciplinas científicas** en el pasado estaban mezcladas con lo que ahora es considerada **superstición**, por ejemplo, la **astrología** era una ciencia hasta hace unos 200 años cuando se separó de esta la **astronomía** la cual es **una ciencia legitima** en la actualidad y completamente diferente, de la misma forma, de la **alquimia** surgió la **química**, etc.

Debido a que la Biblia nos instruye a **evitar la superstición**; muchos creyentes viven "**obsesionados en evadir esas cosas**" y de lo que ellos consideran pagano, rehusando aun tocar o poseer desde candelas (velas), campanitas de viento (*windchimes*), espejos quebrados, etc., muchos se "aterrorizan" o se comportan irracionalmente al estar en la presencia de estas cosas.

Irónicamente esa "**reacción temerosa**" hace a estos creyentes supersticiosos.

Ese "temor irracional" obviamente sólo demuestra **una débil Fe** y **falta de confianza de que Dios es superior** a cualquier entidad, persona, espíritu u otra cosa terrenal. *AT Salmos 27:1*

Un cristiano debe saber que **la superstición** es sólo una **fe ignorante**, **vacía**, y no debemos dejarnos "intimidar o controlar" por esas cosas.

> *20 Ustedes han muerto con Cristo y ya no están sujetos a los poderes que dominan este mundo. ¿Por qué, pues, viven como si todavía fueran del mundo, sometidos a reglas tales*
> *21 como: "No toques eso, no comas aquello, no lo tomes en tus manos"?*
> *22 Todas estas reglas tienen que ver con cosas que se acaban con el uso, y sólo son mandatos y enseñanzas de hombres.*
> ***NT Colosenses 2:20-22***

La superstición en el Cristianismo

La superstición es común en el mundo y aun creyentes caen en este error, por ejemplo; a pesar que la Biblia **prohíbe la adivinación**, muchos grupos cristianos cometen **el error de practicar este tipo de superstición**, haciendo conjeturas y augurios para pronosticar **el día** del **regreso de Jesús**, aunque Él claramente nos dijo que NADIE sabía cuando sería ese día.

> *Pero del día y la hora nadie sabe, ni aun los ángeles de los cielos, sino sólo mi Padre.*
> **NT Mateo 24:36**

Aunque es muy importante que entendamos que **la Biblia condena** la practica de la idolatría, hechicerías (**NT Gálatas 5:19-21**), supersticiones como la astrología (**AT Deuteronomio 4:19**), la magia, la adivinación y la brujería (**AT 2 Reyes 21:06, AT Isaías 2:06, NT Apocalipsis 22:15**), esto **No significa que un cristiano deba vivir intimidado por estas cosas**, ya sean candelas(velas), espejos rotos, gatos negros, festividades, etc., etc., etc.

Recordemos que **todo lo que existe**; **ha sido creado por Dios**, de acuerdo a esto; **nada en este mundo es pagano**.

> *Todas las cosas por medio de Él fueron hechas, y sin él nada de lo que ha sido hecho fue hecho.*
> **NT Juan 1:3**

Sin embargo, Si crees que tu fe es débil y existe el "peligro de caer", definitivamente debes evitar cualquier tipo de influencias malignas incluyendo supersticiones, en momentos de duda, recuerda esta oración:

> *El Señor es mi luz y mi salvación, **¿de quién podré tener miedo?**
> El Señor defiende mi vida, **¿a quién habré de temer?***
> **AT Salmos 27:1**

> *Someteos, pues, a Dios; **resistid al diablo, y huirá de vosotros**.*
> **NT Santiago 4:7**

¿Debe un cristiano celebrar Halloween?

Halloween, es una contracción del vocablo inglés ***Hallows' Eve*** (Holly's Eve), que significa "**Noche de los Santos**", y erróneamente traducida al español como "***noche de brujas***", es una fiesta **muy popular en países anglosajones** de **tradición Protestante**, sin embargo cada día más es adoptada por naciones de **tradición Católica** (latina), algunos cristianos rechazan esta celebración convencidos que **Halloween es una fiesta satánica** establecida para "adorar espíritus malignos y promover la maldad."

Halloween; su historia

Muchos historiadores señalan que **Halloween** es una **fiesta pagana**, la cual tiene sus raíces en **la festividad de origen celta** (norte de Europa), llamada **Samhain**, y celebrada **en la noche del 31 de octubre [A]**, esencialmente en Estados Unidos, Canadá, Irlanda e Inglaterra, pero en las últimas décadas ha comenzado a influir en países de tradición católica, como en **Latino América**.

Originalmente **Halloween**, (**Hallows' Eve** o "**Noche de Santos**") era una **celebración de la Iglesia Católica** en honor a los Santos y predicadores, mártires de las pasadas persecuciones **durante siglos de Evangelización**, la Iglesia a veces pedía "donaciones" para orar (rezar) por el perdón de los muertos, una dadiva **similar a las indulgencias**, apoyándose en citas bíblicas como la del **Segundo libro de Macabeos** (Biblia Vulgata). **[B]**

> *Después recogió unas dos mil monedas de plata y las envió a Jerusalén, para que se ofreciera un sacrificio por el pecado. Hizo una acción noble y justa, con miras a la resurrección.*
>
> **AT 2 Macabeos 12:43**

Sin embargo años después de ocurrida la **Reforma**, **la Iglesia Protestante** poco a poco comienza a rechazar el credo y tradiciones católicas, sobre todo las creencias que se apoyaban en los **Libros Deuterocanónicos**, los cuales fueron excluidos de las **Biblias Protestantes** por los reformadores, una de estas celebraciones fue **la Noche de todos los Santos**, llamada a veces "**Día de los Muertos**", una festividad que después del primer milenio ya incluía a todos los fallecidos cristianos y no sólo a **los mártires del Evangelio**.

Halloween; Su historia

La base de la **Iglesia Protestante** estaba en los **países anglosajones**; Alemania, Francia, Holanda, casi todo el norte de Europa, pero sobre todo en **Inglaterra**, fuera del "control" del Vaticano, es aquí donde la fiesta moderna de **Halloween** tiene su inicio como un "**acto de burla**" a la fiesta católica de la "**Noche de todos los Santos**", la cual se celebra cada año en **Noviembre 1 y 2. [C]**

Aunque Protestantes no le cambian el nombre (*Hallows' Eve*), la celebran un día antes; en **Octubre 31**, y le agregan elementos paganos de la fiesta **Samhain**.

⇨ Vea **Libros Deuterocanónicos** en página **190** para más información.

Pintura **c. siglo XVIII** (1700s)

La fiesta **Samhain** es un festival pagano celebrado en **naciones celtas** (anglosajonas), por más de 2000 años, se practicaba al final de la temporada de cosechas y era considerada como el "***Año Nuevo Celta.***"

Elementos de esta fiesta (**Samhain**), se le agregan a **Halloween**, con el tiempo llegó a ser un evento social muy popular entre la aristocracia europea y aunque no fue practicada "oficialmente" en los países anglosajones; era claramente una burla al "día de los Santos", la **Fe Católica** y a la tradición de las naciones latinas.

Halloween; En el presente

Aunque **en países católicos** la fiesta de **Halloween por años fue inexistente**, debido a la influencia de la cultura y comercio estadounidense (americano), esta festividad se hace cada día más popular.

Así mismo es frecuente escuchar a muchos cristianos afirmar que este evento es una de las "**artimañas de Satanás**", quien deliberadamente "*disfraza las cosas más nocivas en **cosas que aparentemente son inofensivas***", y aunque si es cierto que el "Halloween" tiene elementos paganos, estos han sido agregados en los últimos siglos, y es a éstas características actuales, a las que muchos cristianos tienen temor, sin embargo este temor **es debido a la falta de conocimiento histórico de la fecha o conmemoración original**.

Debemos reconocer que **muchos celebran Halloween ingenuamente**, sin importarles el origen de esta fiesta, es importante comprender que **no podemos ni debemos juzgar a nadie** (*NT Mateo 7:1-2*), y antes de nada, debemos estar seguros que **Dios estableció y es dueño del universo** (*AT Salmos 99:2*), y todo lo que existe en éste, **una persona de Fe no tiene porqué temerle** a ninguna cosa, sea o no pagano.

Un cristiano verdadero debe estar siempre **convencido que el SEÑOR** es más grande y poderoso que todas las cosas del mundo. *AT Éxodo 18:11*
Temer a dioses o cosas paganas es sólo **señal** de una **débil fe** o **falsa doctrina**, "*Por tanto, nadie os critique en asuntos de comida o de bebida, o en cuanto a días de fiesta, luna nueva o sábados.*" *NT Colosenses 2:16*; *AT Nehemías 8:10*

Entonces, ¿Puede un cristiano celebrar Halloween? ¿Hay algo malo en vestirse como princesa o Batman e ir alrededor de la cuadra pidiendo dulces? No, no hay nada malo en eso, ya que en el presente nadie celebra Halloween para idolatrar o invocar a Satanás, brujas, vampiros, etc., ni mucho menos nadie participa en esta fecha con la motivación de "burlarse" de las tradiciones o de los mártires y difuntos de la Fe Católica.

Sectas Religiosas

Secta, del Latín *secare* o *segare* que significa "cortar" o "segar", también se usa para indicar *parte* o *sección*, *sectario, sector*, *división*, etc.

El término "**sectario**" o "**separado**" se usaba en la antigüedad para referirse a los pupilos o seguidores **de un filósofo**.

En el presente, "**secta**" es usado popularmente para referirse a un **grupo religioso radical**, en países de habla inglesa se usa el término *"culto."* **[A]**

"**Secta**" es también usada frecuentemente en forma despectiva por creyentes de un grupo religioso para señalar a otro que no comparte las mismas creencias o interpretaciones de la Biblia, sin que este sea necesariamente un grupo radical.

Los seguidores de Jesús fueron llamados "***Secta de los Nazarenos***":

> *Hemos encontrado que este hombre es una calamidad, y que por todo el mundo anda provocando divisiones entre los judíos, y que es cabecilla de la **secta de los nazarenos**.*
>
> ***NT Hechos 24:5***

En la Iglesia primitiva se usó el término "**secta**" para referirse a grupos cristianos fuera de **la Iglesia Universal** (*Iglesia Católica*), como el caso de la secta de los *gnósticos*, los *arrianos*, *ebionitas*, etc.

Desde **el año 325 d.C.**, hasta el **1054 d.C.**, la Iglesia Católica fue la única congregación cristiana en el mundo, sin embargo en **1054 d.C.**, ocurre el **Gran Cisma de Oriente y Occidente** en el cual se separa la **Iglesia Católica Romana** y la **Iglesia Católica Ortodoxa**, las dos entidades se acusaron mutuamente como **herejías** y **falsas doctrinas** (sectas).

En el año **1517 d.C.**, ocurre la **Reforma Protestante**, la Iglesia católica se vuelve a dividir en docenas de pequeñas congregaciones, las cuales fueron calificadas de "**sectas**" por el catolicismo.

Sectas radicales modernas

En la actualidad existen centenares de **congregaciones cristianas**, y aunque en su mayoría son **iglesias legítimas** al **servicio honesto del Evangelio**, entre estas también existen "**sectas religiosas radicales.**" **[B]**

Y aunque muchas de estas sectas son inofensivas, siendo su misión principal propagar **sus propias interpretaciones bíblicas**, o viven en busca de **lucro** o la ganancia financiera, existen sin embargo, grupos que tienen agendas y objetivos extremos o malignos. **[C]**

¿Cómo reconocer una secta religiosa o un culto?

En el Cristianismo establecido, se consideran como "sectas" a los grupos u organizaciones religiosas que potencialmente pueden ser peligrosas o problemáticas para individuos o la sociedad, sobre todo si están alejadas de **la ortodoxia teológica** (cristianismo convencional).

Prácticamente **todas las sectas** o cultos tienen ciertas características que **identifican su cualidad radical**, por ejemplo: [1]

El líder (liderazgo) **de la secta** exige de sus adeptos una sumisión absoluta a su mando y creencias como único **representante legitimo de Dios** e intimidan al seguidor que si no están con la secta; **están con Satanás**.

El afecto físico y **la constante atención** de los miembros de la secta pueden dar una falsa sensación de hermandad, esto duerme o paraliza el mecanismo de defensa de la persona y hace el control del individuo mucho más fácil.

El líder (liderazgo) **de la secta exige fidelidad completa**, si un seguidor tiene familia o amigos que no son miembros o no aprueban la secta, el seguidor **debe mantener contacto mínimo** o **eliminar** completamente cualquier tipo de trato con ellos.

Muchas sectas crean una fuerte expectativa (**temor**) en sus miembros sobre "**el fin del mundo**" y el regreso de Cristo, llegando al extremo de proponer fechas especificas de este evento para tener a la membresía controlada.

Según el líder (liderazgo) de la secta; "**el mundo los persigue**" porque ellos son los "*escogidos de Dios*", ya que son "los únicos" que han permanecido fieles a lo que Dios quiere y sólo aquellos que se mantengan fieles a las doctrinas del grupo, podrán lograr la "salvación" o "el paraíso".

El líder (liderazgo) **de la secta** sugiere que la vida será más pura y fácil sí los miembros viven **en un campamento o comuna**.

El líder (liderazgo) **de la secta** tolera solamente la literatura publicada por el líder (liderazgo), sugiere y advierte que otros medios de información desvían de la "verdad" o que están controlados por Satanás.

Sugieren que todos o parte de los bienes e inmuebles deben ser "donados" al líder (liderazgo) **de la secta**, y entre más grande la "**donación**" más "bendiciones" recibirá el seguidor.

Cualquier **medio de información**, **radio**, **TV**, **film**, **Internet**, etc., son señaladas como "herramientas de Satanás."

La secta predica **un evangelio similar** al **de Jesús** (***NT Mateo 22:34-40***), con la diferencia que cuando se refiere a: "*Amaras a Dios sobre todas las cosas*", esto equivale "amaras al líder, liderazgo o doctrina sobre todas las cosas", y "*Amaras a tu prójimo como a ti mismo*" significa: "Amaras solamente a los miembros "hermanos" de la organización" (secta).

En casos extremos, estas sectas pueden rechazar la **autoridad de las Sagradas Escrituras** (originales) y producir **sus propias traducciones** o aún libros nuevos o "de ayuda", **para justificar sus creencias**.

El líder (liderazgo) **fiscaliza o controla** todos los movimientos de los miembros, desde la forma de vestir, con quién se debe casar, su estado financiero, etc., sin embargo el líder (liderazgo), **no se somete al mismo escrutinio** que los seguidores, **muchas veces mantienen una "sociedad anónima."**

Aunque el líder (liderazgo) **de la secta** promueve una "hermandad ejemplar" ayudándose entre miembros y a personas que quieren reclutar, sin embargo, **muy pocas veces ayudan a personas que no son miembros de la secta**, aun en casos de tragedia general.

Impiden que el creyente tenga **individualidad personal**, esta característica es el enemigo principal de las sectas, ya que puede estimular que la persona cuestione o se informe y con esto, **al darse cuenta de la falsa doctrina; la rechace.**

Muchas sectas infunden miedo con amenazas de juicios y penalidades a los miembros que se relacionan con personan **que cuestionan** o **han sido expulsados** de la secta, no importa si estas personas rechazadas son familiares o amigos cercanos.

Algunas sectas tienen **una obsesión con el libro del Apocalipsis** y otros libros escatológicos (que anuncian el juicio final), haciéndoles creer a sus seguidores que no solamente ellos tienen la capacidad de interpretar, sino que **poseen la autoridad** de **escoger los que serán salvos**.

El líder (liderazgo) controla en cuestiones de moral o creencias personales.

Algunas sectas estafan a los miembros con **largas horas de trabajo**, otras usan la **explotación sexual** o **abuso sexual de mujeres y niños**.

Se le da culto al líder (liderazgo) y control total sobre los miembros, tanto física como psicológicamente.

Se puede usar la violencia o **abierta intolerancia** hacia otras iglesias o la **prohibición de asistir a congregaciones** diferentes, ni siquiera para comparar la veracidad de creencias o literatura.

Incitan conflictos familiares, en personas que no cumplen con la doctrina o han abandonado el grupo y se induce a los miembros de la secta a repudiar a veces hostilmente al desertor.

Sugieren a miembros **no educarse**, evitar **procedimientos médicos** vitales, visitar al doctor y aun miembros de la familia que no pertenecen a la secta.

Las **sectas religiosas** generalmente adoptan creencias "manipulando" versículos bíblicos **en forma arbitraria, con el solo objetivo de "ser diferente"** a las demás iglesias, muchas veces estas creencias pueden ser perjudiciales para la salud o vida de los seguidores, es por este motivo, que estos grupos tienden a ser o mantenerse pequeños. **[2]**

¿Cómo abandonar una secta religiosa?

Antes que nada, **es importantísimo que la persona reconozca que está en una secta o grupo religioso** abusivo o peligroso. **[1] [2]**

Recordemos que **la manipulación de información en una secta es estricta**, así como también el control moral (lavado de cerebro) a sus miembros, lo que puede prevenir que una persona busque ayuda o tenga miedo a buscarla.

El primer paso antes de hacer frente a este problema es educarse, es imprescindible reconocer que **nadie está libre del peligro de las sectas** religiosas, **sobre todo en momentos de necesidad espiritual**.

Debemos tener presente que la iglesia que predica **el Evangelio verdadero**, siempre tiene primero **los Dos Mandamientos de Jesús** (*NT Mateo 22:34-40*), esto es *Amar a Dios sobre todas las cosas*; --**NO** al líder, doctrina o liderazgo del grupo, y *Amar a tu prójimo como a ti mismo*; --**NO** solamente a los miembros o "hermanos" del grupo.

La re-educación espiritual no debe ser forzada, pero debe ser **seria**, **abierta** y **completa**, que le permita o estimule al adepto la búsqueda de **información en diferentes medios**, para **que la corrobore** y comprenda que es verdadera, sin arbitrariedades y sin manipulaciones.

Algunos pasos a seguir:

Si el adepto necesita ayuda pero está inseguro por las "consecuencias" debemos reconocer que será algo que requerirá mucho esfuerzo y constancia, es necesario el apoyo de la familia y de amigos, ya que pueden ser de mucha ayuda y a veces determinantes.

No se le debe informar a nadie en la secta que el adepto desea salir, ya que ellos harán todo lo posible para convencerlo de quedarse.

Habrá que tener paciencia con el adepto, como víctima, ha estado sometido a todo tipo de técnicas de manipulación mental, recuerde que sus actitudes y respuestas están **programadas para rechazar cualquier opinión distinta**.

Nunca debemos cortar la comunicación con el adepto, nosotros somos la cuerda que lo une al exterior y a su estabilidad espiritual.

Debemos recopilar toda información posible sobre la secta para saber "que piensa" el adepto y poderlo ayudar adecuadamente.

En casos extremos es necesario acudir a los expertos, debido a la gravedad de este problema, ya existen grupos de apoyo en la mayoría de países.

¿Debe un hombre usar el pelo largo?

Aunque el tema de "qué largo debe usar un hombre el cabello" es un punto de debate entre algunos **grupos cristianos modernos**, este fue un asunto de muy poca importancia en el **Ministerio de Jesús**.

Sin embargo, **el Apóstol Pablo**, debido a influencias romanas, ya que creció bajo este imperio, sí hace un comentario a la **Iglesia de Corinto** sobre la forma correcta (romana) **de usar el cabello**.

A diferencia de la "globalización" de la moda o ética moderna, en la antigüedad, incluyendo los tiempos de Cristo, cada cultura tenía sus propias tradiciones y costumbres, incluyendo la forma de usar el cabello, la cual variaba de nación a nación.

El cabello del hombre en la cultura Judía (Israel)

Aunque en el **Antiguo Testamento** no hay ley que especifique como el hombre debe usar el cabello, las Escrituras claramente señalan que para los **días de comunión**, **de voto** o una **promesa a Dios**, era muy importante que el hombre **se dejara crecer o tuviera el cabello largo**.

*Durante todos los días del voto de su nazareato no pasará navaja sobre su cabeza. Será santo hasta que se cumplan los días por los cuales se apartó a sí mismo para el SEÑOR; **se dejará crecer el cabello**.*
AT Números 6:5

*Entonces hizo voto y dijo: "OH SEÑOR de los ejércitos, si te dignas mirar la aflicción de tu sierva, te acuerdas de mí y no te olvidas de tu sierva, sino que das un hijo a tu sierva, **yo lo dedicaré al SEÑOR por todos los días de su vida y nunca pasará navaja sobre su cabeza.**"*
AT 1 Samuel 1:11

La Biblia también nos relata la historia de **Sansón** (*AT Jueces 16*), ocurrida cerca del **siglo 12** (1200 años antes de Cristo), Sansón fue uno de los últimos jueces de los antiguos hijos de Israel, célebre por su fuerza sobrehumana, Sansón fue un *Nazareo* (hombre consagrado a Yahvé) desde antes de nacer y por esta condición nunca debía cortarse el cabello pues ahí estaba su fuerza.

La Biblia relata que **Sansón se enamoró de Dalila** (*AT Jueces 16*), ella fue usada por los filisteos (enemigos de los judíos), para que investigara donde estaba la fuerza de Sansón, ante la insistencia y el amor que él sentía por ella, Sansón se lo dijo, los filisteos le cortaron el cabello mientras él dormía, así se rompió el pacto que él tenía con Dios. *AT Jueces 16:15-22*

IMPORTANTE: No confundir el término "*Nazareno*" de Nazaret con "*Nazareo*" el cual en hebreo antiguo significa "***Hombre Consagrado a Yahvé***".

Los "Nazareos" eran hombres DEVOTOS que se abstenían de vino u otras bebidas embriagantes (y de sus vinagres e incluso de uva), no se cortaban el cabello y poseían una fuerza espiritual especial.

Las reglas para ser *Nazareo* están descritas en *AT Números 6:1-21*

El cabello del hombre durante el tiempo de Jesús

Los estilos o corte de cabello en el hombre entre las costumbres romanas durante **el tiempo de Jesús (primer siglo)**, eran diferentes a las costumbres hebreas, vea el ejemplo de bustos de famosos emperadores romanos:

| César Augusto | Calígula | Tiberio | Nerón |
| (63 a.C.-14 d.C.) | (12-41 d.C.) | (10 a.C.-54 d.C.) | (37-68 d.C.) |

Es de esta misma manera **al "estilo romano"** que en algunas gráficas representan a Jesús en la actualidad, la cual, es según a las instrucciones del Apóstol Pablo de Tarso que señala; *"La naturaleza misma ¿no os enseña que **al varón le es deshonroso dejarse crecer el cabello?"** NT 1 Corintios 11:14*

Sin embargo recordemos que a diferencia de la cultura judía (y Cristo); **Pablo** creció **siendo ciudadano romano** y bajo las tradiciones e influencias del imperio. *NT Hechos 22:27-28*

⬅ ***Dibujo moderno de Jesucristo romanizado***

Para la comunidad israelita el cabello largo en el hombre tenía una importancia espiritual muy especial, ya que significaba desde **promesas** hasta **pactos con Dios**, y el hecho de *"pasarse la navaja"* o cortarse el pelo era **considerado una desgracia** (castigo divino) o **penitencia**.

*Por eso aquel día, el Señor, DIOS de los ejércitos, los llamó a llanto y a lamento, **a raparse la cabeza** y a vestirse de cilicio.*
AT Isaías 22:12

*28 Entonces les dirás: **"Esta es la nación que no escuchó la voz del SEÑOR** su Dios, ni aceptó corrección; **ha perecido la verdad**, ha sido eliminada de su boca.*
*29 **Córtate el cabello y tíralo**, Y entona una endecha en las alturas desoladas; Porque el SEÑOR ha aborrecido y dejado a la generación objeto de su ira!*
AT Jeremías 7:28-29

Obviamente Jesús vivió de acuerdo a las normas de la sociedad judía durante su vida en la tierra, y posiblemente usó su cabello largo de la misma forma que **dibujos y grabados de los últimos 20 siglos describen**.

Sin embargo, es importante señalar que en ninguno de los cuatro libros del Evangelio, (**Ministerio de Jesús**), NO EXISTE una descripción física de Jesús ni tampoco hay especificación alguna de cómo el hombre o la mujer debe usar el cabello, debido a esto **es erróneo suponer que Jesús adoptó las costumbres romanas** y que Él usó el cabello corto.

Es años **después de Cristo** que **Pablo de Tarso** habla sobre de la longitud del cabello una sola vez, en una de las cartas a la **Iglesia de Corinto**.

> *14 La naturaleza misma ¿no os enseña que **al varón le es deshonroso dejarse crecer el cabello**?*
> *15 Por el contrario, a la mujer dejarse crecer el cabello le es honroso, porque en lugar de velo le es dado el cabello.*
> **NT 1 Corintios 11:14-15**

Obviamente las cartas de Pablo a los cristianos de Corinto reflejan los desafíos que enfrentaba la Iglesia en sus inicios, sobre todo porque la comunidad étnica de Corinto siendo una ciudad griega y bajo el imperio romano, tenía costumbres muy diferentes a las tradiciones judías.

Entonces; **¿Usó Jesús el cabello largo?**, la respuesta depende de lo que se considera correcto de acuerdo a las costumbres hebreas (judías) de su tiempo, o a las costumbres de la sociedad actual.

> *Pues concebirás y darás a luz un hijo. **No pasará navaja sobre su cabeza**, porque **el niño será nazareo para Dios desde su nacimiento**, y comenzará a salvar a Israel de manos de los filisteos.*
> **AT Jueces 13:5**

Aunque el uso del cabello (la longitud) en la mujer y el hombre ha **variado mucho en los pasados 2000 años**, como lo podemos confirmar en documentos (dibujos, fotos) históricos, así mismo, muchos grupos cristianos modernos tienden a seguir las corrientes culturales de la época o sociedad.

En el presente; lo "correcto" es que un hombre use el cabello corto y la mujer el cabello largo, no obstante, **de ninguna forma el cabello largo o corto** hace a una persona mala o buena, ni mucho menos **tenemos la autoridad** de **juzgar a nadie por su apariencia o conducta.** *NT Mateo 7:1*

> *Pero el SEÑOR dijo a Samuel: "No mires a su apariencia, ni a lo alto de su estatura, porque lo he desechado; porque Dios no ve como el hombre ve, pues **el hombre mira la apariencia exterior, pero el SEÑOR mira el corazón**."*
> **AT 1 Samuel 16:7**

Por último, que Jesucristo usó el cabello largo o no; fue un asunto **completamente irrelevante** en Su **Ministerio**.

La Biblia y la inmigración ilegal

Obviamente, en tiempos bíblicos no existía la clasificación a personas de "**indocumentados**" o "**ilegales**" para denominar a extranjeros sin permiso dentro una nación o comunidad.

Según las Escrituras, **en Israel** las personas de otras comunidades eran conocidas simplemente como **extranjeros**, y aun en esos tiempos ellos estaban protegidos por leyes **decretadas por Dios a los hebreos**:

> *17 "**No torcerás el derecho del extranjero** ni del huérfano, ni tomarás en prenda la ropa de la viuda,*
> *18 sino que **te acordarás de que fuiste siervo en Egipto** y que de allí te rescató el SEÑOR, tu Dios. Por tanto, **yo te mando que hagas esto**.*
> *AT Deuteronomio 24:17-18*

Sin embargo, aun en este mundo moderno donde tanto ha luchado la humanidad **para dejar atrás deplorables y nefastos comportamientos**, como el odio, intolerancia, racismo, segregación, superioridad, egoísmo, etc., todavía **existen personas con esas conductas prejuiciosas** y que no pierden la oportunidad de promover la discriminación y el odio entre seres humanos por motivos de raza, sexo, nacionalidad, etc.

Estas conductas nos hacen recordar los terribles tiempos de la segunda guerra mundial cuando el gobierno **nazi en Alemania degradó los "privilegios de ciudadano"** a personas alemanas por **ser extranjeros**, en especial a la comunidad judía.

Es una pena, que aunque existan leyes para proteger los derechos básicos de todo ser humano, sobre todo en países culturalmente avanzados, como es el caso de los Estados Unidos, Europa, etc., inmigrantes todavía sufran degradación por su condición de "indocumentados" por parte de **personas** o **grupos prejuiciosos e intolerantes**, es importante señalar que este tipo de conducta es típico de personas sin educación, ignorantes e inmaduros.

Inmigrantes no sólo tienen que soportar la discriminación y abuso en lugares de trabajo, ser el "chivo expiatorio" de políticos oportunistas e inescrupulosos; sino lamentablemente también humillación en el lugar **que se supone debe estar libre de prejuicios terrenales** (mundanos); esto es en los lugares de reunión de algunos grupos religiosos llamados "cristianos."

¿Es esta conducta parte del Evangelio de Jesucristo? *NT Mateo 22:39*

> *33 »**Cuando el extranjero habite con vosotros en vuestra tierra, no lo oprimiréis.***
> *34 Como a uno de vosotros trataréis al extranjero que habite entre vosotros, y **lo amarás como a ti mismo**, porque extranjeros fuisteis en la tierra de Egipto. Yo, **Yo soy el SEÑOR su Dios**.*
> *AT Levítico 19:33-34*

Cristianos de segunda clase

Algunos grupos religiosos extremistas en **Estados Unidos** obligan a sus adeptos de origen extranjero a declarar **su estado legal** y en el caso que alguno de ellos no tenga la documentación para estar en el país, le "**reducen los privilegios de participación**", a tal grado que no pueden tener cargos importantes o participar de los eventos del grupo religioso.

Esta "política" está en contra de los Mandatos divinos que tratan sobre extranjeros, en los cuales Dios demanda que respeten los derechos de estos, sin condiciones de ningún tipo, sin importar su estado social.

> *14 **No hagas agravio** al jornalero pobre y menesteroso, así de tus hermanos como **de tus extranjeros** que están en tu tierra en tus ciudades:*
> *15 En su día le darás su jornal, y no se pondrá el sol sin dárselo: pues es pobre, y con él sustenta su vida: **porque no clame contra ti al SEÑOR, y sea en ti pecado**.*
> *AT Deuteronomio 24:14-15*

Estos "supuestos grupos cristianos", **dan mayor valor a la ley del hombre** que a los Mandamientos de Dios, predicando un evangelio de discriminación.

> *7 Hipócritas, bien profetizó de vosotros Isaías, diciendo:*
> *8 Este pueblo de labios me honra; Mas su corazón lejos está de mí.*
> *9 **Mas en vano me honran, Enseñando doctrinas y mandamientos de hombres.***
> *NT Mateo 15:7-9*

Para estos grupos "cristianos" no sirve de nada el ejemplo que Jesús nos dio cuando conversó con la mujer samaritana, algo que era inaceptable para las políticas de la época (**NT Juan 4:1-26**), o el caso de Pablo al tratar de solucionar el problema del esclavo **Onésimo**, que a pesar de haber roto las leyes, Pablo pide que se le trate como un hijo. **NT Filemón 1:8-21**

Debemos señalar que emigrar a un país ilegalmente es violar las leyes de esa nación, de ninguna forma un cristiano debe violar ninguna ley, sin embargo, **Jesús nos comanda a NO juzgar a nadie**, **NI AUTORIZA** a ningún cristiano **a servir como agente de gobierno y "ejercer" la leyes del hombre** dentro de la comunidad cristiana.

> *8 Si en verdad cumplís la Ley suprema, conforme a la Escritura: «**Amarás a tu prójimo como a ti mismo**», bien hacéis;*
> *9 pero si hacéis acepción de personas, cometéis pecado y quedáis convictos por la Ley como transgresores...*
> *NT Santiago 2:8-9*

Si una persona desobedece alguna ley terrenal, en este caso de inmigración, esta es responsabilidad del gobierno corregir dicho problema.

> *Jesús dijo: —Dad, pues, a César lo que es de César, y a Dios lo que es de Dios.*
> *NT Mateo 22:21*

Sección VIII - Que dice la Biblia acerca de... 392

¿Debe ser primero la ley del hombre?

Debo señalar que estos grupos "cristianos" defienden su "postura legalista" de prejuzgar y "reducir privilegios" a los miembros indocumentados y tratarlos como **ciudadanos de segunda clase** apoyándose en versículos como.

> *1 Sométanse a las personas que ejercen la autoridad. Porque no hay autoridad que no venga de Dios, y las que existen, fueron puestas por Él*
> *2 De modo que quien se opone a la autoridad, a lo establecido por Dios resiste; y los que resisten, acarrean condenación para sí mismos.*
>
> **NT Romanos 13:1-2**

Obviamente este y otros versículos similares se refieren a cuestiones de revelación contra el gobierno, de ninguna forma se refiere a discriminar a un cristiano a participar en un servicio por su estado inmigrante.

Curiosamente, algunos de estos grupos religiosos han sido considerados **"ilegales"** en otros países por sus creencias radicales, sin embargo, han continuado reuniéndose en contra de las leyes de esas naciones, con esto probando que "utilizan" la Biblia y leyes terrenales **de acuerdo a su conveniencia y en forma arbitraria**.

Lo más lamentable es que estos grupos religiosos discriminan a sus propios miembros, cuando **NI SIQUIERA la ley del hombre prohíbe** a una persona (indocumentada) hablar o la libertad de expresión **en ninguna circunstancia**. Como cristianos deberíamos de reconocer **antes de nada**; que el hecho de viajar de forma **"ilegal"** es un trauma muy serio para muchos, este sacrificio no es realizado deliberadamente para "violar la ley", sino con el objetivo de poder llevar comida y quizás un mejor futuro a sus familias.

Es **simplemente penoso** que después de pasar por tanta angustia, un hermano busque apoyo espiritual de **cristianos** y un **Dios Misericordioso** (**NT Santiago 5:11**), en cambio, sean recibidos con este tipo de discriminación por parte de estos "religiosos legalistas". **NT Gálatas 2:4-6**

> *Respondiendo Pedro y los apóstoles, dijeron: —***Es necesario obedecer a Dios antes que a los hombres***.*
>
> **NT Hechos 5:29**

Dios no hace acepción de personas

Es el hombre y sus ideologías las que discriminan; **Dios te ama**, **donde estés**, **como estés**, no te decepciones sí has sufrido humillación; busca a Dios en la iglesia donde **SUS MANDAMIENTOS SEAN SIEMPRE PRIMEROS**.

> *10 en cambio, gloria, honra y paz a todo el que hace lo bueno: al judío en primer lugar y también al griego,*
> *11 **porque para Dios no hay acepción de personas**.*
> *12 Todos los que sin la Ley han pecado, sin la Ley también perecerán; y todos los que bajo la Ley han pecado, por la Ley serán juzgados...*
>
> **NT Romanos 2:10-12**

La discriminación a cualquier persona (extranjeros); es prohibida por Dios.

*17 porque el Señor su Dios es el **Dios de dioses y Señor de señores**, Dios grande, poderoso y temible, **que no hace acepción de personas**, ni recibe sobornos,*
*18 que hace justicia al huérfano y a la viuda, que ama **también al extranjero y le da pan y vestido**.*
*19 **Amaréis, pues, al extranjero**, porque extranjeros fuisteis en la tierra de Egipto*

Deuteronomio 10:17-19

La discriminación a cualquier persona (extranjeros); es prohibida por Jesús.

41 »Entonces dirá también a los de la izquierda: "Apartaos de mí, malditos, al fuego eterno preparado para el diablo y sus ángeles,
42 porque tuve hambre, y no me disteis de comer; tuve sed, y no me disteis de beber;
*43 **fui forastero**, y no me recogisteis; estuve desnudo, y no me vestisteis; enfermo y en la cárcel, y no me visitasteis".*
44 Entonces también ellos le responderán diciendo: "Señor, ¿cuándo te vimos hambriento, sediento, forastero, desnudo, enfermo o en la cárcel, y no te servimos?"
45 Entonces les responderá diciendo: "De cierto os digo que en cuanto no lo hicisteis a uno de estos más pequeños, tampoco a mí lo hicisteis".
46 Irán estos al castigo eterno y los justos a la vida eterna.

NT Mateo 25:41-46

En la carta a la **Iglesia de Éfeso** (en Asia Menor), **el Apóstol Pablo** escribe de lo **importante que es cumplir con el propósito** (Mandamientos) **de Dios**.

16 y mediante la cruz reconciliar con Dios a ambos en un solo cuerpo, matando en ella las enemistades.
17 Y vino y anunció las buenas nuevas de paz a vosotros que estabais lejos y a los que estáis cerca,
18 porque por medio de él los unos y los otros tenemos entrada por un mismo Espíritu al Padre.
*19 **Por eso, ya no sois extranjeros ni forasteros, sino conciudadanos de los santos y miembros de la familia de Dios...***

NT Efesios 2:16-19

Hace millones de años **Dios estableció el universo (*AT Salmos 111:7-8*), y el mundo para todos**, en cambio es el hombre el que ha promulgado leyes y fronteras, es a estas leyes que **algunos religiosos prefieren obedecer y anteponer a la Ley de Dios**.

Hermanos míos, que vuestra Fe en nuestro glorioso Señor Jesucristo sea sin acepción de personas.

NT Santiago 2:1

Es necesario obedecer a Dios antes que a los hombres. *NT Hechos 5:29*

Personas homosexuales

Homosexual, del griego **homo** que significa "igual", "mismo", y del latín **sexus** "sexo", es una persona con una orientación sexual o atracción sexual, afectiva, emocional y sentimental hacia personas del mismo sexo.

NOTA; El término griego **homo** que significa "igual", "mismo", usadas en palabras como homogéneo, homologa, homosexual, homófono, etc. **NO DEBE confundirse** con la palabra latina **Homo**, que significa "hombre", usadas en palabras como *Homo Sapiens*, *homicidio*, *humano*, etc.

El tema de la **homosexualidad** es un tópico **sin mayor importancia** en el **Ministerio de Jesús**, sin embargo, en algunos grupos religiosos, **se ha convertido en una cuestión muy apasionada y divisiva**.

Entre las iglesias cristianas existe una gran **diversidad de opiniones** sobre la tolerancia a la **homosexualidad**, pero con el surgimiento del tema de los "*matrimonios gays*" en la actualidad, también ha crecido la oposición al **homosexualismo** por parte de algunos religiosos.

La mayoría de las denominaciones cristianas rechazan la práctica de relaciones homosexuales de acuerdo a **Mandamientos bíblicos**, los cuales se **encuentran en los dos Testamentos**.

> *No te acostarás con varón como con mujer;* **es abominación**.
> ***AT Levítico 18:22***

> *¿No sabéis que los injustos no heredarán el reino de Dios? No os engañéis: ni los fornicarios, ni los idólatras, ni los adúlteros, ni los afeminados, ni los* **homosexuales**,
> ***NT 1 Corintios 6:9***

Las Escrituras nos relatan que **Dios creó al hombre a su imagen**, **varón** y **hembra** los creó." (***AT Génesis 1:27***), así también que: "*Dejará el hombre a su padre y a su madre, se unirá a su mujer y serán una sola carne.*" **Génesis 2:24**, y que el matrimonio debe ser entre un hombre y una mujer.

> *4 Jesús les contestó: — ¿No han leído ustedes en la Escritura que el que los creó en el principio,* "**hombre y mujer los creó**"?
> *5 Y dijo: "Por eso,* **el hombre** *dejará a su padre y a su madre para unirse a* **su esposa**, *y los dos serán como una sola persona."*
> *6 Así que ya no son dos, sino uno solo. De modo que el hombre no debe separar lo que Dios ha unido.*
> ***NT Mateo 19:4-6***

En ninguna parte la Biblia dice que Dios creó a una persona con deseos homosexuales, al contrario, el homosexualismo es rechazado por Dios en varias citas bíblicas, (unas 44 veces) directa o indirectamente.

Pero, ya sea que una persona tome la opción voluntaria o pueda haber nacido ya con susceptibilidad hacia la homosexualidad;

¿Cuál es la posición que un cristiano debe tener al respecto?

Lo que dice la Biblia

Aunque la Biblia censura la homosexualidad; en ninguna parte **nos indica que juzguemos nadie**, aun Dios, con todo Su derecho y su poder **ha decidido esperar** hasta el día de juicio final para juzgar no sólo a homosexuales, **sino a todos y cada uno de nosotros**. *NT 2 Corintios 5:10*

El homosexualismo existía en tiempos bíblicos y era considerado como una "*abominación*" (*AT Levítico 18:22*), sin embargo debemos señalar que **Jesús** (o la Biblia) **en ningún momento nos instruye a juzgar a NADIE**, especialmente de la forma que algunos religiosos lo hacen en el presente.

Este NO es el mensaje de Jesús

Estas personas predican "**un evangelio**" prejuicioso, de odio e intolerancia, los carteles dicen: "*Dios detesta a gays*", "*gays se mueren y Dios se ríe.*" Debo señalar que la palabra "*fag*" es muy ofensiva).
Estas personas llamados "cristianos", se auto adjudican **el derecho de juzgar a otros**, UN DERECHO que sólo le pertenece a Dios.

Si la Biblia dice; "*No hay justo, ni aun uno*", entonces; ¿Qué autoridad tenemos para juzgar a otros? *NT Romanos 3:10; 14:10*

Las acciones de estos religiosos son **simplemente arbitrarias e hipócritas**, por ejemplo; así como las Escrituras dicen que homosexuales no heredaran el Reino de Dios, también dicen: "*Es más fácil que pase un camello por el ojo de una aguja, a que un rico entre en el Reino de Dios.*" (*NT Mateo 19:24*), Sin embargo, **¿Ha visto alguien a alguno de estos "cristianos" protestando de la misma forma en contra de ricos?**... Estoy seguro que **NO**.

La Biblia **NO DA NINGÚN PERMISO** a nadie de juzgar, repudiar, rechazar a ninguna persona en el nombre de **DIOS**.

> *37 No juzguen, y no serán juzgados. No condenen, y no serán condenados. Perdonen, y serán perdonados.*
> *38 Den y se les dará una medida buena, incluso apretada, remecida y desbordante. **Porque con la misma medida con que ustedes midan, serán medidos.***
>
> *NT Lucas 6:37-38*

Cualquier persona que en el nombre de Dios predique el odio, la discriminación y el prejuicio, Jesús nos dice cual será su recompensa: "*Apartaos de mí, malditos, al fuego eterno preparado para el diablo.*" *NT Mateo 25:41-46*

> ***Si alguno dice: "Yo amo a Dios", pero odia a su hermano, es un mentiroso.*** *Pues el que no ama a su hermano a quien ha visto, ¿cómo puede amar a Dios, a quien no ha visto?*
>
> *NT 1 Juan 4:20*

La Biblia y la vida Extra Terrestre

Vida, del latín ***vita***; "vida", "vital", proviene de la raíz griega ***bios***; "vida".
Extra, del latín **extra**; *exterus*, "exterior", "afuera", "sobra", "fuera de lo normal".
Terrestre, de latín ***terra***; "Tierra", del griego ***geo-***, "Tierra".

Vida extraterrestre se refiere a las posibles formas de vida, inteligentes o no, que pueden haberse originado, existido o todavía existir en otros lugares del universo, aunque se ha buscado señales de vida por medio de telescopios, radio y enviando naves a diferentes áreas del Sistema Solar, hasta el momento no se ha encontrado prueba de que existe o existió vida fuera de nuestro planeta.

En relación a este tema, frecuentemente se habla de "naves extraterrestres" que visitan nuestro planeta llamados: "***Objetos Voladores No Identificados***", más conocidos por sus iniciales como **OVNI**, o su equivalente en inglés **UFO** (***Unidentified Flying Object***), aunque este fenómeno no necesariamente implica a una "nave espacial", sino la simple observación de un objeto volador, que no puede ser identificado y cuyo origen de procedencia se desconoce.

Recordemos que el Sol (y Sistema Solar) es sólo una estrella de BILLONES en el universo y si es cierto de que aun no se ha encontrado vida extraterrestre; los estudios espaciales apenas comenzaron hace unas cuantas décadas.

¿Qué dice la Biblia acerca de la vida extraterrestre?

A pesar de que la iglesia en general evita hablar o niega la existencia de vida extra terrestre señalando que "*la Biblia no menciona la creación de vida en otros planetas, por esta razón; ellos creen que esta no existe.*"

Muchos religiosos "**esclavizan a Dios en la Biblia**", y **rechazan que Él es capaz** de haber creado otras cosas a parte de lo que está escrito, aun cuando algunas de **sus magnas creaciones** no están mencionadas en la Biblia, sin embargo no podemos negar que existen, como en el caso de la fuerza de gravedad, el ADN, el poder de la electricidad y millones de cosas más.

Otros religiosos rechazan (sin ningún fundamento) la posibilidad de vida en otros lugares debido a que esta es **una teoría propuesta por la ciencia**, lo que equivale, según ellos; a "ideas ateas", a pesar de que **la Biblia claramente sugiere o implica** que hay un lugar (y vida) **aparte del nuestro**.

Por ejemplo, en el **Nuevo Testamento**, Jesús al hablar con judíos les dice:

> *Jesús les aclaró: Ustedes son pecadores, como todos los que viven en este mundo. **Pero yo no soy de este mundo, porque vengo del cielo.***
> **NT Juan 8:23**

La creencia que Dios no creó vida en otros planetas es una especulación o doctrina de hombres, ya que las Escrituras no especifican claramente si Él lo hizo o no, sin embargo; así como el Sol fue creado por Dios y éste tiene su propio brillo (**Sistema Solar**) el cual incluye el planeta Tierra; la Biblia aclara que asimismo: "***Cada estrella tiene su propio brillo.*** *NT 1 Corintios 15:40-41*

¿Donde es el cielo?

La mayoría de Iglesias rechazan la posibilidad de la existencia del "cielo" fuera del planeta, según ellos, "el cielo" al que Jesús se refiere, es un lugar en otra "dimensión", un lugar mágico, no especifico que podría estar ubicado en la misma tierra o entre la nubes pero nunca en "el espacio extra-terrestre."

Sin embargo, las Escrituras desde el primer libro (**Génesis**) hasta el último (**Apocalipsis**), claramente documentan historias que **parecen sugerir la existencia OVNIs** (naves espaciales) y **vida extra terrestre**.
Por ejemplo, el primer versículo de la Biblia dice:

> *En el principio creó Dios los cielos y la tierra.*
>
> *AT Génesis 1:1*

Sí **Dios creó el planeta**, esto obviamente implica que **Dios no es originario** de la Tierra, **esto hace positivamente a Dios**, un **SER EXTRA TERRESTRE**, ya sea **en forma física** como en el caso de Jesús; Dios "*envió o dio a su hijo*", señala **la preexistencia de Cristo en algún lugar** (*NT Juan 3:16*), o en el caso del Padre (Dios) de **forma espiritual**. *NT Juan 4:24*

Entonces; sugerir que **los extraterrestres "no existen"** es también sugerir **que Dios no existe**.

Las Escrituras continúan relatando sobre Objetos Voladores No Identificados, y encontramos un ejemplo en el **libro 2 de Reyes**, donde **El Profeta Elías** es secuestrado y llevado a los cielos **por un OVNI**.

> *Iban caminando y conversando cuando, de pronto, los separó un carro de fuego con caballos de fuego, y Elías subió al cielo en medio de un torbellino.*
>
> *AT 2 Reyes 2:11*

Más adelante, el **libro de Ezequiel** habla de **la visión de una nave o máquina** y **cuatro seres vivientes** dentro de esta.

> *4 Miré, y vi que venía del norte **un viento huracanado y una gran nube, con un fuego envolvente**, y alrededor de él un resplandor. En medio del fuego algo semejante al bronce refulgente;*
> *5 y en medio de todo **vi la figura de cuatro seres vivientes**. Ésta era su apariencia: **había en ellos un parecido a seres humanos**.*
> *15 Mientras yo miraba los seres vivientes, **he aquí una rueda sobre el suelo**, junto a los seres vivientes, a los cuatro lados.*
> *16 El aspecto de las ruedas y su estructura era semejante al color del crisólito. Las cuatro tenían un mismo aspecto; **su apariencia y su estructura eran como una rueda metida en otra**.*
> *24 Oí el sonido de sus alas cuando andaban. **Era como el sonido de muchas aguas**, como la voz del Omnipotente, como el ruido de una muchedumbre, como el ruido de un ejército. **Cuando se detenían, bajaban sus alas**.*
>
> *AT Ezequiel 1:4-28*

Otros posibles "OVNIs" en las Escrituras

La Biblia narra otros eventos más, como la **Visión de Daniel** que relata: *"El día veinticuatro del primer mes estaba yo a la orilla del gran río Hidekel. Alcé mis ojos y miré, y vi un varón vestido de lino y ceñida su cintura con oro, su cuerpo era como de berilo, su rostro parecía un relámpago, sus ojos como antorchas de fuego, sus brazos y sus pies como de color de bronce, y el sonido de sus palabras como el estruendo de una multitud."* **AT Daniel 10:4-6**

En otro relato, cuando **Yahvé desciende en la nube** para hablar con Moisés, es curiosamente más parecida a una escena de película de ciencia ficción, que un acto de "aparición" de un mago. **AT Números 11:24-25**

Algunos estudiosos del fenómeno OVNI proponen que el "pez" mencionado en **el libro de Jonás** posiblemente haya sido algún tipo de **nave submarina**, al que se les refiere como **OSNI** (*Objeto Submarino No Identificado*).
"Yahvé hizo venir un pez grande para que se tragara a Jonás; y estuvo Jonás en las entrañas del pez tres días y tres noches." **AT Jonás 2:1-10**

Jesús y Extra Terrestres

El Nuevo Testamento documenta que "**una estrella**" guió a los Sabios de Oriente (conocidos popularmente como los **Reyes Magos**) al lugar donde habría de nacer **Jesús de Nazaret**.

> *Ellos, habiendo oído al rey, se fueron. **Y la estrella** que habían visto en el oriente[a] iba delante de ellos, hasta que, llegando, **se detuvo sobre donde estaba el niño**.*
>
> **NT Mateo 2:1-10**

Estrella de Belén
por Giotto di Bondone,
1267–1337

Obviamente **esta no es una nave terrestre**, y con el conocimiento que tenemos en la actualidad sobre astronomía; **tampoco es una estrella** "dentro de nuestra atmósfera", debido a que es imposible que una estrella que se encuentre "allá afuera", a billones de kilómetros de distancia se mueva a través del espacio tan rápido y fácilmente guiando a personas en la Tierra, ya que solamente un centímetro de cielo (visto desde la superficie terrestre), equivale a trillones de kilómetros en el distante espacio.

Así mismo, debido a que una estrella es un "sol", esta no pudo haberse acercado tanto a la tierra para servir de guía, esto habría originado un caos en todo el Sistema Solar.

La Biblia además implica que esa "**estrella es inteligente**", ya que se mueve en forma controlada, aparece y se detiene sobre y donde estaba el Niño Jesús, una acción imposible en el caso de un asteroide, meteoro, cometa, etc.

Sección VIII - Que dice la Biblia acerca de...

Durante el Ministerio de Jesús, Él también se refiere al "cielo" en varias de sus enseñazas y oraciones, entre estas la del **Padre nuestro**, que dice:

> *9 **Padre nuestro que estás en los cielos**, santificado sea tu nombre.*
> *10 Venga tu Reino. **Hágase tu voluntad, como en el cielo, así también en la tierra**.*
>
> **NT Mateo 6:9-10**

Aquí de nuevo surge la pregunta: **¿Dónde está el Cielo?**, indudablemente **este es un misterio**, el cual Jesús posiblemente quiso que fuera así. Una vez los Discípulos le preguntaron porqué enseñaba con parábolas, Él respondió:

> *—A vosotros os es dado conocer **los misterios del reino de Dios**, pero a los otros por parábolas, para que viendo no vean y oyendo no entiendan.*
>
> **NT Lucas 8:10**

Más adelante, durante su arresto, Pilato le dice; *"Tu nación y los sacerdotes te han entregado a mí. ¿Qué has hecho?"*, a lo que Jesús respondió:

> ***Mi reino no es de este mundo.** Si lo fuera, mis propios guardias pelearían para impedir que los judíos me arrestaran.*
> ***Pero mi reino no es de este mundo**.*
>
> **NT Juan 18:36**

Cuarenta días después de **la resurrección**, Jesús y Sus Discípulos fueron al Monte de los Olivos cerca de Jerusalén, mientras Jesús se despedía y les daba la bendición, **Él comenzó a ascender y fue llevado al cielo** por hombres de vestiduras blancas. **NT Lucas 24:50-51; Hechos 1:9-11**

Una pintura muy curiosa del Siglo 15, creada por **Domenico Ghirlandaio** (1449-1494), de la Virgen María y el Niño Jesús, muestra a no sólo un "objeto volador" en el fondo, sino a un hombre tapándose el resplandor del sol para "ver mejor" ese objeto.

Detalle del "objeto" y el hombre

Por último, el **Apocalipsis** claramente indica la existencia de vida DIFERENTE a la nuestra, y aunque la cita se puede interpretar de muchas maneras, si se lee con mente abierta, **fácilmente podría implicar Vida Extra terrestre**.

> *¡Que se alegren los cielos, y todos los que allí viven!...*
>
> **NT Apocalipsis 12:12**

¿Debe un cristiano visitar a un doctor o usar medicinas?

La respuesta a esta pregunta es simple e indiscutible: **claro que si**.
Sin embargo, en algunos grupos cristianos modernos también esta es una cuestión se que **ha vuelto en un punto de polémica**

Aunque **las Escrituras** en ninguna parte **prohíben** visitar al doctor, usar medicamentos, o algún procedimiento médico, ciertos grupos religiosos consideran que tratar a un enfermo con la medicina moderna **está en contra de la voluntad de Dios**, ya que según sus interpretaciones; **Dios lo prohíbe**, y como "evidencia" utilizan citas bíblicas como la siguiente:

> *En el año treinta y nueve de su reinado, Asá enfermó gravemente de los pies; pero en su enfermedad no recurrió al Señor, sino a los médicos.*
> **AT 2 Crónicas 16:12**

Terriblemente, algunos líderes cristianos, sobreentienden el versículo arriba, como "**un masaje divino contra la medicina del hombre**" y buscar la ayuda de médicos (el hombre) es "**revelarse o tentar a Dios**", con esta ideología **persuaden a sus seguidores** evitar visitar a doctores, aun en casos serios, **provocando muertes innecesarias**.

Algunos religiosos señalan que la medicina moderna debe evitarse porque es sólo una forma de "**idolatría**", ya que doctores "**pretenden ser Dios**" al tratar de curar enfermedades o salvar vidas, y que un cristiano debe siempre y sólo buscar la "**sanidad divina.**"

Aunque no hay duda que **la Fe en el poder de sanidad divina es real**, recordemos que **DIOS (la Biblia) NO PROHÍBE** en ninguna parte buscar ayuda con la medicina del hombre.

Las Escrituras contienen muchas citas donde se refiere al uso de medicina o tratamientos médicos, como el caso del **profeta Jeremías** donde se pregunta y busca a un doctor y **bálsamo en Galaad** como medicamento.

> *¿No hay bálsamo en Galaad?, ¿No hay allí médico?, ¿Por qué, pues, no hubo sanidad para la hija de mi pueblo?*
> **AT Jeremías 8:22**

Otros ejemplos sobre el uso de medicina o médicos en la Biblia.

- *Aplicación de vendajes* — **AT Isaías 1:6**
- *Usar de lo creado por Dios para medicina* — **AT Ezequiel 47:12**
- *La curación de heridas con aceite y vino* — **NT Lucas 10:34**
- *Tomar algo de vino para enfermedades* — **NT 1 Timoteo 5:23**

Entre los Apóstoles, **Lucas**, el autor del libro que lleva su nombre y **Hechos**, posiblemente era doctor, ya que el **Apóstol Pablo** lo llama "**el médico amado**" en su carta a **la Iglesia de Colosas**. **NT Colosenses 4:14**

En otro ejemplo, **Jesús**, respondiendo preguntas de los fariseos en cuanto al desperdicio de su tiempo con los pecadores les dice:

—*Los sanos no tienen necesidad de médico, sino los enfermos.*
NT Mateo 9:12

Podemos comprender en las palabras de **Jesús** que es normal o apropiado para un enfermo buscar la ayuda de un médico y sus medicinas.

De ninguna forma, quiero decir que **la Fe** no es suficiente o importante, aun los mejores **médicos están de acuerdo que si un enfermo tiene Fe**, la posibilidad de curación y recuperación es mucho más favorable y rápida.

La FE es una fuerza poderosa, como ejemplo, en **el libro de Marcos** podemos leer el caso de la mujer con un "sangrado continuo", un problema que los médicos no habían podido curar, aún cuando ella había consultado a muchos de ellos y gastado todo lo que tenía.
La Fe de la mujer en Jesús era tan grande que sabia que si tan solo tocaba la orilla de su manto, sería sanada, y así sucedió. **NT Marcos 5:25-30**

Las Escrituras relatan también acerca de casos donde la medicina fue utilizada en diferentes ocasiones, **es simplemente ridículo e insensato** que una persona compare a un médico o medicinas con Dios.

Es importante que un cristiano en momentos de necesidad espiritual o corporal (medica) busque **el apoyo moral de su Iglesia**, el **Apóstol Santiago** nos dice que si alguno está enfermo, que llame a la iglesia, para que oren por él y en el nombre del Señor lo unjan con aceite. **NT Santiago 5:14**

Así como predicadores, sacerdotes, pastores, ministros, etc., son un alivio y sanidad para el espíritu, los **doctores** y la **medicina** deben ser vistos de la misma forma; **como un regalo de Dios para la humanidad**, como un medio a través del cual **Dios brinda sanidad y recuperación corporal.**

Como todas las decisiones difíciles que enfrentamos en la vida, **nuestra confianza y Fe deben estar depositadas siempre en Dios** y reconocer que doctores y la medicina son solamente sus herramientas. **NT Santiago 1:5**

El uso de Células Madre (*Stem cells*)

En los últimos años **la medicina** y **la biología** han experimentado grandes avances, entre estos es la denominada **Medicina Reparadora**, esta es la ciencia que busca **evitar las enfermedades antes de que aparezcan**.

Este tipo de procedimiento trabaja con los **genes**, un **gen** es una secuencia de **ADN** que constituyen las características que heredan hijos de sus padres.

Entre estas características están: la raza, color de ojos, pelo, altura, longevidad, etc., etc., etc., lamentablemente también se encuentran los genes que nos hacen propensos a debilidades físicas, mentales, incluyendo enfermedades, como el cáncer, diabetes, problemas de corazón, etc.

Algunos médicos proponen que **la modificación a estos genes** (eliminar los "genes malignos" de nuestro **ADN**) suprimirá **estas enfermedades** en el futuro, las cuales han provocado tragedia y dolor en la humanidad por siglos.

Células Madre (*Stem cells*)

Otro procedimiento similar es el de **Células Madre**, las cuales son células "**maestras**" que tienen la capacidad de auto-renovarse donde sean aplicadas. Por ejemplo, el origen de la diabetes es debido a que el páncreas no trabaja correctamente, al aplicar "células madre" al páncreas afectado, estas comienzan a regenerar este órgano, eliminando permanentemente la diabetes, este mismo procedimiento puede ser aplicado en otros tipos de enfermedades.

Sin embargo, el problema es que para obtener estas prometedoras **células madre**, implica **inevitables dilemas éticos**, debido a algunos procedimientos para extraer células, siendo los más comunes y prácticos: **las células madre adultas** y **células madre embrionarias**. [A] [B]

La investigación sobre **células madre adultas** ya tiene décadas **y ha demostrado** que existen efectos beneficiosos en el tratamiento del cáncer, enfermedades de inmunodeficiencia, leucemia y del sistema circulatorio.

Las células madres adultas se obtienen de la médula ósea, sangre, tejido cerebral, la piel y la grasa corporal, del cordón umbilical y la placenta.

Por otro lado, **Las células madre embrionarias**, como su nombre indica, son derivadas de **embriones** (fetos) **humanos**.

Es éste el centro del debate, la Iglesia en general se opone a este tipo de procedimiento ya que para obtener **células madres embrionarias**, los fetos deben ser destruidos y su cuerpo usado como "piezas de repuesto", y de **acuerdo a la Biblia** (*AT Salmo 139:13-16; Jeremías 1:4-5*), la vida comienza en el momento de fecundación, **esto entonces significa que la destrucción de embriones es asesinato.**

En cambio, el procedimiento para obtener **células madre adultas** no requiere **ninguna destrucción de embriones**, además, las células madre adultas tienen una versatilidad y un historial probado, y no implican los problemas éticos y morales de las células madre embrionarias. **[1] [2]**

La mayoría de comunidades cristianas están de acuerdo que los estudios sobre **células madre adultas es una investigación correcta y justa** ya que **NO VIOLAN los Mandatos de Dios**.

Como cristianos debemos de reconocer y agradecer el trabajo de la ciencia en **su empeño de eliminar tanta enfermedad que aqueja a la humanidad**, pero **debemos estar vigilantes** que estas investigaciones respeten los **derechos más básicos de cada ser humano** así como los **mandatos divinos**.

Preocuparse por la salud y bienestar del prójimo es una tarea muy noble, la sanidad de enfermedades y otros problemas médicos fue una parte muy importante del **Ministerio Jesús**.

*23 Recorría Jesús toda Galilea, enseñando en las sinagogas de ellos, predicando el evangelio del Reino **y sanando toda enfermedad y toda dolencia en el pueblo**.*
*24 Se difundió su fama por toda Siria, y le trajeron todos los que tenían dolencias, los afligidos por diversas enfermedades y tormentos, los endemoniados, lunáticos y paralíticos, **y los sanó**.*
NT Mateo 4:23-24

Transfusiones de sangre

Una **transfusión de sangre** es un procedimiento médico muy importante en el caso de pacientes que han recibido trasplantes de órganos, para tratar heridas en accidentes graves, en tratamientos contra el cáncer, conflictos civiles y militares, en la supervivencia de bebés prematuros, cirugías al corazón, en tragedias naturales como terremotos, huracanes, epidemias, etc.

La **transfusión de sangre** es obviamente **un procedimiento moderno**, el cual consiste en la transferencia de sangre (o componente sanguíneo) de una persona (donante) a otra (receptor). **[A]**

Sólo fue a principios del siglo 19 (1800s), que se tuvo el conocimiento y se identificaron los diferentes **tipos de sangre**, y que la incompatibilidad entre el donante y el receptor podía causar la muerte.

En 1840, en el **Hospital *Saint George*** de la **Facultad de Medicina en Londres**, el doctor *Samuel Armstrong Lane*, realizó la primera transfusión de sangre con éxito para tratar la hemofilia, el Dr. *Armstrong* fue ayudado por uno de los pioneros de este procedimiento; el Dr. *James Blundell*. **[B]**

Aunque este **procedimiento médico**, obviamente **NO ES MENCIONADO** en las Escrituras, algunos grupos religiosos modernos rechazan esta **práctica medica**, aun en casos donde existe la posibilidad de perdida de vida por considerarlas, según ellos; "**contra la voluntad de Dios**", a pesar que en ninguna parte de la Biblia se menciona este procedimiento de forma especifica.

El **rechazo** a **transfusiones de sangre** y otras prácticas médicas, como vacunaciones, tomar medicinas, son creencias relativamente nuevas, **[C]**, aceptadas hace apenas unas décadas (en 1951), y solamente observada por un número muy limitado de creyentes, en comparación la mayoría de denominaciones **Cristianas y Judías** en el mundo, consideran que **el rechazo a estos procedimientos NO tiene fundamento bíblico**.

¿Qué Dicen las Escrituras?

Este rechazo a la medicina moderna y específicamente; a las transfusiones de sangre, está basado en **la interpretación** de algunas citas bíblicas, entre estas:

> "*Pero carne con su vida, que es su sangre, no comeréis*".
> **AT Génesis 09:04**

> "*Por tanto, he dicho a los hijos de Israel: "Ninguna persona de vosotros comerá sangre, ni el extranjero que habita entre vosotros comerá sangre*".
> **AT Levítico 17:10-14.**

También se señalan que los **decretos tomados por los Apóstoles** durante el **Concilio de Jerusalén** (*NT Hechos 15:1-29*), "ratifican" estas creencias.

Una terrible mal interpretación

Sobre este último, recordemos que **El Concilio de Jerusalén**, se convocó por los Apóstoles, para solucionar las discordias entre los seguidores de **Jesús en Jerusalén** (**Nazarenos**) quienes cumplían con el **Torah** (La Ley Mosaica) y los seguidores de Jesús convertidos por el **Apóstol Pablo** (**cristianos**), que en general, eran **Gentiles** y por esto NO observaban "La Ley". *NT Hechos 11:26*

El objetivo principal de los Apóstoles era de "**NO INQUIETAR**" a **los gentiles** obligándolos a cumplir (en completo) con **La Ley Mosaica**.

> *17 para que el resto de los hombres busque al Señor, y todos los gentiles, sobre los cuales es invocado mi nombre,*
> *18 dice el Señor, que hace conocer todo esto desde tiempos antiguos".*
> *19 »Por lo cual yo juzgo que **no se inquiete a los gentiles** que se convierten a Dios,*
> *20 sino que se les escriba que se aparten de las contaminaciones de los ídolos, de fornicación, de ahogado **y de sangre**,*
> *21 porque Moisés desde tiempos antiguos tiene en cada ciudad quien lo predique en las sinagogas, donde es leído cada sábado.*
> ***NT Hechos 15:17-21***

La referencia "**NO INQUIETAR**" significa "**No Dificultar o Molestar**" a los nuevos seguidores de Jesús (**Gentiles**), **forzándolos a cumplir** con "leyes" que "dificulten" su conversión.

Sin embargo el **versículo 20** (arriba), es interpretado literalmente como **prohibición a las transfusiones de sangre**, esto significa que el acuerdo del **Concilio de Jerusalén** de "**NO INQUIETAR**" queda **CANCELADO**, ya que la nueva interpretación (sobre la sangre) equivale literalmente en algunos casos no sólo "inquietud o dificultad", sino posiblemente **la pena de muerte**.

Esta creencia fue adoptada en **1945** por los **Testigos de Jehová**, una respetable organización religiosa radicada en Nueva York, Estados Unidos, esta práctica es solamente observada por ellos.

El mandato original fue decretado debido a las prácticas de grupos paganos que incluían comer y beber la sangre de animales dedicados a dioses, otros estrangular a un animal para tener "carne más abundante y jugosa", lo que la Biblia en algunos casos lo prohíbe.

> *"Esta es una ley permanente que pasará de padres a hijos, dondequiera que ustedes vivan: **no coman nada de grasa ni de sangre**."*
> ***NT Levítico 3:17***

La prohibición a las transfusiones de sangre **contradicen el mensaje de amor y compasión de Dios y Jesús** (*NT 2 Corintios 13:11; Marcos 12:31*), y promueven todo lo contrario a lo que las Escrituras nos instruyen:

> *4 **Dios, que es rico en misericordia**, por **su gran amor con que nos amó**,*
> *5 aun estando nosotros muertos en pecados, **nos dio vida juntamente con Cristo** (por gracia sois salvos).*
> ***NT Efesios 2:4-5***

Donación de Sangre

Donar sangre con el propósito de salvarle la vida a un ser humano, es uno de los actos más nobles, generosos y compasivos, que sólo puede ser comparado al **magno acto que Jesús**, **el Hijo de Dios**, hizo por nosotros.

> *13 Él nos ha librado del poder de las tinieblas y nos ha trasladado al Reino de su amado Hijo,*
> *14 en quien tenemos **redención por su sangre**, el perdón de pecados.*
> **NT Colosenses 1:13-14**

Es insensato proponer que DIOS, en aquel día del juicio, nos condenará por cumplir **Su Mandamiento** de "***Amarás a nuestro prójimo***", al donar sangre para tratar de salvarle la vida a un ser humano. **NT Romanos 13:9**

Sí en tus manos está la decisión de **salvar a alguien**, incluyendo tu misma vida, pero rechazas una transfusión de sangre por estar de acuerdo a una creencia interpretada caprichosamente; recuerda que fácilmente podrías ser **cómplice de una muerte.**

> *6... Así habéis invalidado el mandamiento de Dios por vuestra tradición.*
> *7 Hipócritas, bien profetizó de vosotros Isaías, cuando dijo:*
> *8 "Este pueblo de labios me honra, mas su corazón está lejos de mí,*
> *9 pues **en vano me honran, enseñando como doctrinas mandamientos de hombres**."*
> **NT Mateo 15:6-9**

El procedimiento de la transfusión

Como en TODO procedimiento médico, existe la posibilidad de reacciones negativas en una transfusión de sangre, incluyendo el posible riesgo de contraer enfermedades debido a sangre contaminada, sin embargo, un artículo de **Consumer Reports** señala que las probabilidades que esto ocurra son mucho menores que las de morir en un accidente automovilístico o de aviación.

Según la Cruz Roja de Estados Unidos: [D]

- *Una transfusión es un proceso seguro e higiénico*
- *5 millones de personas reciben transfusiones de sangre al año*
- *El promedio de transfusión es de aproximadamente 3 litros.*
- *Más de 1 millón de nuevas personas son diagnosticadas con cáncer cada año. Muchos de ellos necesitarán sangre, frecuentemente.*
- *Una víctima de accidente de transito puede necesitar hasta 100 litros de sangre.*

Con todo y que existe la posibilidad de reacciones negativas en una transfusión de sangre, **al balancear las ventajas y desventajas**, y las vidas que se han salvado y se salvan cada año gracias a estos procedimientos, sólo se puede decir que es sencillamente **un MILAGRO divino**.

Muchos religiosos creen que obedecer "leyes literalmente" es la forma correcta de ser salvos, **sin embargo la Biblia rechaza esta creencia**, esto es aun peor cuando "esa ley" es inventada.

> *16 Sin embargo, sabemos que nadie es reconocido como justo por cumplir la ley **sino gracias a la fe en Jesucristo**.*
> *Por esto, también nosotros hemos creído en Jesucristo, para que Dios nos reconozca como justos, gracias a esa fe y no por cumplir la ley. Porque nadie será reconocido como justo por cumplir la ley.*
> **NT Gálatas 2:16**

En el judaísmo

Para los judíos, a quienes les fue dada la Ley original (Ley Mosaica), no existe prohibición alguna, ni oposición a que una persona que se beneficie de una **transfusión de sangre** o la **donación de sangre**, para el caso.

En las leyes del judaísmo, basadas en el **Tanaj** (Antiguo Testamento), salvar una vida es uno de los ***mitzvot*** (Mandamientos) más importantes.
Por lo tanto, **si una transfusión de sangre** se considera médicamente necesaria, entonces no sólo es permisible; **sino obligatoria**.

Es irresponsable que se le sugiera a una persona que "se deje morir" o que permita que un ser querido muera por estar de acuerdo a una interpretación terriblemente errada, basada en doctrinas de hombres. **NT Marcos 7:7**

> *Dios nos capacitó para ser ministros de un **Nuevo Pacto**, no de la letra, sino del Espíritu, **porque la letra mata, pero el Espíritu da vida**.*
> **NT 2 Corintios 3:6**

El sacrificio (muerte) de una vida humana es una acto que esta **en contra de uno de los principios más fundamentales de la Fe Cristiana**; "*Amarás a tu prójimo como a ti mismo*" (**NT Mateo 22:39**), este Mandamiento es más importante que cualquier otra ley o mandato bíblico. **NT Mateo 22:40**

El sacrificio humano es **un acto de homicidio** o **suicidio voluntario**, muy similar a los ritos de sacrificio dedicados a dioses paganos. **AT Éxodo 20:13**; **Deuteronomio 5:17; NT Mateo 19:18-19**

> *Todo aquel que odia a su hermano es homicida y **sabéis que ningún homicida tiene vida eterna permanente en él**.*
> **NT 1 Juan 3:15**

El aborto

El aborto del latín **abortus** (**aborsus**), es "aborrecer", "detener", "repeler." Es la acción de cesar con un proceso no importa el motivo, sin terminarlo.

Aunque la palabra puede ser usada para detener cualquier acción o proceso, frecuentemente es aplicada para referirse a **la interrupción y finalización prematura de un embarazo**, ya sea por causas naturales o deliberadas, aunque la práctica del **aborto es legal en algunos países**; en otros es o puede constituir un delito. [A] [B]

No importa en que nación se viva o si el proceso es legal o no, el tema del aborto, es un punto frecuente y de alta polémica.

Causas del aborto

Las razones más comunes que mujeres señalan para abortar son: [1]

- *Cuando falla el control de la natalidad (anticonceptivo).*
- *Incapacidad económica para criar-cuidar de un hijo.*
- *Para poner fin a un embarazo no deseado.*
- *Para evitar el nacimiento de un niño con defectos congénitos.*
- *Embarazo resultante de violación o incesto.*
- *Condiciones físicas/mentales que hacen peligrar la salud de la embarazada.*

Tipos de aborto

Aborto inducido, es la interrupción voluntaria (del embarazo), una decisión tomada por la mujer embarazada, por medio de medicamentos o quirúrgica.

Aborto espontáneo, es aquel que no es provocado intencionalmente, es a veces llamado también **aborto natural**, siendo la **muerte fetal**, la causa más común por anomalías congénitas del embrión, las cuales son frecuentemente genéticas. En otros casos se debe a anormalidades del tracto reproductivo, a enfermedades de la madre, o cuando la edad de gestación es superior a 22 semanas o el peso del feto no supera los 500 gramos, se habla de muerte fetal.

Aborto en el caso de violación o incesto

Según estadísticas, los abortos practicados por violación o incesto **sólo son el 1%** de todos los abortos en el mundo. [1]

El aborto por motivos de violación y/o incesto, es definitivamente un acto salvaje, que sólo la víctima puede comprender a cabalidad esa terrible pena, sin embargo un aborto en esta situación, es claramente castigar a la persona más inocente de la tragedia; **el bebé**.

Es importante ayudar y apoyar a la mujer víctima de este crimen, para que se pueda recuperar de **ese hecho bestial y cobarde**, recordarle que tiene opciones, entre estas, el de **dar a luz y entregar al niño para adopción**, muchas personas estarían más que felices en adoptar al bebé.

Cuando la vida de la madre está en riesgo

Los abortos practicados debido a posibles problemas de salud con la madre o el niño, **son sólo el 6%** de todos los abortos realizados en el mundo. [1]

Honestamente, este es uno de los casos más difíciles en el tema del aborto y aunque esta razón de terminar con la vida de un bebé es cruel, es mucho más doloroso para la familia que tiene que tomar tan nefasta decisión.

Una mujer/pareja cristiana que se encuentre en esta difícil situación, es muy importante que busque la ayuda espiritual de su Iglesia y orarle al Señor para tomar una decisión con sabiduría. **NT Santiago 1:5**

La causa real de la mayoría de abortos

El motivo real del 93% de todos los abortos practicados en el mundo es simplemente una forma de "**control natal retroactivo**", en otras palabras es usar el aborto como "anticonceptivo."

Sucede cuando una mujer tiene relaciones sexuales sin ningún tipo de protección, **sabiendo** que existe la posibilidad de quedar embarazada.

La práctica de **este tipo de aborto** es **cruel**, **completamente innecesaria** y quizás **irresponsable** ya que **fácilmente puede ser evitado**, como seres humanos, tenemos la capacidad de "**controlar**" nuestras necesidades carnales, sólo basta **pensar un poco en las consecuencias** y tomar unos momentos para comprar algún (de muchos) **método de control natal**, los cuales generalmente **son de muy bajo costo y fácil acceso**, así evitar un embarazo no deseado, esta pequeña acción le permitirá ahorrase muchos inconvenientes, entre estos:

- *Semanas de incertidumbre esperando saber si está embarazada.*
- *Gasto en exámenes de orín, etc. para saber si está embarazada.*
- *Si lo está, perder tiempo y dinero en visitas con el doctor.*
- *Tomar la difícil decisión de hacerse (la operación) un aborto.*
- *La pérdida de tiempo y dinero en la operación de un aborto.*

Cabe mencionar que un aborto podría traer problemas con su pareja, así como complicaciones médicas y en algunas mujeres; la culpabilidad de haber **abortado un bebé**, todo esto se podría fácilmente evitar con **algún método**, que generalmente son muy **baratos** y en **algunos casos sin costo** (gratis).

Como última medida; si la mujer cree que existe la posibilidad de quedar embarazada y no quiere pasar por esas complicaciones, es obvio que la decisión más **prudente a la propuesta de una relación sexual es decir NO**.

El aborto en la Biblia

Las Escrituras no mencionan el aborto como una práctica que puede o no hacer, la única vez que se menciona un aborto es en el **Antiguo Testamento** en la que se refiere como una breve cláusula legal, nada más:

> *Si algunos riñen **y hieren a una mujer embarazada, y esta aborta**, pero sin causarle ningún otro daño, serán penados conforme a lo que les imponga el marido de la mujer y juzguen los jueces.*
> ***AT Éxodo 21:22***

Sin embargo, hay numerosos relatos en la Biblia que nos indican que tan importante es la vida de un ser humano; aun dentro del vientre.

> ***Antes que te formase en el vientre te conocí***, *y antes que nacieses te santifiqué, te di por profeta a las naciones.*
> ***AT Jeremías 1:5***
>
> *Pero cuando agradó **a Dios, que me apartó desde el vientre** de mi madre y me llamó por su gracia,*
> ***NT Gálatas 1:15***
>
> ***Herencia del SEÑOR son los hijos***; *Cosa de estima **el fruto del vientre**.*
> ***AT Salmos 127:3***

En la Biblia, los relatos que se refieren a la perdida de un bebé en gestación (aborto natural), se consideran equivalente a desdicha, fatalidad, o dolor, y estos nunca fueron acciones **tomadas voluntariamente**, sino simplemente tragedias. ***AT Job 3:16; Salmos 58:8; Salmos 139:13-16***

Jesús en el Nuevo Testamento nos dice que los niños son considerados **herederos del Reino de Dios** y **"personas" aun estando en el vientre.**

> *13 Entonces le fueron presentados unos niños para que pusiera las manos sobre ellos y orara; pero los discípulos los reprendieron.*
> *14 Entonces Jesús dijo: "Dejad a los niños venir a mí y no se lo impidáis, **porque de ellos es el Reino de los Cielos**".*
> ***NT Mateo 19:13-14, Marcos 10:13-16, Lucas 18:15-17***
>
> *11 **No habían aún nacido**, ni habían hecho aún ni bien ni mal (para que el propósito de Dios conforme a la elección permaneciera, no por las obras sino por el que llama),*
> *12 **cuando Dios le dijo a Rebeca**: "El mayor servirá al menor."*
> ***NT Romanos 9:10-12***
>
> *41 Y aconteció que cuando oyó Elisabet la salutación de María, **la criatura saltó en su vientre**, y Elisabet, llena del Espíritu Santo,*
> *42 exclamó a gran voz: —Bendita tú entre las mujeres y **bendito el fruto de tu vientre**.*
> ***NT Lucas 1:41-42***

El aborto en el mundo

Según **The Guttmacher Institute** se practican 42 Millones de abortos al año, (115,000 al día), en su mayoría como "**control natal retroactivo.**" [3]

Un argumento frecuente de las personas que defienden la práctica de aborto es que **el feto "no es persona"**, sino hasta **cierta cantidad de semanas**, la cual varía de país a país.

Mientras los que están en contra del aborto indican que **el feto es una persona** desde **el momento de la concepción**.

Lamentablemente para muchas mujeres la excusa para practicar un aborto es decir: *"Es mi cuerpo y puedo hacer lo que quiero con el."*

Esta es razón suficiente, según algunas mujeres, para terminar con la vida de su bebé. Sin embargo, esta conducta, a parte de ser una **actitud absurda**, es simplemente **irresponsable**, que sólo podemos compararla con el siguiente ejemplo:

Tomemos el caso de un "**hombre X**", quién vive con la misma ideología, este tiene relaciones sexuales sin protección con cualquier mujer y cuando quiere, ya que "**es dueño de su cuerpo, puede hacer con este, lo que él quiere.**"

Sin embargo si este hombre, **adquiriera una enfermedad venérea**, estoy seguro que reflexionando en sus acciones, lamentaría su imprudencia y aceptaría que **su conducta no sólo es absurda**, **sino irresponsable**.

Sin embargo, es la actitud del "**hombre X**" la que muchas mujeres toman cuando tienen relaciones sexuales sin protección, las que muchas veces **resultan en embarazos no deseados**.

El aborto es una acción brutal contra una persona completamente inocente, y aunque a veces necesaria, en algunos casos, es penosamente usado como método de control de natalidad debido a conductas irresponsables.

Con tanta información fácil de obtener y métodos para evitar embarazos, decir que "**yo no sabía**" o "**me equivoque**", o aun peor, usar "**es mi cuerpo**", como "la razón" para practicar un aborto; **es simplemente imperdonable**.

Sin embargo, como cristianos recordemos que **NADIE debe juzgar a nadie** por cualquier conducta (**NT Mateo 7:1**), todos y cada uno de nosotros somos responsables de nuestras actos.

El aborto es erróneo, ya que constituye la eliminación deliberada de un ser humano inocente, para aquellas personas que han tenido que tomar esta terrible decisión, es importante que sepan que no importa que errores hayamos hecho, **siempre podemos ser perdonados**, si nos arrepentimos, cambiamos nuestras conductas erróneas y buscamos a Cristo.

En quien tenemos redención por su sangre, el perdón de pecados.
NT Colosenses 1:14

Donación o transplante de órganos

La donación de órganos es uno de los actos de compasión más nobles de la raza humana, no puede haber **una acción más ejemplar** que cumpla con el Mandamiento de "**Amar al prójimo**", uno de los decretos fundamentales del **Ministerio de Jesús**. *NT Mateo 22:34-40*; *Romanos 13:9*

> *Pues tuve hambre, y ustedes me dieron de comer; tuve sed, y me dieron de beber; anduve como forastero, y me dieron alojamiento. Estuve sin ropa, y ustedes me la dieron; estuve enfermo, y me visitaron; estuve en la cárcel, y vinieron a verme.'*
> *El Rey les contestará: 'Les aseguro que todo lo que hicieron por uno de estos hermanos míos más humildes, por mí mismo lo hicieron.'*
> ***NT Mateo 25:35-46***

Obviamente la práctica de donación o trasplantes de órganos no existía en los tiempos bíblicos, por esto mismo; las Escrituras no hablan de estos procedimientos médicos.

El primer trasplante con éxito fue de córnea, **en 1905**, llevado a cabo por *Eduard Zirm*. El primero de riñón fue en el *Peter Bent Brigham Hospital* en 1951 y, el primero de corazón, se realizó el 3 de diciembre de 1967.

En referencia a la donación de órganos, existen dos tipos de procedimientos o donantes, **el primero es "Donante vivo"**, este es cuando al paciente se le extrae (dona) el órgano mientras está vivo.

Este tratamiento requiere primero pruebas de compatibilidad entre el donante y el que requiere el órgano, la donación puede ser de un fluido o tejido como sangre, células, piel, médula ósea, de un órgano como ejemplo: un riñón, o parte de un órgano que tiene capacidad de regeneración (hígado).

El Segundo tipo es "Donante muerto", este método incluye a personas con muerte encefálica (cerebral), donde el cuerpo de la persona se mantiene funcionando mediante técnicas de alimentación y respiración artificial o drogas específicas para ello, que permiten que el corazón siga latiendo e irrigando los órganos a ser trasplantados; o en el caso también de una persona que sufrió y murió en un accidente o ataque de corazón, etc.

La prioridad de un trasplante de órgano es salvar vidas, como en el caso de un transplante de riñón, hígado, corazón, o curar una enfermedad como la leucemia.

Como cristianos, podemos apoyar la donación de órganos, teniendo siempre presente que Dios prohíbe homicidio intencional (**NT Santiago 2:10-11**), un transplante de "**Donante Muerto**" es aceptable sólo en aquellos casos en que la muerte del donante ha sido determinada por todos los criterios, incluyendo la pérdida completa de la función cerebral.

Para recordar...

Jesucristo, por van Kramskoi (1837-1887)

Además les digo que si dos de ustedes en la tierra se ponen de acuerdo sobre cualquier cosa que pidan, les será concedida por mi Padre que está en el cielo. Porque donde dos o tres se reúnen en mi nombre, allí estoy yo en medio de ellos.

NT Mateo 18:19-20

¿Cuál es la Iglesia Verdadera?

Un cristiano está moralmente obligado a comportarse de acuerdo a los **Mandamientos de Cristo** (***NT Mateo 22:36-40***), en toda situación, ya sea cuando se encuentre solo, con su familia, con sus "hermanos espirituales" o de iglesia o en público; **todo el tiempo**; de otra forma su mensaje es hipócrita.

Nunca debes juzgar a nadie, por muy fiel a Dios que se crea una persona, **nadie tiene derecho de juzgar a nadie**, ya sea este prójimo un ateo, creyente de otra religión, o un cristiano quien (según tu opinión) está equivocado en sus creencias bíblicas, etc. ***NT Mateo 7:1-2***

Nunca debes discriminar a nadie, ya sea por razones de raza, color, origen étnico, nacionalidad, credo, religión, opinión política, sexo, orientación sexual, estado civil, edad, discapacidad física o mental, etc., etc., etc. ***NT Santiago 2:1***

Nunca menosprecies a nadie, ya sea por cuestiones de Fe, económicas, raza, sexo, nacionalidad, etc., porque si **para Dios no hay acepción de personas**, qué derecho tenemos nosotras de llamar a otros "falsos", "carnales", "mundanos", "impíos", etc. etc., etc. ***NT Romanos 2:11***

No seas arrogante, si ya te bautizaste y crees que estás "libre de pecado" y estás seguro que ya eres "salvo", no te vanaglories ante aquellos que todavía no lo hacen (***NT Mateo 23:12***), recuerda que como pecador que fuiste (y aun lo eres), "*porque no hay justo, ni uno solo*" (***NT Romanos 3:10***), trata a otros como te gustaría te hubieran tratado antes de que buscaras a Dios. ***NT Lucas 6:31***

Sé justo con todos, ayuda espiritualmente y físicamente sin discriminación, y sin ningún tipo de condiciones a los necesitados, no hagas como muchos que sólo ayudan a sus "hermanos religiosos" o a quien quieren "convertir", nunca niegues tú ayuda al prójimo (o lo discrimines) porque la persona no pertenece a tu grupo o no sigue tu doctrina. ***NT Mateo 5:43-48***

Ante todo recuerda que **NO IMPORTA QUÉ GRUPO O DOCTRINA SIGAS**; ya sea que no falles cada sábado o domingo a los servicios de Iglesia, o si hablas 70 lenguas, o veneras a los santos o María la madre de Cristo, o si tu Evangelio está centrado en la curación divina, en "escudriñar las Escrituras", el "arrebatamiento", el juicio final, etc., etc., etc., **no importa**, ya que mientras cumplas con los **Mandamientos de Cristo** (***NT Mateo 22:36-40***), **siempre estarás en gracia con Dios**. ***NT Mateo 22:40***

Si guardáis mis mandamientos, permaneceréis en mi amor; así como yo he guardado los mandamientos de mi Padre y permanezco en su amor.
NT Juan 15:10

¿Por qué tantas Iglesias diferentes?

El surgimiento de diferentes denominaciones dentro de **la Fe cristiana**, inició durante la **Reforma Protestante** del **siglo 16** (años 1500s).

Aunque este fue **un intento genuino de regresar al verdadero Evangelio** que Jesús nos instruyó, del cual, la Iglesia Católica se había alejado en ese entonces, **tristemente** los mismos dirigentes de la **Reforma Protestante** tampoco estuvieron de acuerdo sobre cómo y qué creencias seguir y **pronto el movimiento se desarticuló** en una docena de grupos, los cuales con el paso del tiempo, provocaron **una explosiva aparición** de diferentes grupos y denominaciones cristianas, cada una de ellas auto llamándose "la verdadera."

Uno de los principales problemas que promueven divisiones y la creación de nuevas iglesias o congregaciones; es **el legalismo religioso**, como también el afanoso **"escudriñamiento" de las Escrituras**, tanto así que muchos creyentes interpretan eventos, relatos y aun simples palabras contenidas en la Biblia como mensajes divinos que convierten en nuevos "evangelios" o creencias, sin que éstas doctrinas estén basadas en el Mensaje de Jesús. **NT Mateo 22:36-40**

Sin embargo, las **divisiones en la Iglesia** (Cristianismo), **no son nada nuevo**, aun en los días de Jesús, la Biblia documenta que "*alguien andaba predicando en el nombre de Cristo echando fuera demonios*", este evento fácilmente podría entenderse como el primer **cisma** o **separación de la Iglesia**, el cual **Jesús de ninguna forma censura**:

> *39 —No se lo prohibáis, porque ninguno hay que haga milagro en mi nombre, que luego pueda hablar mal de mí,*
> *40 pues el que no está contra nosotros, por nosotros está.*
> *41 Y cualquiera que os dé un vaso de agua en mi nombre, porque sois de Cristo, de cierto os digo que no perderá su recompensa.*
> **NT Marcos 9:38-41**

En esta cita, **Jesús acepta y predice de la existencia de otras entidades** que predicaran en su nombre, siempre y cuando prediquen su Evangelio.

> *20 porque donde están dos o tres congregados en mi nombre, allí estoy yo en medio de ellos.*
> **NT Mateo 18:20**

Entonces, **sí Jesús aceptó** la existencia de otros predicadores en su nombre sin llamarlos "falsos"; **¿Qué autoridad tendremos nosotros para censurar a otras iglesias o cristianos? NT Mateo 7:1; Marcos 4:24**

Sin embargo, **Jesús nos advierte** a tener cuidado; "*Porque vendrán muchos en mi nombre, diciendo: Yo soy el Cristo*" o si alguien dice: "*Miren, allí está*", no lo crean, porque vendrán falsos profetas y falsos Mesías, y harán cosas tan maravillosas que engañarán, si es posible, aun a los escogidos." **NT Mateo 24:4-24**

La Iglesia Verdadera es la que **cumple siempre primero** con **los Mandamientos**: "*Amarás a Dios y a tu prójimo*" (**NT Mateo 22:34-40**), antes que cualquier creencia o doctrina de hombres. **NT Marcos 7:7**

Diferencias entre Iglesias Modernas

La Iglesia antigua

La diferencia en creencias entre la mayoría de iglesias modernas es mínima, y en general son sólo simples desacuerdos de **interpretación** de algunas citas bíblicas, según teólogos, el **"legalismo"** es la causa de estas "diferencias", el cual es frecuente entre religiosos y muy perjudicial en la **Fe Cristiana** ya que promueve prejuicios, el proselitismo, y la división entre creyentes.

> *Todos estos preceptos son sólo mandamientos y doctrinas de hombres, los cuales se destruyen con el uso.*
> **NT Colosenses 2:22**

Siempre han existido y existirán desacuerdos entre cualquier tipo de ideas, **incluyendo en cuestiones de la Fe**, y los encontramos desde los primeros libros de la Biblia.

Por ejemplo estas los casos de **Adán y Eva** y su desobediencia a **Dios** (*AT Génesis 3:1*), las diferencias entre **Caín y Abel** (*AT Génesis 4:1-16*), o cuando Israel **rechaza a Dios** para adorar a un becerro (*AT Éxodo 32:1-8*), en el caso de **Jesús** enviado para establecer un **Nuevo Pacto**, pero es rechazado por los judíos provocando la división de la Fe (*NT Juan 10:22-42*), el **Apóstol Pablo** difiere con los judíos señalando ellos "*no entienden ni lo que hablan ni lo que afirman*" (*NT 1 Timoteo 1:7*), así mismo, **Jesús** reconoce en su tiempo divisiones de la Iglesia (*NT Lucas 9:49-50*), **Pablo** también documenta el **"sectarismo"** entre sus seguidores: "*cada uno de vosotros dice: «Yo soy de Pablo», «Yo, de Apolos», «Yo, de Cefas (Pedro)» o «Yo, de Cristo, ¿Acaso está dividido Cristo?*" **NT 1 Corintios 1:12-14**

La Iglesia moderna

Lamentablemente, esta vieja **"desacuerdos de creencias"** que incitó a veces intolerancia; **todavía divide a cristianos aun 2000 años después de Cristo**.

Sin embargo, estos desacuerdos se agravaron durante el **siglo pasado** (1900s) cuando **estalló la producción** (publicación en masa) **de Biblias** en todo el mundo, que aunque esto se debería de considerar como **algo positivo**; tristemente creó una **ola de desacuerdos más grande y radical** en toda la historia del Cristianismo, a tal extremo ha llegado **la diferencia de creencias**, que ciertas organizaciones religiosas ya rechazan las Escrituras originales señalándolas como **"mal traducidas"**, así **justifican la producción** de sus **propias Biblias**, las cuales; obviamente publican **"de acuerdo"** a sus creencias.

Otros religiosos consideran que es un encargo divino **"escudriñar la Biblia"**, y en el proceso **"descubren" nuevos mensajes, mandatos, profecías**, etc., las cuales interpretan como **nuevas leyes o doctrinas** y consecuentemente dan origen a **nuevas congregaciones**.

¿Es importante asistir a la Iglesia?

La rivalidad y competencia religiosa entre las **decenas de denominaciones** cristianas modernas, se ha reducido en una pugna que incluye acusaciones mutuas de "ser falsas iglesias", "cristiandad", "el enemigo", etc., etc., etc., en otras palabras, **estos cristianos a pesar de compartir la misma Fe**, y ser **hermanos espirituales; sostienen una hostilidad irracional e innecesaria**.

Así como crece cada día más la desilusión de creyentes en la Fe Cristiana debido a la inmadurez, insensatez y desacuerdos religiosos, también crecen **los verdaderos enemigos del Cristianismo**, siendo **la apatía a Dios**, el principal motivo de la **pérdida de Fe** y como consecuencia; **el ateismo**.

Debido a las malas experiencias que han tenido algunos creyentes con ciertos grupos religiosos, muchos deciden mejor no pertenecer a ninguna iglesia, estudiar la Biblia en familia o individualmente.

¿Es necesario asistir a una Iglesia?

Al contrario de lo que muchos religiosos proponen; **No es la membresía** a un grupo religioso (iglesia) **lo que nos hará salvo**, sino nuestra actitud con Dios y la humanidad. *NT Efesios 4:32*

Aunque **las Escrituras no documentan que Jesús perteneció a ninguno de los grupos religiosos** establecidos de su tiempo, NO debemos olvidar que ser miembro o **pertenecer a una iglesia tiene muchos beneficios**, entre estos; el reunirse con los hermanos para glorificar a Dios, no sólo nos hará crecer en la Fe y edificarse espiritualmente, sino también:

> *24 Ayudarnos unos a otros para estimularnos al amor y a las buenas obras,*
> *25 no dejando de congregarnos, como algunos tienen por costumbre, sino exhortándonos; y tanto más, cuanto veis que aquel día se acerca.*
> ***NT Hebreos 10:24-25***

Aunque seas muy a Dios, **al no ser miembro o parte de una iglesia**, estarías en una situación que **podría disminuir tu Fe en Dios**, quizás como le sucede a una pieza de leña sacada del fuego, se apagará lentamente, un cristiano que no se congrega; **se enfría y puede ser fácil presa del pecado**.

Si todavía no eres miembro de una congregación, obviamente en el presente tienes muchas opciones, recuerda que es fácil saber a que iglesia escoger; esta debe **primero declarar a Dios y su Hijo Jesús como líder** antes que cualquier doctrina o persona (***NT Mateo 17:5***), y segundo **promover el Amor al Prójimo sin condiciones.** *NT Mateo 22:34-40; Juan 14:15*

Recuerda que todo grupo cristiano te dirá que *"ellos son los verdaderos representantes de Dios", "la Iglesia verdadera",* y *"los únicos que te darán la salvación",* etc., etc., etc.

Posiblemente usen citas bíblicas para "convencerte" que son ellos los enviados por Dios, y te advertirán que si no los aceptas; *"no es a ellos que rechazas sino a Dios"* (**NT Mateo 10:5-15**), o que si no estás con ellos, entonces estás en contra de Dios o aun peor; al lado de "Satanás", etc. **NT Mateo 12:30**

Aunque cualquier grupo o persona te puede decir esto, recuerda que una congregación que cumpla con los Mandatos de Cristo (**NT Mateo 22:34-40**), es simplemente una **Iglesia de Dios**, *"Porque donde están dos o tres congregados en mi nombre, allí estoy yo en medio de ellos."* **NT Mateo 18:20**

Jesús sabía que la inmadurez, el proselitismo (aferrarse a una doctrina), es parte de **la naturaleza humana** y posiblemente en la siguiente cita reconoce que existirían "**diferentes denominaciones**" en el futuro, sin embargo no censuró, ni rechazó este tipo de circunstancias.

> *49 Entonces respondiendo Juan, dijo: --Maestro, hemos visto a uno que echaba fuera demonios **en tu nombre**; y se lo prohibimos, porque no sigue con nosotros.*
> *50 Jesús le dijo: --**No se lo prohibáis, porque el que no está contra nosotros, por nosotros está.***
> **NT Lucas 9:49-50**

Los beneficios de asistir a la Iglesia

En la Iglesia encontrarás el apoyo de hermanos que comparten tu Fe, edificación espiritual, esperanza, paz, armonía y alegría, sobre todo para aquellas almas cansadas, con deseo de ayuda espiritual y salvación eterna.

> *Alabando a Dios y teniendo favor con todo el pueblo. Y el Señor añadía cada día a la iglesia los que habían de ser salvos.*
> **NT Hechos 2:47**

> *Pero si andamos en luz, como él está en luz, **tenemos comunión unos con otros** y la sangre de Jesucristo, su Hijo, nos limpia de todo pecado.*
> **NT 1 Juan 1:7**

Según varias encuestas, la persona que asiste regularmente a la iglesia tiene mayor madurez personal y espiritual, es más feliz y vive más, que la persona que no atiende ningún servicio religioso.

> *No dejando de congregarnos, como algunos tienen por costumbre, sino exhortándonos; y tanto más, cuanto veis que aquel día se acerca.*
> **NT Hebreos 10:25**

Porque **donde estén dos o tres congregados en su nombre**, ahí Él estará con nosotros (**NT Mateo 18:19-20**), todas las iglesias, en **un solo cuerpo en Cristo**, y todos miembros los unos de los otros. **NT Romanos 12:5**

El fanatismo religioso

El **fanatismo religioso** es uno de los **enemigos más grandes del Evangelio**, en general los creyentes se aferran a doctrinas (creencias) o líderes religiosos, pensando con seguridad que esa es la forma correcta de "agradar a Dios."

Este último es quizás el peor, **cuando el creyente está seguro que su líder**, o **grupo dirigente** "está conectado directamente a Dios", o aun peor; creer que el cabecilla religioso es **Jesús encarnado**.

Otro tipo de **fanatismo** es creer que Dios es un ser caprichoso y ego-centrista que espera de nosotros **una atención absoluta**, que nos creó para servirle todo el tiempo y que no podemos pensar en otra cosa más que en Él.

Sin embargo no es así, **Dios no creó esclavos**, ni "criados" sin descanso, **nos dio libre albedrío** desde el primer día **para vivir y disfrutar de su creación**, **nosotros somos su hijos**; así mismo nos dio **la capacidad intelectual** para que nosotros también podamos crear cosas bellas. *NT Colosenses 3:17*

> *Porque todo lo que Dios creó es bueno y nada es de desecharse, si se toma con acción de gracias...*
>
> ***NT 1 Timoteo 4:4***

¿Quién es un fanático religioso?

Generalmente **se le considera "un fanático" a una persona novata en la Fe**, muchas veces su educación "teológica" es mínima, es por eso que tiende a defender "sus creencias" juzgando a los demás de "herejes o falsos" cristianos, sobre todo con aquellos que tienen opiniones contrarias a su doctrina.

El fanático no acepta consejos, criticas ni modificaciones lo cual hace difícil su razonamiento y cambio de mentalidad. Esta mentalidad generalmente intenta suprimir a los que se oponen a sus creencias y modo de ver la vida.

El fanatismo religioso es la incapacidad (intolerancia) de admitir al mundo en su diversidad y según ellos creen; **es un derecho y responsabilidad** como cristianos; ser el fiscal o "juez de la verdad", y solamente aceptan o aprueban a los que se identifican con la causa y creencias de su grupo religioso.

Muchos fanáticos se dedican a promover un **evangelio proselitista** predicando que **Dios NO detesta al malvado** o pecador, sino a iglesias y cristianos que no comparten sus doctrinas, y señalan que en el día del juicio, **Dios vendrá a castigar con más furia** a todas y cada una de las "otras iglesias", menos a ellos, Esta es obviamente una conducta intolerante y sectaria que no tiene ningún fundamento bíblico ni pertenece al Mensaje de Cristo

RECORDEMOS que **las Escrituras NO patrocinan a ningún grupo religioso**, sin importar el nombre de de grupo, ya sea moderno o antiguo.
Cristo claramente señaló que: *"Donde están dos o tres congregados en mi nombre, allí estoy yo en medio de ellos."* ***NT Mateo 18:20***

Un Cristiano Verdadero es...

Cristiano, del latín ***christiānus*** y este del griego ***christianos*** palabra que es derivada de **Χριστός** (***Khristós***) que significa "ungido", su titulo original en hebreo es ***Mesías*** del hebreo ***mashiah***, es la persona que **profesa la Fe, o es seguidor de Jesucristo, el Hijo de Dios**. *NT Juan 3:16*

Según un censo publicado en el año 2005, habría más de **2100 millones de cristianos**, o cerca de un tercio de la población mundial, siendo el **cristianismo** la religión con más creyentes del mundo. **[A]**

Los **seguidores de Jesús** fueron llamados originalmente **Nazarenos**, todos eran hebreos (judíos), por otro lado; muchos años después de la Crucifixión, fue un grupo de **gentiles**, los primeros en ser llamados **Cristianos**, ellos habían sido convertidos en **seguidores de Jesús** por el **Apóstol Pablo** en la comunidad de **Antioquía** (hoy Turquía). *NT Hechos 11:26*

Las **creencias fundamentales del Cristianismo (Nuevo Pacto)**, están basadas completamente en **Dos Mandamientos** (*NT Mateo 22:34-40*), el **Amor a Dios** sobre todas las cosas y el **Amor al prójimo como a uno mismo**, según las Escrituras, **al cumplir estas DOS reglas,** se cumple con todos los Mandamientos y los profetas. *NT Mateo 22:40*

El **Nuevo Testamento** también contiene importantes guías morales para los cristianos. **Jesús en el Sermón de la Montaña** le pide a sus seguidores, entre otras cosas, amar aun a nuestros enemigos, ser misericordiosos y humildes; en *NT Marcos 10:21* le pide a un "**joven rico**" que venda sus posesiones, y darles el dinero a los pobres.

Sin embargo, la petición que hace Jesús en este caso no es para vivir una vida sin riqueza alguna, sino más bien **rechazar la idolatría al dinero**.

Un cristiano es una persona misericordiosa, tolerante, siempre dispuesta para ayudar al prójimo, **NO IMPORTA QUIEN SEA ESTE**, desde un familiar, hasta nuestros propios enemigos. *NT Mateo 5:43-48*

Cristiano NO ES AQUEL que **pone primero sus creencias de un grupo** religioso, y segundo el amor y la misericordia a su prójimo. *NT 1 Juan 2:4*

Un cristiano verdadero es alguien que se ha arrepentido de sus pecados y ha puesto su **Fe y confianza solamente en Jesucristo**.

*Mas a todos los que lo recibieron, a quienes creen en el nombre de **Jesús**, les dio potestad de ser hechos hijos de Dios.*
NT Juan 1:12

Jesús nos instruye que un **Cristiano Verdadero** tiene que estar dispuesto a perdonar a su prójimo, sin importar la falta, no sólo una vez, sino hasta setenta veces siete, o sea indefinidamente. *NT Mateo 18:21-22*

Por sus frutos los conocerás...

Un cristiano está moralmente obligado a comportarse de forma ejemplar, **El Apóstol Pedro** llama a los seguidores de Cristo un "*linaje escogido, real sacerdocio*" (***NT 1 Pedro 2:9***), siempre dispuestos al perdón, tolerancia, amor al prójimo (***NT Mateo 22:36-40***), en toda situación, ya sea cuando se encuentre solo, con su familia, con sus "hermanos espirituales" o de iglesia o desconocidos; **todo el tiempo**; de otra forma su mensaje es hipócrita.

Cualidades de un Cristiano

Nunca debes juzgar a nadie, por muy fiel a Dios o "santo" que se crea una persona, **nadie tiene derecho de juzgar a nadie**, ya sea esta persona un ateo, creyente de otra religión, o un cristiano quien (según tu opinión) está equivocado en sus creencias bíblicas, etc. ***NT Mateo 7:1-2***

Nunca debes discriminar a nadie, ya sea por razones de raza, color, origen étnico, nacionalidad, credo, religión, opinión política, sexo, orientación sexual, estado civil, edad, discapacidad física o mental, etc., etc., etc. ***NT Santiago 2:1***

Nunca menosprecias a nadie, ya sea por cuestiones de Fe, económicas, raza, sexo, nacionalidad, etc., porque si **para Dios no hay acepción de personas**, qué derecho tenemos nosotras de llamar a otros "falsos", "carnales", "mundanos", "impíos", "pecadores", etc. etc., etc. ***NT Romanos 2:11***

No seas arrogante, si ya te bautizaste y crees que estás "libre de pecado" y estás seguro que ya eres "salvo", no te vanaglories ante aquellos que todavía no lo hacen (***NT Mateo 23:12***), recuerda que como pecador que fuiste (y aun lo eres), "*porque no hay justo, ni uno solo*" (***NT Romanos 3:10***), trata a otros como te gustaría te hubieran tratado antes de que buscaras a Dios. ***NT Lucas 6:31***

Sé justo con todos, ayuda espiritualmente y físicamente sin discriminación, y sin ningún tipo de condiciones, no hagas como muchos que sólo apoyan a sus "hermanos religiosos" o a quien quieren "convertir", nunca niegues tu ayuda al prójimo (o lo discrimines) porque esta persona no pertenece a tu grupo o no sigue tu doctrina. ***NT Mateo 5:43-48***

Ante todo recuerda que **NO IMPORTA QUÉ GRUPO O DOCTRINA SIGAS**; ya sea que asistas cada sábado o domingo a los servicios de Iglesia, o si hablas 70 lenguas, o veneras a los santos o María la madre de Cristo, o si tu Evangelio está centrado en la curación divina, en "escudriñar las Escrituras", el "arrebatamiento", el juicio final, etc., etc., etc., **no importa**, ya que mientras cumplas con los **Mandamientos de Cristo** (***NT Mateo 22:36-40***), **siempre estarás en gracia con Dios**. *NT Mateo 22:40*

Si guardáis mis mandamientos, permaneceréis en mi amor; así como yo he guardado los mandamientos de mi Padre y permanezco en su amor.
NT Juan 15:10

¿Quién es el Prójimo?

El Prójimo, del latín **proxĭmus**, significa "próximo", vecino", "cercano", la palabra se refiere a **una persona con respecto a otra**, considerados bajo el concepto de la solidaridad humana.

El Prójimo es toda persona en el mundo, sea cristiano, ateo, pecador, no importa su raza, nacionalidad, estado físico, lenguaje, sexo, etc., etc., etc.

Aunque muchos consideran "un prójimo" solamente a una persona cercana, familiar, amigo o "hermano religioso"; en la **Parábola del Buen Samaritano**, **Jesús claramente señala que un prójimo es cualquier ser humano, sin condiciones de ningún tipo.** *NT Lucas 10:25-37*

Esta es la historia de un hombre desconocido quien es golpeado y dejado por muerto en el camino, religiosos en dos diferentes ocasiones le pasan al lado pero no lo ayudan, sin embargo, un samaritano, sin conocerlo y sin que el golpeado sea de "su gente", se detiene y lo auxilia, cura sus heridas con aceite y vino, después pone al hombre en su cabalgadura, lo lleva a un mesón y cuida de él. Jesús con esta parábola nos enseña que **un prójimo** no es un privilegio para algunos, sino para todos, aun los desconocidos.

Penosamente, muchos grupos cristianos rechazan o limitan el estado de "prójimo" o "hermano" a personas **por no pertenecer a su grupo religioso**, o por no profesar la Fe cristiana, de la misma forma que lo hacían los judíos, quienes cumplían la "Ley" literalmente y sólo "**amaban a sus propios**", según su interpretación de: "*No te vengarás ni guardarás rencor a los hijos de tu pueblo, sino amarás a tu prójimo como a ti mismo.*" **AT Levítico 19:18**

Sin embargo, **Jesús no hace distinciones** entre los hombres, todos somos hijos de Dios y hermanos no importa nacionalidad, religión, ni ideas políticas.

43 »Oísteis que fue dicho: "Amarás a tu prójimo y odiarás a tu enemigo."
44 Pero yo os digo: Amad a vuestros enemigos, bendecid a los que os maldicen, haced bien a los que os odian y orad por los que os ultrajan y os persiguen,
45 para que seáis hijos de vuestro Padre que está en los cielos, que hace salir su sol sobre malos y buenos y llover sobre justos e injustos.
46 Si amáis a los que os aman, ¿qué recompensa tendréis? ¿No hacen también lo mismo los publicanos?
*47 **Y si saludáis a vuestros hermanos solamente**, ¿qué hacéis de más? ¿No hacen también así los gentiles?*
48 Sed, pues, vosotros perfectos, como vuestro Padre que está en los cielos es perfecto.

NT Mateo 5:43-48

Un cristiano es aquel que guarda Sus Mandamientos (**NT Mateo 22:34-40**), es quien ama a Dios y a su prójimo, Jesús dice que él será amado por mi Padre, y yo lo amaré y me manifestaré a él. **NT Juan 14:21**

¿Quién heredará la vida eterna?

La Biblia dice que *"De tal manera amó Dios al mundo, que ha dado a su Hijo unigénito, para que todo **aquel que en Él cree no se pierda, sino que tenga vida eterna**." **NT Juan 3:16***

Ser cristiano o creer en Dios **no necesariamente** nos hará salvos, ya que **podemos creer en Él** y seguir siendo personas "del mundo" o pecadores, la frase: "*¡**Acepta a Cristo y serás salvo!***" usada por muchos predicadores modernos es redundante en comunidades creyentes, ya que la mayoría de **cristianos** (católicos o protestantes), en general nunca hemos puesto en duda o rechazado a **Jesús como el Hijo de Dios**.

Sin embargo **esta frase sería necesaria y primordial** para predicarle a personas **QUE NUNCA han escuchado el Evangelio de Cristo**, como es el caso de personas de origen (religión) hindú, chino, árabe, etc.

Ningún ser humano tiene la autoridad de decidir quién es salvo o ungido, esta es una **decisión que le pertenece solamente a Dios**. *NT 2 Corintios 5:10*

¿Quienes serán salvos?, la Biblia nos dice que **sólo aquel que cumple** los Mandamientos de Cristo (***NT Mateo 22:34-40***), estará en gracia con Dios.

> *El que tiene mis mandamientos y los guarda, ése es el que me ama; y el que me ama será amado por mi Padre, y yo lo amaré y me manifestaré a él.*
>
> ***NT Juan 14:21***

¿Cuántos serán salvos?, el profeta **Juan de Patmos** en su libro **Apocalipsis** nos dice que será "***Una gran multitud, la cual nadie puede contar***, *de todas las naciones, tribus, pueblos y lenguas.*" **NT Apocalipsis 7:9**

Mientras cumplas con Sus Mandamientos, no importa a que Iglesia asistas; tendrás esperanza de ser salvo, ya que **la Biblia NO patrocina** o respalda a ninguna congregación o grupo, al contrario; **Jesús dice que**:

> *Donde están dos o tres congregados en mi nombre, allí estoy yo en medio de ellos.*
>
> ***NT Mateo 18:20***

La **membresía de un grupo NO ES lo que nos hará salvos**, sino reconocer nuestros errores (pecados) y estar dispuestos a perdonar y pedir perdón, hacer un legítimo cambio de conducta en nuestras vidas, así como también tomar los siguientes cuatro pasos básicos para completar nuestra promesa a Dios de que; **seremos personas nuevas**.

- **Arrepentirse genuinamente**   *NT Lucas 5:32*
- **Bautizarse**   *NT Marcos 16:16*
- **Amar a Dios sobre todas las cosas**   *NT Mateo 22:37*
- **Amar a tu prójimo como a ti mismo**   *NT Juan 13:34*

La deserción en la Fe Cristiana

Tristemente, la deserción de creyentes cristianos es cada día mayor, esta se debe a diferentes factores, siendo las principales: la desilusión, la hipocresía, fraude, arrogancia, cinismo y el proselitismo de muchos lideres espirituales.

La deserción en la Iglesia Católica

Una de las comunidades más afectadas es la Iglesia Católica, según un estudio, cerca del 15% de católicos (activos) en Latinoamérica han dejado la iglesia, siendo los motivos más importantes:

- **Desatención** por parte de la jerarquía de la Iglesia
- **Arrogancia** en algunos lideres (sacerdotes)
- **La falta de integridad** en algunos lideres
- **Algunas creencias** de la Iglesia no tienen apoyo bíblico
- **La indiferencia de la Iglesia** en casos de abuso a creyentes

Algunos citan los escándalos de abuso sexual a menores como una causa del éxodo de creyentes, y es muy importante castigar a cualquier persona culpable de estos nefastos actos, sin embargo, **es insensato sugerir que esta es una situación típica en el catolicismo**, o indicar que todos los sacerdotes son abusadores, esto es tan irresponsable como decir (ejemplo) que si un maestro es encontrado culpable de abuso de uno de sus estudiantes, también todos los maestros serían culpables, recordemos que estas terribles cosas suceden en todos los ámbitos.

La deserción en la Iglesia Protestante

La presencia de la **Iglesia Protestante** en Latinoamérica es reciente, esta arribó a mediados **del siglo 20** (1950s), la mayoría de creyentes que profesan el protestantismo, casi el 90%, nacieron siendo católicos (activos y no activos), sólo el **5% de ellos** han nacido dentro de la **Iglesia Protestante**.

Lamentablemente aun dentro del protestantismo, siendo en su mayoría, congregaciones nuevas, **la deserción también está presente**, y aunque la pérdida de creyentes es menor, los motivos más fuertes del abandono es

- **El proselitismo**, o la competencia desleal entre iglesias
- **El fraude** en asuntos financieros
- **Falta de educación** académica y bíblica en líderes
- **Exceso de doctrinas** que no representan el Evangelio de Cristo

El **proselitismo** es un problema grave en algunas congregaciones, ya que en lugar de predicar **el Evangelio de amor a Dios y al prójimo**, al contrario; **instruyen un mensaje separatista**, señalando a "otras iglesias de ser falsas", o satánicas, para retener o ganar adeptos, muchas veces siendo el objetivo principal; el dinero o prosperidad económica de sus lideres. **NT 1 Timoteo 6:5**

¿Qué es el ateismo?

Ateismo, del griego **atheus**, de **a-** "contra", "sin" y **theus** "Dios", "Zeus", significa literalmente "*alguien que no cree o rechaza al dios Zeus*", fue por este motivo que **cristianos fueron llamados "ateos"** durante la persecución del imperio romano. Según el Diccionario de Real Academia Española, un ateo (en el presente), es la persona que niega (o no cree) en la existencia de Dios.

Los Cristianos fueron los ateos más famosos

El término **ateo** fue usado por el imperio romano **en la persecución del Cristianismo** durante los primeros 3 siglos de la Iglesia, la palabra era para acusar a los cristianos de no creer en el dios supremo **Zeus** (*theus*), o en el resto de los dioses del panteón romano, lo que era un crimen. **[A]**

La palabra griega "*ateo*" está compuesta por el prefijo negativo "*a-*" que significa "no", "sin" o en "contra" y **Theus** (en latín **teos**), "Zeus", quien era el dios griego más importante, era llamado por los romanos **Júpiter**.

En la mitología griega **Zeus** (en griego antiguo: Ζεύς) es el rey de los dioses olímpicos del cielo y el trueno. **[B]**

Aunque la palabra **ateo** literalmente significa "**no creer**" en el **dios Zeus**, con el pasar de los siglos, la palabra **ateo** y **ateismo** llegó a significar "*no creer en ningún dios*" en general, el termino fue adoptado primero por el cristianismo, posteriormente por los judíos, para el año 1500, la palabra ya era usada por el mundo en general para referirse a personas incrédulas (no creyentes).

En el presente, la palabra **ateo** (*ateismo*) se usa en todas las religiones para distinguir a personas que no creen en ninguna divinidad (Dios), al contrario, los que sí creen, son llamados *teístas*. **[C] [D]**

El ateísmo basa sus creencias y **fundamentos en hechos empíricos**, estas son ideas o cosas que "se pueden comprobar científicamente". Estas personas necesitan pruebas físicas que Dios existe, **sin embargo para creyentes**:

> *La fe es la certeza de lo que se espera, la convicción de lo que no se ve.*
> **NT Hebreos 11:1**

El ateísmo ha existido siempre, paralelo a las creencias teístas, así lo relata y reconoce la Biblia: "*Dice el necio en su corazón: -No hay Dios.*" **AT Salmos 14-1**

Aun, dentro del circulo de Apóstoles, había incredulidad; Tomás, uno de los Doce, no estaba con ellos cuando Jesús se les presentó poco después de su resurrección, y cuando los Apóstoles le dijeron — **¡Hemos visto al Señor!**, Tomas dijo: "*-Si no veo en sus manos la señal de los clavos y meto mi dedo en el lugar de los clavos, y en su costado, no creeré.*" **NT Juan 20:24-25**

Ocho días después llegó Jesús, entonces Tomás al verlo le dijo: "*-¡Señor mío y Dios mío!*", Jesús le dijo: "*—Porque me has visto, Tomás, creíste; **bienaventurados los que no vieron y creyeron**.*" **NT Juan 20:26-29**

El ateismo en el mundo moderno

Recientes estadísticas muestran un creciente número de gente convirtiéndose al ateísmo, según un estudio de "**World Almanac**" publicado en el 2001, el ateismo varía entre **el 3 y el 15% de la población mundial. [1]**

Es muy importante señalar que ser ateísta **NO SIGNIFICA** detestar a Dios o a creyentes, tampoco es pertenecer a una "religión satánica", partido político socialista (comunista), o personas moralmente corruptas, etc.

Un ateísta puede ser cualquier persona, muchos de ellos son personas con altos valores morales, que simplemente no creen en Dios. **[E]**

Así como en el cristianismo, también en el ateismo existen "denominaciones", algunas de las diferencias o tipos de ateismo más importantes son: **[F]**

El ateísmo científico, no cree en fenómenos sobrenaturales y tampoco en ninguna fuerza divina. Este cree que todo lo que concierne al universo y la vida, se puede explicar con ayuda de la investigación científica y el razonamiento lógico.

El ateísmo filosófico, es la postura similar a la del filósofo griego Sócrates: "*Yo sólo sé que no sé nada*", y **el ateísmo agnóstico**, el cual define sus razones en que **no existe información válida** para probar o no, la existencia de Dios.

El ateísmo personal, en general su explicación es simple; no tienen ningún motivo para creer en Dios.

No importa cuál sea el motivo del ateismo o por qué una persona no cree, **nuestra responsabilidad como cristianos es respetar sus opiniones**, y aunque las Escrituras señalan que "*el necio dice en su corazón: «No hay Dios.»*" (**AT Salmos 14:1**), de ninguna forma Dios, Jesús o la Biblia nos da el permiso para juzgar a nadie (**NT Mateo 7:1**), ni usar palabras despectivas, como ejemplo: *inicuos, mundanos impíos, carnales etc.*, nuestra obligación es cumplir con los Mandamientos, el cual uno de ellos es "*Amaras a tu prójimo como a ti mismo*", (**NT Mateo 22:39**), **sin condiciones de ningún tipo**.

> *43 »Oísteis que fue dicho: "Amarás a tu prójimo y odiarás a tu enemigo."*
> *44 Pero yo os digo: Amad a vuestros enemigos, bendecid a los que os maldicen, haced bien a los que os odian y orad por los que os ultrajan y os persiguen,*
> *45 para que seáis hijos de vuestro Padre que está en los cielos, que hace salir su sol sobre malos y buenos y llover sobre justos e injustos.*
> **NT Mateo 5:43-45**

Sin embargo, también tenemos **la tarea que Jesús nos comisionó** de "*predicar el Evangelio a todas las naciones.*" **NT Mateo 28:16-20**

Es muy importante que si nos encontramos con un ateo, y sí él (o ella) nos permite hablarle acerca de Dios; **lo hagamos con respeto**, si no lo acepta, despídete cordialmente asegurándole que estarás cerca si te necesita.

Cómo conversar con un ateo

Personas ateas son generalmente educadas y por lo regular sólo aceptan explicaciones "**racionales o científicas**" a sus preguntas, muchas veces **no entienden por qué personas persisten en creer**, según ellos; las explicaciones de "un ser ficticio", (Dios).

Como cristianos, sentiremos la necesidad de **predicarle el Evangelio** a una **persona atea**, porque creemos sinceramente que él (o ella) está equivocado y al convertirlo mejoraremos su vida, **aunque el ateo no lo vea de esa forma**.

Muy Importante: Edúcate

Antes de iniciar una plática con una persona que duda o es ateo, es necesario que estés informado para saber responder, **sino lo estás**; **infórmate**, pide ayuda **en tu iglesia**, **prepárate a defender la Fe Cristiana** y no sólo las creencias de tu grupo, hoy tienes en tus manos una herramienta única y muy eficaz con una enorme cantidad de información: **El Internet**.

A un ateo no le interesa saber que **tu iglesia es "la verdadera"** y los "otros cristianos son falsos", para un ateo todos los religiosos somos lo mismo y demostrar "nuestros desacuerdos doctrinales"; **es simplemente insensato**.

> *Santificad a Dios el Señor en vuestros corazones, y **estad siempre preparados para presentar defensa** con mansedumbre y reverencia ante todo el que os demande razón de la esperanza que hay en vosotros.*
> **NT 1 Pedro 3:15**

Hay que tener en cuenta que **la mayoría de personas ateas** no son fáciles de persuadir, **tienen opiniones implantadas** y si conversan contigo **te pondrán a prueba** para ver qué bien **puedes defender tus puntos de vista**, sino estás preparado, él (o ella) **no estará interesado** en hablar contigo acerca de Dios.

Por eso es muy importante que leas, te instruyas, "*Procura con diligencia presentarte a Dios aprobado, como obrero que no tiene de qué avergonzarse, que usa bien la palabra de verdad.*" (**NT 2 Timoteo 2:15**), investiga acerca de los puntos y temas que típicamente vas a platicar con un ateo, como por ejemplo el origen del universo, el ser humano, evolución, etc.

Edúcate sobre la historia de tu iglesia, así como también la historia del cristianismo, y **sus 2000 años de existencia**, como se originó el movimiento Cristiano, lee sobre el judaísmo, aprende sobre otras religiones, etc., todos estos temas podrían ser mencionados en la conversación.

Si en la conversación no puedes responder alguna pregunta; **acepta tus limitaciones** y dice: "*No te puedo responder a esa pregunta ahora, pero te prometo buscar la respuesta pronto*", porque **responder a una interrogante inadecuadamente demostrará tu falta de conocimiento**, sí te equivocas; evita especialmente hacer comentarios insensatos como: "*Es el demonio que te trata de confundir o engañar*", etc., etc., etc.

Al conversar con un ateo, **es obvio que usemos la Biblia** así como lo haría un abogado con un libro de leyes en un juicio para probar su punto de vista, sin embargo ten presente que aunque **para un cristiano la Biblia es una obra divina**, **para un ateo este es solamente "un libro más"** creado por el hombre y posiblemente no estarán de acuerdo que *"porque algo está en la Biblia es necesariamente la verdad."*

Para comprender este punto de vista, tienes que pensar de esta forma, por ejemplo, siendo un cristiano, **¿Te convertirías a la religión hinduista** sólo porque alguien te lee **versículos del Vedas**, el libro sagrado de esa religión?, te aseguro que la respuesta es: **No**.

Al predicarle a un ateo estarás en la misma situación, por eso es muy importante antes que nada **ser tolerante** y **establecer respeto mutuo**.

A parte del apoyo que tendrás dentro de tu iglesia para hablar con un ateo, la siguiente, es una guía que te pueden ayudar a platicar de tu Fe.

• Ora y pide a Dios sabiduría, sobre todo en momentos de desafío.
• Nunca debes forzar a un ateo a que te escuche, la Fe no puede ser forzada.
• Muéstrale un interés verdadero, sea el ateo un familiar, amigo o extraño.
• Nunca asumas que una persona atea tiene una vida vacía o incompleta.
• Nunca asumas o consideres a una persona inmoral o mala por ser atea.
• No digas que puedes hablar con Dios, (Tú no eres "Médium").
• Investiga las preguntas y puntos de vista e interés del ateo.
• No asumas que el ateo no sabe de Dios o que no ha leído la Biblia.
• Averigua porque no cree en Dios, te será más fácil platicar con él o ella.
• Invita a la persona a tu iglesia (sin obligaciones) para que sienta la paz y armonía de la Fe.

Háblale de estudios que han probado que la gente que tiene Fe vive mejor y más saludable, **el profesor Andrew Clark** de la escuela de economía de París señala que:

> *"Las personas religiosas están en mejores condiciones de hacer frente a crisis físicas, morales o de salud, afirma el estudio presentado en una Conferencia de la Real Sociedad económica."*

Recuérdale que así como cosas materiales le pueden dar felicidad en la vida, también **la Fe te da armonía y la paz espiritual que tienes como cristiano**, háblale de qué mejor persona eres, pero sobre todo habla de **la esperanza que tienes en tu vida por la Fe y que la quieres compartir con él o ella**.

Por último, aunque no logres convertirlo, **NUNCA lo juzgues**, ni lo amenaces diciéndole que es mundano, impío, etc., o que esta del lado de Satán o que morirá y no será salvo o aun peor que irá al infierno, este tipo de sugestión jamás convertirá un ateo en creyente.

Siempre ten presente que: **"Tus creencias** (religiosas o políticas) **no te hacen una mejor persona; tu comportamiento si."** Proverbio anónimo

⇨ Vea **¿Existe Dios?** en página **37** para más información.

No tienes derecho de juzgar a nadie

No puede haber nada mejor que una persona trate genuinamente de ser un buen cristiano, lamentablemente es frecuente entre "**recién-convertidos**" y sobre todo en aquellos **que tienen poca madurez espiritual**; sentirse puros, santos, "salvos", y con el derecho de juzgar o discriminar a personas y aun, a otros cristianos porque estos "no caminan" o no son miembros del mismo grupo religioso, una reprochable conducta, similar a de los escribas y fariseos, en la anécdota de "*la mujer adultera.*" **NT Juan 8:1-11**

No puede existir más **INSENSATEZ** en el mundo que un "**ex-pecador**" llame a una persona "**mundano**", "**inicuo**", "**impío**", "**carnal**", etc., etc., etc.

> *¿Qué, pues? ¿Somos nosotros mejores que ellos? ¡De ninguna manera!, pues hemos demostrado que todos, tanto judíos como gentiles, están bajo el pecado.*
>
> **NT Romanos 3:9**

La Biblia nos dice que "**No hay justo, ni aun uno**." (**NT Romanos 3:10**), porque ni **Dios el Padre a nadie juzga**, sino que todo **el juicio dio a su Hijo Jesucristo** (**NT Juan 5:22**), quien esperará hasta el fin de los tiempos para juzgarnos; **A TODOS y cada uno de nosotros**. **NT Apocalipsis 20:11-15**

NO IMPORTA a que grupo religioso pertenezca alguien, **ningún cristiano debe discriminar ni tiene derecho a hacerlo**, esto lo repite Cristo una y otra vez en Su Ministerio.

> *1 No juzguéis, para que no seáis juzgados,*
> *2 porque con el juicio con que juzgáis seréis juzgados, y con la medida con que medís se os medirá.*
>
> **NT Marcos 12:31**

La única responsabilidad que tenemos como cristianos **es Amar a Dios** y a **nuestro prójimo**.

> *Porque: «No adulterarás, no matarás, no hurtarás, no dirás falso testimonio, no codiciarás», y cualquier otro mandamiento, en esta sentencia se resume:* **Amarás a tu prójimo como a ti mismo**.
>
> **NT Romanos 13:9**

NOTA: Este mandamiento **no tiene condiciones**, significa que tenemos que amar a todo el mundo, **NO SÓLO a los hermanos de Iglesia**.

Que en la Biblia existan circunstancias donde alguien es juzgado o se usaron algún tipo de calificativos despectivos como "*mundano*", "*inicuo*", "*impío*", "*carnal*", etc., **de ninguna forma nosotros debemos usarlos o juzgar a nadie**.

> *Jesús dijo:* "***No se conviertan en jueces de los demás, y Dios no los juzgará a ustedes***. *No sean duros con los demás, y Dios no será duro con ustedes. Perdonen a los demás y Dios los perdonará a ustedes.*
>
> **NT Lucas 6:37**

Para No Fallar en la Fe

Es normal que en algunas ocasiones en la vida sintamos que nos fallan las fuerzas, que las oportunidades desaparecen, o que situaciones personales, familiares, sociales, políticos, económicos, de salud empeoren y con esto nos **debiliten la Fe** y nos pongan en peligro de pecar o **alejarnos de Dios**.

En ocasiones, sentimientos de angustia, dolor de soledad, etc., nos llevan a buscar a Dios para llenar ese vació espiritual, en otros casos, nuestras ocupaciones, o la estabilidad emocional, económica "**nos complementan**" o hacen sentirnos **sin la necesidad de tener una relación con Dios**.

En cualquiera de estas circunstancias las tentaciones estarán muy cerca, y nos será muy fácil encontrar el pecado en sus diferentes formas, nadie es inmune a las tentaciones, **aun aquel que se siente fuerte en su Fe a Dios**.

Jesús reconoce que es fácil caer en la tentación, y nos pide estar vigilantes.

> *Velad y orad para que no entréis en tentación; el espíritu a la verdad está dispuesto, pero **la carne es débil**.*
> **NT Mateo 26:41**

Es necesario que tómenos responsabilidad de nuestras acciones, no debemos hacer como algunos que dicen: "***Satanás** (el diablo) **me hizo pecar***", esa es sólo una vana excusa, las Escrituras claramente nos dicen que **NOSOTROS TENEMOS EL CONTROL DE NUESTRAS DECISIONES**.

> ***Sed sobrios y velad**, porque vuestro adversario el diablo, como león rugiente, anda alrededor **buscando a quien devorar**.*
> **NT 1 Pedro 5:8**
>
> *Someteos, pues, a Dios; **resistid al diablo, y huirá de vosotros**.*
> **NT Santiago 4:7**

No debemos perder la esperanza, Jesús nos advierte que es "*Imposible que no vengan tropiezos*" (**NT Lucas 17:1-4**), la Biblia agrega que seremos tentados cuando permitamos que nuestras propias pasiones nos dominen, pero que es bienaventurado el **hombre que soporta la tentación**, porque recibirá **la corona de vida que Dios ha prometido**. *NT Santiago 1:12-14*

La oración es una herramienta poderosa que la humanidad tiene para estar **conectado con Dios**, a lo largo de Su Ministerio, **Jesús acude a la oración** para dar gracias por el bien recibido o por el bien que se va a recibir, para pedir al Padre, para suplicar, para interceder.

Como cristianos estamos comprometidos a vivir una vida ejemplar, dignos de llamarnos **seguidores de Cristo**, que guardamos las cosas que nos mandó, y que estamos **con Él todos los días**, hasta el fin del mundo. *NT Mateo 28:20*

Jesúcristo por Carl Heinrich Bloch (1834-1890)

Durante sus últimos días en la Tierra

15 Jesús le preguntó a Simón Pedro:
—Simón, hijo de Jonás, ¿me amas más que estos?
Le respondió:
—Sí, Señor; tú sabes que te quiero.
Él le dijo:
—Apacienta mis corderos.
16 Volvió a decirle la segunda vez:
—Simón, hijo de Jonás, ¿me amas?
Pedro le respondió: —Sí, Señor; tú sabes que te quiero.
Le dijo:
—Pastorea mis ovejas.
17 Le dijo la tercera vez:
—Simón, hijo de Jonás, ¿me quieres?
Pedro se entristeció de que le dijera por tercera vez:
«¿Me quieres?», y le respondió:
—Señor, tú lo sabes todo; tú sabes que te quiero.
Jesús le dijo:
*—**Apacienta mis ovejas**.*

NT Juan 21:16-16

Referencias

Sección - Antes de leer el libro

Pág. 18		**El Lenguaje Latino**	**Idioma**	**Medio**
A**	EB	Latin language (Lingua Latina)	Inglés	EI-EP
B*	EB	Romance languages	Inglés	EI-EP

Pág. 19		**Historia Del Calendario Cristiano**	**Idioma**	**Medio**
A*	EB	Gregorian Calendar	Inglés	EI-EP
B**	WK	Calendario Romano, (*Ab urbe condita*)	Español	EI
C*	EB	Edict of Milan	Inglés	EI-EP
D**	WK	Dionisio el Exiguo	Español	EI
E**	WK	Año del Señor, (Anno Domini)	Español	EI
F**	WK	Panteón de Agripa	Español	EI
G	WK	Día del dios sol invicto (*Dies Solis Invictus*)	Español	EI
H	WK	Calendario Gregoriano	Español	EI
I	WK	Calendarios del mundo	Español	EI
J**	WK	Calendario Hebreo (Judío)	Español	EI
J	WK	Calendario Musulmán (Islámico)	Español	EI
L	WK	Calendario Persa (Irán)	Español	EI

Sección I - ¿Quién es Dios?

Pág. 43		**¿Existe Dios?**	**Idioma**	**Medio**
A	SI	Does God exist?, by Marilyn Adamson	Inglés	Internet
B	WK	El Planeta Tierra	Español	EI
C*	EB	Moon, Earth Natural Satellite	Inglés	EI-EP
D*	EB	Water	Inglés	EI-EP
E	WK	Agua	Español	EI
F	WK	Sal	Español	EI
G*	EB	The Big Bang Theory	Inglés	EI-EP
H*	EB	DNA, (*deoxyribonucleic acid*)	Inglés	Internet
J	WK	ADN, (Ácido Desoxirribo-Nucleico)	Español	EI

Pág. 49		**¿Cuál es el nombre de Dios?**	**Idioma**	**Medio**
A	WK	Tanaj, (Antiguo Testamento)	Inglés	EI-EP
B	WK	Tetragrámaton	Inglés	EI-EP
C	SI	The name of God, www.jewfaq.org	Inglés	Internet
D	EB	Church, (kurios)		

* *Estos artículos también se encuentran en español en Wikipedia (Internet)*
** *Estos artículos también se encuentran en español en Enciclopedia Católica*

Referencias 438

Sección II - En el principio...

Pág. 43		El origen del Universo	Idioma	Medio
A*	EB	The Big Bang Theory	Inglés	EI-EP
B**	EB	Lemaître, Georges	Inglés	EI-EP
C	WK	Teoría del Big Bang	Español	EI

Pág. 49		Datos importantes sobre el universo	Idioma	Medio
A*	EB	The Milky way Galaxy	Inglés	EI-EP
B*	EB	The Solar System	Inglés	EI-EP
C*	WK	Earth	Inglés	EI-EP

Pág. 54		La Primera Mujer: ¿Eva o Lilit?	Idioma	Medio
A*	EB	Lilith	Inglés	EI-EP
B**	EB	Talmud Torah	Inglés	EI-EP
C**	WK	The Hebrew canon	Inglés	EI-EP

Pág. 64		Moisés (Ley Mosaica	Idioma	Medio
A**	EB	The Abrahamic religions	Inglés	EI-EP
B**	EB	The Mosaic Law, 613 Mitzvot	Inglés	EI-EP

Sección III - ¿Quién es Jesús De Nazaret?

Pág. 82		¿Es Jesús eterno?	Idioma	Medio
A**	EB	Arius, Christian priest of Alexandria.	Inglés	EI-EP
B*	WK	Arrianismo	Español	EI
C*	EB	First Council of Nicaea	Inglés	EI-EP
D**	WK	Primer Concilio de Nicea	Español	EI

Pág. 82		Jesús, Su Infancia	Idioma	Medio
A**	EB	Evangelio de la infancia de Tomás	Inglés	EI-EP
B*	WK	Arrianismo	Español	EI
C*	EB	First Council of Nicaea	Inglés	EI-EP
D**	WK	Primer Concilio de Nicea	Español	EI

Pág. 85		Los años perdidos de Jesús	Idioma	Medio
A*	EB	Essenes	Inglés	EI-EP
B**	WK	Esenios	Español	EI
C	WK	Flavio Josefo	Español	EI
D	WK	Filón de Alejandría	Español	EI
E*	EB	Dead Sea Scrolls	Inglés	EI-EP
F	WK	Los Manuscritos del Mar Muerto	Español	EI
G	WK	Nicolás Notovitch, Vida del Santo Issa	Español	EI
H	WK	Evangelio de Acuario	Español	EI
I*	EB	Nag Hammadi library	Inglés	EI-EP
J	WK	Manuscritos de Nag Hammadi	Español	EI

		Literatura - Libros	Idioma	Autor
1		Textos de Qumrán, Florentino García Martínez	Español	Libro
2		The Unknown Life of Jesus Christ by Nicolas Notovitch	Inglés	Libro
3		The Aquarian Gospel of Jesus the Christ by Levi	Inglés	Libro
4		The Original Jesus: The Buddhist Sources of Christianity	Inglés	Libro
5		The Bible in India by Louis Jacolliot	Inglés	Libro
6		The Fifth Gospel: New Evidence from the Tibetan	Inglés	Libro

Referencias

Pág. 102		María Magdalena	Idioma	Medio
A*	EB	Apocrypha (Evangelios Apócrifos)	Inglés	EI-EP
B	WK	El Evangelio de María Magdalena	Español	EI
		Literatura - Libros		
1		Holy Blood, Holy Grail Baigent, Lincoln, Leigh	Inglés	Baigent,
2		l Codigo Da Vinci / The Da Vinci Code	Español	Dan Brown

Sección IV - Historia de la Iglesia

Pág. 125		La Iglesia en el historia	Idioma	Medio
A*	EB	The period of the divided kingdom, (Judah-Israel)	Inglés	EI-EP
B	WK	Alejandro Magno	Español	EI
C	WK	Hircano II	Español	EI
D**	WK	Herodes I el Grande	Español	EI
E**	WK	Fariseos	Español	EI
F**	WK	Saduceos	Español	EI
G**	WK	Zelote	Español	EI
H**	WK	Esenios	Español	EI

Pág. 128		Movimiento Gnóstico	Idioma	Medio
A**	WK	Cristianismo primitivo	Español	EI
B*	EB	Movimiento Gnóstico	Inglés	EI-EP

Pág. 129		Movimiento Ebionita	Idioma	Medio
A**	WK	Cristianismo primitivo	Español	EI
B*	EB	Ebionitas	Inglés	EI-EP
C*	EB	The Vulgate	Inglés	EI-EP
C	EC	La Biblia Vulagata		

		Libros	Autor	Pubkicado
		Ante Nicene Fathers, Apostolic Fathers, Irenaeus	Roberts	1950

Pág. 134		Los Padres de la Iglesia	Idioma	Medio
A**	WK	Padres de la Iglesia	Español	EI
B*	EC	Padres Apostólicos	Español	EI
C*	EC	Padres Apologistas	Español	EI

Pág. 134		Símbolos Primitivos de la Iglesia	Idioma	Medio
A	WK	Simbolismo cristiano	Español	EI
B**	WK	Crismón, XP, (Chi-Rho)	Español	EI
C	EB	Christian Symbols (*www.religionfacts.com*)	Inglés	EI-EP

Pág. 133		Tres siglos de persecución	Idioma	Medio
A**	WK	Persecución a los cristianos	Español	EI
B**	WK	Pablo de Tarso	Español	EI
C*	EB	First Council of Nicaea	Inglés	EI-EP

Pág. 135		El Edicto de Milán	Idioma	Medio
A*	EB	Edict of Milan	Inglés	EI-EP
B**	WK	El Edicto de Milán	Español	EI
C*	EB	Constantine I (Flavius Valerius Constantinus)	Inglés	EI-EP
D**	WK	Constantino I El Grande (emperador romano)	Español	EI

Pág. 136		El Primer Concilio de Nicea	Idioma	Medio
A*	EB	Arrianismo	Inglés	EI-EP
B**	WK	Primer Concilio de Nicea	Español	EI
C*	EB	El Credo Niceno	Inglés	EI-EP

Referencias 440

Pág. 137		La Iglesia Católica	Idioma	Medio
A*	EB	Roman Catholic Church	Inglés	EI-EP
B**	WK	Iglesia católica apostólica	Español	EI
C**	WK	Ignacio de Antioquía	Español	EI
D**	WK	Tumba de San Pedro	Español	EI
E**	WK	Edicto de Milán	Español	EI
F**	WK	Primer Concilio de Nicea	Español	EI
G**	WK	Concilio Ecuménico, (Concilios de la Iglesia)	Español	EI
H**	WK	Credo Niceno, (Símbolo niceno)	Español	EI

Pág. 143		Gran Cisma De Oriente y Occidente	Idioma	Medio
A*	EB	Schism of 1054	Inglés	EI-EP
B**	WK	Cisma de Oriente y Occidente	Español	EI
C**	WK	Reforma Protestante	Español	EI
D**	EB	Filioque	Inglés	EI-EP

Pág. 144		Historia de los Concilios de la Iglesia	Idioma	Medio
A**	WK	Concilio	Español	EI
B**	WK	El Concilio de Jerusalén	Español	EI
C**	WK	El primer Concilio de Nicea	Español	EI
D**	WK	El Tercer Concilio de Cartago	Español	EI

Pág. 147		La Reforma Protestante	Idioma	Medio
A	WK	La Reforma Protestante	Español	EI
B**	WK	Bula menor *Inter caetera* de 1493	Español	EI

Pág. 148		Martín Lutero	Idioma	Medio
A**	WK	Martín Lutero	Español	EI
B*	EB	Martin Luther	Inglés	EI-EP
C**	WK	Indulgencias	Español	EI
D	WK	Cinco Solas	Español	EI

Pág. 150		La Iglesia en el presente	Idioma	Medio
A*	EB	Great Awakening (American religious movement)	Inglés	EI-EP
B	WK	Primer Gran Despertar	Español	EI
C**	WK	Calvinismo	Español	EI
D**	WK	Juan Calvino (Jean Calvin)	Español	EI
E	WK	Segundo Gran Despertar		

Pág. 150		Ramas del Cristianismo	Idioma	Medio
A**	WK	La Iglesia Católica Apostólica Romana	Español	EI
B**	WK	La Iglesia Católica Apostólica Ortodoxa	Español	EI
C	WK	La Iglesia Protestante	Español	EI
1	SI	The Pew Forum on Religion and Public Life	*www.pewforum.org*	
2	SI	Center for the Study of Global Christianity	*www.globalchristianity.org*	

* Estos artículos también se encuentran en español en Wikipedia (Internet)
** Estos artículos también se encuentran en español en Enciclopedia Católica

Sección V - Historia de la Biblia

Pág. 157		La Biblia; ¿Quién tiene los originales?	Idioma	Medio
A**	EB	Bible, Sacred Text Codex	Inglés	EI-EP
B**	WK	Codex Vaticanus	Español	EI
C*	EB	Nag Hammadi	Inglés	EI-EP
D*	EB	Dead Sea Scrolls	Inglés	EI-EP
E**	WK	Los Manuscritos del Mar muerto	Español	EI

Referencias

Pág. 158		La Historia de la Biblia	Idioma	Medio
A**	WK	Biblos, Yubayl, ciudad en Líbano	Español	EI
B**	WK	El Edicto de Milán	Español	EI
C*	EB	The Bible, (Sacred Text)	Inglés	EI-EP
D**	WK	Tercer Concilio de Cartago, 397d.C.	Español	EI
E*	EB	The Vulgate	Inglés	EI-EP
F**	WK	La Vulgata	Español	EI
G**	WK	Tanaj, (Tanakh)	Español	EI
H	WK	Escriba	Español	EI
I	WK	El Concilio de Jamnia	Español	EI
J**	WK	Libros Deuterocanónicos	Español	EI
K**	WK	Septuaginta, (Biblia de los Setenta)	Español	EI
L	WK	Vetus Latina	Español	EI
M	EB	Concilio de Cartago, (Biblical Literature)	Inglés	EI-EP
N**	WK	Jerónimo de Estridón, (San Jerónimo)	Español	EI
O**	WK	Sola Scriptura	Español	EI
P**	WK	Vulgata Sixto-Clementina	Español	EI
Q*	EB	Vulgata Sixto-Clementina (The Vulgate)	Inglés	EI-EP

Pág. 176		¿Cómo se dividió la Biblia en capítulos y versículos?	Idioma	Medio
A	WK	La Impresa, Johannes Gutenberg	Español	EI
B*	EB	Stephen Langton	Inglés	EI-EP
C**	EB	Robert Estienne, (Stephanus)	Inglés	EI-EP
D**	WK	Teodoro de Beza	Español	EI

Pág. 175		Los Libros Deuterocanónicos	Idioma	Medio
A**	WK	Septuaginta, Biblia de los Setenta	Español	EI
B*	EB	The Alexandrian Canon	Inglés	EI-EP
C*	EB	The Palestinian Canon	Inglés	EI-EP
D**	WK	El Concilio de Jamnia	Español	EI
E**	WK	Los Libros Deuterocanónicos	Español	EI
D**	WK	Canon Bíblico	Español	EI

Pág. 176		Libros Apócrifos	Idioma	Medio
A	WK	Manuscritos de Nag Hammadi	Español	EI
B*	EB	Dead Sea Scrolls	Inglés	EI-EP
C**	EB	Biblical Literature	Inglés	EI-EP
D**	WK	Evangelios apócrifos	Español	EI

Libros			Libro	Publicado
1		Los Evangelios Gnosticos, Por Prana	Español	2006
2		Los Evangelios Apócrifos, Por Edit. Católica	Español	1963
3		Los Evangelios Apocrifos, Por Aurelio Otero	Español	1993

Pág. 178		Libros Perdidos de la Biblia	Autor	Idioma	Medio
A		The Lost Books of the Bible	W. Hone	Inglés	Libro
B		The Forgotten Books of Eden	H. Platt	Inglés	Libro

Pág. 180		Primera Biblia en Español	Idioma	Medio
A**	WK	Biblia Alfonsina	Inglés	EI
B**	WK	Biblia Pre-Alfonsina	Inglés	EI
C**	WK	Escuela de Traductores de Toledo.	Inglés	EI
D	WK	Anexo: Traducciones de la Biblia al español	Español	EI

Pág. 182		Primera Biblia Protestante en Español	Idioma	Medio
A	WK	Casidioro De Reina	Español	EI
B	WK	Cipriano De Valera	Español	EI
C	WK	Anexo: Traducciones de la Biblia al español	Español	EI
D*	WK	Reina-Valera	Español	EI
1	LB	El Origen de la Biblia, *Por R. Serrano-Comfort*	Español	AP 2008

Referencias 442

Pág. 183		La Biblia Católica y Protestante	Idioma	Medio
A*	EB	The sacred scriptures	Inglés	EI-EP
B**	WK	Tercer Concilio de Cartago	Español	EI
C	WK	La Reforma Protestante	Español	EI
D**	WK	Los Libros Deuterocanónicos	Español	EI

Pág. 184		El Concilio de Jamnia	Idioma	Medio
A	EB	Concilio de Jamnia	Español	EI
B*	EB	Palestinian Canon	Inglés	EI-EP
C*	EB	The Alexandrian Canon	Inglés	EI-EP
C**	EB	Palestinian Canon	Inglés	EI-EP
D*	EB	Deuterocanonical Books	Inglés	EI-EP

Pág. 185		Versiones y traducciones de la Biblia	Idioma	Medio
A*	EB	Johannes Gutenberg	Inglés	EI-EP
B*	EB	Protestant Reformation	Inglés	EI-EP
C	WK	George M. Lamsa	Inglés	EI
D*	EB	Peshitta Bible	Inglés	EI-EP

Sección VI - Antiguo Testamento

Pág. 195		El Antiguo Testamento, Pentateuco (La Ley)	Idioma	Medio
A*	EB	The Vulgata, Sacred text	Inglés	EI-EP
B*	EB	Tanakh, the Hebrew Bible	Inglés	EI-EP
C**	WK	Tanaj, Biblia Hebrea	Español	EI
D**	WK	Talmud	Español	EI
E*	EB	The Orthodox Catholic Church	Inglés	EI-EP
F*	EB	Protestant Reformation	Inglés	EI-EP
G*	EB	The Deuterocanonical Books	Inglés	EI-EP

* *Estos artículos también se encuentran en español en Wikipedia (Internet)*
** *Estos artículos también se encuentran en español en Enciclopedia Católica*

Sección VIII - Qué dice la Biblia acerca de...

Pág. 283		Escatología Cristiana	Idioma	Medio
A	WK	Cristianismo primitivo	Español	EI

Page 284		El Arrebatamiento	Idioma	Medio
A*	EB	The Rapture	Inglés	EI-EP
B*	EB	Second Great Awakening	Inglés	EI-EP
C	WK	Left Behind (Novelas)	Español	EI

Pág. 289		La Circuncisión en el Cristianismo	Idioma	Medio
A**	WK	Circuncisión	Español	EI
B*	EB	Organización Mundial de la Salud, OMS	Inglés	EI-EP
C*	EB	Circumcision	Inglés	EI-EP
D*	EB	Herodotus Halicarnassus	Inglés	EI-EP

Pág. 293		¿Es bíblico el bautismo infantil?	Idioma	Medio
A	WK	Anabaptismo	Español	EI
B	WK	Iglesia Butista	Español	EI
C**	WK	Ireneo de Lyon, (Contra las herejías)	Español	EI
D**	WK	Tradición apostólica, (Hipólito de Roma)	Español	EI

Referencias

Pág. 299		¿Deberíamos celebrar la Navidad?	Idioma	Medio
A	EB	Navidad	Inglés	EI-EP
A*	EB	Christmas	Inglés	EI-EP
B	WK	La Pascua	Español	EI
C**	WK	Deus Sol Invictus	Español	EI
D*	EB	Saturnalia	Inglés	EI-EP
E	WK	Brumalia	Español	EI
F**	WK	Juan Crisóstomo	Español	EI
				EI-EP

Pág. 302		¿Quién es Santa Claus?	Idioma	Medio
A*	EB	Saint Nicholas	Inglés	EI-EP
B**	WK	Nicolás de Bari (San Nicolás)	Español	EI
C*	EB	First Council of Nicaea (Primer Concilio de Nicea)	Inglés	EI-EP

Pág. 388		¿Debe un cristiano evitar el Internet?	Idioma	Medio
A*	EB	The Renaissance	Inglés	EI-EP
A	WK	El Renacimiento	Español	EI
A**	WK	La Edad de la Ilustración	Español	EI
A**	WK	La Reforma Protestante	Inglés	EI-EP

Pág. 311		Sacerdocio y el matrimonio	Idioma	Medio
A*	EB	Celibacy, (Judaism, and Christianity)	Inglés	EI-EP
B**	WK	Celibato	Español	EI
C**	WK	Concilio de Elvira	Español	EI
D**	WK	Concilio de Letran	Español	EI
E**	WK	Concilio de Trento	Español	EI

Estos artículos también se encuentran en español en Wikipedia (Internet)
**Estos artículos también se encuentran en español en Enciclopedia Católica*

Pág. 321		La Trinidad	Idioma	Medio
A*	EB	Trinity (*Christianity*)	Inglés	EI-EP
B**	WK	La Santa Trinidad	Español	EI
C*	EB	Arianism (*Arrianismo*)	Inglés	EI-EP

Pág. 325		La Virgen María	Idioma	Medio
A**	WK	Quetzalcóatl	Español	EI
B**	WK	Proto-Evangelio de Santiago	Español	EI
C	WK	Tellus, (Terra Mater)	Español	EI
D	WK	Gea, (diosa Tierra)	Español	EI
E**	WK	Apariciones de la Virgen María	Español	EI
F**	WK	La Virgen del Pilar	Español	EI
G**	WK	La Virgen del Carmen	Español	EI
H**	WK	La Virgen de la Candelaria	Español	EI
I**	WK	La Virgen de Guadalupe	Español	EI
J	WK	Quetzalcóatl (la serpiente emplumada)	Español	EI
K**	WK	La Virgen de Fátima	Español	EI

Pág. 329		La Veneración a Santos	Idioma	Medio
A	WK	El Calendario Romano, (*ab urbe condita*)	Español	EI
B**	WK	Santoral Católico (Calendario Litúrgico)	Español	EI
C	WK	Gea, (diosa Tierra)	Español	EI

Pág. 338		El Infierno	Idioma	Medio
A**	WK	Infierno, (en religión)	Español	EI
B*	EB	Hell, (religión)	Inglés	EI-EP
B	WK	Seol, (del hebreo *Sheol*)	Español	EI
C**	WK	Hinom, (del hebreo *Gai Ben Hinnom*)	Español	EI
D**	WK	Hades, (del griego *Hadēs*)	Español	EI
E**	WK	Gehena, (del hebreo *Gai Ben Hinnom*)		

Pág. 345		¿Fue Jesús crucificado o fijado en "el madero del tormento"?	Idioma	Medio
A*	EB	Crucifixion, *capital punishment*	Inglés	EI-EP
B**	WK	Crucifixión, *forma de ejecución*	Español	EI
C	WK	Proselitismo religioso	Español	EI
D*	EB	Alexander the Great	Inglés	EI-EP
E*	EB	Flavius Josephus, *Jewish priest and historian*	Inglés	EI-EP
F**	WK	Dionisio de Halicarnaso, *historiador griego*	Español	EI
G**	WK	Séneca el Joven	Español	EI
H**	WK	Edicto de Milán	Español	EI

Pág. 358		La Creación versus Evolución	Idioma	Medio
A*	EB	Evolution	Inglés	EI-EP
B	WK	El Creacionismo	Español	EI
C	WK	Historia del pensamiento evolucionista	Español	EI
D*	EB	Renaissance	Inglés	EI-EP
E	WK	Charles Bonnet	Español	EI
F*	EB	Darwin, Charles, *The Origin of Species*	Inglés	EI-EP
G	WK	Homo sapiens (raza humana)	Español	EI
H	WK	Galileo Galilei	Español	EI
I	WK	Nicolás Copérnico	Español	EI
J*	EB	La evolución teísta	Inglés	EI-EP
K*	EB	El Creacionismo evolutivo	Inglés	EI-EP
L*	EB	Creación del Diseño Inteligente	Inglés	EI-EP
M*	SI	Epistola Enciclica Humani Generis 29, Pio XII, 1950	www.vatican.va	
N**	SI	Juan Pablo II, *Academia Pontificia de las Ciencias, 1996*	www.vatican.va	

Pág. 381		¿Debe un cristiano celebrar Halloween?	Idioma	Medio
A*	EB	Samhain, celtic festival	Inglés	EI-EP
B	WK	Los Libros Deuterocanónicos	Español	EI
C*	WK	Día de todos los Santos, Día de los Muertos	Español	EI

Pág. 367		Sectas Religiosas	Idioma	Medio
A*	EB	Church, sect, and mystical movement	Inglés	EI-EP
B	WK	Sectas religiosas	Español	EI
C*	WK	Cult (*religious movement*)	Español	EI

Libros			Idioma	Autor
1		Sociología de las sectas religiosas	Español	Wilson
2		1 ¿Cómo librarse de las sectas?	Español	Vidal

Pág. 384	¿Cómo abandonar una secta religiosa?		
1	¿Cómo librarse de las sectas?	Español	Vidal
2	Recovery from Cults	Inglés	Langone

* *Estos artículos también se encuentran en español en Wikipedia (Internet)*
** *Estos artículos también se encuentran en español en Enciclopedia Católica*

Pág. 386		El uso de Células Madre (Stem cells)	Idioma	Medio
A*	EB	Stem Cells (biology)	Inglés	EI-EP
B	WK	Célula madre	Español	EI

Libros		Idioma	Autor
1	The Stem Cell Debate	Inglés	Peters
2	Medicina Regenerativa y Células Madre		Lazo

Pág. 388		Transfusión de Sangre	Idioma	Medio
A	SI	Donación de Sangre, *www.cruzrojaamericana.org*	Español	
B	WK	Historia de la transfusión de sangre	Español	EI
C	WK	Anexo: Creencias de los Testigos de Jehová	Español	EI
D	SI	Donación de Sangre, *www.cruzrojaamericana.org*	Español	

Referencias

Libros		Idioma	Autor
1	The Stem Cell Debate	Inglés	Peters
2	Medicina Regenerativa y Células Madre	Español	Lazo

Pág. 392		El Aborto	Idioma	Medio
A	WK	Aborto	Español	EI
B*	EB	Abortion (pregnancy)	Inglés	EI-EP

Referencias en Internet sobre el aborto

1	The Center for Bio-Ethical Reform	www.abortionno.org/Resources/fastfacts.html
2	WebMD Wome's Health	*women.webmd.com*
3	Guttmacher Institute	*www.guttmacher.org*

* Estos artículos también se encuentran en español en Wikipedia (Internet)
** Estos artículos también se encuentran en español en Enciclopedia Católica

Sección IX - Para Recordar

Pág. 413		El Ateismo	Idioma	Medio
A*	EB	Polytheism, Roman and Greek pantheons	Inglés	EI-EP
B*	EB	Zeus, Greek God	Inglés	EI-EP
C*	EB	Atheism	Inglés	EI-EP
D**	WK	Ateismo	Español	EI
E*	SI	Atheism facts, www.religioustolerance.org	Inglés	
F*	SI	Atheism facts, www.religioustolerance.org	Inglés	

Libros		Idioma	Autor
1	Worl Almanac, 2001	Inglés	
2	American Atheists, at: www.atheists.org		

* Estos artículos también se encuentran en español en Wikipedia (Internet)
** Estos artículos también se encuentran en español en Enciclopedia Católica

Diccionario Bíblico

ABBA	Palabra aramea que Jesús emplea frecuentemente para dirigirse a Dios, el Padre. **NT Marcos 14:36**
ABEL	Significa "vapor" o "soplo". Segundo hijo de Adán (**AT Génesis 4:2**) fue pastor de ovejas. Era justo. **NT Mateo 23:35; Hebreos 11:4**
ABSOLUCIÓN	Del latín **absolutionem** de **absolvere**, "liberar", "exculpar", es un pronunciamiento del **perdón de los pecados** hecho a una persona que se ha arrepentido, otorgada durante el sacramento de la penitencia y el faustismo.
ADÁN	Del hebreo אָדָם, significa literalmente "hombre", fue el primer ser humano creado por Dios sobre la Tierra. **NT Génesis 1:26-27**
ADVENIMIENTO	Del latín **adventus** de **ad-**, "más", "agregar", y **venire,** "venir", se refiere al regreso de Jesús, relatado en **NT Apocalipsis 1:7**
ADVENIR	Del latín **advenire** "venir una vez más", "regresar" contiene el prefijo **ad-** de "sumar" y **venue** de "venir". En el caso de la FE cristiana; es el hecho de esperar un segundo y próximo advenimiento de Cristo.
ALELUYA	Del hebreo **halb̲lûyāh**, de **hallalu-**, "alabar", "gloria" y **Yah**, "Yahvé." La excepción frecuentemente significa "**¡Gloria a Dios!**' y literalmente "**¡Alaben a Yahvé!**', frase en la que se usan variantes del nombre de Dios: Yahweh, Yahvé, Jah, Yavé, Iehová, Jehová.
ALFA OMEGA	Del griego Alfa (**A**) y Omega (**Ω**), Alfa y Omega son la primera y última letras del alfabeto griego clásico, traducido al español sería "A-Z". El titulo dado a Jesús en el NT como "**el principio y el fin**", su significado principal es que Cristo existió desde el principio del tiempo. **Apocalipsis 1:7-8**
ALMA	Del latín **anĭma** "vida", "animación", la vida "animal" en la tierra, también en el latín clásico "alma" o su sinónimo "espíritu", es considerada la sustancia espiritual e inmortal de los seres humanos.
ALTAR	Del latín **altāre** "alto", "lugar que esta en alto", es el montículo o construcción elevada donde se celebran servicios religiosos, hoy de casi de uso exclusivo en el cristianismo y judaísmo.
AMÉN	Del latín **amen** y este del hebreo **amen** "verdad", "de acuerdo", "así sea". Se cree que la palabra **aumen** se origina en el idioma sánscrito (India) que significa "Dios el padre y la madre está con la humanidad" y que fue adoptada por el Judaísmo y más tarde también por el Cristianismo y el Islam.
ANATEMA	Del griego **anathēma** acción y efecto de excomulgar a una persona, aunque significa etimológicamente ofrenda, su uso en el presente equivale al de maldición, en el sentido de condena a ser apartado o separado de una comunidad
ANCIANO	Del latín **antiānus**, de **anti**, "antes" y este del griego **presbyteros**, "viejo", "anciano", "mayor", En el Nuevo Testamento se usa como sinónimo de **episkopos** (Obispo), que significa en griego "vigilante" o "supervisor". Más tarde, con la muerte de los apóstoles, se fue distinguiendo el papel de **episckopos** del de **presbyteros**.

ÁNGEL	Del latín **angelus**, este del Griego **angelos**, "mensajero", es un ser divino creado por Dios para su ministerio.
ANTICRISTO	Del griego **anti-** "contra", "opuesto', y **Cristos**, "Mesías", "ungido", es el oponente o antagonista de Cristo; también, falso Cristo, citado en la Biblia. **NT 1 Juan 2:18**
ANTIGUO TESTAMENTO	El conjunto de los libros de la Biblia redactados antes de Cristo y corresponde a la antigua Alianza entre Dios y el pueblo de Israel. El Antiguo Testamento de la Biblia cristiana original contiene 47 libros, mientras la Biblia Protestante 39.
APOSTASÍA	Del griego **apostasia** de **apo-** mandar fuera y **stenai** "estar", es la negación, renuncia, retractación o traición a la fe o iglesia.
APOSTASÍA	Del griego **apostasia**, "estar en contra", "desertar", la palabra está compuesta del prefijo **apo-**, "fuera", "en contra" y **stenai**, "estar'.
APÓSTOL	Del griego **apostolus**, "enviado", es una persona encargada de cumplir una misión. Es cada uno de los doce discípulos de Jesús a quienes envió a predicar el Evangelio por todo el mundo.
ARCÁNGEL	Del latín **archangelus**, y este del Griego **archangelos**, contiene el prefijo **archi** "más importante", "líder" y **angelos**, "mensajero". Es un ángel que dirige o es el líder de otros ángeles.
ARQUI-DIÓCESIS	Del Griego **arkhi**, "principal", "líder" y **dioecēsis** "gobierno", es la oficina que encabeza de una nación eclesiástica.
ARZOBISPO	Del Griego **arkhi**, "principal". "líder" y **episkopos**, "supervisor", de **epi-** "sobre" y **skopo**, "ver', "observar", es el obispo que preside o supervisa una arquidiócesis.
ASAMBLEA	Del griego **ekklesia**, algunas comunidades modernas usan asamblea mientras las más antiguas usan **Iglesia**
ASCENSIÓN	Del latín **ascendere**, de **ad-** "más", "agregar" y **scan**, "subir", acción por la cual Dios hizo entrar Jesús al cielo y se sentó a la diestra de Dios. **NT Marcos 16:19**
ATEO, ATEISMO	**Ateismo**, del griego **atheus**, de **a-** "contra", "sin" y **theus** "Zeus", "Dios", significa literalmente *"alguien que no cree o rechaza al dios Zeus"*, fue por este motivo que **cristianos fueron llamados "ateos"** durante la persecución del imperio romano. Según el Diccionario de la Academia Española, un ateo (en el presente), es la persona que niega (o no cree) en la existencia de Dios.
AYUNO	Del latín **ieiunus**, "vacío", "seco", es una forma de penitencia que consiste en privarse total o parcialmente de alimentos. La Iglesia Católica pide dos días de ayuno en el año: miércoles de Ceniza y Viernes Santo, en la Iglesia Protestante varia.
BASÍLICA	Del griego **basiliké** abreviatura de βασιλική οικία (**basiliké oikía**) que quiere decir "Casa Real", "Casa del Reino." (vea **Reino de Dios**)
BAUTISMO	Del griego **baptismos**, "bañarse", "lavarse", "sumergir", Es el signo sacramental por el cual una persona es consagrada en el nombre del Padre y del Hijo y del Espíritu Santo, participando de la filiación divina de Jesucristo y entrando así a formar parte de su Iglesia

BEATIFICAR	Del latín **beatificare**, de **beare**, "bendecir", y **facere**, "persona", es declarar beato (siervo de Dios) a una persona.
BENDICIÓN	Del latín **benedicere** de **bene** "bueno", "bueno" y **dicere** "dicho", este proviene del griego **eulogein**, que significa "elogio", es la acción y efecto de bendecir.
BIBLIA SAGRADA	Del latín **Biblia Sacra** y este del griego **biblia ta hagia**, "papiros sagrados", es el conjunto de libros sagrados cristianos y judíos.
BLASFEMIA	Del griego **blasphemein**, "hablar mal de alguien", de **blax**, "tontería" y **pheme**, "fama", "reputación", es una expresión injuriosa contra Dios, Jesús, Espíritu Santo y también a la Iglesia.
CÁLIZ	Del latín **calicem** (**calix**) y este del griego **kylix**, "copa", es la copa o vaso que emplea en una ceremonia eclesiástica.
CALVARIO	Del latín **Calvariae Locus**, este del griego **Kraniou Topos**, y en arameo Gólgota o **Golgotha**; significa "lugar de la calavera". Es el nombre dado al monte en las afueras de Jerusalén donde Jesús fue crucificado. **NT NT Marcos 15:22**
CANON	Del latín **canon**, y este del griego **kanon**, "regla" o "modelo". El canon bíblico (Biblia) cristiano está constituido por los cánones del Antiguo Testamento y del Nuevo Testamento.
CANONIZAR	Del latín **canon** y este del griego **kanon**, "regla" o "modelo". Es el acto en el cual la Iglesia declara como santo a una persona fallecida o documentos Bíblicos.
CAPELLÁN	Del latín **chapelein**, el capellán es una persona del clero encargada un pequeño grupo de cristianos. (ver capilla)
CAPERNAÚM	Del hebreo **Kₐfar Nāḥūm**, significa "**Pueblo de Nahum**", era un antiguo poblado ubicado en Galilea, hoy Israel, a orillas del mar de Galilea, fue uno de los lugares elegidos por Jesús de Nazaret para predicar el Evangelio, por esto es conocida como "la ciudad de Jesús". **NT Mateo 4:13-17**
CAPILLA	Del latín **cappella**, "casita", "casa de campaña", en la antigüedad un pequeño lugar (posada) para atender a creyentes en lugares remotos.
CARDENAL	Del latín **cardinalis**, "principal", "jefe", es una posición eclesiástica de alto rango de la Iglesia católica, es el más alto título honorífico que puede conceder el papa. Quienes lo reciben se convierten en miembros del Colegio cardenalicio y son "creados" en una ceremonia especial llamada "consistorio público".
CATECISMO	Del latín **catechismus**, este del griego **katekhizein**, de **kata**, "abajo", "sentar" y **echein** "sonido", "hablar", es instruir, adoctrinar, es la palabra usada en las Escrituras originales para "predicar."
CÁTEDRA	Del latín **cathedralis** y este del griego **kathedra**, de **kata**, "abajo", "sentar" y **hedra**, "silla", "base", una catedral es un templo cristiano, donde tiene sede o cátedra el obispo general.
CATEQUESIS	Del griego **katekhesis**, de **kata**, "abajo", "sentar" y **ekhesis** "sonido", "eco", es la instrucción eclesiástica verbal a los nuevos miembros que se inician en la Iglesia Católica

Diccionario Bíblico 450

CATÓLICO	Del latín **catholicus**, y este del griego **katholikós** de **kata**, "abajo", "sentar" y **holo**, "todo", la palabra católico significa "universal".
CÉLIBE	Del latín **caelebs**, y este del griego **kaiwelo-**, "solo", "soltero". Célibe o Celibato se refiere al estado de aquellos que no se casan o que no tienen una pareja sexual.
CILICIO	Del latín **cilicium**, y este del griego **kilikion** perteneciente a **Kilikia** una pueblo en Asia Menor (hoy Turquía), en la Biblia, el cilicio era una camisa o túnica hecha de tela áspera o de pelo de animal.
CIRCUNCISIÓN	Del latín **circumcisionem**, de **circum**, "circulo", "alrededor" y **escisión**, "corte", "disecación", la acción de circuncidar, es una intervención quirúrgica que consiste en quitar el prepucio del pene, una práctica ritual en varias religiones.
CIRIO	Del latín **cerĕus**, "cera", "vela", cirio a la vela de cera que se enciende en las ceremonias cristiana. Los primeros cristianos en tiempo de las persecuciones no se atrevían a reunirse sino durante la noche en catacumbas viéndose obligados a usar cirios para celebrar servicios.
CISMA	Del latín **schisma**, y este del griego **skhísma**, "ruptura", "separación", es la división y separación que se produce en la Iglesia cristiana por diferencias de interpretación y creencias.
CLERO	Del latín **clerus**, y este del griego **kléros**, "instructores", son las personas que han sido ordenadas para predicar el Evangelio en la Iglesia Católica, (sacerdotes y diáconos). El nombre individual es **clérigo**. La palabra **kléros** (κλῆρος) se encuentra en la versión griega de *NT Colosenses 1:9-12*
CONCILIO	Del latín **concilium**, de **con-** de "junto", "reunir" y **calare** "llamar", es una reunión, asamblea o congreso para tratar alguna cosa.
CONFESIÓN	Del latín **confessionem**, de **con-**, de "junto", "reunir" y **fidere** que significa fe, fiel, confianza, creer. Es parte de la celebración del sacramento de la penitencia o reconciliación, en la que el penitente declara al confesor los pecados cometidos en algunas iglesias.
CRISTIANO	Del latín **christianus**, y este del griego **christianos**, proviene de **Christos**, "ungido", "Mesías", son los creyentes y seguidores de Jesús de Nazaret, Hijo de Dios (*NT Juan 3:16*) y llamados así por primera vez en el libro de *NT Hechos 11:25-26*
CRISTO	Del griego **Christos**, "ungido", "Mesías", es el titulo dado a Jesús de Nazaret en las Escrituras (*NT Mateo 1:16*), y que **Dios declara que Jesús es Su Hijo amado.** *NT Marcos 1:9-11*
CRUZ	Del griego **stauros** derivado del verbo **histēmi** que significa "erguirse", "estar de pie", fue un aparato de madera, que usualmente es traducida como **cruz**, en referencia al instrumento en el que Jesús fue ejecutado. También en la Biblia se usa la palabra **xylon** que significa "árbol." La crucifixión fue usada en la antigüedad como método de ejecución de "no deseados", el aparato (cruz) tenia diferentes formas, es imposible decir exactamente la forma de la cruz en la que fue ejecutado Jesús, las únicas referencias de su apariencia son los grabados históricos de los pasados 20 siglos.

Diccionario Bíblico 451

CUARESMA	Del latín *quadragesĭma*, significa "cuarenta días antes de la pascua", es el periodo litúrgico destinado por la iglesia Católica Apostólica y Romana, la Iglesia Anglicana, y la Iglesia ortodoxa, además de ciertas iglesias evangélicas, aunque con inicios y duraciones distintas, para la preparación de la fiesta de Pascua o Semana Santa.
CURIA, CURA	Del latín *curia*, y este del griego *kyrios*, "Señor", "Dios", de esta palabra se origina **curia** que significa "servidumbre del Señor" y **cura** "siervo del Señor". Curia es el conjunto de las congregaciones y tribunales que existen en la corte del Pontífice romano para el gobierno de la Iglesia católica.
DIÁCONO	Del latín *diaconus*, y este del griego *diakonos*, "servidor", "ayudante", "asistente", dependiendo de la congregación cristiana, un diacono puede ser un servidor, un clérigo o ministro.
DIÓCESIS	Del latín *diócesis*, y este del griego *dioikesis*, "gobernación", "jurisdicción", "administración", es el distrito o territorio cristiano en que tiene y ejerce jurisdicción eclesiástica un arzobispo, obispo, etc.
DIVINO	Del latín *divinus* de *deus* y este del griego *theos* (Zeus) el dios griego. En el presente usado por el Cristianismo y Judaísmo para referirse a algo perteneciente o relativo a Dios
DOCTRINA	Del latín *doctrīna*, de *doctor*, "maestro", "instructor", es un conjunto de enseñanzas o instrucciones procedentes de la Sagradas Escrituras, también Conjunto de ideas u opiniones religiosas, filosóficas, políticas, etc.,
DOGMA	Del latín *dogma* y este del griego *dogmatos*, "opinión", "principios". Es tener la certeza que lo que uno cree es verdad.
DOMINGO	Del latín *dies Dominicus*, significa "día del Señor", en la antigua Roma estaba dedicado al dios sol (*dies solis*), la Iglesia Católica lo reemplazó y lo dedicó a la Resurrección de Jesús renombrándolo *dies Dominicus* (día Domingo), este cambio sólo fue aceptado en países católicos, en naciones protestantes el día es todavia dedicado al sol; ejemplo en inglés "sunday", alemán "Sonntag", en sueco "Söndag", etc.
DOMINUS	Del latín *domĭnus*, "señor", "maestro", es un tratamiento de respeto **para referirse a Dios o a Cristo**, hoy su abreviación es muy generalizada y se antepone a los nombres masculinos (Don) y femeninos (Doña), de *domĭnus* también se derivan los nombres Domingo (Día del Señor), Domenico, Dominique, Dominicana, etc., que significan "*que le pertenece o es consagrado a Dios*" como también "**dominio**" que significa autoridad o tener control.
ECUMÉNICO	Del latín *oecumenicus* y este del griego *oikoumenikos*, "de una sola casa", ecumenismo es el movimiento que busca la restauración de la unidad y cooperación entre de la Fe Cristiana.
EPIFANÍA	Del latín *epiphania*, este del griego *epiphaneia*, de *epi-*, "sobre", "arriba", y *phainein*, "fantasma", en el **AT** son apariciones o revelaciones en donde los profetas interpretaban visiones. En el **NT** se refiere a la entrada (regreso) de Cristo en el mundo, presentada como la del emperador que viene a tomar posesión de su reino.

EPISCOPAL	Del latín **episcopus** y este del griego **episkopos** de **epi-**, "sobre", y **skopo**, "ver", es un vigilante, inspector, el titulo en la Iglesia Católica es **Obispo**, En las Iglesias Protestantes el titulo equivalente es **pastor, reverendo, ministro** o **anciano**.
EPÍSTOLA	Del griego **epistole**, de **epi-** "sobre" y **stellein**, "mensaje", es un sinónimo de **carta**, las **Epístolas bíblicas** son la parte principal del **Nuevo Testamento** que consisten en cartas enviadas a las primeras comunidades cristianas por los **Apóstoles Santiago, Judas, Pedro, Juan,** y **Pablo** (conocidas como las **Epístolas Paulinas**).
ESCRITURAS	Del latín **scriptura** y este del griego **skariphasthai,** "escritos", "textos", se refiere al conjunto de libros canónicos (Biblia).
ESCUDRIÑAR	Del latín **scrutinium** es examinar, inquirir, averiguar o leer cuidadosamente algo y sus circunstancias.
ESPÍRITU SANTO	Del latín **spiritus**, de **spirare**, "respiro" y este del griego **pneuma**, "aire', "respirar" y este del hebreo **ruah**, "soplo", "respiro". Aun en el presente, el cristianismo en general no está de acuerdo sobre la entidad del Espíritu Santo. Mientras unos aseguran es la fuerza de Dios otros creen que es una persona separada.
EUCARISTÍA	Del latín **eucharistia** y este del griego **eukharistia** de **eu-** "bueno", y **kharis** "caridad", "dar gracias", significa "acción de gracias", llamada también "en comunión", "Cena del Señor" o "Santa Cena", es una de las principales ceremonias en la Fe Cristiana.
EVA	Del latín **Eva** y este del hebreo-arameo **hawwah**, "vivir", "vida", es la mujer creada por Dios (**AT Génesis 2:20-25**) para Adán, a quien el le puso por nombre Eva, por cuanto ella fue la madre de todos los vivientes. **AT Génesis 3:20**
EVANGELIO	Del latín **evangelium** y este del griego **euangelion** de **eu-** "bueno", **angel** (**angellein**) "mensajero", "anunciar". Significa "**Buena Noticia**", es el cumplimiento de la promesa hecha por Dios a Abraham, Isaac y Jacob de que redimiría a su descendencia del pecado (**NT Hechos 13:32**) por medio de la muerte de su Hijo unigénito Jesús (**AT Génesis 22:2, Salmos 130:8; Salmos 2:7**), quien moriría en expiación por el pecado de toda la Humanidad (**AT Isaías 53:10**) y resucitaría al tercer día (**AT Salmos 16:10**) para dar arrepentimiento y perdón de los pecados a todo aquel que crea en Él. **NT Lucas 24:47; Juan 3:16**
EVANGELISTA	Cada uno de los cuatro discípulos de Jesús con cuyo nombre se designa uno de los cuatro Evangelios; Mateo, Lucas, Marcos, Juan.
EXCOMUNIÓN	Del latín **excommunicationem**, "excomunicado", "expulsado", del griego **ex-** "fuera" y **koinonia** "comunión", "comunidad". Es la expulsión, permanente o temporal, de una persona de una comunidad cristiana debido a una falta grave.
FE	Del latín **fides**, "fe", "fiel", "confianza", "creencia", es la confianza en Dios, la Biblia dice que la FE es la certeza de lo que se espera, la convicción de lo que no se ve. **NT Hebreos 11:1** En latín **Semper Fidelis Deus** es "Siempre Fiel a Dios"

Diccionario Bíblico 453

GENTIL	Del latín **gentil**, "otra gente", significaba entre judíos, una persona o comunidad que profesaba otra religión, también "extranjeros", "paganos". Se usó también para referirse a cristianos en el primer siglo. En el presente es sinónimo de amable, noble, caballero.
HEBREO	Del latín **hebraeus** y este del arameo **ebhrai**, "del otro lado", se refiere a la gente (hebreos) quienes llegaron a Israel de Mesopotamia. Los hebreos eran pastores nómadas, originarios de Mesopotamia (hoy Irak), algunos de ellos emigran hacia Canaán, tierra prometida por Dios a los descendientes del patriarca Abraham. **AT Génesis 17:8**
HEREJÍA	Del latín **hæresis** y este del griego **hairesis** "otra opinión", la palabra significa pensar o hacer algo diferente a lo que se cree o lo establecido. Se diferencia de la **apostasía**, que es la renuncia formal o abandono de la Fe o iglesia, y la **blasfemia**, que es la injuria o irreverencia hacia la Fe o iglesia.
HOMILÍA	Latín griego **homilia** de **homo** "hombres", "gente" y **militia** "milicia", "tropa", "grupo", es la proclamación de las lecturas y predicación del Evangelio a una congregación de personas.
HOSTIA	Del latín **hostia oblatĭo**, "sacrificio a Dios", es un trozo de pan ácimo (sin levadura), de harina de trigo con forma circular que se ofrece en la Eucaristía o Misa Católica como ofrenda o sacrificio. En la Iglesia Protestante no se utiliza la "hostia" sino pan sin fermentar, previamente cortado en trozos.
IDOLATRÍA	Del griego **eidolon**, "imagen" y **–latreia**, "culto", es la adoración a falsos dioses, como ejemplo: Zeus, Júpiter, Selena, etc., sin embargo muchos cristianos incluyen en esta categoría la veneración a María Madre de Cristo o a otros cristianos (Santos) como dioses falsos.
IGLESIA	Del latín **ecclesia** y este del griego **ekklēsía**, "asamblea", "reunión" En las Escrituras del **Antiguo Testamento** se usa "**sinagoga**" para referirse a la reunión o al lugar donde se reúnen los fieles, en el **Nuevo Testamento** se usa la palabra **ekklēsía** en español **iglesia**. El Libro del **Eclesia-stés** (aunque pertenece al AT), incluye la palabra **ecclesia**, su nombre traducido al español es "asambleísta." En algunas iglesias protestantes modernas, en el lugar de **iglesia** se usan palabras actualizadas como asamblea, tabernáculo, etc.
INDULGENCIA	latín **indulgentia**, de **in-** "dentro" y **dulgere,** "tolerancia", "perdón", es la remisión ante Dios de la pena temporal a los pecados, que se obtiene por mediación de la Iglesia, es parte de la teología católica basada en **AT 2 Macabeos 12:42-46** y **Esdras 10:19**
INMUNDO	Del latín **immundus**, de **in-** "dentro" y **mundos** "mundo", que pertenece al mundo; se dice de aquello cuyo uso estaba prohibido a los judíos por la Ley. En el presente, religiosos usan mundano, pecador, carnal, etc.
JUDAÍSMO	Latín **Iudaismus** este del griego **Ioudaios** y este del hebreo **Y'hudah** de **Yah** "Yahvé", y **Hudah**, "gracias", significa "agradecer a Yahvé", se refiere a la religión o creencias, la tradición y la cultura del pueblo judío. El nombre se origina con el hijo de Jacob; Judá, quien es el progenitor de las doce tribus israelitas. **AT Génesis 29:35**

KOINÉ	Del griego **κοινή** significa "popular", común", este vocablo es usado en el presente para referirse específicamente a lenguajes antiguos, ejemplo: **hē koinē glōssa** significa "lengua común", o también **hē koinē diálektos**, "habla común (del pueblo)", la mayoría de **los libros del Nuevo Testamento fueron escritos en griego koiné.** Su equivalente en latín es **Vulgata**, siendo "vulgo" el pueblo. NO confundir el significado presente de vulgo (plebe, sin educación), al Vulgo del latín que significa "gente", "pueblo" (vulgo es raíz de divulgar).
LAICO	Del latín **laïcus** este del griego **laicos**, "el pueblo", son los fieles que no son miembros del clero; es decir, aquel creyente que no es ordenado por la iglesia
LEGALISMO - RELIGIOSO, LLAMADO TAMBIÉN FARISEÍSMO O FUNDAMENTA-LISMO	El legalismo religioso es una ideología radical que existe en todo tipo de ámbito; político, religioso, moral, social, etc., En el tiempo de Cristo la secta judía farisea fue un ejemplo notable del legalismo religioso. **NT Mateo 23:15**; **Marcos 7:1-8**; **Lucas 11:37-53**; **Juan 5:39** Un grupo o persona con esta ideología cree que sus normas son fieles, perfectas a lo que profesa y pretende corregir y gobernar la conducta, no sólo de sus adeptos, sino de quienes no profesan la doctrina.
LETANÍA	Del latín **litanīa** y este del griego **litaneia**, "oración", es la o oración que se hace invocando a Jesucristo, (y en el catolicismo) a la Virgen o a los Santos como mediadores, en una enumeración ordenada
LITURGIA	Del griego **leitourgia** de **leito**- "publico", "gente", y **ergai**, "obra", "trabajo", es el servicio público, misa, o cualquier servicio formal en una iglesia cristiana.
LOGOS	En el Cristianismo, es la concepción de que Jesús es el Verbo o el Logos (del griego λόγος, "palabra", "verbo", "Verdad", "razón"), título que instituye a Jesucristo como el Hijo de Dios. **Juan 1:1**
MANDAMIENTO	Del latín **commandamentum**, de **mandatum**, "mandar", "encargar", y este del hebreo **mitzwah**, "mandato", mandamiento, ley.
MARANATA	Del griego **maranatha** y este del arameo **maran atha**, que significa "**El Señor viene**", la frase se encuentra en **NT 1 Corintios 16:22**
MÁRTIR	Del griego **martyr** y esta de la palabra **smarati** "fiel", "esmerado" es la persona muerta en la defensa de alguna causa, con lo que da «testimonio» de su Fe en ella. El primer seguidor de Jesús martirizado fue Esteban. **Hechos 7:59-60**
MEA CULPA (MI CULPA)	Del latín **mea culpa**, "por mi culpa", la frase es parte de una oración de la liturgia de la misa católica conocida en latín como el **Confiteor** (y traducida como el "yo confieso" o el "yo pecador", en el cual el individuo reconoce sus defectos y pecados ante Dios.
MILAGRO	Del latín **miraglo**, "mirar", "observar cosas de Dios", proviene del griego **semeion**, es un evento atribuido a la intervención divina. señales signos, es un suceso extraordinario y maravillosa
MISA	Del latín **missa**, "misión", "despedir", "mandar", en el presente es la celebración de la **eucaristía**, del griego **eukharistia**; "dar gracias", "Cena del Señor", "gratitud"

Diccionario Bíblico 455

MONSEÑOR	Del latín **monsignore** de **mon-** (**monto**), "mayor", "más", y **signore**, "señor", "anciano", es el título de honor que concede el Papa o sacerdotes en la Iglesia Católica.
NAVIDAD	Del latín **nativitas**, "nacer", de **nativus**, "nativo", "ser del lugar", es la conmemoración del el nacimiento de Jesús de Nazaret.
NAZAREO	Del hebreo Nazir, "devoto", "monje", es una persona hebrea (judía) que se consagraba a Dios (Yahvé), (No confundir **Nazareo** con **Nazareno**) las Escrituras señalan que un Nazareo debe abstenerse de vino u otras bebidas embriagantes, no se cortaban el cabello, no podían acercarse a los muertos (incluso en caso de muerte de familiar cercano) y poseían una fuerza espiritual especial. Se cree que Juan el Bautista y quizás Cristo fueron Nazareos. **NT Lucas 1:15** Los votos del Nazareo se encuentran en **AT Números 6:1-21**
NAZARENO No confundir **Nazareo** con **Nazareno**	Del hebreo "Notzri", "Nazaret", en español, "brote", "retoño", posiblemente "vigilar", "protege." Nazareno es lo perteneciente a la ciudad de Nazaret. Jesucristo fue llamado Jesús el Nazareno (Yeshua Ha-Notzri). **NT Mateo 2:22-23; Juan 19:19**, Cristo y sus Discípulos fueron llamaos la "Secta de los Nazarenos." **NT Hechos 24:5**
NEÓFITO	Del griego **neophytos**, de **neo-**, "nuevo", y **-phytos**, "plantar", es una persona recién bautizada o convertida al cristianismo.
OBISPO	Del latín **episcopus** y este del griego **episkopos**, de **epi-**, "sobre", "encima", y **skopos**, "ver", "observar", "supervisor", es el titulo dado a los ancianos de la iglesia.
OFRENDA	Del latín **offerenda**, de **ob-** "para", e **-inffer**, "adentro", "presentar", es el don que se dedica a Dios, en algunos casos creyentes hacen ofrendas para pedir ayuda o para cumplir con un voto u obligación.
ORACIÓN	Del latín **orationem**, "hablar", es la súplica, petición, ruego que se hace a Dios, sinónimo de recitar (rezar)
ORTODOXO	Del griego **orthodoxos**, de **ortho-** "verdad", y **doxos**, "opinión", quiere decir literalmente *"opinión"* o *"creencia verdadera"*, también se le llama a la Iglesia Católica de Oriente.
PACTO	Del latín **pactum**, este del griego **diatheke** y este del hebreo **berit** "pacto", "contrato", "acuerdo", "convenio", "testimonio."
PALESTINA	Del latín **Palaestīnus**, y este del hebreo **Pelesheth**, **Philistia**, algunos teólogos conjeturan que es la misma gente y comunidad mencionada en la Biblia como Filisteos. **AT Génesis 10:14**
PAPA	Del griego **papa**, originalmente "padre", es el titulo usado por obispos griegos en Alejandría en **el año 250 d.C.**, en el sentido de padre (guía) terrenal y no de Padre Dios, el término fue adoptado por la Iglesia Católica al establecerse en Roma **en 325 d.C.**
PAPIRO	Del griego **papyrus**, es una planta acuática, muy común en el río Nilo, en Egipto, de la cual se produce una lámina (página) en la que se escribía en la antigüedad, la mayoría de documentos bíblicos fueron creados con este material.

PARÁBOLA	Del griego **parabole**, de **para**-, "al lado', "apoyo", y **bole**, "divulgar", "enseñar", es una comparación o semejanza en forma de narración de un suceso fingido, para presentar una enseñanza moral.
PARROQUIA	Del griego **paroikia**, de **para**-, "al lado", "vecino", y **oikos**, "casa", quiere decir "*la casa del vecino*", los primeros cristianos se reunían en casas de sus vecinos para predicar, con el tiempo **paroikia** llegó a ser una pequeño local (iglesia) en que se reunían los fieles.
PARUSÍA	Del griego **parousia**, "presencia", "llegada", es el advenimiento glorioso de Jesucristo al fin de los tiempos.
PASCUA	Del del griego **pasja**, y este del hebreo **pésaj**, "paso", "pasar", es la fiesta la más solemne de los hebreos, que celebraban durante la luna llena de marzo, en memoria de la libertad del cautiverio de Egipto en inglés "**passover**", en el Cristianismo es la fiesta solemne de la Resurrección del Señor, que se celebra el domingo después de la luna llena que ocurra entre el 22 de marzo y el 25 de abril.
PASTOR	Del latín **pastorem**, de **pastus**, "pasto", es la persona que guarda, guía y apacienta el ganado, especialmente el de ovejas. En el sentido espiritual, es la persona que tiene la prelatura eclesiástica cristiana con fieles a su cargo y cuidado. **NT Juan 21:16**
PENITENCIA	Del latín **paenitentia** de **penitent**, "en pena", "sentir remordimiento", es el dolor y arrepentimiento que se tiene de una mala acción, o sentimiento de haber ejecutado algo que no se quisiera haber hecho.
PENTECOSTÉS	Del griego **pentekoste**, "cincuenta", significa "*quincuagésimo día*", es la fiesta de la llegada del Espíritu Santo que celebra la Iglesia el domingo, quincuagésimo día que sigue al de Pascua de Resurrección.
PLEGARIA	Del latín **precaria**, de **pre**-, "frente', "antes", y **carita,** "gracia", es la súplica o petición humilde y ferviente para pedir algo a Dios. Señal que se hacía con las campanas de las iglesias al mediodía para que todos los fieles hiciesen oración o plegarias.
PONTÍFICE	Del latín **pontifex**, de **pontis**, "puente", "camino" y **fex**, "faceta", "cara", el "*puente o camino a Dios*", es el titulo dado a un obispo o arzobispo de una diócesis.
PREDICAR	Del latín **praedicāre**, de **pre**-, "frente', "antes", y **dicere**, "decir", hablar", Es pronunciar el Evangelio de Jesús. **NT Mateo 28:16-20**
PRESBÍTERO	Del griego **presbyteros**, "viejo", "anciano", "mayor", según el Antiguo Testamento, eran líderes que formaban un consejo pero no eran sacerdotes. En el Nuevo Testamento se usa como sinónimo de **episkopos** (Obispo), que significa en griego "vigilante" o "supervisor". Más tarde, con la muerte de los apóstoles, se fue distinguiendo el papel de **episckopos** del de **presbyteros**.
PRÓJIMO	Del latín **proxĭmus**, "próximo", "vecino", es una persona con respecto a otra, bajo el concepto de la solidaridad humana, así instruido en la parábola del "*Buen Samaritano*" (**NT Lucas 10:25-37**) por Jesucristo.
PROSÉLITO	Del griego **proselytos** de **pro**-, "a favor", "adelante", y **eleusesthai**, "obtenido', "ganado", es la persona que se gana como partidario para una facción, política, doctrina, etc.

PÚLPITO	Del latín **pulpitum**, y este del griego, **pult**, "escritorio", es una plataforma pequeña y elevada, usada en algunas iglesias para predicar desde ella.
REDENCIÓN	Del latín **redemptionem** de **re-**, "repetir", y **eximere**, "exento", "libre", una redención la liberación de pecados que Jesucristo hizo por medio de su pasión y muerte por la humanidad.
REINO DE DIOS	Del griego "**Basileka tou Theou**" o "Basílica de Dios", El Reino de Dios, es el Mensaje central del Evangelio de Cristo (**NT Mateo 4:17**), es también un concepto importante en el judaísmo, el cristianismo y el Islam. Se refiere al reinado o soberanía de Dios por sobre todas las cosas, y es opuesto al reinado de los poderes del mundo (terrenales).
RELIGIÓN	Del latín **redemptionem** de **re-**, "repetir", y **legio**, "grupo", "legión", Significa literalmente "agruparse de nuevo", en el presente es el conjunto de creencias (dogmas) acerca de Fe en Dios.
REZAR	Del latín **recitāre** de **re-**, "repetir" y **citare**, "citar", "llamar", "volver a hablar", es dirigir a Dios oraciones, peticiones, agradecimientos, en ciertos momentos en el día o la semana, etc.
RITO	Del latín **ritus**, y este del griego **arithmos**, "numerar", "en orden", es el conjunto o programa de reglas establecidas para ser realizadas en orden en el servicio en una ceremonia eclesiástica.
SÁBADO	Del latín hebreo **shabbath**, "sábado", "día de reposo", es el séptimo día de la semana y consagrado por Dios, es observado por el judaísmo y algunos cristianos, según **AT Éxodo 20:11**
SACERDOTE	Del latín **sacer** "sacro", "santo" y **dote** "dar", "instruir". Es el titulo de la persona entrenada a predicar (dar) el Evangelio.
SACRAMENTO	Del latín **sacramentum** de **sacro**, "sagrado", es algo sagrado. En la Iglesia Católica es Cada uno de los siete Sacramentos de la Iniciación Cristiana: Bautismo, Penitencia confesión, Eucaristía, Confirmación, Orden Sacerdotal y Unción de Enfermos.
SALMO	Del latín **psalmos**, "canto", "cantar con arpa", es una composición o cántico que contiene alabanzas a Dios.
SEGLAR SECULAR	Del latín **saeculāris**, "siglo", es algo que pertenece a la época, se refiera también a todo aquello que es del mundo, a diferencia a lo espiritual y divino. **Seglar** y **secular** significan lo mismo.
SÍNODO	Del griego **synodos**, **syn-**, "igual", "junto" y **hodos**, "ir", "salir", "a reunirse", es un concilio, reunión o asamblea de autoridades de la iglesia (obispos y otros eclesiásticos).
TABERNÁCULO	Del latín **tabernaculum**, y este del hebreo **mishkán**, "morada", fue el santuario móvil construido por los Israelitas en el desierto, durante el éxodo de Egipto, como lugar de adoración a Yahvé y en el que se resguardaban las Tablas de la Ley. **AT Éxodo 25:1-22**
TEOLOGÍA	Del griego **theologia**, de **theos**, "Dios", y **logos**, "tratado", "estudio", es el estudio de las cosas o hechos relacionados con Dios

Diccionario Bíblico 458

TESTAMENTO	Del latín **testamentum**, de **testis**, "atestiguar", este del griego **diatheke** y este del hebreo **berit** "pacto", "contrato", "acuerdo", "convenio", "testimonio", se le llama Nuevo o Viejo Testamento a los conjuntos de libros de la Biblia de acuerdo al mandato dado por Dios a Moisés. **AT Éxodo 31:18**
TETRAGRÁMATON	Del griego **tetra**; "cuatro" y **grammatos**; "letras", Tetragrámaton significa literalmente "palabra de cuatro letras". En las Escrituras hebreas YHVH es el nombre de Dios, que aunque es impronunciable (**AT Éxodo 20:2**), sin embargo es interpretado y traducido en las formas de Dios, Yahveh, Yahvé, Jah, Yavé, Iehová, Jehovah, Jehová, como también en su version en inglés YHWH.
TRINIDAD	Del latín **trinitatem,** de **tri-**, "tres", y **entitas**, "entidad", es la creencia o dogma de la mayoría de las iglesias cristianas que afirma que Dios es un ser único que existe simultáneamente como tres personas distintas: El Padre, El Hijo, y el Espíritu Santo, las tres personas divinas en una sola y única esencia, mencionadas por Jesús durante "**la Gran Comisión**". **NT Mateo 28:19**
VERSÍCULO	Del latín **versicŭlus**, "verso", es cada una de las breves divisiones de los capítulos de ciertos libros, y singularmente de las Sagradas Escrituras.
VIA CRUCIS	Del latín **Via Crucis** de **via**, "camino" y **crucis**, "cruz", en español "el camino de la Cruz", llamado también **Via Dolorosa** o "camino del dolor", es una calle de la Ciudad de Jerusalén en la cual Cristo caminó cargando con la Cruz, camino de su crucifixión.
VIÁTICO	Del latín **vicarĭus**, "vice-", "segundo", "que sustituye", es la persona que esta a cargo o de supervisar el funcionamiento de una diócesis.
XP	Las siglas **XP** provienen del griego **ΧΡΙΣΤΟΣ** que significa **Khristós** (Cristo), en español "**el Mesías**", compuesta por las letras Chi (**X**) y Rho (**P**), de uso muy popular en el Cristianismo Primitivo.
YESHUA HA-NOTZRI	Del hebreo **Jesús de Nazaret**, también llamado en la Biblia **Yeshua Ha-Mashiach (Jesús el Mesías)**, **Mashiach** (Mesías) significa "**Ungido**", esta palabra es traducida al griego como **ΧΡΙΣΤΟΣ** (Kjristós), o **Cristo**. **NT Marcos 16:6**
YHVH	Es el nombre de Dios, lamado también **Tetragrámaton**, está compuesto por cuatro consonantes hebreas; **Y** (iod), **H** (hei), **V** (vav) y **H** (hei), se cree que significa —"Yo soy el que soy." (**AT Éxodo 3:14**), traducido en Biblias modernas como Yahweh, Yahvé, Jah, Yavé, Iehová, Jehovah, Jehová, en algunas ocasiones como Adón (Señor); Adonai (mi Señor), El (Dios), Elyón, Eloah, Elohim, Dios, Padre.

Notas		
Fecha	Tema	Cita Bíblica

Historia de la Fe Cristiana,
la Biblia & la Iglesia
Primera Edición

Te agradecemos tus sugerencias y comentarios, éstos nos ayudaran a mantener las próximas ediciones del libro en óptima veracidad.

Escríbenos:

LPortillo@nazarethbooks.com

Si prefieres por correo:

Luis A. Portillo
P.O. Box 10554
Burbank, California
91510

Publicado por Nazareth Books - © 2013